Walter Eisenbeis

Die Wurzel שלם im AT

Walter Eisenbeis

Die Wurzel שלם im Alten Testament

Walter de Gruyter & Co.

Berlin 1969

Beihefte zur Zeitschrift für die alttestamentliche Wissenschaft

Herausgegeben von Georg Fohrer

113

©
1969

Satz und Druck: Walter de Gruyter & Co., Berlin 30
Archiv-Nr. 38 22 696

Für Freya Eisenbeis

Vorwort

Diese Studie wurde 1966 von der Divinity School of The University of Chicago als PhD Dissertation angenommen. Bei der Übersetzung ins Deutsche habe ich sie erneut gründlich überarbeitet.

Da ich seit einigen Jahren an einem College tätig bin, welches weit entfernt von den großen theologischen Universitätsbibliotheken gelegen ist, hatte ich bedauerlicherweise oftmals keinen Zugang zu der neuesten europäischen Fachliteratur, insbesondere nicht zu den Fachzeitschriften. Trotz dieser Schwierigkeiten erhielt ich, soweit es möglich war, viel Hilfe von den Büchereien der University of Chicago (Oriental Institute und Swift Library) und des Hebrew Union College in Cincinatti. Desgleichen erlaubten mir freundlicherweise die Herren des Redaktionsstabes des Assyrian Dictionary, die reichhaltige Sammlung ihres Archives im Oriental Institute of The University of Chicago zu benutzen.

Zu besonderem Dank bin ich verpflichtet: Herrn Prof. D. Dr. M. Noth (Jerusalem), der so liebenswürdig war, das gesamte englische Manuskript zu lesen, mich bezüglich seiner Veröffentlichung zu ermutigen und mich dabei in großzügiger Weise zu unterstützen; Herrn Prof. D. Dr. G. Fohrer für seine Bereitwilligkeit, die Studie in den BZAW aufzunehmen und für viel Geduld und Mühe bei der Redaktion des Manuskriptes; Denison University in Granville, Ohio (USA), sowie der Ford Foundation, New York (USA), für finanzielle Hilfe zur Veröffentlichung der Arbeit und schließlich Herrn Prof. Dr. H. Wenzel und seinen Mitarbeitern vom Verlag Walter de Gruyter & Co. für die ausgezeichnete drucktechnische Ausführung.

Für irgendwelche Irrtümer und Fehler im Text bin ich allein verantwortlich.

Denison University
Granville, Ohio
am 11. Februar 1968

Walter Eisenbeis

Inhalt

1. Teil: Die Wurzel שלם in verschiedenen nichtbiblischen semitischen Sprachen

2. Teil: Die Wurzel שלם im Alten Testament

3. Teil: Schlußbetrachtungen

Abkürzungsverzeichnis

AB	The Anchor Bible, ed. W. F. Albright and D. N. Freedman.
AJSL	American Journal of Semitic Languages and Literatures.
Alt, Kl. Schr.	A. Alt, Kleine Schriften zur Geschichte des Volkes Israel, I—II 1953; III 1959.
ANET	Ancient Near Eastern Texts relating to the Old Testament, ed. J. B. Pritchard, 1955[2].
Bill I—V	(H. L. Strack-) P. Billerbeck, Kommentar zum Neuen Testament aus Talmud und Midrasch, I—IV 1922—1928; V 1955.
BK	Biblischer Kommentar, Altes Testament, hrsg. von M. Noth.
BL	H. Bauer und P. Leander, Historische Grammatik der hebräischen Sprache des Alten Testaments, I 1962.
Buber, Werke	M. Buber, Werke, I Schriften zur Philosophie, 1962; II Schriften zur Bibel, 1964; III Chassidische Schriften, 1963.
BWA(N)T	Beiträge zur Wissenschaft vom Alten (und Neuen) Testament.
BZAW	Beihefte zur Zeitschrift für die alttestamentliche Wissenschaft.
CaB	Cambridge Bible for Schools and Colleges.
Echter-B	Die Heilige Schrift in deutscher Übersetzung, Echter-Bibel, Altes Testament, 1955[2.3].
FRLANT	Forschungen zur Religion und Literatur des Alten und Neuen Testaments.
Ges-B	W. Gesenius, Hebräisches und Aramäisches Handwörterbuch über das Alte Testament, bearbeitet von F. Buhl, 1954[17].
Ges-K	W. Gesenius, Hebräische Grammatik, völlig umgearbeitet und hrsg. von E. Kautzsch, 1885[24].
Ges-Th	W. Gesenius, Guilielmi Gesenii Thesaurus Philologicus Criticus Linguae Hebraeae et Chaldaeae Veteris Testamenti, 1842[2].
Ges. St.	Gesammelte Studien.
HAT	Handbuch zum Alten Testament, hrsg. von O. Eißfeldt.
HK	Handkommentar zum Alten Testament, hrsg. von W. Nowack.
HSchr	Die Heilige Schrift des Alten Testaments, hrsg. von F. Feldmann und H. Herkenne.
IB	The Interpreter's Bible, ed. G. A. Buttrick.
ICC	The International Critical Commentary of the Holy Scriptures of the Old Testament.
Jer-B	La Sainte Bible traduite en français sous la direction de l'École Biblique de Jérusalem.
JRAS	Journal of the Royal Asiatic Society.
KAT	Kommentar zum Alten Testament, hrsg. von E. Sellin.
KB	L. Koehler und W. Baumgartner, Lexicon in Veteris Testamenti Libros, 1958.

KB Suppl   L. Koehler und W. Baumgartner, Supplementum ad Lexicon in
                  Veteris Testamenti Libros, 1958.
LUÅ   Lunds Universitets Årsskrift.
MeyerK   Kritisch-exegetischer Kommentar über das Neue Testament, begr.
                  von H. A. W. Meyer.
NCB   The New Century Bible.
Noth, GI   M. Noth, Geschichte Israels, 1959[4].
Noth, ÜPent   M. Noth, Überlieferungsgeschichte des Pentateuch, 1960[2].
Noth, ÜSt   M. Noth, Überlieferungsgeschichtliche Studien I, Die sammelnden
                  und bearbeitenden Geschichtswerke im Alten Testament, 1963.
OTL   Old Testament Library, ed. G. E. Wright.
RA   Revue d'Assyriologie.
REJ   Revue des Études Juives.
RGG   Die Religion in Geschichte und Gegenwart, 1927—1932[2], 1957
                  bis 1962[3].
RSV   The Holy Bible, Revised Standard Version.
SC   Soncino Chumash, ed. A. Cohen, 1950[2].
Schrift   Die Schrift zu verdeutschen unternommen von M. Buber gemein-
                  sam mit F. Rosenzweig.
Syntax   C. Brockelmann, Hebräische Syntax, 1956.
TB   Torch Bible Commentaries.
TheolLib   Clark's Foreign Theological Library.
ThW   Theologisches Wörterbuch zum Neuen Testament, begr. von
                  G. Kittel, hrsg. von G. Friedrich.
Tillich, Ges. Werke P. Tillich, Gesammelte Werke, IV Philosophie und Schicksal,
                  Schriften zur Erkenntnislehre und Existenzphilosophie, 1961;
                  VI Der Widerstreit von Raum und Zeit, Schriften zur Geschichts-
                  philosophie, 1963.
VT   Vetus Testamentum.
VT Suppl   Vetus Testamentum Supplement.
WC   Westminster Commentaries.
ZA   Zeitschrift für Assyriologie.
ZDPV   Zeitschrift des Deutschen Palästina-Vereins.

§ 1 EINLEITUNG

Die vorliegende Arbeit ist im wesentlichen durch die begriffsgeschichtlichen Studien angeregt worden, die seit mehr als dreißig Jahren systematisch für den Bereich des NT durchgeführt werden und ihren Niederschlag in R. Kittels Theol. Wörterbuch zum NT gefunden haben. Trotz des unterschiedlichen Niveaus seiner einzelnen Artikel wird dieses Werk auf lange Zeit ein unentbehrliches Werkzeug für den Neutestamentler bleiben, denn es hilft ihm nicht nur, tiefer in das Verständnis ntl. Begriffe einzudringen, sondern erschließt ihm oft erst diese Begriffe in ihrer vollen theologischen Bedeutsamkeit. Ein ähnliches Unternehmen wäre auch für den Bereich des AT dringend notwendig. Zwar liegen schon eine Reihe von Wortstudien für Begriffe des AT vor, jedoch steht diese Arbeit noch sehr in den Anfängen. Die vorliegende Studie hat es sich deshalb zum Ziel gesetzt, eine, wenn auch nur bescheidene Lücke in dieser Hinsicht auszufüllen und befaßt sich mit der Untersuchung der Wurzel שלם samt ihrer Derivate.

I. Ausgangsposition

Die Wurzel שלם ist verschiedentlich Gegenstand von Untersuchungen in der atl. Wissenschaft gewesen. Man kann sich jedoch des Eindrucks nicht erwehren, daß diese Studien, soviel Wertvolles sie auch im einzelnen für die Forschung beigetragen haben, im ganzen gesehen, nicht befriedigend sind. Wenn man z. B. die gebräuchlichsten Übersetzungen des AT auf die Verwendung der Wurzel durchsieht, fällt ihre geringe Bedeutungsbreite auf. Gemeinhin wird angenommen, die Wurzel und ihre Derivate stünden in einer festen Beziehung zu dem Begriff *Frieden*. Dieser Sachverhalt gilt besonders in bezug auf den Gebrauch der Nomina שָׁלוֹם und שְׁלָמִים, für das Adjektivum שָׁלֵם und gelegentlich auch für das Verbum שָׁלֵם. Erstaunlich ist vor allen Dingen, daß solch ein Inhalt häufig auch dann postuliert wird, wenn die angenommene Grundbedeutung des Friedens für den Zusammenhang kaum oder nur gezwungenermaßen einen Sinn ergibt.

Eine ähnlich gleichförmige Behandlung der Wurzel findet man in Kommentaren, theologischen Untersuchungen und anderer Spezialliteratur zum AT. Auch in diesen Studien wird fast durchweg angenommen, daß die Grundbedeutung der Wurzel die des Friedens sei.

Der Befund einer derartig stereotypen Interpretation der Wurzel wirkte befremdend, vor allem im Hinblick auf die Tatsache, daß keine linguistische Grundlage gefunden werden konnte, die die Annahme eines solchen homogenen Bedeutungsgehaltes stützen könnte. Ein Blick in irgendein hebräisches Wörterbuch zeigt deutlich, daß ein viel breiterer Bedeutungsbereich für die Wurzel und ihre Derivate in Ansatz zu bringen ist, als es die gemeinhin angenommene Vorstellung des Friedens zuläßt.

Dieser Sachverhalt hatte mein Interesse an einer Untersuchung der Wurzel geweckt. Es verstärkte sich weiterhin auf Grund der Durcharbeitung der folgenden Studien: 1. des Artikels εἰρήνη im Theol. Wörterbuch[1], dessen atl. Teil von G. von Rad bearbeitet worden ist[2]; 2. der umfassenden Studien von J. Pedersen, in denen dem Begriff שָׁלוֹם besondere Bedeutung geschenkt wird, vor allem im Hinblick auf das Wirklichkeitsverständnis des hebräischen Geistes[3]; 3. von Hinweisen auf den Begriff שָׁלוֹם, die sich in verschiedenen Beiträgen von G. Quell im Theol. Wörterbuch finden.

Schon bei diesem Material wurde deutlich, daß es sich bei der Wurzel um einen ganzen Komplex von Problemen handelt, der einer Aufhellung bedarf. Einige wesentliche Momente mögen an dieser Stelle aufgezeigt werden: G. von Rad schließt seinen Artikel mit der Bemerkung, daß »das Wort שָׁלוֹם in seiner häufigsten Verwendung ein sozialer Begriff« sei[4]. Diese Feststellung wirkte nicht überzeugend, denn es schien seltsam, daß eine Vokabel wie שָׁלוֹם, die so häufig im AT erscheint, nicht weittragende theologische Bedeutsamkeit haben sollte. Weiterhin fiel mir auf, daß G. von Rad die Untersuchungen von J. Pedersen offenbar überhaupt nicht berücksichtigt hatte, obwohl Pedersen in dem Wort שָׁלוֹם einen zentralen Begriff des atl. religiösen Verständnisses sieht, indem er feststellt, daß (the) »fundamental meaning« (of šalôm) »is totality; it means untrammelled, free growth of the soul«[5].

Neben der sachlichen Diskrepanz in den Ansichten dieser beiden namhaften Gelehrten muß noch erwähnt werden, daß die Untersuchungen beider zu sehr unter einer gewissen Einseitigkeit zu leiden scheinen. J. Pedersen legt den Begriff שָׁלוֹם von vornherein auf einen bestimmten sachlichen bzw. religionsphänomenologisch greifbaren Inhalt fest, der aber nur mit Gewalt für alle seine Vorkommnisse im AT verwendet werden kann. Zu Beginn seines Artikels bemerkt G. von Rad einerseits, daß das Wort שָׁלוֹם »als allgemeine Münze im

---

[1] W. Foerster und G. v. Rad, Art. εἰρήνη, ThW II 398—418.
[2] A. a. O. 400—405.
[3] J. Pedersen, Israel, Its Life and Culture, I—II 1964⁵.
[4] ThW II 405. G. v. Rad übernimmt hier die Ergebnisse von W. Casparis Studie über den Frieden im AT.
[5] J. Pedersen, a. a. O. 263.

Alltag des Volkes umging«, andererseits ist er aber der Ansicht, daß es
»mit konzentriertem religiösen Inhalt gefüllt« vorkomme[6]. Trotz des
Hinweises auf die religiöse Bedeutsamkeit dieses Begriffes stellt er
am Schluß seines Artikels fest, daß שָׁלוֹם »keine innere seelische Haltung
des Friedens bezeichnet«, sondern daß es etwas meint, was »in Gestalt
von Wohlstand nach außen tritt«[7].

Ein solcher, jeweils einseitiger und homogener Befund wirkte
erstaunlich im Hinblick auf die Vielschichtigkeit der literarischen
Struktur des AT und der damit gegebenen verschiedenen theologischen Aspekte. Deshalb schien eine gewisse Skepsis gegenüber den
bisherigen Studien angebracht zu sein. Diese Skepsis verstärkte sich
durch die bereits erwähnten Untersuchungen von G. Quell, in denen
auf שָׁלוֹם als einem Normbegriff hingewiesen wurde, der mit verschiedenen Inhalten gefüllt werden könne[8]. Damit waren die Voraussetzungen zu einer erneuten Untersuchung der Wurzel שׁלם gegeben.

II. Aufbau

In bezug auf die Gliederung des Stoffes schien es von Anfang an
vordringlich, die Grundbedeutung der Wurzel zu bestimmen. Dieser
Aufgabe wird im 1. Teil der Studie nachgegangen, indem eine lexikalische Zusammenstellung der Bedeutungsgehalte der Wurzel und
ihrer Derivate in den außerbiblischen semitischen Sprachen erfolgt,
u. zw. im Ugaritischen (§ 2), Akkadischen (§ 3), Arabischen (§ 4),
Syrischen (§ 5) und Äthiopischen (§ 6). Für diese Übersicht wird nur
sekundäre Literatur in Form von Lexika und Grammatiken herangezogen. Die Bedeutungsgehalte werden jeweils innerhalb einzelner
Wortarten und — soweit es notwendig war — bei einzelnen Wörtern
auch inhaltlich geordnet. Aus dieser Zusammenstellung wurde die
Grundbedeutung der Wurzel innerhalb der einzelnen semitischen
Sprachen erhoben.

Nur in einem Fall, bei akk. *šalâmu* wird anders verfahren. Es war
mir möglich, für dieses Verbum die reichhaltige Sammlung akka-
discher Belegstellen zu benutzen, die sich im Oriental Institute of
The University of Chicago befindet. Die Vielfältigkeit dieses Materials
ließ eine gesonderte Behandlung wünschenswert erscheinen. Am
akk. Verbum der Wurzel soll deshalb einmal versuchsweise aufgezeigt werden, welch reiche Einsichten sich bei der Auswertung von
semitischen Wurzeln im nichtbiblischen Sprachbereich gewinnen
lassen. Der besseren Übersicht wegen habe ich dieses Material nach
inhaltlich literarischen Gattungen geordnet.

---

[6] ThW II 400.

[7] ThW II 405.

[8] Vgl. Art. ἀλήθεια, ThW I 235; Art. διαθήκη, ThW II 116; Art. δίκη, ThW II 179;
　　Art. ἐκλέγομαι, ThW IV 165.

Im 2. Teil dieser Studie — ihrem Hauptteil — wird untersucht, welchen Bedeutungsgehalt die Wurzel שלם im Hebräischen und Aramäischen innerhalb der einzelnen atl. Texte hat. Die Untersuchung schließt jedoch alle Derivate aus, die in Eigennamen vorkommen, seien es Ortsnamen oder Personennamen.

Zunächst wird in einem vorbereitenden ersten Abschnitt herausgearbeitet, was sachlich und formal über die Wurzel im AT vorgefunden wird. Einleitend wird kurz der morphologische Befund skizziert, dessen Ergebnis als Grundlage für die Anordnung der einzelnen Derivate in den weiteren größeren Abschnitten der Studie dient (§ 7). Daran schließt sich eine statistische Aufstellung über das Vorkommen der Wurzel im AT an (§ 8). Sie ist aufgegliedert nach den einzelnen Derivaten der Wurzel und innerhalb dieser Derivate nach den verschiedenen größeren literarischen Corpora des AT wie Tetrateuch, Dtr-Werk usw. Als Grundlage dienen hierbei die Ergebnisse der überlieferungsgeschichtlichen Forschung am AT, wie sie namentlich durch A. Alt, M. Noth und die anderen Gelehrten vertreten wird, die ihnen gefolgt sind. Am Schluß dieses Abschnittes folgen Erwägungen zu textkritischen und literarkritischen Problemen, soweit sie bedeutsam für die Wurzel sind (§ 9). Als Ausgangspunkt dienen die im Apparat der Biblica Hebraica, 10. Aufl., vorgeschlagenen Textstreichungen und -emendationen, zu denen im einzelnen Stellung genommen wird. Die Ergebnisse des 1. Abschnittes bilden die Unterlagen für das Hauptanliegen der Studie: die Untersuchung der Bedeutungsgehalte der Wurzel שלם und ihrer Derivate innerhalb der atl. Texte.

Der 2. Abschnitt stellt eine Untersuchung des Wortes שָׁלוֹם dar. Auf Grund der Fülle der vorhandenen atl. Belegstellen wird das Material für jeden größeren literarischen Zusammenhang in einzelnen Kapiteln gesondert zusammengefaßt (§§ 10—14). Die wenigen Stellen in der Weisheitsliteratur und den novellistischen Erzählungen werden in einem Kapitel behandelt (§ 15). Für die apokalyptische Literatur wird ebenfalls ein Kapitel angefügt (§ 16). Obwohl das Nomen nur verhältnismäßig selten in diesem literarischen Corpus angetroffen wird, schien größere Ausführlichkeit der Untersuchung geboten, weil einige Belegstellen Einfluß auf die Literatur des NT gehabt zu haben scheinen.

Als 3. Abschnitt folgt eine ausführliche Untersuchung des Kultterminus שְׁלָמִים, die auf drei Kapitel verteilt wird (§§ 17—19). Zu dieser Ausführlichkeit bestand deshalb Veranlassung, weil deutliche Anhaltspunkte für den generellen Bedeutungsgehalt dieses Wortes mangeln und kein klares Wissen darum besteht, in welcher Weise die שְׁלָמִים in der Zeit vor dem zweiten Tempel als kultische Begehung stattgefunden haben. Deshalb mußten in diesem Abschnitt vielfach überlieferungsgeschichtliche und literarkritische Erwägungen angestellt

werden, denn nur so schien die Möglichkeit zu bestehen, daß man an
einen Punkt vorstoßen konnte, an dem sich wenigstens noch einige
Vermutungen über die Bedeutung des Wortes und der damit bezeich-
neten kultischen Begehung äußern ließen.

Der abschließende 4. Abschnitt des 2. Teiles untersucht die
übrigen Derivate der Wurzel. Er beginnt mit dem Verbum שָׁלֵם (§ 20);
ihm folgt eine Besprechung des Adjektivs שָׁלֵם (§ 21) und eine Besprechung der Nomina, die nur vereinzelt im AT vorgefunden werden
(§ 22).

III. Methode

Um den Inhalt des atl. Materials übersichtlich anzuordnen,
werden im 2. und 4. Abschnitt des 2. Teiles die einzelnen Bedeutungsgehalte der jeweiligen Derivate nach Sachgruppen geordnet. Soweit
es dabei möglich ist, wird zwischen rein säkularen und rein theologischen Inhalten unterschieden. Als ausschlaggebend für die Bestimmung der einzelnen Bedeutungen werden jedesmal ihr literarischer
Zusammenhang und die vorgefundene Situation der Schilderung zur
Voraussetzung genommen. Wo es ratsam und möglich war, wurden
auch die individuellen literarischen Gattungen berücksichtigt.

Am Schluß jedes Kapitels werden jeweils die hauptsächlichsten
Inhalte des behandelten Wortes herausgearbeitet, und ihre Grundbedeutung wird charakterisiert. Eine Modifikation dieser Art der
Zusammenfassungen findet beim Verbum insofern statt, als sie für
jeden Verbstamm gesondert vorgelegt werden.

Häufiger, als erwartet worden war, ergaben sich aus der Vielfalt
der Einzeluntersuchungen Einsichten für ein neues Verständnis der
Wurzel, und zwar sowohl hinsichtlich des Bedeutungsgehaltes des betr.
Derivates an bestimmten Bibelstellen als auch bezüglich des Gesamt-
zusammenhanges der einzelnen Stellen. Verschiedentlich führte die
gesamte Untersuchung auch zu schärferer Herausarbeitung bereits
bekannter überlieferungsgeschichtlicher Zusammenhänge. In allen
solchen Fällen werden den jeweiligen Bibelstellen spezielle Untersuchungen gewidmet.

Als Muster für die gesamte Studie dienen die größeren ntl. Beiträge in Kittels Theol. Wörterbuch. In ihnen ist das Material jeweils
nach den verschiedenen literarischen Gesamtkomplexen der ntl.
Literatur geordnet. Für jeden solchen Komplex wird eine ihm eigentümliche Vorstellungswelt angenommen, die der Interpretation der
jeweiligen Begriffe ihre besondere Charakteristik gibt. Da dieser
methodische Ansatz von einer Reihe namhafter Gelehrter sowohl der
ntl. als auch der atl. Wissenschaft übernommen worden ist, schien es
gerechtfertigt zu sein, das gleiche hermeneutische Prinzip und die

gleichen literarischen Voraussetzungen für die hier vorgelegte Studie
in Anwendung zu bringen.

IV. Ziel

Das Ziel dieser Arbeit ist die möglichst genaue Bestimmung der
verschiedenen Bedeutungsgehalte der Wurzel שׁלם innerhalb der einzelnen literarischen Corpora des AT. Außerdem soll zugleich aufge-
wiesen werden, in welcher Weise die überlieferungsgeschichtlichen
Zusammenhänge der Geschichtwerke des AT für eine Wortstudie
fruchtbar gemacht werden können. Hierbei wurde vor allem auf die
überlieferungsgeschichtlichen Studien von A. Alt, M. Noth, G. von Rad
und von R. Rendtorff Bezug genommen, sowie auf die text- und
literarkritischen Analysen von M. Noth.

Auf eine Auseinandersetzung mit den Arbeiten von W. Caspari
und W. Eichrodt und mit den bereits erwähnten Studien von G. von
Rad, J. Pedersen und G. Quell ist verzichtet worden, weil diese Gelehrten mit ihren Untersuchungen ein Ziel verfolgen, das sich von dem
meinigen unterscheidet.

Es ist mir ein ernstes Anliegen gewesen, linguistisch, textkritisch,
literarkritisch, formkritisch und überlieferungsgeschichtlich so präzise
wie möglich zu arbeiten, um auf diese Weise einen Grund für die theologische Arbeit zu legen. Die Studie ist jedoch ihrem Hauptanliegen
nach eine theologische Interpretation der Wurzel שׁלם im AT. Dieses
Ziel sucht sie in mehrfacher Weise zu erreichen: zunächst durch rein
sachliche Feststellung der Bedeutungen der einzelnen Derivate der
Wurzel in den betr. Stellen des atl. Textes; weiterhin durch Zusammenfassung dieser Einzelbedeutungen sowohl ihrem Inhalt nach als auch
innerhalb ihres literarischen Zusammenhanges; schließlich durch
den Versuch, von diesen zusammengefaßten Bedeutungskomplexen
aus in Erfahrung zu bringen, ob und inwieweit eine umfassende allgemeine Grundbedeutung der Wurzel aufgezeigt und konsequent angewandt werden kann.

Daß ein rein objektives und uninteressiertes Interpretieren von
literarischen Texten nicht möglich ist, braucht nicht erst näher ausgeführt zu werden. In dieser Hinsicht wird jeder Interpret, wenn auch
unbewußt, mit einem ihm eigenen Vorverständnis, das durch seine
Lebenserfahrungen geprägt ist, an seine Aufgabe herangehen. Daß der
Verfasser der existentialen Interpretation, wie sie besonders durch
R. Bultmann für ntl. Texte in Anwendung gebracht wurde, sympa-
thisch gegenübersteht, soll nicht geleugnet werden. Dennoch ist aufrichtig versucht worden, weder von bestimmten dogmatischen Gesichtspunkten auszugehen, noch ein bewußt beabsichtigtes Vorver-

ständnis für die einzelnen biblischen Stellen und ihren literarischen Zusammenhang vorauszusetzen.

Die Studie war in der Hoffnung begonnen worden, daß Einsichten in das atl. Verständnis des Friedens gewonnen werden könnten. Im Verlaufe der Untersuchung zeigte sich jedoch, daß diese Hoffnung aufgegeben werden mußte.

1. Teil: Die Wurzel שלם in verschiedenen nichtbiblischen semitischen Sprachen

Die folgende Zusammenstellung des Wortfeldes der Wurzel erstrebt weder lexikalische Vollständigkeit, noch ist sie ein Versuch, Probleme, soweit sie die Wurzel betreffen, innerhalb der vergleichenden semitischen Sprachwissenschaft zu einer Lösung zu bringen. Sie dient nur als Überblick über das Wortfeld und als Sammlung der gängigen Belege.

§ 2 UGARITISCH[1]

Die Wurzel שלם ist mehrfach in den Texten von Ras Schamra belegt und ist nach C. H. Gordon eine gemeinsemitische Wurzel[2]. Sie wird als Nomen sowohl im Singular als auch im Plural gebraucht[3], findet Verwendung in verschiedenen Eigennamen[4] und in den Verbstämmen des qal, pi. und šaf.[5].

Die Bedeutung der Wurzel
innerhalb der einzelnen literarischen Gattungen

1. Nomen: C. H. Gordon bestimmt die Bedeutung des Nomens als die des *Friedens*[6] mit Verweis auf einen literarischen Text[7] und auf einen Brief[8]. Das Nomen wird auch in religiösen Texten gebraucht, um eine kultische Begehung zu bezeichnen. Die spezifische Bedeutung dieses Gebrauches ist noch nicht gesichert. É. Dhorme[9] und C. H. Gordon[10] verstehen es als *Friedensopfer*, während H. Bauer es als *Ganzopfer* ansieht[11]. In einem Fall erscheint es im Singular in einer Opferliste[12], sonst kommt es nur im

---

[1] Alle Belege, soweit nicht anders vermerkt, werden nach C. H. Gordon, Ugaritic Manual, 1955, zitiert.

[2] S. 328. C. H. Gordon verweist hier auf hebräisch שָׁלוֹם.

[3] *šlm* S. 129. 144. 156; *šlmm* S. 129. 131. 154; *ušlmm* S. 132.

[4] *šlm* S. 133; *ušlm* S. 144; *šlmẙ* S. 124. 158; *šlmn* S. 147 und vielleicht (*š*)*lmim* S. 154.

[5] qal: *išlm* S. 134. 145. 154. 159; *tšlm* S. 154. — pi.: *tšlmk* S. 155. 159. — šaf.: *tššlmn* S. 158; *ššlmt* S. 172.

[6] S. 328.

[7] S. 144, Nr. 12.

[8] S. 154, Nr. 89.

[9] Zitiert nach G. R. Driver, Canaanite Myths and Legends, 1956, 148a.

[10] S. 328.

[11] Zitiert nach G. R. Driver 148a.

[12] S. 129, Nr. 1.

Plural vor und zwar in zwei Listen[13], einem Ritual[14] und einem literarischen Text[15].

Die Wurzel findet sich ebenfalls als Singular des Nomens in Eigennamen: Zunächst in dem Gottesnamen *šalim* in einem religiösen[16] und einem literarischen Text[17]; weiterhin als Ortsname *šlmị* in zwei Verwaltungslisten[18] und in einer Liste als Personenname, die wahrscheinlich ebenfalls eine Verwaltungsliste ist[19]. Andere Personennamen kommen als *šlmn* in einer Gildeliste[20] und vielleicht als (*š*)*lmim* in einem Handelstext[21] vor.

2. Verbum: Im qal wird das Verbum einmal in einem religiösen Text angetroffen. Nach H. Bauer bedeutet es *wohlsein, gut gehen*[22], nach G. R. Driver *Frieden haben*[23]. Außerdem ist es in Briefen belegt und hat nach C. H. Gordon die Bedeutungen *im Frieden sein* und *Frieden halten*[24].

Im pi. findet sich das Verbum stets in der Bedeutung *erhalten* in Briefen[25], während es im šaf. auf einer Liste im Sinne von *Waren aushändigen* bzw. *überbringen* erscheint[26].

Zusammenfassung

Über die Grundbedeutung der Wurzel läßt sich aus dieser lexikalischen Aufstellung wenig ausmachen, da nur einzelne Belege vorhanden sind. Außerdem haben sowohl C. H. Gordon als auch G. R. Driver das herkömmliche Verständnis der Wurzel als das des *Friedens* einfach übernommen, ohne das Grundverständnis der Wurzel aus den Texten selbst bzw. aus dem vorhandenen Vergleichsmaterial in den semitischen Sprachen abzuleiten. Im Hinblick auf die Ergebnisse der weiteren Untersuchungen in dieser Studie hat diese Interpretation der

---

[13] S. 129, Nr. 3; S. 132, Nr. 9.

[14] S. 131, Nr. 5.

[15] S. 184, Z. 130. 131. Die Bedeutung dieser Stelle in KRT ist nicht klar, weshalb sie auf verschiedene Weise übersetzt wird: G. R. Driver 31a (= KRT 1, III, Z. 26. 27) übersetzt: »Take (them), Keret, (as) *peace offerings* in *peace*«; ähnlich J. Gray in: Documents from Old Testament Times, ed. D. W. Thomas, 1961, 120. H. L. Ginsberg hingegen übersetzt die gleiche Stelle (= KRT Z. 130. 131 nach seiner Zählung): »Take it, Keret, In *peace*, In *peace*«; vgl. ANET[2] 144.

[16] S. 133, Nr. 17.

[17] S. 144, Nr. 12.

[18] S. 158, Nr. 111. 113.

[19] S. 124, Nr. 147.

[20] S. 147, Nr. 64.

[21] S. 154, Nr. 109.

[22] Zitiert nach G. R. Driver 148a.

[23] G. R. Driver 121a. 123a (= Shachar and Shalim I, Z. 7. 26).

[24] S. 134, Nr. 18. 21; S. 145, Nr. 54; S. 159, Nr. 177.

[25] S. 155, Nr. 95; S. 159, Nr. 177.

[26] S. 158, Nr. 109; S. 172, Nr. 315.

Wurzel aber wenig für sich[27]. Zutreffender scheint die Deutung der *Ganzheit* zu sein, die H. Bauer annimmt.

Bemerkenswert ist jedoch, daß das Nomen fast nur in literarischen und religiösen Texten und nur einmal in einem Handelstext angetroffen wird, während das Verbum zwar einmal in einem religiösen Text vorhanden ist, sonst aber nur in Briefen, statistischen, Verwaltungs- oder Handelstexten auftritt.

§ 3 AKKADISCH

Die Wurzel שׁלם ist in großer Fülle in allen historischen Perioden der Sprache Babyloniens und Assyriens belegt. Da sie eine lange Sprachgeschichte hat, ergeben sich eine große Zahl feiner Bedeutungsunterschiede sowie eine Vielfalt an Wortformen. In dieser Studie wird es jedoch nicht möglich sein, das gesamte Wortfeld erschöpfend darzustellen. Es wird deshalb nur ein summarischer Überblick über die Derivate, die ihrer Form nach nicht verbal sind, gegeben. Für das Verbum hingegen soll der Versuch unternommen werden, die Reichhaltigkeit der Bedeutungsunterschiede herauszuarbeiten.

A. Nichtverbale Derivate

I. Formen

Diese Übersicht wird nach den verschiedenen Wortformen, die bekannt sind, eingeteilt, und zwar:

1. *šalâmu*. Nomina: 1. *šalâmu, šalâm, šalam biti, šalam ᵈšamš*. 2. *šalmu*. 3. *šalammu*. 4. *šalamtu, šalamdu, šalamtaš*. 5. *šalmûtu*. Adjektiva: 1. *šalîmu, šalmu, šalimtu, šalintu, šalindu, šalmât*. 2. *šalindû*. Adverbia: 1. *šalimiš, šalmiš, šalmeš*. 2. *šalamtaš, šalamdaš*.

2. *šulmu*. Nomina: 1. *šulmu, šulum, šulmâni*. 2. *šulmânu, šulmanati*. 3. *šullummû*. 4. *šullumtu*. Adverbia: *šulmâniš, šulmânis*.

3. *šalummatu*. Nomina: 1. *šalummu*. 2. *šalumtu, šalummatu(m)*.

II. Lexikalische Zusammenstellung der Bedeutungen der einzelnen Wortformen

Diese Aufstellung basiert auf den gängigen Wörterbüchern[1], ist jedoch zum Teil durch Material aus der Sammlung des Assyrian Dictionary im Oriental Institute der University of Chicago ergänzt worden.

1. *šalâmu. šalâmu*: 1. Unversehrtheit: gutes Erhaltensein. 2. Wohlergehen: das Günstige, Wohlfahrt, Wohlstand, Gesundheit, Heil. 3. Frieden: Sicherheit, Schutz, Bündnis. 4. Vollendung: Tod, Untergang (Sonne), Vollzug (einer rituellen Tempel-

---

[27] Vgl. die lexikalischen Zusammenstellungen in den §§ 3—6 sowie die Erörterungen u. S. 293 ff.

[1] F. Delitzsch, Assyrisches Handwörterbuch, 1896; C. Bezold, Babylonisch-Assyrisches Glossar, 1926.

abgabe). 5. Formelhafte Wendungen: *šalam biti* (bzw. *bitu*), als Bezeichnung eines Opfer-ritus; *šalam* ᵈ*šamš*, als Bezeichnung für den Sonnenuntergang.

šalmu: 1. guter Zustand: wohlerhaltener Zustand, Wohlbehaltenheit, das Wohl-erhaltene, Wohlsein, die Guten. 2. Wohlergehen: Freude, Wohlfahrt, Wohlstand, Gesundheit, Heil. 3. gute Ordnung: Sicherheit, Gerechtigkeit, Frieden, Heil. 4. Voll-endung: a) der Tage der Sonne: Sonnenuntergang, Westen. b) des menschlichen Lebens: toter Körper, Leichnam. 5. (Besonderes): Anfang, Bild, Verbindlichkeiten (Handel). 6. Formelhafte Wendungen: *sâlmu-kênu*-Formel, *šalam biti* Zeremonie.

šalammu: das Vollkommene, Vollkommenheit, Helligkeit, Zahlung, Angebot.

šalamtu: wörtlich: »fertiger« (sc. Körper), oder »der vollendet hat«. 1. toter Körper: Leiche, Leichnam, Kadaver, Körper. 2. Totengeist.

šalmûtu: 1. guter Zustand: das Günstige, Wohlbehaltensein, Heilsein. 2. Wohl-befinden: Wohlfahrt, Sicherheit, Frieden, Heil. 3. das Ganze.

šalîmu: 1. integer: ganz, alles. 2. unversehrt: unverletzt, fehlerlos, ohne Schaden, ganz, in ordentlichem Zustand, wohl erhalten, heil. 3. gut: angenehm, günstig, vorteil-haft, glücklich. 4. heilvoll: heilsam, heilbringend, begünstigt, glückbringend, vor Nach-teil bewahrt, erfolgreich, gnädig. 5. wohlbehalten: wohlbestellt, gesund, sicher. 6. in Ordnung: ordentlich, wie es Ritus ist, korrekt, passend, zutreffend, recht, richtig, ausreichend, am richtigen Platz. 7. friedlich: friedvoll, in Frieden. 8. vollständig: voll-kommen, beendet, bestimmt. 9. unbescholten: verläßlich, aufrichtig, treu. 10. (Beson-deres): groß, zahlungsfähig, böse.

šalimtu: 1. Unversehrtheit: Wohlsein, Wohlbefinden, Heil. 2. Frieden. 3. Fülle: Wohlerhabenheit (der Götter).

šalindû: Ruhe.

šalmiš: 1. wohlbehalten: unverletzt, in Wohlsein, in Sicherheit. 2. glücklich: gedeihlich, gnädig, im Heil. 3. gesund. 4. friedlich: in Frieden.

šalmataš: wie ein toter Körper, gleich einem Leichnam.

2. *šulmu. šulmu:* 1. Wohlsein: äußeres und inneres Wohlergehen, Wohlbefinden, Wohlbehaltenheit. 2. Heil (so oft in Briefeingängen, woraus sich entwickelt): Huldi-gungsgruß, Gruß, Befinden, sowie die formelhafte Wendung *šulum(u) balâtu* Heil und Wohlfahrt. 3. Friede: Sicherheit, Friedensbann (?). 4. Unversehrtheit: Fehlerlosigkeit (beim Opfer), guter Zustand. 5. Untergang (Sonne). 6. Blase: Fettauge (auf einer Öl-schicht), Blase (an der Leber).

šulmânu: 1. Friedensgabe: Begrüßungsgeschenk, Geschenk, Gabe. 2. Bezeichnung für einen Gottesnamen.

šullummû: unversehrter Zustand.

šullumtu: Unterhaltungskosten.

šulmâniš: wohlbehalten.

3. *šalummatu. šalummu:* Glanz.

šalummatum: 1. dunkler, schreckenerregender Glanz: furchterregender Glanz, furchtbarer Glanz, schreckenerregender Glanz, glänzender Glanz, Furchtbarkeit und Glanz, Schrecken, dunkler Schreckensglanz, ehrfurchterweckender Glanz, ehrfurcht-erweckende Glorie, Ehrfurcht und Glorie, Ehrfurcht. 2. Herrscherglanz: Majestät, Glorie, Glanz und Glorie, Herrlichkeit. 3. Glanz: funkelnder Glanz, funkelnder Schein, Helligkeit, Fackelschein, Fülle des Glanzes.

III. Zusammenfassung

Die Grundbedeutung der nichtverbalen Formen der Wurzel ist *unversehrter Zustand*. Das zentrale Element jedes Bedeutungsgehaltes ist die *Vorstellung der Ganzheit*.

In den ersten beiden Gruppen handelt es sich allgemein um ein *Ganzes, das innerhalb einer gegebenen Ordnung vorhanden ist*. Es drückt sich zunächst im Begriff der *Vollständigkeit* aus. Soweit Ganzheit auf das menschliche Sein und seine Erfahrungswelt bezogen ist, bedeutet sie soviel wie Heil, Gesundheit, Wohlergehen, Friede, das Gute und auch Glück, also *etwas Heilvolles, etwas mit Ganzheit Erfülltes*. Ganzheit kann aber auch zum Ausdruck bringen, *daß etwas in Erfüllung gegangen ist*; oder zeitlich gesehen, *daß ein Ende erreicht worden ist*; in bezug auf den Verlauf des menschlichen Lebens bezeichnet sie *das, was nach der Beendigung des Lebens übriggeblieben ist*, d. h. die Leiche, den unbelebten Körper. In Briefen wird der Begriff der Ganzheit sehr abgeschwächt verwandt und tritt vielfach an die Stelle eines *Grußes*.

Die Form *šalummatu* ist in bezug auf ihren Bedeutungsbereich singulär. Obwohl Mullo-Weir die Ansicht vertritt, daß sie etymologisch nicht abgeleitet werden kann[2], wird man sie wohl der Wurzel שׁלם zurechnen dürfen. W. von Soden charakterisiert ihre Grundbedeutung als *dunkler schreckenerregender Glanz*[3]. Bemerkenswert ist weiterhin die Tatsache, daß eine große Anzahl der dem Wort zugeordneten Objekte in die sakrale Sphäre weist, womit es sich als ein Wort ausweist, das mit einem numinosen Bedeutungsgehalt behaftet zu sein scheint[4]. Von diesem Sachverhalt ausgehend, wird wahrscheinlich anzunehmen sein, daß es sich bei dem Inhalt von *šalummatu* nicht um die Beschreibung eines kognitiv faßbaren Objektes handelt, also nicht um die Mitteilung von Informationen, sondern um Aussagen über die innere Erfahrung des Ergriffenseins von einem Phänomen, d. h. um Aussagen, die symbolhaften Charakter haben. Wir stoßen hierbei möglicherweise auf einen Bedeutungsgehalt, dessen Aussagendes »über sich selbst hinaus weist« (P. Tillich), indem es »die Wahrheit entbirgt« (M. Heidegger)[5].

Für den gesamten Bereich der nichtverbalen Derivate der Wurzel läßt sich allgemein feststellen, daß die Bedeutung *Ganzheit* ein sehr weites Anwendungsfeld gefunden und dadurch eine Fülle von Bedeutungsnüancen angenommen hat. Die Grundbedeutung ist im Ver-

---

[2] J. C. Mullo-Weir, Notiz zu Accadian Prayers in den *šalummatu*-Belegen des Archivs des Assyrian Dictionary im Oriental Institute of The University of Chicago.

[3] W. v. Soden, Notiz zu den *šalummatu*-Belegen a. a. O.

[4] W. v. Soden, Grundriß der akkadischen Grammatik, 1952, 63.

[5] M. Heidegger, Sein und Zeit, 1963[10], 38. Zu dem hier vorausgesetzten Verständnis der Symbole vgl. P. Tillich, Systematic Theology, I 1959, 239.

lauf der sprachlichen Entwicklung vielfach sehr abgeblaßt, aber dennoch überall deutlich erkennbar. Auf Grund einer derartig weitverzweigten und zeitlich langen Entwicklung des Begriffes der Ganzheit kann angenommen werden, daß im Akkadischen die Wurzel sehr alt ist und vielleicht schon den frühesten Formen der Sprache angehört hat.

B. Das Verbum

Von wenigen Ausnahmen abgesehen, kommt das Verbum nur im Grundstamm und im Intensivstamm vor. In beiden Stämmen findet es sich in allen Zeiten und Modi.

Am größten ist der Formenreichtum beim Grundstamm, von dem fast alle Formen belegt werden können. Der Intensivstamm weist nicht ganz so viele Formen wie der Grundstamm auf; aber auch bei ihm lassen sich fast alle Formen belegen. Vereinzelt finden sich Formen anderer Stämme und zwar des Kausativstammes, des Passivstammes, des medialen Grundstammes, des medialen Intensivstammes, des medialen Kausativstammes und des intensiven Kausativstammes.

I. Die Bedeutung des Verbums innerhalb der literarischen Gattungen[6]

M. Noth hat darauf hingewiesen, daß eine vergleichende Untersuchung über die Verwendungsweise des hebr. שָׁלֵם und seiner akk. Parallelen sehr wünschenswert sei[7]. Solch eine Studie sollte eigentlich nicht nur das Nomen, sondern die gesamte Wurzel שלם umfassen. Obgleich in der vorliegenden Arbeit keine grundsätzliche und umfassende Analyse dieses weitreichenden sprachlichen Komplexes vorgenommen werden kann, mag es wenigstens von Nutzen sein, sämtliches Material, soweit es das Verbum *šalâmu* betrifft, darzustellen. Es wird daraus ersichtlich werden können, in welcher Weise und wie weitreichend seine Anwendung innerhalb der babylonischen und assyrischen Literatur ist.

Um die beträchtliche Anzahl der literarischen Belegstellen übersichtlich zu gestalten, werde ich das Material nach den einzelnen Gattungen anordnen, in denen die betr. Verbstämme angetroffen

---

[6] Die Einzelbedeutungen des Verbums, welche in den folgenden Abschnitten angeführt werden, sind der Sammlung der *šalâmu*-Belege aus dem Archiv des Assyrian Dictionary im Oriental Institute of The University of Chicago entnommen, desgl. die hier wiedergegebenen Übersetzungen und literarischen Klassifikationen. Literatur s. u. S. 359—361. Für den genauen Nachweis der einzelnen Belege vgl. W. Eisenbeis, A Study of the Root שלם in the Old Testament, Dissertation, The University of Chicago, 1966, 576—599.

[7] M. Noth, Das atl. Bundschließen im Lichte eines Mari-Textes, in: Ges. St. 1957, 149.

werden⁸. Dieses Verfahren wird es vielleicht ermöglichen, einen Einblick darin zu gewinnen, welcher Sitz im Leben der jeweiligen verbalen Aussage zukommt. Bei diesem Versuch bin ich mir jedoch bewußt, daß sich im Akkadischen keine strikten Grenzen zwischen Nomen, Adjektivum und Verbum ziehen lassen, soweit es ihren Inhalt und ihre Funktion betrifft⁹. Deshalb will die folgende Aufstellung in keiner Weise eine Entscheidung bezüglich der grammatischen Formkategorien sein, sondern vielmehr versuchen, den gesamten Bedeutungsbereich abzustecken, den das Verbum *šalâmu* aufweist.

1. Religiöse Texte

a) Ritualtexte.

G   1. Der das Ritual Vollziehende betet: Möge alles, was ich getan habe, *gedeihen*, möge es *Erfolg haben*; oder er beginnt mit der Formel (die sich als Überschrift findet): Möge dieses im Namen Anus und Antus *ganz* bzw. *unversehrt bleiben*.

2. Der Grundstamm findet sich auch in Vorschriften, die auf den Vollzug oder die Begleitumstände eines Rituals hinweisen. So wird z. B. gesagt, daß etwas vor dem *Untergang* der Sonne geschehen soll, oder für die Sänger wird im Zusammenhang ihrer Pflichten während des Opfers vorgeschrieben: »biter *isallim* dimma malit« sollen sie sagen und (sc. das Mahl) soll am Abend nicht unterbrochen werden.

Gt   Dieser Stamm ist in Ritualvorschriften belegt, die besagen, daß etwas *fehlerlos* sein soll, z. B. das Fleisch eines Böckchens, das Fleisch und die Eingeweide eines Schafböckchens, das Vorzeichen und das Öl, oder GAB.

Dt   Der Stamm findet sich in zwei Mari Ritualen und bedeutet *beendet worden sein*.

b) Orakel.

G   1. In den Orakeln erscheint das Verbum fast ausschließlich im Grundstamm. In der Mehrzahl der Fälle handelt es sich dabei um Vorschriften, die bei der Tierschau für den Ausleger des Orakels gelten. Bedeutungen sind: *vollkommen sein* in bezug auf das Innere eines Lammes, die Galle und den Finger, die Eingeweide und das Herz; dann: *normal sein* von den Eingeweiden eines Schafes, dem Innern eines Schafes, dem Innern eines Lammes, der Mitte eines Lammes; oder: *gesund sein* vom Innern eines Lammes.

2. Belege über das Ergebnis der Orakelschau sagen aus, was unter bestimmten Umständen eintreten wird, z. B. der ärgerliche Gott wird mit dem Menschen *abrechnen*, oder etwas wird *verläßlich sein*.

D   Hier findet sich nur ein Beleg, nämlich: Unter gewissen Bedingungen wird B den Eid des E, dem König von A, *halten*.

c) Leberomen.

G   1. Dieser Stamm ist etwa 150mal belegt und wird hauptsächlich in Formeln angetroffen, die folgendes Schema haben:

---

⁸ Für die einzelnen Verbstämme werden die Bezeichnungen G, D, S, N, Gt, Dt, St und SD verwendet.

⁹ Vgl. W. v. Soden, Grundriß der akkadischen Grammatik, 1952, 99.

»Gesetzt, du hast eine Schau angestellt und der Kopf des Fingers der Leber ist so und so ... so bedeutet das

(a) in der nicht *günstigen* Schau (mit Angabe des Merkmals): Sie *ist günstig*.

(b) in der *günstigen* Schau (mit Angabe des Merkmals): Sie ist nicht *günstig*.«

(c) Vereinzelt kommt auch als Ergebnis der Schau vor: »Sie *ist günstig* und nicht *günstig*«.

šalāmu kann in diesen Fällen als term. techn. bezeichnet werden, der die Bedeutung *günstig sein* hat. Verschiedentlich werden in den Formeln auch andere Bedeutungen für das Verbum angegeben, die aber nicht grundsätzlich von dem genannten term. techn. abweichen. Zu nennen sind hier: *heil sein, normal sein, vollkommen sein, ganz sein, ganz erscheinen* und *vollständig sein*. Zusätzlich zu dieser Formel kommt das Verbum in der gleichen Bedeutung *günstig sein* noch in einem kassitischen Omen und in zwei anderen Omina vor.

2. Bei den Formeln wird das Verbum auch gelegentlich benutzt, um anzugeben, warum eine Leberschau angestellt worden ist. Es bedeutet dann *wohl sein, sich wohl befinden, wohl ergehen* und *gesund werden*.

3. In der Voraussage dessen, was eintreten wird, wird ebenfalls das Verbum gebraucht im Sinne von *günstig bleiben, Heil haben, erfoglreich sein* und *Erfolg haben*.

4. Das Verbum findet sich auch in Vorsprüchen zu Leberomen und wird dann in der folgenden Formel verwendet: »Im Namen (bzw. auf Geheiß) des Anu und der Antu(m) möge *heil sein, gedeihen* oder *vollkommen sein*«.

5. Auch in Leberomen aus Mari wird das Verbum angetroffen mit der Bedeutung *sicher und gesund sein*.

D   Im Rahmen der bei dem Grundstamm angeführten Formeln wird verschiedentlich auch der Intensivstamm verwendet, und zwar bei der Voraussage nach vollendeter Schau. Er bedeutet dann *günstig werden, günstig machen* und *heil machen*.

St   Dieser Stamm ist einmal in den o. a. Formeln belegt und dient zur Charakterisierung der Leberschau, wobei seine Bedeutung *normal sein* ist.

d) Zaubersprüche und Beschwörungen.

Bei den Zaubersprüchen und Beschwörungen, in denen das Verbum vorkommt, handelt es sich fast immer darum, daß eine unerwünschte Lebenssituation beseitigt wird. Sie soll durch einen Zustand ersetzt werden, in dem der Mensch sich wohl fühlt. Dieser Zustand wird erhofft durch Herbeiführung einer völlig neuen Lebenssituation oder auch durch Wiederherstellung des ursprünglichen Zustandes, in dem solches Wohlbefinden schon erfahren worden war. Innerhalb der literarischen Gattung betont der Grundstamm dann den Wunsch oder die Hoffnung, daß die Situation eintreten möge, während der Intensivstamm auf die Macht hinweist, die die Veränderung bewirken kann.

(1) Beschwörungen.

G   1. Das Verbum findet sich hier in Anweisungen für die Ausführung der Beschwörung. Es beschreibt, was eintreten wird, wenn eine bestimmte Handlung durchgeführt wird, z. B. *heil werden*, wenn die Beschwörung dreimal rezitiert wird, oder *gesund bleiben*, wenn der Zauberspruch auf den Nacken der betr. Person gelegt wird.

2. Dieser Stamm wird auch verwendet, um auszudrücken, welches Ergebnis für jemanden oder etwas gewünscht wird. Solche Ergebnisse sind für Personen

Wohlstand erlangen, gesegnet sein oder daß das Wort aus dem Munde *glück-bringend sei.*

3. Schließlich kommt das Verbum auch in wörtlich zitierten Formeln vor und bedeutet dann *wohl sein* im Sinne von *gesund sein.*

D   1. Der Intensivstamm findet mit einer Ausnahme nur in Gottesattributen Ver-wendung. Die Attribute drücken entweder einen Anruf an die Gottheit oder einen Ausruf über die Gottheit aus. Beispiele dafür sind: *Retter* von Ekura, *Heiland* von Ekur, oder: Ein Gott der Marduk *segnet* bzw.: Möge der *schützende* Gott auf meiner Seite sein. In einem Fall wird das Attribut *Heiland* auch auf einen Geist bezogen.

2. Bei der Äußerung eines Wunsches findet sich die Aussage: »Befiehl, daß mein Entschluß ein *glückhafter* sei«.

(2) Shurpu.

G   Der Grundstamm hat als Bedeutungen *wohlbehalten sein* und auch: von der Sünde *reinigen*.

D   1. In bezug auf die Formeln der Shurpu-Serie gilt für den Intensivstamm das Gleiche, das bei den Beschwörungen gesagt wurde: das Verbum wird also zunächst in Gottesattributen angewandt, wobei es sich um Ausrufe handelt, die die Gottheit in ihrer Macht ansprechen. In solchen Aussagen bedeutet es in Verbindung mit Marduk: die Geschichte *vollenden* und das Schicksal *verhängen*; in Verbindung mit anderen Göttern: *versöhnen* oder *wiederherstellen*.

2. Wenn der Stamm als Prädikat mit Objekten gebraucht wird, findet sich: die Sünde *wiedergutmachen*, den Ärger und den Zorn der Gottheit *zum Abschluß bringen* bzw. *besänftigen* oder dem Irren *ein Ende bereiten*.

(3) Gebete.

D   In Gebeten wird nur der Intensivstamm mit der Bedeutung *besänftigen* ange-troffen. Objekte sind die zürnenden Götter und die sumerische Vegetations-göttin Nidaba.

(4) Kudurru.

D   Auf diesen Grenzsteinen finden sich Inschriften, in denen Beteuerungen zum Ausdruck kommen, die alle durch den Intensivstamm wiedergegeben werden. Solche Aussagen und ihre Objekte sind: Gesetze und Verfügungen *zu erhalten*, den Kult Sippars *zu erhalten*, heilige Bräuche *zu erhalten* bzw. *unversehrt zu erhalten*, die Forderung Sippars *auszuführen* und den Kult *zu vollführen*. Außer-dem lassen sich noch *gedeihen lassen* und *Frieden bringen* belegen.

e) Religiöse Aussagen in historischen Texten.

In einer Anzahl von Inschriften kommen verschiedene Aussagen vor, die religiöse Bedeutung haben und in denen nur der Intensivstamm des Verbums gebraucht wird. Sie sind:

D   1. Bitten, die der Herrscher (Nebukadrezzar, Senaherib) an die Gottheit richtet. Hier bedeutet *šullumu* das Werk des Königs *zu Ende führen* bzw. *vollenden* oder dem Königtum bzw. Königreich soll ein gerechter Stab zuteil werden, der dem Volk *Nutzen bringt* oder es *wohl erhält*.

2. Aussagen über Gnadenerweise der Gottheit an den Herrscher (Assurbanipal, Esarhaddon, Nebukadrezzar). In diesen Fällen wird *šullumu* in folgenden

Zusammenhängen gefunden: dem Weg der Königsherrschaft *Schutz angedeihen lassen* und für das Fortleben des Königs oder seiner Seele *Sorge zu tragen*.

3. Feststellungen über die Ausübung des Herrscheramtes, die als göttlicher Auftrag verstanden wird (Assurbanipal, Esarhaddon, Nabonides, Nabopolassar, Nebukadrezzar, Nergilissar). Belege dafür sind einmal: den Kult *ausüben*, als schneller Botschafter jeden Auftrag der Götter *ausführen*, ein Werk zur *Vollendung bringen*, die Zeremonien von Nabu und Marduk *erhalten*, den Kult *wiederherstellen* und die Zeremonien einer Göttin *wieder einführen*. Weiterhin finden sich Feststellungen wie: Nabu gab ein Zepter (sc. in die Hände des Königs), das die Bevölkerung *schützt*, der Gott reicht dem König einen Stab, der das Volk *erhält* oder der König ist ein vertrauenswürdiger Herrscher, der darauf achtet, daß es seinem Lager *gut gehe*.

4. Äußerungen, die mit religiösen Einrichtungen zusammenhängen (Sargon II, Adadnirari II). Wir finden hier folgende Ankündigungen: der König *macht* eine Wallfahrt zum Haus des Tempels des Neujahrsfestes (lit. *beendet* den Marsch bzw. *geht* den Weg *zu Ende*), der König *stellt* die Opfer *zur Verfügung*, die er darbringt, und der König *erhält* die Heiligtümer und Pläne der Götter *vollkommen*.

f) Allgemeine Texte religiösen Inhalts.

G 1. In den verbleibenden, nicht kategorisierten religiösen Texten ist die allgemeine Bedeutung des Grundstammes *wohl sein, wohlbehalten sein, wohlergehen*; oder negativ ausgedrückt: *unbelästigt sein, unversehrt sein*. Diese Bedeutung wird bei Wünschen angetroffen, die eine Person ausspricht. Häufig geschehen solche Äußerungen vor der Gottheit, z. B. vor Marduk, der angerufen wird, d. h. also im Heiligtum. Das Objekt ist in den meisten Fällen das *Wohlsein* oder das *Heilsein*, einmal sind es auch die Lippen. Diese allgemeine Bedeutung kann, entsprechend ihrem Inhalt, in folgender Weise aufgeschlüsselt werden:

a) Wenn das Verbum sich auf das physische Wohlsein des Menschen bezieht, bedeutet es *gesund sein*. In solchen Fällen findet es sich in Wünschen, die Personen vor der Gottheit zum Ausdruck bringen. Verschiedentlich sind sie mit einer Bedingung seitens des Anbetenden verbunden: er will die Gottheit beachten oder anbeten unter der Voraussetzung, daß sein Wunsch *erfüllt wird*. Das Verbum kann auch *heil sein* bedeuten. Die gleiche Bedeutung ist in Vorschriften für einen Opfernden belegt und in einem Wunsch, daß auf den Lippen Gesundheit ruhen solle.

b) Ein anderer allgemeiner Inhalt des Grundstammes ist *in Ordnung sein*. Die verschiedenen Bedeutungsschattierungen sind hier: *richtig sein* in bezug auf einen Stein, *sicher sein* als gewünschtes Ergebnis einer Medizin, *unbescholten sein* sowohl von einer Person, als auch von dem menschlichen Herzen, *ohne Makel sein* bezüglich einer Verordnung für den Monat Eas und Marduks und *ganz und gar richtig sein* von einem Ritual, das Ischtar betrifft.

c) Eine eigene Gruppe bilden solche Bedeutungen wie *friedensvoll sein* für die Lebenstage einer Person, *Heil erfahren* in bezug auf jemanden, der sich auf einem Wege befindet, sei es ein Mensch, sei es eine Armee, *vollkommen sein*, oder, *günstig sein* in Verbindung mit der Lokalität der Stadt eines Gottes und in der Aussage, daß *Gedeihen* bzw. *Glück* von den Lippen komme, d. h. durch ein Wort oder Worte erfolgt.

2. In dem zweiten größeren Bedeutungskomplex ist der Inhalt des Grundstammes der des *Gelingens*. Er wird in der folgenden Formel gefunden: »Auf Befehl des Gottes bzw. der Göttin (Anu, Bêl, Nabû, Bêlit, Bêlia) ... möge *gelingen*«.

a) In einer solchen Gruppe von Aussagen vertritt das Verbum die Vorstellung, daß *Gesundheit erworben worden ist*. Sie wird in verschiedenen Zusammenhängen angetroffen, z. B. in dem Wunsch einer Person und ihrem Versprechen, die Gottheit dann zu preisen, wenn das Ersehnte erfüllt worden ist, als Ergebnis des Befehls der Götter, der einem Menschen gegeben worden ist, als Aussage eines Menschen, der beruhigt worden ist, und auch als Ergebnis einer Sache, die genommen worden ist.

b) Weiterhin müssen solche Ausdrücke erwähnt werden wie: Das »Fleisch« eines Säuglings wird *gut*, d. h. *gesundet*, etwas *erfüllt sich zum Guten*, eine Bitte um Segen *erfüllen* oder ein Gebet, das an Assur gerichtet ist, *wird erfüllt*. In die gleiche Gruppe gehören auch: ein Heiligtum *errichten* und die Bedeutung *vollenden* in der formelhaften Wendung: »Am 11. Tag, (zur) Vollendung der Station (d. h. des Festes) des ... (z. B. Tasmet und Zarbanit)«.

3. In dieser Gruppe der Bedeutungsgehalte liegt dem Verbum die Vorstellung *des Friedens und des Wohlstandes* zugrunde. Beispiele hierfür sind: Ein Gott *redet Frieden zu* einer Göttin, d. h. er *versöhnt sich* mit ihr, der ärgerliche Gott *schließt Frieden* mit einem Menschen, eine Person wendet sich *mit Erfolg* an den Tempel, und der Gott *behandelt* einen Prinzen *gut*.

4. In einem Fall wird der Grundstamm auch in einem Fluch verwendet und hat hier die Bedeutung *untergehen* bzw. *vergehen*: »Dein Vaterland ist wahrhaftig ein *sâhu*, welches (sc. abgeriegelt [?]) worden ist; es soll *untergehen*; es soll nicht überleben!«

D   Die allgemeine Bedeutung des Intensivstammes ist *vollständig machen*, z. B. ausgesagt von der Handlung einer Göttin, oder *vollenden*, ebenfalls auf die Handlung der Götter bezogen, aber auch auf die Zeit, z. B. auf einen Monat, der das Jahr *vollendet*. Drei inhaltliche Hauptlinien lassen sich hier aufzeigen:

1. Es wird lediglich festgestellt, daß etwas *getan wird*, z. B. Anumutum *führt* den Befehl Enlils *aus*. Ebenfalls in einem Befehl findet sich der Ausdruck *die Ausführung veranlassen*. In diese Reihe lassen sich die folgenden Gruppen stellen:

a) *gelingen lassen*, z. B. Šamaš *läßt gelingen*, was jemand tut, oder eine Gottheit *läßt* den Spruch des Mundes *gelingen*. In diesen Zusammenhang gehört auch *ganz machen* in der Äußerung: die Türen eines Hauses *gänzlich fertigstellen*.

b) *günstig stimmen*, z. B. ein Orakel oder die Götter des Landes, die erzürnt worden sind. Weitere Äußerungen sind: Ein Haus *bringt* seinem Erbauer *Heil*, die Gottheit *rettet* den Menschen, möge ein Werk *gelingen lassen* oder soll die Mühe *mit Erfolg krönen*.

c) *gedeihen*; Beispiele dafür sind: Anu möge das Werk der Hände *gedeihen lassen*, Kinkarra *läßt* die Saat *gedeihen*, oder die Pferde *gedeihen*. In diesen Bereich gehört auch die Bedeutung *sicher machen* im Sinne von *sichern* bzw. *schützen*, z. B. der Seher *macht* eine Armee *sicher*, und die Gottheit *macht* die Ruinen *sicher*.

d) In dieser Gruppe sind die folgenden Gottesattribute zu nennen: Marduk ist ein *Heiland*, d. h. *Heilbringer*, oder ein *Retter*; die Gottheit ist die Macht, die alles *zum Guten wendet*, die *Gesundheit gibt* oder die etwas *vollkommen macht*.

2. Eine andere Grundlinie der Bedeutungsgehalte des Verbums betont die Vorstellung *des Erhaltens und Bewahrens*. Diese Vorstellung erscheint in bezug auf die Seele, das Volk, Menschen und das Leben. In den gleichen Bereich gehören die folgenden Gruppen:

a) Die Gottheit möge *unversehrt erhalten*, Marduk möge das Leben *vor Schaden bewahren*, die Gottheit möge den Bittsteller *im Zustande des Wohlbefindens erhalten*, der Betende ersucht die Gottheit, daß er *heil bleiben* möge, obwohl er sie verleumdet hat, und die Gottheit möge einen Ort *vollkommen sein lassen*.

b) Aussagen, die sich auf die *Gesundheit* beziehen: Eine Person *bleibt* auf Veranlassung eines Befehles eines Gottes *gesund*, oder die Pferde werden durch das Eingreifen der Gottheit *im Zustande der Gesundheit erhalten*.

c) In dieser Gruppe finden sich wiederum eine Anzahl Gottesattribute und zwar: Die Gottheit ist der *Schutzgott*, die Macht, die *unversehrt erhält*, die *heil erhält*, die *gesund erhält*, die *bewacht* und die *bewahrt*.

3. Schließlich läßt sich eine Gruppe von Belegstellen des Verbums zusammenstellen, in denen zum Ausdruck kommt, daß ein *ursprünglicher Zustand*, der gestört gewesen ist, *wiederhergestellt wird*, z. B. wird ein Mensch *wiederhergestellt* oder die Gottheit *richtet* die Ruinen *wieder auf*. Im einzelnen ergeben sich die folgenden Untergruppen:

a) Die Bedeutung *einen guten Zustand wiederherstellen*: Eine Göttin wird angerufen, eine Entrechtung *gutzumachen*, Ischtar *brachte* ihren Schrein *wohlbehalten zurück* und etwas *in einen guten Zustand versetzen*.

b) Aussagen über eine *Befriedung* der Gottheit, z. B. die zornige Ischtar *zufrieden machen* oder die Gottheit *versöhnen*.

c) Gottesattribute und zwar: Marduk ist ein *Heiland*, die Gottheit ist die Macht, die *Frieden bringt* und die *erlöst*.

Dt Dieser Stamm ist nur in einem Bußgebet einer Frau mit der Bedeutung *vollendet haben* belegt.

S   Der Stamm ist ebenfalls nur einmal belegt, und zwar in der Aussage: Er *neigte in günstiger Stellung* die kostbaren Steine dem Heiligtum *zu*.

g) Zusammenfassende Übersicht.

G   *ganz sein*: 1. heil sein: wohl sein, gesund sein, richtig sein, heilvoll sein; 2. heil werden: gesund werden, heil verfahren, Erfolg haben; 3. untergehen (Sonne); 4. vergehen (Fluch).

D   *ganz machen*: 1. vollständig machen: ausführen, heil machen, gedeihen lassen; 2. vollständig erhalten: erhalten, heil erhalten, gesund erhalten, halten (Eid); 3. vollständig wiederherstellen: wiederherstellen, heilen, Frieden bringen.

S	in günstiger Weise neigen.	Gt	fehlerlos sein.
Dt	vollenden.	St	normal sein.

2. Literarische Texte

a) Gilgamesch.

G   In diesem Stamm sind der Wunsch »Möge es meiner Seele *wohlergehen!*« und die Äußerung »einen Begleiter *sicher geleiten*« belegt.

D   Beim Intensivstamm finden sich folgende Bedeutungen: einen Begleiter *schützen*, den Zedernwald *erhalten* und die Bitte »O Sin, *bewahre* mich!«.

2*

b) Enuma Eliš.

G   Dieses Werk hat nur den Grundstamm in dem Wunsch »daß ... es *gut* mit ihm *sei*« .

c) Seven Tablets Creation.

G   Hier kann nur der Grundstamm belegt werden: Ein Gewand ist *in ordentlichem Zustand.*

d) Cuthah Legende.

D   Es findet sich hier nur der Intensivstamm mit den Bedeutungen: *in gutem Zustand erhalten*, als Aussage über eine Person und *sicher und gut erhalten*, sowohl auf ein Land, als auch auf das Volk eines Königs bezogen.

e) Zusammenfassende Übersicht.

G   in gutem Zustand sein.   D   in gutem Zustand erhalten.

3. Rechtstexte

a) Codex Hammurapi.

Der Grundstamm ist in diesem Gesetzeswerk nicht belegt. Von den übrigen Stämmen hat der Intensivstamm das Übergewicht.

D   In der Gesetzessprache des Codex ist der Intensivstamm zu einem term. techn. geworden und bedeutet *wiedergutmachen.*

   1. Er kommt in einer Reihe von Gesetzen vor, die es mit eherechtlichen Vorschriften zu tun haben. Hierbei wird bestimmt, daß im Falle einer Scheidung die Mitgift der Frau an sie *zurückzugeben ist.*
   2. Das Verbum wird auch im Zusammenhang mit Vorschriften über Ersatzleistungen gebraucht und bedeutet dann *einen Schaden ersetzen*; z. B. muß der Schafhirte den Viehverlust *ersetzen*, der durch eine Seuche entstanden ist, oder ein Depositenaufbewahrer muß den Schaden *ersetzen*, der infolge seiner Unachtsamkeit durch Verlust des Depositums zustande gekommen ist.
   3. In einem Falle wird das Verbum auch als Selbstbezeichnung des Gesetzgebers verwendet in dem Titel »Hirt, *der Schutz angedeihen läßt*« , d. h. »*Bewacher* der Gerechtigkeit« .

Gt   Dieser Stamm ist im Zusammenhang mit einem Gottesurteil belegt, wobei es sich darum handelt, daß jemand *unverletzt* bzw. *unversehrt* das Untertauchen im Fluß übersteht.

Dt   In dieser Form findet sich das Verbum in einer Gebührenordnung für Ärzte bezüglich der Gebühren, die ein Arzt erheben kann, wenn er den gebrochenen Knochen eines Menschen *wieder in Ordnung bringt* bzw. *in die richtige Lage zurückbringt.*

b) Assyrischer Codex.

Das Verbum ist in diesen Texten sowohl im Grundstamm, als auch im Intensivstamm wiederum term. techn. mit der Grundbedeutung *wiedergutmachen.* Im einzelnen finden sich bei:

G   den Preis für eine Frau *erstatten* oder für den Schaden *bezahlen*, der an Tieren angerichtet worden ist, und im Falle eines Schadenersatzanspruches: *den vollen Betrag erhalten.*

D   den Preis für eine Frau *erstatten*.

c) Allgemeine Texte rechtlichen Inhaltes.

Auch in diesen Texten wird das Verbum in beiden Stämmen als term. techn. im gleichen Sinne wie im Assyrischen Codex verwendet. Die Belege sind wie folgt:

G   1. Dieser Stamm wird zunächst einfach in dem Sinne von *etwas bezahlen* gebraucht. Als Subjekte, die etwas zu bezahlen haben, werden verschiedene Personen genannt. Objekte des Zahlens sind: der Ausgleich für die Mitgift einer Frau, Silber oder Geld. In anderem Zusammenhang ist etwas für einen bestimmten Zeitraum *zu bezahlen*, z. B. im Verlauf von 5 Jahren. Gelegentlich wird auch betont, daß etwas *zum vollen Betrag zu zahlen ist*.

2. Weiterhin kommt die Bedeutung *befriedigen* vor. Sie wird ebenfalls als term. techn. verwendet und bedeutet dann *Schadenersatz leisten*, z. B. vor der Bitterkrauternte.

3. In rechtlichen Verhältnissen, bei denen jemand einen Anspruch hat, wird der Grundstamm in der Bedeutung *sich befriedigen* gebraucht. Auch hierbei ist er term. techn. und heißt dann: *sich an jemandem oder an etwas schadlos halten*. Er ist sowohl absolut belegt, als auch in verschiedenen Zusammenhängen nachgewiesen, z. B. vor der Bitterkrauternte, an einem Feld, am Anteil eines Feldes, an einem Stadtgrundstück, an einer Person, an einem Herrn und an einer Stadt.

D   Der Intensivstamm zeigt die gleiche Grundbedeutung wie der Grundstamm mit etwa derselben Variationsbreite des Ausdrucks im einzelnen.

1. Zunächst bedeutet er *in Ordnung bringen*, vor allem im Sinne von *zahlen* und *bezahlen*, z. B. an eine Person, was die Versammlung auferlegt, zwei *imêru* Getreide oder das, wofür jemand gebürgt hat; dann aber auch *ersetzen*, z. B. einen Toten und *wiedergutmachen*, wenn jemand fälschlicherweise einen Rechtsanspruch geltend gemacht hat oder *jemanden befriedigen* im Sinne von *Schadenersatz leisten*.

2. Der Intensivstamm kann aber auch die Bedeutung *vollenden* haben. So wird er als term. techn. für eine Zeitspanne im Zusammenhang mit einer zu erstattenden Leistung gebraucht und heißt dann *verstreichen* oder *verstreichen lassen*.

d) Zusammenfassende Übersicht.

Im Gt-Stamm ist die Grundbedeutung des Verbums *ganz sein*, während sie in allen anderen Stämmen *ganz machen* repräsentiert. Diese Vorstellung findet ihren Niederschlag in den folgenden juristischen term. techn.:

G/D wiedergutmachen: ersetzen, zahlen.   G   schadlos halten.
D   verstreichen lassen (Zeit).   Dt   wieder in Ordnung bringen.

4. Handelstexte

a) Geschäftliche Abmachungen.

Geschäftliche Kontrakte und Transaktionen sind häufig belegt. In solchen Texten findet sich als allgemeiner Inhalt *ganz gemacht worden sein* für den Grundstamm und *ganz machen* für den Intensivstamm des Verbums. Im einzelnen entwickeln sich aus diesen Grundvorstellungen die folgenden nüancierten Bedeutungen:

G   1. Bei den verschiedensten Bedingungen innerhalb geschäftlicher Verträge ist
die Bedeutung *ganz gemacht worden sein, ganz gemacht haben* häufig in
Gebrauch, und zwar im Zusammenhang mit Fragen der Erfüllbarkeit oder des
Eigentumsvorbehaltes bei den betr. Verträgen. So ist das Verbum zu einem
term. techn. geworden und wird stereotyp und formelhaft verwendet. Sehr
häufig ist die folgende Formel belegt: »Kein anderer Gläubiger hat Macht
bzw. die Verfügungsgewalt darüber, bis der Anspruch des N. *zufriedengestellt*
ist, zufriedengestellt worden ist oder *zufriedengestellt sein wird*«. Als Objekte der
Verschuldung werden genannt: Eigentum, Geld, Silber und Zinsen, der Betrag
der Hypothek für ein Haus, das zur Verfügung gestellt worden ist, Datteln
oder Gerste. Diese Formel erscheint in verschiedenen Varianten, z. B. bis N.
den Anspruch *zufriedenstellt*, dem Anspruch *Genüge tut*, bis N. sein Silber
erhält, sein Silber *erhalten haben wird*, bis das Silber *zurückerstattet ist*, bis
Silber, Gerste und Datteln *zurückerstattet worden sind* und bis die Schuld oder
das Geld *wieder in Ordnung gebracht ist*.

2. Der gleiche Sachverhalt liegt bei verschiedenen geschäftlichen Abmachungen vor, in denen es sich um Pfandleihen oder Eigentumsvorbehalt
handelt.

a) Das Verbum bedeutet hier zunächst *bezahlen*, z. B. Silber. Es kann aber auch
für das Geld bzw. die Datteln *begleichen* stehen oder für das Geld *zurückerstatten*
und eine Schuld *abzahlen* bzw. *zurückzahlen*.

b) In der Mehrzahl der Fälle hat das Verbum die Bedeutung *empfangen*. Beispiele
dafür sind: Geld oder Geld und Datteln *sind beglichen worden*, Geld *ist zurück-*
gezahlt worden, (die Forderung an) Silber und Zinsen *ist befriedigt worden*,
Geld, Datteln und 50 Silberschekel *sind zurückerstattet worden*, eine Person
ist gemäß der Forderung, die sie an Silber hat, *entschädigt worden*, *erhält* den
vollen Betrag oder Geld.

3. In anderen geschäftlichen Abmachungen wird der Grundstamm auch in Verbindung mit Laufzeiten für Verträge verwendet und bedeutet dann, daß eine
bestimmte zeitliche Frist *abgelaufen ist*, z. B. vor *Ablauf* von drei Jahren,
von fünf Jahren, vor *Beendigung* von ... Jahren, nach *Vollendung* von 30 Jahren, oder bevor zehn Jahre *verstrichen sind*.

4. In einer Reihe von Verträgen finden sich auch Anweisungen, in denen der
Grundstamm fast in der gleichen Weise gebraucht wird wie sonst der Intensivstamm.

a) Er bedeutet dann *etwas zur Vollendung bringen*, und zwar eine Geschäftsreise
abschließen, ein Maß Gerste *vollständig machen*, d. h. *vollständig füllen*, ein
Haus *fertigstellen* oder Silber als Mitgift *erhalten*.

b) Verschiedentlich ist diese Bedeutung abgeschwächt und bedeutet ganz einfach
etwas tun. Belege dafür sind: Gerste für den Haushalt *zur Verfügung stellen*,
genügen, eine Anleihe *decken*. In einigen Fällen erstarrt diese Bedeutung zu
feststehenden Ausdrücken wie Haushalts*kosten* oder *Beiträge*, z. B. zum Fest
Belits von Sippar.

5. Schließlich hat der Grundstamm auch die Bedeutung *ganz sein* und wird so
für die Charakterisierung von Objekten verwendet. Beispiele sind: *unversehrt*
sein, vollkommenes d. h. *reines* Mehl, *vollständige* Bezahlung eines Hauses, eine
sichere Geschäftsreise oder das Mehl *ist* für ein Haus »*gesund*«.

D   Der Intensivstamm kommt bei Verträgen verhältnismäßig selten vor. Seine Inhalte sind:

1. zunächst *vollenden*, ausgesagt von einer Zeitspanne, einem Haus und in bezug auf 25 landwirtschaftliche Geräte oder auch den Dienst des Herrn *erfüllen*.

2. Weiterhin finden sich: Eigentum *ersetzen*, Lebensmittel *ersetzen* und ein gebrochenes Gefäß *ersetzen*.

3. Endlich sind hier Bedeutungen zu nennen, die ein *Tun* bezeichnen, z. B. Silber *bezahlen* oder etwas *ganz und gar geben*.

SD   In diesem Stamm bedeutet das Verbum *vollgemacht und gegeben haben*, d. h. etwas *vollständig begleichen*.

b) Neuassyrische Wirtschaftstexte.

D   Hier kommt nur der Intensivstamm vor mit der Bedeutung *bezahlen*, z. B. ein Darlehen oder Silber.

c) Neubabylonische Geschäftstexte.

G   1. In diesem Stamm wird das Verbum wiederum als term. techn. im Sinne von *empfangen* bzw. *erhalten* gebraucht. So wird es in Vertragsklauseln verwendet und besonders in der folgenden formelhaften Wendung: »Der und der geschäftliche Zustand bleibt bestehen, bis N. sein Silber *erhält* oder *erhalten hat*«. Die gleiche Bedeutung des Verbums findet sich auch in Empfangsbescheinigungen.

2. Wenn das Verbum zu Laufzeiten von Verträgen in Beziehung gesetzt wird, heißt es *beendigt sein*, z. B. etwas wird im Verlauf von 60 Jahren *abgeschlossen sein*.

D   1. In diesem Stamm entwickelt sich, wie bei den a. o. geschäftlichen Abmachungen, aus der Bedeutung *ganz machen* die Bedeutung *bezahlen*, z. B. Zinsen *bezahlen*. Der gleiche Inhalt des Verbums wird bei Konventionalstrafen angetroffen, z. B. wenn ein Übereinkommen oder ein Kontrakt nicht eingehalten werden, außerdem auch in Vertragsklauseln, die bestimmen, daß Geschäftspartner die Haftung für gemeinsame Schulden übernehmen.

2. An weiteren Bedeutungen finden sich: *gut machen*, die Bezahlung einer Person *liefern*, d. h. sie *leisten*, und etwas *begleichen*.

d) Allgemeine Texte kommerziellen Inhaltes.

G   Das Verbum wird hier absolut gebraucht im Sinne von *bezahlen*, außerdem in Zusammenhängen wie: das Nest, d. h. die Familie, des Geschäftspartners *unangetastet lassen*, oder die Kinder von irgendjemandem *sind sicher*.

e) Zusammenfassende Übersicht.

a) Im allgemeinen werden alle Stämme in der Grundbedeutung *ganz machen* verwendet. Daraus ergeben sich für G/D die folgenden term. techn.: *ersetzen*, *empfangen, bezahlen* und *ablaufen* (eines Termins).

b) In G kommt außerdem die Grundbedeutung *ganz gemacht worden sein* vor, aus der sich der term. techn. *zufriedenstellen* (Anspruch) ableitet.

c) Daneben werden noch die sonst üblichen Bedeutungen des Verbums angetroffen wie   G *vollkommen sein*.   D *vollenden*.   SD *vollendet haben*.

5. Historische Texte

a) Altassyrische Texte.

G   In den Inschriften verschiedener Herrscher kommt nur dieser Stamm mit der Bedeutung *wohl ergehen* vor. Er findet sich in der formelhaften Wendung: »N ... für sein Leben und das *Wohlergehen* seiner bzw. meiner Stadt ...«. Die folgenden Herrscher werden genannt: Puzur-Aššur, Enlilnasir, Aššu(r)bêlnišêšu, Aššurballit und Enlilnarâru.

b) Altbabylonische Texte.

D   Der Intensivstamm ist nur einmal in dem folgenden Zusammenhang in einer Inschrift von Kadašmanḫarbe belegt: eine Armee *bei voller Stärke erhalten*.

c) Neuassyrische Texte.

G   In dieser Gruppe findet sich eine Formel, die der bereits in den altassyrischen Texten erwähnten ähnlich ist. Sie lautet: »Šalmaneser (III) ... für das Leben, *die Sicherheit* seiner Stadt«. Außerdem ist das Verbum in der Bedeutung *zur Vollendung gebracht haben* belegt.

D   Die Mehrzahl aller Inschriften ist in diesem Stamm belegt. Im einzelnen ergibt sich:

1. Die Grundbedeutung *ganz machen*, z. B. den Gang zum Hause des Neujahrsfestes *beenden*, d. h. eine Wallfahrt *machen*, das Werk der Hände *zu Ende führen*, und eine Anordnung *bestätigen*.

2. Der Stamm kann auch ganz allgemein im Sinne von *etwas tun* gebraucht werden und heißt dann z. B. (sc. jede Einzelheit) des Kultes *ausführen*, Opfer *bereitstellen*, die man darbringt, jemanden dem König (sc. zusammen?) mit Gaben *überreichen*; er ist auch in der Wendung *»die Aufstellung* des Lagers« belegt.

3. Eine andere Bedeutung ist *ganz erhalten*; Beispiele dafür sind: das Werk der Hände des Königs *gedeihen lassen*, einen Pfad *beschützen* und *nach dem Wohlergehen* des Lagers *schauen*. Hierzu lassen sich auch die folgenden Gottesattribute stellen: *Schutz*gott, ein Gott, *der Schutz gewährt* oder ein Gott, der den Weg des Königstums seinem *Schutz unterstellt*.

4. Schließlich findet sich noch die Bedeutung *wieder ganz machen*, z. B. den Verlust von Sippar *wiedergutmachen*; sie ist auch in den folgenden Selbstaussagen von Herrschern belegt: die Ruinen *wiederaufbauen*, den Kultus *wiedereinsetzen* und die Zeremonien einer Göttin *wiedereinführen*.

S   Dieser Stamm kommt nur einmal in der Aussage »Edelsteine *in günstiger Weise* vor dem Heiligtum *neigen*« vor.

d) Neubabylonische Texte.

(1) Chaldäische Könige.

Wir treffen hier fast das gleiche Bild wie in dem vorhergehenden Abschnitt an:

G   weist die folgenden Bedeutungsgehalte auf: *vollkommen sein*, Hände und Füße *sind in gutem Zustand* und etwas *zufriedenstellend machen*.

D   1. In diesem Stamm finden wir zuerst *vollkommen machen*, z. B. ein Werk ohne Unterbrechung *zu Ende führen* und dem Herrn eines Hauses *Gedeihen bringen*.

2. Diese Gruppe hat als Bedeutung *erhalten*. Beispiele sind: die Zeremonien Nabus und Marduks oder das Volk *erhalten*, die Götter *erhalten* die Nachkommenschaft, die Seele und den Samen des Königs, sie legen das Zepter in die Hand des Königs, um das Volk *zu schützen*, und sie schenken dem König einen gerechten Herrschaftsstab, damit er dem Volk *nütze* bzw. damit es ihm *wohl ergehe*. Der König *erhält* die Heiligtümer und Pläne der Götter *vollkommen*, d. h. er *erhält* die Heiligtümer *in tadellosem Zustand* und *richtet sich vollkommen* nach den Plänen der Götter, und beim Holzfällen *ist* er auch *erfolgreich*. In diesen Zusammenhang gehört auch der Ausdruck *bestens* bzw. *den Maßstäben vollends genügen*.

3. An sonstigen Bedeutungen finden sich: der König *stellt* das Haus (sc. eines Gottes?) *wieder her* und den Auftrag der Götter *ausführen*.

(2) Persische Könige.

G   Nur dieser Stamm ist belegt. Er bedeutet einmal *vollenden* bzw. *vervollständigen* und im Reden gegen eine hochgestellte Person *erfolgreich sein*.

e) Allgemeine historische Texte.

G   In diesem Stamm wird nur eine Aussage gefunden: das an Ašur gerichtete Gebet *ist erfüllt*.

D   Die folgenden Belege lassen sich für *šullumu* zusammenstellen: Distrikte *vervollständigen*, die Wendung »Zepter des *Gedeihens*«, dann: die Ruinen aller Heiligtümer *wiederaufrichten* oder *sichern*, das Volk *schonen*, nicht das eigene Leben *schonen*, ein Orakel *günstig machen*, d. h. *zum Günstigen wenden* und ein Werk *gelingen lassen*.

f) Zusammenfassende Übersicht.

Beide Hauptstämme des Verbums zeigen in diesen Texten eine große Variationsbreite. In den alten Texten hat der Grundstamm das Übergewicht, während er in den späteren Texten nur spärlich vertreten ist. Die Hauptbedeutungen sind:

G   in gutem Zustand sein, zur Vollendung gebracht worden sein, vollenden, wiederherstellen.

D   vollenden, bestätigen, durchführen, erhalten, in Ordnung bringen.

S   günstig neigen.

6. Briefe

a) Altbabylonische Briefe.

G   Der Grundstamm ist mit der Bedeutung *wohl sein* belegt.

D   Dieser Stamm kommt im Zusammenhang mit etwas für jemanden *vollenden* vor.

b) Die Tell el Amarna-Briefe.

G   1. Die Bedeutung, die am häufigsten angetroffen wird, ist *sich wohlbefinden*, *im Zustande guter Gesundheit sein* im Sinne von *in Ordnung sein*. Das wird ausgesagt von verschiedenen Städten, die sich wohlbefinden oder wohlbefunden haben, z. B. von Gubla, Sidon, der Stadt bzw. den Städten des Königs, d. h. des Pharao. Eine ähnliche Formulierung findet sich auch in bezug auf das Land des Königs von Alasia. Die gleiche Bedeutung des Verbums kommt auch als formelhafte Wendung in der Korrespondenz des Pharao mit seinen Souzeränitätsfürsten vor. In Briefen des Pharao an die Fürsten lautet sie: »Wisse, daß der König *sich wohlbefindet* wie die Sonne am Himmel«. Die Fürsten versichern ihrem Oberherrn: »Mögest du wissen, daß ich *mich wohlbefinde*«.

2. Eine andere Bedeutung ist *wohlbehalten sein*. Beispiele sind: ein Ort oder die Städte des Königs *sind wohlbehalten*, ein Distrikt *ist gesund*. In einem Wunsch, der an den Pharao gerichtet ist, findet sich: Möge deine Gesundheit *vollkommen sein*, oder einem Briefempfänger wird gewünscht, daß er *in Frieden sein* möge.

3. An weiteren Bedeutungen finden sich: Die Rückeroberung einer Stadt *ist gelungen* und häufig: *eine Übereinkunft treffen* bzw. *einig sein*, eine Aussage, die auf die Stadtherren und Abdi-aširta, die Stadtherren und Abdi-aširtas Söhne, den Regenten und Aziru oder auf alle Leute in Amurri und die Leute von Tyrus, Beruta und Sidon bezogen ist.

4. Mit der Übersetzung ,,die Länder *vergehen*" nimmt G. Ebeling für das Verbum an, daß es auch den Sinn von *vernichtet werden* oder *zugrunde gehen* haben kann.

D   In diesem Stamm finden sich als Belege nur einen Schaden *ersetzen* und weggenommenes Geld *zurückerstatten*.

c) Neubabylonische Briefe.

G   *unversehrt sein.*

D   das Pflanzen *zu Ende führen.*

d) Allgemeine Briefe.

Bei der Mehrzahl der Briefe sind im Gebrauch der einzelnen Stämme des Verbums keine scharfen Abgrenzungen festzustellen. Man gewinnt den Eindruck, daß *šalâmu* ein »Allerweltswort« ist und daher sehr allgemein und oberflächlich gebraucht wird.

In einigen Fällen werden Grundstamm und Intensivstamm nicht mehr bedeutungsmäßig unterschieden; zunächst kann dies belegt werden, wenn das Verbum etwas *vollenden* bedeutet. Beispiele sind: Der Mond *ist* am Neujahrstag *vollendet*, *vollendet* seinen Lauf im Monat Niši; andere Objekte sind: das Werk, der Tempel, die Annäherung an eine Stadt, der 15. Tag des Akaru-Monats und die Anzahl der Personen einer militärischen Einheit. Weiterhin finden wir in beiden Stämmen die Bedeutungen *sicher bringen* bzw. *zurückbringen*, z. B. die Truppen oder die Göttin, und *entgelten*, z. B. dem König, die Freundlichkeit des Königs oder den Babyloniern, die zur Wache des Königs gehören.

An speziellen Bedeutungsgehalten lassen sich die folgenden für die einzelnen Stämme belegen:

G   1. Zuerst ist hier *ganz geworden sein* zu nennen. Die Zusammenhänge sind die folgenden: *vervollkommnet worden sein*, Beschwörungen *vollenden*, Befehle *sind ausgeführt worden*, eine Forderung *ist erfüllt*, und eine volle Anzahl *ist erreicht*.

2. Ein anderer Inhalt dieses Stammes ist *in gutem Zustand sein*, der sowohl auf ein Schiff als auch auf eine Stadt und Festung bezogen wird. In diese Gruppe gehören auch Bedeutungen wie *wohl sein*, die in einer Selbstaussage »Mir geht es wohl« oder als Wunsch für den Empfänger eines Briefes gebraucht wird, dann: *in Ordnung sein*, eine Bedeutung, die sich als allgemeine Mitteilung über jemanden oder etwas findet. Die Beziehungen sind vielfältig, z. B. ist hier das Verb auf den König bezogen oder auf eine Frau, auf junge Leute, ferner auf Tiere, z. B. auf Ochsen, und auch auf Sachen, z. B. auf ein Haus. Verschiedentlich bedeutet in solchen Zusammenhängen das Verbum das *Wohlergehen* oder

Gesundheit, z. B. die eines Kronprinzen. In diese Bedeutungsgruppe gehören schließlich noch die folgenden Aussagen: *in Frieden leben,* die Leute von Pukudu sind *sicher, glückhaft sein, gedeihen,* die Stadt Larsa *blüht und gedeiht* und *das Gedeihen verursachen.*

3. Eine weitere Bedeutung ist *wiedergutmachen* und wird in folgenden Zusammenhängen angetroffen: einen Verlust *ersetzen,* Ruinen *werden in Ordnung gebracht,* und eine Person *wird* von der gerichtlichen Anklage *befreit.*

4. Abschließend können allgemeine Ausdrücke zusammengefaßt werden, die nichts weiter besagen, als daß etwas *geschieht.* Sie sind: eine Person *bekümmert sich* um einen Notstand, jemandem *passen* bzw. *gelegen kommen,* ein Fest *dauert* eine Reihe von Tagen, und ein Kanal ist *außerordentlich* breit gemacht worden.

D 1. Eine allgemeine Bedeutung des Intensivstammes ist *etwas in einem guten Zustand erhalten,* z. B. Schafe. Andere hierher gehörige Ausdrücke sind: Bel und Anu *erhalten in Sicherheit,* d. h. *schützen,* oder Menschen, die Stadt bzw. das Volk *bewahren,* dann *die Erhaltung* irgendeiner Sache und ein Versprechen *halten.*

2. Der Stamm kann aber auch im Sinne von *ausführen* bzw. *durchführen und vollenden* gebraucht werden, z. B. in Verbindung mit Beschwörungen eines schriftlich festgelegten Rituals. Ähnliche Ausdrücke sind: zu einer Zeit etwas *erfüllen,* sei es das Gebot oder die Botschaft des Königs, dann *etwas zustande bringen* bzw. *erreichen* und eine Person *belohnen.*

3. Weiterhin findet sich als allgemeinerer Inhalt, daß *etwas in den Zustand einer guten Ordnung gebracht wird,* so z. B. Sippar. Im weiteren Sinne gehören zu dieser Gruppe: die Ruinen *ausbessern* bzw. *wieder aufrichten* und auch jemandem eine Person *übergeben* bzw. *ausliefern.*

4. Auch in diesem Stamm findet sich das Verbum ganz einfach in der Bedeutung *etwas tun,* und zwar: *ausführen,* was der König geschrieben hat, Marduk und Sarpanitum *führen* dem König Menschen *zu* und einen Brief hinsichtlich einer Sache *vorbereiten,* die durch den König zu veranlassen ist.

Dt Nur ein Beleg ist vorhanden: Ein Opfer *ist vollendet* bzw. *beendet.*

N Die folgenden Ausdrücke sind belegt: Ein Haus *ist fertiggestellt,* und Könige *sind versöhnt.*

SD In diesem Stamm kommen vor: am fünften Tag etwas *vollenden* bzw. *beenden, erfüllen,* und Könige *sind wieder eingesetzt.*

e) Zusammenfassende Übersicht.

G/D vollenden.

G vollendet sein, in gutem Zustande sein, in Ordnung bringen, etwas tun.

D in gutem Zustande erhalten, durchführen und vollenden, in einen guten Zustand bringen, etwas tun.

Dt vollendet sein. N etwas zu Ende geführt haben. SD vollenden.

7. Siegel

G Belegt ist nur dieser Stamm in der Bedeutung *Frieden* in der Zeit der Mondfinsternis *haben.*

S. Personennamen

G   (*Ša-*)*lim*-a-hu-um.

D   *Mušallim*-Ašur und Anu-*Mušallim*-Ipšit.

9. Nichtklassifizierte Texte

G   1. Als allgemeinste Bedeutung findet sich *in einem guten Zustande sein*; sie ist
     sowohl auf einen Garten mit Obstbäumen als auch auf ein Palasttor bezogen.
     Zu dieser Gruppe lassen sich stellen: *ganz sein*, *heil sein*, z. B. als Aussage
     von einem Schiff oder vom Zustande einer Person am vierten Tage; dann auch
     Ausdrücke wie *zu jemandes Heil ist es*, daß N. hinter jemandem geht, ein
     Rauschtrank *ist unversehrt* und etwas *ist in Ordnung*.

     2. Im Zusammenhang mit Aussagen über das gesundheitliche Befinden von
     Personen heißt das Verbum *sich wohlbefinden*. Dieser Ausdruck wird in ver-
     schiedener Weise gebraucht: z. B. als Selbstaussage einer Person, aber auch
     als Wunsch: für den Vater oder für mehrere angesprochene Personen in der
     Form: »*Mögest* du *dich wohlbefinden!*«; er findet sich auch als prädikative Aus-
     sage vom Ausspruch des Mundes und schließlich mit verschiedenen Objekten,
     seien es Ochsen, Schafe, Diener, der Tempel oder eine Person. Zu dieser
     Gruppe gehören ferner die Bedeutungen *wohlbehalten sein* bzw. *wohl
     ergehen*. Sie finden Verwendung als Selbstaussage, z. B. von einer Gruppe von
     Personen, und als Wunsch: für eine angesprochene Person, für den Vater und
     in der Aussage »der Gott möge *etwas wohlergehen lassen!*«. Schließlich muß hier
     die Bedeutung *sich in guter Gesundheit befinden* erwähnt werden. Sie wird
     sowohl in Wünschen als auch in Selbstaussagen gebraucht und kann dann
     in guter Gesundheit bleiben, *in guter Gesundheit leben*, *völlig gesund sein*, *sich
     der Seligkeit erfreuen* oder *sich des Heils erfreuen* heißen.

     3. Weiterhin lassen sich zusammenstellen: *richtig sein*, im Gespräch mit einer
     anderen Person *friedlich sein*, die Prüfung einer Angelegenheit *fällt gut aus*,
     und eine Hand ist *geheilt*.

     4. Eine Gruppe für sich sind die folgenden Ausdrücke: *entsprechen*, in bezug auf
     das Verlangen einer Person, und *sich* mit jemandem *versöhnen*.

     5. Schließlich muß noch als Aussage erwähnt werden: »Der Gott eines Menschen
     möge *Grüße verkünden!*«.

D   1. Dieser Stamm hat zunächst die Bedeutung *ganz machen*. Sie wird in den nach-
     stehenden Ausdrücken angetroffen: eine Berechnung *durchführen* bzw. *ab-
     schließen*, einen Befehl *ausführen*, bei der Entbindung *Erfolg haben* und
     jemandem *Heil erwirken*.

     2. Das Verbum kann auch *unversehrt erhalten* bezeichnen, z. B. die Schenkung
     an oder für ein Heiligtum; hierzu gehört weiterhin: einen Rauschtrank *unver-
     sehrt übergeben*.

     3. Abschließend sind noch Ausdrücke mit der Bedeutung *etwas tun* zu nennen,
     z. B. die Rechtstafeln in den Tempel der Götter *stellen*, etwas auf jemandes
     Namen *setzen* oder Leute in einer bestimmten Situation *halten*, damit Bürg-
     schaft für sie geleistet wird.

Zusammenfassende Übersicht

G   sich in einem guten Zustand befinden, ganz machen, richtig sein, entsprechen,
     Grüße verkünden.

D   ganz machen, unversehrt erhalten, etwas tun.

II. Das Wortfeld des Verbums šalâmu

Wenn wir das vorgelegte Material überschauen, so können wir zunächst feststellen, daß das Verbum einen ungewöhnlich breiten Anwendungsbereich hat und eine Vielfalt feinster Bedeutungsschattierungen aufweist. Dieser Sachverhalt deutet mit aller Wahrscheinlichkeit darauf hin, daß šalâmu ein sehr altes Wort ist und eine lange sprachliche Geschichte hat.

Vergleichen wir die obige Aufschlüsselung der spezifischen Einzelinhalte des Verbums mit denen in den Darstellungen bei F. Delitzsch und C. Bezold, so ergibt sich nichts Neues in bezug auf sein Grundverständnis. Auch der erhebliche Zuwachs an Sprachdokumenten seit dem Erscheinen beider Lexika führt zu dem Ergebnis, daß die Wurzel שׁלם, soweit sie durch das Verbum ausgedrückt wird, die Grundbedeutung *Ganzheit* hat.

Anders verhält es sich jedoch mit dem Anwendungsbereich von *šalâmu*. Hier hat das neue Material eine wesentlich größere Vielfalt von Einzelbedeutungen zugänglich gemacht, wie aus der folgenden Zusammenstellung des Wortfeldes ersichtlich wird.

1. Die Bedeutungsgehalte des Verbums šalâmu

G Grundbedeutung: sich im Zustande der Ganzheit befinden.

1. ganz sein: vollständig sein, vollkommen sein. 2. in einem guten Zustand sein: a) in Ordnung sein: unversehrt sein, heil sein, unverletzt sein, unbeschädigt sein, unbelästigt sein, sicher sein, verläßlich sein, ganz erscheinen; b) wohl sein: sich im Zustande des Wohlergehens befinden, wohlergehen, sich wohl befinden, wohlbehalten sein; c) gesund sein: sich im Zustande der Gesundheit befinden, sich guter Gesundheit erfreuen, völlig gesund sein, geheilt sein; d) heilvoll sein: das Heil sein, zu jemandes Heil sein, gesegnet sein, glückverheißend sein, glücklich sein, Wohlstand haben; e) friedlich sein: im Frieden sein mit jemandem, friedfertig sein; f) in Übereinstimmung sein: Übereinstimmen mit jemandem, einig sein; g) richtig sein: normal sein, fehlerlos sein, tadellos sein, ganz genau sein. 3. Ganzheit erfahren: a) Heil erfahren: Heil haben, sich des Heils erfreuen, Frieden haben; b) gedeihen: Erfolg haben, sich des Wohlstandes erfreuen. 4. Zur Ganzheit machen: a) in Ordnung bringen: gesund werden, genesen, sich zum Guten erfüllen; b) ganz geworden sein: vollendet sein, zur Vollkommenheit gebracht worden sein, zufriedenstellen, Ersatz leisten (= term. techn. Recht), gelungen sein, erfüllt sein, wiederhergestellt sein, befreit sein, gut ausgefallen sein. 5. in Ganzheit bleiben: unversehrt bleiben, unversehrt lassen, heil bleiben, gesund bleiben, wohl erhalten, günstig bleiben. 6. ganz verfahren: gut vonstatten gehen, schützen, Frieden »reden«. 7. etwas ganz machen: a) vollenden: beenden, Frieden schließen, glücklich machen, gedeihen lassen, ein Übereinkommen treffen, vergelten, läutern, reinigen (von Sünden), ablaufen (einer Frist = term. techn. Recht); b) untergehen: versinken, verschwinden, vernichtet werden, zerstört werden. 8. etwas wieder zur Ganzheit machen: a) befriedigen: versöhnen; b) zufriedenstellen (= term. techn. Recht, Handel): etwas wiedergutmachen, Schadenersatz leisten, entschädigen, ersetzen, erstatten, zurückgeben, Sicherheit leisten, Genugtuung leisten, einlösen, erfüllen, zahlen, die

ganze Summe zahlen, bezahlen, zurückzahlen; c) »sich befriedigen« (= term. techn.
Recht, Handel): erhalten, die ganze Summe erhalten, sich schadlos halten, Entschädi-
gung erhalten; d) zurückbringen: sicher zurückbringen, sicher geleiten. 9. Fürsorge
treffen: versorgen, aushelfen, unterhalten, aufrechterhalten, zahlen. 10. tun, machen:
sich beschäftigen, einrichten, zustande bringen, ausführen, dauern, nachfolgen, über-
schreiten. 11. Besonderes: Grüße verkünden.

D   Grundbedeutung: etwas zu einem Ganzen machen.

1. ganz machen: a) durchführen und vollenden: vollenden, zur Vollendung
bringen, vollständig machen, zu Ende bringen; b) etwas in einen guten Zustand versetzen: etwas gut ausführen, günstig gestalten, zufriedenstellen, sich die Wohlfahrt
angelegen sein lassen;   c) gedeihen lassen: segnen, Heil verursachen, gedeihen, Wohlstand bringen, Erfolg gewähren; d) erfüllen: (1) etwas ausführen: ausführen lassen,
durchführen, erledigen, zustande bringen, zahlen, die ganze Summe bezahlen, vor-
sorgen, versorgen, abhelfen, unterstützen, vorbereiten, nachfolgen lassen, bestätigen,
formen, bringen, stellen, bewahren, belohnen; (2) beendigen: enden, ablaufen, ablaufen
lassen, verstreichen lassen; 2. etwas in seiner Ganzheit erhalten: a) ganz erhalten:
erhalten, behüten, beschützen, Sicherheit leisten (= term. techn. Recht); b) in gutem
Zustand erhalten: heil erhalten, unversehrt erhalten, wohl bewahren, wohlbehalten
erhalten, vollkommen sein lassen, vollkommen bleiben, sicher erhalten, in Sicherheit
zurückhalten, geschützt bleiben, verschonen, in voller Kraft und Stärke erhalten;
c) gesund erhalten: gesund bleiben, in Gesundheit erhalten, gesund und munter
bleiben; d) einhalten (Eid): sich binden, sich verpflichten. 3. etwas wieder ganz machen:
a) etwas wiederherstellen: ein Ende machen mit, ein Ende setzen, sicher zurückbringen,
wiedereinführen; b) befreien: retten, heilen; c) Frieden bringen: beruhigen, besänftigen,
beilegen (Streit), sühnen, versöhnen, erlösen; d) zufriedenstellen (= term. techn. Recht,
Handel): wiedergutmachen, ersetzen, entschädigen, Schadenersatz leisten, Sicherheit
leisten, zahlen, bezahlen, die ganze Summe zahlen, zurückzahlen, ersetzen, erstatten,
zurückgeben; e) »,sich befriedigen'« (= term. techn. Recht, Handel): empfangen,
erhalten, die ganze Summe erhalten, eintreiben, sich schadlos halten. 4. ganz sein:
erfüllt sein, erfolgreich sein, glücklich sein.

Andere Stämme: S günstig geneigt sein; N befriedigen, sich befriedigen, versöhnt
sein, beendet sein; Gt beendet sein, tadellos sein, unbeschädigt sein; Dt beendet sein,
beendet haben, vollenden, vollendet sein; St normal sein; SD untergehen (Sonne),
erfüllen, vollenden, ersetzt werden, vollständig begleichen, vollgemacht haben.

2. Die Grundbedeutung des Verbums šalâmu

Der Wurzel שׁלם liegt im Akkadischen die Vorstellung der *Ganzheit*
zugrunde. Ganzheit ist stets als ein Gegebenes aufgefaßt, wobei jedoch
zwei verschiedene Bereiche dieses Verständnisses unterschieden
werden müssen. Einerseits wird Ganzheit als ein faktisch Gegebenes
verstanden, das sowohl im materiellen als auch im geistigen Bereich
vorhanden ist und beschrieben werden kann. Andererseits wird Ganzheit als etwas zu Erstrebendes aufgefaßt, als etwas, das sich verwirk-
lichen will.

Im letzteren Fall liegt die Betonung auf dem Potentiellen, denn
Ganzheit wird hier verstanden als etwas, daß nur ideell gegeben ist

und sich noch nicht aktualisiert hat. In Verbindung mit Objekten drückt das Verbum das »noch nicht« aus. Gegeben ist stets das Nichtganze, das entweder selbst zur Ganzheit strebt oder durch Fremdvermittlung zur Ganzheit gebracht wird.

Es finden sich also zwei Vorstellungskreise innerhalb des Anwendungsbereiches des Verbums: der eine bringt ein statisches und der andere ein dynamisches Element zum Ausdruck.

Trotz dieser Verschiedenheit des begrifflichen Vorverständnisses haben beide Vorstellungskreise ein gemeinsames Zentrum. Seine Grundlage kann in einer spezifischen Norm gesehen werden, die jedem Einzelinhalt des Verbums seine ihm eigentümliche Charakteristik des Ganzseins verleiht. Das Gemeinsame ist also nicht von einem vorgegebenen spezifischen Gesamtinhalt her bestimmt, auf den alle Verbinhalte bezogen werden könnten. Jedes Gegebene, jede Situation hat als einzelnes ein stets nur ihm eigentümliches Ganzsein. Derartige Vorstellungen der Normalität und der Vollkommenheit müssen auch dort postuliert werden, wo der Begriff der Ganzheit nicht mehr verstanden worden zu sein scheint, da es in der vorausgegangenen Darstellung des gesamten Materials möglich gewesen ist, jede Einzelbedeutung des Verbums von der Vorstellung der Ganzheit abzuleiten. Dieser Sachverhalt scheint mir darauf hinzuweisen, daß im Akkadischen der Begriff der Ganzheit sehr wahrscheinlich als ein Funktionsbegriff verstanden werden muß und nicht als ein inhaltlich geprägter Begriff.

Soweit der Inhalt des Verbums in Betracht kommt, läßt sich feststellen, daß jeder Gegenstand auf das Verbum bezogen werden kann. Ganzheit als Norm kann sowohl auf alles Anwendung finden, das gegeben ist, als auch auf jede Situation, in der sich der Mensch befindet, wobei es keine Rolle spielt, ob dieses Vorhandene konkret erfahren wird oder ideell gedacht wird. In jedem Einzelfall weist die Norm auf einen Inhalt hin, der durch eine nur ihm zukommende Ganzheit charakterisiert ist. In diesem Sachverhalt mag vielleicht der Grund für die außerordentlich große Anwendungsbreite des Verbums zu finden sein.

a) Grundstamm.

Die allgemeinste Bedeutung des Verbums in diesem Stamm ist *ganz sein* und *in Ordnung sein*. Sie kann sowohl einen Zustand ausdrücken, der gegeben ist, als auch das Ergebnis einer Entwicklung, das erreicht werden soll. Es ist möglich, daß die früheste Bedeutung des Stammes mit dem Ausdruck des Zustandes verbunden gewesen ist und daß die zweite Bedeutung erst in späterer Zeit zur Anwendung kam.

Die Vorstellung des gegebenen Zustandes: Wenn *šalâmu* auf sachliche Objekte bezogen wird, bringt es zum Ausdruck, daß etwas *in einem guten Zustand ist.* Dasselbe kann negativ durch *unversehrt sein* ausgesagt werden. Die Betonung kann aber auch auf dem Andauern oder dem Fortdauern eines Gegebenen liegen; in diesen Fällen unterliegt dem Verbum die Vorstellung *des Erhaltens des Zustandes* oder der Gedanke, daß *etwas in seinem ihm eigenen Sein ist.* In Verbindung mit dem physischen Bereich des Lebens bedeutet Ganzheit zunächst einen Zustand des *Wohlseins.* Auf das menschliche Leben bezogen bedeutet wohl sein ganz allgemein *Gesundheit* oder *gesund sein.*

Der Grundstamm wird aber auch innerhalb des geistigen Bereiches des Lebens verwandt, sowohl für Zustände des persönlichen Lebens, als auch für den Bereich des Sozialen. In solchen Fällen wird er gebraucht, um einen Zustand der *Ordnung,* der *Übereinstimmung* oder der *Zufriedenheit* auszudrücken. Innerhalb der Bereiche des Handels und der Religion findet sich beim Verbum oft die spezifische Vorstellung des *Gedeihens* und des *Segens.* Von besonderer Wichtigkeit ist der Gebrauch des Verbums in der Rechtssprache, wo es term. techn. geworden ist. Es wird hier angewandt, um Rechtsbeziehungen, die zwischen Gläubiger und Schuldner bestehen, zu bezeichnen, nämlich als *der Forderung des Gläubigers Genugtuung leisten* und *Sicherheit für erhaltenen Kredit leisten.*

Die Vorstellung eines Zustandes, der verwirklicht werden soll: In diesem Falle bedeutet das Verbum *ganz werden* und hat dann den Sinn von *zur Vollendung kommen.* Es kann in diesem Zusammenhang als Perfectum gebraucht werden, d. h. es bringt zum Ausdruck, daß eine Entwicklung soeben ihren Endpunkt erreicht hat, aber es kann auch als Perfectum Futuri verwandt werden und so den Gedanken vertreten, daß eine Entwicklung in einer bestimmten, erwarteten Zeit ihr Ziel erreicht haben wird. Oft wird es auch benutzt, um einen Wunsch oder die Möglichkeit für das Zustandekommen des Ganzseins zu bezeichnen. Ein besonderer Sinn unterliegt dem Verbum, wenn es in Verbindung mit der Vollendung des Laufes der Sonne gebraucht wird; es bedeutet dann *Sonnenuntergang.*

In allen anderen Anwendungsbereichen ist diese allgemeine Bedeutung des Grundstammes durch den Gedanken des *Erreichens eines geordneten Zustandes* ausgedrückt. Soweit das Verbum in diesem Zusammenhang auf den Bereich des persönlichen Lebens bezogen ist, bezeichnet es *heil werden, Zufriedenheit* und *zufrieden stellen.* Es kann darüber hinaus noch andere allgemeine Bedeutungen annehmen, wenn es mit spezifischen Strukturelementen einer Entwicklung in Verbindung gebracht wird; hier sind zu nennen: *die vollkommene Ausführung* einer Aufgabe, *der Vollzug* eines Prozesses und *das Gelingen* eines Vorhabens.

Wo wir in Dokumenten auf die Rechtssprache stoßen, zeigt sich, daß das Verbum *šalâmu* wiederum als term. techn. gebraucht wird,

vor allem im Bereich des Privatrechts. Im Zusammenhang mit An-
leihen bedeutet es dem Gläubiger *Schadenersatz leisten,* während es
bei allgemeinen Geschäftsabmachungen *bezahlen* heißt.

b) Der Intensivstamm.

Das Grundelement des Verbums ist in diesem Stamm als die
Aktion eines Subjektes gekennzeichnet: »ganz sein« wird zu *ganz
machen.* Auf den ersten Blick hat es den Anschein, als ob sich die
Bedeutungen des Intensivstammes und des Grundstammes teilweise
überschneiden. Eine genauere Untersuchung beider Stämme zeigt
jedoch, daß dies nicht der Fall ist. Beim Intensivstamm handelt es
sich nicht so sehr um das Ergebnis einer Handlung, also um das Er-
reichte, sondern eher um ein Tun, d. h. das Dynamische der Handlung.

Wie beim Grundstamm können auch hier zwei Vorstellungskreise
unterschieden werden, deren zentrale Vorstellung die des *Erreichten*
ist; im ersten Fall ist es als eine Handlung verstanden, die zum
Abschluß kommt; im zweiten unterliegt ihm der Sinn, daß das Er-
reichte bewahrt und erhalten wird.

Zum Abschluß kommende Handlung: In den meisten Fällen bringt
das Verbum die Vorstellung des *Ganzmachens* zum Ausdruck. Ihr liegt
der Gedanke zugrunde, daß etwas angefangen werden soll und vollendet werden muß oder daß etwas schon angefangen worden ist in der
Hoffnung, daß es vollendet werden wird.

Außer diesem Verständnis des Verbums findet sich in der religiösen Sprache noch die Vorstellung, daß *etwas wiederhergestellt wird,
was bereits vorhanden gewesen ist.* Auf diese Vorstellung gehen die
meisten Bedeutungen des Intensivstammes zurück, deren allge-
meinster Inhalt der Gedanke des *In-Ordnung-Bringens* ist. Er findet
häufig im Bereich des Privatrechts und des Geschäftslebens Verwendung, wo er zu einem term. techn. geworden ist. In der Rechtssphäre wird er für Schadensforderungen gebraucht und bedeutet dann
Schadenersatz leisten; in der Geschäftssprache heißt er *bezahlen.*

Bewahrung des Erreichten: Diese Grundvorstellung hat nicht
einen solchen weiten Anwendungsbereich wie die Vorstellung, daß eine
Handlung zum Abschluß kommt. Sie ist aber genügend belegt und
ermöglicht es uns, daß wir Schlüsse bezüglich des hier vorhandenen
begrifflichen Vorverständnisses ziehen können.

An erster Stelle müssen religiöse Ausdrücke genannt werden,
denen die Vorstellung der *Verbesserung* oder des *Gedeihens* zugrunde
liegt. Es muß zugegeben werden, daß in einer Anzahl von Fällen dieses
Verständnis des Verbums benutzt wird, um den Abschluß einer Handlung zum Ausdruck zu bringen. Es lassen sich jedoch genügend
Bedeutungsgehalte belegen, in denen die gleiche Grundvorstellung der

Verbesserung und des Gedeihens für die nähere Bezeichnung eines dauernden Zustandes Verwendung findet, sei es, daß man ihm immer näher kommen will, oder, wenn er bereits erreicht ist, daß man ihn zu erhalten wünscht.

In den Fällen, in denen vorausgesetzt ist, daß ein Zustand der Ganzheit entweder gegeben worden oder gerade erreicht worden ist, macht *šullumu* oft eine Aussage über die *Erhaltung* bzw. *Bewahrung* eines solchen Zustandes.

3. Erwägungen zur Vorstellung »Ganzheit« beim Verbum

Aus den bisherigen Darlegungen ist ersichtlich geworden, daß die Grundbedeutung des Verbums durch die Vorstellung der Ganzheit charakterisiert ist. Obwohl das Verbum in seiner Anwendung sowohl statische als auch dynamische Züge aufweist, scheint doch das Schwergewicht bei dem Gedanken der Ganzheit auf dem statischen Element zu liegen. Man könnte deshalb vielleicht sagen, daß Ganzheit hier durch Gestalteigenschaften charakterisiert ist, denn in jeder Aussage des Verbums wird Ganzheit vorausgesetzt, sei es als tatsächlich Gegebenes oder als Möglichkeit.

Der Gestaltcharakter dieser Vorstellung zeigt sich aber noch in anderer Weise: Ganzheit wird als etwas verstanden, das jedem Einzelinhalt einer Aussage seine ihm eigentümliche Charakteristik des Ganzseins verleiht. Deshalb kann Ganzheit stets wiederhergestellt werden, wenn sie verlorengegangen ist. Diese Feststellung trifft auch dann zu, wenn Ganzheit faktisch nicht vorhanden gewesen ist, weil sie in derartigen Situationen als Möglichkeit verstanden wird, die aktualisiert werden kann.

Die hier vorgetragenen Beobachtungen gelten sowohl für den Bereich sachlicher Objekte als auch für denjenigen menschlicher Situationen. In jedem individuellen Fall weiß der Mensch, was Ganzheit ist. Selbst wenn das Verbum dynamische Strukturelemente aufweist, drückt es letztlich aus, daß es sich dabei um einen Zwischenzustand handelt. Das Dynamische stellt niemals einen Endzustand dar, sondern setzt stets statische Ganzheit als Endergebnis einer Entwicklung voraus.

Wenn man wagen wollte, etwas über den phänomenologischen Aspekt der Vorstellung der Ganzheit zu sagen, dann könnte man vielleicht darauf hinweisen, daß Ganzheit, soweit sie durch *šalâmu/šullumu* zum Ausdruck kommt, im Zusammenhang mit dem Wesen und der Ordnung der Erscheinungen steht.

§ 4 ARABISCH[1]

Das Erscheinungsbild der Wurzel שלם ähnelt im Arabischen dem Akkadischen, denn die Wurzel mit allen ihren Derivaten umfaßt einen breiten Bedeutungsbereich. Außerdem findet die Wurzel in der Bezeichnung der Religion des Propheten Verwendung, d. h. in dem Wort *Islam*; somit kommt ihrer Anwendung in der arabischen Sprache besondere Bedeutung zu.

Im Zusammenhang dieser Studie ist es nicht möglich, auch nur annähernd einen erschöpfenden Überblick über die Bedeutungsgehalte der Wurzel und ihrer Derivate im Arabischen zu geben. Ich beschränke mich deshalb auf eine kurze Darstellung der einzelnen Wortformen in ihrer Anwendung innerhalb der klassischen und der modernen Schriftsprache[2].

Die Darstellung wird sich hauptsächlich mit solchen Bedeutungen der Derivate befassen, die von Wichtigkeit für das Studium der hebräischen Wurzel שלם sind. Es wird jeweils nur die Grundform des einzelnen Derivates angegeben unter Einschluß einer kurzen Charakterisierung seines Anwendungsbereiches. Derivate, die nicht in diesem Zusammenhang behandelt werden, sind am Ende von Abschnitt I summarisch zusammengestellt.

I. Nichtverbale Derivate

1. Wichtige Bedeutungen im klassischen und modernen Arabisch

a) *salmun, silmun.*

C   Die allgemeine Bedeutung beider Wörter ist *Frieden, Versöhnung,* oft im Sinne von *Frieden stiften, versöhnt werden* oder *sich aussöhnen mit jemandem.* Darüber hinaus bezeichnet *silmun* im einzelnen:

      1. *Ergebensein, Ergebung* oder *Unterwerfung* als *Begrüßung* für jemanden, aber auch im Sinne von *unbedingter Anerkennung,* z. B. eines Befehls.

      2. *die Religion der Muslime.* Die arabischen Autoritäten geben zwei verschiedene Erläuterungen für diese Bedeutung an: a) weil diese Religion eine des Ergebenseins seitens des Gläubigen ist; b) weil diese Religion Unterwerfung unter und Gehorsam gegenüber Gott ist.

      3. *eine Person, die in Eintracht* mit anderen *lebt.*

M   Im modernen Arabisch haben beide Wörter die gleiche Bedeutung. Außerdem ist noch zu erwähnen, daß *silmun* die Bedeutung von *Pazifismus* haben kann, wenn es mit *ḥabba,* d. h. lieben bzw. Liebe hervorrufen, verbunden ist. Das Adjektiv von silmun ist *silmīụun* und bedeutet *friedlich.* Als Substantivum gebraucht wird es zur Bezeichnung für den *Pazifisten.*

---

[1] E. W. Lane, Arabic-English-Lexicon, 1872; H. Wehr, Arabisches Wörterbuch für die Schriftsprache der Gegenwart, 1952; H. Wehr, Supplement zum Arabischen Wörterbuch für die Schriftsprache der Gegenwart, 1959.

[2] C = klassisches Arabisch, M = Schriftsprache der Gegenwart.

b) *salamun.*

C   Dieses Wort wird gelegentlich mit der gleichen Bedeutung wie *silmun* und *salmun* gebraucht (s. d.). Es kann auch soviel wie *salâmun* bedeuten, nämlich *Sicherheit.* In seinem häufigsten Gebrauch hat es jedoch einen eigenen Inhalt:

1. Es heißt *Zahlung* und ist ein term. techn. der Rechtssprache im Zusammenhang mit Termingeschäften. Deshalb bezeichnet es den *Preis für eine Ware,* für die der Verkäufer verantwortlich ist, oder die *Bezahlung einer Ware,* die zu einem späteren Termin zu liefern ist, verbunden mit einem Preisnachlaß seitens des Verkäufers, weil er die Ware zwischen dem Zeitpunkt des Kaufes und dem späteren Zeitpunkt der Lieferung zu seiner Verfügung hatte.
2. Es kann auch *Gefangener* oder das *Gefangennehmen einer Person* bedeuten, d. h. es bezeichnet eine Person, die sich jemandem unterwirft, die keinen Widerstand leistet oder die zur Unterwerfung gebracht wird.

M   In der modernen Sprache hat sich nur die Bedeutung *Termingeschäft* erhalten und ist term. techn. der Rechtssprache als traditioneller Ausdruck des *Fiḳh* im islamischen Recht.

c) *salâmun.*

C   Das Wort *salâmun* bedeutet gemeinhin *Schutz, Sicherheit, Befreiung* oder *Freiheit.* Es wird sowohl absolut gebraucht als auch als Bezeichnung für *Schutz ... vor (von) etwas,* z. B. vor Fehlern, Mängeln, Unvollkommenheit, Gebrechen, Lastern usw., oder einfach *Schutz vor Bösem jeder Art.* Verschiedene Sonderheiten des Gebrauches müssen noch erwähnt werden:

1. Es wird in Begrüßungen gebraucht und bedeutet deshalb einfach *Gruß* oder *Begrüßung* und besonders der *Gruß des Islam.* In *salâmun ʿalaịkum* bedeutet es *Schutz* usw. oder *Frieden* sei auf dir. Dieser Ausdruck bezeichnet eine Aussage über die ununterbrochene Dauer des Schutzes usw. und darf im allgemeinen nur von einem Muslim gebraucht werden. Arabische Autoritäten nehmen an, daß damit der Gedanke »*nichts, was du verabscheust*« oder »*nichts Böses* soll dir künftig zustoßen« verbunden ist. Der Ausdruck *salâmun ʿalaịka* ist ebenfalls ein Gruß, der sowohl am Anfang als auch am Ende eines Briefes Verwendung findet.
2. Ein besonderer religiöser Inhalt kann dem Wort zugeschrieben werden, wenn es als ein Epitheton für Gott verwandt wird, d. h. in der Form *ʾas-salâmu.* Nach der arabischen Tradition kann dieser Ausdruck in verschiedener Weise interpretiert werden: *Gott ist frei von* Mängeln, Unvollkommenheit, einer Beendigung seines Seins; andere Autoren sagen, daß *Gott frei von Veränderungen sei,* d. h. er ist der Ewige, der die Schöpfung vergehen läßt, aber selbst nicht zunichte wird; wieder andere Interpreten erklären die Bedeutung dieses Ausdrucks als *Gott ist der Urheber der Sicherheit* usw. Weiterhin kann dieses Nomen als Gottesname mit »Haus« in *dâru ʾas-salâmi* verbunden werden und so zu einem Appelativum für *Paradies* werden. Die klassischen Schriftsteller geben die folgenden Bedeutungen für diesen Ausdruck an: der Aufenthaltsort Gottes, der Aufenthaltsort der ewigen Sicherheit oder der Platz, wo Befreiung vom Bösen jeglicher Art herrscht, besonders vom Tod, von Gebrechlichkeit und von Krankheit.
3. Das Wort kann außerdem den Gedanken des *sich Entledigens* oder des *Überlassens* als Inhalt haben, wobei es stets auf Personen bezogen ist. Es bedeutet

dann, daß weder Gutes noch Böses zwischen zwei Personen sein soll, d. h. ihre gegenseitige Beziehung ist eine der Neutralität.

M   In der Gegenwartssprache sind die Bedeutungen *Friede* und *Sicherheit* erhalten geblieben. Die Grundbedeutung hat sich jedoch gewandelt und ist jetzt *Unversehrtheit* im Sinne von *Wohlfahrt* und *Heil*, z. B. in Verbindung mit Volk, der Bezeichnung für *Gemeinwohl*. Als besondere Anwendungsbereiche sind zu nennen:

1. Die Verwendung im muslimischen Gruß sowie der religiöse Ausruf ʿ*alaiḥu -ssalâmu*, d. h. *Heil* über ihn, der der Nennung von Namen der Engel oder der vormuhammedanischen Propheten beigefügt wird.

2. Das Gottesepithet wird mit einer größeren Anzahl von Ausdrücken verbunden, z. B. *medinatu -ssalâmi*, d. h. Baghdad oder *nahru -ssalâmi*, d. i. der Tigris.

3. Das Wort ist auch ein Bestandteil von Ausrufen und formelhaften Wendungen im täglichen Leben. Beispiele sind: *iâ salâmu*, ein Ausruf der Bestürzung, besonders, wenn ein Unheil geschehen ist, der *gütiger Himmel!* bzw. *mein Gott!* bedeutet und in der Umgangssprache soviel wie *ach du meine Güte!* heißt. *iâ salâmu* ʿ*alâ* ist ein Ausruf der Trauer oder der Verwunderung und kann mit *dahin ist . . .*, *wie schade ist es . . .* oder auch *wie schön ist es . . .* wiedergegeben werden; als formelhafte Wendungen sind belegt: *ua -ssalâmu*, d. h. *und weiter nichts* oder *und damit gut*, sowie ʿ*alâ . . . ʾas-salâmu*, d. h. *es ist mit . . . vorbei*.

4. Der Plural *salâmâtun* bedeutet *Gruß*, *Salut* und *militärische Ehrenbezeugung*; er wird außerdem als Bezeichnung für die *Nationalhymne* gebraucht.

d) *salâmatun.*

C   Dieses Wort hat den gleichen allgemeinen Bedeutungsgehalt wie *salâmun*, d. h. *Schutz*, *Sicherheit*, *Befreiung* und *Freiheit*. Es kann absolut gebraucht werden oder die Vorstellung zum Ausdruck bringen, daß etwas *frei von . . .* ist.

M   Im modernen Arabisch ist die Grundbedeutung *einwandfreier Zustand, Tadellosigkeit* bzw. *Fehlerlosigkeit*. An Besonderheiten der Anwendung sind zu nennen:

1. Die Grundbedeutung gewinnt Prägnanz in Verbindung mit verschiedenen Begriffen, z. B. *Tadellosigkeit* des Geschmacks ist *guter* Geschmack; dann: *Tadellosigkeit* der Absicht kann sowohl *Aufrichtigkeit*, als auch in *gutem* Glauben (*bona fide*) bedeuten und wird im letzteren Sinne als term. techn. der Rechtssprache gebraucht; oder: *Tadellosigkeit* des Vorhabens bezeichnet die *Arglosigkeit*.

2. Weiterhin ist hier der Begriff der *Unversehrtheit* zu nennen, z. B. als *Integrität* eines Landes.

3. Andere Bedeutungen sind *Wohlergehen*, *Wohlbehaltensein* und *Sicherheit*.

4. Das Wort kann auch den *tadellosen Ablauf* oder das *Gelingen* bezeichnen.

5. Als formelhafte Ausdrücke sind zu erwähnen: der Abschiedsgruß *maʿa -ssalâmati*, d. h. *mit Frieden*, der aber seine religiöse Bedeutung vielfach verloren hat und nur noch im Sinne von *leb' wohl* gebraucht wird, oder in dem Ausruf »Gepriesen sei Gott für die *Unversehrtheit*« bei der Ankunft nach einer glücklich überstandenen Reise, d. h. Gott wird dafür gepriesen, daß der Reisende *wohlbehalten* am Ziel eingetroffen ist.

e) *salîmun, sâlimun.*

C   Das Adjektiv bedeutet *geschützt vor, sicher vor* oder *frei von Bösem jeder Art* und wird gewöhnlich in Verbindung mit Personen gebraucht. Wenn es eine Aussage über das menschliche Herz macht, besagt es *frei von Unglauben, befreit vom Verderben* oder *befreit von einem schlechten Zustand*. Als metaphorischer Ausdruck bezeichnet es die *Verwundung* oder das *im Sterben liegen*.

M   In der modernen Schriftsprache ist die Grundbedeutung des Adjektivs die gleiche, der Anwendungsbereich ist jedoch größer.

1. Zu nennen sind hier die Bedeutungen *ganz, vollständig* und *gesund*. In der Grammatik ist *salîmun* term. techn. für *regelmäßig*, z. B. in der Bezeichnung »*regelmäßiger* Plural«.

2. Das Adjektiv drückt ferner den Begriff der Ganzheit im Sinne von *unversehrt, ganz, fehlerfrei* und *wohlbehalten* aus. In Verbindung mit dem Begriff Umkehrung heißt es *arglos, aufrichtig* oder *gutmütig*; wenn es auf die geistige Verfassung des Menschen bezogen wird, bedeutet es *normal*.

f) *sullamun*.

C   Die allgemeine Bedeutung dieses Wortes ist *Leiter* und *Treppenstufen*. Nach einigen klassischen Schriftstellern wird es so verstanden, weil es jemandem ermöglicht, zu einem hochgelegenen Platz bzw. einem Platz zu gelangen, den man erreichen will; andere Autoritäten sehen in dem Nomen einen Hinweis auf *salâmatun* (Schutz): mit Hilfe einer Leiter (*sullamun*) hofft man, zu einem Ort zu gelangen, an dem *Schutz* vorhanden ist. Ferner wird das Nomen metaphorisch im Sinne von *mittels* gebraucht; die Erklärung dieser Bedeutung durch die Tradition ist, daß man zu etwas anderem »geführt« wird, wie es mittels einer Leiter geschieht, auf der man hinaufsteigt.

M   Das moderne Arabisch weist die gleichen Bedeutungen auf, gebraucht aber dieses Wort noch für *Trittbrett, Skala* (besonders *Tonskala*) und *Werkzeug*.

g) *'al 'islâmu*.

C   *'islâmun* ist *Gottergebenheit, sich Gott weihen*. Es ist die Grundvorstellung der *Religion des Propheten* und wird stets mit dem Artikel gebraucht. In dieser Form kann es auch kollektive Bedeutung haben und *die Muslime, die Mohammedaner* bezeichnen. Das vom Nomen abgeleitete Adjektiv ist *'islamîïun*, d. h. *zum Islam gehörend* oder *auf den Islam bezogen*. Wenn es mit *lafzun* verbunden wird, bedeutet es den neuen Sinn eines Wortes oder eines Satzes, der anläßlich der öffentlichen Verkündigung und Stiftung der Religion des Islam oder auf Grund seines Gebrauches im Quran in die arabische Sprache eingeführt worden ist.

M   In der modernen Schriftsprache haben sich alle diese Bedeutungen erhalten. Darüber hinaus wird *'al 'islâmu* für das *Zeitalter des Islam* verwandt. Das substantivierte Adjektivum *'islâmîïatun* bezeichnet sowohl die *Idee des Islam* als auch *die Eigenschaft des Muslime*.

h) *muslimun*.

C   Das Wort bedeutet *jemandem ergeben sein* oder *jemandem ausgeliefert sein*. Es wird besonders in Verbindung mit Gott gebraucht und heißt dann *aufrichtig im Glauben sein* und *ohne Heuchelei sein*. Allgemein bezeichnet es jemanden, *der sich dem Islam zugehörig weiß* oder ihn *bekennt*, d. h. den *Muslim*.

M   Die gleichen Bedeutungen finden sich auch im modernen Arabisch.

2. Ausdrücke, die nur im klassischen Arabisch belegt sind

Es ist nur das Wort *maslûmun* belegt, das *einer Sache ein gutes Omen für die Sicherheit beimessen* bedeutet.

3. Ausdrücke, die nur im modernen Arabisch vorkommen

Bei diesen Ausdrücken können zwei Anwendungsbereiche unterschieden werden: a) Ausdrücke, die neben ihrem alltäglichen Gebrauch Verwendung in religiösen Aussagen finden und b) Ausdrücke, die in der Handelssprache gebraucht werden.

a) *musâlimun* bedeutet: *friedfertig, friedlich, friedliebend* und allgemein auch *mild, sanft*.

musâlamatun heißt: *Versöhnung, Befriedigung*.

musallamun findet Verwendung als *unversehrt, makellos*, wird aber auch speziell in der Bedeutung *vorbehaltlos angenommen, unbestritten, unstreitig* gebraucht. *'istislâmun* hat sowohl den Inhalt *Unterwerfung, Kapitulation*, als auch den der *Ergebenheit, Ergebung, Resignation* und *Selbstaufgabe*.

b) *taslîmun:* Dieses Wort wird häufig gebraucht und hat einen weiten Anwendungsbereich. Seine Grundbedeutung ist *Übergabe* im Sinne von *Überreichung Aushändigung, Ablieferung* oder *Auslieferung*. An besonderen Inhalten sind zu erwähnen:

(1) Im allgemeinen kaufmännischen Bereich bedeutet es *Lieferung*, bei Postsendungen *Auflieferung*.

(2) Ebenso kann es als *Unterwerfung, Ergebung, Kapitulation* Verwendung finden, wozu die Bedeutungen *Zugeständnis* und *Zustimmung* zu stellen sind. Wenn es mit *bi* verbunden ist, heißt es *Billigung* und *vorbehaltlose Anerkennung*.

(3) Das Wort wird weiterhin für *Begrüßung* gebraucht.

tasallumun: bezeichnet neben *Aufnahme* den *Empfang*, den *Erhalt*, die *Übernahme*.

'istilâmun: bedeutet *Empfang, Entgegennahme, Übernahme*; in Verbindung mit *'afâdatun* ist es term. techn. für *Empfangs*bestätigung.

mustalimun: ist der *Empfänger*.

4. Andere arabische Derivate der Wurzel שׁלם

Die folgenden Ausdrücke haben kein Gewicht für die Untersuchung der hebräischen Wurzel und werden deshalb nur der Vollständigkeit halber angeführt:

C *salamun, salmâ, salâmun, salâmatun, salâmânun, salimânun* = Namen für bebestimmte Bäume; *salimun, silâmun* = Namen für bestimmte Steine; *'abû salmâ* = eine Eidechsenart; *namlu sulaimâna* = Ameisen Salomos, d. h. rote Ameisen; *salmun* = ein lederner Kübel; *maslûmun* = Haut oder Fell, die mit den Blättern des *Salam*baumes gegerbt worden sind; *salâmun* = Teil des Hufes eines Pferdes; *sulâmâ* = (1) ein bestimmter Knochen des Fußes von Kamelen, (2) ein kleiner Knochen, (3) jeder Knochen eines Menschen, (4) ein kleiner Finger- oder Zehenknochen; *'al 'usailimu* = eine bestimmte Vene in der Hand; *'assullamu* = (1) Name für eine Sterngruppe, (2) Steigbügel des Kamelsattels; *salimatun* = (1) eine Frau mit zarten und weichen Gliedmaßen, (2) ein altes, schwaches Kamel.

M *salamun* = eine Akazienart; *sulâmâ, sulâmîiatun* = Fingerknochen, Zehenknochen, *ḥût sulaimânin* = Fisch Salomos, d. h. Lachs; *sulaimânîiun* = Ätzsublimat, Quecksilberchlorid.

II. Das Verbum

Das Verbum ist sowohl im klassischen, als auch im modernen Arabisch in den folgenden Stämmen belegt: I, II, III, IV, V, VI, VIII und X.

1. Stamm I: *salima*

C   Die Grundbedeutung des Verbums ist *geschützt, sicher sein oder werden vor, frei sein oder werden von* jemandem oder einer Sache bzw. jemandem *entrinnen*. Sie kann auf verschiedenste Objekte bezogen werden, z. B. Böses jeder Art, Versuchung, Mißgeschick, Streit, Fehler, Mangel, Unvollkommenheit, Gebrechen oder Laster. Aufmerksamkeit muß besonders den folgenden Anwendungen zugewandt werden:

1. *Sicherheit* ist die Lebenssituation des Menschen, in der er unter dem *Schutz* Gottes steht. Diesem Zustand wird Ausdruck in religiösen Aussagen gegeben wie in »Nein, ich wünsche, daß Gott, der dir seinen *Schutz* angedeihen läßt, dies nicht geschehen läßt!« oder »Ich will es nicht tun, so wahr der Herr helfe, der dir *Schutz gewährt!*«. Das Verbum findet sich in ähnlicher Weise auch in Abschiedssegen für die Scheidenden, z. B. »Scheide mit deiner *Sicherheit!*« oder »Scheide mit dem Urheber deiner *Sicherheit!*«, d. h. »Mögest du *beschützt werden!*«.
2. Wenn das Verbum den Gedanken der Teilnahme zum Ausdruck bringt, heißt es sowohl *frei sein von* und *etwas los werden* als auch *Gefangener sein*.
3. Das Verbum findet auch Verwendung in Verbindung mit dem Sattlergewerbe, z. B. kann es von einem ledernen Gefäß aussagen, daß es *gut, fest* oder *stark* gemacht worden ist.

M   Die Grundbedeutung des Verbums im modernen Arabisch ist die des *Wohlbehaltenseins, Sicherseins* und *Unversehrtseins*. Der Stamm wird für *einwandfrei sein* verwandt und, wenn er auf eine Tatsache bezogen ist, für *gesichert sein* bzw. *klar erwiesen sein*.

2. Stamm II: *sallama*

C   Wörtlich bedeutet dieser Stamm jemanden oder etwas *veranlassen, daß es geschützt, sicher vor* oder *frei von ... ist*, d. h. *schützen, sichern, befreien* vor oder von jemandem bzw. etwas. Objekte des Verbums sind das Böse jeglicher Art, Versuchung usw. Von dieser Grundbedeutung sind abgeleitet:

1. jemanden *mit einem Gebet für seinen Schutz begrüßen* oder *grüßen* (oder für seine Sicherheit, seine Befreiung vom Bösen), d. h. *einen Wunsch* für jemanden oder etwas *hegen*. Das Verbum kann auch einfach die Bedeutung von *begrüßen* oder *grüßen* haben. Wenn dies von Gott ausgesagt wird, bedeutet es jemanden *erretten*. Wenn es in Begrüßungen nach der Erwähnung des Namens des Propheten folgt, bedeutet es den *Wunsch des Friedens*.
2. jemandem etwas *geben, übergeben* oder *überlassen*, z. B. eine Sache, ein Pfand; dem Schneider ein Kleidungsstück oder ein Gewand *überlassen*.
3. jemandem etwas *im voraus geben*, z. B. Wolle, bevor sie bezahlt ist; oder *im voraus bezahlen*, ehe man die Ware erhält.
4. *sich jemandem überlassen*, jemandem *Vollmacht geben* oder *Gewalt geben über* etwas oder über jemand, z. B. der Diener erlaubt seinem Herrn, *Gewalt über* ihn zu haben, oder es wird jemandem *Gewalt gegeben*, einen Menschen zu vernichten. Es bedeutet ebenfalls *zurücklassen, verlassen, im Stich lassen*, z. B.

einen Menschen, und *sich* einer Sache *enthalten,* z. B. *sich* an der Hilfe oder am Beistand für jemanden *nicht beteiligen.*

5. *anerkennen,* daß ein Anspruch, eine Forderung oder ein Gerichtsverfahren wahr oder gerecht sind bzw. es *eingestehen.*

6. Dieser Stamm hat auch eine spezifisch religiöse Bedeutung, und zwar *übereinstimmen mit* oder *seine völlige Zustimmung* dem *geben,* was von Gott befohlen worden ist. Deshalb steht er in solchem Zusammenhang für *sich ergeben in* oder *sich jeglichen Widerstandes gegen* Gottes Gebot *enthalten* und für seine Angelegenheiten Gott *anvertrauen.*

M Die Grundbedeutung des Verbums ist ähnlich im modernen Arabisch, nämlich *unversehrt erhalten, erretten.* Sie hat aber im Laufe der Zeit ein weiteres Anwendungsfeld gefunden als im klassischen Arabisch. Im einzelnen sind hier zu nennen:

1. die allgemeine Verwendung etwas *unversehrt übergeben.* Wird das Verbum in diesem Falle auf den menschlichen Geist bezogen, dann heißt es seinen Geist *aufgeben,* in den letzten Zügen *liegen* bzw. *sterben.*

2. jemanden oder etwas *übergeben, aushändigen* oder *ausliefern.*

3. jemandem etwas *liefern, abliefern* bzw. *zustellen.*

4. jemandem *sich ergeben, sich unterwerfen*; im säkularen Bereich finden sich z. B.: *sich* der Polizei *stellen, sich* jemandem auf Gnade und Ungnade *ausliefern,* die Waffen *strecken*; im religiösen Bereich sind z. B. belegt: seine Sache Gott *anheimstellen, sich* in den Willen Gottes *ergeben.*

5. jemanden *grüßen,* oft in dem Sinne von *sich* jemandem *empfehlen.*

6. *Heil spenden*; in dieser Bedeutung findet der Stamm vor allem Verwendung in der Eulogie nach der Nennung des Namens des Propheten. Beispiel: Gott segne ihn und *schenke* ihm *Heil!*

7. etwas *zugeben*; dieser Inhalt des Stammes wird auch übertragen gebraucht und hat dann den Sinn von *zugestehen, zustimmen, billigen* oder auch *gelten lassen.*

3. Stamm III: *sálama*

C Dieser Stamm hat *Frieden stiften, versöhnt werden* und *sich aussöhnen* als Inhalt, wobei stets der Gedanke eines Zugeständnisses oder eines Vergleiches mit eingeschlossen ist.

M Die gleiche Bedeutung wird in der modernen Schriftsprache angetroffen.

4. Stamm IV: *'aslama*

C Das Verbum wird in diesem Stamm hauptsächlich innerhalb der religiösen Sprache gebraucht. Seine allgemeine Bedeutung ist *sich Gott ergeben, sich Gott überlassen* und *Gott gegenüber demütig sein* oder *werden.* Es bringt ferner zum Ausdruck, daß jemand *in seinem Glauben aufrichtig ist* bzw. *wird* und *Gott gegenüber nicht heuchelt.* Spezielle Anwendungsbereiche sind:

1. *ein Muslim werden,* d. h. in die Gemeinschaft der Anhänger des islamischen Glaubens eintreten, weshalb das Wort auch die Bedeutung *den Islam annehmen* aufweist. Verschiedene klassische Autoritäten legen deshalb ihrer Interpretation des Islam, des Prinzips des Gottesglaubens, diesen Stamm zugrunde; sie fassen Islam auf als Kundgebung der Demut oder Ergebenheit, als Übereinstimmung mit dem Gesetz Gottes oder als den Willen, es auf sich zu nehmen, so zu handeln und zu sprechen, wie es der Prophet getan hat.

2. *etwas preisgeben, nachdem man an etwas gebunden worden ist.* In diesem Zusammenhang hat der IV. Stamm die gleiche Bedeutung wie der II. Stamm, z. B. der Diener *gibt sich ganz hin,* d. h. er gibt dem Herrn Verfügungsgewalt; ferner: *jemand der Macht eines anderen überlassen,* der ihn verletzen oder töten will, oder *jemand* der Vernichtung *preisgeben.*

3. *bezahlen;* in dieser Bedeutung ist der Stamm term. techn. der Handelssprache und bedeutet je nach dem Zusammenhang entweder *im voraus bezahlen* oder *im voraus liefern.*

M   Die Gegenwartssprache gebraucht den Stamm in der gleichen Grundbedeutung *verlassen, im Stich lassen, preisgeben,* wobei jedoch der säkulare Gebrauch stärker in Anwendung kommt als im klassischen Arabisch:

1. Dem Inhalt unterliegt vielfach die Vorstellung des Verrates, weshalb das Verbum in diesem Stamm *verraten* bedeuten kann.

2. Im absoluten Gebrauch des Stammes ist noch die alte religiöse Bedeutung *sich Gott gegenüber ergeben erklären,* erhalten geblieben, weshalb das Verbum *Muslim werden* oder *den Islam annehmen* heißen kann.

3. Der Stamm bedeutet ferner *sich* jemandem *ergeben, sich hingeben an* und wird in diesem Verständnis mit Situationen des täglichen Lebens in Verbindung gebracht. Innerhalb des religiösen Bereiches findet er sich im Zusammenhang mit Aussagen über Gott, z. B. seine Sache Gott *anheimstellen* oder *sich* in den Willen Gottes *ergeben.* Unter Ellipse von *nafasahu* heißt das Verbum auch *sterben, den Geist aufgeben.*

4. Eine weitere Bedeutung ist jemandem etwas *übergeben,* die je nach ihrem Bezug mit *überlassen, ausliefern, überantworten* oder *anheimgeben* wiedergegeben werden kann.

5. Gelegentlich heißt das Verbum *sinken lassen,* z. B. den Kopf auf das Knie sinken lassen.

5. Stamm V: *tassallama*

C   Der V. Stamm bringt zum Ausdruck, daß jemand *behauptet* oder *erklärt, von* einer Sache bzw. Person *befreit zu sein, sich* ihrer *entledigt zu haben.* Er kann ebenfalls *annehmen* und *empfangen* bedeuten.

M   Im modernen Arabisch hat dieser Stamm *empfangen* bzw. *erhalten* als Grundbedeutung angenommen. Sie findet sich in Ausdrücken wie etwas *aufnehmen* oder etwas *über sich ergehen lassen.* Wenn der Stamm in Verbindung mit Herrschaft oder der Leitung einer Sache gebraucht wird, heißt er *übernehmen.*

6. Stamm VI: *tasâlama*

C   In diesem Stamm bedeutet das Verbum *Frieden schließen* und *sich miteinander versöhnen.* In Verbindung mit Pferden heißt es: beide Pferde *in der gleichen Gangart halten.* Diese letzte Bedeutung wird metaphorisch in einem Sprichwort über jemanden, der häufig lügt, gebraucht: »Seine beiden Reitertruppen wollen nicht *die gleiche Gangart einhalten* «, was soviel besagt wie »seine Aussagen *stimmen* nicht *überein*« oder »er wird nicht *die Wahrheit reden,* weshalb man ihm keinen Glauben schenken kann«.

M   Die moderne Schriftsprache gebraucht diesen Stamm nur in der Grundbedeutung *Frieden schließen* und *sich* miteinander *versöhnen.*

7. Stamm VIII: *'istalama*

C   Die allgemeine Bedeutung des Verbums in diesem Stamm ist *versöhnt werden*.
Wenn das Verbum innerhalb des religiösen Bereiches verwendet wird, erwirbt es
eine Sonderbedeutung in Aussagen, die sich auf den Schwarzen Stein der Kaaba beziehen, nämlich den Schwarzen Stein *berühren, abwischen, streicheln* bzw. *küssen*.
Die gleiche Bedeutung findet sich auch in Aussagen über das alltägliche Leben,
z. B. die Hand einer Person *streicheln* oder *küssen*.

M   Die Gegenwartssprache hat nur die Bedeutungen *berühren* usw. bewahrt, die
Grundbedeutungen des Stammes geworden sind. Im speziellen Gebrauch heißt
das Verbum *in Empfang nehmen, erhalten, empfangen*, etwas *übernehmen* und von
etwas *Besitz ergreifen*.

8. Stamm X: *'istaslama*

C   Dieser Stamm bringt dieselbe Bedeutung des Verbums zum Ausdruck wie
Stamm IV, nämlich *sich* jemandem *ergeben* oder *sich* jemandem *überlassen*.

M   Das moderne Arabisch hat diese Grundbedeutung beibehalten, gebraucht sie
jedoch nicht mehr als Aussage der religiösen Sprache, sondern rein säkular als
kapitulieren. In diesem Sinne findet das Verbum Verwendung als *sich* einer Sache
überlassen oder *hingeben*; die letztere Bedeutung hat einen weiten Anwendungsbereich und kann auch besagen, daß *sich* eine Frau einem Manne *hingibt*. Daneben
finden sich noch Ausdrücke wie *sich* zu etwas *hergeben* und einer Sache *erliegen*.

III. Zusammenfassung

Soweit aus der Anwendung der Wurzel שׁלם im klassischen
Arabisch Schlüsse gezogen werden können, führen sie zu dem Ergebnis,
daß der Wurzel ein dynamisches Wesen zu eigen ist. Auch in dieser
Sprache ist die Grundvorstellung der Wurzel die der *Ganzheit*. Ganzheit
wird in erster Linie nicht als etwas formal Gegebenes aufgefaßt,
sondern als eine Erkenntnis, die der Erfahrung entspringt und an der
man partizipieren kann. Man könnte ihr charakteristisches Element
als eine *Gestalt* bezeichnen. Sie wird jedoch nicht als etwas Beobacht-
bares verstanden, sondern als ein Wissen um Erfahrung aus einer
Begegnung aufgefaßt. Diese Vorstellung kommt vor allem im Gebrauch
der Wurzel innerhalb der religiösen Sprache zum Ausdruck, wo Ganzheit als ein *Wirkliches* verstanden wird, das sich entweder im Prozeß
der Verwirklichung befindet oder sich bereits verwirklicht hat. Von
diesen Voraussetzungen ausgehend, könnte man die Wurzel in ihrer
Grundstruktur ebenfalls als einen *Norm*begriff auffassen.

Besondere Bedeutung kommt der Wurzel in religiösen Aussagen
zu, in denen sie existiales Gepräge hat. Ganzheit wird in diesem
Bereich als ein Ereignis gesehen, als Befreiung von etwas Störendem,
das das Wirkliche bedroht. Die Grundlage des Wirklichen ist das
Gottesverhältnis des Menschen. Sollte diese Vorstellung der ursprünglichen Bedeutung der Wurzel zugrunde liegen, dann müßte man
schließen, daß Ganzheit eine Aussage über das »Entbergen« der Wirklichkeit macht.

Der Anwendungsbereich des Verbums umfaßt fast ausschließlich Handlungen, die sowohl Handlungen von Menschen als auch Handlungen an Menschen sind. Ein Hauptgebiet solcher Handlungen ist das des religiösen Lebens. Der Vorstellungskreis, auf den sich das Verbum zurückführen läßt, ist der der *Sicherheit.* Ihm liegt ein Wissen um die Erfahrung des *Befreitseins von* bzw. *des Herausgenommenseins aus der Unsicherheit* zugrunde. In dieser Vorstellung mag ein Grund dafür vorhanden sein, daß die Wurzel zur Kennzeichnung des Wesens der Religion des Propheten, d. h. des Islam, Verwendung gefunden hat. Im modernen Arabisch ist dieses dynamische Element nur zum Teil beim Verbum erhalten geblieben.

Das Gleiche kann auch über die Substantiva und die Adjektiva ausgesagt werden. Beide lassen noch zu einem gewissen Grade ein dynamisches Element erkennen, das für ihre Bedeutungsgehalte charakteristisch ist. Diese Feststellung gilt in erster Linie für das klassische Arabisch, für das moderne Arabisch jedoch nur noch bedingt, denn hier zeigt sich bereits eine Entwicklung zum Statischen: Substantiva und Adjektiva weisen in ihrer Grundvorstellung Züge einer formalen Gestalt auf, die beobachtet werden kann. Im modernen Arabisch wird ein Prozeß des Sprachverständnisses deutlich, der dem in der akkadischen Sprache ähnlich ist.

§ 5 SYRISCH[1]

Im Syrischen wird die Wurzel שׁלם in einer fast ebenso vielfältigen Weise verwandt wie im Akkadischen. Für die hier vorgelegte Studie muß eine allgemeine Übersicht über den Gebrauch der Wurzel genügen.

I. Nichtverbale Derivate

Bei der Darstellung der großen Anzahl nominaler und adjektivischer Derivate der Wurzel werde ich der üblichen Praxis der Wörterbücher folgen und sie entsprechend ihrer Beziehung zu dem ihnen zugehörigen Verbstamm gliedern.

1. *šalmuto'*

šalmuto': Die allgemeine Bedeutung dieses Nomens ist *Vollendung, Vollkommenheit* im Zusammenhang mit einer Ausführung, die zur Vervollkommnung gelangt ist. Im einzelnen bezeichnet es *Übereinstimmung,* zunächst als term. techn. in der Grammatik, wo es *Gleichförmigkeit* heißt; dann wird es in einem allgemeineren Sinn auch als *Einhelligkeit, Sympathie* bzw. *Harmonie* verstanden, z. B. II Cor 6 15. Es bedeutet auch den *Geschlechtsakt* (coitus) in Tob 6 14. In Verbindung mit Edelsteinen bezeichnet es ihre *Einfassung* Ex 28 20.

šelomo': Dieses Nomen steht als Bezeichnung für den *Frieden,* und zwar Frieden im umfassendsten Sinne. Es umschließt die Vorstellungen der *Unversehrtheit,* der *Gunst,*

---

[1] C. Brockelmann, Lexicon Syriacum, 1928².

des *glücklichen Zustandes*, des *Gedeihlichen*, des *guten Gesundheitszustandes*, der *Gesundheit* und des *Wohlbefindens*, z. B. Gen 29 6 43 23. In diesem Sinne wird es auch in Grußformeln verwendet, z. B. zu jemandem *šelomo'* sagen, Gen 43 27. Deshalb kann es auch für *das Grüßen* oder *die Begrüßung* stehen, z. B. Mc 15 18.

šolomito': Das Wort bedeutet *Einherzigkeit*, d. h. einen Zustand der Gemeinsamkeit, in dem jeder mit dem anderen ein Herz und eine Seele ist. In einem weiteren Sinne bringt es *gutes Einvernehmen* zum Ausdruck.

šalmonuto': Die Bedeutung dieses Wortes ist *Vollendung, Vollkommenheit*.

šulmono': Das Wort heißt ebenfalls *Vollendung*, aber im Sinne des *Erreichens eines Endes* bzw. *einer Grenze* und wird deshalb auch für *Erfüllung* gebraucht.

šaịlmo': Dieses Derivat ist ein Name für ein Unkraut, das im allgemeinen in Weizenfeldern anzutreffen ist. Es handelt sich um den sog. *Schwindelhafer* bzw. die *Trespe*.

šalmo': Das Adjektivum hat einen weiten Anwendungsbereich. Seine Grundbedeutung ist *ganz, unversehrt*. Wenn es als Substantivum gebraucht wird, dient es als Bezeichnung für das *Brandopfer*, die עֹלָה, die ja ein *Ganzopfer* ist, z. B. Ex 18 12. Folgende Einzelheiten des Gebrauches lassen sich belegen: Wenn das Wort auf das menschliche Leben bezogen wird, bedeutet es *gesund, heil, wohlbehalten*, z. B. I Sam 25 6. Es findet sich weiterhin in der Bedeutung *vollkommen* bzw. *vollendet*; wenn es den Zustand eines Opfertieres kennzeichnet, heißt es auch *fehlerlos, makellos*, z. B. Num 19 2. Wird das Wort als Substantivum im Plural gebraucht, bezeichnet es den Namen für die תָּמִּים, z. B. Ex 28 30 Dtn 33 8. Das Adjektivum wird ebenfalls verwendet, um den Gedanken der *Gemeinsamkeit* auszudrücken, besonders der Gemeinsamkeit, die in persönlichen Verhältnissen ihren Ausdruck findet, z. B. zwischen dem menschlichen Herzen und Gott, I Reg 8 61, oder zwischen Ruth und Naomi, Ruth 1 22. In solchen Fällen heißt es *eines Herzens und eines Sinnes sein* bzw. *in Harmonie mit jemandem sein*. Das Gemeinsame kann auch durch den Gedanken der *Gemeinschaftlichkeit* ausgedrückt werden. In diesem Sinne wird das Wort als substantivierter Plural und als term. techn. für das *gemeinschaftliche Opfer*, das atl. שְׁלָמִים-Opfer, gebraucht, z. B. Lev 3 1. Das Adjektivum findet sich ferner als term. techn. in der Grammatik und bezeichnet den »*gesunden*« *Plural*. Zu erwähnen ist schließlich noch der Gebrauch des Wortes in Verbindung mit 'amlo', wo es *schön, edel, glücklich* heißt und Bezeichnung für den *Edel*stein ist.

šolumoit bedeutet: *einmütig, einstimmig*.

mašlam heißt: *geendet, beendet* und wird mit *šanto'* zusammen für Jahres*ende* gebraucht.

2. *šulomo'*

sulomo': Das Wort bezeichnet allgemein die *Vollendung*, und zwar in dem Sinne, daß etwas sein Ende oder Ziel erreicht hat. In dieser Weise wird es mit verschiedensten Objekten verbunden. Wenn der Endpunkt einer Zeitstrecke bezeichnet werden soll, bedeutet das Wort *Vollständigkeit* bzw. *Fülle*. Häufig wird es auch für das *Lebensende* gebraucht.

mešalmonito' dient als Name für ein *Bekleidungsstück* der Frauen, das bis zu den Fußknöcheln hinabreicht.

mešalmo'/mešalmono': Dieses Adjektivum hat die Bedeutung *ganz, vollständig, vollkommen, unversehrt*, z. B. Hbr 9 11. Wenn es zur genaueren Charakterisierung eines

Lohnes dient, heißt es *voll, vollständig*, z. B. II Joh 8. In der Rechtssprache ist es term. techn. für *volljährig*.

3. meštalmon

In der Gruppe ist nur dieses eine Adjektivum mit der Bedeutung *gehorsam* belegt.

4. mašlemono'

mašlemono': Die Grundbedeutung dieses Wortes ist, daß jemand etwas *übergibt*. Das Übergeben kann etwas Negatives ausdrücken; in diesem Fall bezeichnet das Wort den *Verräter*, z. B. Mc 14 14. Andererseits kann es auch positiv verwendet werden und steht dann als Bezeichnung für den *Muslim*, d. h. für denjenigen, der *sich* dem Glauben an Gott, wie ihn der Prophet verkündete, *ergeben* bzw. *ausgeliefert hat*.

mašlemonuto': Dieses Substantivum hat als Grundbedeutung ebenfalls die der *Übergabe*. Es wird für das verwendet, was von Generation zu Generation übergeben wird oder übergeben worden ist, und heißt *Tradition, Überlieferung*, z. B. Mt 15 2, bzw. *Einrichtung, Institution*. In Verbindung mit anderen Inhalten kann es auch *Auslieferung, Ergebenheit* bedeuten und wird ein Name für den *Anhänger des Islam*. Wenn solche Auslieferung erzwungen wird, haftet dem Wort ein Element der Unterdrückung an. Es wird in dieser Weise in Hi 7 11 gebraucht, um den Gedanken der Bedrängnis der רוח auszudrücken. Im nestorianischen Syrisch ist das Wort grammatischer term. techn. zur *Bezeichnung des Akzentes*.

5. mettašlemonuto'

mettašlemonuto' ist die *Überlieferung*, die *Tradition*.

šelamlemuto' bedeutet wörtlich *das, was unversehrt erhalten worden ist*, also *Unversehrtheit, Ganzheit, Vollkommenheit*.

šelamlemo': Das Adjektivum heißt *ganz, unversehrt, vollkommen*. In dieser Bedeutung wird es in Verbindung mit Zeitabschnitten gebraucht, z. B. bezüglich der Wochen in Lev 23 15. Außerdem wird es auch zur näheren Aussage über Steine verwendet und bedeutet dann *noch nicht bearbeitet* bzw. *noch nicht behauen*, z. B. Dtn 27 6.

šelamlemonoịo' ist *ganz, unversehrt*.

II. Das Verbum

Das Verbum ist im Syrischen in allen Stämmen belegt. Am häufigsten wird es im Pe'el und im Pa'el angetroffen.

1. pe: šelem

Die allgemeine Bedeutung des Grundstammes ist *ganz sein* im Sinne von *unangetastet, unversehrt sein* oder *bleiben*. Diese Vorstellung findet in verschiedenster Weise Ausdruck:

1. *vollständig sein*; Beispiele sind: Eine Anzahl Knaben *ist vollständig*, I Sam 16 11, oder die Zahl der Jünger Jesu *ist vollständig*, Joh 13 18; diese Bedeutung kann auch durch *alle* wiedergegeben werden; weiterhin: Der Mond *ist voll*, die Schöpfung des Himmels und der Erde *ist vollkommen*, d. h. sie *ist in sich abgeschlossen*, Gen 2 1. Zu dieser Gruppe gehören ebenfalls *vollendet sein, durch Grenzen als ein Ganzes bestimmt sein* und *ein Ganzes sein*, z. B. das Volk Israel hat *als Ganzes* den Jordan überschritten, Jos 4 1.

2. *kräftig sein, stark sein.*

3. *vorübergehen*; mit dieser Bedeutung wird der Stamm im Zusammenhang mit der Zeit gebraucht und besagt dann *vergehen*, z. B. Num 6 5, oder *enden, beenden*, z. B. Gen 50 3.

4. *hervorkommen*; wenn der Inhalt auf eine Weissagung bezogen ist, bedeutet er *eintreten* oder *sich ereignen*, z. B. Mt 13 14.

5. *tot sein, verscheiden*; in dem Sinne wird der Stamm gebraucht, um eine Aussage über Jesu Tod am Kreuz zu machen, z. B. Mc 15 37 Lc 23 46.

6. *zusammenkommen*; der Stamm hat in dieser Bedeutung einen weiten Anwendungsbereich und kann verschiedenste Inhalte zum Ausdruck bringen. Oft haftet ihm die Vorstellung des *Harmonischen* an weshalb er mit *zusammenstimmen, im Einklang stehen* wiedergegeben werden kann. Im Zusammenhang mit dem Gesetz heißt er *übereinstimmen*, z. B. Act 21 24, bei Ananias und Saphiras Versuch, den Geist Gottes zu überlisten, bedeutet er *vereinbaren*, Act 5 9, und in Verbindung mit dem Abschluß eines Vertrages zwischen Jakob und Laban besagt er *eines Herzens und eines Sinnes sein* bzw. *gemeinsame Sache machen*, Gen 34 21. Weitere Bedeutungen des Stammes sind: *gefallen, gefällig sein, ähnlich sein, zutreffen* sowie der Stimme Gottes *gehorchen* oder *sich in sie schicken*, Dtn 5 19, und dem Glauben *folgen*, Rm 4 12.

7. *eingeschlossen sein*; in dieser Bedeutung wird das Wort Ex 28 17 verwendet, daß die Edelsteine im Amtsschild des Hohenpriesters *eingefügt sind*.

2. etpe: 'etšelem.

In seinem allgemeinen Gebrauch bedeutet dieser Stamm *in Ganzheit geben, weggeben* und *übergeben*. Was die Einzelanwendung anbetrifft, lassen sich zwei Vorstellungen erkennen:

1. *überreichen*; z. B. die Tradition *überliefern*. Wenn das Verbum auf eine Person bezogen ist, bedeutet es *sich hingeben, sich in jemandes Gewalt geben, sich unterwerfen*. Es kann auch einfach *übereinstimmen* heißen.

2. Die andere Vorstellung ist die der Hingabe: *hingegeben sein, ergeben sein*. Beispiele sind: Die lebende Kreatur soll dem Menschen *ergeben sein*, Gen 9 2, d. h. der Mensch soll *Macht* über sie *ausüben*, oder von Johannes dem Täufer wird gesagt, daß er *hingegeben worden ist*, Mt 4 12, d. h. daß er *verhaftet worden ist*.

3. pa: šalem

Das Grundelement des Stammes ist der Gedanke des *Ganzmachens*. Folgende Einzelbedeutungen sind belegt:

1. Zunächst bedeutet das Verbum *vollenden*; Beispiel: die Werke der Schöpfung *sind vollendet*, Gen 2 2, d. h. sie *sind zustande gebracht worden*. Weiterhin sind zu nennen: *fertig machen*, Mt 17 11, etwas *zum Abschluß bringen, begrenzen, einschließen*. In Verbindung mit Edelsteinen heißt das Verbum *einfassen*, Ex 31 5.

2. Wenn die Vorstellung der Ganzheit auf das Leben bezogen wird, bedeutet sie *Ende*. Dieser Inhalt kann durch *ein Ende nehmen, sterben, umkommen, zugrunde richten, vernichten* und *töten* ausgedrückt werden. In Verbindung mit Zeiteinheiten heißt der Verbstamm *vorbeigehen* oder *vorübergehen*.

3. Der Stamm bezeichnet ebenfalls *von* jemandem oder von einer Sache *frei werden*. Er wird angewandt für Bande *lösen*, ein Gelübde *einlösen*, Mt 5 33,

und eine Schuld *begleichen*. Eine andere Bedeutung ist etwas *an seinen früheren Platz stellen*, die als term. techn. der Rechtssprache gebraucht wird. Beispiele sind: *Schadenersatz leisten*, Ex 22 6, *wiedergutmachen* und *bezahlen*.

4. In Grußformeln bedeutet der Stamm *jemandem selomo' sagen*. Wird der Gruß an eine Person gerichtet, der man begegnet, drückt das Verbum den Gedanken des *Wohlbefindens* aus, z. B. sich nach dem *Wohlbefinden* erkundigen; am Schluß von Briefen oder wenn Personen voneinander scheiden, heißt es *leb' wohl!* oder *auf Wiedersehen!* Oft steht das Verbum einfach für *grüßen* bzw. *begrüßen*.

4. epta: *'etšalem*

Die Grundbedeutung dieses Stammes ist *ganz gemacht worden sein*; Beispiele: *vollendet worden sein*, Joh 19 28, *erfüllt worden sein*, Lc 18 31. An Einzelinhalten finden sich: etwas *geschieht in Übereinstimmung*, die Menschen *befinden sich im Zustande des Friedens* mit den wilden Tieren, Hi 5 23.

5. aph: *'ašlem*

Die Grundbedeutung des Stammes ist *veranlassen* oder *verursachen, daß etwas ganz ist*, im Sinne von fertig machen; Beispiel: ein Tagewerk *vollenden*. Folgende Einzelinhalte sind belegt: *heil machen, gesund machen, Frieden schließen*, Jos 10 4; weiterhin: *übergeben*, z. B. *anvertrauen*, Gen 42 37, *sich übergeben, sich ausliefern*; ferner: *aufgeben*; wenn das Verbum mit Geist verbunden ist, heißt es den Geist *aufgeben*, den Geist *aushauchen, verscheiden, sterben*.

6. etta: *'ettašlem*

In diesem Stamm heißt das Verbum *überliefert worden sein* und *die Überlieferung empfangen* oder *annehmen*.

III. Zusammenfassung

In allen Anwendungsbereichen der Derivate der Wurzel ist die beherrschende Vorstellung die der *Ganzheit*. Ganzheit wird hier, wie im Akkadischen, als formale *Gestalt* aufgefaßt, die etwas Statisches zum Ausdruck bringt. Sie kann unter verschiedensten Bedingungen verwirklicht werden. Wo eine Verwirklichung nicht möglich ist, besteht dennoch eine genaue Vorstellung von dem Zustand der Ganzheit.

Dynamische Eigenschaften der Wurzel, die im Arabischen erkenntlich wurden, sind im Syrischen nur vereinzelt zu belegen. Sie finden sich beim Verbum in der Vorstellung des Freiseins von einer Sache.

§ 6 ÄTHIOPISCH[1]

Mit einer kurzen Übersicht über das Äthiopische soll die allgemeine Zusammenstellung der einzelnen Anwendungsbereiche der

---

[1] A. Dillmann, Lexicon Linguae Aethiopicae, 1865; S. Grébaut, Supplément au Lexicon Linguae Aethiopicae de August Dillmann et Édition du Lexique de Juste d'Urbin, 1952.

Wurzel שלם innerhalb der semitischen Sprachen zum Abschluß gebracht werden.

I. Nichtverbale Derivate

Die Substantiva und Adjektiva werden, wie es in den vorausgegangenen Kapiteln der Fall gewesen ist, in Gruppen zusammengefaßt.

1. *salâm*

salâm: Die Grundbedeutung des Nomens ist *Unversehrtheit, Erhaltung, Gesundheit, Wohlbefinden* oder einfach *Gruß.* Im tigreschen Dialekt ist die Form *selam* ebenfalls mit der Bedeutung *Gruß* belegt. Wichtige Einzelinhalte des Wortes sind:

1. *Eintracht, gutes Einvernehmen,* d. h. ein Zustand, in dem Personen *eines Herzens und eines Sinnes sind.* In diesem Sinne wird das Nomen zur Bezeichnung des *Friedens.* Es kann andererseits auch *Sorglosigkeit* und *Sicherheit* bedeuten. Mit solchen Bedeutungen wird es entweder als Ausdruck für alles, was seiner Art und Situation nach gut und schön ist, gebraucht oder als Aussage über Situationen, bei denen es sich um einen lebensnotwendigen Zusammenhang handelt. So ist das Wort verschiedentlich im AT und im NT belegt, z. B. Gen 31 44. Eine weitere Verwendung des Wortes in der biblischen Sprache ist die Kennzeichnung von Lebenssituationen wie solche der *Gesundheit,* des *Wohlbefindens* oder des *Glücks.*

2. Wenn das Wort in Grußformeln gebraucht wird, heißt es *Heil, Wohlfahrt, glücklich sein.* Seine Verwendung in der Form *salâm laka* oder *salâm lakî* ist der des Arabischen *salâmun* ähnlich. Beispiele sind: *salâm* für die Jungfrau Maria und die Begrüßung der Mutter Jesu durch den Engel Gabriel, Lc 1 28.

sûlâmê: Dieses Wort ist ein Nomen und bezeichnet den *Friedenseifer,* das *friedliche Bestreben* und die *Eintracht.*

2. *salâmaụî*

salâmaụî: Das Adjektivum heißt *friedliebend, friedlich, Frieden stiftend.* Es kann ebenfalls ausdrücken, daß etwas *dem Frieden dient,* daß Menschen *einträchtig* miteinander leben, *einig sind, sich im Zustande des Friedens befinden* oder *des Friedens teilhaftig sind.* Wenn es als Substantiv verwendet wird, bezeichnet es einen *Menschen, der den Frieden liebt* oder *der nach dem Frieden trachtet.* Im tigreschen Dialekt hat das Adjektivum die Form *sullum* und bedeutet *wohlbehalten.*

mastasâlm ist ein Partizipium, welches für eine *Person* verwendet wird, *die den Frieden wiederherstellt.*

'astasalâmî: Das Partizipium wird als Substantivum für den *Versöhner* und den *Vermittler* gebraucht.

3. *'islâm*

'islâm: Dieses Wort ist sowohl eine Bezeichnung für die Religion des Propheten Muhammed, den *Islam,* als auch für die Anhänger des Propheten, die *Muslime.* Die gleiche Bedeutung ist für *'islameị* im tigreschen Dialekt belegt.

muslim ist Partizipium und bezeichnet den Anhänger des Propheten, den *Muslim.*

maslemâụî ist Adjektivum und heißt: *was die Anhänger des Islam betrifft.*

II. Das Verbum

In der äthiopischen Literatur können vier Verbstämme der Wurzel belegt werden. Sie sind:

1. *salama:* Der allgemeine Bedeutungsgehalt des Stammes ist *unversehrt sein, ganz sein* und wird wie folgt gebraucht:

   a) In Verbindung mit Personen bedeutet das Verbum *heil sein, wohlbehalten sein, gut gehen, am Leben sein, unverletzt sein* und *unbeschädigt sein.* Andere Ausdrücke sind: *gerettet sein, wohlbewahrt sein, gesund sein.*

   b) Weitere Inhalte sind *vollständig sein, vollkommen sein* und *vollendet sein.*

   c) Im tigreschen Dialekt hat der Stamm die Form *selme* und heißt *einer Gefahr entrinnen, Zuflucht suchen.*

2. *'aslama:* Dieser Stamm wird nur in Verbindung mit dem Islam verwendet und bedeutet *sich öffentlich zum Islam bekennen.* Im tigreschen Dialekt hat er die Form *'asleme* und heißt *jemanden zum Muslim machen.*

3. *tasâlama:* Der Stamm ist ein Derivat des Nomens *salâm.* Einzelbedeutungen sind:

   a) *miteinander Frieden machen;* z. B. *Frieden schließen, Frieden bewahren, Frieden erhalten.*

   b) Der Stamm wird auch in Grußformeln verwendet und heißt *einander laut begrüßen.* Je nach der besonderen Situation, auf die es bezogen ist, bedeutet das Verbum *sich gegenseitig Wohlsein wünschen, sich begrüßen, Grüße freundlich aufnehmen,* jemanden *mit Beifallsbezeigung empfangen* und einfach *grüßen.* Für den tigreschen Dialekt ist die Form *tesâleme* mit der Bedeutung *grüßen* belegt.

4. *'astasâlama:* Der Grundgedanke dieses Stammes ist *einen friedlichen Zustand zuwege bringen* oder einfach *Frieden stiften.* Im einzelnen findet sich:

   a) *etwas in Frieden und Güte zurückführen,* z. B. etwas *in gutem Einvernehmen zurückbringen.*

   b) *besänftigen;* ebenfalls *beruhigen, zum Frieden bringen, versöhnen, Ruhe und Frieden verschaffen, ruhig machen* und *friedfertig machen.*

   c) *wiedervereinigen;* z. B. *wiederverbinden, wiederherstellen, wiedergutmachen* oder *wiederbefreunden.*

   d) *untereinander Beratung haben,* was auch *sich beraten,* etwas *reiflich überlegen* bzw. *einen Beschluß fassen* ausdrücken kann.

III. Zusammenfassung

Der Befund des Äthiopischen zeigt für die Wurzel die gleichen Grundvorstellungen, wie sie bereits im Akkadischen und Syrischen angetroffen worden sind.

ZUSAMMENFASSUNG ÜBER DIE WURZEL שׁלם

Das Ergebnis der Übersicht über die einzelnen Anwendungsbereiche der Wurzel innerhalb der semitischen Sprachen lautet: Der Wurzel liegt die Vorstellung der *Ganzheit* zugrunde. Sie bringt zum

Ausdruck, daß etwas in seiner ihm eigentümlichen Gestalt vorhanden ist oder daß es diese Gestalt annehmen wird. Ähnliches gilt für die Wurzel, soweit sie mit Aussagen über das persönliche Leben in Verbindung gebracht wird.

Unter Ganzheit wird nicht eine allgemeine Aussage über einen sachlichen Inhalt verstanden, der als allgemeine Grundlage für die Ableitung der jeweiligen Einzelbedeutungen dienen könnte, sondern die Bezeichnung eines Zustandes, in dem die betreffende Sache, Situation oder Person *in der ihr eigentümlichen Einzigartigkeit in Erscheinung* tritt. In diesem gestalthaften Sinne kann Ganzheit als eine *Norm* aufgefaßt werden. Es war möglich, die Norm in allen semitischen Sprachen mit Ausnahme des Arabischen als etwas *Statisches* zu verstehen, als *ein formal Gegebenes, das der unbeteiligten Beobachtung zugänglich ist,* während sie im Arabischen etwas *Dynamisches* bezeichnet, das sich auf *dem Partizipieren an der Wirklichkeit durch eine aus der Erfahrung gewonnenen Erkenntnis* gründet.

2. Teil: Die Wurzel שׁלם im Alten Testament

1. Abschnitt: Die Formen der Wurzel und ihr Vorkommen

§ 7 MORPHOLOGIE

I. Allgemeine Erwägungen

Der Ursprung der Wurzel שׁלם läßt sich nicht erschließen, denn nach dem heutigen Stand der semitischen Sprachwissenschaft kann nicht mehr mit Sicherheit eine Entscheidung gefällt werden, ob der Wurzel im Hebräischen ein Nominalbegriff oder ein Verbalbegriff zugrunde liegt. Versuche, den Ursprung der Wurzel zu erhellen, können nur Mutmaßungen sein.

In der Geschichte der semitischen Sprachwissenschaft ist diese Anschauung nicht immer von der Forschung geteilt worden. Noch am Ende des vorigen Jahrhunderts wurde von den Philologen fast einhellig die Ansicht vertreten, daß nahezu alle Nomina von Verben abzuleiten seien. Die Hebraisten beschäftigten sich ausgiebig mit solchen Theorien und verwandten viel Mühe, um nachzuweisen, daß die hebräischen Substantiva in der Hauptsache nomina verbalia seien. Die bedeutendsten Vertreter dieser Forschungseinrichtung waren P. de Lagarde und J. Barth[1]. Es wurde selbstverständlich nicht abgeleugnet, daß es im Hebräischen auch nomina primitiva gibt, aber ihre Zahl wurde als unbedeutsam erachtet[2].

Obgleich diese Theorien mit großem Nachdruck vorgetragen wurden, sind sie von der späteren Forschung nicht mehr allgemein akzeptiert worden. Seit Beginn dieses Jahrhunderts haben die Ergebnisse der vergleichenden Sprachforschung es immer deutlicher aufgezeigt, daß die Entwicklung einer Sprache ein sehr komplexes Geschehen darstellt. So wurde man schließlich zu dem Schluß gezwungen, einseitige, abstrakte Schemata, die von außen an eine Sprache herangetragen werden, abzulehnen, da sie der inneren Gestalt einer Sprache nicht gerecht werden können. Allmählich setzte sich die Überzeugung

---

[1] P. de Lagarde, Übersicht über die im Aramäischen, Arabischen und Hebräischen übliche Bildung der Nomina, 1889, 1—15; J. Barth, Die Nominalbildungen in den semitischen Sprachen, 1894², 1—40.

[2] Vgl. z. B. Ges-K²⁴ 206ff.; Ges-B 873a. Selbst das Lexikon von Koehler-Baumgartner hält daran fest, daß שָׁלוֹם ein nomen verbalis von שָׁלֵם ist, vgl. KB 981a und KB Suppl. 190.

durch, daß die Strukturen einer Sprache nur aus dieser Sprache selbst und durch Vergleiche mit Parallelerscheinungen in den mit ihr verwandten Sprachen deutlich gemacht werden können. Der bedeutendste mir bekannte Versuch dieser Art für die hebräische Sprache ist die historische Grammatik von H. Bauer und P. Leander[3].

Beide Forscher vertreten eine Ansicht, die wesentlich von den älteren Theorien von P. de Lagarde und J. Barth abweicht[4]. Sie nehmen an, daß zu jeder Sprache urtümlich nicht nur Interjektionen und Deutewörter gehören, sondern auch Bezeichnungen für Gegenstände, Eigenschaften und Tätigkeiten. Begriffe wie »Krieg«, »Nacht« usw., die aus dem menschlichen Erfahrungsbereich stammen, sind ihrer Meinung nach in der elementaren Sprache noch nicht Abstrakta im Sinne des modernen Denkens. Sie sind vielmehr Erscheinungskomplexe, die als Gegenstände vorgestellt werden[5].

In dieser Hinsicht zeigt die Sprache gegenständliches Denken, d. h. sie ist statisch. Da sie aber von Anfang an auch Bezeichnungen für Tätigkeiten aufweist, ist ihr gleichzeitig ein dynamisches Element zu eigen. Erst in einem viel späteren Stadium der Entwicklung, wenn die Sprache weitgehend formalisiert ist, können diese elementaren Spracherscheinungen nach ihren Funktionen als Nomina und Verba unterschieden werden.

Für das Anliegen dieser Arbeit ist in Verbindung mit den bisherigen Darlegungen zunächst nur als Wesentliches festzuhalten, daß diese nominalen und verbalen Funktionen der Sprache ein Gegebenes sind. Entsprechend der Theorie von Bauer und Leander muß der Grund für diese Doppelfunktion teils in der Natur der Sprache selbst und teils in der Eigenart unserer menschlichen Erkenntnis gesucht werden. Wie diese Funktionen in einem höher entwickelten Stadium durch die Lautsprache formalen Ausdruck finden, kann nicht vorausbestimmt werden, da solch eine Entwicklung mehr oder weniger zufällig stattfindet. Denn Sprache ist nicht eine bewußte, intellektuelle Konstruktion, die künstlich vom Menschen geschaffen worden ist, sondern das Gestaltwerden einer historischen Entwicklung, an der der Mensch teilnimmt.

In jeder Sprache gibt es Berührungen zwischen Nomen und Verbum. H. Bauer und P. Leander stellen dies nicht in Abrede. Sie weisen aber nach, daß solche Berührungen niemals auf ein einliniges Schema zurückgeführt werden können; vielmehr handele es sich um Abhängigkeiten, die von Fall zu Fall verschieden sind. Ursprüngliche Nomina

---

[3] H. Bauer und P. Leander, Historische Grammatik der hebräischen Sprache des AT, I 1962.

[4] BL 243ff. 445ff.

[5] Eingehende Untersuchungen dieser Denkweise sind vor allem von M. Eliade unternommen worden; vgl. z. B. M. Eliade, Patterns in Comparative Religion, 1963.

können die Funktion eines Verbums annehmen und sich als denomina-
tive Verba im Laufe der Sprachentwicklung verselbständigen. Die
umgekehrte Abhängigkeit, daß Nomina sich aus ursprünglichen Verben
ableiten, kann ebenfalls gegeben sein.

Wenn diese Feststellung zutreffen sollte, dann folgt als Konsequenz, daß die Theorien von P. de Lagarde und J. Barth nicht den historischen Gegebenheiten der hebräischen Sprache entsprechen. Auch die
Umkehrung ihrer Theorie, daß alle Verben von Nomina abzuleiten
sind, muß abgelehnt werden. Damit erweist sich die Frage, ob das
Verbum oder das Nomen das Grundelement der Sprache sei, als eine
Scheinfrage, da sie nicht in Form eines allgemeinen Prinzips beantwortet werden kann.

Von allen mir bekannten Sprachtheorien der hebräischen Sprache
überzeugt mich die von H. Bauer und P. Leander am meisten und wird
den folgenden Einzeluntersuchungen zugrunde gelegt. Als heuristisches
Prinzip für die Entstehung der Sprache wird deshalb angenommen,
daß im Hebräischen nominale und verbale Funktionen von Anfang an
nebeneinander vorhanden waren. Es wird weiterhin vorausgesetzt, daß
sich für spezielle und individuelle Entwicklungen innerhalb der
historisch gegebenen Sprache Feststellungen nur auf Grund von besonderen sprachhistorischen Untersuchungen treffen lassen. Diese Anschauung gilt sowohl für die verschiedenen Flexionsschemata als auch
für einzelne Formen, die mehr als eine Bedeutungsqualität aufweisen.

Es muß jedoch in diesem Zusammenhang betont werden, daß
verschiedentlich die Ergebnisse der folgenden Einzeluntersuchungen
nicht sicher begründet werden können, da sich zumindest in den
älteren Stadien des Hebräischen nur in seltenen Fällen die Entwicklung
der Sprache von ihren Ursprüngen her überblicken läßt. Das Abhängig-
keitsverhältnis von Verbum und Nomen kann deshalb nicht von vornherein schematisch festgesetzt werden. Was bedeutet dieser Sachverhalt für die hier zu untersuchende Wurzel?

H. Bauer und P. Leander vertreten die Ansicht, daß die meisten
altsemitischen Substantiva als gegeben hingenommen werden müssen
und nicht ableitbar sind. Selbst in Fällen, in denen Nomen und Verbum
in ihren Wurzeln die gleichen Konsonanten aufweisen, kann nicht
immer mit Sicherheit angenommen werden, daß eine Abhängigkeit
zwischen beiden besteht. Dieser Sachverhalt muß selbst dort in Rechnung gesetzt werden, wo Nomen und Verbum sicher zusammen-
gehören. Deshalb kann die Art des Abhängigkeitsverhältnisses stets
nur im konkreten Einzelfall bestimmt werden. Beide Forscher erläu-
tern ihre Hypothese an der Wurzel שׁלם, d. h. dem Nomen *salâm* > שָׁלוֹם
und dem Verbum *salima* > שָׁלֵם. Sie stellen folgendes fest: »Als Grund-
regel muß hierbei gelten, daß eine mehr singuläre Wortform zumeist
die ursprüngliche sein wird, während die dem allgemeinen Schema sich

einfügende als sekundär zu betrachten ist. Wir werden daher geneigt sein, in unserem Falle שָׁלוֹם als unableitbares Grundwort anzusehen, zumal es in allen semitischen Dialekten genaue Entsprechungen besitzt, während ein Adjektiv oder Verbum *salim(a)* jederzeit neu gebildet werden konnte.«[6] Ihre historische Grammatik führt deshalb שָׁלוֹם als primäres Nomen auf[7], während es in den älteren Grammatiken als nomen verbalis aufgefaßt wurde[8].

II. Die Formtypen der Derivate der Wurzel

Die folgende Übersicht der einzelnen Formtypen und ihrer Ableitungen wurde nach der Grammatik von H. Bauer und P. Leander zusammengestellt.

1. Nonverbale Derivate

שָׁלוֹם.

Das Nomen ist ein primäres Substantivum vom Typus *šalām* > *šalôm*[9]. Es kommt, von wenigen Ausnahmen abgesehen, nur im Singular vor. Alle Pluralformen sind wahrscheinlich als Textverderbnis zu werten[10].

שָׁלֵם.

Die Wurzel ist nur in dieser einen Form als Adjektivum belegt. Es weist den Typus *šalim* > *šalem* auf und ist wahrscheinlich vom Nomen *šalôm* abgeleitet[11].

שְׁלָמִים (שֶׁלֶם).

Das Nomen ist eine Bildung vom Typus *šalm* > *šælæm*[12]. Bis auf Am 5 22 wird es im AT nur im Plural gebraucht und ist deshalb mit Koehler-Baumgartner aller Wahrscheinlichkeit nach als plurale tantum aufzufassen[13].

שִׁלֵּם.

Das Nomen ist nach dem Typus *šallim* > *šillem* gebildet[14].

שִׁלּוּם.

Das Wort ist ein Verbalnomen, das sich aus dem Intensivstamm gebildet hat. Es repräsentiert den Typus *šallum* > *šillûm*[15].

---

[6] BL 446f.
[7] BL 469.
[8] Z. B. Ges-K[24] 210.
[9] BL 469.
[10] Die gleiche Ansicht vertreten KB 974b. Vgl. auch die entsprechenden Erwägungen in § 9: 65 (ad Jes 53 5) 66 (ad Jer 13 19), 67 (ad Ps 55 21 69 23).
[11] BL 464.
[12] Vgl. BL 455ff.
[13] KB 980b.
[14] Vgl. BL 477.
[15] Vgl. BL 480.

שִׁלּוּמָה.

Das Nomen repräsentiert den gleichen Typus wie *šillûm* mit femininer Endung: *šallumat* > *šillûma*[16].

שַׁלְמֹנִים.

Das Wort ist ein plurale tantum nach dem Typus *šulman* (akk. *sulmânu*) > *šǎlmon* bzw. *šǎlman*[17].

שֶׁלֶם.

Die aramäischen Formen von *šalôm* sind *šᵉlam* und *šᵉlamā*.

2. Das Verbum

Das Verbum findet sich im AT im Grundstamm (qal), im Intensivstamm (pi., pu.) und im Kausativstamm (hi., ho.). Es fehlt in den reflexiven Stammformen (ni., hitp.).

Qal[18]:

Das qal zeigt die folgenden grammatischen Typen des Verbums:

1. Das Voll-Imperfekt *i̯ašlam(u)* > *i̯išlam*. Das Imperfekt ist nur als Waw-Imperfekt *u̯ai̯i̯ašlam* > *u̯ai̯i̯išlǎm* belegt und für Hi 9₄ (Ec 1.4) als passives Waw-Imperfekt *u̯ai̯i̯ušlam(u)* > *u̯ai̯i̯ušlǎm*.
2. Der Imperativ *šulum* > *šᵉlom*.
3. Das Perfekt *šalima* > *šalem*.
4. Das Part. act. *šalimu* > *šôlem* und das Part. pass. *šalumu* > *šalûm*.

Pi'el[19]:

Die grammatischen Typen des pi. sind:

1. Das Voll-Imperfekt *i̯ušallim(u)* > *i̯ᵉšallem*, das Affekt-Imperfekt *'ašallima* > *'ªšallimā* und das Waw-Imperfekt *u̯a'ᵉšallim(u)* > *u̯a'ªšallim(u)* > *u̯ǎ'ªšallem*.
2. Der Imperativ *šallim* > *šǎllem*.
3. Das Perfekt *šallima* > *šillem*.
4. Der Inf. cs. *šallimu* > *šǎllem*; dieser Infinitiv wird auch für den Inf. abs. *šallāmu* > *šǎllom* gebraucht, der jedoch nicht im MT belegt ist.
5. Das Part. act. *mušallimu* > *mᵉšǎllem*.

Pu'al[20]:

Im pu. finden sich die folgenden grammatischen Typen:

1. Das Voll-Imperfekt *i̯ušullama* > *i̯ᵉšullǎm*.
2. Das Part. *mušullamu* > *mᵉšullǎm*.

Hiph'il[21]:

Als grammatische Typen finden sich im hi.:

---

[16] Vgl. BL 480.
[17] Vgl. BL 499f.
[18] Vgl. BL 296ff.
[19] Vgl. BL 323ff.
[20] Vgl. BL 325ff.
[21] Vgl. BL 329f.

1. Das Voll-Imperfekt *i̯ašlimu* > *i̯ăšlem* und *i̯ăšlîm*, das sowohl plene als auch defektiv geschrieben wird, und das Waw-Imperfekt *u̯ai̯i̯ašlim* > *u̯ăi̯i̯ăšlem* und *u̯ăi̯i̯ăšlîmû*, die letzte Form ebenfalls plene oder defektiv geschrieben.
2. Das Perfekt *hašlama* > *hišlîm*.

Hoph'al[22]:

Als grammatischer Typus ist nur das Perfekt *hušlama* > (*hušlăm* oder) *hăšlăm* belegt.

Aramäische Verbformen

In Aramäisch kommt das Verb im Pe'il als *šᵉlim* (Perfekt) und im Haph'el als *u̯ᵉhăšlᵉmah* (Perfekt) sowie als *hăšlem* (Imperativ) vor.

§ 8 STATISTIK

Die nachfolgende Aufstellung ist eine Gesamtübersicht über das Vorkommen der Wurzel שלם im AT. Sie ist nach morphologischen und überlieferungsgeschichtlichen Gesichtspunkten zusammengestellt. Die einzelnen Abschnitte werden nach größeren literarischen Komplexen und den einzelnen ihnen zugehörenden Büchern des AT aufgeschlüsselt. Jeder dieser Komplexe wird als eine eigene literarische Einheit, d. h. als ein Corpus, aufgefaßt[1].

Die folgenden literarischen Corpora werden innerhalb der Literatur des AT unterschieden:

1. Historische Literatur[2]:

    a) Tetrateuch:　　　　　　Gen — Num
    b) Dtr-Werk:　　　　　　　Dtn — II Reg
    c) Chron-Werk:　　　　　　Esr — II Chr

2. Prophetische Literatur:　　　Jes — Dodekapropheton
                            (ohne Jes 24—27 und
                            Sach 9—14)

3. Poetische Literatur:
    a) Religiöse und säkulare Poesie:　Ps, Cant, Thr
    b) Weisheitsdichtung:　　　　　　　Hi, Prov, Koh

4. Novellistische Erzählungen:　　Ruth, Est

5. Apokalyptische Literatur:　　　Dan, Jes 24—27, Sach 9—14

---

[22] Vgl. BL 330.
[1] Vgl. hierzu die allgemeinen Einleitungen in das AT, z. B. O. Eißfeldt, Einleitung in das AT, 1964³, 171—204, oder A. Bentzen, Introduction to the Old Testament, I 1961⁶, 252—264.
[2] Die Abgrenzung der einzelnen literarischen Corpora in der geschichtlichen Literatur des AT erfolgt nach M. Noth, ÜSt, und M. Noth, ÜPent.

In jedem Abschnitt findet sich eine Zusammenstellung über die Häufigkeit des Vorkommens jedes einzelnen Derivates sowie über seine Verteilung innerhalb der Literatur des AT.

I. Nichtverbale Derivate

שָׁלוֹם.

Hist. Lit.:	116	Tetrateuch:	21	Gen	15	
				Ex	3	
				Lev	1	
				Num	2	
		Dtr-Werk:	83	Dtn	5	
				Jos	2	
				Jdc	10	
				I Sam	18	
				II Sam	17	
				I Reg	11	
				II Reg	20	
		Chron-Werk:	12	Esr	1	
				I Chr	5	
				II Chr	6	
Proph. Lit.:	73			Jes	7	
				Dt-Jes	16	
				Jer	31	
				Ez	7	
				Ob	1	
				Mi	2	
				Nah	1	
				Hag	1	
				Sach	5	
				Mal	2	
Poet. Lit.:	37	Poesie:	29	Ps	27	
				Cant	1	
				Thr	1	
Weish. Lit.:	8			Job	4	
				Prov	3	
				Koh	1	
Nov. Erzähl.:	3			Est	3	
Apok. Lit.:	7			Dan	1	
				Jes 24—27	5	
				Sach 9—14	1	

Das Nomen ist 236mal im AT belegt. Es findet sich in 31 Büchern, d. h. rund 80% aller Bücher, wird jedoch nicht erwähnt in (1c) Neh; (2) Hos, Joel, Am, Jon, Hab, Zeph; (4) Ruth.

Etwa die Hälfte aller Stellen ist in der historischen Literatur und verteilt sich zu 66% auf das Dtr-Werk, etwa 17% auf den Tetrateuch und zu nicht ganz 10% auf das Chron-Werk. Beim Tetrateuch ist bemerkenswert, daß 75% aller Belege auf Gen entfallen.

In den anderen Corpora finden sich 33% aller atl. Stellen in der prophetischen Literatur, von denen 40% auf Jer und 20% auf Dt-Jes entfallen. Die poetische Literatur enthält etwa 17% der atl. Belege, 75% davon allein in Ps. In den restlichen Corpora kommt das Nomen nur selten vor: etwa 3% aller atl. Stellen sind in der apokalyptischen Literatur und reichlich 1% in den novellistischen Erzählungen.

שָׁלֵם.

Hist. Lit.:	22	Tetrateuch:	3	Gen	3
		Dtr-Werk:	10	Dtn	3
				Jos	1
				I Reg	5
				II Reg	1
		Chron-Werk:	9	I Chr	4
				II Chr	5
Proph. Lit.:	4			Jes	1
				Am	2
				Nah	1
Poet. Lit.:	1	Weish. Lit.:	1	Prov	1
Nov. Erzähl.:	1			Ruth	1

Das Adjektivum wird nur selten im AT gebraucht: 28mal, verteilt auf 12 Bücher, d. i. knapp 33% aller atl. Bücher. Es findet sich nicht in (1a) Ex, Lev, Num; (b) Jdc, I/II Sam; (c) Esr, Neh; (2) Dt-Jes, Jer, Ez, Hos, Joel, Ob, Jon, Mi, Hab, Zeph, Hag, Sach, Mal; (3a) Ps, Cant, Thr; (b) Hi, Koh; (4) Est; (5) Dan, Jes 24—27, Sach 9—14.

Den Hauptanteil aller Stellen, knapp 80%, macht die historische Literatur aus. Je 43% entfallen davon zu gleichen Teilen auf das Dtr-Werk und das Chron-Werk. Die restlichen 14% finden sich im Tetrateuch, und zwar nur in Gen.

Außerhalb der historischen Literatur wird das Adjektivum nur vereinzelt angetroffen und in der apokalyptischen Literatur ist es überhaupt nicht belegt.

שְׁלֵמִים.

Hist. Lit.:	79	Tetrateuch:	53	Ex	4
				Lev	30
				Num	19
		Dtr-Werk:	18	Dtn	1
				Jos	3

				Jdc	2
				I Sam	3
				II Sam	3
				I Reg	5
				II Reg	1
		Chron-Werk:	8	I Chr	3
				II Chr	5
Proph. Lit.:	7			Ez	6
				Am	1
Poet. Lit.:	1	Weish. Lit.:	1	Prov	1

Die 87 Belege des Nomens sind auf 15 Bücher des AT verteilt, d. s. etwa 33 % aller Bücher. Den größten Anteil, etwa 90 %, hat die historische Literatur, von dem sich mehr als die Hälfte aller Stellen im Tetrateuch finden. Lev allein enthält etwas mehr als 33 % aller atl. Stellen.

Mit Ausnahme von je einer Belegstelle in Am und Prov, d. s. reichlich je 1 %, wird das Nomen nirgends in der prophetischen oder poetischen Literatur gefunden.

Es ist beachtenswert, daß das Nomen innerhalb des Tetrateuch hauptsächlich in den Gesetzescodices erscheint, sich in jedem Buch des Dtr-Werkes findet und nicht in den novellistischen Erzählungen und der apokalyptischen Literatur erwähnt wird. Einzelne Bücher, in denen es nicht angetroffen wird, sind: (1a) Gen; (c) Esr, Neh; (2) Jes, Dt-Jes, Jer, Hos, Joel, Ob, Jon, Mi, Nah, Hab, Zeph, Hag, Sach, Mal; (3a) Ps, Cant, Thr; (b) Hi, Koh; (4) Ruth, Est; (5) Dan, Jes 24—27, Sach 9—14.

שֶׁלֶם

Dieses Nomen ist im AT nur in Dtn 32 35 belegt.

שִׁלּוּם

Das Wort findet sich sehr selten im AT und zwar in

Proph. Lit.:	3		Jes	1
			Hos	1
			Mi	1

שְׁלוּמָה

Dieses Nomen wird nur einmal im AT in Ps 91 8 angetroffen.

שַׁלְמֹנִים

Das Wort wird im AT nur einmal in Jes 1 23 gefunden.

שְׁלָם

Das aramäische Nomen ist 4mal im AT belegt, je 2mal in Esr und in Dan.

II. Das Verbum

Qal:

Hist. Lit.:	4	Dtr-Werk:	2	II Sam	1	
				I Reg	1	
		Chron-Werk:	2	Neh	1	
				II Chr	1	
Proph. Lit.:	1			Dt-Jes	1	
Poet. Lit.:	3	Poesie:	1	Ps	1	
		Weish. Lit.:	2	Hi	2	

Das qal ist sehr selten belegt: 8mal. Es kommt nicht im Tetrateuch, in den novellistischen Erzählungen und in der apokalyptischen Literatur vor. Die folgenden grammatischen Formen finden Verwendung: impf. (4), imp. (1), pf. (1), pt. act. (1) und pt. pass. (1)

Pi'el:

Hist. Lit.:	35	Tetrateuch:	23	Gen	1
				Ex	18
				Lev	4
		Dtr-Werk:	12	Dtn	4
				Jdc	1
				I Sam	1
				II Sam	3
				I Reg	1
				II Reg	2
Proph. Lit.:	21			Jes	1
				Dt-Jes	7
				Jer	7
				Ez	1
				Hos	1
				Joel	2
				Jon	1
				Nah	1
Poet. Lit.:	32	Poesie:	15	Ps	15
		Weish. Lit.:	17	Hi	7
				Prov	7
				Koh	3
Nov. Erzähl.:	1			Ruth	1

Das pi. wird 89mal im AT gebraucht. Es findet sich weder im Chron-Werk noch in der apokalyptischen Literatur. Als grammatische Formen werden verwendet: impf. (53), imp. (6), pf. (14), pt. (7), inf. cs. (4) und inf. abs. (5).

Pu'al:

Proph. Lit.:	2			Dt-Jes	1
				Jer	1
Poet. Lit.:	3	Poesie:	1	Ps	1
		Weish. Lit.:	2	Prov	2

Das pu. kommt 5mal im AT vor. Es ist nicht in der historischen Literatur, den novellistischen Erzählungen und in der apokalyptischen Literatur belegt. Grammatische Formen sind: impf. (4) und pt. (1).

Hiph'il:

Hist. Lit.:	7	Dtr-Werk:	6	Dtn	1
				Jos	3
				II Sam	1
				I Reg	1
		Chron-Werk:	1	I Chr	1
Proph. Lit.:	4			Jes	2
				Dt-Jes	2
Poet. Lit.:	2	Weish. Lit.:	2	Hi	1
				Prov	1

Das hi. wird 13mal im AT verwendet. Es findet sich nicht im Tetrateuch, in der religiösen und säkularen Poesie, den novellistischen Erzählungen und der apokalyptischen Literatur. Die folgenden grammatischen Formen sind belegt: impf. (10) und pf. (3).

Hoph'al:

Dieser Stamm kommt nur einmal im AT als pf. in Hi 5 23 vor.

Die aramäischen Formen des Verbums:

Es findet sich das pe. pf. in Esr und das ha. pf. in Dan, sowie das ha. imp. in Esr.

Die Statistik des Verbums ergibt das folgende Verteilungsbild für die einzelnen literarischen Corpora des AT:

Das Verbum ist 119mal in 25 Büchern des AT belegt, d. h. in 60% aller Bücher. In diesem Bestand verteilt es sich zu je knapp 40% auf die historische und poetische Literatur, zu reichlich 20% auf die prophetische Literatur und in einem Beleg, d. h. weniger als 1%, auf die novellistischen Erzählungen. Die apokalyptische Literatur weist das Verbum nicht auf.

Es ist bemerkenswert, daß sich das Verbum in jedem Buch des Dtr-Werkes und der Weisheitsliteratur findet. In den anderen literarischen Corpora ist es jeweils auf einige wenige Bücher konzentriert, so im Tetrateuch auf die »Gesetzesliteratur«, bei den Propheten auf Jes, Dt-Jes und Jer und in der Poesie auf die Ps.

In den folgenden atl. Büchern wird das Verbum nicht angetroffen: (1a) Num; (2) Am, Ob, Mi, Hab, Zeph, Hag, Sach, Mal; (3a) Cant, Thr; (5) Dan, Jes 24—27, Sach 9—14.

In bezug auf die Verteilung der Stämme läßt sich ein Übergewicht des Intensivstammes erkennen, der im pi. und pu. etwa 82% aller Belege umfaßt. Das pi. allein macht 75% aller atl. Stellen aus, während der kausative Stamm mit etwa 12% und das qal mit etwa 7% vertreten sind.

Bei den grammatischen Formen steht das impf. mit etwa 66% aller Belege des AT an erster Stelle. Die anderen Formen zeigen das folgende Verhältnis: pf. etwa 16%, pt. etwa 9%, imp. etwa 6%, inf. abs. etwa 4% und inf. cs. etwa 3%.

III. Einige Erwägungen zu der Statistik der Wurzel

Die Übersicht über das Vorkommen der Wurzel zeigt nicht nur, daß sie eine beträchtliche Anzahl Derivate hat, sondern auch, daß es sich um eine Wurzel handelt, die sehr häufig im AT Verwendung findet. Sie ist reichhaltig in der historischen Literatur belegt, kommt aber auch in anderen literarischen Corpora vor, wo sie jedoch ungleichmäßig verteilt ist und hauptsächlich auf einzelne atl. Bücher konzentriert ist, z. B. in der prophetischen Literatur auf Jes, Dt-Jes, Jer und Ez und in der poetischen Literatur auf Ps, Hi und Prov. Die Wurzel wird in keinem ihrer Derivate in Hab und Zeph angetroffen. In den restlichen Büchern des AT wird sie nur gelegentlich verwendet.

Dieser Befund könnte von Wert für weitere Untersuchungen des Stiles, der Literarkritik, Formkritik und der überlieferungsgeschichtlichen Kritik sein. Man könnte z. B. auf den Gebrauch seltener Verbstämme, wie den des pu. und ho. in Hi, hinweisen, oder auf die Verwendung seltener Nomina in einigen prophetischen Schriften und im Dtn. Da das Hauptanliegen der hier vorliegenden Arbeit jedoch die Erarbeitung der verschiedensten Bedeutungsgehalte der Wurzel ist, müssen solche literarischen Studien vorerst vernachlässigt werden.

§ 9 TEXT- UND LITERARKRITISCHE ERWÄGUNGEN

In diesem Kapitel soll versucht werden, die Bemerkungen, die sich im kritischen Apparat und in der masora parva der Biblica Hebraica (BH) finden[1], einer Bewertung zu unterziehen. Die Sigla, die in der folgenden Diskussion verwendet werden, sind die der BH. Die Gliederung dieses Kapitels ist nach den zu besprechenden Derivaten durchgeführt und innerhalb dieser Gruppen wiederum nach der Anordnung der einzelnen atl. Bücher im masoretischen Text (MT).

---

[1] Biblica Hebraica[10], ed. R. Kittel.

I. Nichtverbale Derivate

1. Bemerkungen zu שָׁלוֹם

Num 25 12

W. Rudolph verweist in BH darauf, daß an dieser Stelle vielleicht שִׁלּוּם für שָׁלוֹם
zu lesen sei. Es ist zuzugeben, daß בְּרִיתִי שָׁלוֹם grammatisch inkorrekt ist, wenn man es
als »Friedensbund« interpretieren will. In diesem Falle wäre eine Emendation des
Textes angebracht, die von verschiedenen Auslegern auch vorgeschlagen wird[2]. Eine
solche Interpretation geht jedoch nicht vom vorgefundenen Text aus, sondern ist
Reflexion bestimmter vorausgesetzter theologischer Ansichten. Es ist möglich, daß
auch 𝕲[BF] 𝔏 𝕾 schon diese Stelle in gleicher Weise verstanden haben, da sie בְּרִית lesen.

Mir scheint eine Emendation hier nicht notwendig zu sein, wenn man sich streng
an MT hält. S. R. Driver hat darauf hingewiesen, daß es sich bei dieser Stelle, wie auch
sonst verschiedentlich im AT[3], um ein semitisches Idiom handelt[4]. Er zitiert in diesem
Zusammenhang den Arabisten Fleischer wie folgt: »It is a general rule in all Semitic
languages, that when a word is in the status constructus with a following genitive, its
capacity to govern as a noun is thereby so exhausted that under no condition can it
govern a second genitive in a different direction«[5]. Die Konsequenz dieser grammatischen Regel für unsere Stelle ist, daß שָׁלוֹם entweder als eine Apposition angesehen
werden muß (vgl. Lev 26 42) oder als Acc. des Zweckes mit der Bedeutung »um zu«,
»für« usw. (vgl. Lev 6 3). Beide Auffassungen sind an dieser Stelle sinnvoll. M. Buber[6]
und G. B. Gray[7] entscheiden sich für die Apposition, während B. Baentsch[8] die Konstruktion als einen Acc. auffaßt. Welcher der beiden Auffassungen man den Vorzug
gibt, hängt mehr oder weniger von dem Verständnis des Inhaltes ab.

II Reg 20 19

𝕲[B] und 𝕾[h] lassen v. 19a aus. Dieser Befund hat jedoch keinerlei Gewicht für eine
Änderung des MT, soweit ich sehen kann.

Jes 9 5

𝕲 hat nicht v. 5b, der den Ausdruck שַׂר־שָׁלוֹם enthält. Ihr hat offenbar eine Textvorlage zugrunde gelegen, die von der des MT verschieden war[9]. Aber MT ist ohne
Zweifel der Vorzug zu geben, da er auch durch 1QIs gestützt wird. Die Jesaja-Rolle
hat sogar שַׂר־הַשָּׁלוֹם. Diese Betonung von שָׁלוֹם reflektiert wahrscheinlich die messianische Erwartung, die in der Gemeinde von Qumran eine große Rolle spielte.

---

[2] Z. B. L. E. Binns, The Book of Numbers, WC, 1927, 179; J. H. Greenstone, Numbers
    with Commentary, 1939, 279; A. H. McNeille, The Book of Numbers, CaB, 1911,
    145.

[3] S. R. Driver, A Treatise on the Use of the Tenses in Hebrew and some Other Syntac-
    tical Questions, 1892[3], 256.

[4] Vgl. Lev 26 42 Jer 33 20.

[5] S. R. Driver a. a. O. 257.

[6] M. Buber und F. Rosenzweig, Das Buch »In der Wüste«, Schrift 4, o. J., 120.

[7] G. B. Gray, Numbers, ICC, 1956[3], 386.

[8] B. Baentsch, Exodus-Leviticus-Numeri, HK I 2, 1903, 626.

[9] O. C. Whitehouse, Isaiah 1—39, NCB, o. J., 151 Anm. 1.

Jes 26 3

Das erste שָׁלוֹם fehlt in 𝔊 und 𝔖. R. Kittel in BH, ebenfalls G. B. Gray[10] und O. C. Whitehouse[11], wollen deshalb diesen Versionen folgen, d. h. sie fassen שָׁלוֹם als Dittographie auf und streichen es im MT.

Diese Textänderung scheint mir aber aus verschiedenen Gründen weder notwendig noch zulässig: Einmal ist es sehr wahrscheinlich, daß 𝔊 und 𝔖 auf eine andere Textvorlage zurückgehen als die des MT. Ferner hat 1QIs doppeltes שָׁלוֹם. Außerdem ist diese doppelte Form des Nomens nicht notwendigerweise unverständlich oder bloßes Wortspiel und müßte deshalb ausgeschieden werden. Die doppelte Verwendung kann durchaus gewollt sein, wenn sie als superlativischer Ausdruck aufgefaßt worden ist[12]. In diesem Falle wäre MT höchst sinnvoll.

Jes 39 8

R. Kittel verweist in BH darauf, daß v. 8 b vielleicht ein späterer Zusatz sei, da sich diese Vershälfte nicht im Text von 𝔊[B] und 𝔖[h] der Parallelstelle I Reg 20 19 findet. Dieser Hinweis scheint mir aber kein genügender Grund für eine Streichung zu sein, zumal v. 8 b in 1QIs belegt ist.

Jes 53 5

𝔙 und verschiedene andere Handschriften haben an der Stelle die Pluralform von שָׁלוֹם. Dieser Gebrauch hat jedoch keinerlei Bedeutsamkeit für die Bezweiflung der Echtheit von MT. Plurale von Abstrakta sind nach ihrer wesenhaften Bedeutung unwahrscheinlich, es sei denn, soweit sie die hebräische Sprache betreffen, daß sie eine gesteigerte Gefühlsbetonung zum Ausdruck bringen wollen[13]. Es besteht aber keine Notwendigkeit, an dieser Stelle eine derartige Gefühlsbetonung anzunehmen. Textänderungen sind deshalb unnötig. MT in seiner jetzigen Form kann sehr alt sein, denn diese Textform war schon in Qumran bekannt, wie 1QIs zeigt.

Jes 57 19

1QIs läßt an dieser Stelle das zweite שָׁלוֹם aus, obgleich es in Jes 26 3 das Nomen zweimal verwendet. MT hat in beiden Stellen zweimal שָׁלוֹם. Es ist möglich, das zweite שָׁלוֹם im MT von Jes 57 19 als Dittographie aufzufassen, besonders wenn man die Meinung vertritt, daß 1QIs die älteste uns bekannte Textform darstellt.

Da bis jetzt jedoch keine verbindlichen Kriterien für die Verwendung der Qumrantexte in der Text- und Literarkritik aufgestellt worden sind, braucht man nicht notwendigerweise ihre Textform zu bevorzugen. Es wäre durchaus möglich, daß das Fehlen des zweiten שָׁלוֹם in 1QIs ein Schreibfehler ist. Diese Annahme verdient meiner Meinung nach den Vorzug, da die doppelte Verwendung von שָׁלוֹם hier wie auch in Jes 26 3 als superlativischer Ausdruck aufgefaßt werden kann. Wenn MT uns aber nicht zu einer Emendation zwingt, besteht keine Veranlassung, den Text zu ändern. Das gilt bis jetzt auch dann, wenn die Qumrantexte eine andere Textform aufweisen.

Jer 8 15

W. Rudolph bemerkt in BH, daß Jer 8 15 mit Jer 14 19b identisch sei. Er schlägt deshalb vor, eventuell Jer 8 15 zu streichen. Die Grundlage für diesen Vorschlag

---

[10] G. B. Gray, Isaiah 1—27, ICC, 1956[4], 439f.

[11] O. C. Whitehouse, Isaiah 1—39, NCB, o. J., 280f.

[12] Syntax 108 Nr. 79, 2.

[13] Vgl. Syntax 16 Nr. 19 b.

findet sich in W. Rudolphs Kommentar zu Jeremia, wo er annimmt, daß Jer 8 13-23 nicht zur Urrolle gehöre[14]. Diese Ansicht wird jedoch keinesfalls von allen atl. Kritikern geteilt. Im Gegenteil, eine Anzahl angesehener Gelehrter haben weder früher an dieser Stelle ein literarisches Problem gesehen, noch sehen sie es jetzt, und haben deshalb keinerlei Notwendigkeit für eine Textänderung empfunden[15]. Ich muß mit ihnen übereinstimmen und kann keiner Textänderung zustimmen. Die Tatsache, daß sich bei einem Dichter ein Gedanke in der gleichen wörtlichen Formulierung in verschiedenen textlichen Zusammenhängen vorfindet, hat nichts Befremdliches für mich.

Jer 13 19

MT hat hier שָׁלוֹם im Plural. Die Form ergibt aber keinen Sinn an dieser Stelle und bereitet deshalb Schwierigkeiten. Die älteren Philologen nahmen deshalb in diesem Fall an, daß es sich nicht um das Nomen, sondern um ein Adjektivum handele, das wie das Nomen geschrieben werde[16]. Es ist jedoch zu beachten, daß solch ein ungewöhnliches Adjektivum mit der Bedeutung »gänzlich« oder »in voller Zahl« eine singuläre Erscheinung in der gesamten Literatur des AT wäre. Eine solche Annahme hat wenig Wahrscheinlichkeit für sich[17]. Deshalb wird man an dieser Stelle wohl einer Textänderung zustimmen müssen. Die beste Emendation scheint mir die von W. Rudolph in BH vorgeschlagene, nämlich mit ⅏ 𝔏 𝔖 𝔗 𝔙 das Adjektivum שָׁלֵם anzunehmen und hier שְׁלֵמָה zu lesen[18].

Jer 16 5

Koehler-Baumgartner führen in ihrem Lexikon für diese Stelle das Wort שִׁלְמוֹ statt שָׁלוֹם an[19] und ändern es weiterhin in ihrem Supplement zu dem Eigennamen שְׁלֹמֹה[20]. Eine solche Änderung ergibt jedoch keinerlei Sinn und ist wahrscheinlich ein Druckfehler. Es ist außerdem bei Jer 16 5 nicht einzusehen, warum eine Änderung des MT erfolgen sollte, da der Text keine Schwierigkeiten bereitet.

Sach 8 12

O. Procksch hält in BH die ersten drei Worte dieses Verses für einen möglichen Zusatz zum Originaltext und will sie eventuell streichen, ohne jedoch einen Grund für diesen Vorschlag anzugeben. Meiner Meinung nach enthält der Text formal keine Schwierigkeiten, wenigstens nicht, soweit שָׁלוֹם hier in Frage kommt[21]. Ich halte deshalb eine Streichung dieser Worte einschließlich שָׁלוֹם nicht für notwendig.

---

[14] W. Rudolph, Jeremia, HAT I 12, 1947, 51.

[15] Z. B. S. R. Driver, The Book of the Prophet Jeremiah, 1906, 51; G. A. Smith, Jeremiah, 1929[4], 200; C. v. Orelli, The Prophecies of Jeremiah, TheolLib 39 (1889), 83, und J. Bright, Jeremiah, AB, 1965, 62f.

[16] Z. B. Ges-Th III 1423a; Ges-B 831a; A. B. Davidson, The Analytical Hebrew and Chaldee Lexicon, o. J., 720b.

[17] Vgl. S. R. Driver a. a. O. 80. 358.

[18] So auch S. R. Driver a. a. O. 80; G. A. Smith a. a. O. 213; Ges-B 831a und KB 974b.

[19] KB 974a.

[20] KB Suppl. 190.

[21] So auch T. T. Perowne, Haggai, Zechariah and Malachi, CaB, 104, und H. G. Mitchell, J. M. P. Smith und J. A. Bewer, Haggai, Zechariah, Malachi and Jonah, ICC, 1961, 211ff.

Ps 38 4

F. Buhl schlägt in BH vor, daß שָׁלוֹם in diesem Vers wahrscheinlich zu שָׁלֵם zu ändern sei, vermutlich im Anschluß an B. Duhm[22]. Der gleichen Ansicht ist auch W. O. E. Oesterley, mit dem Hinweis: »Read, with Duhm, שָׁלֵם for שָׁלוֹם, a better parallel to soundness«[23]. Nach meinem Dafürhalten sind Änderungen des MT aus solchen willkürlichen Gründen nicht zu befürworten. Daß MT, wie er jetzt steht, sinnvoll ist, bringen die Kommentare von C. A. Briggs[24] und A. Weiser[25] deutlich zum Ausdruck.

Ps 55 21

Der MT hat שָׁלוֹם hier wieder in der Pluralform, die, wie oben bereits erwähnt wurde, Schwierigkeiten bereitet. Die Form gibt an dieser Stelle keinen Sinn, selbst dann nicht, wenn der Plural als Ausdruck einer gesteigerten Gefühlsbetonung aufgefaßt würde. W. Gesenius liest den Plural hier als »pacem colens«[26], eine Bedeutung, die grammatisch nur unter der Annahme möglich ist, daß es ein Adjektivum שָׁלוֹם gibt. Diese Postulierung bereitet jedoch erhebliche Schwierigkeiten, weshalb sich eine Emendation des Textes wahrscheinlich nicht vermeiden läßt. Die beste Lösung scheint die von H. Gunkel zu sein, der vorschlägt, שָׁלוֹם hier als pl. des pt. des qal zu punktieren[27], d. h. als בִּשְׁלֹמָיו. Dem Vorschlag folgen sowohl F. Buhl in BH als auch verschiedene Ausleger[28].

Ps 69 23

An dieser Stelle ist שָׁלוֹם ebenfalls in der Pluralform belegt, die ähnliche Schwierigkeiten bereitet wie in Ps 55 21. Daß der Text hier in Unordnung ist, läßt sich an verschiedenen Versuchen der Versionen erkennen, ihn zu emendieren; so lesen hier 𝔊′ A ΣΘ Hie וּלְשִׁלּוּמִים. Diese Vokalisation könnte als annehmbar für die Stelle angesehen werden, jedoch ist zu beachten, daß das emendierte Nomen ein Abstraktum ist und die Plurale von solchen abstrakten Nomina stets fragwürdig sind. 𝔖 hat שָׁלוּמָם, was einen Sinn ergibt, aber inhaltlich den Text sehr abschwächt. Die sinnvollste Textänderung ist meiner Meinung nach die von 𝔗, das שָׁלְמֵיהֶם hat, d. h. שְׁלָמִים. Ihm folgen F. Buhl in BH sowie die Kommentare und die Lexika[29]. W. Gesenius vermutet an dieser Stelle wieder ein Adjektivum שָׁלוֹם mit der Bedeutung »securus, tranquillus«[30].

Ps 125 5

F. Buhl hält in BH v. 5b für eine mögliche Glosse; ihm folgen C. A. Briggs[31] und W. O. E. Oesterley[32]. Im Gegensatz zu dieser Annahme hat A. Weiser neuerdings in

---

[22] Zitiert in Ges-B 830b.

[23] W. O. E. Oesterley, The Psalms, 1959, 227.

[24] C. A. Briggs, Psalms, ICC, I 1960, 341.

[25] A. Weiser, The Psalms, OTL, 1962, 323.

[26] Ges-Th III 1423a.

[27] Zitiert nach W. O. E. Oesterley a. a. O. 285.

[28] Z. B. C. A. Briggs, Psalms II 29; W. O. E. Oesterley a. a. O. und A. Weiser a. a. O. 418.

[29] C. A. Briggs, Psalms II 123; W. O. E. Oesterley a. a. O. 329; A. Weiser a. a. O. 491; Ges-B 831a und KB 974b.

[30] Ges-Th III 1423a.

[31] C. A. Briggs, Psalms II 455.

[32] W. O. E. Oesterley a. a. O. 512.

seinem Psalmenkommentar gezeigt, daß der MT sinnvoll ist[33], vor allem wenn man für die individuellen Psalmen als Sitz im Leben eine Situation annimmt, die wahrscheinlich mit dem Bundeserneuerungskult zusammenhängt[34]. Unter Zugrundelegung dieser Anschauung können verschiedene Textänderungen oder Textstreichungen vermieden werden, die in älterer Zeit als notwendig für den MT der Psalmen erachtet wurden.

Es muß zugegeben werden, daß A. Weiser verschiedentlich zu weitgehende Folgerungen aus seiner Hypothese zieht; sein Ansatzpunkt hat jedoch meiner Meinung nach viel für sich. Solange es daher möglich ist, eine Interpretation für einen Text zu finden, die den MT erhält, scheint mir keine zwingende Notwendigkeit für Textänderungen gegeben zu sein. Die Erwägung solcher Änderungen auf Grund eines im voraus bestimmten Vorverständnisses des Textes oder aus metrischen Gründen sollte deshalb niemals leichtfertig gehandhabt werden.

Hi 21 9

𝕲 𝕾 und 𝖁 haben hier das pf. qal שָׁלְמוּ an Stelle von שָׁלֵים, welches sich im MT findet. Das ist wahrscheinlich der Grund, weshalb Koehler-Baumgartner den MT in diesem Fall emendieren wollen[35]. Der MT ist aber an dieser Stelle höchst sinnvoll, wie A. Weiser in seinem Hiobkommentar gezeigt hat[36], und deshalb ist eine Textänderung unnötig. In diesem Zusammenhang mag die Mahnung S. R. Drivers in Erinnerung gebracht werden, die er in den »philological notes« seines Hiobkommentars bezüglich der Bevorzugung der Versionen seitens der Kritiker zum Ausdruck bringt, wenn er sagt: »These renderings (sc. of the versions) are not evidence that their authors read שָׁלְמוּ; they may be merely accomodations to their native idioms«[37].

2. Bemerkungen zu שָׁלֵם

Gen 15 16

S. Mandelkern führt in seiner Konkordanz שָׁלֵם in Gen 15 16 als 3. sg. pf. qal auf[38] und nicht als Adjektivum. Er begründet diese Klassifikation wahrscheinlich durch Bezugnahme auf 𝕲, die hier ἀναπεπλήρωνται übersetzt, also שָׁלֵם verbal und mit der Bedeutung »sich erfüllt haben« verstanden hat. Diese Bedeutung ist jedoch im Hebräischen weder für das qal noch für das Adjektivum belegt und wäre ein singulärer Fall, während sie oft durch das pi. ausgedrückt wird.

Es handelt sich bei S. Mandelkern wahrscheinlich um ein Mißverständnis, denn 𝕲 hat offenbar Gen 15 16 wörtlich übersetzt. שָׁלֵם ist in 𝕲 wie im MT als Adjektivum mit der Bedeutung »ganz« oder »voll« aufgefaßt, und die Copula ist mitgedacht. Derartige Nominalsätze werden häufig im Hebräischen angetroffen[39]. Das Wort wird höchstwahrscheinlich in diesem Sinn verstanden. Da Lexika, Grammatiken und Kommentare und selbst Raschi[40] hierin übereinstimmen, sehe ich keinen Grund, S. Mandelkerns Vorschlag zuzustimmen.

---

[33] A. Weiser a. a. O. 756 ff.

[34] A. Weiser a. a. O. 35 ff.

[35] KB 974a.

[36] A. Weiser, Das Buch Hiob, ATD 13, 1959³, 161.

[37] S. R. Driver und G. B. Gray, Job, ICC, 1958³, Teil II 145.

[38] S. Mandelkern, Veteris Testamenti Concordantiae Hebraicae atque Chaldaicae, 1964⁶, ad loc.

[39] Vgl. Syntax 10 f.

[40] The Pentateuch and Rashi's Commentary, I: Genesis, ed. H. M. Orlinsky und B. Sharfman, 1949, 340b.

Gen 33 18

Das Problem mit שָׁלֵם an dieser Stelle ist, ob es als Adjektivum oder als Ortsname angesehen werden soll. Beide Auffassungen sind grammatisch möglich[41]. MT und
die Mehrzahl aller Ausleger verstehen es als Adjektivum. ⅏ ⵙ Jub Hie Raschbam,
King James' Version und neuerdings auch É. Dhorme[42] halten es für einen Ortsnamen.
Seit der Zeit des Hieronymus ist immer wieder versucht worden, שָׁלֵם auf das noch heute
bestehende Dorf Salim zu beziehen, das sich in der Nähe von Nablus, dem alten Sichem,
befindet. Auch O. Procksch sieht in שָׁלֵם einen Ortsnamen, bezieht es aber auf Jerusalem[43].

Obgleich es nicht möglich ist, auf Grund grammatischer Kriterien über die Bedeutung von שָׁלֵם zu entscheiden, glaube ich, daß genügend sprachliches Beweismaterial
vorhanden ist, um an dieser Stelle ein Adjektivum und nicht einen Ortsnamen anzunehmen. Das Argument von O. Procksch, nirgends im Zyklus der Jakobsagen werde
geäußert, Jakob sei wohlbehalten bzw. gesund, scheint mir nicht stichhaltig zu sein,
um die Annahme zu stützen, daß es sich hier um die Glosse eines Interpolators handle,
der auf Jerusalem hinweisen wolle[44]. Da diese Stelle von den Kritikern fast ausnahmslos
P zugewiesen wird, besteht kein Grund, die Bedeutung »wohlbehalten« in Zweifel zu
ziehen. Das Adjektivum war in der späteren Zeit vor allem in Verbindung mit לְבָב in
Gebrauch. Andererseits muß festgehalten werden, daß wir nirgendwo im AT einen
Hinweis auf eine Stadt Salim finden, was in der Tat seltsam wäre, wenn sie bedeutungsvoll für die Tradition eines Patriarchen gewesen sein sollte.

Es kann außerdem überzeugend nachgewiesen werden, daß das Adjektivum שָׁלֵם
in anderen semitischen Sprachen die Bedeutung »ganz« im Sinne von »wohlbehalten«
hat. Schon E. König hat auf das Arabische hingewiesen, wo Adjektiva in ähnlicher
Weise gebraucht werden können wie שָׁלֵם in Gen 33 18 und dann einen Zustandsakkusa-
tiv ausdrücken[45]. In gleicher Weise hat Sam diese Stelle verstanden und שָׁלֵם mit
שָׁלוֹם wiedergegeben. Weiterhin ist im Arabischen das Adjektivum *salîmun* mit der
Bedeutung »geschützt vor, sicher vor« oder »frei von Bösem jeglicher Art« zu vergleichen; es kann in der modernen Schriftsprache auch »wohlbehalten, gesund« heißen[46].

Ähnliche Parallelen lassen sich noch aus anderen semitischen Sprachen belegen.
Das akk. *šalîmu* bedeutet »unversehrt, wohlbehalten, friedlich«[47]; im Syrischen bezeichnet *šalmo'* »gesund, heil, wohlbehalten«[48], und im Äthiopischen findet sich für
salâmaui die Bedeutung »friedliebend, friedlich«[49]. Im Hinblick auf einen derartig
weiten Gebrauch des Adjektivs sehe ich keinen Grund, warum es in Gen 33 18 nicht in
gleicher Weise aufgefaßt werden darf.

---

[41] Vgl. S. R. Driver, The Book of Genesis, WC, 1904[3], 300, und E. König, Die Genesis,
1925[2], 635.

[42] É. Dhorme, La Bible. L'Ancien Testament, I 1956, 112.

[43] O. Procksch, Die Genesis, KAT 1, 1913, 493.

[44] O. Procksch a. a. O.

[45] E. König a. a. O. 635. Die gleiche Auffassung vertreten Raschi, The Pentateuch
and Rashi's Commentary, I: Genesis, ed. H. M. Orlinsky und B. Sharfman, 1949,
340b, sowie Abraham Ibn Esra, zitiert von H. Freedman, The Book of Genesis,
SC, 1950[2], 204a.

[46] S. o. 37.

[47] S. o. 11.

[48] S. o. 45.

[49] S. o. 49.

I Reg 6 7

M. Noth schlägt in BH vor, שְׁלָמָה an dieser Stelle zu streichen. Er folgt hier wahrscheinlich dem Argument von B. Stade, der festgestellt hatte, daß die gleiche Form des Adjektivs in Verbindung mit אֶבֶן in Jos 8 31 gebraucht wird, wo es term. techn. für »unbehauenen Stein« ist. Wenn die Bedeutung »unbehauen« auch für I Reg 6 7 anzunehmen wäre, müßte in der Tat das Adjektivum gestrichen werden. Aber es ist sehr wahrscheinlich, daß diese Annahme nicht zutrifft. Montgomery-Gehman weisen meiner Meinung nach mit Recht darauf hin, daß שְׁלָמָה in Jos 8 31 nicht die gleiche Bedeutung haben kann wie in I Reg 6 7, da es hier durch nachfolgendes מַסָּע qualifiziert ist[50]. Deshalb halte ich es nicht für notwendig, an dieser Stelle das Adjektivum zu streichen.

Am 1 9

In 𝔊 findet sich τοῦ Σαλωμών an Stelle von שְׁלָמָה. Eine solche Lesung ergibt hier wenig Sinn und hat kein Gewicht für MT. Die beste Erklärung für diesen Sachverhalt ist meines Wissens die von W. R. Harper, der annimmt, daß wir den Irrtum eines Schreibers vor uns haben, welcher fälschlicherweise Σαλωμών für σάλημα las[51].

Nah 1 12

MT ist an dieser Stelle in Unordnung und deshalb unverständlich[52]. Eine Rekonstruktion des Textes ist schwierig, da verschiedene Emendationen erfolgen müßten, um Verständlichkeit zu erzielen. Wenn schon emendiert werden muß, dann wäre vielleicht die von J. M. P. Smith vorgeschlagene Textänderung die beste[53], der an Stelle des Adjektivs שְׁלֵם das qal pf. שָׁלְמוּ liest. In gleicher Weise verfährt O. Procksch in BH.

Eine andere Möglichkeit der Verständlichmachung des Textes findet sich in der Zürcher Bibel[54]. Sie läßt den Text in Nah 1 12 unverändert und stellt Nah 1 14 vor Nah 1 12. Diese Textumstellung scheint mir die beste Lösung des Problems zu sein. Der erste Abschnitt in Kap. 1 würde dann Nah 1 1-11. 14 umfassen, wo von der Rache Gottes gesprochen wird, während der zweite Abschnitt mit Nah 1 12-13 beginnt und in Nah 2 1ff. mit Aussagen über die Erlösung Israels und den Untergang von Ninive fortgesetzt wird.

II Chr 8 16

J. Begrich in BH und Koehler-Baumgartner in ihrem Lexikon[55] folgen 𝔊 und wollen שָׁלֵם an dieser Stelle in שְׁלֹמֹה umändern. Der Schluß dieses Verses, der wie folgt lautet: »Das Haus Jahwes (sc. wurde) fertiggestellt«, bedarf meiner Ansicht nach keiner Änderung. Er schließt den Abschnitt II Chr 8 1-18 gut ab, der von verschiedenen Taten Salomos berichtet. Da der Chronist in seinem Werk eine besondere Neigung für den Jerusalemer Tempel zeigt, könnte man die lapidare Formulierung שָׁלֵם בֵּית יהוה fast als den Höhepunkt dieses Abschnittes ansehen. Vielleicht fügte er aus Vorliebe für historische Einzelheiten noch den Passus über Salomos Handel mit Ophir an. Ob diese Vermutung zutrifft, mag dahingestellt bleiben. Jedenfalls erscheint der vorgefundene Text

---

[50] J. A. Montgomery, Kings, ed. H. S. Gehman, ICC, 1960, 148.

[51] W. R. Harper, Amos and Hosea, ICC, 1905, 23. 28.

[52] Vgl. J. M. P. Smith, W. H. Ward und J. A. Bewer, Micah, Zephaniah, Nahum, Habakkuk, Obadiah and Joel, ICC, 1959⁴, 303ff.

[53] A. a. O. 307.

[54] Die Heilige Schrift des Alten und Neuen Testaments, ad loc.

[55] KB 980b.

in MT sinnvoll. Curtis-Madsen teilen in ihrem Kommentar gleichfalls diese Ansicht[56], wenn sie darauf hinweisen, daß der MT in II Chr 8 16 in keiner Weise den Eindruck einer Textverderbnis macht und die erwähnte Formulierung gut mit der Parallelstelle in I Reg 9 25 übereinstimmt, die das pi. שִׁלַּם hat. Eine Textänderung würde weniger gut zu der Parallelstelle passen.

3. Bemerkungen zu שְׁלָמִים

Lev 7 34

4 Handschriften, 𝔊 und 𝔗ᴶ lesen hier שַׁלְמֵיכֶם statt שַׁלְמֵיהֶם, d. h. sie haben die direkte Anrede. G. Quell wird vielleicht mit seiner Vermutung im Recht sein, daß in diesen Fällen eine spätere Angleichung des Textes an Lev 7 32 vorliegt. Diese Varianten haben jedoch keine Bedeutung für MT.

II Sam 6 17

R. Kittel bemerkt in BH, daß שְׁלָמִים vielleicht ein Zusatz an dieser Stelle sei. Er verweist auf die Parallelstelle I Chr 16 1, in welcher die שְׁלָמִים zusammen mit den עֹלוֹת genannt werden.

Ich halte diese Vermutung für unbegründet. Einmal scheint mir das Chron-Werk kaum für eine Rekonstruktion des Samuel-Textes geeignet zu sein. Es soll damit nicht abgeleugnet werden, daß der Chronist das Dtr-Werk als Quelle benutzt hat, es steht jedoch fest, daß er seine Vorlage nicht verbatim kopiert hat, sondern sich verschiedentlich »kleine sachliche Korrekturen an seinen Quellen erlaubt hat«[57]. Weiterhin bestehen keine überzeugenden Gründe, warum im AT die שְׁלָמִים stets mit den עֹלוֹת zusammen genannt werden sollten. Beide Kulthandlungen sind im folgenden Vers, II Sam 6 18, erwähnt. Wenn man unbedingt daran zweifeln wollte, daß der MT an dieser Stelle nicht in Ordnung sei, könnte man eher annehmen, ein Schreiber habe beim Kopieren unbeabsichtigterweise das Wort עֹלָה in II Sam 6 17 ausgelassen und danach sei der Text in dieser neuen Form überliefert worden. Deshalb kann MT in seiner jetzigen Form erhalten bleiben.

I Reg 8 63

M. Noth schlägt in BH unter Hinweis auf die Parallelstelle II Chr 7 5 die Streichung von הַשְּׁלָמִים אֲשֶׁר זָבַח לַיהוה in v. 63a vor. Als Grund für die Streichung wird angegeben, daß dieser Teil des Verses weder in verschiedenen Codices von 𝔊 noch in II Chr vorhanden ist. Auch Montgomery-Gehman halten diesen Passus für sekundär[58].

Es muß zugegeben werden, daß der Doppelgebrauch des Verbums זָבַח unbeholfen im Hebräischen wirkt; deshalb ist es möglich, den Passus als späteren Zusatz zum MT zu werten. Diese Ansicht setzt aber nicht notwendig das Nomen שְׁלָמִים als Teil des Zusatzes voraus. M. Noth äußert an anderer Stelle die Vermutung, daß der Chronist II Chr 7 4-5 verbatim kopiert habe. In der gleichen Studie wird indessen kurz zuvor bemerkt, daß der Chronist verschiedentlich seine Quelle geändert habe[59]. Wenn in der Tat solche Änderungen in Chr stattgefunden haben, könnte man sich fragen, warum nicht auch dies im Falle von II Chr 7 5 geschehen sein sollte. Die Annahme der späteren

---

[56] E. L. Curtis und A. Madsen, Chronicles, ICC, 1952², 356.
[57] M. Noth, ÜSt, 167f.
[58] J. A. Montgomery, Kings, ed. H. S. Gehman, ICC, 1960, 199f.
[59] M. Noth, ÜSt, 168 Anm. 3.

Anfügung einer Glosse an I Reg 8 63a in vorchron. Zeit ist durch diese Feststellung keinesfalls ausgeschlossen.

Es ist möglich, daß זֶבַח הַשְּׁלָמִים ursprünglich zu I Reg 8 63 gehört hat, während אֲשֶׁר זָבַח לַיהוה vielleicht als ein späterer Zusatz zu betrachten ist. Der Chronist hat dann in II Chr 7 5 seine Vorlage geändert und הַשְּׁלָמִים ausgelassen. Es besteht also keine Notwendigkeit, den Terminus שְׁלָמִים aus dem Text von I Reg 8 63 zu streichen.

Am 5 22

Diese Stelle ist schon immer wegen der Form שֶׁלֶם für die Ausleger problematisch gewesen. Es handelt sich um eine Form des Nomens, welche gewöhnlich als »Friedensopfer« gedeutet wird. Es ist seltsam, daß hier der sg. verwendet wird, während sich an allen anderen atl. Stellen der pl. שְׁלָמִים findet, der term. techn. für den Typus dieser Kultbegehung ist. Deshalb scheinen Koehler-Baumgartner guten Grund zu haben, wenn sie den sg. als fraglich ansehen[60].

Bezüglich der Lösung dieses Problems werden im allgemeinen zwei Gesichtspunkte vorgetragen. Der erste ist, daß man annimmt, zu irgendeiner Zeit sei der Terminus שֶׁלֶם gebraucht worden, um eine Opferart zu bezeichnen. Als Beweis für diese Ansicht kann die Liste der Opfertarife von Marseille beigebracht werden, in welcher das Wort in dieser Weise Verwendung gefunden hat[61]. Der zweite Gesichtspunkt ist von W. R. Harper in seinem Kommentar mit der Annahme aufgestellt, daß die ganze Stelle »peace-offering(s) of your fatlings, I will not regard« ein späterer Einschub sei[62]. Da jedes der Argumente viel für sich hat, scheint es mir unmöglich, zu einer definitiven Entscheidung in dieser Angelegenheit zu kommen. Vielleicht dürften aber einige Erwägungen für die Klärung des Problems an dieser Stelle vorgetragen werden.

Wenn man W. R. Harper folgt, treten sofort einige Schwierigkeiten in Erscheinung. Denn falls diese Stelle ein späterer Einschub sein sollte, würde man annehmen müssen, daß der Interpolator die Pluralform des Nomens gebraucht haben sollte. Die Termini für die einzelnen Opferarten waren bestimmt in den späteren Perioden der israelitischen Geschichte feststehende Bezeichnungen und deshalb würde ein Kompilator höchstwahrscheinlich nicht den hier behandelten Terminus im sg. eingetragen haben. Das Problem ist also durchaus noch nicht durch W. R. Harpers Vorschlag gelöst.

Sollte man jedoch annehmen, daß diese Stelle echt sei, dann wäre damit der einzige Fall innerhalb des AT gegeben, in dem diese kultische Begehung durch einen sg. bezeichnet worden wäre. Wir haben keinen Beweis dafür, daß dieser sg. einmal in Israel gebraucht worden ist. Aber auch der Gegenbeweis kann nicht angetreten werden, da wir keinerlei Anhaltspunkte dafür innerhalb der atl. Literatur finden. Die Texte, die mit der Wüstentradition verbunden sind, sind alle in späterer Zeit überarbeitet worden. Man könnte zwar auf den Text der älteren Propheten hinweisen, in dem jedoch weder der Terminus שְׁלָמִים noch שֶׁלֶם gebraucht werden. Dennoch ist es nicht ausgeschlossen, daß in einer früheren Zeit, z. B. vor dem Exil, ein sg. שֶׁלֶם im Umlauf gewesen sein könnte. Man darf vielleicht hier auf die Tatsache aufmerksam machen, daß Opfertermini, z. B. עֹלָה, sowohl im sg. als auch im pl. verwendet werden. Als Konsequenz einer solchen Annahme käme für diese frühere Zeit das Zeitalter der Könige in Betracht. Außerdem müßte dann vermutet werden, daß der strikte Gebrauch des plurale tantum שְׁלָמִים in allen anderen atl. Stellen erst in späterer Zeit in Umlauf gekommen und dann

---

[60] KB 980b.
[61] Vgl. W. R. Smith, Lectures on the Religion of the Semites, ed. S. A. Cook, 1927³, 237.
[62] W. R. Harper, Amos and Hosea, ICC, 1905, 135.

in die Texte eingedrungen wäre. Dieser gedankliche Ansatz wäre gewiß in Übereinstimmung mit den Vorstellungen der älteren Literarkritiker, z. B. mit J. Wellhausen et al.

Die Schwierigkeit bei diesem Argument ist jedoch die Tatsache, daß angesehene Forscher, z. B. M. Noth, annehmen, die Kultgesetze in Lev 1—7 seien schon in der Königszeit formuliert worden[63]. In den Gesetzen finden wir jedoch für die hier besprochene Kultbegehung nur die Bezeichnung שְׁלָמִים. Da die Gesetze dann ungefähr zur Zeit von Amos fixiert gewesen sein müßten, würde man erneut der Schwierigkeit des שֶׁלֶם in Am 5 22 begegnen, denn es ist in der Tat nicht einzusehen, warum an dieser Stelle nicht die richtige Bezeichnung für die Kultbegehung gebraucht worden ist. Auch dieser Vorschlag ist keine eigentliche Lösung des Problems.

Man könnte sich natürlich fragen, ob Amos den sg. bewußt gebraucht hätte, vielleicht mit der Absicht, die שְׁלָמִים in ihrer religiösen Bedeutsamkeit zu degradieren, und ob wir in dieser Form eventuell einen polemischen Ausdruck vor uns haben. Der Textzusammenhang würde solch ein Argument stützen. Obwohl eine solche Annahme manches für sich hat, hat sie wenig Wert, da sie nur eine Spekulation darstellt.

Eine mögliche Lösung dieses Problems würde meiner Meinung nach jedoch die Annahme sein, daß hier überhaupt keine Aussage über die שְׁלָמִים beabsichtigt war. Dieses Argument wird an anderer Stelle in dieser Arbeit aufgenommen werden[64].

4. Bemerkungen zu שֶׁלֶם

J. Hempel schlägt in BH für Dtn 32 35 vor, das Nomen שָׁלֵם als שֶׁלֶם zu vokalisieren. Möglicherweise handelt es sich hier um einen Kopierfehler seitens eines Schreibers. Das Argument scheint deshalb überzeugend zu sein, weil שֶׁלֶם ein hapax legomenon ist, während שָׁלֵם mehrere Male in atl. Stellen mit der gleichen Bedeutung belegt ist.

Gegen diese Ansicht steht jedoch die Masora parva, die zeigt, daß die Masoreten sich völlig der Tatsache bewußt waren, in שֶׁלֶם ein hapax legomenon vor sich zu haben. Deshalb kann die Vokalisation dieses Nomens im MT nicht als ein Irrtum der Masoreten angesehen werden, der zur Zeit, als die Vokalisation der Texte aufkam, eingetreten wäre.

Für eine Emendation von שֶׁלֶם zu אֲשַׁלֵּם, wie sie von Koehler-Baumgartner vorgeschlagen wird[65], besteht keine Veranlassung. Die beste Lösung ist meiner Meinung nach, besonders im Hinblick auf die Masora parva, den Text so zu belassen, wie er in Dtn 32 35 vorgefunden wird.

II. Das Verbum

1. Bemerkungen zum Qal

II Sam 20 19

Das pass. pt. qal שְׁלֻמֵי ist als pl. cs. eine korrekte grammatische Verbform. Im Kontext von II Sam 20 19 bereitet es jedoch Schwierigkeiten, da seine Bedeutung hier

---

[63] M. Noth, Die Gesetze im Pentateuch, in: Ges. St., 1951, 18. Eine andere Ansicht über das Alter dieser Kultgesetze wird von R. Rendtorff, Die Gesetze in der Priesterschrift, 1954, vertreten. Er nimmt auf S. 20 an, daß die Rituale Lev 1—5 ihre endgültige Form erst zur Zeit des Exils erhalten haben und während dieser Periode vermutlich als Ersatz für die Opfer rezitiert worden seien. Rendtorff glaubt jedoch, daß die priesterliche dāʿāt, welche in Lev 6—7 erhalten geblieben ist, ihren Ursprung schon in vorexilischer Zeit hatte, d. h. wenigstens ihr ältester Bestand.

[64] S. u. 255ff.

[65] KB 981a.

keinen Sinn ergibt[66]. Deshalb haben sowohl Kritiker als auch Ausleger seit langem eine Emendation des Verbums für notwendig erachtet. R. Kittel macht in BH den Vorschlag, hier mit 𝔊[I] vielleicht לְהַשְׁחִית zu lesen. Ihm folgen seit der Zeit H. Ewalds A. R. S. Kennedy[67] und viele andere Forscher.[68]

Es muß zugegeben werden, daß sich der MT in II Sam 20 1-22 in einem sehr schlechten Zustand befindet, der wahrscheinlich auf verschiedene Überarbeitungen zurückzuführen ist. Versuche, den Urtext wiederherzustellen, haben bisher keinen Erfolg gehabt. Es wird deshalb wohl am besten sein, den Text nach 𝔊 zu emendieren. Es ist möglich, daß, wie W. Hertzberg vorgeschlagen hat[69], II Sam 20 19 ein altes Sprichwort zugrunde liegt, welches aber nicht mehr rekonstruiert werden kann.

Obwohl diese Verbform emendiert werden muß, ist ihr Vorhandensein im MT doch für die Geschichte der Wurzel שׁלם wichtig, da nirgends sonst im AT ein pass. pt. des qal für unsere Wurzel belegt ist.

Möchte man den MT erhalten, so wird man hier wohl entweder der Interpretation von W. Gesenius oder der von A. F. Kirpatrick folgen müssen[70].

Ps 7 5

Verschiedene Kritiker vertreten die Ansicht, daß das pt. act. שׁוֹלְמִי nicht an diese Stelle paßt. F. Buhl schlägt in BH Änderung zu מְשַׁלְּמִי, d. h. pt. pi., vor. Ihm folgen Koehler-Baumgartner[71]. F. Baethgen postuliert in diesem Fall sogar ein pt. pol. מְשׁוֹלְמִי[72], während C. A. Briggs das pt. qal beibehält, es aber שְׁלוּמֵי punktiert, d. h. als pl. cs.[73]. Nach meinem Dafürhalten ist keine dieser Emendationen notwendig. Die grammatische Form des Verbums im MT ist korrekt und im Zusammenhang mit dem Inhalt der Stelle auch sinnvoll[74].

Hi 9 4

Ec 1. 4 hat an dieser Stelle das pass. waw-impf. וַיִּשְׁלָם, was nicht sinnwidrig ist. Als Einzelfall hat diese Textvariante aber kein Gewicht für den MT, da alle anderen Handschriften das act. waw-impf. וַיַּשְׁלֵם haben.

Hi 22 21

G. Beer, der wahrscheinlich in Übereinstimmung mit K. Budde ist[75], will in BH den imp. qal in imp. hi., הַשְׁלֵם, ändern. Diese Änderung scheint gerechtfertigt zu sein, da der textliche Zusammenhang, wie auch G. Hölscher zutreffend bemerkt hat[76], hier

---

[66] Vgl. O. Eißfeldt, Einleitung in das AT, 1964³, 187.

[67] A. R. S. Kennedy, Samuel, NCB, o. J., 295.

[68] Vgl. H. P. Smith, Samuel, ICC, 1958, 372f.

[69] H. W. Hertzberg, Die Samuelbücher, ATD 10, 1956, 301f.

[70] Ges-Th III 1421b; A. F. Kirpatrick, The Second Book of Samuel, CaB, 1899, 190.

[71] KB 979b.

[72] Zitiert nach Ges-B 836b.

[73] C. A. Briggs, Psalms, ICC, I 1960, 57.

[74] Vgl. W. O. E. Oesterley, The Psalms, 1959, 137, und A. Weiser, The Psalms, OTL, 1962, 133f.

[75] Zitiert nach Ges-B 836b.

[76] G. Hölscher, Das Buch Hiob, HAT I 17, 1952², 56.

für das Verbum nicht die Bedeutung »im Frieden mit jemandem sein« erlaubt, sondern die Bedeutung des hi. fordert.

M. Pope will das qal erhalten und bezieht deshalb diese Form auf das Arabische, indem er sie als »to submit« interpretiert[77]. Meiner Meinung nach, hat er damit einen wichtigen Hinweis gegeben, der jedoch nicht völlig befriedigt, da die Parallele, welche er zitiert, im Arabischen nur für den 2. Stamm, den Intensivstamm, des Verbums belegt ist, d. h. es würde eine gute Parallele für das hebräische pi. sein, nicht aber für das qal. Will man das Arabische zum Vergleich heranziehen, so scheint der Grundstamm von *salima* in diesem Fall viel besser geeignet zu sein, da er dem hebräischen qal entspricht. *salima* hat die Grundbedeutung »frei sein« bzw. »frei werden«, d. h. vom Bösen, von Versuchung usw., und würde uns deshalb eine sehr gut geeignete Parallele für die Bedeutung des qal geben, die in Hi 22 21 gefordert wird, zumal dieser Stamm im Arabischen auch in der Bedeutung »Gefangener sein« Verwendung findet[78].

2. *Bemerkungen zum Pi'el*

Ex 22 2

G. Quell macht in BH den Vorschlag, שַׁלֵּם יְשַׁלֵּם zu streichen und nach ⑤ durch יוּמָת zu ersetzen. Es muß zugegeben werden, daß MT an dieser Stelle einen unausgeglichenen Eindruck macht. Trotzdem sehe ich keine Notwendigkeit, mit einer Emendation wie der oben erwähnten übereinzustimmen. Zwei andere Lösungen dieses Problems können hier genannt werden. Einmal könnte man mit S. R. Driver[79], B. Baentsch[80], M. Noth[81] et al. annehmen, daß an dieser Stelle der Text in Unordnung sei und Ex 22 2b hinter Ex 21 37 gehört. Eine andere Möglichkeit wird von É. Dhorme erwogen, der Ex 22 1-2 an seiner jetzigen Stelle beläßt und den ganzen Abschnitt wie folgt auf Ex 21 37 bezieht: »Le sujet du verb il doit indemniser est voleur du chapître 21 37. Les versets 22 1-2 forment une sorte de paranthèse«[82].

Welche die beste der beiden angebotenen Lösungen ist, muß der persönlichen Entscheidung überlassen werden. Meiner Überzeugung nach sollte jedoch keine Textänderung oder Neuordnung des MT durchgeführt werden, solange es möglich ist, MT in seiner überlieferten Form zu erhalten. Deshalb halte ich É. Dhormes Lösung für die beste.

Lev 24 21

Auch an dieser Stelle folgt G. Quell in BH ⑤ und will v. 21a streichen. Dieser Vorschlag ist jedoch fragwürdig, wenn man M. Noths Argument folgt, daß Lev 24 15-22 insofern eine literarische Einheit darstellt, als die Rechtssätze, die in diesem Abschnitt zusammengefaßt sind, alle auf die Einleitungsformel in Lev 24 15a bezogen sind[83]. M. Noth übersieht nicht die Tatsache, daß die Rechtssätze Lev 24 17 und Lev 24 18a in verkürzter Form in Lev 24 21 wieder erscheinen. Der Grund, warum hier das Gesetzesmaterial in dieser Weise zusammengestellt worden ist, ist nach M. Noth jedoch nicht mehr einsichtig. Die Tatsache als solche muß als gegeben hingenommen werden.

---

[77] M. H. Pope, Job, AB, 1965, 151.
[78] S. o. 40.
[79] S. R. Driver, The Book of Exodus, CaB, 1911, 224.
[80] B. Baentsch, Exodus-Leviticus-Numeri, HK I 2, 1903, 197.
[81] M. Noth, Das Zweite Buch Mose, ATD 5, 1959, 148.
[82] É. Dhorme, La Bible. L'Ancien Testament, I 1956, 238.
[83] M. Noth, Das Dritte Buch Mose, ATD 6, 1962, 157.

Es besteht keine Veranlassung, gegen M. Noth zu argumentieren, denn er be-
streitet nicht, daß wir sehr wahrscheinlich an dieser Stelle eine spätere Interpolation vor
uns haben. Wichtig im Zusammenhang mit seiner Analyse ist jedoch die Beobachtung,
daß G. Quells Vorschlag unannehmbar ist, wenn M. Noths Erwägungen zutreffen sollten,
was ich als sehr wahrscheinlich annehme. Denn dann müßte entweder Lev 24 21 ganz
gestrichen werden (nicht nur v. 21 a), oder der ganze Vers muß im MT erhalten bleiben.
Keiner der Kommentare, die ich konsultiert habe, schlägt Streichung des ganzen Verses
vor. Deshalb scheint es mir die beste Lösung zu sein, den Vers ohne irgendwelche
Änderung zu erhalten.

Jes 59 18

R. Kittel schlägt in BH vor, יְשַׁלֵּם in Jes 59 18 b zu streichen, weil es in ᴳ nicht
vorhanden ist. Verschiedene Ausleger vertreten die gleiche Ansicht, da sie Jes 59 18 b
als eine Glosse ansehen[84]. Obwohl der Text überladen erscheint, bleibt jedoch zu bedenken, daß sich auch in 1QIs die gleiche Textform findet. Dieser Befund spricht meiner
Meinung nach dafür, daß MT sehr wahrscheinlich die älteste Textform bewahrt hat.
Eine Textänderung kann deshalb unterbleiben.

Jes 65 6

R. Kittel betrachtet in BH den Ausdruck וְשִׁלַּמְתִּי עַל־חֵיקָם als eine Glosse. Er folgt
ᴳ unter Verweis auf Jes 65 7 b, wo sich ebenfalls der Ausdruck עַל־חֵיקָם findet, שִׁלַּמְתִּי
jedoch weggelassen worden ist[85]. Hier gilt meiner Meinung nach das Gleiche, was für
Jes 59 18 gesagt wurde, d. h. da dieselbe Textform in 1QIs enthalten ist, kommt MT
in seiner jetzigen Gestalt wahrscheinlich dem ältesten Text am nächsten.

Ps 38 21

F. Buhl schlägt in BH vor, diesen Vers ganz zu streichen, ohne irgendwelche
Gründe dafür anzugeben. Für eine solche Streichung besteht jedoch keine Veranlassung.
Moderne Psalmenausleger wie W. O. E. Oesterley[86], A. Weiser[87] und C. A. Briggs[88]
sehen keine Notwendigkeit für eine Emendation des MT an dieser Stelle.

Ps 116 14

F. Buhl schlägt an dieser Stelle in BH ebenfalls vor, den ganzen Vers zu streichen.
Er glaubt, daß durch den Fehler eines Schreibers v. 18 zweimal kopiert worden ist und
deshalb sich dieser Vers auch in v. 14 findet. Dieser Gesichtspunkt wird von ᴳ gestützt,
wo ebenfalls v. 14 ausgelassen worden ist. Das gleiche Argument wird von C. A. Briggs[89]
und von W. O. E. Oesterley[90] vorgebracht. Briggs will außerdem noch aus Gründen des
strophischen Aufbaues diesen Vers weglassen, während Oesterley »the illogical sequence
of the verse, and the wrong order in which the ritual acts are mentioned« als Argument
geltend macht. Beide Argumente haben Gewicht, sind aber nicht zwingend.

---

[84] Z. B. O. C. Whitehouse, Isaiah 40—66, NCB, o. J., 277, sowie K. Marti und B. Duhm
  in ihren Kommentaren zitiert nach Ges-B 836 b.

[85] Der gleiche Vorschlag wird von K. Marti in seinem Kommentar unterbreitet, zitiert
  nach Ges-B 836 b.

[86] W. O. E. Oesterley, The Psalms, 1959, 227.

[87] A. Weiser, The Psalms, OTL, 1962, 323 f.

[88] C. A. Briggs, Psalms, ICC, I 1960, 336, trotz der Bemerkung »read וּמְשַׁלְּמִי« auf
  S. 343.

[89] C. A. Briggs a. a. O. II 1960, 401.

[90] W. O. E. Oesterley a. a. O. 477.

Nach A. Weisers Vorschlag ist es möglich, diesen Psalm als einen Danksagungspsalm aufzufassen, der im öffentlichen Gottesdienst rezitiert worden ist[91]. In diesem Fall könnte man sich vorstellen, daß sich der Beter während seines Gebetes verschiedene Male an die Gemeinde wendet und sein Versprechen zum Ausdruck bringt. Dann müßte v. 14 in den Aufbau dieser Danksagung passen.

Da die oben vorgeschlagene Streichung mehr oder weniger eine Frage der Interpretation dieses Psalms ist und Gründe für einen sinnvollen Aufbau der Danksagung vorgebracht werden können, sehe ich keine Notwendigkeit für die Streichung eines ganzen Verses des MT.

Hi 21 19

Ec 1 hat an dieser Stelle das Kurz-impf. hi. יַשְׁלֵם statt des pi. des MT. Dieser singuläre Fall, denn kein weiterer Beleg findet sich sonst in einer Handschrift, hat kein Gewicht für eine Bewertung des MT.

Hi 34 33

Der ganze Abschnitt Hi 34 29-33 ist im MT unklar. Sein Verständnis ist außerdem noch dadurch erschwert, daß 𝔊 ihn ganz wegläßt. Gesenius-Buhl geben interessanterweise in ihrem Lexikon weder eine Bedeutung für יְשַׁלֶּם an, noch schlagen sie eine Emendation des Textes vor[92]. Von den älteren Auslegern versucht M. Jastrow das Problem derart zu lösen, daß er v. 33a völlig streicht, den er für die Glosse eines frommen Bearbeiters hält[93].

Ein anderer Vorschlag von G. Beer in BH muß etwas ausführlicher diskutiert werden. G. Beer möchte יְשַׁלֶּם in אֲשַׁלֵּם שַׁלֵּם ändern. Diese Emendation des Textes scheint mir jedoch völlig verfehlt zu sein. Zunächst muß darauf aufmerksam gemacht werden, daß das pi. mit dem inf. abs. zusammen im AT nur viermal im Bundesbuch und einmal in Jer 51 56 belegt ist. Diese Konstruktion dient in den angeführten Stellen zur Hervorhebung der Gewißheit oder zur Bezeichnung des Nachdruckes für ein Geschehen und hat stets die gleiche Bedeutung im Hebräischen, wenn der inf. abs. vor dem Stamm desselben Verbums steht[94]. Ein derartiger Sinn könnte für Hi 34 33 zutreffen, wenn sich der Inhalt dieses Verses auf Gott beziehen würde, also auf den Abschnitt Hi 34 29-30. Da G. Beer jedoch v. 33 auf Hi 34 31-32 bezieht, indem er beim Verbum die 3. pers. sg. zur 1. pers. sg. ändert, scheint die Hinzufügung eines inf. abs. wenig Sinn zu haben. Eine derartige Emendation stört meiner Meinung nach eher das Verständnis des Textes als daß sie es fördert.

Die beste Lösung wird wohl die Erhaltung der Textform des MT sein, eine Ansicht, die offenbar von verschiedenen neueren Auslegern geteilt wird[95].

Hi 41 3

G. Beer schlägt in BH vor, daß pi. וַאֲשַׁלֵּם in das waw-impf. qal וַיִּשְׁלַם zu ändern. Er folgt hier dem Text von 𝔊, der das qal impf. übersetzt hat. Diese Emendation scheint sinnvoll zu sein, denn sie kann sich nicht nur auf Hi 9 4 berufen, sondern auch auf die Tatsache, daß dadurch der schwer verständliche Text in seinem Inhalt wesentlich

---

[91] A. Weiser a. a. O. 719.

[92] Ges-B 836b.

[93] M. Jastrow jr., The Book of Job, 1920, 327.

[94] BL 277.

[95] Z. B. G. Hölscher, Das Buch Hiob, HAT I 17, 1952², 96; M. H. Pope, Job, AB, 1965, 142f.; A. Weiser, Das Buch Hiob, ATD 13, 1959³, 162f.

klarer wird. Sie findet sich ebenfalls in den Kommentaren von M. Jastrow[96], Driver-Gray[97], G. Hölscher[98] und M. Pope[99] sowie in den Lexika von Gesenius-Buhl[100] und Koehler-Baumgartner[101], aber nicht in dem Thesaurus von W. Gesenius[102].

Obgleich fast allgemeine Übereinstimmung bei den Auslegern und Kritikern darüber herrscht, daß es wünschenswert ist, den MT zu ändern, bedeutet dies noch nicht, daß eine derartige Änderung auch wirklich notwendig ist. Es dürfte angebracht sein, S. R. Drivers Bemerkungen in den »philological notes« seines Kommentars zu beachten, nämlich, Vorsicht sei im Hinblick auf die Gleichung von καὶ ὑπομενεῖ und וְשָׁלַם notwendig, denn »the tenses need not be pressed«[103]. Weiterhin besteht guter Grund zu der Annahme, daß die Stelle in der Form, in der sie MT hat, sehr sinnvoll sein könnte. Dieses Argument wird später in der hier vorgelegten Arbeit in einer besonderen Abhandlung im einzelnen entwickelt werden[104].

Prov 13 21

G. Beer macht in BH den Vorschlag, das pi. יְשַׁלֶּם־ durch das Nomen שָׁלוֹם zu ersetzen, während C. H. Toy in seinem Kommentar das Verb als qal impf. vokalisieren möchte[105]. Die Lexika von Gesenius-Buhl[106] und Koehler-Baumgartner[107], die an dieser Stelle den Text von 𝕲 bevorzugen, wollen jedoch das Verbum streichen und statt dessen יְשַׁלֵּם lesen. Da in allen diesen Fällen die vorgebrachten Argumente von geringer Bedeutung und nicht zwingend sind und da außerdem C. H. Toy selbst zugibt, daß der MT sinnvoll ist, kann ich nicht einsehen, warum der Text geändert werden sollte.

3. Bemerkungen zum Puʻal

Jes 42 19

Der MT ist an dieser Stelle schwer zu verstehen. Deshalb hat das pt. מְשֻׁלָּם Anlaß zu vielen Diskussionen und verschiedenen Versuchen der Textänderung gegeben. R. Kittel will in BH die erste Hälfte von v. 19b streichen, weil sich dieser Teil nicht in 𝕲ʰ findet. S. Blank[108] und U. Simon[109] verstehen das pt. als einen Eigennamen, was jedoch zu einer ziemlich künstlichen Interpretation dieser Stelle führen würde.

Mehr Gewicht muß den Argumenten zugestanden werden, die O. C. Whitehouse[110] und C. R. North[111] vorgebracht haben. Beide Forscher haben den Eindruck, daß das Verbum in seiner Form im MT Schwierigkeiten bereitet und wollen es deshalb als ho.

---

[96] M. Jastrow jr. a. a. O. 357.
[97] S. R. Driver und G. B. Gray, Job, ICC, 1958³, Teil I, 364.
[98] G. Hölscher a. a. O. 96.
[99] M. H. Pope a. a. O. 283.
[100] Ges-B 836b.
[101] KB 979b.
[102] Ges-Th III 1421b.
[103] S. R. Driver und G. B. Gray a. a. O. Teil II 327.
[104] S. u. 316ff.
[105] C. H. Toy, Proverbs, ICC, 1959⁵, 276.
[106] Ges-B 836b.
[107] KB 980a.
[108] S. H. Blank, Prophetic Faith in Isaiah, 1958, 79. 107. 216.
[109] U. E. Simon, A. Theology of Salvation. A Commentary on Isaiah 40—55, 1953, 94.
[110] O. C. Whitehouse, Isaiah 40—66, NCB, o. J., 88.
[111] C. R. North, Isaiah 40—55, TB, 1959², 69.

pt. vokalisieren, d. h. als מָשְׁלָם. Sie machen auf *muslim* aufmerksam, das pt. des
Kausativstammes des arabischen Verbums *salima*. Die Emendation ist sinnvoll, soweit
es sich um den Inhalt dieser Stelle handelt. Es ist denkbar, daß es sich hier um eine
falsche Vokalisation der Masoreten handelt, da im Hebräischen das ho. pt. sowohl die
Form מָשְׁלָם als auch die Form מְשְׁלָם haben kann[112].

Es ist jedoch überraschend, daß die Lexika keine Textänderung für diese Stelle
vorschlagen, obgleich Koehler-Baumgartner in diesem Fall ein Fragezeichen setzen[113].
Da außerdem L. G. Rignell kürzlich gezeigt hat, daß das pu. pt. an dieser Stelle eine
Bedeutung haben kann, die den ganzen Vers sinnvoll erscheinen läßt[114], liegt offenbar
keine Notwendigkeit für eine Änderung des MT vor[115].

Jes 49 7

Einige Forscher haben מֹשְׁלִים an dieser Stelle als eine Form der Wurzel שלם aufgefaßt. U. a. vertritt R. Kittel in BH diese Ansicht und versteht offenbar diese Form
als ein ho. pt., was aus seinem Versuch, מֹשְׁלִים in מְשְׁלָם zu ändern, geschlossen werden
kann. Solch eine Vokalisation des ho. pt. würde jedoch falsch sein. Meiner Meinung nach
ist nicht einzusehen, warum die Masoreten nicht in der Lage gewesen sein sollten, ein
wohlbekanntes Wort richtig zu vokalisieren. Deshalb kann מֹשְׁלִים nur als pl. des pt. qal
von I משׁל aufgefaßt werden, der auch für diesen Text zutreffend ist[116].

Prov 11 31

G. Beer, der, wie viele ältere Forscher, den Text von 𝕲 bevorzugt, weil er der
Ansicht ist, daß dieser Text eine bessere hebräische Vorlage gehabt habe als MT,
schlägt in BH vor, diesen Vers entsprechend 𝕲 zu ändern. Es muß zugegeben werden,
daß der Text von 𝕲 sehr sinnvoll ist, also eine andere Textvorlage als MT gehabt haben
wird[117]. Andererseits ist der MT in seiner jetzigen Form ebenfalls sinnvoll, und es
besteht kein Anlaß, ihn zu ändern. Solange nicht nachgewiesen werden kann, daß 𝕲
wirklich eine bessere Textvorlage gehabt hat, sollte der MT unverändert stehen bleiben.

Prov 13 13

G. Beer, der hier wiederum 𝕲 folgt, will an dieser Stelle das pu. impf. des Verbums
in das qal impf. יְשֻׁלָּם umändern. Das Gleiche ist der Fall bei C. H. Toy[118] und Gesenius-
Buhl[119]. In allen diesen Fällen handelt es sich jedoch um willkürliche Textänderungen.
Der MT ist gerade an dieser Stelle sehr sinnvoll und in völliger Übereinstimmung mit
dem Denken der Weisheitstradition.

4. Bemerkungen zum Hiph'il

Jes 38 12-13

Ein Verständnis des Inhalts beider Verse trifft auf große Schwierigkeiten. R. Kittel
glaubt sogar, daß der MT hier in völliger Unordnung sei und macht deshalb in BH Vor-

---

[112] Vgl. BL 332.
[113] KB 980a.
[114] L. G. Rignell, A Study of Isaiah Chapters 40—55, LUÅ N. F. 1, 52. 3, 1956, 36.
[115] Vgl. auch die Erwägungen 323f.
[116] So auch KB 576b.
[117] Vgl. C. H. Toy, Proverbs, ICC, 1959[5], 241.
[118] C. H. Toy a. a. O. 269.
[119] Ges-B 836b.

schläge, die weitgehende Eingriffe in den Text darstellen würden. Er will einmal das hi. impf. in Jes 38 13 streichen, weil er es als eine Dittographie auffaßt; außerdem will er das hi. impf. des Verbums in Jes 38 12 hinter בְּקָר stellen. Diese Emendation würde den schwer zu verstehenden Inhalt wesentlich erhellen.

Gegen eine solche weitgehende Veränderung des Textes steht zunächst 1QIs, die genau die gleiche Textform wie MT aufweist. Eine genauere Untersuchung der Bedeutung des Textes könnte vielleicht sogar zeigen, daß der MT in seiner jetzigen Form einen sinnvolleren Inhalt hat, als gemeinhin von Auslegern angenommen wird. Daß solch eine Möglichkeit besteht, soll in einer besonderen Abhandlung an späterer Stelle in dieser Arbeit gezeigt werden[120].

Prov 10 10

Obgleich der MT an dieser Stelle keine Form der Wurzel שׁלם enthält, besteht guter Grund zu der Annahme, daß ursprünglich das hi. יַשְׁלִים in diesem Vers gestanden hat. Deshalb wird man wohl in diesem Fall mit G. Beer übereinstimmen müssen, der in BH vorschlägt, den MT von Prov 10 10b durch den Text von 𝔊 zu ersetzen. Ihm folgen sowohl C. H. Toy[121] als auch Koehler-Baumgartner[122].

Der Grund für diese Textänderung ist überzeugend von C. H. Toy in seinem Kommentar dargelegt worden[123]. Er hat auf Grund formkritischer Untersuchungen nachgewiesen, daß der gesamte Abschnitt Prov 10—15 mit Ausschluß von Prov 10 10 nur antithetischen Parallelismus aufweist, während sich bei Prov 10 10 synonymer Parallelismus findet. Außerdem ist Prov 10 10b identisch mit Prov 10 8b. Deshalb kann man in diesem Fall mit Wahrscheinlichkeit annehmen, daß eine Textvertauschung stattgefunden hat. Nach 𝔊 müßte dann יִלָּבֵט zu יַשְׁלִים emendiert werden.

5. Bemerkungen zum Hoph'al

𝔗 hat für das ho. des Verbums in Hi 5 23 das hi. Diese Textvariante hat aber keine Bedeutsamkeit für den Wert des MT.

2. Abschnitt: Die Bedeutungsgehalte des Nomens שָׁלוֹם

Bei der Darstellung der Bedeutungsgehalte der Wurzel שׁלם habe ich das Material nach den verschiedenen Wortklassen geordnet, die von ihr abgeleitet sind, d. h. nach Substantiven, dem Adjektivum und den einzelnen Verbstämmen. Die Inhalte der einzelnen Derivate werden jeweils im Zusammenhang mit den größeren literarischen Komplexen behandelt, die sich in der Literatur des AT finden. Wegen der Fülle der

---

[120] S. u. 326 ff.
[121] C. H. Toy a. a. O. 204.
[122] KB 980 a.
[123] C. H. Toy a. a. O. X.

einzelnen Belege muß sich die Untersuchung der Inhalte auf allgemeine Beobachtungen beschränken. In allen Fällen, in denen eine klare Entscheidung getroffen werden konnte, habe ich zwischen dem säkularen und dem theologischen Gebrauch der einzelnen Derivate unterschieden und dies auch in der Gliederung des Materials zum Ausdruck gebracht. Wo die Umstände es notwendig erscheinen ließen, habe ich einzelne Belegstellen einer bis ins einzelne gehenden Untersuchung unterzogen und die daraus gewonnenen Folgerungen dargelegt. Diese Studien sind in Form spezieller Abhandlungen an verschiedenen Stellen der Arbeit eingefügt worden.

Was die verschiedenen Abgrenzungen der einzelnen literarischen Komplexe im AT anbetrifft, so habe ich die gleiche Klassifikation wie in § 8 angewandt. Jeder dieser Komplexe wird als eine literarische Einheit behandelt[1].

Wenn wir uns nun dem Nomen שָׁלוֹם zuwenden, so kann grundsätzlich bezüglich seines Gesamtinhaltes gesagt werden, daß in ihm die Vorstellung der *Ganzheit als etwas Umfassendes* zum Ausdruck kommt. Dieser Gedanke kann auch im Anschluß an Koehler-Baumgartner negativ ausgedrückt werden, indem man als Grundgehalt des Nomens einen *Zustand* versteht, *in dem nichts vorhanden ist, was das Unversehrtsein* bzw. *das In-Ordnung-Sein hindern könnte*[2].

Die verschiedenen Anwendungsbereiche des Nomens und damit seine Bedeutungsgehalte sind derartig umfassend und weitverzweigt, daß seine jeweilige Bedeutung für jede einzelne Belegstelle gesondert erarbeitet werden mußte. Da seine Grundbedeutung keinesfalls die des »Friedens« ist, kann diese stereotype Wiedergabe des Nomens in der Vielzahl moderner Übersetzungen und Kommentare nicht unbesehen übernommen werden.

Das Nomen wird nur als Substantivum gebraucht. Es besteht keine Notwendigkeit, unter Berufung auf die ältere semitische Philologie das Vorhandensein eines Adjektivs שָׁלוֹם zu postulieren[3], denn in allen Stellen des AT, in denen שָׁלוֹם vorkommt, kann es als Substantivum verstanden werden. In den wenigen Fällen, in denen das Derivat als Plural im MT erscheint, dürfte mit Textverderbnis zu rechnen sein.

---

[1] S. o. 57. Ich bin mir der Tatsache bewußt, daß diese literarischen Corpora aus Sammlungen kleinerer literarischer Stücke zusammengesetzt sind. Für die in unserer Untersuchung gestellte Aufgabe hielt ich es jedoch für vorteilhafter, mich auf die größeren literarischen Komplexe zu konzentrieren. Damit ist nicht in Abrede gestellt, daß eine Untersuchung der Wurzel שׁלם in ihren Beziehungen zu den verschiedenen literarischen Einzelformen wünschenswert wäre. Eine derartig intensive Analyse würde jedoch den Rahmen der in dieser Studie gesteckten Ziele weit überschreiten.

[2] KB 973b.

[3] So noch Gen-Th III 1423a und A. B. Davidson, The Analytical Hebrew and Chaldee Lexicon, o. J., 720b.

Solche Stellen sind in der folgenden Untersuchung nicht berücksichtigt worden[4].

§ 10 DER TETRATEUCH

Das Nomen שָׁלוֹם ist im Tetrateuch in allen Erzählwerken (J, E und P) häufig belegt. Es findet sich nicht in den gesetzlichen Teilen, soweit sie zivil- und strafrechtliche Vorschriften enthalten, wird jedoch in den kultischen Überlieferungen je einmal im aaronitischen Segen und im Schlußabschnitt des Heiligkeitsgesetzes erwähnt.

Für die Erarbeitung der verschiedenen Bedeutungsgehalte scheint es mir methodisch ratsam zu sein, jede literarische Schicht getrennt zu behandeln. Als Grundlage für die Zuweisung einzelner Belegstellen zu bestimmten literarischen Schichten dient im Folgenden die Analyse von M. Noth[1].

I. Das Nomen im jahwistischen Erzählwerk

In der jahwistischen Schicht findet sich das Nomen nur in Gen und zwar in dem Jakobzyklus, den Isaakgeschichten und der Josephnovelle. Es wird sowohl mit säkularer als auch mit religiöser Bedeutung gebraucht und bezeichnet inhaltlich den Begriff der *Ganzheit*. In den verschiedenen Situationen bezieht es sich — bis auf eine Ausnahme — stets auf Personen und drückt in solchen Zusammenhängen ganz allgemein den Gedanken des *Unversehrtseins* bzw. des *Wohlbestelltseins* aus.

Was spezifisch als Wohlbestelltsein in den einzelnen Stellen gemeint ist, bleibt überall ungeklärt und kann deshalb nur vermutungsweise festgestellt werden. In jedem Falle trachten die einzelnen Aussagen danach, einen Zustand oder eine menschliche Situation zu kennzeichnen, in denen Ganzheit für etwas Umfassendes steht.

1. Säkularer Gebrauch

Das Nomen wird im allgemeinen Sinne der Wohlbeschaffenheit in Gen 37 14 in der Wendung רְאֵה אֶת־שְׁלוֹם benutzt, d. h. nach dem שָׁלוֹם von jemandem oder einer Sache sehen. Die Situation ist wie folgt: Jakob gibt seinem Lieblingssohn Joseph den Auftrag, nach seinen Brüdern zu sehen, wofür der Jahwist den erwähnten Ausdruck verwendet. Das Nomen ist an dieser Stelle sowohl auf Josephs Brüder als

---

[4] S. o. 66 (ad Jer 13 19), 67 (ad Ps 55 21 69 23). Hinsichtlich text- oder literarkritischer Erwägungen zu einzelnen Stellen des Nomens s. o. 64 (ad Num 25 12) II Reg 20 19 Jes 9 5), 65 (ad Jes 26 3 39 8 53 5 57 19 Jer 8 15), 66 (ad Jer 16 5 Sach 8 12), 67 (ad Ps 38 4 125 5), 68 (ad Hi 21 9).

[1] Vgl. M. Noth, ÜPent, 7—44.

auch auf ihre Kleinviehherden bezogen, mit denen sie unterwegs sind, und bedeutet *Wohlbestelltsein, geordneter Zustand, Wohlbefinden*. Syntaktisch steht שָׁלוֹם in dieser Wendung als nomen regens im st. cs. und bezeichnet das Generelle, das in solchen Fällen vom nomen rectum als dem Ausdruck des Individuellen bestimmt wird[2].

Mit Ausnahme dieses einen Sonderfalls gebraucht J im säkularen Bereich das Nomen stets im Zusammenhang mit Situationen, in denen sich Menschen begegnen. Es bezeichnet einen *geordneten* bzw. *gedeihlichen Lebenszustand*, das *Wohlbefinden* und vielleicht auch die *Gesundheit* einer Person.

Um einen solchen Inhalt handelt es sich, wenn שָׁלוֹם mit dem Verbum שָׁאַל verbunden wird, z. B. in Gen 43 27. In diesem Fall wird das Nomen nur auf eine Person bezogen und bezeichnet ihren Zustand: Joseph erkundigt sich nach dem *Befinden* der Brüder. Durch die Verwendung der Präposition לְ drückt der Erzähler das Interesse an der Person aus, an die die Frage gerichtet worden ist[3]. Es erfolgt also eine Erkundigung, die das *Wohlbestelltsein* oder das *Wohlbefinden* der Brüder betrifft.

Welche sprachlichen Formulierungen bei derartigen persönlichen Begegnungen zur Verwendung kommen, hat uns der Jahwist an zwei Stellen überliefert. Zunächst ist hier wieder Gen 43 27 zu nennen. Nachdem der Erzähler berichtet hat, daß sich Joseph nach dem Befinden erkundigt hat, läßt er Joseph selbst sprechen und sich nach seinem Vater erkundigen. Das Gespräch ist wie folgt: Derjenige, der sich erkundigt, fragt הֲשָׁלוֹם? Die Antwort auf diese Frage in Gen 43 28 ist einfach שָׁלוֹם.

Die gleiche Situation wird in Gen 29 6 anläßlich der Ankunft Jakobs an einem Brunnen in der Nähe von Haran geschildert. Als Jakob dort Hirten begegnet und hört, daß sie im Dienste Labans stehen, erkundigt er sich nach dessen *Wohlbefinden* bzw. *Wohlbestelltsein*. Auch hier ist die Frage הֲשָׁלוֹם? mit dem לְ der Person verbunden, worauf die Hirten wiederum mit einfachem שָׁלוֹם antworten.

2. Religiöser Gebrauch

In den restlichen, noch zu besprechenden Stellen der J-Schicht ist das Wort שָׁלוֹם zwar nicht bewußt als theologische Vokabel verwandt, aber es wird immerhin inhaltlich mit Vorstellungen verbunden, denen zumindest ein religiöses Verständnis zugrunde liegt. Auch hier ist die Grundbedeutung die des *Wohlbestelltseins*.

Mit der Möglichkeit einer religiösen Bedeutung des Nomens kann zunächst bei Wünschen gerechnet werden, die anläßlich der Abreise

---

[2] Vgl. Syntax 70 Nr. 77.
[3] Für diese Bedeutung von לְ vgl. BL 634; Syntax 100.

6*

einer oder mehrerer Personen geäußert werden[4]. Ein solcher Fall liegt
Gen 44 17 vor: Juda hatte Joseph gegenüber vorgeschlagen, daß alle
Brüder sich ihm als Sklaven anbieten wollten. Joseph lehnt dieses Ange-
bot ab und versucht, die Audienz mit einem Wunsch für die Ab-
reisenden zu beenden, indem er sagt: »Zieht לְשָׁלוֹם zu eurem Vater«.
Das Nomen ist an dieser Stelle adverbiell gebraucht und mit לְ verbun-
den, wodurch zum Ausdruck kommt, das etwas zugunsten von jeman-
dem ist oder geschieht. Gemeint ist, daß sie das Ziel ihrer Reise im
Zustande des *Wohlbefindens* oder *Wohlbestelltseins* erreichen mögen[5].
Deshalb wird an dieser Stelle als Bedeutung des Nomens die des
Unversehrtseins, der *Sicherheit* bzw. des *Bewahrtseins* anzunehmen sein.

a) Gen 37 4

Die Grundbedeutung des Wohlbestelltseins wird wahrscheinlich
für das Nomen auch in Gen 37 4 gemeint sein, denn hier scheint es
etwas über das Verhältnis zwischen Joseph und seinen Brüdern aus-
zusagen: Als die Brüder gewahr werden, daß Joseph der Lieblingssohn
Jakobs ist, keimt in ihnen der Haß gegen Joseph auf. Diese Situation
wird von J als eine gekennzeichnet, in der sie nicht mehr fähig sind,
לְשָׁלוֹם zu Joseph zu sagen. Syntaktisch wird das Nomen an dieser
Stelle adverbiell gebraucht und bezeichnet die Art und Weise des
inneren Zustandes der Brüder in bezug auf ihr Verhältnis zu Joseph.

In den Kommentaren werden für שָׁלוֹם fast ausnahmslos folgende
Bedeutungen angenommen: *freundlich*[6], *freundschaftlich*[7], *friedlich* oder
friedfertig[8]. Gewiß sind auch solche Inhalte gemeint, aber sehr wahrscheinlich treffen sie, soweit ich sehen kann, den Sachverhalt nicht
in seiner ganzen Tiefe, denn sie tragen Vorstellungen wie »freundliches
Verhalten« oder »innere harmonische« bzw. »friedfertige Haltung« an
diese Stelle heran, die moderne soziale Gegebenheiten und persönliche
Erfahrung zur Voraussetzung haben.

In Gen 37 4 scheint jedoch eine Aussage über den Haß der Brüder
und darüber, wie er sich Joseph gegenüber äußert, beabsichtigt zu sein.
Deshalb wird man bei der Inhaltsbestimmung des Nomens vermutlich
eine Aussage über ein gestörtes Verhältnis der *Ganzheit* im mitmensch-
lichen Verhalten innerhalb der Familie annehmen müssen. Josephs
Auszeichnung durch den Vater stellt in diesem Falle einen besonderen

---

[4] Vgl. hierzu die Untersuchungen über die Grußformeln im Dtr-Werk, s. u. 120 ff.

[5] Vgl. B. Jacob, Das erste Buch der Tora: Genesis, 1934, 800.

[6] Z. B. O. Procksch, Genesis, KAT 1, 1913, 216; H. Junker, Das Buch Genesis, Echter-
B, I 1955[2.3], 122.

[7] Z. B. É. Dhorme, La Bible, L'Ancien Testament, I 1956, 124; R. de Vaux, La Genèse,
JerB, o. J., 167.

[8] M. Buber und F. Rosenzweig, Das Buch „Im Anfang", Schrift 1, o. J., 143, und die
meisten Kommentare.

Segen dar und die Folge davon ist eine Steigerung seiner Seelenmacht über die Brüder. Wenn also die Brüder Joseph mit Haß begegnen, dann steht hinter ihrem Verhalten als Vorstellung eine Weigerung, das Übergewicht anzuerkennen, welches Joseph ihnen gegenüber durch die neugewonnene machtvolle Ausstrahlung seiner Seele hat.

Ein derartiger Hintergrund wird hier vielleicht vorauszusetzen sein. Nach moderner Anschauung wäre damit ausgesagt, daß die *Ganzheit* der Familie Jakobs zerbrochen worden ist. Weil zwischen Joseph und den anderen Gliedern des Vaterhauses keine *Gemeinschaft* mehr besteht, sind die Brüder nicht fähig, שָׁלוֹם zu Joseph zu sagen. Gemeint ist: Sie sind nicht mehr in der Lage, in einer Weise mit ihm zu reden, welche die Erhaltung der *Einheit* und *Gemeinschaft* der Familie gewährleistet. Interpretiert man Gen 37 4 von dieser Voraussetzung aus, dann macht der Jahwist an der Stelle wahrscheinlich eine Aussage darüber, daß das Wollen der Seele der Brüder nicht mehr im *Einklang* mit dem Wollen der Seele Josephs steht und daß eine derartige Störung der Harmonie zur Auflösung der *Gemeinschaft* des Vaterhauses führt[9].

b) Gen 26 29. 31

Der gleiche Sachverhalt einer Verbindung von Gemeinschaft und Wohlbestelltsein, obgleich unter stärkerer Betonung des *Bewahrens*, des *Unversehrtseins* und des *Schutzes*, liegt bei der Verwendung des Nomens in der Isaakgeschichte Gen 26 29 vor: Abimelek von Gerar, der Isaak gegenüber feindlich gesinnt ist, gelangt zu der Überzeugung, daß Isaak unter göttlichem Schutz stehe und des göttlichen Segens teilhaftig sei. Deshalb will er mit Isaak einen Bund schließen, damit die Einwohner von Gerar ein *ganzes*, d. h. hier ein *ungestörtes Verhältnis* mit dem Patriarchen haben können.

Die Vorstellungen, die der Erzähler im besonderen vor Augen hat, sind nicht mehr genau erkennbar. Es ist jedoch möglich, daß er ein Verhalten in sozialen Gruppen darstellen wollte, das bei arabischen Nomaden gebräuchlich war und worüber W. R. Smith berichtet hat: daß eine schwache Gruppe einem starken Stamm einen Bund anbietet[10]. Wenn dies der Fall wäre, was ich für wahrscheinlich halte, dann hätten wir eine Aussage über einen Verteidigungspakt vor uns, in dem sich der schwächere Bundesgenosse dem stärkeren unterwirft. Auf diese Weise wird ein Lebensverhältnis begründet, in dem eine *Gemeinschaft* besteht, weil das Leben jedes Bundespartners *ungestört* sein kann. Zugleich verbindet sich damit die Vorstellung, daß durch solch eine Beziehung etwas *Gutes* oder *Segensreiches* bewirkt wird, wie man aus den einleitenden Worten Abimeleks in Gen 26 29 ersehen kann.

---

[9] Vgl. hierzu die Untersuchungen über נֶפֶשׁ von J. Pedersen, Israel, Its Life and Culture, I—II, 1964[5], 103 u. ö.

[10] W. R. Smith, Lectures on the Religion of the Semites, 1927[3], 79.

Isaak nimmt dieses Angebot an und bereitet ein Bundesmahl vor, das als Kulthandlung beide Bundespartner vereint und auf diese Weise Gemeinschaft stiftet. Dieses neue Gemeinschaftsverhältnis wird am frühen Morgen des folgenden Tages durch einen Eid bekräftigt. Daraufhin entläßt der mächtigere Bundespartner den schwächeren, der nach Gen 26 31 בְּשָׁלוֹם von ihm scheidet.

In diesem Zusammenhang wird mit dem Nomen sicherlich auch die Bedeutung des *Friedens* verbunden sein. Dabei ist jedoch zu beachten, daß die Betonung nicht in erster Linie auf dem äußeren, politischen Aspekt des Friedens liegt, d. h. höchstwahrscheinlich hat der Erzähler nicht an einen Zustand gedacht, in dem jeder Bundesgenosse es vermeidet, seinen Partner zu stören oder zu schädigen. Das Anliegen scheint vielmehr das einer *Gemeinschaft als einer inneren Harmonie* zu sein, durch welche beide Bundesgenossen miteinander vereinigt sind.

Dadurch, daß sich der schwächere Bundesgenosse dem stärkeren unterwirft, hat er sich wahrscheinlich gleichzeitig auch dem Gott des stärkeren Partners unterworfen[11]. Und wenn die Bundesgenossen voneinander scheiden, stehen von jetzt an beide unter dem *Schutz* der mächtigeren Gottheit. Auf diese Weise herrscht bei ihnen der Zustand des *Wohlbestelltseins* und des *Wohlbefindens*. Deshalb wird man wahrscheinlich nicht fehlgehen, wenn man an beiden Stellen für שָׁלוֹם die Bedeutung *Gemeinschaft* annimmt.

c) Gen 43 23

Die Vorstellung des Wohlbestelltseins und Wohlbefindens als Ergebnis des göttlichen Schutzes kann vielleicht auch für die Bedeutung des Nomens in Gen 43 23 angenommen werden. Hier schildert der Jahwist eine Begegnung der Brüder Josephs, die von Kanaan gekommen sind, mit Josephs Hausmeister. Sie erklären ihm, daß sie nach ihrer Abreise aus Ägypten in ihren Getreidesäcken den Betrag gefunden hätten, den sie für die Bezahlung ihres Einkaufs schuldig waren. Diesen Betrag wollen sie nun zurückerstatten. Der Hausmeister beantwortet ihre Eröffnung ganz einfach mit שָׁלוֹם.

Man könnte zunächst annehmen, daß an dieser Stelle mit dem Nomen soviel wie *schon recht, schon gut* und dergl. gemeint sei. Der Vers als Ganzes genommen, scheint mir aber wesentlich mehr besagen zu wollen, denn hier ist שָׁלוֹם mit אַל־תִּירָאוּ, d. h. »fürchtet euch nicht«, verbunden, einem Ausdruck, der verschiedentlich im AT als Offenbarungsformel Verwendung findet[12]. Man könnte deshalb erwägen, ob nicht in Gen 43 23 der Gedanke einer Offenbarung in ähnlicher Weise ausgedrückt werden soll. Ich glaube, daß mit dieser Möglichkeit

---

[11] W. R. Smith a. a. O.

[12] Vgl. KB 394a.

gerechnet werden muß, da sie sowohl durch die Bezeichnung Gottes als
»euer Gott und der Gott eures Vaters«, als auch durch die Feststellung,
daß es Gott ist — nicht Joseph —, der den Brüdern einen verborgenen
Schatz, מַטְמוֹן, in ihre Säcke gegeben hat. Wenn diese Vermutung das
Richtige treffen sollte, dann hätten wir an dieser Stelle eine *Heilsaussage* des Jahwisten vor uns.

Aber auch dann, wenn eine solche Annahme nicht zutreffen sollte,
würde שָׁלוֹם dem in Gen 43 23 geschilderten Zusammenhang nach
zumindest *Wohlbestelltheit* oder *Sicherheit* bedeuten, wobei beide Vorstellungen als Ergebnis des göttlichen Handelns gedacht sind, denn es
steht im Gegensatz zu »fürchtet euch nicht«. Da der Erzähler außerdem auf Gott als den Geber eines verborgenen Schatzes hinweist,
kann meiner Ansicht nach nur ein bestimmtes Wohlbestelltsein gemeint sein, nämlich eines, das auf Grund des Gottesschutzes und der
Gottesgabe zu den Menschen gelangt. Damit wäre aber faktisch
ebenfalls etwas zum Ausdruck gebracht, wofür das moderne theologische Denken die Bezeichnung *Heil* gebraucht.

II. Das Nomen im elohistischen Erzählwerk

In fast allen Belegstellen der E-Schicht hat das Nomen religiöse
Bedeutung. Nur in zwei Fällen wird es säkular gebraucht. Es muß
weiterhin bemerkt werden, daß es stets auf Personen bezogen ist.
Seine Grundbedeutung ist hier, wie auch in J, die der *Wohlbestelltheit*.

1. Säkulare Bedeutungen

Die beiden Stellen, in denen das Nomen in säkularer Weise verwendet wird, finden sich in Ex 18. Bei der ersten, Ex 18 7, handelt es
sich um eine Begegnung zwischen Mose und seinem Schwiegervater
Jetro, die nach dem Auszug der Israeliten aus Ägypten am Sinai stattfindet. Nachdem Jetro seinen Besuch bei Mose hat anmelden lassen,
geht ihm Mose entgegen, verneigt sich vor ihm und küßt ihn. Darauf
erkundigen sich beide gegenseitig nach ihrem שָׁלוֹם, d. h. nach ihrem
Wohlbefinden oder *Ergehen*, und betreten daraufhin das Zelt. Man
könnte als Bedeutung des Nomens an dieser Stelle eventuell auch
annehmen, daß sie einander שָׁלוֹם wünschten, um auf diese Weise eine
Gemeinschaft zu begründen. Aber vielleicht ist eine Situation gemeint,
wie sie bei J in Gen 29 6 beschrieben worden ist[13].

Im gleichen Kap. wird das Nomen auch noch im Zusammenhang
mit der Einführung eines geordneten Rechtsprechungswesens gebraucht. Jetro gibt Mose den Rat, für unbedeutende, wahrscheinlich
für zivile Rechtsstreitigkeiten Richter einzusetzen, den sakralen
Rechtsspruch aber selbst zu handhaben. Nach Ex 18 23 beschließt er

---

[13] Vgl. M. Noth, Das Zweite Buch Mose, ATD 5, 1959, 120.

seinen Vorschlag mit dem Hinweis, falls Gott dies befehle, könne das
Volk dann בְּשָׁלוֹם weggehen, d. h. im *Wohlbestelltsein* oder in *Zufriedenheit.*

Der Inhalt des Nomens bezieht sich auf eine Situation, aus der
eine nunmehrige Scheidung zwischen bürgerlichem und sakralem
Recht innerhalb der israelitischen Rechtsordnung erkenntlich ist[14].
Mit der Einführung einer solchen neuen Rechtsanschauung wird nach
E entweder gemeint sein, daß das Volk sich damit in *Übereinstimmung*
befand, oder daß diese neue Ordnung *Wohlbestelltsein* für die Belange
des Volkes bedeutete.

2. Religiöse Bedeutungen

In allen Stellen innerhalb der E-Schicht, in welchen das Nomen
als religiöse Aussage Verwendung findet, ist seine Grundbedeutung
gewiß die der *Unversehrtheit*, des *Wohlbestelltseins.* Man gewinnt
jedoch gleichzeitig den Eindruck, daß es sich hierbei wahrscheinlich
auch um eine Andeutung über das *Heil Gottes* handelt. Deshalb könnte
man sich fragen, ob wir es in diesen Fällen nicht mit theologisch
wichtigen Aussagen zu tun haben. Natürlich läßt sich eine solche Feststellung nicht beweisen, aber folgendes ist immerhin auffallend: Einmal wird שָׁלוֹם in all diesen Stellen in heilsgeschichtlich bedeutsamen
Zusammenhängen gebraucht; weiterhin ist bis auf eine Stelle die beschriebene Situation die einer göttlichen Offenbarung. In dieser Weise
wird das Nomen gleich zu Beginn der E-Überlieferung verwendet.

a) Gen 15 15

In Gen 15 13-16 findet sich das Nomen in einer programmatischen
Feststellung über die Geschichte Israels und ist auf Abraham bezogen[15]. Es wird zum Ausdruck gebracht, daß Gott mit Israel innerhalb des weltgeschichtlichen Geschehens einen Plan verfolgt. Der Plan
hat jedoch etwas Rätselhaftes an sich, denn das Versprechen, welches
Gott Abraham gegeben hat, scheint zunächst nicht erfüllt zu werden:
Israel kam unter ägyptische Herrschaft und wurde versklavt.

Es ist jedoch möglich, wie aus der ansprechenden Interpretation
dieses Programmes durch G. v. Rad deutlich wird, daß sich hinter dem
faktisch historischen Geschehen ein heilsgeschichtlicher Sinn verbirgt:
Der Weg der Heilsgeschichte führt zuerst zu Enttäuschung und Verzweiflung. Dieses Geschehen ist offenbar von Gott gewollt, denn noch
hat das schuldhafte Verhalten der Einwohner Kanaans seinen Höhepunkt nicht erreicht. Dieses mysteriöse Geschichtshandeln Gottes
sollen Abraham und Israel im Glauben verstehen[16].

---

[14] Vgl. M. Noth, ÜPent, 36.
[15] Vgl. M. Noth, ÜPent, 256.
[16] G. v. Rad, Das erste Buch Mose, ATD 2/4, 1964[7], 158.

Zugleich aber empfängt Abraham in Gen 15 15 die Verheißung, er selbst müsse nicht diesen Weg mitgehen, sondern werde בְּשָׁלוֹם zu seinen Vätern gehen und in gutem Alter begraben werden. Das Nomen besagt an dieser Stelle, da es sich auf den Tod des Menschen bezieht, daß dieses menschliche Leben seine *Erfüllung* durch eine lange Lebensdauer und einen natürlichen Tod findet. Nach den Vorstellungen der archaischen Ontologie[17] kehrt der Mensch, wenn er in dieser Weise sein Leben erfüllt hat, zu seinem Ursprung und Grund zurück, von dem er seinen Ausgangspunkt genommen hat, d. h. er gewinnt auf diese Weise sein *ganzes, eigentliches und volles Sein*[18]. Mit einer solchen Vorstellung, die in Gen 15 15 den Hintergrund bildet, gewinnt der Gebrauch des Wortes שָׁלוֹם beinahe die Bedeutung einer Heilsaussage: *Heil* ist es für den Menschen, wenn er בְּשָׁלוֹם zu seinen Vätern geht, denn diese Art und Weise des Verscheidens ist Gottes Segen.

b) Gen 28 21

In der Jakobgeschichte verwendet E das Nomen wiederum an wichtiger Stelle. Anläßlich eines nächtlichen Aufenthaltes in Bethel hat Jakob einen wunderbaren Traum. Er sieht die Himmelsleiter, Gott erscheint ihm und drei Verheißungen werden ihm zuteil: der zukünftige Besitz des Landes Kanaan, Jakob soll Träger des göttlichen Segens für die Menschheit werden, und Gott will ihm beistehen. In der letzten Verheißung sind sowohl der göttliche Schutz während Jakobs Aufenthalt im fremden Land als auch die Versicherung der Rückkehr in die Heimat eingeschlossen.

An dieser Stelle soll offenbar eine Hierophanie geschildert werden, worauf verschiedene Elemente der Erzählung deuten. Es handelt sich um eine heilige Stätte, denn an dem Ort steht die »Himmelsleiter«, die als axis mundi Himmel und Erde verbindet. Jakob befindet sich in einem Zentrum der Welt, in welchem er dem Wirklichen unmittelbar nahe ist[19]. Gott offenbart sich ihm in dem Bereich und verkündet ihm seinen Willen. Jakob empfängt Gottes Segen, und dennoch befällt ihn das Entsetzen. Alles dies deutet auf die Schilderung einer Erfahrung, in welcher der Mensch dem Numinosen begegnet, das Mysterium fascinans und Mysterium tremdendum zugleich ist[20]. Mit ihr ist außerdem eine neue Gotteserkenntnis verbunden, denn Jahwe gibt sich in seiner ersten Offenbarung an Jakob zugleich als ein Gott zu erkennen,

---

[17] Zum Begriff der »archaischen Ontologie« vgl. M. Eliade, The Sacred and the Profane, 1961, 184 ff.

[18] Näheres s. u. 115. 125 ff.

[19] Vgl. M. Eliade a. a. O. 26.

[20] Zum Begriff des »Numinosen« vgl. R. Otto, The Idea of the Holy, 1958, 12 ff. 25 ff. 31 ff.

der nicht an eine bestimmte Lokalität gebunden ist, sondern ihn überall hin begleiten kann, selbst in ein fremdes Land.

Dieser gesamte Vorstellungszusammenhang scheint mir wichtig
für Jakobs Gelübde in Gen 28 20-21 zu sein, weil es die menschliche
Antwort auf die Selbstoffenbarung Gottes darstellt. Es ist Jakobs
Entschluß, die Wanderung in das fremde Land zu wagen. Damit beugt
er sich dem göttlichen Willen und zeigt sein Vertrauen auf die göttliche Verheißung. Deshalb ist es dann auch nicht verwunderlich, wenn
er für den Fall, daß sich die Verheißung bewahrheitet, das Gelöbnis
ablegt, Jahwe solle sein Gott sein.

Von besonderem Interesse an dieser Stelle ist natürlich Jakobs
Gelübde in v. 21 mit der Feststellung: »Wenn ich בְּשָׁלוֹם in das Haus
meines Vaters zurückkehre«. Folgende Bedeutungen werden im allgemeinen von Auslegern für das Nomen angenommen: *in Frieden*[21],
wohlbehalten[22] oder *in Unversehrtheit*[23].

Alle diese Auffassungen drücken gewiß eine Vorstellung aus, die
in dem Gebrauch des Nomens an dieser Stelle enthalten ist. Es muß
jedoch gleichzeitig darauf hingewiesen werden, daß solch ein Verständnis dem religionsphänomenologischen Sachverhalt keineswegs
Genüge tut. Am wenigsten zutreffend scheint mir in diesem Fall die
Bedeutung »*in Frieden*« zu sein, denn Jakob zieht ja nicht in einen
Krieg, sondern ins Ungewisse. Aber auch die anderen beiden Inhalte
werden der religiösen Bedeutsamkeit dieser hier berichteten Szene
durchaus nicht gerecht. Denn in der Verheißung an Jakob geht es doch
nicht nur um einen materiellen Aspekt der Wirklichkeit, sondern um
Gottes Segen, der wichtig für das ganze Sein des Menschen ist.

Ich glaube, M. Bubers Auffassung trifft das Wesentliche, da er
annimmt, das Nomen bedeute an der Stelle *heil* im adverbiellen Sinne[24].
Dieser Auslegung kann allerdings nur zugestimmt werden, wenn mit
dem adverbiellen Gebrauch nicht nur die Vorstellung des Gesundseins
oder des Wohlbehaltenseins gemeint ist, sondern wenn diese Bedeutung zugleich *im Heil*, d. h. *durch das Heil, vermittels des Heiles* zum
Ausdruck bringt und auf diese Weise *Heil als göttliche Führung und
göttlicher Schutz* verstanden wird. Denn es muß daran festgehalten
werden, daß der Inhalt der göttlichen Offenbarung in Gen 28 13-15 eine
Heilszusage an Jakob ist. Und wenn Jakob, dessen rein menschliche
Schläue bis dahin in der E-Schicht der Gen so plastisch gezeichnet
worden ist, dieser Verheißung Glauben schenkt und es daraufhin wagt,
unter dem Schutz dieses Gottes in die ungewisse Fremde zu gehen,

---

[21] Z. B. S. R. Driver, The Book of Genesis, WC, 1904³, 266; É. Dhorme a. a. O. 92;
B. Jacob a. a. O. 503 u. ö.

[22] Z. B. R. de Vaux a. a. O. 133; H. Gunkel, Genesis, HK I 1, 1901, 288.

[23] E. König, Die Genesis, 1925², 598.

[24] M. Buber und F. Rosenzweig a. a. O. 106; so ebenfalls H. Junker a. a. O. 99.

dann hat er nach der Ansicht des Erzählers zumindest eine Ahnung davon, daß dem Menschen das Heil von Gott zugeeignet wird.

Deshalb hat der Erzähler an dieser Stelle wahrscheinlich nicht an eine Bedingung gedacht, die Jakob gestellt haben könnte, etwa derart: »Wenn (d. h. unter der Bedingung, daß) Jahweh sein Vertragsangebot hält, will ich mich an ihn binden und er soll mein Gott sein«. Denn wenn man die Wirklichkeitsauffassung, die dem Denken dieser Epoche zugrunde liegt, auf die hier mitgeteilte Legende bezieht, dann kann es für Jakob keine Möglichkeit geben, der Gottheit Bedingungen aufzuerlegen. An dieser Stelle scheint mir der folgende Inhalt, den E vermutlich hat ausdrücken wollen, viel näher zu liegen. Jakob sagt: »Wenn ich vermittels des Heiles (d. h. welches mir an diesem Ort verheißen worden ist für die Wanderung in die Fremde und trotz dieser Wanderung) zurückkehre, dann ist Jahwe (in der Tat) für mich *die* Gottheit.« Und man wird hierbei wohl noch stillschweigend vorauszusetzen haben, daß es sich um eine Gottheit handelte, die sich Jakob erst jetzt durch ihre Offenbarung kundgegeben hat und ihm vorher noch nicht begegnet war.

Auf Grund aller dieser Erwägungen könnte man zu dem Schluß kommen, daß E an dieser Stelle die Situation des Glaubens beschreibt und nicht einen Vertrag, welcher zwischen Gott und Mensch als gleichberechtigten Partnern abgeschlossen wird und in dem sich kommerzielles Denken spiegelt. Gen 28 20-21 würde dann die menschliche Antwort auf die göttliche Willenskundgebung sein. Der Mensch würde sich auf diese Weise als ein Wesen verstehen, das in der Hand Gottes ist.

c) Gen 41 16

Der gleiche Vorstellungsgehalt, nämlich daß der Mensch sich nicht von selbst in ein Verhältnis zu Gott setzen kann, sondern offen für die göttliche Willenskundgebung sein muß, findet sich auch in der Josephnovelle von E in Verbindung mit dem Gebrauch von שָׁלוֹם. Die dargestellte Situation ist folgende: Als Pharaos Traum von keinem Magier gedeutet werden kann, wird schließlich Joseph als Traumdeuter empfohlen und vor Pharao gebracht. Der König gibt dem hebräischen Sklaven zu erkennen, daß er Vertrauen zu dessen mantischen Fähigkeiten habe. Er vertraut also dem Menschen und seinen Künsten.

Der Elohist schildert Joseph in Gen 41 16 als eine Person, die höflich, aber mit lapidarischer Einfachheit das Vertrauen, das hier in den Menschen gesetzt wird, zurückweist, und läßt Joseph deshalb sagen: »Gott tut dem Pharao אֶת־שְׁלוֹם Bescheid«.

Soweit der hier vorhandene textliche Zusammenhang etwas über die Bedeutung des Nomens erkennen läßt, kann meiner Meinung nach nur die des *Heils* als des *Guten*, des *Rettenden*, des *Bewahrenden und*

Erhaltenden, des *Heilsamen*, des *Wirklichen* und dergl. mehr gemeint sein. Denn sehr wahrscheinlich handelt es sich an dieser Stelle um die Erschließung des göttlichen Willens. Wo solches Geschehen stattfindet, ereignet sich das Heil. Deshalb treffen Bedeutungen wie *Glück*[25], *günstig*[26] oder *eine Friedensantwort*[27] wohl kaum den bisher dargelegten Gedankengang.

Gerade an dieser Stelle der E-Schicht kommt eine bewußte theologische Schau zum Vorschein, die von Wichtigkeit für die Interpretation des Inhaltes ist. Deshalb wird man wohl mit G. v. Rad übereinstimmen müssen, der die weitgehenden Perspektiven dieser Theologie treffend in seiner Interpretation von Gen 41 1-25 herausgearbeitet hat, wenn er feststellt: »Joseph's answer, 'Interpretation belongs to God', is completely polemic. It is again one of those splendid statements which our narrator loves and which go far beyond the situation in programmatic, doctrinal form, in which they are spoken… Joseph means to say, that the interpretation of dreams is not a human art but a χάρισμα which God can grant«[28]. In Verbindung mit einer solchen Theologie dürfte wohl auch der Begriff שָׁלוֹם sein eigenes Gepräge haben, doch darüber sagt G. v. Rad an dieser Stelle leider nichts.

d) Ex 4 18

Schließlich gebraucht der Elohist das Wort שָׁלוֹם im Zusammenhang mit einer Abschiedsszene. Jetro verabschiedet Mose, bevor dieser seine Reise nach Ägypten antritt. Im Gegensatz zu den bisher behandelten Schilderungen steht das Nomen hier nicht an einer programmatischen Stelle des Erzählwerkes. Dennoch ist die geschilderte Situation bedeutend: Mose hatte im Land der Midianiter eine Gottesoffenbarung gehabt, deren Ergebnis war, daß er mit einer »Gottesbotschaft an die Israeliten in Ägypten« beauftragt wurde und die besagte, »daß Gott nunmehr die Israeliten aus ihrer Unterdrückung befreien und aus Ägypten herausführen wolle«[29]. Im Anschluß an diese Gottesbegegnung faßt nach Ansicht von E Mose den Entschluß, nach Ägypten zurückzukehren.

Diese Entscheidung wird Ex 4 18 mitgeteilt, als Mose bei Jetro um Erlaubnis bittet, Midian verlassen zu dürfen. Sein Schwiegervater entläßt ihn darauf mit den Worten לֵךְ לְשָׁלוֹם, d. h. »Geh' mit bzw. zum *Heil*!« und gebraucht auf diese Weise eine Wendung für einen Ab-

---

[25] So O. Procksch a. a. O. 389.
[26] Z. B. R. de Vaux a. a. O. 180; RSV ad loc.
[27] S. R. Driver a. a. O. 341.
[28] G. v. Rad, Genesis, OTL, 1961, 370.
[29] M. Noth, Das Zweite Buch Mose, ATD 5, 1959, 19.

schiedsgruß, die formelhaften Charakter hat[30]. In der E-Schicht ist dies der einzige Fall, wo eine Verabschiedung in einer solch formelhaften Weise mitgeteilt wird. Man könnte deshalb erwägen, ob nicht, wie auch in anderen Fällen des religiösen Gebrauchs des Nomens in E, etwas Besonderes zum Ausdruck gebracht werden soll.

Anlaß zu einer solchen Vermutung könnte eine Beobachtung sein, die J. C. Rylaarsdam in bezug auf diese Stelle gemacht hat. Er stellt folgendes fest: »The assumption is that Moses had accepted God's commission; he did not, however, disclose the revelation to Jethro. . . . The will of God, before its execution, is declared only to the prophet «[31]. Dieser Charakterisierung der Situation und ihrer theologischen Bedeutsamkeit wird man wahrscheinlich zustimmen müssen.

Wenn diese Auffassung zutreffen sollte, dann könnte man weiterhin folgern, daß sie auch Gewicht für die Bedeutung des Nomens in Ex 4 18 haben müßte. E hat wahrscheinlich mit dem שָׁלוֹם des Abschiedswunsches von Jetro nicht etwas gemeint, was in irgendeiner Weise heutigen Wünschen bei Verabschiedungen ähneln könnte[32]. In dieser Verabschiedung müßte eher etwas zum Ausdruck kommen, das Bezug auf die Erkennbarkeit des göttlichen Geschichtswillens hat; auch dann würde dies der Fall sein, wenn der Prophet die ihm zuteil gewordene Offenbarung dem Priester nicht erschließt.

Ein solcher Sachverhalt scheint mir auf Grund der bisherigen Darlegungen gegeben zu sein, denn es ist kaum denkbar, daß E an dieser Stelle vielleicht einen Gegensatz zwischen dem um den Gotteswillen wissenden Propheten und dem Priester, dem die Kenntnis des Gotteswillens verschlossen gewesen wäre, hätte darstellen wollen. Eine derartig tiefschürfende theologische Reflexion kann meiner Meinung nach für die Geschichtsepoche der E-Schicht nicht in Ansatz gebracht werden.

Wenn jedoch statt dessen die Auswirkung einer Offenbarung des göttlichen Heilswillens an dieser Stelle gezeigt werden sollte, dann wird notwendigerweise die gesamte Situation und jede Einzelaussage in ihr auf diesen Vorgang zu beziehen sein. In diesem Fall würde auch Jetros Abschiedssegen im Zusammenhang mit der Erschließung des göttlichen Willens stehen.

Von diesem Hintergrunde aus und in Übereinstimmung mit diesen Vorstellungen, würde an jener Stelle die folgende Absicht zum Ausdruck gebracht werden: Obwohl Jetro nicht den Grund für Moses Abreise kennt, wünscht er ihm als Priester, er solle zum *Heil* weggehen,

[30] Vgl. hierzu die Untersuchungen 120ff.
[31] J. C. Rylaarsdam, The Book of Exodus, IB I, 1952, 880.
[32] Es ist bedauerlich, daß atl. Forscher der älteren Generation diesen Sachverhalt nicht beachten; vgl. in dieser Hinsicht B. Baentsch, Exodus-Leviticus-Numeri, HK I 2, 1903, 64.

womit vielleicht gemeint wäre, Mose möge seine Reise *zum Heil Israels* antreten. Es würde sich dann um die Ausführung dessen handeln, was, dem vorausgegangenen Geschehen nach zu urteilen, in der Tat Moses göttlicher Auftrag ist.

Wenn die Annahme nicht zutreffen sollte, würde es zumindest naheliegen, in der Grußformel in Ex 4 18 einen Segenswunsch zu sehen, der zum Ausdruck bringt, Moses Vorhaben möge mit *Erfolg* gekrönt sein. Es darf in diesem Zusammenhang nicht vergessen werden, daß Jetro als Priester spricht und nach der Ansicht von E eine Person ist, die eine sehr geachtete Stellung hat. Diese Charakterisierung Jetros ist nicht nur aus der hier behandelten Stelle ersichtlich, sondern ist auch in den Texten erkenntlich, in denen E Jetro erwähnt. Als solcher Priester gibt er dem Gottesmann seinen Segen, dessen Worte nach den Vorstellungen seiner Zeit das bewirken, was mit dem Wunsch ausgesprochen wird.

III. Das Nomen in der Priesterschrift

1. Num 25 12

Das Nomen kommt in den erzählenden Teilen von P nur innerhalb der Pinehaslegende Num 25 6 ff. vor. Es ist möglich, daß es sich in dem Abschnitt um einen späteren Zuwachs zu P handelt, in dem sich »Auseinandersetzungen des Jerusalemer Kultpersonals spiegeln«, die in der nachexilischen Zeit stattgefunden haben könnten[33].

Wir hören in diesem Zusammenhang von einem Konubium zwischen Israeliten und Nicht-Israeliten, das Veranlassung zu Gottes Zorn gibt. Pinehas besänftigt den göttlichen Zorn durch sein tatkräftiges Eingreifen, als er ein Paar, das Gott im Beisein der Gemeinde herausfordert, vor den Augen aller tötet. Gott belohnt diesen Eifer durch einen Bund mit Pinehas, dessen Auswirkung die immerwährende Sicherung des Priestertums für ihn und seine Nachkommen ist.

Bedeutsam in dem Zusammenhang ist die Aussage Gottes Num 25 12, daß er נֹתֵן לוֹ אֶת בְּרִיתִי שָׁלוֹם sei. In dieser Formulierung ist das Nomen שָׁלוֹם syntaktisch entweder als Apposition oder als Acc. aufzufassen[34]. Es ist demnach hier nicht die Rede von einem Heilsbund Gottes, wie vielfach in den Kommentaren vermerkt wird, sondern von einem Bund Gottes für Pinehas, der שָׁלוֹם ist bzw. welcher für oder mittels שָׁלוֹם vorhanden ist. Gemeint ist also das Folgende: Wenn Gott mit einem Menschen einen Bund schließt, dann geschieht es auf Grund des göttlichen שָׁלוֹם. Eine andere mögliche Interpretation ist die, daß die Schließung eines solchen Bundes שָׁלוֹם ist.

---

[33] M. Noth, ÜSt, 201f.; vgl. auch M. Noth, ÜPent, 214.
[34] Vgl. S. R. Driver, A Treatise on the Use of the Tenses in Hebrew, 1892³, 250f.

Soweit ist die Bedeutung des Inhalts an dieser Stelle klar. Schwierigkeiten treten aber sofort auf, wenn man bestimmen will, welchen spezifischen Sinn das Nomen hier hat, denn er kann nicht ohne weiteres festgestellt werden. Daß in dieser Hinsicht ein Problem bereits sehr früh in der Geschichte der Textüberlieferung bestanden hat, kann aus einem Vergleich der verschiedenen Lesarten der 𝔊 ersehen werden.

Was läßt sich in diesem Fall noch ermitteln? Wenn wir uns den ganzen inhaltlichen Zusammenhang des Abschnittes Num 25 6-15 ansehen, dann fällt auf, daß die beiden Begriffe בְּרִית und שָׁלוֹם in doppelter Weise aufeinander bezogen sind: Sie sind mit dem Gehorsam Pinehas gegenüber dem göttlichen Willen verbunden und mit dem Gedanken des Sich-Einsetzens für die Sache Gottes. Wir stoßen hier auf eine menschliche Haltung, die als Eifer für Gott gekennzeichnet ist.

Wenn man einen solchen Sachverhalt für eine Interpretation des Textes voraussetzt, könnte man eventuell annehmen, daß eine *Heils*aussage beabsichtigt ist. Dieser Gebrauch des Nomens würde jedoch ein spezifisches Denken widerspiegeln, in dem der Nachdruck auf Vorstellungen wie Vergeltung, Bezahlung oder Belohnung liegt, denn Pinehas handelt hier offensichtlich auf Grund eigener Initiative und Gott dankt es ihm. Ein solcher Heilsbegriff ist charakteristisch für das Denken verschiedener religiöser Gruppen der nachexilischen Zeit, wie sich aus einigen Psalmen und einzelnen in die prophetischen Schriften eingestreuten Aussagen erschließen läßt[35].

In diesem Fall würde unter dem Begriff des *Heils* im wesentlichen verstanden werden, daß dem Priestertum des Pinehas *göttlicher Schutz*, *Sicherheit* und *Wohlergehen* beschieden sein soll. Es würde in dem Zusammenhang dann geschlossen werden können, daß sich an der Stelle ein bestimmtes gesetzliches Verständnis der Jerusalemer Kultgemeinde ausspricht, welches Bezug auf die Mischehen der Judäer und Samaritaner nimmt, und es könnte sein, daß sich die Familie des Pinehas besonders eifrig für Esras Programm eingesetzt hat.

Eine solche Interpretation kann nichts weiter als eine Vermutung sein, denn es ist möglich, daß an dieser Stelle eine völlig andere Aussage beabsichtigt gewesen ist, nämlich: Wer mit seinem Eifer Gehorsam gegenüber dem Gotteswillen zeigt, wird eines besonderen Gottesverhältnisses gewürdigt. Es würde sich also um ein Gottesverhältnis handeln, in dem die menschliche Initiative von ausschlaggebender Bedeutung wäre. Sie würde von Gott durch einen Bund anerkannt, und die göttliche Anerkennung wäre als *Heil* zu verstehen. Auch diesem Heilsbegriff würde ein Denken der Werkgerechtigkeit anhaften. Sollte diese Stelle von Kreisen der Priesterfamilie des Zadok hier eingefügt worden sein, um ihren Machtanspruch zu rechtfertigen, dann

---

[35] S. u. 181 ff., 192 f.

würde für das Nomen die Bedeutung *Gunst* bzw. *Begünstigung* anzunehmen sein.

Wie dem auch sei, der Eindruck einer offenbar an dieser Stelle beabsichtigten Heilsaussage besteht durchaus, da שָׁלוֹם mit solch einem gewichtigen Begriff wie בְּרִית in Beziehung gebracht wurde. Der gesamte Inhalt des Abschnittes Num 25 6ff. zeigt uns jedoch, daß der Aussage in Num 25 12 nicht das gleiche theologische Gewicht beigelegt werden kann wie den Heilsvorstellungen, die sich sowohl in den Schriften der klassischen Propheten als auch in Jdc 6 23-24 finden. Deshalb scheint mir dem Nomen an dieser Stelle keine wesentliche theologische Bedeutung zuzukommen.

2. Lev 26 6

Die anderen beiden Belegstellen des Nomens finden sich in dem Gesetzesmaterial, das in P aufgenommen worden ist. Zunächst ist der Schlußabschnitt des Heiligkeitsgesetzes zu behandeln, aus dessen Inhalt hervorgeht, daß Israel des Lohnes gewiß sei, wenn es sich den Vorschriften dieses Gesetzes gehorsam fügte, denn dann soll nach Lev 26 6 שָׁלוֹם im Lande herrschen.

Der Gebrauch des Nomens kann an unserer Stelle nichts anderes besagen, als daß *Schutz, Sicherheit, ungefährdetes Leben* oder *politischer Friede* von Gott gewährleistet werden. Eine Aussage über eine Vorstellung vom eschatologischen Heil als einer Transformation des Menschen zu einem neuen Personsein innerhalb des Gottesverhältnisses ist wahrscheinlich nicht beabsichtigt gewesen. Jedenfalls läßt sich ein derartiger Gedanke weder aus der geschilderten Situation noch aus dem inhaltlichen Zusammenhang für das Nomen erschließen. Die Verheißung bringt lediglich zum Ausdruck, daß das Land weder durch wilde Tiere noch durch Kriegshandlungen beunruhigt werden soll. Die Einwohner sollen ruhig schlafen können, und niemand wird sie aufschrecken. Sie werden sicher wohnen, weil Gott שָׁלוֹם für sie bewirkt hat, d. h. *Sicherheit* oder *Schutz*.

3. Num 6 26

Zum Abschluß dieses Kapitels bleibt noch, die Bedeutung des Nomens im aaronitischen Segen zu untersuchen. Obwohl eine genaue Datierung des Alters der Segensformel nicht mehr möglich ist, erscheint es doch ziemlich sicher, daß P sie in ihrer jetzigen Gestalt bereits vorgefunden hatte, bevor er sie in sein Erzählwerk einfügte. Wir haben hier eine liturgische Segensformel vor uns, die kein bloßes literarisches Produkt ist, sondern tatsächlich in der gottesdienstlichen Handlung verwendet wurde[36]. Solche Formeln haben ihren Ursprung

---

[36] Vgl. R. de Vaux, Ancient Israel, Its Life and Institutions, 1951², 457.

im Kult und pflegen gewöhnlich alt zu sein. Ein derartiger Sachverhalt ist insofern wichtig, als damit für den aaronitischen Segen eine bestimmte Segensvorstellung vorausgesetzt werden muß, die von Bedeutung für die Interpretation des Gebrauches von שָׁלוֹם in der Segensformel ist. Diese Vorstellung bedarf einer eingehenden Erläuterung.

Für den Israeliten ist Segen die Gestaltwerdung »of the entire power of life«[37]. Die Lebenskraft nimmt ihren Ausgangspunkt von Jahwe und ist seine Gabe an den Menschen. Aus diesem Grunde erfolgt die Nennung seines Namens, der bei einem derartigen Akt gewissermaßen auf die Israeliten gelegt wird. Sie werden dadurch mit der Quelle aller Lebenskraft in Verbindung gebracht und neu mit Vitalität ausgerüstet. Denn »the soul in its entirety, with all its blessing and honour, finds expression in the name«[38]. Wenn wir, von diesen Voraussetzungen ausgehend, die Segensformeln in Num 6 24-26 einer genaueren Analyse unterziehen, läßt sich noch bis zu einem gewissen Grade ermitteln, welche Einsichten die priesterlichen Kreise in das menschliche Dasein hatten. Es ergibt sich dann das Folgende:

Der aaronitische Segen wird in Num 6 24 durch die Aussage eingeleitet, daß Jahwe den Menschen segnen und bewahren will bzw. möge. Mit diesen Worten wird kategorisch erklärt, daß der Mensch nur dann wahre Existenz hat, wenn Gott ihn mit seiner heilvollen Kraft begabt und ihm seinen Schutz angedeihen läßt. Ohne eine solche Verbindung mit der Quelle seines Lebens könnte der Mensch nicht im echten Sinne leben, denn der Ausgangspunkt für den Segen ist nicht der Mensch, sondern Gott.

Diese Vorstellung wird in den folgenden beiden Versen des Segens weiter ausgeführt unter jeweiligem Hinweis auf Gottes פָּנִים, d. h. das Gesicht, die Vorderseite bzw. die sichtbare Seite Gottes[39]. In diesem Falle scheint also nicht an die Totalität Gottes appelliert zu werden, sondern an ihn als den Grund des menschlichen Seins. Es wird auf einen Wesensaspekt Gottes hingewiesen, den der Mensch fassen kann. Dies wird in Num 6 25 mit den Worten ausgesagt, daß Gott geruht, die sichtbare Seite seines Wesens »hell sein zu lassen in Richtung auf den Menschen hin«. Gemeint ist wahrscheinlich: Gott offenbart sich dem Menschen, wenn er will. Ein solches Ereignis ist reine Gnade und steht nicht in der Verfügbarkeit des Menschen. Deshalb erscheint es mir sinnvoll, wenn wir an dieser Stelle die Bitte finden, daß Gott dem Menschen gnädig sein möge. Der Inhalt kann in dem Gedanken zusammengefaßt werden: Wenn Gott es will, kann der

---

[37] J. Pedersen a. a. O. I—II 182. 212.
[38] J. Pedersen a. a. O. 245.
[39] KB 766b.

Mensch der göttlichen Gnade teilhaftig werden und damit auch des göttlichen Segens.

Im letzten Vers, Num 6 26, wird schließlich zum Ausdruck gebracht, wie der göttliche Segen vom Menschen erfahren werden kann. Es geschieht immer dann, wenn Gott willens ist, »seine Geneigtheit (dem Menschen) zukommen zu lassen und שָׁלוֹם für ihn hinlegt, festsetzt bzw. bestimmt«.

Im Zusammenhang mit solchen Vorstellungen ist es kaum möglich, daß das Nomen an dieser Stelle zur Aussage über den Frieden dient. Denn in dem Segensspruch läßt sich weder ein Hinweis auf die Beruhigung eines sich kämpferisch gegen Gott auflehnenden Menschen finden noch die Vorstellung des inneren individuellen Friedens, die das harmonische Ergebnis einer Überwindung der inneren Unruhe des menschlichen Selbst wäre. Derartige Vorstellungen basieren auf modernen Denkvorstellungen, die sehr wahrscheinlich dem priesterlichen Denken jener Zeit fremd gewesen sind.

An dieser Stelle scheint mir mit שָׁלוֹם eher *Wohlbestelltsein* oder *Wohlergehen* gemeint zu sein, eine Bedeutung, die allerdings im umfassendsten Sinne verstanden werden muß, da sie den Menschen in seinem ganzen Sein betrifft. Man könnte deshalb sagen: Nur wenn sich Jahwe dem Menschen als der gnädige Gott erschließt, ist der Mensch des göttlichen Segens teilhaftig und hat er שָׁלוֹם. Dann ist alles bei ihm *wohlbestellt*, weil er echte Lebenskraft besitzt. Wo dies nicht der Fall ist, trifft den Menschen der göttliche Fluch, dessen Ergebnis das Ende menschlicher Existenz ist.

Wenn diese Erwägungen das Wesentliche des Inhaltes getroffen haben sollten, dann könnte man vielleicht sagen, daß an dieser Stelle das Nomen gebraucht wird, um eine *Heil*aussage zu machen: *Heil* ereignet sich dort, wo der Mensch den göttlichen Segen erfährt, d. h. wo er der Gnade Gottes teilhaftig wird. Der Priester kann dieses Ereignis nicht manipulieren, aber er kann mit der Bitte vor Gott treten, Gott möge sich dem Menschen gnädig zuwenden und ihm *Heil* bestimmen.

IV. Zusammenfassung

Innerhalb des Tetrateuchs wird das Nomen fast nur in Aussagen über Personen gebraucht. Ganzheit hat in diesem Zusammenhang die Grundbedeutung des *Wohlbestelltseins* oder des *Unversehrtseins* des menschlichen Lebens. Es bezeichnet stets das Ganze des menschlichen Seins und nicht nur einen einzelnen Aspekt.

Diese umfassende Bedeutung kommt jedoch nicht bei jedem Einzelfall zum Ausdruck. Wenn das Nomen säkular gebraucht wird, enthält es Vorstellungen wie *Wohlbefinden* und *Wohlergehen*. In einer Belegstelle bedeutet es wahrscheinlich *Übereinstimmung*.

Häufiger als im säkularen Bereich findet das Wort als religiöse Aussage Verwendung. Hier bedeutet es verschiedentlich *Wohlbestellt-sein*; es kann auch für *Gemeinschaft, Schutz* oder *Sicherheit* stehen.

Wichtig ist das Nomen vor allem, wenn es als theologische Vokabel mit der Bedeutung *Heil* gebraucht wird. In diesem Sinne trifft man es in der E-Schicht an, wo es stets auf eine besondere Gottes-offenbarung bezogen ist, und im aaronitischen Segen, wo mit der Vorstellung des Heils wahrscheinlich die gnädige Hinwendung Gottes zum Menschen gemeint ist.

§ 11 DAS DEUTERONOMISTISCHE WERK

Das Nomen erscheint in diesem literarischen Corpus sowohl im säkularen als auch im religiösen Bereich des Lebens. Es wird häufig verwendet und in vielen verschiedenen Bedeutungsgehalten angetroffen.

A. Säkulare Bedeutungen

I. Unversehrtheit, guter Zustand, Sicherheit

Wenn שָׁלוֹם im säkularen Bereich gebraucht wird, kann es ganz allgemein *Ganzheit*, einen Zustand der *Unversehrtheit* oder der *Wohl-bestelltheit* bezeichnen. In diesem Sinne tritt das Nomen in der Geschichte von der Thronnachfolge Davids auf, einem der ältesten Bestandteile des Dtr-Werkes[1]. Es ist in dieser historischen Erzählung sowohl auf das Volksganze als auch auf Einzelpersonen bezogen und erscheint in folgenden Zusammenhängen:

Während des Aufstandes, den Absalom gegen seinen Vater David begonnen hat, macht Davids Ratgeber Ahitopel dem aufrührerischen Prinzen einen Vorschlag, wie der König beseitigt werden könnte. Danach beruhigt er Absalom mit dem folgenden Argument: Du stellst ja nur einem Mann nach dem Leben. Das ganze Volk erleidet durch diese Revolte keinen Schaden. Es wird letztlich davon nicht betroffen werden, sondern »ist oder wird שָׁלוֹם bleiben«, d. h. im Zustande der *Unversehrtheit*, II Sam 17 3. Je nach dem inneren Bezug des Nomens könnte man als seine Bedeutung hier auch *Ganzheit* oder *In-Ordnung-Sein* annehmen. In diesem Fall würde eine Aussage über das Verhalten des Volkes gemacht werden. Ahitopel nimmt an, daß nach Ausbruch des Aufstandes das ganze Volk oder wenigstens die Mehrzahl der verschiedenen Volksgruppen und Volksschichten sich von David abwenden und zu Absalom übergehen wird. Es ist also keine Spaltung des Volkskörpers zu erwarten, sondern das Volk wird im wesentlichen

---

[1] Vgl. L. Rost, Die Überlieferung von der Thronnachfolge Davids, 1926.

7*

eine *Einheit* bleiben. Beide Interpretationen setzen voraus, daß שָׁלוֹם an dieser Stelle als ein Substantivum aufgefaßt werden muß. Es besteht kein Grund, warum hier ein gleichlautendes Adjektivum postuliert werden sollte[2].

Wenn das Nomen auf Einzelpersonen bezogen wird, hat es die Bedeutung *Wohlfahrt, Wohlergehen, Wohlbefinden* oder auch *Sicherheit vor irgendeiner Gefährdung*. Dieser Gebrauch findet sich in der gleichen historischen Erzählung im Zusammenhang mit dem Bericht über die Niederschlagung von Absaloms Aufstand. Hier fragt David ängstlich die eintreffenden Boten, die Nachricht vom Kampf bringen, ob Absalom sich im Zustande des *Wohlbefindens* und der *Sicherheit* befinde. Wenn er dem ersten Boten begegnet, stellt er in II Sam 18 29 die Frage in sicherer Erwartung einer positiven Antwort, denn er fragt לְשָׁלוֹם? Als der König jedoch von dem zweiten Boten erreicht wird, kann man schon die bange Ahnung, Absalom könnte den Tod gefunden haben, in der Frage verspüren, wenn er in II Sam 18 32 הֲשָׁלוֹם לְ? sagt. An beiden Stellen vermittelt לְ die Vorstellung, daß etwas zum Besten einer Person geschieht[3]. In beiden Fragen des Königs haben wir vermutlich die indirekte Wiedergabe einer festgeprägten Grußformel vor uns, auf die sonst, wenn sie in direkter Rede gebraucht wird, שָׁלוֹם als Antwort erfolgt[4].

Die gleiche Verbindung von Wohlbefinden und Sicherheit findet in II Sam 3 21ff. Ausdruck: Als Abner seine Verhandlungen mit David über einen Zusammenschluß der Nordstämme mit den Südstämmen in Hebron beendet hat, verläßt er David und tritt die Heimreise an. Der Erzähler bemerkt II Sam 3 21. 22. 23 dreimal hintereinander in verschiedenen inhaltlichen Zusammenhängen, daß Abner den König und die Stadt verlassen habe וַיֵּלֶךְ בְּשָׁלוֹם, d. h. und *ohne irgendwelche Gefährdung* oder *im Zustande des Wohlbefindens* weggegangen sei[5]. Er will auf diese Weise wahrscheinlich hervorheben, daß David dem Gast sicheres Geleit gewährt hatte und deshalb unschuldig an dem Mord sei, den Joab kurz nach der Abreise an Abner ausführt.

II. Wohlergehen, guter Zustand

An anderen Stellen des Dtr-Werkes tritt beim Gebrauch des Nomens der Gedanke der Sicherheit deutlich zurück. Die Betonung liegt in solchen Fällen stärker auf der Vorstellung des *Wohlergehens*

---

[2] Ges-Th III 1423a.

[3] Vgl. BL 634 und Syntax 100 Nr. 107 e. i.

[4] Vgl. Ges-Th III 1423b und Ges-B 830a.

[5] Die Präposition בְּ drückt sowohl einen Zustand als auch das Mittel aus, vgl. BL 634 und Syntax 97 Nr. 106c—d.

oder der *Wohlerhaltenheit*. Man könnte das Nomen dann geradezu mit *Glück* oder *glücklich sein* übersetzen.

1. Glück

Der Gedanke des *Glücks* findet durch שָׁלוֹם in Situationen Ausdruck, wo jemand von einer Reise oder einer Kriegshandlung zurückkehrt. In solchen Fällen ist das Nomen entweder mit שׁוּב oder mit בּוֹא verbunden. Die folgenden Beispiele können für diesen Sachverhalt zusammengestellt werden: In Jos 10 21 wird berichtet, daß die Israeliten nach ihrem Kampf mit einer kanaanäischen Nachhut בְּשָׁלוֹם in das Lager zurückkehren. Gideon droht Jdc 8 9 den Einwohnern von Penuel, daß er ihre Burg zerstören will, nachdem er בְּשָׁלוֹם von der Verfolgung der Midianiterkönige zurückgekehrt ist. Als David vor Absalom flieht, befiehlt er II Sam 15 27 dem Priester Zadok nach Jerusalem zurückzukehren, indem er sagt: »Kehre בְּשָׁלוֹם zur Stadt zurück!« Nachdem Absaloms Aufstand unterdrückt worden ist, eilt Meribaal, um David, der nach II Sam 19 25 בְּשָׁלוֹם zurückgekehrt ist, zu begrüßen. Die Unterredung zwischen ihm und David führt zu dem Ergebnis, daß dem Enkel Sauls ein Teil seines Besitztums weggenommen wurde. Trotz dieses »Racheaktes« bietet Meribaal in II Sam 19 31 David sein gesamtes Besitztum an, da David בְּשָׁלוֹם in seinen Palast zurückgekehrt sei. Am Schluß seiner Begegnung mit Micha ben Imla ordnet König Ahab in I Reg 22 27 an, den Gottesmann solange einzukerkern, bis er בְּשָׁלוֹם vom Kampf mit den Syrern zurückkehre. Darauf weist der Prophet diese Selbstsicherheit des Königs in I Reg 22 28 mit den Worten zurück: » Wenn du wirklich בְּשָׁלוֹם zurückkehrst, dann hat Jahwe nicht durch mich geredet«[6].

2. Wohlbeschaffenheit, geordneter Zustand

Ein ähnlicher Inhalt des Nomens findet sich in Äußerungen, bei denen es sich um den gegenwärtigen Zustand einer Person oder einer Sache handelt. Hier ist der Sinn des Nomens *Wohlbeschaffenheit, Wohlergehen, geordneter Zustand* und dergl. In solchen Situationen würde man heute meistens sagen: *Es ist in Ordnung*. Die amerikanische Umgangssprache gebraucht dafür einfach *o. k.* Die hier vorliegenden Inhalte werden in zwei Gruppen angeordnet: a) Feststellungen über Ordnung und b) Fragen mit שָׁאַל.

a) Feststellungen über Ordnung

Es lassen sich zwei Stellen belegen. Im ersten Fall handelt es sich um die Festigung des Freundschaftsverhältnisses zwischen David und Jonathan mit dem Ziel, David vor Sauls Mordanschlägen zu schützen.

---

[6] Für eine eingehende Untersuchung von I Reg 22 27. 28 s. u. **116 ff.**

Dem Kronprinzen wird nahegelegt, Erkundigungen über des Königs Haltung gegenüber David einzuziehen. Falls Saul auf Jonathans Fragen mit »gut« antwortet, nimmt David nach I Sam 20 7 an, daß שָׁלוֹם für ihn vorhanden ist. Das Nomen steht in Parallele zu טוֹב und kann deshalb nur besagen: für David *ist alles in Ordnung*.

Die gleiche Bedeutung findet sich I Sam 20 21 in einer Mitteilung darüber, wie David von der Reaktion Sauls unterrichtet werden soll. Falls der König gute Absichten gegenüber David hege, würde Jonathan dem Freund ein entsprechendes Zeichen zukommen lassen. Auf diese Weise kann David wissen, daß er im Augenblick *ungefährdet ist*, כִּי־שָׁלוֹם לְךָ, denn *alles ist* für ihn *in Ordnung*.

b) שָׁלוֹם in direkten Fragen mit שָׁאַל

In dieser Gruppe von Belegstellen bringt das Nomen ebenfalls den Gedanken des *ordentlichen* bzw. *geordneten Zustandes* zum Ausdruck. Als Ziel der Frage ist eine Aussage über den Zustand einer Person bzw. Sache oder über den Verlauf eines Geschehens beabsichtigt, wobei das Nomen שָׁלוֹם in Verbindung mit dem Verbum שָׁאַל verwendet wird. Wenn die Antwort eine Bestätigung des Erfragten darstellt, erfolgt die Erwiderung mit שָׁלוֹם. Bei persönlichen Begegnungen kommen derartige Fragen fast einer Begrüßung gleich, und es ist möglich, daß sie in dieser Weise im Alltagsleben angewandt worden sind. Um eigentliche Begrüßungsformeln handelt es sich jedoch nicht[7]. Die folgenden Beispiele mögen diese Feststellung illustrieren:

David erkundigt sich nach II Sam 11 7 bei dem Hetiter Uria, ob mit Joab, dem Krieg und dem Volk *alles in Ordnung sei*. In jeder dieser drei Einzelfragen verwendet der Erzähler לְשָׁלוֹם. Die gleiche Bedeutung des Nomens findet sich II Sam 20 9, wo Joab vor der Ermordung Amasas die zynische Frage הֲשָׁלוֹם אַתָּה אָחִי? an seinen Nebenbuhler richtet. Weiterhin ist I Sam 17 18 zu nennen: Isai gibt David den Auftrag פְּקָד לְשָׁלוֹם, d. h. nach dem שָׁלוֹם der Brüder zu schauen, die in den Krieg gezogen sind. Gemeint ist hier: David soll nachschauen, *wie es* ihnen *geht*, ob *alles* mit ihnen *in Ordnung ist*, ob es *gut* oder *zum Besten* mit ihnen *steht*.

Die gleiche Verwendung des Nomens findet sich in den Elisageschichten. Nach II Reg 4 26 sendet Elisa seinen Diener vom Karmel der sich aus Sunem nahenden Frau entgegen. Er soll sich erkundigen, ob mit ihr, ihrem Mann und ihrem Sohn *alles in Ordnung sei*. Dreimal findet sich in den Fragen הֲשָׁלוֹם?, worauf die Frau einfach mit שָׁלוֹם antwortet. Über eine ähnliche Situation wird in der Erzählung von der Begegnung Naemans von Syrien mit Gehasi berichtet. Nachdem der Syrer geheilt worden ist und in sein Heimatland zurückkehren will,

---

[7] Über echte Begrüßungsformeln vgl. u. 120ff.

eilt ihm Gehasi nach, um ihn zu erpressen. Als beide sich treffen, fragt ihn Naeman הֲשָׁלוֹם? (II Reg 5 21), worauf der Diener des Propheten mit שָׁלוֹם antwortet (II Reg 5 22).

3. שָׁלוֹם *in indirekter Rede mit der Bedeutung »grüßen«*

Die Vorstellung des *Wohlergehens* liegt dem Nomen in Aussagen zugrunde, in denen es *begrüßen* heißt. Das Hebräische drückt diesen Inhalt durch שָׁאַל לוֹ לְשָׁלוֹם aus (wörtlich: sich nach jemandes *Wohlbefinden* erkundigen), ein Ausdruck, der allgemein gebräuchlich gewesen zu sein scheint. Die im vorhergehenden Abschnitt behandelte direkte Aussage wird hier in indirekter Rede verwendet und in verschiedenen Berichten gefunden.

Die folgenden Beispiele können dafür angeführt werden: In Jdc 18 15 wird berichtet, daß die danitischen Kundschafter den Leviten im Hause Michas *begrüßten*. Nachdem Samuel Saul zum König gesalbt hat, gibt er ihm nach I Sam 10 4 ein Zeichen, auf Grund dessen Saul wissen kann, daß er Gott wohlgefällig ist: Saul wird drei Männern an der Eiche zu Tabor begegnen, die ihm zwei ihrer mitgebrachten Brote übergeben und ihn *grüßen* werden. An der Stelle I Sam 17 22 findet sich, daß David seine Brüder *begrüßte*, die sich in der gegen die Philister aufgestellten Schlachtreihe der Israeliten befanden. Als Nabal Schafschur hält, sendet nach I Sam 25 5 David zehn seiner Leute aus der Wildnis zu ihm, um ihn *grüßen* zu lassen. I Sam 30 21 handelt es sich darum, daß die Mannschaften, die müde geworden und deshalb am Bach Besor zurückgeblieben waren, David entgegenziehen und ihn *begrüßen*. Schließlich gehört in diesen Zusammenhang auch das לְשָׁלוֹם in II Reg 10 13 (ohne שָׁאַל): Jehu trifft in Beth-Eked auf eine Gruppe Prinzen aus dem Königshaus in Juda. Auf seine Frage, wer sie seien, antworten sie ihm, sie seien die Brüder Ahasjas und zögen hinab, um der königlichen Familie ihren *Gruß zu entbieten*.

In der Stelle II Sam 8 10 ist die Bedeutung von שָׁלוֹם nicht genau bestimmbar. Das Nomen kann hier ebenfalls *begrüßen* heißen. Der Text würde dann den folgenden Gedanken zum Ausdruck bringen: Nachdem David über Hadad Eser gesiegt hat, sendet der König von Hamath seinen Sohn zu David, um ihm seines Vaters *Gruß zu entbieten*. Der inhaltliche Zusammenhang würde aber auch die Annahme gestatten, daß es sich um einen *Huldigungsgruß* handelt. Die Worte שָׁאַל לוֹ לְשָׁלוֹם würden dann eine Aussage über die *Unterwerfung* des Königs von Hamath machen. Diese Interpretation scheint mir die zutreffendere zu sein, denn der Prinz handelt als Abgesandter des Königs und überreicht David kostbare Geschenke.

4. שָׁלוֹם *als Slang*

In sehr abgeflachter Weise wird das Nomen II Reg 9 11 gebraucht. Es ist jedoch möglich, daß hier eine Absicht des Erzählers vorliegt[8]. Der Erzählungszusammenhang ist wie folgt: Jehu sieht sich völlig unerwartet einem Boten des Propheten Elisa gegenüber, der ihn anspricht und bittet, den Kreis seiner Kollegen zu verlassen. Er leistet dieser Aufforderung Folge und wird heimlich zum König Israels gesalbt. Als er zu den Offizieren zurückkehrt, fragen sie ihn: הֲשָׁלוֹם? Dem Zusammenhang nach kann das Nomen an dieser Stelle nichts weiter als »*Was gab es?*«, »*Was war los?*«, »*Was ist geschehen?*« und dergl. bedeuten. Diese Annahme findet sich durch die weitere Frage gestützt: »Warum ist dieser Verrückte zu dir gekommen?«

Das Nomen wird als Slang auch in II Reg 4 23 verwendet. Die Erarbeitung seiner Bedeutung erfordert jedoch eine besondere Untersuchung.

III. Erwägungen zu II Reg 4 23

An dieser Stelle finden wir שָׁלוֹם in einer Weise gebraucht, die auf den ersten Blick keinen Zusammenhang mit seiner Grundbedeutung *Ganzheit* erkennen läßt. Es sollte aber in diesem Fall bedacht werden, daß sich das Nomen im Elisazyklus findet, dessen Wundergeschichten noch deutlich den volkstümlichen Ursprung zeigen[9]. Deshalb muß hier mit einer Ausdrucksweise gerechnet werden, die man gewissermaßen als altisraelitischen Slang bezeichnen könnte. Dies scheint mir für II Reg 4 23 zuzutreffen.

Vergegenwärtigen wir uns die Situation der Geschichte: Eine Frau aus Sunem hat durch das wunderwirkende Eingreifen Elisas endlich einen Sohn geboren, der jedoch nach einiger Zeit ganz überraschend stirbt. Die Frau berichtet ihrem Ehemann nichts über den Tod des Kindes, sondern macht sich eilends fertig, um Elisa aufzusuchen. Als der Ehemann der Reisevorbereitung gewahr wird, fragt er seine Frau, warum sie gerade an dem heutigen Tage zu Elisa aufbrechen wolle, denn es sei doch weder Neumond noch Sabbat. Diese Frage beantwortet die Frau einfach mit שָׁלוֹם, was in diesem Zusammenhang etwa »*Laß mich in Ruhe!*«, »*Laß mich in Frieden!*«, »*Störe mich nicht!*«, »*Warum kümmert dich das?*«, »*Was geht es dich an?*«, »*Halte mich nicht auf!*« und dergl. bedeutet.

---

[8] Vgl. hierzu die Ausführungen über II Reg 9 11-31; s. u. 108ff.

[9] Vgl. hierzu H. Gunkel, Art. Elisa, RGG[2] II, 112f.: »Diese Erzählungen stammen ursprünglich aus dem Volksmunde, bestehen ursprünglich in der Form von einzelnen Geschichten und liegen gegenwärtig nur lose aneinandergereiht vor.'' Eine ähnliche Ansicht vertritt G. Fohrer, Art. Elisa, RGG[3], II, 430: »Einen ersten Strang bildet ein geschlossener Kranz von volkstümlichen Wundergeschichten ...«.

Wenn wir diese Bedeutungen von dem Begriff der *Ganzheit* ableiten wollen, dann müssen wir die moderne Umgangssprache zum Vergleich heranziehen[10]. Will jemand im alltäglichen Leben eine Belästigung seitens eines anderen abweisen, dann sagt er oft: *»Laß mich in Frieden!«* oder etwas vornehmer ausgedrückt: *»Ich wünsche, in Frieden gelassen zu werden!«* Beide Aussagen bedeuten so viel wie: *»Störe mich nicht!«*[11]

Ähnliches scheinen mir Koehler-Baumgartner zu meinen, wenn sie für das Nomen an dieser Stelle die Bedeutung *es ist gut* anführen[12], die in der Umgangssprache unter besonderer Betonung eher durch *schon gut* ausgedrückt wird. In die gleiche Richtung weisen Gesenius-Buhl, die für das Nomen hier *»Sei ruhig!«* angeben[13], was ebenfalls in der modernen Alltagssprache besser mit *»Sei nur ruhig!«* oder *»Sei doch ruhig!«* wiedergegeben würde.

Es ist mir deshalb nicht recht verständlich, warum Gesenius-Buhl der Ansicht sind, daß solche Ausdrücke, die nicht der Hochsprache entstammen, auf den Begriff des *Heils* zurückzuführen seien[14]. In Analogie zu der Umgangssprache scheint es mir in diesem Fall besser zu sein, an *Ganzheit, Ungestörtheit* oder *Unbelästigtsein* zu denken.

Im Slang wird die Sprache nicht immer in einer Weise verwendet, die der Sprachlogik der Hochsprache entspricht. Verschiedentlich werden Wörter sogar in einer Weise gebraucht, die der ihnen zugrunde liegenden Vorstellung zu widersprechen scheint. Für die hier zu besprechende Stelle läßt sich dieser Sachverhalt an dem Gebrauch des Wortes *all right* illustrieren, welches Koehler-Baumgartner als englisches Äquivalent für das deutsche *es ist gut* anführen[15].

In der Hochsprache wird der Ausdruck »all right« gebraucht, um etwas zu bestätigen. Wollte man diese Bedeutung auf II Reg 4 23 beziehen, dann ergäbe sie für das Nomen keinen Sinn. Was sollte die Frage des Ehemannes bedeuten, wenn sie lediglich durch »all right« beantwortet würde? Man möchte in diesem Fall wenigstens erwarten, den Grund der Reisevorbereitungen der Ehefrau zu erfahren, was jedoch nicht ge-

---

[10] Vgl. hierzu auch die Untersuchungen zu Jes 38 12-13 s. u. 326ff.

[11] Vgl. O. Bassler, Der große Duden, Stilwörterbuch der deutschen Sprache, 1934, 178. Ähnliche sprachliche Erscheinungen lassen sich auch für das Englische und das Französische belegen:
Für das Englische sind zu erwähnen: *Hold your peace*, vgl. C. T. Onions (ed.), The Shorter Oxford English Dictionary, 1956, 1453a, oder einfach: *Peace*, vgl. O. Springer, Langenscheidt's New Muret Sanders Encyclopedic Dictionary Pt. I, II 1964, 988c.
Im Französischen findet sich: *Laisser quelqu'un en paix, laisser la paix à quelqu'un*, vgl. P. Roberts, Dictionnaire alphabétique et analogique de la langue Française, V 1962, 72a.

[12] KB 973a.

[13] Ges-B 830a.

[14] Ges-B 830a.

[15] KB 973a.

schieht. Deshalb scheinen mir die Parallelen, die sich in der Umgangssprache finden, viel geeigneter für die Erklärung der Bedeutung des Nomens an dieser Stelle zu sein.

Zum Vergleich könnte man den amerikanischen Slang heranziehen, der »all right« mit vielen Bedeutungsschattierungen gebraucht. Wir brauchen nur an Situationen des Alltagslebens zu denken, in denen der Ausdruck verwendet wird, um jemanden zurückzuweisen. Wenn z. B. ein Student bei der Lektüre eines Buches nicht gestört werden möchte, sein Zimmergenosse ihn aber laufend mit Fragen belästigt, kann es geschehen, daß es dem innerlich um Ruhe Kämpfenden zu viel wird, er sich umdreht und ärgerlich in scharfem Ton *all right* sagt, womit er zum Ausdruck bringt: »*Sei still* «, »*Halt den Mund*« und dergl. Der gleiche Ausdruck kann aber auch bedeuten: »*Nun ja, ich werde meine Studien für einen Augenblick unterbrechen und dir antworten, aber, um Gottes Willen, laß mich dann endlich in Ruhe*«. In diesem Fall würde die Stimme jedoch einen seufzenden Ton der Resignation annehmen, und wenn ein derartiger Inhalt in einer Erzählung beabsichtigt wäre, müßte eine Antwort auf die Frage erfolgen, die mehr als nur »all right« enthielte.

Das Beispiel zeigt, daß das Phänomen der modernen Umgangssprache von Wichtigkeit für das Studium der Bedeutung sprachlicher Ausdrücke ist. In diesem Bereich erhalten sie ihre spezifischen Inhalte nicht so sehr durch die logische Anwendung eines Bedeutungsgehaltes, den sie in der Hochsprache erworben haben, sondern eher durch eine bestimmte Betonung und Schärfe im Stimmklang. Die Vulgärsprache kennt überhaupt keinen festen Inhalt von Worten in einem Sinne, wie er der Hochsprache eigen ist, sondern sie wechselt den Bedeutungsgehalt eines Wortes je nach der Situation, auf die es sich bezieht. Deshalb ist es sogar möglich, daß für die gleiche Situation verschiedene Worte gebraucht werden können. Der Grund für diese sprachliche Erscheinung sind oft »irrationale« Gefühlsströmungen, die im Leben einer Gruppe einfach vorhanden sind und spontan zum Vorschein kommen. Verschiedentlich werden sie auch künstlich geschaffen und sind nur noch dem »Eingeweihten« verständlich.

Sollten diese Erwägungen das Richtige als Hintergrund für eine Interpretation des Nomens in II Reg 4 23 getroffen haben, dann wären wir an dieser Stelle auf eine Erscheinung gestoßen, in welcher noch etwas von der volkstümlichen Ausdrucksgestaltung in der Umgangssprache Altisraels greifbar wäre. Sie würde uns darüber hinaus darauf hinweisen, daß im Alltag שָׁלוֹם in der Zeit, in der die Wundergeschichten von Elisa entstanden sind, ein »Allerweltswort« gewesen ist.

IV. Friede

In einer Anzahl Stellen des Dtr-Werkes hat das Nomen die Bedeutung *Frieden*. Es wird hier als Gegensatz zum Krieg aufgefaßt. Der Gebrauch umfaßt die folgenden Inhalte:

1. Friedliche Haltung

Die Vorstellung des *Friedens* findet zunächst in Aussagen über eine *friedliche Haltung* Verwendung. Die folgenden Belege können für diesen Inhalt zusammengestellt werden: In Dtn 2 26 wird mitgeteilt, daß Mose von dem Aufenthaltsort der Israeliten in der Wüste Kedemoth Botschafter mit Worten des *Friedens*, דִּבְרֵי שָׁלוֹם, zu dem König von Hesbon sendet. Gemeint ist an dieser Stelle: Mose beabsichtigt, den König *friedlich* oder *günstig* zu stimmen; er will ihm also einen *Friedens*vorschlag machen. Innerhalb der Legende vom Frauenraub in Jabes finden wir Jdc 21 13 als Bemerkung eingeschoben: Die Vollgemeinde Israel sendet Botschafter zu den Benjaminiten קָרָא שָׁלוֹם לְ, um ihnen *Frieden* anzubieten[16]. Von den Einwohnern Gibeons wird Jos 9 15 berichtet: Als sie zu den Israeliten nach Gilgal kommen, um sich ihnen zu unterwerfen, gewährt ihnen Josua *Frieden*, עָשָׂה שָׁלוֹם לְ, und schließt mit ihnen einen Bund, damit ihr Land unangetastet bleiben soll. Wenn Jephta seine Botschafter zum Ammoniterkönig schickt und ihn fragen läßt, warum er sich im Kriegszustand mit Israel befinde, erhält er Jdc 11 13 zur Antwort, daß Israel sich während seiner Landnahme ammonitisches Territorium angeeignet habe, welches jetzt seinem Eigentümer in *Frieden* zurückgegeben werden soll, הֵשִׁיב בְּשָׁלוֹם[17]. In allen diesen Stellen bringt der Begriff des Friedens zum Ausdruck: *ohne Streit, ohne Kampfhandlung, gutwillig, mit einer friedlichen Haltung.*

2. Friedenszustand, Friedenszeit

In einigen Fällen bedeutet שָׁלוֹם *Friedenszustand, sich im Frieden mit jemandem befinden* oder einfach nur *gutes Einvernehmen haben*. Ein derartiger Zustand besteht zwischen dem kanaanitischen König Jabin und dem Keniter Heber (Jdc 4 17), zwischen Israel und den Amoritern (I Sam 7 14), zwischen Hiram und Salomo (I Reg 5 26) und im Reich des Königs Salomo (I Reg 5 4).

Eine ähnliche Vorstellung kommt zum Ausdruck, wenn das Nomen *Friedenszeit* bedeutet, wie es I Reg 2 5 in Davids Vermächtnis an Salomo der Fall ist. Der alte König fordert hier, daß sein ehemaliger Feldmarschall Joab beseitigt werden soll, da er Abner ermordet hatte. Obwohl der Mord auf Grund der Erfüllung der Blutrache geschehen war, fühlte sich David offenbar dadurch belastet.

3. Friedliche Absicht

Diese Bedeutung des Nomens findet sich in einer Frage und der dazugehörenden Antwort in I Reg 2 13. Im Zusammenhang mit Hof-

---

[16] KB 974a bestimmen שָׁלוֹם in dieser Stelle falsch; vgl. den MT zu Jdc 21 13 und ebenfalls Ges-B 831a.

[17] Die Präposition בְּ ist an dieser Stelle wahrscheinlich instrumental zu verstehen.

intrigen, die nach Davids Tod ihren Höhepunkt erreichen, handelt es sich hierbei um eine Begegnung zwischen Bathseba und Adonija. Mit gleicher Bedeutung wird das Nomen I Reg 20 18 gebraucht, wo es im Gegensatz zu dem Ausdruck »feindliche Absicht« steht. Beide Ausdrücke werden in einem Befehl Benhadads erwähnt, der in einer Erzählung über den Krieg zwischen Ahab und den Syrern mitgeteilt wird.

Weitere Belege mit dieser Bedeutung des Nomens sind in dem Abschnitt II Reg 9 11ff. enthalten, der jedoch einer gesonderten Untersuchung bedarf.

V. Erwägungen zu II Reg 9 11-31

Besondere Aufmerksamkeit muß den Stellen in dem Abschnitt über Jehus Aufstand zugewendet werden, in denen sich das Nomen שָׁלוֹם findet. Sie sind deshalb wichtig, weil das Nomen vermutlich für stilkritische Untersuchungen von Bedeutsamkeit ist. Es wird mit verschiedensten Bedeutungsschattierungen gebraucht, scheint Leitwort des gesamten Abschnittes zu sein, verleiht den Aussagen Lebendigkeit und hält den Leser in Spannung[18].

Die erste Verwendung ist in v. 11 anläßlich der heimlichen Krönung Jehus zum König Israels zu beobachten. Wie schon an anderer Stelle gezeigt worden ist, bedeutet es sehr wahrscheinlich *»Was ist los?«* und ist der Vulgärsprache entnommen[19].

Danach wird das Nomen wieder in der Erzählung über die Ermordung Jorams aufgenommen und bildet das Spannungszentrum des ganzen Stückes: Als Jehu zum Angriff auf Jesreel ansetzt und Joram dessen gewahr wird, sendet er dem Herannahenden einen seiner Dienstboten als Botschafter entgegen, der sich mit der Frage הֲשָׁלוֹם? bei Jehu erkundigen soll, ob er *in friedlicher Absicht* komme, v. 17. 18a. Jehu gibt jedoch keine Auskunft, sondern wiederholt nur v. 18b zynisch die Frage und läßt den Boten gefangennehmen.

Nach diesem Zwischenfall sendet Joram nochmals einen Boten zu Jehu, denn ihm ist inzwischen gemeldet worden, daß der erste Bote gefangengenommen worden sei. Der zweite Bote kommt jedoch nicht mehr als einer, der sich nur mit einer höflichen Frage an Jehu wendet. Er konfrontiert vielmehr den Aufständischen v. 19a mit einer Wahl zwischen Krieg und Frieden, wenn er שָׁלוֹם *»Frieden?«* fragt. Jehu weist wiederum v. 19b höhnisch die Frage zurück, indem er dem Boten וּלְשָׁלוֹם? entgegnet, was hier *»Was geht es dich an, ob mein Kommen*

---

[18] Zum Begriff des »Leitwortes« vgl. M. Buber, Das Leitwort und der Formtypus der Rede, in: Werke, II 1962/64, 1150—1158.

[19] S. o. 104.

Frieden bedeutet?« oder »*... ob es zum Besten für den Frieden ist?«*[20] zum Ausdruck bringt.

Als daraufhin auch dieser Bote gefangengenommen wird, greift Joram selbst ein. Er fährt in seinem Streitwagen Jehu entgegen, um persönlich Gewißheit zu erlangen, mit welcher Absicht Jehu komme. Als sich beide treffen, wendet sich Joram selbst an Jehu und fragt ihn v. 22a bange הֲשָׁלוֹם?, ob er *mit friedlicher Absicht* komme. Jehu, jetzt zum Äußersten bereit, nimmt v. 22b Jorams höfliche Anfrage mit der wegwerfenden Bemerkung מָה הַשָּׁלוֹם? auf, d. h. »*Was soll der Friede* (sc. solange deine Mutter Isebel in Israel die Herrschaft innehat)?« Als Joram daraufhin flieht, ermordet ihn Jehu hinterrücks.

Meiner Überzeugung nach scheint im Anschluß an dieses grausige Geschehen der tiefere Sinn der Erzählung dahingehend zusammengefaßt zu sein, daß in v. 26 Jehu mit וְשִׁלַּמְתִּי לְךָ (Ich werde dir *vergelten*), in dem wiederum die Wurzel שׁלם Verwendung findet, ein Gottesspruch hinsichtlich der Ausübung des göttlichen Gerichts über Ahab in den Mund gelegt wird[21].

Ein letztes Mal stoßen wir in diesem Abschnitt auf das Leitwort in v. 31, wo zugleich eine Aussage über den Abschluß der Machtergreifung Jehus und über den Höhepunkt des Aufstandes erfolgt: Jehu hat sein Ziel erreicht. Um den Doppelcharakter der Episode auszudrücken, hat der Dtr, so erscheint es wenigstens mir, das Nomen in der Bedeutung von *in Ordnung sein* mit dem gleichzeitigen Doppelsinn von *Frieden* verwendet:

Nachdem Isebel von Jehus mörderischen Taten gehört hat, weiß sie, daß sie ihr Spiel verloren hat. Ihr Versuch, die phönizische Herrschaftsordnung und Religion in Israel einzupflanzen, ist völlig gescheitert. Für sie bleibt nur noch eine letzte Aufgabe: in königlicher Würde zu sterben. Sie schmückt sich für eine Begegnung mit Jehu. Am Fenster des Palastes stehend, empfängt sie den ins Tor Tretenden mit der höhnischen Frage: הֲשָׁלוֹם זִמְרִי הֹרֵג אֲדֹנָיו? Diese Frage wird gewöhnlich übersetzt: »*Steht es gut?«* oder »*Herrscht Friede, du Simri, (du) Mörder deines Herrn?«* Eine derartige Übersetzung scheint mir jedoch der geschilderten Situation nicht gerecht zu werden. In dem einen Wort שָׁלוֹם ist sicherlich viel mehr enthalten, als die Ausleger ihm im allgemeinen zugestehen wollen: »*Wie geht es dir? Ist wirklich alles in Ordnung? Willst du etwa derjenige sein, der Frieden bringt? Willst du etwa an meinem Wohlergehen Anteil nehmen?«* Dies alles ist meiner Meinung nach in diesem einen Wort ausgedrückt, das wahrscheinlich auch die negative Beantwortung der Frage enthält[22].

---

[20] Bezüglich der Bedeutung »zum Besten sein« für לְ vgl. BL 634 und Syntax 100.

[21] Für eine Diskussion der Belege des pi. s. u. 301 ff.

[22] Daß Isebels an Jehu gerichtete Begrüßung einen Sarkasmus darstellt, ist auch die Ansicht von J. A. Montgomery, Kings, ed. H. S. Gehman, ICC, 1960, 403.

Über die Art der Anwendung des Nomens in diesem Abschnitt läßt sich folgende aufschlußreiche Beobachtung machen: Vergleicht man den masoretischen Text mit den Übersetzungen dieses Abschnitts in den Kommentaren und Bibelausgaben, so kann man sich des Eindrucks nicht erwehren, daß die Übersetzungen von שָׁלוֹם durch die stets wiederkehrende Wiedergabe mit »Ist Frieden?« oder »Geht es gut?« ermüdend wirken, ganz im Gegensatz zum MT, der eine geradezu dichterische Kraft und Lebendigkeit aufweist, die mit gleicher Intensität in der geschichtlichen Literatur sonst nur beim Jahwisten und bei dem Verfasser der Geschichte von der Thronnachfolge Davids anzutreffen ist [23]. Es drängt sich einem unwillkürlich der Gedanke auf, daß wir es in diesem Abschnitt mit einer großen Meisterschaft der Erzählkunst zu tun haben.

Man könnte außerdem erwägen, ob hier nicht ein Versuch des Dtr vorliegt, den Weg, den der Usurpator gegangen ist, abzulehnen. Sollte dies der Fall sein, dann hätte er diesen Gedanken durch die Verwendung des Leitwortes שָׁלוֹם für die Darstellung der Ereignisse und für die Charakterisierung Jehus zum Ausdruck gebracht. Die Vermutung liegt nahe, daß in der Erzählung die Vertreter des Hauses Ahab als die Friedfertigen geschildert werden, während Jehu, obwohl er sich auf den Gottesspruch über die Vergeltung an Ahab berufen kann, letztlich als der blutige Mörder dasteht.

Verschiedene Anzeichen deuten auf diesen Sachverhalt hin: Zunächst die zynische Art und Weise, in welcher Jehu das Wort שָׁלוֹם gebraucht. Wenn dieses Wort im echten Sinne den Frieden der Israeliten bezeichnet, bezieht es sich stets zugleich auf den Gottesfrieden. Aber gerade diesen Frieden tritt Jehu mit Füßen. Weiterhin wird eine scharfe Unterscheidung zwischen Jorams und Jehus Verhalten gemacht, besonders in bezug auf Jehus Ausführung der Morde. Und schließlich muß auf den großartigen Kontrast am Schluß der Erzählung hingewiesen werden: Isebel, die um ihr Schicksal weiß, tritt geschmückt und in königlicher Würde an das Palastfenster und schleudert dem darunter stehenden Jehu das Verdikt »Mörder« entgegen. Und auf der anderen Seite Jehu, unten am Palasttor, kenntlich gemacht als der Aufrührer, der das Verdikt nicht abweisen kann, aber dennoch seinen grausigen Weg weitergeht, indem er den Palastsklaven den kurzen Befehl erteilt, die Königin in unwürdiger Weise umzubringen.

Die in diesem Abschnitt vorgetragenen Erwägungen sollen keinesfalls feststehende Ergebnisse einer stilkritischen Analyse darstellen. Sollten sie auf etwas Richtiges hinweisen, dann könnten sie vielleicht

---

[23] Vgl. z. B. Gen 3 und II Sam 12 in dieser Hinsicht.

als Anregung für weitere und eingehendere Untersuchungen des Stiles in den Erzählungen des Dtr-Werkes dienen.

B. Religiöse Bedeutungen

I. Säkulare Bedeutungen innerhalb eines religiösen Rahmens

Innerhalb des Bereiches religiöser Aussagen fällt zunächst auf, daß in einer Anzahl von Belegstellen säkulare Bedeutungen des Nomens einfach übernommen und in einen religiösen Rahmen gesetzt werden. Dieser erste Eindruck ist jedoch irreführend, denn eine eingehendere Untersuchung der einzelnen Inhalte zeigt, daß in ihnen doch eine Beziehung zum religiösen Leben Israels zum Ausdruck kommt.

1. Guter Zustand, Sicherheit

Dieser Gebrauch des Nomens findet sich in zwei Stellen. Die eine ist Jephtas Gelübde Jdc 11 31, wo der Ausdruck שׁוּב בְּשָׁלוֹם belegt ist. Die Bedeutung des Nomens ist hier deutlich die des *Wohlergehens*, der *Wohlerhaltenheit*, der *Sicherheit*; vielleicht ist *Glück* zusätzlich als Nebensinn anzunehmen. Die gleiche Vorstellung könnte auch für Jonathans Schwur anläßlich seiner Freundschaftsbekundung für David I Sam 20 13 gelten, denn es geht um die *Sicherheit* Davids und seine *Ungefährdetheit*. Aber der Ausdruck הָלַךְ לְשָׁלוֹם ermöglicht andererseits die Ansicht, daß der direkte Wortlaut einer Formel für den Abschiedssegen in indirekter Rede verwendet worden ist [24].

2. Frieden im Gegensatz zum Krieg

Man könnte an verschiedenen Stellen innerhalb der gesetzlichen Teile des Dtn den Eindruck gewinnen, daß שָׁלוֹם seiner Bedeutung nach aus dem säkularen Gebrauch übernommen worden ist. Die tatsächliche Situation scheint jedoch anders gewesen zu sein. In diesen predigtartig gehaltenen gesetzlichen Paränesen geht der Gebrauch des Nomens wahrscheinlich auf alte Normen zurück, die ihren Sitz im Leben in der Institution des Heiligen Krieges haben. Sie stammen vielleicht schon aus vorjahwistischer Zeit und sind von Dtr neu aktualisiert worden [25]. Die Bedeutung des Nomens ist in diesen Fällen *Frieden*, der stets als Gegensatz zum Krieg verstanden wurde.

Diese Vorstellung kommt in Dtn 20 10-11 zum Ausdruck, wo es sich um Verhaltensmaßregeln für den Kriegsfall handelt. In Dtn 20 10 wird Israel durch das Gesetz befohlen: Sollte eine Stadt belagert

---

[24] S. u. 120 ff.

[25] Vgl. G. v. Rad, Deuteronomiumstudien, 1947, 15. 34.

werden müssen, dann ist ihr zuerst *Frieden* anzubieten, קְרָא לְשָׁלוֹם אֶל[26].
Dieser Ausdruck enthält zugleich die Vorstellung, daß ein derartiges
Angebot zum Besten der Stadt ist[27]. Falls die Bevölkerung auf das
*Friedens*angebot eingeht bzw. falls sie sich für den *Frieden* entscheidet.
עָנָה שָׁלוֹם אֶת Dtn 20 11, soll sie Israel dienstbar werden. Die Stadt
bekundet die Annahme des Angebotes durch Öffnen ihrer Tore.

3. Glücklicher Zustand

Zur Gruppe der »säkularen« Ausdrücke gehört ebenfalls der
Gebrauch des Nomens in Dtn 23 7. Wir haben es vermutlich mit der
paränetischen Ausschmückung einer apodiktischen Reihe zu tun, die
in homiletischer Verkleidung überliefert worden ist[28]. Das Gesetz
warnt an dieser Stelle Israel, sich gegenüber seinen Erzfeinden, den
Ammonitern und Moabitern, in irgendeiner Weise sentimental zu verhalten, und befiehlt, daß Israel niemals דָּרַשׁ שְׁלֹמָם als Anliegen für diese
Völker haben soll, d. h. es soll sich nicht darum kümmern, ob bei ihnen
Wohlergehen, *Gedeihen* oder ein *glücklicher Zustand* herrschen.

II. Heil als Umfassendes unter Betonung einzelner inhaltlicher Aspekte

In allen noch verbleibenden Belegstellen innerhalb des Dtr-Werkes
ist dem Nomen deutlich ein religiöser Inhalt zu eigen. Zunächst muß
eine Gruppe von Bedeutungen besprochen werden, in denen שָׁלוֹם
verschiedene Komponenten zum Ausdruck bringt, die jeweils als eine
Einheit aufgefaßt werden: Die Vorstellungen der *Ruhe*, der *Sicherheit*,
des *Wohlbefindens* und *Wohlergehens*, des *Glücks* und des *äußeren
Friedens*. Die Hervorhebung der Einzelelemente ist unterschiedlich,
je nachdem, welcher inhaltliche Zusammenhang an der betr. Stelle
vorliegt.

Der gesamte Vorstellungskreis enthält außerdem andeutungsweise den Gedanken des *Heils*, der in diesen Fällen jedoch nicht als
tiefgründiges theologisches Verständnis der Wirklichkeit zum Ausdruck kommt. Heil weist in einem solchen Zusammenhang keinesfalls
auf eine umfassende Gottesgemeinschaft hin. In moderner Begrifflichkeit ausgedrückt könnte man sagen: Es erschließt weder den wahren
Existenzsinn des ganzen Volkes Israel noch den des Wesens des einzelnen Israeliten. Dem Begriff des Heils liegen vielmehr Vorstellungen
wie *Gesundheit*, *Geordnetheit*, *Ungestörtheit* und *Unbelastetsein* zugrunde,

---

[26] Vielleicht gehört auch Jdc 21 13 (s. o. 107) in diesen Zusammenhang, denn der
Abschnitt Jdc 19—21 enthält noch Anklänge an die ältere Zeit der Amphiktyonie
und damit vielleicht Aussagen über die von G. v. Rad vermuteten Normen aus dem
Heiligen Krieg; vgl. hierzu auch M. Noth, Das System der Zwölf Stämme Israels,
1930, 152 ff.

[27] Bezüglich dieser Bedeutung von לְ vgl. BL 634 und Syntax 100.

[28] So G. v. Rad a. a. O. 13.

die außerdem mit dem Gedanken des *materiellen Wohlbestelltseins* verbunden sind, der noch deutlich an verschiedenen Stellen erkenntlich ist.

Diese verschiedenen Bedeutungen müssen alle im Blick behalten werden, wenn wir den spezifischen Inhalt des Nomens שָׁלוֹם für jede einzelne Stelle bestimmen wollen, denn es kann unmöglich immer mit dem gleichen Wort wiedergegeben werden. Die im folgenden angegebenen Einzelbedeutungen bezeichnen jeweils nur, welche Komponente innerhalb der vielschichtigen Heilsvorstellung betont ist.

1. Betonung des äußeren Friedens

Auf diesen Inhalt des Nomens in II Reg 20 19 trifft man in dem folgenden Zusammenhang: Weil Hiskia sich wahrscheinlich von Gott abgewandt hat, ist er von einer schweren Krankheit befallen worden. Dieses Erlebnis bewirkt, daß der König sich klagend an Gott wendet. Er wird erhört und das Strafgericht wird noch nicht an ihm vollzogen: Er wird wieder gesund. Kurz nach diesem Ereignis empfängt Hiskia in Jerusalem eine Gesandtschaft des babylonischen Königs und zeigt ihr den Staatsschatz. Der Erzähler stellt den Besuch der Babylonier so dar, als handle es sich um einen Ausdruck der Teilnahme am Geschick des judäischen Königs. Das faktische historische Geschehen, auf welches hier angespielt wird, bezieht sich aber wahrscheinlich auf politische Verhandlungen zwecks einer Koalition, die den Assyrern Widerstand entgegensetzen will.

Dieser Erzählungshintergrund hat theologische Bedeutung für die Interpretation von II Reg 20 19, denn Hiskia wird als ein König geschildert, dem es an Gottvertrauen fehlt. Weder durch die Erfahrung der göttlichen Strafe noch durch die der Gnade Gottes ändert er sich in seiner Haltung. Seine Verhandlungen mit den Babyloniern bestätigen dieses Urteil, denn sie zeigen erneut einen Mangel an Vertrauen auf die Macht Gottes, die Israel vor allen seinen Feinden schützen kann, und stellen ein schweres Vergehen gegen Gott dar. Deshalb also muß Jesaja dem König das göttliche Gerichtswort verkünden, in dem es heißt, daß auf alle seine Nachfahren Unheil kommen wird. Die Strafandrohung hat auf Hiskia indessen nicht die gewünschte Wirkung, denn er hört sie an, ohne selbst davon betroffen zu sein. Daß der Erzähler diesen Gedankengang zum Ausdruck bringen wollte, geht aus seiner Verwendung von שָׁלוֹם in v. 19 hervor. Es findet sich in einer Nebenbemerkung zu seinem Bericht über Hiskia, aus der erkenntlich wird, daß der König dachte, es würde während seiner Regierungszeit kein Krieg stattfinden, sondern dauernder *äußerer Friede* herrschen[29].

2. Betonung des Wohlergehens

Der Inhalt des Nomens in Dtn 29 18 ist nicht politisch gefärbt. Es findet sich in Ermahnungen, die an Israel gerichtet sind, und Mose

---

[29] Vgl. A. Weiser, Art. πιστεύω, ThW VI 184 Anm. 90.

als Worte des Bundes in den Mund gelegt werden. Obwohl dieser bedeutende theologische Rahmen vorhanden ist, bezeichnet שָׁלוֹם lediglich ein *sorgloses* und *gedankenloses Wohlsein, Wohlergehen* oder *Wohlleben*, das vornehmlich auf den materiellen Aspekt ausgerichtet ist.

3. Betonung der Sicherheit, der Wohlfahrt und des Segens

In I Reg 2 33 findet sich ein Befehl Salomos, der mit predigt-artigem Wort in einer Art Eulogie auf die Königsherrschaft der Davididen schließt: Benaja soll Joab, den alten Feldmarschall Davids, ermorden. Das Nomen wird hier im Gegensatz zu »Blut« gebraucht, zu dem Blut, das über Joabs Geschlecht kommen soll. Es bedeutet in diesem Zusammenhang zunächst *Sicherheit, Wohlfahrt, Segen* und wird wahrscheinlich eher materiell als spirituell aufgefaßt werden müssen.

Vielleicht ist noch eine andere Vorstellung eingeschlossen, und zwar die des *Befreitseins* von etwas Bedrohlichem, d. h. die Vorstellung, daß etwas *wieder ganz geworden ist:* David und das ganze davidische Königshaus sind jetzt von dem Vorwurf befreit, der König könnte in den frühen Jahren seiner Regierung an der Ermordung Abners durch Joab beteiligt gewesen sein.

Politisch gesehen, handelt Salomo sehr klug. Die Situation ist für das Königshaus fast die gleiche wie zur Zeit der Dynastie-Begründung. Nur sind die Rollen jetzt vertauscht: Der damals dem König treu ergebene Joab ist jetzt das Opfer. Auf diese Weise wird nicht nur ein Verbrechen *gesühnt*, sondern gleichzeitig vom Königshaus *Gefahr abge-wendet* und *Ordnung* im Land *wiederhergestellt*. Wahrscheinlich wird deshalb in dieser Situation der Wunsch geäußert: Jahwe möge dem Geschlechte Davids und seinem Königtum immerdar שָׁלוֹם widerfahren lassen. Zwischen Gott und dem Königshaus *ist ein unbelastetes Ver-hältnis wiederhergestellt.* Der regierende König kann jetzt des *gött-lichen Segens* teilhaftig werden.

4. Betonung des äußeren Friedens und des Segens

In der Erzählung von Samuels Besuch in Bethlehem scheint es sich bei dem Gebrauch von שָׁלוֹם um eine Hervorhebung der Aspekte des *äußeren Friedens*, des *Guten* und der *Wohlfahrt* zu handeln, die als *Segen* verstanden werden. Die Betonung des Segens ist an dieser Stelle naheliegend, da dieser Besuch Samuels mit einer kultischen Begehung verbunden ist, deren Höhepunkt die Erhebung Davids zum König darstellt. Die Spannungen zwischen Samuel und Saul hatten Unruhe, Unsicherheit und Segenslosigkeit für ganz Israel und Juda mit sich gebracht. Deshalb ist es verständlich, wenn I Sam 16 4 die Ältesten von Bethlehem den Seher beim Eintreffen im Ort erschreckt fragen, ob sein

Kommen *Frieden*, d. h. hier Segen, bedeute. Aus diesem Grunde bestätigt ihnen Samuel in v. 5, daß *Segen*bringen seine Absicht sei, denn er soll durch die Salbung Davids den Weg für eine herrliche Zukunft Israels vorbereiten.

5. *Betonung der Erfüllung des Lebens*

Bei der Besprechung dieser Belegstellen stoßen wir zum ersten Mal innerhalb des Dtr-Werkes auf einen Inhalt des Nomens, der wesentliche theologische Bedeutung hat. Es bezeichnet hier den Gedanken des *Harmonischen*, der *Leidlosigkeit* und vielleicht auch den eines *natürlichen Todes*. In beiden zu besprechenden Fällen muß auf Grund des literarischen Zusammenhangs angenommen werden, daß bei dem Gebrauch von בְּשָׁלוֹם die theologische Bedeutung *Heil* im religionsphänomenologischen Sinne gemeint ist.

Diese Bedeutung von שָׁלוֹם kommt in Verbindung mit נֶאֱסַף אֶל־ vor und hat formelhaftes Gepräge. Die Aussagen enthalten als Unterton in einem gewissen Grade schon die Vorstellung des »*göttlichen Friedens*«. Es handelt sich in dem Fall jedoch nicht um eine Bekanntschaft oder gar um Vorwegnahme von Gedanken der prophetischen Eschatologie der späteren Zeit, sondern um eine ältere Anschauung, deren Grundlage die »archaische Ontologie« des »homo religiosus« ist, um einen Ausdruck von M. Eliade zu borgen[30]. Eine solche Anschauung ist an beiden Stellen vorauszusetzen, weil sie von den Situationen beider Erzählungen gefordert wird, auch wenn in den Texten keine direkte Aussage darüber gemacht wird. Die Verwendung der Wurzel אסף, die im AT häufig in dem Ausdruck »zu seinen Verwandten« oder »zu seinen Volksgenossen versammelt werden« gebraucht wird und ein Synonym für »sterben« ist, bestätigt diesen Sachverhalt.

Wenden wir uns zuerst der Stelle II Reg 22 20 zu. Hier läßt die Prophetin Hulda König Josia einen Gottesspruch übermitteln, der besagt, daß er zu seinen Vätern und zu seiner Grabstätte בְּשָׁלוֹם versammelt werden wird, d. h. es wird *in Frieden* geschehen. Religionsphänomenologisch betrachtet bedeutet »versammeln«, daß der Mensch, von dem gesprochen wird, zu dem Ursprung und Grund eingeht, von dem er seinen Ausgang genommen hat[31]. Er kann zu diesem Ursprung nur zurückkehren, wenn *sich sein Leben erfüllt hat*, denn erst dann kann er sein *ganzes eigentliches volles Sein* erlangen[32]. Eine solche Erfüllung ist allein unter der Bedingung möglich, daß ein *natürlicher Tod* stattgefunden hat, der gewissermaßen eine Art Initiationsritus darstellt.

---

[30] M. Eliade, Cosmos and History, 1959, 35.

[31] Vgl. J. Pedersen, Israel, Its Life and Culture, I—II 1964[5], 328. 495f.; III—IV 1963[5], 478.

[32] Vgl. M. Eliade, The Sacred and the Profane, 1961, 184ff.

8*

Für denjenigen jedoch, der in seinem Leben gefrevelt hat und dessen Frevel nicht gesühnt wurde, ist dieser zum vollen Sein führende Transformationsvorgang nicht erreichbar. Er stirbt einen »unnatürlichen« Tod — sei es, daß für den Frevel keine Sühne stattgefunden hat, sei es, daß er ermordet worden ist.

Diese Denkanschauungen machen es verständlich, warum David I Reg 2 6 auf dem Sterbebett von seinem Sohn und Nachfolger Salomo fordert, er solle nicht zulassen, daß Joab ein *gutes Ende* nähme. Denn es muß der Makel, vielleicht an der Ermordung Abners nicht ganz unbeteiligt gewesen zu sein, von David beseitigt werden. Joabs Mord an Abner verlangt ebenfalls Sühne. Beides wird erreicht, wenn Salomo den Befehl erteilt, den letzten Willen seines Vaters auszuführen: לֹא־תוֹרֵד שֵׂיבָתוֹ בְּשָׁלֹם שְׁאֹל. Deshalb soll Joab nicht einen Lebenszustand »der grauen Haare« erreichen, d. h., ein gutes Alter, in welchem er die *Erfüllung seines Lebens* erlangt haben wird. Sein gewaltsamer Tod wird ihn hindern, in das *vollendete Sein* einzutreten.

III. Micha ben Imla I Reg 22 13-28

Im vorhergehenden Abschnitt zeigten sich bei dem Begriff שָׁלוֹם die ersten Ansätze zu einem Heilsverständnis, das die Vorstellung des Wohlseins als eines umfassend gedachten menschlichen Zustandes mit der des göttlichen Heils in Verbindung bringt. Dieser Gedanke scheint mir der besondere Gegenstand der Handlung in der Erzählung zu sein, die in I Reg 22 13-28 eine Begegnung zwischen dem Propheten Micha ben Imla und König Ahab schildert. Auch hier haben wir vermutlich wieder einen Fall vor uns, wo das Nomen als Leitwort verwendet worden ist und uns den tieferen Sinn der Geschichte erschließt. Wenn wir von diesem Gesichtspunkt ausgehen, läßt sich der Abschnitt folgendermaßen interpretieren:

Als Micha dem König begegnet und von ihm v. 15 gefragt wird, ob er in den Krieg ziehen soll, antwortet er: »Zieh, dein Vorhaben erweise sich als tauglich« oder »dein Vorhaben möge gelingen«[33]. Wenn wir die Wortwahl dieses Verses betrachten, dann ergeben sich zwei beachtenswerte Beobachtungen: Erstens, daß zur Bezeichnung des Erfolges nicht שָׁלוֹם oder לְשָׁלוֹם , sondern צָלַח verwendet wird, dessen Grundbedeutung »eindringen«, »durchdringen«[34] oder »tauglich, wirksam, stark sein« ist[35]. Zweitens: Micha faßt seine Worte nicht als Gottesspruch auf, so daß ihre Bedeutung einen doppelten Sinn erhalten kann. Denn soweit es den Propheten betrifft, scheint der imp. hi.

---

[33] So KB 803 b; Ges-B 683 b, geben den Ausdruck ähnlich durch »führe deine Sache durch« wieder.

[34] KB 803 b.

[35] Ges-B 683 a.

הַצְלַח lediglich als eine sarkastische Ermunterung des Königs gedacht zu sein, ohne daß damit eine bindende Zusage über das zu erwartende Geschehen gegeben wäre. Da aber andererseits הִצְלִיחַ verschiedentlich im AT als theologische Vokabel gebraucht wird und als solche den Sinn »Gott läßt etwas gelingen«[36] oder »Gott verleiht Glück« hat[37], kann sich der König, wenn er will, täuschen lassen und aus dieser Aufmunterung eine bindende Erfolgsweissagung heraushören wollen.

Es ist möglich, daß uns der Dtr an dieser Stelle eine Begebenheit des wirklichen Hoflebens überliefert hat und deshalb Micha Worte in den Mund legt, die bei den Hofpropheten üblich waren, zumal die Absicht dieses Verses eine Nachahmung dieser Propheten zu sein scheint. Man könnte aber auch annehmen, der Erzähler habe den Aufbau des ganzen Abschnittes erfunden und deshalb die Szene hier bewußt eingefügt.

Es ist schwierig, eine Entscheidung über den Ursprung der Überlieferung zu fällen. Dieses Problem braucht uns jedoch zunächst nicht zu beschäftigen. Wichtig ist es vielmehr in diesem Zusammenhang, daß wir bei der Interpretation wahrscheinlich dem Sarkasmus des Propheten, der durch die Verwendung von צָלַח zum Ausdruck gebracht wird, besonderes Gewicht beilegen müssen. Denn damit ist folgendes deutlich: Micha macht weder eine authentische Aussage, noch spricht er als Jahweprophet. Der Erzähler hat in dieser gedrängten Szene durch seine Wortwahl nicht nur das Geschehen glänzend dargestellt, sondern zugleich theologisch Bedeutsames angedeutet, indem er die Hofpropheten der Unwahrheit bezichtigt. Er hat damit und durch seine Schilderung Michas bereits vorweggenommen, was kurz darauf I Reg 22 19-25 durch den Gottesmann selbst festgestellt wird: Die Hofpropheten sind von einem Lügengeist besessen und sprechen nicht im Auftrag Jahwes.

Ahab begreift diese Situation und ist gewahr, daß Micha bitteren Spott treibt. Deshalb fordert er den Propheten auf, im Namen Jahwes die Wahrheit zu sprechen, wodurch dieser sich dem König als Jahweprophet stellen muß. Jetzt kann Micha nicht mehr Menschen nachahmen, sondern muß dem König als echter Prophet begegnen und Jahwes Wort verkünden. Das Gotteswort kann aber nach israelitischem Verständnis nicht von Menschen in magischer Weise zur Herbeiführung des Glückes benutzt werden; als schöpferisches Wort jedoch konfrontiert es den Menschen mit Gott und bringt ihm entweder שׁלום, d. h. *Heil*, oder Un-heil, je nachdem, in welcher Weise sich der Mensch diesem göttlichen Wort stellt.

---

[36] Vgl. Gen 24 21. 40. 42. 56.
[37] Vgl. Ps 118 23.

Michas Verkündigung des wirklichen Gottesspruches in v. 17 zeigt
diese Tatsache in ihrer ganzen Tragweite. In zwei Entscheidungen, die
vom Propheten als Visionen mitgeteilt werden, spricht Jahwe das
Gerichtsurteil über Ahab und das Königshaus in Israel. Gleichzeitig
sichert er dem Volke Israel zu, daß jedermann בְּשָׁלוֹם, d. h. in *Ungefährdetheit, Wohlbehaltenheit, Frieden* oder *Heil*, zu seiner Wohnstätte
zurückkehren wird. Die Präposition בְּ kann in diesem Ausdruck sowohl
den Zustand der Rückkehr als auch die Umstände bezeichnen, unter
denen die Heimkehr geschehen soll[38]. Damit ist gesagt: Ahabs Vorhaben wird trotz der Ermunterung, die er durch seine Hofpropheten
erhalten hat, nicht zu seinem Glück sein. Denn das wahre Glück liegt
einzig in dem Heil Jahwes, und der Mensch kann es erfahren, wenn er
sich rückhaltlos dem göttlichen Willen unterwirft. Das unabhängig
von Gott geplante Unternehmen Ahabs wird ihm nicht שָׁלוֹם bringen,
sondern sich durch Gottes Willen in sein Gegenteil verkehren: in
Un-heil, Gericht, Vernichtung.

Dieses Unglück des Königs wird jedoch dem Volk zum *Heil*
gereichen, denn שָׁלוֹם besagt an dieser Stelle entweder »Jedermann
wird *durch Heil* zurückkehren, d. h. durch das Heilshandeln Gottes an
Israel« oder »Jedermann wird trotz des Unglücks *in Heil* heimkehren,
d. h. in der von Gott geschenkten echten Lebensgemeinschaft«[39].
Ein solches Geschehen wird sich dann ereignen, wenn derjenige, der das
echte Gottesverhältnis in Israel gestört hat, durch den göttlichen Zorn
vernichtet worden ist. Die hier vorgetragenen Gedanken scheint mir
der Erzähler noch dadurch hervorzuheben, daß er das gewichtige
Wort שׁוּב verwendet. Im weiteren Verlauf der Erzählung wird dieser
Zusammenhang dann in v. 27-28 vollends deutlich. Sie bringen zum
Ausdruck, daß Ahab bewußt das Gotteswort abgelehnt hat, wodurch
er dem göttlichen Gericht verfallen muß. Die Szene ist wiederum voller
dramatischer Spannung und die Ausdrücke sind offenbar absichtlich
gewählt worden, wobei erneut שָׁלוֹם besondere Bedeutung beigemessen
werden kann:

Als Ahab sich anschickt, in den Kampf zu ziehen und Micha ben
Imla einkerkern läßt, beschließt er seine Anweisungen mit den Worten:
»Bis ich בְּשָׁלוֹם zurückkomme«. Bedeutsam ist an dieser Stelle, daß
Ahab jetzt nicht, wie eigentlich zu erwarten sein sollte, den von den
Hofpropheten gebrauchten Ausdruck הִצְלִיחַ aufnimmt, sondern das
im Gottesspruch des Jahwepropheten gebrauchte שָׁלוֹם. Er glaubt also
in souveräner Weise gegen das göttliche Wort handeln zu können.

---

[38] Vgl. BL 634 und Syntax 97.
[39] יָשׁוּבוּ ist 3 pers. pl. qal impf. und nicht imp. Von dem Kontext aus zu urteilen, bringt
dieses Verbum hier zum Ausdruck, daß es sich um ein einmaliges Ereignis handelt,
welches in der Gegenwart oder der Zukunft stattfinden wird. Zu diesem Gebrauch
vgl. BL 274.

Beim Gebrauch des Wortes »zurückkehren« macht der Erzähler stilistisch einen feinen Unterschied, indem er Ahab nicht שׁוּב, sondern בּוֹא sagen läßt.

Damit ist der Höhepunkt der dramatischen Begegnung zwischen König und Prophet erreicht. Micha macht die abschließende Feststellung und beendet den Dialog mit dem gleichen Sarkasmus, mit dem er ihn begonnen hat: »Wenn du in *Heil* zurückkehrst, אִם־שׁוֹב תָּשׁוּב בְּשָׁלוֹם, dann hat Jahwe nicht durch mich gesprochen«. Mit dieser Entgegnung wird nicht nur die Zukunftsgewißheit des Königs bezweifelt, sondern, wie aus dem emphatischen שׁוֹב תָּשׁוּב zu ersehen ist, zugleich das endgültige Urteil über Ahab gesprochen, dessen Vollstreckung in I Reg 22 29-40 berichtet wird.

Die hier vorgetragene Interpretation der Erzählung hinterläßt den Eindruck, daß der Erzähler in diesem Abschnitt seine Worte bewußt gewählt hat, wie aus dem Parallelgebrauch von שָׁלוֹם und הִצְלִיחַ oder von שׁוּב und בּוֹא ersichtlich wurde. Wir haben es also sehr wahrscheinlich nicht mit der Übernahme der Formulierung eines vorgefundenen Stoffes zu tun, sondern mit bewußter künstlerischer Gestaltung.

Diese Annahme wird weiterhin durch den kunstvollen Aufbau der Erzählung gestützt. Inhaltlicher Höhepunkt ist das Gotteswort in v. 17; es befindet sich genau in der Mitte der Handlung. Beginn und Ende des Dialogs sind durch den Sarkasmus des Propheten charakterisiert. Die gesamte Szene ist so gestaltet, daß die anwesenden Personen das Gotteswort hören, es aber nicht verstehen und annehmen wollen.

Der formalen künstlerischen Gestaltung entspricht die inhaltliche Tiefe. Es wird sowohl zwischen menschlichen Glücksvorstellungen (הִצְלִיחַ) und *göttlichem Heil* (שָׁלוֹם) unterschieden, als auch zwischen der Rückkehr eines Menschen zu seinem alten Ausgangsort (בּוֹא) und der Umkehr des Menschen als Hinwendung zu Gott (שׁוּב). Eindringlich kommt damit durch den Erzähler zum Ausdruck, daß der Empfang des göttlichen Heils nur dann möglich ist, wenn der Mensch nicht nach eigenem Gutdünken handelt, sondern wenn er sich dem göttlichen Anspruch unterwirft. Lehnt er es ab, sich Gott gegenüber zu öffnen, wie es bei Ahab der Fall ist, so führt diese Hybris unweigerlich zu seinem Untergang.

Sowohl die Denkweise als auch die theologische Reflexion des Erzählers setzen meiner Meinung nach die Kenntnis der Botschaft der großen klassischen Propheten voraus. Man wird hier besonders an die Verkündigung Jeremias zu denken haben. Denn es ist bezeichnend für den Dtr, daß seiner Ansicht nach die Hofpropheten für ihre Voraussagen nicht שָׁלוֹם, sondern הִצְלִיחַ verwendeten, obwohl sie sehr wahrscheinlich in der Zeit, in der die Erzählung spielt, das Wort שָׁלוֹם ohne Zögern gebrauchten. Für diese Vermutung kann zwar kein Beweis er-

bracht werden, aber wir haben immerhin Gewißheit über den Gebrauch
von שָׁלוֹם, soweit es sich um eigene Aussagen Jeremias handelt, der sich
unablässig gegen die leichtfertige Verwendung dieses Wortes seitens
der Kultpropheten seiner Zeit zur Wehr setzt[40]. Wenn deshalb der
Dtr שָׁלוֹם als *Heils*begriff versteht und es mit שׁוּב in Verbindung
bringt, beides Begriffe, die eine zentrale Stellung bei Jeremia haben,
so wird wohl die Botschaft dieses Propheten als bekannt vorausgesetzt
werden müssen.

Ob der Dtr darüber hinaus in der Erzählung noch mehr hat sagen
wollen, muß dahingestellt bleiben. Man könnte an einen Hinweis auf
den heiligen Krieg denken: Allein der heilige Krieg, d. h. der Krieg
Jahwes, bewirkt שָׁלוֹם, jedoch Kriege, die im eigenen Interesse geführt
werden, bringen nur Un-heil. Aber selbst wenn dieses Unheil heraufbeschworen worden ist, bedeutet es nicht das Ende Israels, denn Jahwe wird Sorge tragen, daß das Gottesvolk wieder in sein Land und sein
Haus (d. h. den Tempel?) בְּשָׁלוֹם zurückkehrt.

IV. Grußformeln

Der religiöse Inhalt des Nomens findet sich im Dtr-Werk sehr
häufig in Grußformeln und auf Situationen bezogen, die im Zusammenhang mit Begrüßungen stehen. Bei oberflächlicher Betrachtung
könnte man zunächst den Eindruck gewinnen, als ob die Ausdrücke
des Grüßens nur säkulare Äußerungen seien. Deshalb überrascht es
auch nicht, wenn sie in modernen Übersetzungen und Kommentaren
gelegentlich mit modernen Begrüßungsworten wiedergegeben werden.
Derartigen Interpretationen wird man jedoch sehr skeptisch gegenüberstehen müssen. Denn wir sollten uns stets vergegenwärtigen, daß in
bezug auf die Zeiträume, die Kultureigentümlichkeiten und das
religiöse Empfinden, mit welchen sich die dtr Literatur befaßt und
welche sie z. T. noch widerspiegelt, ein religiöses Bewußtsein und
Selbstverständnis anzunehmen sind, die sich grundsätzlich von dem
Glauben und Existenzverständnis der Menschen unseres Jahrhunderts
unterscheiden. Diese völlig andersartige religiöse Einstellung findet
durchaus in den Grußformen ihren Ausdruck[41].

1. Abschiedssegen

Bei der Durchsicht des Dtr-Werkes nach Stellen, in denen sich
Aussagen über Begrüßungen finden, stoßen wir auf eine Reihe von

---

[40] Vgl. z. B. Jer 6 14 8 11.

[41] Dieses höchst bedeutsame religiöse Phänomen ist ausführlich in der religionshisto-
rischen Forschung behandelt worden. Vgl. z. B. J. Pedersen, a. a. O. I—II 202 ff.
Ein Hinweis auf Begrüßungen findet sich ebenfalls bei G. van der Leeuw, Phänomenologie der Religion, 1956², 28.

Ausdrücken mit formelhaftem Gepräge. Sie sind sowohl durch den gleichen Wortlaut als auch durch die gleiche feierliche Form gekennzeichnet: Dem imp. von הָלַךְ folgt לְשָׁלוֹם; Beispiel: לֵךְ לְשָׁלוֹם [42]. Inhaltlich bezeichnen sie stets einen Wunsch, den der Zurückbleibende dem Scheidenden übermittelt. Wie der Zusammenhang jeweils zeigt, sind solche Wünsche nicht nur Bemerkungen, Ermahnungen oder Ermunterungen, die Wunschcharakter haben, sondern sie sind kraftgeladene Worte[43], deren Absicht es ist, Segen zu spenden. Sie sollen das faktisch bewirken, was als Wunsch mit den Worten ausgesagt wird.

In solchen Zusammenhängen bedeutet שָׁלוֹם stets *Heil* und wird sowohl als eine äußere als auch als eine innere Angelegenheit des Lebens und der Person verstanden[44]. Beide Bereiche sind untrennbar miteinander verbunden und werden als eine Gestalt aufgefaßt. Der Begriff des Heils umschließt *alles, was zum unversehrten Sein des Menschen gehört*, d. h. was die *Ganzheit seiner Person* ausmacht, und ist in einem umfassenden Sinne gemeint: jede Erscheinung, die zur Erhaltung und Förderung des menschlichen Seins unentbehrlich ist, kann auf ihn bezogen werden. Soweit es sich dabei um die personale Existenz des Menschen handelt, kann das Nomen *Unversehrtheit, Gesundheit, Kraft, Wohlergehen, Sicherheit* und *Frieden* bezeichnen. Zu jeder Person gehören auch ihre Aktionen und Absichten, weil sie unzertrennlich mit ihr verbunden sind, weshalb שָׁלוֹם andererseits für Vorstellungen wie *Gutes, Erfolg, Glück, Erfüllung, glückliche Beendigung, Ausführung* und *Vollendung* stehen kann.

Sehr wahrscheinlich hat das Dtr-Werk mit לֵךְ לְשָׁלוֹם eine kultische oder priesterliche Segensformel überliefert, in welcher der Gedanke des *Heils* als der Gabe Jahwes einbegriffen ist. Man könnte deshalb vermuten, daß die Formel Gedanken wie »Geh' mit (sc. dem) Heil (sc. welches zu Jahwe gehört und welches er dir gewähren möge)!« oder (». . ., sc. das zu deinen Gunsten« bzw. »zu deinem Besten sein möge!«) zum Ausdruck bringt.

Man wird zu einer derartigen Annahme durch das Dtr-Werk selbst geführt, denn bei der Wiedergabe von Begrüßungen finden sich Unterscheidungen sowohl in bezug auf den sprachlichen Ausdruck als auch in bezug auf ihren Sitz im Leben[45]. Was die im folgenden zu besprechenden Formeln anbetrifft, läßt sich feststellen, daß sie stets in einer Beziehung zu dem Heiligen stehen: Entweder ist der Segensspender Priester oder Levit, eine Person des Heiligtums, ein Gottesmann, oder er ist ein Laie, der in einer Situation handelt, die kultische Bedeutung hat. In solchen Fällen hat der Abschiedsgruß stets kultisches Gepräge

---

[42] Ges-Th III 1423b wird dieser Ausdruck ebenfalls als Formel aufgefaßt.

[43] Vgl. G. van der Leeuw a. a. O. 278 und J. Pedersen a. a. O. 182ff.

[44] Vgl. J. Pedersen a. a. O. 263ff.

[45] Vgl. die Ausführungen über Verabschiedungen 127ff.

und könnte deshalb als Abschiedssegen bezeichnet werden. Diesem
Sachverhalt soll im einzelnen nachgegangen werden.

a) Jdc 18 6

Der kultische Zusammenhang des Abschiedssegens ist deutlich
in Jdc 18 6 erkennbar, denn der Segensspender ist hier ein Levit, der
am Privatheiligtum Michas Dienst verrichtet. Nachdem er auf Veranlassung der durchziehenden Daniten das Orakel befragt hat, entläßt
er sie mit den Worten לְכוּ לְשָׁלוֹם נֹכַח יהוה דַּרְכְּכֶם אֲשֶׁר תֵּלְכוּ־בָהּ. Bemerkenswert ist ferner in diesem Abschnitt die Beobachtung, daß ein
Wechsel in der Bezeichnung der Kultperson stattfindet: Jdc 18 3 ist
sie הַלֵּוִי (Glosse?), Jdc 18 6, vor dem Ausspruch der Formel, ist sie
הַכֹּהֵן.

b) I Sam 1 17

Auch an dieser Stelle ist es eine Kultperson, diesmal der Priester
Eli in Silo, welcher zu Hanna לְכִי לְשָׁלוֹם spricht. Der unmittelbar auf
diese Formel folgende Satz, daß der Gott Israels gewähren möge, was
sie erbeten hat, zeigt deutlich: Das Nomen kann hier nicht »Frieden«
heißen, sondern ist in der Bedeutung *Heil* zu verstehen.

Der gleiche Inhalt von שָׁלוֹם wird durch Hannas Antwort auf die
Segnung zum Ausdruck gebracht. Es ist in diesem Fall sinnvoller
anzunehmen, daß sich ihre Worte nicht an den Priester, sondern an
Gott richten. Warum sollte sie auch in der Situation Elis Geneigtheit
oder Gnade suchen? Nach israelitischem Verständnis kommt Heil
nicht in erster Linie von dem Priester, sondern von Gott, dem Schöpfer. Und die Gewährung der Fruchtbarkeit und damit neuen Lebens ist
eine Schöpfungsfunktion par excellence.

Die Stelle schildert Eli keinesfalls in einer Weise, als hätte er es in
seiner Verfügungsgewalt, unabhängig von Gottes Willen Segen zu
erteilen. Das Gegenteil scheint eher die Auffassung des Erzählers zu
sein: Gott wird feierlich angerufen. Er, der Gott Israels, möge Hannas
Wunsch in Erfüllung gehen lassen und auf diese Weise *Heil* stiften.
Nach israelitischer Auffassung ist eine solche Tatsache stets dann
gegeben, wann und wo immer Gott handelnd in menschliches Leben
eintritt. Daß Hanna Elis Segnung so verstanden haben muß, läßt sich
aus ihrem Gebet »Laß deine Magd Gnade (bzw. Geneigtheit) vor deinen
Augen finden!« erschließen, womit sie bittet: »Herr, sei mir gnädig
und erfülle den Segenswunsch Elis!«

Anzunehmen, daß Eli mit seinem Segenswunsch den »inneren
Frieden« Hannas gemeint habe, scheint mir dem Inhalt der Stelle
nicht gerecht zu werden. Eine Erfahrung, die wir gewohntermaßen als
»inneren Frieden« ansprechen, sei es in psychologischem oder in theo-
logischem Verständnis, kann keinesfalls gemeint sein. Da dieser Be-

griff seinen Ursprung im modernen pietistischen Denken hat, würde mit seiner Verwendung ein individuelles Selbstverständnis des heutigen Menschen auf eine Zeit übertragen werden, für welche derartige moderne Vorstellungen nicht vorausgesetzt werden können.

c) II Reg 5 19

Eine weitere Kultperson, die als Verkünder eines Abschiedssegens in II Reg 5 19 genannt wird, ist Elisa, ein Gottesmann und Angehöriger einer Prophetengilde. Er wendet ebenfalls die Formel an, und zwar, wie er ausdrücklich v. 16 von sich bekennt, als einer, der sich im Dienste Jahwes weiß. Die Erzählung schildert die folgende Situation: Bevor der vom Aussatz geheilte Syrer Naeman sich anschickt, in seine Heimat zurückzukehren, sucht er Elisa auf und trägt ihm die Skrupel vor, die er wegen der Anbetung Gottes in einem fremden Land hat. Es könnte sehr wohl sein, daß der Prophet darauf eine Antwort gibt, wenn er ihn mit den Worten לֵךְ לְשָׁלוֹם entläßt.

d) I Sam 20 42

Als letzte Stelle eines Abschiedssegens, in welcher שָׁלוֹם *Heil* bedeutet, ist I Sam 20 42 zu nennen. Hier ist der Sprecher des Segens der Kronprinz. Die Situation ist kultisch bedeutsam, jedoch nicht auf Grund einer Annahme, daß der Kronprinz als eine Person angesehen werden müßte, die offiziell eine kultische oder anderweitig priesterliche Funktion ausgeübt hätte[46]. Der Zusammenhang mit dem Kult ist vielmehr durch die beschriebene Situation selbst gegeben. Sie wird zu einem religiösen Akt dadurch, daß auf Jonathans Segenswunsch לֵךְ לְשָׁלוֹם, mit dem er David entläßt, ein Schwur folgt, in welchem Jahwe als Zeuge angerufen wird. Die Handlung gewinnt deshalb religiöse Bedeutung, weil sie vor Gott stattfindet. Diesen Sachverhalt hatte der Erzähler wahrscheinlich vor Augen, wenn er uns den Vorgang schildert: Bevor sich Jonathan seinem Freund David nähert, legt er die Waffen ab.

2. Begrüßungen

Der gleiche Inhalt von שָׁלוֹם, *Heil als umfassende Ganzheit und Unversehrtheit einer Person und ihrer Lebenssituation*, findet sich im Dtr-Werk in Verbindung mit zwei Begrüßungen, die gesondert be-

---

[46] Gegen diese Feststellung lassen sich gewiß Argumente anführen, wenn man sich auf die Forschung der myth and ritual school beziehen wollte, aber in I Sam 20 42 scheint nichts zum Ausdruck zu kommen, was Vorstellungen eines divine kingship erkennen ließe. Meiner Überzeugung nach finden sich hier keine Anzeichen für eine spezifische kultische oder anderweitig religiöse Funktion des Kronprinzen, aus welcher ein Unterschied zwischen seiner kultischen Stellung und der des allgemeinen, freien Israeliten erschlossen werden könnte.

sprochen werden müssen. Auch hierbei handelt es sich vermutlich um formelhafte Ausdrücke, die mit dem Kult in Beziehung stehen könnten.

a) Der Königsgruß

Der einzige Beleg im AT, in dem שָׁלֹום für den Königsgruß gebraucht wird, findet sich II Sam 18 28. Für die weitere Besprechung dieser Stelle wird als selbstverständlich vorausgesetzt, daß der König eine wichtige Rolle im israelitischen Kult gespielt hat. Diese Feststellung bedarf jedoch einiger einschränkender Bemerkungen, weil die Diskussion über das Amt des Königs in Israel innerhalb der atl. Forschung bis jetzt noch nicht zu einem abschließenden Ergebnis gelangt ist. Es besteht noch keine Übereinstimmung über den Umkreis, zu dem der König durch seine kultische Funktion in Beziehung gesetzt werden kann.

Mit der oben getroffenen Feststellung ist keineswegs beabsichtigt worden, für das israelitische Königsamt die Institution eines Gottkönigtums zu postulieren, welche im Altertum über den gesamten Nahen Osten verbreitet gewesen ist. Soweit das AT selbst uns etwas über die kultische Funktion des Königs überliefert hat, müssen wir allgemein annehmen, daß er keinen eigenen Kult besessen hat. Das gilt vor allem in bezug auf echt israelitische Vorstellungen über das Königtum[47].

Anders liegt der Fall beim davidischen Königshaus in Jerusalem, wo nicht ein solch klares Bild zu gewinnen ist. Es muß damit gerechnet werden, daß in der Institution des judäischen Königtums »Umbiegungen und Vorstellungen einer Gott-König-Ideologie« Aufnahme gefunden hatten[48]. Auch wenn diese Annahme zutreffen mag, haben wir deshalb noch keineswegs eine genaue Einsicht in die Einzelheiten eines solchen Königskultes gewonnen. Gewißheit besteht lediglich in bezug auf das Hofzeremoniell, in welchem orientalische Vorstellungen über den König in Erscheinung getreten sind. Nur derartige Voraussetzungen sind in unserer Untersuchung gemeint, wenn im Zusammenhang mit dem Königsgruß von einer kultischen Beziehung des Königs die Rede war.

Betrachten wir daraufhin den Gebrauch des Nomens in II Sam 18 28, dann läßt sich folgendes feststellen: Der Gruß desjenigen, der vor den König tritt, lautet einfach שָׁלֹום. Es handelt sich hierbei jedoch

---

[47] Genaueres hierüber bei M. Noth, Gott-König-Volk, in: Ges. St., 1957, wo S. 221 über die atl. Überlieferung bezüglich der priesterlichen Funktion der israelitischen Könige festgestellt wird: Sie »zeigt nur ..., daß der König auch im sakralen Bereich an der Spitze stand«. Vgl. auch M. Buber, Königtum Gottes, 1932, 3. 11. 45 ff. 180, und A. Alt, Kl. Schr., II 1953, 115 ff.

[48] M. Noth a. a. O. 226.

nicht um eine gewöhnliche Begrüßung, sondern um eine Huldigung des Königs durch seinen Untertan. Ähnliche Situationen des Hofzeremoniells haben in jener Zeit im gesamten Nahen Osten bestanden, wie aus verschiedensten Berichten, die sich in der Literatur finden, zu erschließen ist. Soweit die hier besprochene Stelle in Frage kommt, sei vor allem auf die Amarna-Briefe verwiesen[49].

b) Erwägungen zu Jdc 6 23-24

Der theologisch wichtigste Inhalt des Nomens im Dtr-Werk findet sich in den Gideongeschichten. Es handelt sich wiederum um eine Begrüßung, wobei wir jedoch auf eine Offenbarungsformel stoßen. Wenn Jahwes מַלְאַךְ sich Gideon nähert und ihn als einen Menschen bezeichnet, auf dem der göttliche Segen ruht, weist er zunächst diesen Anspruch zurück »by referring to the weakness of his people against the enemy«[50]. Er ist sich in diesem Augenblick noch nicht bewußt, daß er der Gottheit begegnete. Als Gideon jedoch dieser Tatsache gewahr wird, hört er Jdc 6 23 das an ihn gerichtete göttliche Wort שָׁלוֹם לְךָ אַל־תִּירָא לֹא תָמוּת. Das Ergebnis dieses Ereignisses ist, daß er einen Altar baut, den er nach Jdc 6 24 יהוה שָׁלוֹם benennt. An beiden Stellen muß das Nomen mit *Heil* übersetzt werden, wobei Heil im umfassendsten Sinne zu verstehen ist.

Der größere literarische Zusammenhang für unsere Stelle ist der Abschnitt Jdc 6 11-25, der seinem Inhalt nach als Kultlegende anzusprechen ist. Betrachten wir ihn vom Standpunkt der Religionsphänomenologie aus, dann wird hier offenbar eine Hierophanie geschildert, in welcher eine der tiefsten religiösen Einsichten des AT zum Ausdruck kommt. Von diesen Voraussetzungen ausgehend, können die v. 23-24 in folgender Weise interpretiert werden:

Nachdem die Gottheit selbst sich Gideon in der Begrüßung offenbart hat, kann Ophra nicht länger eine gewöhnliche Örtlichkeit bleiben: Durch die Offenbarung ist sie zu etwas Neuem und Außerordentlichem geworden. Ophra ist in einen heiligen Ort verwandelt worden. Wo sich aber die göttliche Macht offenbart, da ist eine »axis mundi«, »a meeting point of heaven, earth and hell«, »a Center of the World«[51]. Von diesem Hintergrund aus wird es deshalb verständlich, warum Gideon unmittelbar nach der Gottesbegegnung an dieser Stelle einen Altar für Jahwe errichtet und ihn יהוה שָׁלוֹם nennt[52].

---

[49] J. A. Knudtzon (ed.), Die El-Amarna-Briefe, I 1915, z. B. Brief des Burnaburias an Pharao Amenophis IV, Nr. 8, Z. 5, und oft in den anderen Briefen. Daß *šulmu* in Nr. 8 in einem umfassenden Sinn verstanden wird, kann aus der Aufzählung der Objekte am Beginn von Z. 5 ersehen werden, die alle auf dieses Verbum bezogen sind.

[50] J. Pedersen a. a. O. 195.

[51] M. Eliade, Cosmos and History, 1959, 17.

[52] Die syntaktische Beziehung dieser beiden Wörter läßt sich nicht eindeutig festlegen. Wahrscheinlich handelt es sich um einen Nominalsatz. Vgl. hierzu auch den

Die religiöse Bedeutung dieses Geschehens ist äußerst wichtig. Da es sich um ein ‚Zentrum der Welt' handelt, wird eine Aussage über »a zone of absolute reality« gemacht, d. h. über das Wirkliche als solches[53]. Dieses Verständnis bestimmt die theologische Einsicht, die der Erzähler uns bei der Gelegenheit vermittelt. Er sagt in der Tat, daß die Begegnung des Menschen mit Gott שָׁלוֹם ist, d. h. sie ist *Heil*. Und da nach israelitischem Verständnis Gott *die* Schöpfungsmacht ist, muß Gottes שָׁלוֹם das *Heil im umfassendsten Sinn* sein. Außerdem wird gleichzeitig auf diese Weise zum Ausdruck gebracht, daß *Heil* nicht nur eine der vielen Gaben Gottes ist, sondern, wenn der Altar die Bezeichnung יהוה שָׁלוֹם erhält, heißt es ausdrücklich Jahwe selbst ist *Heil*.

Zu dieser Feststellung muß noch ein anderer Gesichtspunkt hinzugefügt werden: Weil in dieser ‚Zone der absoluten Wirklichkeit' eine Begegnung zwischen dem Menschen und dem Numinosen stattfindet, gewinnt auch die Anrede, die sich an Gideon richtet, besondere theologische Bedeutsamkeit. In ihr findet der Gedanke Ausdruck, daß die Gottesbegegnung *Heil* für den Menschen ist[54]. Damit ist zugleich gesagt: Der Mensch hat das Heil Gottes nicht in seiner Verfügbarkeit. Es ist vielmehr eine Gabe, die Gott für ihn bereit hält. Niemand außer Jahwe kann dem Menschen das Heil ermöglichen oder es selbst für den Menschen sein. An welcher Stelle auch immer solch ein Ereignis stattfinden mag, sie ist stets ein heiliger Ort, wo von nun an Zeugnis für die überwältigende Erkenntnis יהוה שָׁלוֹם abgelegt werden muß.

Aufschlußreich ist an dieser Kultlegende auch die Einsicht, die sich in bezug auf das Charakteristische israelitischer Erkenntnis gewinnen läßt. Das Ereignis einer Hierophanie wäre für nicht israelitische Völker ebenfalls von großer Bedeutung gewesen, und gewiß hätten sie entsprechend ihrem religiösen Verständnis der sich neu offenbarenden Gottheit einen Altar errichtet; aber es hätte sich hierbei lediglich um den Fall gehandelt, daß zu den bereits vorhandenen Heiligtümern noch ein neues hinzugekommen wäre. Nicht so in Israel. Es kennt nur einen einzigen Gott und außer ihm gibt es überhaupt keine göttlichen Mächte. Wenn daher Jahwe dem Menschen Gideon begegnet, so erfolgt in Gideon auf Grund dieses Erlebnisses eine innere Verwandlung des Menschen, die sowohl zu einer neuen Gottesanschauung als auch zu einem neuen menschlichen Selbstverständnis führt.

Der Mensch kann von nun an nicht mehr verschiedenen Göttern dienen, sondern nur noch Jahwe allein anbeten. Baal und Ascherot sind

messianischen Titel יהוה צִדְקֵנוּ in Jer 23 6, worauf G. v. Rad, Art. εἰρήνη, ThW II 401, aufmerksam macht.

[53] Vgl. hierzu M. Eliade a. a. O. 17.
[54] Vgl. G. Quell, Art. διαθήκη, ThW II 125f.

als ohnmächtig erkannt, da sie, um eine moderne Denkvorstellung zu gebrauchen, lediglich vergöttlichte Naturkräfte darstellen, die erschaffen und von ihrem Schöpfer, d. h. von Jahwe, abhängig sind.

Das Ergebnis einer solchen Begegnung kann in Gideons Verhalten Jdc 6 26ff. gesehen werden: In der Begegnung mit dem Numinosen ist der Mensch von einem falschen Wirklichkeitsverständnis befreit und für den wahren Wirklichkeitsgrund geöffnet worden. Wenn dies geschieht, bleibt für sein Handeln nur noch eine Möglichkeit: die falschen Götter zu entthronen und ihre sichtbaren Repräsentationen zu vernichten.

Sollte es sich mit Sicherheit in Jdc 6 11-27 um die Überlieferung einer alten Kultlegende in ihrem originalen Wortlaut handeln, dann hätten wir hier einen Fall, der uns Einsicht in das religiöse Verständnis der Anfangszeit der Amphiktyonie gewähren würde. Obwohl die Verfolgung des Gedankens verführerisch ist, hat es wenig Sinn, weil für eine solche Annahme sachliche Anhaltspunkte fehlen. Es ist gewiß, daß der hier besprochene Abschnitt historische Erinnerungen widerspiegelt, die sich auf eine Zeit beziehen, in welcher die Stämme in dem verheißenen Land zu siedeln begannen. Bei dieser Gelegenheit haben sie bestimmt auch von einigen kanaanäischen Heiligtümern Besitz ergriffen. Wieweit jedoch diese Erinnerungen das wirkliche, historische Geschehen darstellen, kann an dieser Stelle nicht entschieden werden. Es scheint indessen kaum sinnvoll zu sein, wenn man für die Zeit der Landnahme eine religiöse Einsicht annehmen wollte, die mit der tiefen Schau der hier besprochenen Kultlegende vergleichbar wäre. Deshalb wird man wohl nicht fehl gehen, in der gegenwärtigen Form des Abschnittes Jdc 6 11-25 das Werk des Dtr zu sehen, der alte Überlieferungen für sein Jahwebekenntnis neu gefaßt hat[55].

3. Verabschiedungen

In einigen Mitteilungen von Grüßen im Dtr-Werk hat das Nomen nicht mehr eine derartig umfassende Bedeutung, wie es bei den bisher besprochenen Grußformen der Fall gewesen ist. Es handelt sich an diesen Stellen wahrscheinlich um Ausdrücke, die aus einer späteren

---

[55] Man wird wohl G. Quell, Art. διαθήκη, ThW II 126, zustimmen müssen, wenn er feststellt: »Ein Gotteserlebnis, das sich mit dem Wortlaut des kurzen Satzes (Ri 6 24): יהוה שָׁלוֹם, ‚Jahwe bedeutet Heilszustand, vollkommene und verbürgte Gemeinschaft', zusammenfassen läßt, hat in der Theorie seinen Niederschlag gefunden.« Es handelt sich also in dieser Aussage um eine theologische Reflexion aus einer verhältnismäßig späten Zeit der israelitischen Geschichte. Die gleiche Anschauung über diese Stelle vertritt J. Pedersen, a. a. O. III—IV 203, mit der Bemerkung: »It is remote from the time of the event.« Es ist deshalb nicht recht einsichtig, warum יהוה שָׁלוֹם ein »höchst altertümlicher Ausdruck« sein soll, wie G. v. Rad a. a. O. ThW II 401 annimmt, ohne dafür einleuchtende Gründe anzuführen.

Zeit der israelitischen Geschichte stammen. Auf einen solchen Sachverhalt könnte aus zwei verschiedenen Gründen geschlossen werden: in bezug auf ihren Sitz im Leben und in bezug auf ihre Form des Ausdrucks. Diese Annahme läßt sich jedoch weder für die Situation noch für den literarischen Rahmen, in dem sie sich finden, beweisen. Es soll damit nicht in Abrede gestellt werden, daß die hier zu behandelnden Ausdrücke alt sein können, da die verschiedenen Grußformen, in denen שָׁלוֹם gebraucht wird, allgemeines semitisches Sprachgut sind. Im Hinblick auf die folgenden Darlegungen überzeugt mich aber das erste Argument mehr als das letzte.

Soweit uns der literarische Zusammenhang erlaubt, über die hier zu besprechenden Begrüßungen Schlüsse zu ziehen, läßt sich zunächst feststellen, daß sie ihren Sitz nicht im Kult haben, sondern Äußerungen darstellen, die aus dem alltäglichen, zivilen Leben stammen. Die Scheidenden geraten vermutlich mit keinem Bereich in Berührung, in dem ihnen Ungewisses und Gefährliches widerfahren kann; statt dessen scheinen sie sich ziemlich sicher zu sein, ihr Ziel ohne Störung und Gefahr zu erreichen. In allen Stellen bringt שָׁלוֹם die Vorstellung der *Wohlbehaltenheit*, der *Sicherheit* und des *Glücks* zum Ausdruck.

Man könnte gegen die hier vorgetragene Ansicht einwenden, daß in den zu besprechenden Stellen ein tieferer religiöser Gehalt vorauszusetzen sei, weil die Begrüßungsausdrücke die Wunschform aufwiesen. Aber dieses Argument hat kaum Gewicht, denn die Personen, welche solche Wünsche äußern, gehören zu keinem ausgezeichneten Bereich des religiösen Lebens. Sie haben keine besondere Beziehung zum Heiligen, wie dies z. B. bei dem Priester, dem Leviten oder dem Gottesmann der Fall war. Weder ist die angesprochene Person der König, noch finden wir eine Person, deren Wunsch in irgendeinem Zusammenhang mit der Ausübung einer religiösen Funktion steht, wie dies bei Jonathan geschah.

Eine weitere Beobachtung läßt sich in bezug auf die sprachlichen Formulierungen dieser Grüße machen, welche ebenfalls die oben dargelegte Ansicht stützt, weil sie den Unterschied zwischen Abschiedssegen und gewöhnlichen Abschiedsgrüßen verdeutlicht. Es wurde bereits dargelegt, daß sich beim Abschiedssegen eine festgeprägte Form abzeichnet, die aus dem imp. von הָלַךְ mit folgendem לְשָׁלוֹם besteht[56]. Der gleiche Imperativ wird ebenfalls bei zwei allgemeinen Grüßen verwendet, in denen aber nicht לְ, sondern בְּ mit שָׁלוֹם folgt, was einen völlig anderen Inhalt des Ausdrucks zur Folge hat. Denn die Präposition בְּ bezeichnet kein Verhältnis, in dem etwas zum Besten einer Person dienen soll, sondern macht eine Aussage darüber, daß entweder etwas bei, in, an einer Person oder durch sie, im Sinne der Ver-

---

[56] S. o. 120ff.

mittlung, geschehen soll[57]. Aus diesem Grunde wäre es vielleicht angebracht, solche Wünsche als Verabschiedungen zu bezeichnen.

Der bisher dargelegte Sachverhalt kann noch gut in Davids Abschied von dem Philisterfürsten Achisch in I Sam 29 7, in Absaloms
Abschied von David II Sam 15 9 und in dem Bericht über Davids
Begegnung mit Abigail I Sam 25 35 erkannt werden. Die letzte Stelle
bedarf weiterer Erläuterungen: Abigail bringt David Geschenke, die
er von ihrem Ehemann Nabal erpressen lassen wollte. Nachdem er die
Geschenke in Empfang genommen hat, verabschiedet David die Frau
und schickt sie wieder zu ihrem Gatten zurück. In diesem Fall wird
der Abschiedsgruß durch לְשָׁלוֹם ausgedrückt und das Verbum ebenfalls
im imp. gebraucht, aber nicht הָלַךְ, sondern עָלָה. Daß es sich hierbei
keinesfalls um eine Segensformel handelt, wird durch den literarischen
Zusammenhang dieser Stelle deutlich, denn der gesamte Handlungsverlauf widerspricht einer solchen Auffassung. Aber der Erzähler hat לְ
in der Bedeutung »zugunsten jemandes« sehr sinnvoll verwendet, wenn
er es mit שָׁלוֹם in Verbindung bringt, weil damit gewissermaßen »Geh'
jetzt wieder zu deinem Haus oder deiner Wohnstätte zurück, (denn)
es wird nicht dein Schade gewesen sein« bzw. »*es war dein Glück* (sc. daß
du dich auf meine Seite gestellt hast)!« und Ähnliches ausgesagt wird.

4. Der Gruß in Davids Botschaft an Nabal

In I Sam 25 6 findet sich שָׁלוֹם dreimal. Koehler-Baumgartner
wollen an dieser Stelle das Nomen von Heil ableiten und verstehen
Heil im umfassendsten Sinne[58]. Nach meinem Dafürhalten kann man
der Annahme nicht zustimmen, weil eine derartige Ableitung keinen
Sinn ergibt. Da sie in ihrem Lexikon keinen Grund für die Anführung
dieser Bedeutung angeben, ist eine Auseinandersetzung mit ihnen
über die Voraussetzungen ihrer Interpretation nicht möglich. Der
gesamte Inhalt der Erzählung führt zwangsweise zu der folgenden
Feststellung: Selbst wenn dem Nomen in Davids Botschaft an Nabal
die Bedeutung Heil zukäme, könnte sie nicht als religiöse Aussage aufgefaßt werden, sondern müßte eher als Zynismus verstanden werden.
Für eine derartige Auffassung besteht jedoch kein Anlaß. Die Grundbedeutung von שָׁלוֹם ist an dieser Stelle in allen drei Fällen *Wohl-*
ergehen und muß im besonderen wahrscheinlich mit »das *Gute*« oder
»das *Glück*« wiedergegeben werden. Dies kann durch folgende Argumente gestützt werden:

Schon die Situation, in welcher die Botschaft übermittelt wird,
legt den Bedeutungsgehalt nahe. Es handelt sich hier mit ziemlicher
Sicherheit um einen Erpressungsversuch Davids, der zum Freibeuter

---

[57] Vgl. BL 634 und Syntax 97 Nr. 106c—d.
[58] KB 974b und ähnlich auch Ges-B 830b.

geworden ist. Nabals Reaktion und Antwort darauf bestätigen diese
Annahme. Sowohl der gesamte Handlungsverlauf als auch Davids
Botschaft an Nabal weisen auf Davids Anliegen hin: Er will auf
schlaue Weise Nabals ganzes Eigentum an sich bringen und ihn umbringen lassen, damit er in den Besitz seiner schönen Frau Abigail
kommen kann.

Es lassen sich auch sprachliche und formkritische Beobachtungen
für diese Bedeutung von שָׁלוֹם geltend machen. In I Sam 25 6 wird
keine der weiter oben besprochenen Grußformeln verwendet. Als
Gegenargument könnte zum Vergleich auf die Königshuldigung
II Sam 18 28 hingewiesen werden, weil in beiden Fällen das Nomen
absolut gebraucht werde. Eine derartige Annahme würde jedoch den
hier vorliegenden Zusammenhang völlig verkennen, denn aus ihm
geht deutlich hervor, daß das Nomen gerade nicht absolut gebraucht
worden ist, sondern auf drei verschiedene Objekte bezogen wird.
Weiterhin erscheint es unmöglich, an dieser Stelle zu vermuten, David
wolle Nabal als eine Person mit königlicher Würde behandeln, da ihr
gesamter Charakter genau das Entgegengesetzte auszudrücken scheint.

Damit ist meiner Meinung nach nur noch eine sinnvolle Interpretation für den Gebrauch des Nomens in I Sam 25 6 möglich, und
zwar diese, daß Davids zynisches Verhalten und Denken geschildert
werden sollen. Durch die Anrede וְאַתָּה שָׁלוֹם ist mit ziemlicher Sicherheit
eine Aussage gemacht, die auf die Verspottung Nabals hinzielt und
Davids Schamlosigkeit enthüllt. Denn die einzige Stelle im Dtr-Werk,
in welcher in einer Begrüßung שָׁלוֹם mit אַתָּה statt mit לְ verbunden ist,
nämlich wenn II Sam 20 9 Joab seinen Rivalen Amasja begrüßt, um
ihn kurz darauf zu ermorden, bringt ohne Zweifel die gleiche Haltung
bei dem Grüßenden zum Ausdruck und könnte deshalb sehr wohl zum
Vergleich für den hier gegebenen Sachverhalt herangezogen werden[59].

V. Erwägungen zu Jdc 19 20

Es ist sehr schwierig, die genaue Bedeutung von שָׁלוֹם in Jdc 19 20
zu bestimmen, weshalb diese Stelle einer besonderen Untersuchung
bedarf. Irene Landes hat in einer speziellen Studie über »Formelhafte
Wendungen ... im AT« die Ansicht vertreten, daß שָׁלוֹם לָךְ in v. 20
sei willkommen heißt[60]. Diese Bedeutung scheint nicht unpassend für
die Stelle zu sein, aber ich glaube nicht, daß sie zutrifft, denn sie setzt
eine Auffassung voraus, welche sich auf modernes Denken gründet,
ist farblos und wird auch nicht der Überlieferung gerecht, die Jdc 19
zugrunde liegt. Denn es besteht Veranlassung, in dem Inhalt dieses
Kapitels Traditionen zu vermuten, die vielleicht bis auf die Zeit der
alten Amphiktyonie zurückreichen[61].

---

[59] S. o. 102.
[60] Irene Landes, Formelhafte Wendungen ... im AT, 1949, 3—9, zitiert nach KB 973b.
[61] Vgl. M. Noth, Das System der Zwölf Stämme Israels, 1930, 152 ff.

In dieser Periode der israelitischen Geschichte bedeutete ein
Gruß, wie weiter oben gezeigt worden ist, mehr als ein bloßes Willkommen[62]. Als Gruß war das Wort machtgeladen und bewirkte, was
es zum Ausdruck brachte, d. h. einen wirklichen Segen. Man sollte
deshalb in einer Situation, wie der in v. 20 geschilderten, erwarten, daß
ein derartiger Aspekt in der Verwendung des Nomens zum Vorschein
käme. Diese Vermutung muß näher erläutert werden.

Betrachten wir zunächst den Inhalt von Jdc 19 1-21, der für unsere
Stelle den größeren literarischen Zusammenhang darstellt: Ein Levit,
der im Gebirge Ephraim beheimatet ist, befindet sich mit seiner ihm
entlaufenen Nebenfrau und einem Knecht auf der Heimreise von
Bethlehem zu seinem Wohnort. Als es Abend wird, bemüht er sich
bei den Benjaminiten in Gibea um ein Unterkommen, welches ihm
jedoch nicht gewährt wird. Man verweigert ihm die Gastfreundschaft,
obwohl er, wie der Erzähler v. 19 wahrscheinlich ergänzend bemerkt,
alles Notwendige für seinen eigenen Unterhalt und für den seiner
Begleitung mit sich führt. Es wird also eine Situation geschildert, in
welcher der Levit kein שָׁלוֹם mit den Gibeaniten hat, was in diesem
Zusammenhang nur bedeuten kann: Er hat keine *Sippen-* oder
Stammesgemeinschaft mit ihnen.

Zwei Gründe könnten für eine solche Verweigerung der Gemeinschaft erwogen werden: Es könnte sein, daß die Bewohner von Gibea
als noch nicht völlig seßhaft gewordene Halbnomaden sich grundsätzlich feindlich gegenüber jedem verhalten, der nicht Angehöriger ihres
Stammes ist. Wir hätten in diesem Fall eine Situation reflektiert,
welche auf die frühe Amphiktyonie hinweisen würde[63]. Als anderer
Grund könnte angenommen werden: Für die Gibeaniten ist der Levit
ein Fremder, und wie alles Fremde bei »primitiven Völkern« ist er
gefährlich, d. h. tabu[64]. Diese Vermutung würde auf Verhältnisse
hinweisen, die für einen Religionstyp charakteristisch sind, welcher
sich nicht bei nomadischen Gruppen findet, wohl aber in den vorder-
asiatischen Zivilisationen beheimatet ist, was in unserem Fall auf
Kanaan hinweisen würde. Der letzten Vermutung braucht vorläufig
nicht weiter nachgegangen zu werden, da sie für die folgenden Darlegungen nicht wichtig ist. Wir werden jedoch später in der Untersuchung dieser Stelle auf sie wieder zurückkommen müssen.

Beginnen wir mit dem ersten Argument. Zunächst müssen einige
allgemeine religionsphänomenologische Gesichtspunkte betrachtet
werden. Bei Beziehungen und Begegnungen zwischen Fremden und

---

[62] S. o. 120 ff.
[63] Vgl. W. R. Smith, Lectures on the Religion of the Semites, 1927[3], 76, und M. Noth
   a. a. O. 152 ff.
[64] Vgl. G. van der Leeuw a. a. O. 8 ff.

einer Sippe oder einem Stamm kann nicht mit Gewißheit angenommen werden, daß von vornherein ein *Gemeinschaftsverhältnis*, d. h. שָׁלוֹם, zwischen ihnen bestehen muß. Ein derartiges Verhältnis besteht zunächst nur dort, wo Gemeinschaft als Zugehörigkeit zu einer bestimmten Gruppe als Lebensgemeinschaft vorhanden ist. Denn das Verbindende innerhalb »primitiver Gesellschaften« ist das gemeinsame Leben der Gruppe, weil darin ihr Mana, d. h. ihre vitale Substanz, wirksam ist[65].

Für dieses Phänomen lassen sich Belege aus dem religiösen Leben aller »primitiven Kulturen« erbringen. Für unsere Zwecke sei nur auf die germanischen Völker aufmerksam gemacht, weil sich in ihren Traditionen ein charakteristisches Element erkennen läßt, das Bedeutung für die hier zu besprechende Stelle haben könnte. »Die germanische *Sippe* umfaßt im *Ting* Alle. Die eigentliche Gemeinschaft aber geht zurück auf die Anwesenheit der Macht. Was im *clan* gewöhnlich die »Alten«, die potentiellen Väter, sind, was in der Familie der Vater, im Geschlecht der Urahn und seine Nachfolger, das ist im Stamm der Adel bzw. der König. Sie sind die Träger der Macht, die bei den Germanen *Friede* heißt (*Sippe*, ahd. *sippa*, *sibba* bedeutet *pax*). Daher soll man im *Ting* waffenlos vor den König treten. Es gibt somit keine Gemeinschaft, ohne ein Machtzentrum, das entweder ein *sacrum*, ein eigener Gott, oder eine Person sein kann.«[66]

Aus diesem religiösen Verständnis folgt: Wenn jemand nicht zu einer Sippe oder einem Stamm gehört, d. h. wenn er ein Fremder ist, und bei einer Gruppe Aufnahme finden will, kann er nur dadurch mit ihr Gemeinschaft haben, daß er unter die Macht ihres Mana gebracht wird. Das geschieht im allgemeinen durch eine feierliche kultische Begehung oder wenigstens durch den Austausch von Begrüßungsformeln.

Dieses religiöse Phänomen hat durchaus Bedeutsamkeit bei nomadischen Sippenverbänden. Der Austausch von Begrüßungsformeln bewirkt die Aufnahme des Fremden und gliedert ihn in das Gruppenmana ein, wodurch zumindest ein zeitlich begrenztes Bundesverhältnis begründet wird. Dies alles ist nur deshalb möglich, weil die Begrüßungsformeln als Worte betrachtet werden, die machtgeladen sind. Ein solcher Grußaustausch neutralisiert das Mana des Fremden, dessen Machtwirkung unbekannt ist und deshalb die Gemeinschaft der Gruppe gefährden oder gar den Verlust ihres Mana verursachen kann[67].

Beziehen wir diese religiösen Denkvorstellungen auf Jdc 19 20 und den größeren literarischen Zusammenhang, in dem es sich findet, dann lassen sich einige neue Gesichtspunkte gewinnen, welche uns Aufschluß darüber geben könnten, was vielleicht שָׁלוֹם an dieser Stelle ausdrücken wollte. Damit ergibt sich zugleich die Notwendigkeit, die Situation in Jdc 19 1-21 in einer neuen Weise zu verstehen:

Zur Zeit des Sonnenunterganges unterbrechen der Levit und seine Begleitung ihre Reise. Wenn die Nacht naht, muß der Mensch rasch

---

[65] Vgl. G. van der Leeuw a. a. O. 27ff.

[66] G. van der Leeuw a. a. O. 281f. mit Hinweis auf J. M. N. Kapteyn, in: Donum natalicium Schrynen, 1929, 540.

[67] Vgl. G. van der Leeuw a. a. O. 27ff. 281f. und M. Eliade, Patterns in Comparative Religion, 1963, 19ff.

eine menschliche Behausung aufsuchen, damit er vor lauernden Dämonen und unheimlichen Mächten geschützt ist, die jeden in dieser Stunde des Tageskreislaufes bedrohen und denen kein menschliches Lebewesen widerstehen kann[68]. Deshalb sieht sich der Levit nach einer Unterkunft um und trifft in Gibea ein.

Als er die Ortschaft mit seiner Begleitung betritt, wird er jedoch von keinem Angehörigen der Ortssippe zum Bleiben aufgefordert: die Gastfreundschaft wird ihm verweigert. Diese Haltung der Gibeaniten deutet auf Feindseligkeit gegenüber dem Leviten hin. Die Situation, die nicht ohne Gefahr für den Leviten ist, ändert sich erst dann, als ihn ein alter Ephraimit sieht, der ein גֵּר, d. h. ein Gastfreund oder ein Beisasse, in Gibea ist[69]. Er erkundigt sich nach dem Woher und Wohin des Leviten und fordert ihn zum Verweilen auf, indem er ihn mit שָׁלוֹם לְךָ begrüßt. Mit der Annahme des Angebotes der Gastfreundschaft und durch Erwiderung von שָׁלוֹם, das höchstwahrscheinlich an dieser Stelle im Text ausgelassen worden ist, begibt sich der Levit während seines Aufenthaltes unter den Schutz des גֵּר.

Es ist möglich, daß an dieser Stelle noch eine andere Aussage beabsichtigt gewesen sein könnte, weshalb weitere Erwägungen angestellt werden müssen. Zwei Gesichtspunkte scheinen mir beachtenswert: Einmal handelt es sich um einen Ephraimiten, welcher dem Leviten die Gastfreundschaft anbietet. Der Levit gehört wahrscheinlich dem gleichen Stamm an, da er im Gebirge Ephraim wohnt, wie wir aus Jdc 19 1 erfahren. Weiterhin ist zu beachten, daß mit der Aufnahme des Fremden zugleich für dessen Schutz, Sicherheit, Wohlergehen, d. h. für sein שָׁלוֹם, gebürgt wird. Sollte sich der Erzähler dieser Tatsache bewußt gewesen sein, dann könnte bei der Verwendung des Nomens in v. 20 ein absichtlicher, versteckter Hinweis auf ein Bundesverhältnis zwischen dem Leviten und dem גֵּר vorliegen.

Im Brauchtum der Nomaden lassen sich für ein solches Verhalten verschiedene Analogien finden. In unserem Fall ist besonders an die Gastfreundschaft zu denken. Wie wir aus Berichten von Reisenden wissen, wird sie noch heute unter Beduinen und Halbnomaden im Innern und am Rande der arabischen Wüste in vortrefflicher Weise geübt. Sie bleibt selbst dann unverletzlich, wenn sich herausstellen sollte, daß einem Feinde des Stammes das Gastrecht gewährt worden ist[70].

Reminiszensen dieses Brauches lassen sich in Jdc 19 1-25 erkennen, vor allem in dem Abschnitt Jdc 19 21 ff., wo es sich um die Sicherheit

---

[68] Vgl. hierzu u. a. O. Rühle, Art. Nacht, RGG[2] IV, 402; G. Mensching, Art. Nacht, RGG[3] IV, 1293; G. Delling, Art. νύξ, ThW IV 1117; M. Eliade, The Sacred and the Profane, 1961, 49.

[69] Über den גֵּר und seinen Schutz als Gastfreund vgl. W. R. Smith a. a. O. 79 ff.

[70] Vgl. M. von Oppenheim, Die Beduinen, I 1939, 29, und W. R. Smith a. a. O. 76.

des Gastes handelt, die eine vornehme Pflicht des Gastgebers ist; denn als der Levit von den Einwohnern Gibeas belästigt wird, übernimmt der ephraimitische Beisasse seinen Schutz. Die geschilderten Umstände, die den Schutz notwendig machen, sind jedoch nicht in Übereinstimmung mit der beduinischen Sitte. Meines Wissens ist bisher nirgends über einen nomadischen Stamm berichtet worden, der von einem Gast gefordert hätte, sich einzelnen Stammesangehörigen gegenüber in sexuellen Beziehungen hinzugeben. Ein derartiges Verhalten findet sich jedoch in Zivilisationen, in denen Fruchtbarkeitskulte eine Rolle gespielt haben. Wir sind auf diese Weise bei der Erarbeitung der einzelnen Erzählungselemente auf einen aufschlußreichen überlieferungsgeschichtlichen Zusammenhang gestoßen, der noch weiter untersucht werden muß, denn offenbar haben wir es hier mit einer Verschmelzung verschiedener Traditionen zu tun.

Eine inhaltliche Parallele zu Jdc 19 21-25 findet sich im AT nur noch in der Erzählung Gen 19 1-23 innerhalb des Kreises der Abraham-Lot-Sagen. Der Ort ist hier Sodom, und die Einwohner der Stadt vergewaltigen ebenfalls das Gesetz der Gastfreundschaft, indem sie von den Gästen fordern, Geschlechtsverkehr mit ihnen zu haben, während Lot, als der Gastgeber, den Schutz der Gäste übernimmt. Nach M. Noth ist diese Sage in ihren Hauptteilen J zuzurechnen[71]. Überlieferungsgeschichtlich hat sie eine sehr komplizierte Entwicklung gehabt, und ihr Ursprung ist wahrscheinlich nicht innerhalb der Traditionen der israelitischen Stämme zu suchen[72].

Auch das Stück Jdc 19—21 hat vermutlich eine komplizierte Überlieferungsgeschichte hinter sich[73]. Es handelt sich nach Ansicht von M. Noth um Erzählungen, die möglicherweise auf eine amphiktyonische Tradition zurückgehen und welchen ein historisches Ereignis aus der amphiktyonischen Zeit zugrunde liegen könnte: ein Bericht über einen Amphiktyonenkrieg gegen ein Mitglied der Amphiktyonie, das sich offenbar gegen das Amphiktyonenrecht vergangen hatte. Der Haftpunkt dieser Tradition ist wahrscheinlich die Stelle Jdc 19 20, welche »auf einer alten Überlieferungsgrundlage ruht, die nur im einzelnen literarisch ausgestaltet worden zu sein scheint«[74]. Die Ausgestaltung macht im großen und ganzen in Jdc 19 einen einheitlichen Eindruck, ist aber vermutlich durch sekundäre Zusätze erweitert worden[75].

Zu den von M. Noth als sekundär angenommenen Stücken gehört Jdc 19 22-23. Dürfte man in diesem Fall auch v. 24 als sekundär an-

---

[71] M. Noth, ÜPent. 29.

[72] M. Noth, a. a. O. 124ff. 168ff.

[73] M. Noth, Das System der Zwölf Stämme Israels, 1930, 152ff.

[74] M. Noth, GI[4], 101.

[75] M. Noth, Das System der Zwölf Stämme Israels, 1930, 165.

nehmen, dann würde der Abschnitt Jdc 19 22-24 überraschenderweise eine sachliche Parallele zu Gen 19 5-8 ergeben. In diesem Falle könnte man einige bedeutsame Schlußfolgerungen ziehen:

Es könnte möglich sein, daß die Abschnitte Jdc 19 22-24 und Gen 19 5-8 alte Überlieferungen enthalten, die eine gemeinsame Grundlage haben. Obwohl die Überlieferung in Jdc ein sekundärer Zusatz ist, mag doch die gemeinsame Grundlage in eine sehr alte Zeit zurückreichen. Da das in ihr vertretene Denken nicht in Übereinstimmung mit nomadischen Lebensverhältnissen und Anschauungen zu bringen ist, aber sehr wohl für kanaanäische Lebensformen zutreffen könnte, müßte die in dieser Überlieferungsgrundlage reflektierte Situation auf die älteste Zeit der Landnahme zurückweisen. Es würde außerdem etwas über Zustände aussagen, die zu dieser Zeit verschiedentlich in den kanaanäischen Städten herrschten[76].

Es könnte weiterhin angenommen werden, daß in Jdc 19 zwei heterogene Überlieferungen, eine israelitische und eine kanaanäische, zu einer Zeit, die in weitem zeitlichen Abstand zu dem tatsächlichen Geschehen gestanden hat, vereinigt worden sind. Die Harmonisierung ist nicht vollständig gelungen. Daß sie aber versucht worden ist, kann noch an Jdc 19 19 abgelesen werden, weil dieser Vers mit seinen ausgleichenden, ethisierenden Tendenzen durchaus den Eindruck einer späteren Glosse macht.

Sollten diese Erwägungen einen richtigen Zusammenhang gesehen haben, dann würden sich sowohl in literarkritischer als auch überlieferungsgeschichtlicher Hinsicht beachtliche Konsequenzen ergeben. Die folgenden Ergebnisse könnten postuliert werden:

(1) M. Noths Analyse von Jdc 19—21 ist in der Tat zutreffend und wird auch durch eine Analyse der religionsphänomenologischen Aspekte in Jdc 19 10ff. gestützt.

(2) Jdc 19 21-24 ist zwar ein sekundärer Zusatz, der aber nicht zur Ausschmückung von Jdc 19 erfunden worden ist, sondern aus einer alten kanaanäischen Überlieferung übernommen wurde und in einer späteren Zeit durch Überarbeitung und versuchte Harmonisierung mit einer amphiktyonischen Überlieferung zusammengearbeitet worden ist.

(3) Diese kanaanäische Überlieferung, die wahrscheinlich Jdc 19 21-25 umfaßte, hat in Gen 19 5-8 eine sachliche Parallele. Beide Abschnitte mögen auf eine gemeinsame Überlieferungsgrundlage aus der Zeit der Landnahme zurückgehen, die seit dieser Zeit tradiert worden ist.

---

[76] Vgl. Gen 34, wo sich ein ähnlicher Sachverhalt vorfindet.

(4) Die alte kanaanäische Überlieferung muß allgemein bekanntes
Erzählgut in Israel gewesen sein, da sie gleichzeitig in alten Schichten
so verschiedener literarischer Werke wie dem Tetrateuch und dem
Dtr-Werk Aufnahme gefunden hat. Man könnte sogar fragen, ob für
beide Werke eine gemeinsame literarische Vorlage vorhanden gewesen
sei.

(5) Obgleich diese Überlieferung kanaanäischen Ursprungs war,
muß sie dennoch in relativ später Zeit der israelitischen Geschichte in
Umlauf gewesen sein. Vermutlich ist sie zu solch festem Besitz des
israelitischen Überlieferungsgutes geworden, daß sie selbst der Dtr
nicht mehr tilgen konnte, sondern sie in sein Werk aufnehmen mußte.
Er hat es in der Weise getan, daß er durch eigene Zusätze das kanaanäische Gedankengut verschleierte, indem er ihm eine neue ethisierende
Tendenz gab.

Die bisherige Interpretation setzte ein Verstehen des Dtr für den
Inhalt der kanaanäischen Überlieferung voraus. Es ist jedoch möglich,
daß eine solche Annahme nicht zutrifft. Diesem Problem müssen wir
uns jetzt zuwenden. Beginnen wir zunächst mit einer Charakterisierung
der jetzigen Form des Abschnittes Jdc 19 1-30 im MT:

Ein guter, treusorgender und ehrbarer Levit und seine Begleitung
versuchen   auf   der   Heimreise   von   Bethlehem   in   Gibea   bei
israelitischen Bundesgenossen vom Stamme Benjamin Unterkunft für
eine Nacht zu finden. Sie wird ihnen jedoch von den Einwohnern des
Ortes verweigert. Nur ein ephraimitischer Stammesgenosse, ein Beisasse in Gibea, erbarmt sich der Reisenden und gewährt ihnen Aufnahme in seinem Haus. Die Gibeaniten behandeln daraufhin den Beisassen und den Leviten aufs Schändlichste, belästigen und stören sie
und verlangen, der Levit solle sich auf sexuellen Verkehr mit den
männlichen Ortseinwohnern einlassen. Nach Verhandlungen geben sie
sich schließlich mit der Nebenfrau des Gastes zufrieden und vergewaltigen sie in derartig abscheulicher Weise, daß sie stirbt. Damit ist
eine Untat unerhörten Ausmaßes verübt worden, und die Übeltäter
ziehen sich die Bestrafung durch ganz Israel zu.

Der Inhalt zeigt deutlich israelitische Charakterzüge und stellt
den Hintergrund für eine alte Überlieferung über Rechtsverfahren der
Amphiktyonie in Jdc 19 26ff. dar, welche von M. Noth entdeckt
wurde[77]. Die Behandlung der kanaanäischen Überlieferung seitens des
Dtr läßt keinen Zweifel darüber, daß er das Verhalten der Gibeaniten
aufs schärfste verurteilt. Andererseits zeigt dieser Sachverhalt, wie
sehr ihm ein Verständnis kanaanäischer Kulte mangelte. Betrachten
wir diesen Abschnitt für sich und beziehen ihn auf die Zeit, in der sich
das Geschehen abspielte, dann ist dieser Sachverhalt deutlich. Es

---

[77] M. Noth, Das System der Zwölf Stämme Israels, 1930, 152ff.

ließen sich vielleicht sogar einige ganz neue Einsichten religions-
geschichtlicher und überlieferungsgeschichtlicher Art aufzeigen. Deshalb müssen wir uns jetzt wieder mit einigen allgemeinen Gesichtspunkten der Religionsphänomenologie befassen, die uns Hilfe für das
Verständnis der in unserem Abschnitt erkennbaren religiösen An-
schauungsformen geben könnte.

Die vom Dtr beschriebenen Orgien gehören zu Sexualkulten,
welche im Altertum in Kanaan verbreitet und im ganzen Nahen Osten
beheimatet waren. In diesem religiösen Bereich ist der Geschlechtsverkehr, ganz gleich in welcher Weise er stattfindet, stets ein Ausdruck
für die Vereinigung des Menschen mit den Mächten der Natur, d. h.
er ist ein Geschehen, durch welches Gemeinschaft begründet wird.
Die hierbei in Erscheinung tretende Wirklichkeitserfassung hat
M. Eliade eingehend untersucht und gezeigt, daß sowohl bei den
einzelnen religiösen Vorstellungsgehalten als auch bei dem Verstehen
des Göttlichen stets die gleichen Grundstrukturen angetroffen werden.
Es handelt sich um einen Religionstypus, der als ungeschichtlich zu
bezeichnen ist[78]. In diesem Fall besteht keine Ähnlichkeit mit unserer
modernen, abstrakten Weise des Verstehens der Erscheinungen. Die
religiösen Anschauungen haben vielmehr eine Form, welche man als
»archaische Ontologie« bezeichnen kann[79], weil die Vorstellungs-
komplexe dieses Denkens archetypische Gestalt haben. Das gesamte
Leben des Menschen wird in einem gewissen Sinne als Vollzug kultischer Akte gesehen, die als »imitations of paradigmatic divine
models« zu verstehen sind[80].

Wenn wir derartige religiöse Ansichten der Interpretation von
Jdc 19 20-25 zugrunde legen, dann ließe sich eine bisher noch nicht
besprochene Bedeutung für den Begriff שָׁלוֹם in v. 20 vermuten, denn
die in ihm enthaltenen Vorstellungen der Ganzheit und der Gemeinschaft beziehen sich möglicherweise auf eine *Kultgemeinschaft*. Auch in
dem Falle würde der ephraimitische Beisasse den Leviten mit שָׁלוֹם לָךְ
begrüßt und ihm Gastfreundschaft angeboten haben, aber es würde
dann nur eine vorläufige Gemeinschaft mit den Einwohnern von Gibea
hergestellt worden sein. Die Art und Weise, in welcher der Verlauf der
Erzählung geschildert wird, könnte sogar zu der Vermutung Anlaß
geben, daß ein Beisasse grundsätzlich nicht befugt war, einem Fremden Gastfreundschaft anzubieten, es sei denn, er handelte in Übereinstimmung mit allen Angehörigen der Sippengemeinschaft. Gewährte er

---

[78] Zu der Unterscheidung von geschichtlichen und ungeschichtlichen Religionstypen
vgl. P. Tillich, Geschichtliche und ungeschichtliche Geschichtsdeutung, in: Ges.
Werke, VI 1963, 109 ff.

[79] Die Bedeutsamkeit dieses Wirklichkeitsverständnisses ist eingehend behandelt
worden von M. Eliade, Cosmos and History, 1959, 35.

[80] Vgl. M. Eliade, The Sacred and the Profane, 1961, 106 u. ö.

sie gegen ihren Willen, was vermutlich in unserer Erzählung geschah, dann fand der Gast zwar vorübergehend, aber nicht für die gesamte Zeit seines Aufenthaltes Schutz vor Belästigungen. Dauernder Schutz war in solchen Fällen nur dann gewährleistet, wenn der Fremde sich mit der Gruppe verband, indem er bestimmte kultische Riten vollzog. Dieses Verhalten stellte das einzige Mittel dar, durch welches seine Fremdheit und damit seine mögliche Bedrohung des Gruppenmanas neutralisiert werden konnte[81]. Erst dann wurde zwischen der Gruppe und dem Fremden שָׁלוֹם, d. h. *Ganzheit* oder *Gemeinschaft*, begründet.

Sollte ein Fremder versuchen, sich der Teilnahme an der notwendigen kultischen Bindung zu entziehen, dann würde er sich von der Gemeinschaft ausschließen und sie auf diese Weise herausfordern. Ein derartiges Verhalten gefährdete jedoch die Sippengemeinschaft und schwächte sie vielleicht sogar in ihrer Lebenssubstanz, d. h. in ihrem Mana. Es mußte also von ihrer Seite aus gehandelt werden, um gesichert zu sein.

Wenn man die Erzählung von diesem Hintergrund aus betrachtet, dann könnten die Gibeaniten guten Grund für ihr Verhalten gehabt haben: Sie stellen an den Leviten die Forderung, sich ihren kultischen Bräuchen zu unterwerfen und dadurch שָׁלוֹם mit der Sippengemeinschaft zu begründen. Ich halte es für wahrscheinlich, daß die alte kanaanäische Überlieferung in Jdc 19 20-25 ursprünglich derartige Vorstellungen zum Ausdruck gebracht hatte. Sie sind jedoch jetzt nicht mehr unmittelbar greifbar, weil der Dtr die alten Traditionen überarbeitet hat.

Wir sind damit wieder an dem Punkt angelangt, wo die Untersuchungen über den Hintergrund von Jdc 19 ihren Ausgang genommen hatten, um die genaue Bedeutung des Nomens שָׁלוֹם in v. 20 zu bestimmen. Meiner Meinung nach können sich die kultischen Handlungen, die sich noch teilweise aus unserer Erzählung erschließen lassen, nur auf eine kanaanäische Umgebung und die dort ausgeübte Religion beziehen. Diese Feststellung schließt keineswegs aus, daß die Amphiktyonie in der frühesten Zeit ihres Bestehens nicht eigenes kultisches Brauchtum besessen hat. Soweit wir jedoch auf Grund des AT darüber Aussagen machen können, handelt es sich dabei unmöglich um solche Kultakte, wie sie für Jdc 19 20-25 beschrieben worden sind. Mehr läßt sich über den Hintergrund der hier behandelten Erzählung nicht feststellen.

Am Schluß dieser Untersuchungen möge es erlaubt sein, einige Erwägungen über die Endgestalt der Erzählung anzuschließen. Die Form, in welcher sie sich jetzt in Jdc findet, geht sehr wahrscheinlich auf den Dtr zurück. Es muß sogar mit der Möglichkeit gerechnet werden, daß er Zugang zu der kanaanäischen Tradition gehabt, sie

---

[81] S. o. 132 f.

aber gewiß nicht mehr verstanden hat. Seine vermutliche Ansicht, ein Fremder könnte
in die Sippen- und Kultgemeinschaft des Gastgebers Aufnahme finden, ohne die dafür
notwendigen Riten zu vollziehen, zeigt deutlich ein Nichtverstehen der Zeit, in welcher
die Überlieferung spielt. Soweit wir Einblick in die Vorstellungswelt der »archaischen
Ontologie« haben, würde ein derartiges Verhalten eines Fremden nicht für eine Gruppe
annehmbar sein[82]. Der Dtr kann aber auch nicht selbstverständlich vorausgesetzt haben,
Sexualkulte, wie die weiter oben beschriebenen, seien Brauchtum bei dem Stamm der
Benjaminiten zur Zeit ihrer Landnahme gewesen oder die israelitischen Stämme hätten
in dieser Periode der Geschichte eine ethische Urteilskraft besessen, die der in der
jetzigen Erzählung zum Ausdruck kommenden entsprochen hätte. Die Bearbeitung
dürfte deshalb zu einem Zeitpunkt erfolgt sein, der zeitlich weit von den Ereignissen
entfernt sein muß, die in der Überlieferung ihren Niederschlag gefunden haben. Bemerkenswert ist jedoch die Art und Weise, in welcher der Dtr die heterogenen Traditionen kombiniert hat. Sie zeigt, daß er mit beduinischem Brauchtum vertraut war
und ihm verständnisvoll gegenüber gestanden hat. Hier ist vielleicht das Element zu
suchen, welches ihn in der Bearbeitung der Überlieferungen geleitet haben mag.

Erwägungen, wie sie in den vorhergegangenen Untersuchungen
dieses Abschnittes angestellt worden sind, haben keine Beweiskraft
und sind nur hypothetische Rekonstruktionen. Indessen ermöglicht
uns die Wissenschaft oft keinen anderen Weg für die Erforschung der
hinter den Überlieferungen des AT liegenden sachlichen Gegebenheiten,
weshalb der hier unternommene Versuch gerechtfertigt sein dürfte.

Ausgangspunkt der Untersuchung war der Ausdruck שָׁלוֹם לָךְ in
Jdc 19 20, der anderweitig im Dtr-Werk nur noch in der leicht veränderten Form שָׁלוֹם לְךָ als Offenbarungsformel in Jdc 6 23 belegt ist.
Die Bedeutung »Sei willkommen!« für das Nomen im Zusammenhang
der Erzählung anzunehmen, schien an dieser Stelle nicht gerechtfertigt
zu sein. Es stellte sich heraus, daß der Ausdruck nicht mehr genau
bestimmt werden kann, da sehr wahrscheinlich heterogene Überlieferungen durch spätere redaktionelle Eingriffe uns nicht mehr eine
Feststellung darüber ermöglichen, wo diese Worte ihren Sitz im
Leben hatten.

C. Zusammenfassung

Im Dtr-Werk wird das Nomen שָׁלוֹם in verschiedenartigsten
literarischen Zusammenhängen gebraucht und unterscheidet sich
deshalb beträchtlich in seinen einzelnen Bedeutungsgehalten. Seine
Verwendung kann sowohl säkular als auch religiös sein.

Im säkularen Bereich liegt das Hauptgewicht nicht auf der Vorstellung des Friedens, sondern auf der des *Wohlseins* und der *Wohlbeschaffenheit*. So findet es sich in verschiedenen Situationen und ist
auf Personen, Sachen und allgemeine Lebenszustände bezogen. Teilweise hat es auch den Sinn von *Glück* oder *Gesundheit*, wenn es mit

---

[82] Vgl. hierzu die verschiedenen Studien von M. Eliade.

einem Unternehmen oder dem persönlichen Zustand einer Person verbunden wird. Soweit es bei Erzählungen in der indirekten Rede gebraucht wird, kann es ein *Begrüßen* bezeichnen. Bei allgemeinen Zuständen steht es für den Begriff der *Ordnung*.

Das Nomen muß einen weiten Anwendungsbereich gehabt haben und auch in der vulgären Umgangssprache gebraucht worden sein, in der es für Ausdrücke wie »*Was ist los?*« und dergl. steht.

Wenn es den Gedanken des Friedens zum Ausdruck bringt, handelt es sich stets um einen *politischen Friedenszustand*. Es kann dann sowohl die *friedliche Haltung* oder *Absicht* einer Person, als auch den *Friedenszustand* für Personen und politische Situationen bezeichnen.

In einer wesentlich größeren Anzahl von Belegstellen im Dtr-Werk wird שָׁלוֹם als religiöse Aussage verwendet. In einigen Fällen hat es keine besondere Bedeutung, da hier lediglich säkulare Inhalte in einen religiösen Rahmen gesetzt worden sind.

Theologisch wichtig ist das Nomen jedoch im Zusammenhang mit Begrüßungen, weil es in ihnen *Heil* bedeutet, das als göttliche Gabe an den Menschen verstanden wird. In Jdc 6 23-24 bringt es deutlich eine Anschauung zum Ausdruck, mit welcher schon auf die *Wirklichkeit Gottes als dem Heil für das menschliche Lebensverhältnis* abgezielt ist. Nicht so ausgesprochen, aber doch erkennbar, findet sich dieser Heilsbegriff ebenfalls in der Erzählung über den Propheten Micha ben Imla. Manchmal, bei Verabschiedungen und in einer Botschaft Davids an Nabal, bedeutet שָׁלוֹם *Wohlergehen* oder *Wohlbestelltheit*.

Ferner wird das Nomen in verschiedenen Situationen als eine Aussage gebraucht, in welcher der Begriff des göttlichen Heils nur andeutungsweise erkennbar ist und stets materiell verstanden wird. Je nach den verschiedenen Beziehungen, die hierbei zum Ausdruck kommen, kann dann der *äußere Friede*, die *Sicherheit*, die *Wohlfahrt* oder der *Segen* gemeint sein. Aber auch in diesen Fällen beginnen sich schon Ansätze für einen umfassenderen Sinn des Heils abzuzeichnen, wenn das Nomen in Verbindung mit dem Tod des Menschen gebracht wird.

In Jdc 19 20 ist שָׁלוֹם nicht mehr genau zu bestimmen. In der jetzigen Form der Erzählung scheint es »Sei willkommen!« zu bedeuten. Die Überlieferungen, welche wahrscheinlich dem größeren literarischen Zusammenhang dieser Stelle zugrunde liegen, geben jedoch Anlaß, einen anderen Bedeutungsgehalt für das Nomen zu vermuten: entweder die Bedeutung *Frieden*, mit dem Sinn von *Friedensbund*, oder die Bedeutung *Gemeinschaft*, mit dem Sinn von *Kultgemeinschaft*, je nachdem, welcher Überlieferung man hier das Hauptgewicht beimißt.

§ 12 DAS CHRONISTISCHE WERK

Obwohl der Chr das Dtr-Werk in weitem Umfange als Vorlage benutzt hat[1], verwendet er שָׁלוֹם in viel geringerem Maße als der Dtr. Wirft man in moderne Übersetzungen der Bücher des Chr-Werkes einen ersten Blick, so möchte es scheinen, als ob das Nomen fast nur säkular und ohne feine Bedeutungsunterschiede gebraucht worden sei.

Es wäre jedoch erstaunlich, wenn ein solcher Sachverhalt tatsächlich zutreffen würde, denn das Chr-Werk will ja nicht nur ein Bericht über vergangene Ereignisse der israelitischen Geschichte sein, sondern zugleich auch ihre Deutung vornehmen, die unter Zugrundelegung des Vergeltungsdogmas eine Ermahnung an die Jerusalemer Kultgemeinde darstellt, ihre Verpflichtungen Gott gegenüber zu erfüllen[2]. Aber nicht nur diese »inneren« Absichten des Chr, sondern auch sein weitschweifiger Stil, durch welchen die Erzählungen wesentlich detaillierter geschildert werden als es bei seiner Vorlage der Fall ist, sollten ihn zu einem häufigen Gebrauch des Nomens שָׁלוֹם veranlaßt haben. Zumindest hätten bei der Schilderung von Begegnungen zwischen verschiedenen Personen Grußformeln, in denen das Nomen vorkommt, reichlich verwendet werden können.

Aber weder finden wir viele Ausdrücke für Begrüßungen, noch hat es zunächst den Anschein, als ob in den belehrenden levitischen Predigten dem Begriff שָׁלוֹם besonderes Gewicht beigemessen worden wäre[3]. Deshalb ist es nicht überraschend, wenn in Übersetzungen und Kommentaren allgemein die Ansicht vertreten wird, daß das Nomen in diesem literarischen Werk nur noch in einem ziemlich abgeflachten Sinn Verwendung gefunden habe. Man könnte fast der Versuchung erliegen, für den Chr anzunehmen, er habe keinen Zugang mehr zu dem tieferen Gehalt unseres Wortes gehabt, der schon im Dtr-Werk in Erscheinung tritt und zu seinem umfassendsten Sinn in der prophetischen Literatur entwickelt worden ist. Derartige Eindrücke ließen sich sogar durch eine Stelle stützen, die das Heilsverständnis des Chr unter Zuhilfenahme einer Erklärung des Namens Salomo zum Ausdruck zu bringen scheint mit dem Ergebnis, daß der Begriff שָׁלוֹם hier in der Tat sehr oberflächlich aufgefaßt worden ist.

Beginnt man jedoch, die einzelnen Bedeutungsgehalte des Nomens genauer zu bestimmen, dann stellt sich überraschenderweise genau das Gegenteil von den bisher gewonnenen Eindrücken heraus: Fast immer schließt der Gebrauch des Nomens beim Chr eine spezifische religiöse Aussage ein. Eine Ausnahme bilden lediglich zwei Beleg-

---

[1] Vgl. außer den allgemeinen Einleitungen in das AT M. Noth, ÜSt, 131 ff.

[2] M. Noth a. a. O. 172.

[3] Zum Formtypus »Levitische Predigt« vgl. G. v. Rad, Die levitische Predigt in den Büchern der Chronik, in: Ges. St., 1958, 246 ff.

stellen, aber auch bei ihnen kann gezeigt werden, daß ein religiöses Verständnis des Nomens möglich ist.

I. Säkulare Bedeutung des Nomens

Einer der oben erwähnten Sonderfälle findet sich I Chr 22 9, wo שָׁלוֹם in Verbindung mit einer Namenserklärung für שְׁלֹמֹה erscheint. Der größere literarische Zusammenhang ist ein predigtartiges Vermächtnis Davids, welches er seinem Sohn und Nachfolger vor seinem Tode bekannt gibt. Daß an dieser Stelle eine sehr wichtige theologische Aussage beabsichtigt ist, läßt sich sowohl an der geschilderten Situation erkennen — es handelt sich um eine Sterbestunde, in welcher die Worte des Scheidenden besonderes religiöses Gewicht haben — als auch an der Form der Mitteilung, die in einen Gottesspruch eingekleidet ist.

Trotz dieses religiösen Rahmens scheint hier dem Wort שָׁלוֹם nur noch eine säkulare Bedeutung zuzukommen, da seine mögliche Bedeutungstiefe überhaupt nicht erfaßt worden ist. Dafür spricht die folgende Tatsache: Der Verfasser des Abschnittes leitet zwar den Personennamen שְׁלֹמֹה von שָׁלוֹם ab, geht dabei aber nicht auf die Vorstellung des göttlichen Heils zurück, sondern versteht das Nomen als Bezeichnung der *Ruhe*, des *Ungestörtseins* und des *politischen Friedens*. Dazu gelangt er erst auf einem weiten und gezwungenen Umweg über den Begriff מְנוּחָה, d. h. Rastplatz[4], ein Wort, das weder eine sprachliche noch eine sachliche Beziehung zu שָׁלוֹם hat.

Man könnte allerdings selbst an dieser Stelle für das Nomen eine theologische Bedeutung annehmen, obgleich sich eine derartige Interpretation kaum beweisen läßt. Immerhin wäre es denkbar, daß in diesem Zusammenhang auf eschatologische Vorstellungen angespielt werden sollte, die in hasidischen Kreisen beheimatet gewesen sein könnten[5].

In zwei Fällen kann der Inhalt des Nomens sowohl säkular als auch religiös verstanden werden. Da die Vorlagen beide Male שָׁלוֹם säkular gebrauchen, könnte man zumindest für I Chr 18 10 den gleichen Sachverhalt wie in der Parallelstelle II Sam 8 10 annehmen, zumal inhaltlich völlige Übereinstimmung herrscht: Nachdem David seinen Sieg über die Syrer errungen hat, beeilt sich der König von Hamath, seinen Sohn an den israelitischen Königshof zu senden und David Geschenke überreichen zu lassen. Auch im Chr-Werk bedeutet שָׁלוֹם entweder einen *Gruß entbieten*, im Sinne von: Verbindung mit David aufnehmen, oder *Huldigungsgruß*, d. h. sich dem Sieger unterwerfen.

---

[4] Vgl. KB 537b.

[5] Es wäre gewiß lohnenswert, diesen Zusammenhang zu untersuchen.

Die zweite Bedeutung scheint dem Inhalt besser gerecht zu werden, womit gesagt ist, daß die Stelle wahrscheinlich theologisch zu interpretieren ist. Folgende Gründe können für diese Auffassung angeführt werden: Nach II Chr 13 5 ist für den Chr das Jerusalemer Königtum das Königtum »Jahwes in der Hand der Davididen«[6]. Da sich Gottes Heiligtum in Jerusalem befindet, entspräche auf diese Weise eine Huldigung Davids zugleich einer Huldigung Jahwes, d. h. Prinz Thou unterwirft sich dem Gott Israels. Außerdem könnte man in dieser Feststellung noch eine Herausforderung der samaritanischen Gemeinde sehen, weil sie sich durch ihr Heiligtum auf dem Garizim von der Jerusalemer Kultgemeinde abgesondert hat, obwohl diese den Anspruch erhebt, die Nachfolgerin des alten »legitimen« Israel zu sein[7].

Deutlicher als in der vorhergehenden Stelle tritt ein religiöses Anliegen des Chr beim Gebrauch des Nomens in II Chr 19 1 hervor, wo wir in einer Notiz über Josaphats Heimkehr nach Jerusalem den Ausdruck שׁוּב בְּשָׁלוֹם finden. Obgleich diese Bemerkung nicht in der Vorlage enthalten ist, läßt sich doch zeigen, daß das Nomen in dieser Weise öfter säkular im Dtr-Werk verwendet wird[8]. Deshalb wäre man gewiß nicht falsch beraten, wenn man für שָׁלוֹם hier Inhalte wie *Wohlerhaltenheit*, *Wohlergehen* oder *Glück* annehmen wollte.

Man könnte jedoch andererseits vermuten, daß der Chr an dieser Stelle nicht nur Abschnitte verbinden wollte, die in der Vorlage unverbunden nebeneinander stehen, sondern mit שָׁלוֹם vielleicht auch eine Aussage über *göttlichen Schutz* oder *Segen* beabsichtigte. Zwei Argumente könnten eine solche Interpretation stützen: Einmal handelt es sich um einen König aus davidischem Geschlecht und um Jerusalem. Jerusalem hat aber, wie bereits weiter oben festgestellt wurde, besondere theologische Bedeutung für den Chr, denn es ist Zentrum der Kultgemeinde und Sitz der Dynastie Davids, d. h. des Vertreters des Königtums Jahwes. Außerdem hat Josaphat selbst Bedeutung für den Chr, weil er in ihm einen König sieht, der Jahwe gegenüber gehorsam ist, das in Dtn vorgeschriebene Gottesrecht beachtet und deshalb des göttlichen Schutzes teilhaftig wird[9].

II. Religiöse Bedeutungen des Nomens

In allen Stellen des Chr-Werkes, die noch für eine Besprechung übrig bleiben, wird das Nomen als religiöses Wort gebraucht.

---

[6] M. Noth a. a. O. 176.
[7] M. Noth a. a. O.
[8] S. o. 100f.
[9] Vgl. G. v. Rad a. a. O. 252f.

1. Erwägungen zu Esr 9 12

Man könnte zuerst annehmen, in Esr 9 12 liege ebenfalls ein säkularer Gebrauch von שָׁלוֹם vor, welcher andeutungsweise religiöse Bedeutung enthalte, denn der Chr verwendet an dieser Stelle einen Text des dtn Gesetzes. Das Nomen findet sich dort zwar innerhalb eines religiösen Rahmens, ist aber wahrscheinlich säkular gemeint und bedeutet *Wohlergehen, Gedeihen, Glück* oder *äußerer Friede*. Der gleiche Gedanke wird wohl in Esr 9 12 mit beabsichtigt sein, wie der Ausdruck לֹא־תִדְרֹשׁ שְׁלֹמָם וְטוֹבָתָם zeigt, der wörtlich aus Dtn 23 7 übernommen worden ist[10]. Eine Ausnahme bildet das Verbum, welches hier dem veränderten grammatischen Subjekt angeglichen wurde.

Trotz dieser Übereinstimmung mit der Vorlage unterscheidet sich diese Stelle im Chr-Werk von ihr in bezug auf die Situation, die vorauszusetzen ist. Es handelt sich um eine Forderung Esras an die Jerusalemer Kultgemeinde. Anlaß dazu ist nicht die Frage, wer in die Gemeinde aufgenommen werden dürfe, sondern ein feststehendes schuldhaftes Verhalten der Judäer, weil sie Mischehen eingegangen sind. Ein weiterer Unterschied ist hinsichtlich der Interesselosigkeit zu bemerken: Sie gilt im Dtn den Erzfeinden Israels, während sie in Esr mit den Einwohnern eines Landes in Verbindung gebracht wird, die das heilige Besitztum Jahwes befleckt haben.

Indem der Chr die Objekte und die Situation in dem Abschnitt verändert, gibt er dem Inhalt eine neue Tendenz und greift sehr wahrscheinlich die samaritanische Gemeinde an. Man könnte in diesem Falle also zumindest mit einem verkleideten theologischen Argument rechnen. Darüber hinaus erweckt die Stelle durchaus den Eindruck, als ob es sich um eine direkte theologische Aussage handele. Zwei Erwägungen können für eine solche Feststellung angeführt werden:

Obwohl der Chr in Esr 9 6-15 das dtn Gesetz zitiert, ist seine Absicht nicht Belehrung und Begründung des Gesetzes, sondern prophetische Unterweisung[11]. Der Rahmen dafür ist möglicherweise als eine levitische Predigt anzusehen, die nach M. Noth den Charakter eines »Bußgebetes über Schuld und Strafe aus Anlaß der Mischehen« hat und in welcher der Chr »der Belehrung über bestimmte aus der vergangenen Geschichte für die Gegenwart zu ziehende Folgerungen dienen« wollte[12].

M. Noth hat es weiterhin unter Hinweis auf II Chr 6 40-42 Neh 9 36-37 und Esr 9 7-9 sehr wahrscheinlich gemacht, daß der Chr Hoffnungen auf eine nochmalige Erneuerung des davidischen Thrones

---

[10] S. o. 112.
[11] Vgl. R. A. Bowman, The Book of Ezra, IB III, 1954, 650.
[12] M. Noth a. a. O. 160f.

hegte[13]. Deshalb sind in Esr 9 12 die Begriffe שָׁלוֹם und טוֹבָה vermutlich eschatologisch zu verstehen[14].

Für eine solche Erwägung könnte man auf die kurze Zusammenfassung der Geschichte Israels in Esr 9 7-8 verweisen, in welcher das *Heil*shandeln Gottes an der Gemeinde Israel deutlich gemacht wird: Die Gemeinde war wegen ihrer Sünden dem Zorn Gottes verfallen und mußte eine nationale Katastrophe größten Ausmaßes erleiden. Aber die göttliche Gnade schien sich danach doch der Gottesgemeinde wieder zugewendet zu haben, denn Israel war nicht völlig vernichtet worden, und eine kleine Gruppe Gott ergebener Glaubensgenossen blieb für einen Neubeginn in Palästina übrig. Dieser »Rest«, der vom Exil zurückgekehrt war, hatte schon einen »Zeltpflock« in Gottes heiligem Ort, d. h. er hatte schon einen sicheren Platz in Juda und Jerusalem eingenommen, und seine Augen waren erleuchtet worden, womit gesagt wird, daß wieder ein echter Geist und echtes Leben bei den Zurückgewanderten vorhanden sind. Dieser Zusammenhang weist deutlich auf die Verkündigung der vorexilischen Propheten hin[15].

Sollten die Beobachtungen das Richtige treffen, dann könnte man annehmen, daß der Chr in Esr 9 8 die ersten Anzeichen einer im Anbruch begriffenen Heilszeit gesehen hat. Diese Vorstellungen ermöglichen eine theologische Interpretation des Abschnittes Esr 9 6-15: Noch ist zwar die Jerusalemer Kultgemeinde unter persischer Herrschaft, noch muß sie ein hartes Leben führen und ihre religiöse Gemeinschaft erst auf eine solide Grundlage gestellt werden; weil sie aber schon einen Zeltpflock in Gottes heiligem Lande, in Jerusalem, hat, besteht berechtigte Hoffnung auf die endgültige Gottesherrschaft, d. h. das *Heil* ist nahe. Die samaritanische Gemeinde würde jedoch nicht an diesem *Heil*, dem שָׁלוֹם וְטוֹבָה Esr 9 12, teilnehmen, da sie sich von dem Zeltpflock Gottes losgelöst hat. In dieser Vorstellung würde dann der Grund zu suchen sein, warum die Jerusalemer Kultgemeinde nicht auf das *Wohlergehen* oder gar das *Heil* der Häretiker bedacht sein sollte.

Das gleiche Argument läßt sich auch durch andere Voraussetzungen stützen: Wenn die Jerusalemer Kultgemeinde der Überzeugung war, daß nur sie die echte Nachfolgerin des legitimen Israel und nur der zweite Tempel die echte Jahwekultstätte seien[16], dann müßte man in einem solchen Anspruch ebenfalls eine theologische Aussage sehen,

---

[13] M. Noth a. a. O. 179.

[14] Vgl. hier R. A. Bowman a. a. O. 650, welcher auf Jer 33 9 verweist.

[15] Dieser Gesichtspunkt ist sehr deutlich von R. A. Bowman a. a. O. 648f. aufgezeigt worden. Andeutungen darüber finden sich bei T. W. Davies, Ezra, Nehemiah and Esther, NCB, o. J., 138f., während L. W. Batton, Ezra and Nehemiah, ICC, 1949², 333f. diesen Aspekt völlig unbeachtet läßt.

[16] Vgl. M. Noth a. a. O. 174.

die auf eine eschatologische Ausrichtung der Gemeinde deutet. In diesem Zusammenhang ist die Wiedererrichtung des Tempels, des kultischen Zentralplatzes, als das Vorzeichen der anbrechenden *Heils-zeit* zu verstehen. Nur wer dort anbetet und Opfer darbringt, kann auf das kommende *Heil* hoffen. Da jedoch die samaritanische Gemeinde auf dem Garizim ein eigenes Heiligtum begründet hat, schließt sie sich selbst von dem *Heil* der kommenden Endzeit aus. Ein derartiges Verhalten rechtfertigt die Jerusalemer Kultgemeinde, sich nicht um das Schicksal der abgefallenen Samaritaner zu bekümmern.

Auf Grund dieser Darlegungen wird man wohl eine theologische Bedeutung für Esr 9 12 annehmen müssen. Welchen der beiden erwähnten Aspekte der Chr betonen wollte, braucht hier nicht entschieden zu werden. Wichtig ist jedoch die Beobachtung, daß der Begriff שָׁלוֹם, nachdem er im Dtr-Werk zu höchster Entfaltung gelangte, im Chr-Werk wieder wesentlich begrenzter verstanden wird. In Jdc 6 23-24 war der Dtr zu der fundamentalen Erkenntnis durchgedrungen: *Jahwe ist das Heil.* Der Gebrauch von שָׁלוֹם hat nirgends im Chr-Werk solch einen theologischen Höhepunkt erreicht. Für den Chr ist das Heil an bestimmte Personen oder, wie im Falle von Esr 9 12, an eine bestimmte Örtlichkeit gebunden, nämlich dort, wo Gott seinen Zeltpflock eingeschlagen hat, d. h. an das Jerusalemer Heiligtum.

2. Heil als Umfassendes

An einigen Stellen des Chr-Werkes stoßen wir bei dem Gebrauch des Nomens auf einen Begriff des *göttlichen Heils*, in welchem das geistliche Verhältnis des Menschen zu Gott betont wird.

a) Betonung einzelner Heilsaspekte

Der Gedanke des *göttlichen Heils* steht im Hintergrund von II Chr 18 12-27, einer Erzählung von der Begegnung, die zwischen den Königen Ahab und Josaphat mit dem Propheten Micha ben Imla stattfand[17]. In diesem Abschnitt des Chr-Werkes ist der Inhalt einschließlich der Einzelheiten des Aufbaus der Erzählung aus der Vorlage übernommen worden[18]. Der einzige Unterschied zum Dtr-Werk ist der Erzählstil, der beim Chr weitschweifiger und deshalb in den Begegnungsszenen nicht so dramatisch ist.

Auch dem Begriff שָׁלוֹם kommt die gleiche Bedeutung wie in der Vorlage zu: Er ist Leitwort und beherrscht die gesamte Erzählung, weshalb zu Beginn der Handlung in v. 14 צָלַח eingeführt wird, im Verlaufe des Dialogs שָׁלוֹם in den v. 16 und 17 Verwendung findet und das dramatische Geschehen v. 27 in Michas Feststellung שׁוּב תָּשׁוּב בְּשָׁלוֹם ausmündet.

---

[17] Vgl. die Erörterungen zu Micha ben Imla o. 116 ff.
[18] M. Noth a. a. O. 167.

Als Ergebnis kann deshalb festgestellt werden, daß שָׁלוֹם in II Chr 18 eine Aussage über einen *umfassenden Zustand des menschlichen Wohlseins* macht, der seinen Grund nur im *göttlichen Heil* haben kann. Diese Folgerung wird durch eine besondere Anschauung des Chr gestützt: Seiner Ansicht nach spricht bei dieser Begegnung nicht der Mensch Micha ben Imla, sondern es ist die רוּחַ Gottes, die sich des Propheten bedient[19].

In II Chr 34 28, der zweiten hier zu besprechenden Stelle, hören wir von einem Gottesspruch, den die Prophetin Hulda König Josia übermitteln läßt. Dem König wird darin verheißen, daß er בְּשָׁלוֹם sterben werde. Der Chr hat an dieser Stelle ebenfalls den Inhalt seiner Vorlage ziemlich wortgetreu übernommen. Obwohl er einige kleine Änderungen vorgenommen hat, fallen diese aber bei der Bestimmung des Nomens nicht ins Gewicht, weshalb es wie im Dtr-Werk als *erfülltes, gesegnetes Leben* zu übersetzen ist[20].

b) Erwägungen zu II Chr 15 5

Die Verwendung des Nomens in II Chr 15 5 bedarf einer besonderen Untersuchung, da es schwierig ist, seinen Inhalt zu bestimmen. In dem Abschnitt, in welchem es sich findet, wird auf die Richterzeit hingewiesen, eine Zeit, in der Jahwes שָׁלוֹם nicht häufig in Israel wirksam gewesen war und in welcher im Siedlungsgebiet der einzelnen Stämme verworrene Zustände geherrscht haben müssen[21]. Wie uns der Dtr berichtet, fielen damals die Israeliten oft von Jahwe ab, indem sie die Baalim und Ascheroth verehrten und taten, was Jahwe verabscheute[22].

Wäre diese Situation charakteristisch dafür, nicht des שָׁלוֹם Jahwes teilhaftig zu sein, dann würde an dieser Stelle bei oberflächlicher Betrachtung Heil in einem materialistischen Sinne verstanden worden sein. Auf Grund einer solchen Voraussetzung könnte man unbedenklich annehmen, daß der Inhalt des Nomens Vorstellungen wie *Sicherheit, Wohlfahrt, äußeren Frieden* und vielleicht auch *materiellen Segen* betonen würde. Diese Bedeutung von שָׁלוֹם ist verschiedene Male im Dtr-Werk belegt und muß dem Dtr geläufig gewesen sein, da er sie auch in Erzählungen verwendet, die nicht in der Richterzeit spielen[23].

Genauere Untersuchungen des literarischen Charakters und Aufbaues des Abschnittes II Chr 15 1-7 lassen jedoch erkennen, daß das Nomen noch in einem anderen Sinne gebraucht worden ist, denn wir

---

[19] Vgl. F. Baumgärtel, Art. πνεῦμα, ThW VI 360.
[20] S. o. 115f.
[21] Vgl. z. B. Jdc 5 6.
[22] Vgl. z. B. Jdc 3 7.
[23] S. o. 113ff.

haben es auch hier mit einer levitischen Predigt zu tun, die allerdings durch den Chr in verkürzter Form wiedergegeben worden ist[24]. In ihr ermahnt »ein vom göttlichen Geist Inspirierter« nach der Schlacht mit den Kuschiten den siegreichen König Asa sowie ganz Juda und Benjamin, diesen göttlichen Gnadenerweis als Anlaß zu nehmen, um augenblicklich zu Gott zurückzukehren. In diesem Zusammenhang weist der Chr auf Zeiten innerhalb der israelitischen Geschichte, in denen Gottes שָׁלוֹם nicht gegenwärtig war. Er beginnt seine Predigt v. 3 mit den Worten: »Wenn ihr ihn sucht, so läßt er sich von euch finden«, und schließt sie v. 7 mit der Aufforderung: »Laßt eure Hände nicht sinken, denn es ist noch ein Lohn vorhanden für euer Tun!«

Wie G. von Rad gezeigt hat, ist der gesamte Abschnitt dreiteilig aufgebaut, bestehend aus »doctrina, applicatio und exhortatio« und weist als sein Anliegen die göttliche Hilfsbereitschaft auf[25]. Obgleich man gewiß dieser Interpretation zustimmen muß, scheint sie doch dem Inhalt nicht völlig gerecht zu werden, weil er meiner Meinung nach eine Aussage über das *göttliche Heil* macht. Für Israel, und ganz besonders für die späte Zeit des Chr, ist Gottes Handeln in der Geschichte stets *Heils*handeln. Ob es der Mensch als Gottes Güte auffaßt und deshalb als göttliche Hilfe ansieht, oder ob er es als Gottes Zorn versteht und darum von der göttlichen Strafe spricht, spielt keine Rolle. In beiden Fällen geht es um das Verhältnis Gottes zum Menschen, ein Verhältnis, das durch Gott zum Besten, d. h. zum *Heil*, des Menschen bewirkt wird.

Wenn deshalb, wie G. von Rad feststellt, in der doctrina dieser Predigt die Bedingungen der göttlichen Hilfsbereitschaft aufgestellt werden, dann muß meiner Meinung nach mit der applicatio notwendigerweise zum Ausdruck kommen, daß es ganze Geschichtsepochen gegeben hat, in welchen die göttliche Hilfsbereitschaft für Israel nicht zugänglich war. Gottes Nähe ist also nichts Selbstverständliches, weil Gott nicht in der Verfügbarkeit des Menschen steht. Wenn er ihn aber seiner Nähe würdigt, dann ist es stets sein Gnadenakt. Wird dieser Inhalt des Abschnittes für die Interpretation von II Chr 15 5 vorausgesetzt, dann besagt der Ausdruck אֵין שָׁלוֹם: Während der Richterzeit war *Gottes Heil* für Israel nicht erreichbar. Es ist nur dann gegenwärtig, wenn der Mensch im rechten Glaubensverhältnis zu Gott steht. Und diese Schlußfolgerung wird in der Tat von der exhortatio in dem Zusammenhang gezogen.

---

[24] Vgl. G. v. Rad a. a. O. 251 f.
[25] Vgl. G. v. Rad a. a. O. 252; es ist hierbei jedoch zu bemerken, daß G. v. Rad dem Begriff שָׁלוֹם keine Aufmerksamkeit in seiner Studie schenkt.

3. Erwägungen zu I Chr 12 18-19

Zum Schluß der Besprechungen der Bedeutungsgehalte des Nomens im Chr-Werk muß I Chr 12 18-19 behandelt werden, eine Stelle, in welcher שָׁלוֹם viermal erscheint. Eine besondere Untersuchung des kleinen Abschnittes ist deshalb notwendig, weil es schwierig ist, seinen Inhalt zu interpretieren. Meiner Meinung nach kann aber von vornherein festgestellt werden, daß für das Nomen die Bedeutung »Frieden« sehr wahrscheinlich nicht in Frage kommt, obgleich es so in fast allen Übersetzungen und Kommentaren wiedergegeben wird. Diese Feststellung gründet sich sowohl auf den größeren literarischen Zusammenhang, in welchem sich die Stelle befindet, als auch auf die Hauptgedanken des Chr, welche sich aus dem Gesamtaufbau seines Werkes erschließen lassen.

Betrachten wir die für unsere Stelle vorauszusetzende Situation, dann wird sofort folgendes deutlich: Vom Chr werden die Vorbereitungen Davids und des gesamten Volkes dargestellt, den bedrohlichen Angriffen der Philister und feindlichen Nachbarn gerüstet entgegenzutreten. Wenn er also beschreibt, wie die Volkshelden sich um David scharen und sich mit ihm verbünden, um ihre patriotische Pflicht zu erfüllen, dann sollte man in dieser Situation von den Versammelten gewiß eher einen Kriegsruf als eine Friedenskundgebung erwarten. Große Ereignisse scheinen dem Gottesvolk bevorzustehen. In einem solchen Zusammenhang dürfte שָׁלוֹם vermutlich den Sinn von *Heil* haben.

Ehe jedoch eingehendere Untersuchungen des Abschnittes vorgenommen werden, sind erst einige Vorüberlegungen notwendig. Wie wäre die Sachlage, wenn wir für das Nomen die Bedeutung *Frieden* annehmen? Man könnte zunächst meinen, der Chr wollte eine Aussage über den *zukünftigen Frieden* in Israel machen und hätte deshalb das Wort שָׁלוֹם besonders betont, indem er es in v. 19 dreimal hintereinander aufführt. Eine solche Interpretation scheint sogar die Auffassung der Übersetzer der Septuaginta gewesen zu sein, denn ⑤ gibt וְעָמְּךָ mit ὁ λαός σου wieder, was zwar dem hebräischen וְעַמְּךָ entspricht, nicht aber dem עָמְךָ des MT. Hier ist offenbar an eine Situation gedacht, in welcher die führenden Männer des Volkes in der Erwartung einer siegreichen Beendigung der bevorstehenden Kämpfe David und ganz Israel Frieden wünschen. In diesem Fall würde שָׁלוֹם *Sieg* bedeuten. Obgleich die Möglichkeit einer solchen Auslegung des Textes nicht in Abrede gestellt werden kann, bereitet diese Auffassung doch insofern Schwierigkeiten, als die für das Nomen angenommene Bedeutung ein singulärer Fall wäre, denn sie findet sich sonst an keiner Stelle der historischen Literatur des AT und kann soviel mir bekannt ist, auch nirgends in der Literatur anderer semitischer Sprachen belegt werden. Man wird deshalb der Interpretation der Septuaginta solange skeptisch gegenüberstehen müssen, als eine andere Auffassung von שָׁלוֹם möglich ist.

Man könnte weiterhin annehmen, der Chr habe in I Chr 12 19 ausdrücken wollen, daß *Gott Frieden gibt.* Eine solche Annahme ist aber ziemlich unwahrscheinlich, weil שָׁלוֹם in v. 18 isoliert dasteht und keine Beziehung zu dem dreimaligen Gebrauch des

Nomens im folgenden Vers haben würde. Vor allem spricht die vom Chr geschilderte Situation dagegen, denn er stellt nicht das Seufzen eines unter schwerem Kriegsgeschehen leidenden Volkes dar, sondern erweckt den Eindruck, daß tollkühne Recken zusammenströmen, die sich dem Nationalhelden zur Verfügung stellen, mit welchem sie in den bevorstehenden Kampf ziehen wollen. Sollte jedoch mit der obigen Aussage gemeint sein, *Gott gibt den Sieg,* dann lägen die gleichen sprachlichen Bedenken vor wie im Falle der Interpretation der Septuaginta.

Trotz der bisher besprochenen Interpretationsmöglichkeiten, scheint es mir sinnvoller zu sein, an dieser Stelle für שָׁלוֹם die Bedeutung *Heil* anzunehmen[26]. Diese Ansicht läßt sich durch literarische, theologische und sprachliche Argumente stützen, die im folgenden zu besprechen sind.

Beginnen wir zunächst mit den literarischen Gründen! Im Gesamtaufbau des Chr-Werkes nimmt der Abschnitt I Chr 12 18-19 einen hervorragenden Platz ein, denn er ist zugleich der Höhepunkt der Einleitung in Kap. 1—12 und des Hauptthemas, das durch die folgenden Kapitel illustriert wird. Für unser Vorhaben brauchen wir uns nur mit dem einleitenden Abschnitt zu beschäftigen. Der Chr eröffnet ihn mit einer ausführlichen und fast ermüdenden genealogischen Aufzählung in Kap. 1—9. Nach einer kurzen Erwähnung von Sauls Tod Kap. 10 geht er in Kap. 11 sofort zur Darstellung der Geschichte Davids über, mit welcher sein eigentlicher historischer Bericht einsetzt. Dabei zeichnet er durch die Umordnung des Ablaufes der Geschehnisse, die in I—II Sam berichtet werden, den geschichtlichen Verlauf so, daß David von Anbeginn an als *der* große König Israels geschildert wird.

Die Davidgeschichte beginnt I Chr 11 1-9 mit einer programmatischen Einleitung: Ganz Israel versammelt sich in Hebron um den König, bricht mit ihm zusammen auf und erobert Jerusalem, das zur Residenzstadt ausgebaut wird. Diese summarische Feststellung am Anfang der Erzählung ist der Rahmen, in den ihr weiterer Verlauf eingespannt ist. Das Geschehen selbst nimmt seinen Ausgang in Hebron, ohne daß diese Tatsache nochmals ausdrücklich erwähnt wird, denn hier haben sich die Auserwählten des Volkes um David versammelt. Ihre Namen werden I Chr 11 10-46 in einer Heldenliste aufgeführt, auf welche I Chr 12 1-16 eine zweite Namenliste mit Ziklag als Versammlungsort folgt, welche vermutlich ein späterer Einschub ist. Die gesamte Einleitung findet I Chr 12 17-19 einen vorläufigen Abschluß und in dem Abschnitt wird שָׁלוֹם viermal verwendet.

Mit seiner Schilderung des Verlaufs der Handlung scheint mir der Chr David in seiner Einzigartigkeit als König darstellen zu wollen. Er ist für ihn das Symbol der Größe und Macht des Volkes und zugleich der von ganz Israel erwartete Retter, denn alle Helden eilen ihm zu,

---

[26] So auch die Zürcher Bibel ad loc.

um ihm zu huldigen. Die Verwendung des Nomens bringt diesen Gedanken deutlich zum Ausdruck, weshalb שָׁלוֹם in v. 19 sehr wahrscheinlich als Bestandteil eines Huldigungsgrußes aufzufassen ist und *Heil,* in seinem umfassendsten Sinne verstanden, bedeutet.

Gegen eine solche Annahme ließe sich gewiß II Sam 18 28 als Argument anführen, denn an dieser Stelle des Dtr-Werkes ist ein Königsgruß überliefert worden, dessen literarische Form sich wesentlich von der des Grußes in I Chr 12 19 unterscheidet[27]. Die dtr Grußformel besteht nur aus dem einen Wort שָׁלוֹם, während der Chr eine mehrgliedrige Formel verwendet, in welcher jedes einzelne Glied שָׁלוֹם enthält. Der Unterschied läßt sich in diesem Fall aber ziemlich einfach erklären, wenn man bedenkt, daß der Verfasser der Geschichte über die Thronfolge Davids die Institution des Königtums und das Hofzeremoniell aus eigener Anschauung kannte, während dies bei dem Chr nicht der Fall war. Er lebte in einer Zeit und unter Verhältnissen, in welchen das israelitische Königshaus nur noch eine vergangene Größe darstellte, und deshalb wird er wohl einfach einen Huldigungsgruß in der hier vorliegenden Form konstruiert haben[28].

Die Bedeutung *Heil* läßt sich für שָׁלוֹם in I Chr 12 18-19 ebenfalls aus der im Chr-Werk vertretenen Theologie erschließen. Wie schon an anderer Stelle festgestellt worden war, sah der Chr im davidischen Königtum nicht nur das Vorhandensein einer machtvollen Dynastie, sondern ganz besonders eine Verkörperung des Königtums Jahwes[29]. Diese Ansicht könnte sehr wohl der Grund für den überschwenglichen Ausdruck der Huldigung »*Heil, Heil* (sc. sei) dir und mit dir, und *Heil* (sc. ist) derjenige, der dir hilft« sein[30], die dem vom Geist erfüllten Sprecher der Versammelten in den Mund gelegt wird und an welche כִּי עֲזָרְךָ אֱלֹהֶיךָ, eine Erläuterung über Gottes Hilfe für David, angefügt worden ist[31]. Der Erzähler will auf diese Weise offenbar eine Manifestation des göttlichen Willens zum Ausdruck bringen.

Zum Vergleich könnte man die in Jdc 6 23-24 geschilderte Gottesoffenbarung heranziehen, denn in ihr finden sich Ähnlichkeiten mit

---

[27] S. o. 124f.

[28] Meiner Überzeugung nach hat Amasais Huldigung in I Chr 12 19 formelhaften Charakter; vgl. hierzu auch Ges.-Th III 1423, wo diese Stelle als eine Formel aufgefaßt wird unter Hinweis auf viele Parallelen in der arabischen, syrischen und vor allem rabbinischen Literatur. Es wäre zu fragen, ob im Anschluß an G. v. Rads Definition der levitischen Predigt, diese Formel vielleicht als levitisches Bekenntnis bezeichnet werden könnte.

[29] Vgl. M. Noth a. a. O. 175f.

[30] עֹזְרֶךָ ist der sg. des qal pt. und ist an dieser Stelle sinnvoll auf Gott bezogen, während 𝕲 die Form von עזר verändert und es mit den Helden verbindet, wodurch die ganze Stelle einen neuen Inhalt erhält.

[31] Die Erklärung »denn dein Gott hilft dir« stellt vermutlich eine Glosse dar.

der formalen Gestaltung des Textes von I Chr 12 19. In beiden Fällen ist nicht nur der Gruß שָׁלוֹם לְךָ belegt, sondern es folgt auch auf die Begrüßung ein Lobpreis Gottes. יהוה שָׁלוֹם Jdc 6 24 und שָׁלוֹם לְעֹזְרֶךָ an dieser Stelle. Vor allem wird diese Annahme durch die Tatsache gestützt, daß die רוּח von Amasai Besitz ergreift, was ausdrücklich als einleitende Bemerkung zu v. 19 festgestellt wird. Das hierbei verwandte Verbum לָבַשׁ heißt wörtlich »ein Kleid anziehen«, »jemanden einkleiden«[32]. Wenn also David eine Huldigung dargebracht wird, spricht nicht der Mensch Amasai aus eigenem Ermessen, sondern es tut sich durch ihn der von Gott gesandte Geist kund und bewirkt die ekstatische bzw. prophetische Rede[33]. Obgleich ein derartiges χάρισμα hauptsächlich für die vorexilischen Propheten charakteristisch war, besteht Grund zu der Annahme, daß es auch in der nachexilischen Zeit nicht vollkommen abwesend gewesen ist[34].

Schließlich führen sprachliche und stilistische Erwägungen dazu, für das Nomen an dieser Stelle die Bedeutung *Heil* anzunehmen. Es fällt auf, daß שָׁלוֹם viermal hintereinander gebraucht wird, wobei es auf den engen Raum von zwei Versen zusammengedrängt ist. Der Erzähler hat es in dieser Weise sehr wahrscheinlich als Leitwort verwendet, also ein Charakteristikum hebräischen Stiles angewandt, dem wir schon verschiedentlich begegnet sind. Dadurch gewinnt die Aussage an Intensität, und der Inhalt kann deutlicher bestimmt werden. In unserem Fall läßt sich ein solcher Sachverhalt durch den Gebrauch von לֵבָב und שָׁלוֹם illustrieren, denn das Nomen steht in Parallele zu לֵבָב לְיָחַד, wodurch sich die beiden Begriffe gegenseitig interpretieren. Von diesen Voraussetzungen ausgehend, müßte der folgende Inhalt seitens des Chr beabsichtigt gewesen sein:

Nachdem sich alle Helden Israels um David geschart haben, bekundet er seine Bereitschaft, sich ihnen als Führer zur Verfügung zu stellen. David ergreift also die Initiative, die jedoch auffälligerweise nicht zu einem direkten Aufruf zur Nachfolge, sondern zur Begründung des Gefolgschaftsverhältnisses führt. Die Versammelten werden vor eine Entscheidung gestellt, dem שָׁלוֹם zuzustimmen. Auf den ersten Blick bedeutet also das Nomen hier *Gemeinschaft* und vielleicht sogar *verschworene Gemeinschaft*.

Der Chr betrachtet David als den idealen König Israels, welcher reinen Herzens ist. Als solcher vermag er Gott zum Zeugen für seine innere Aufrichtigkeit anzurufen. Deshalb gewinnt hier die Vorstellung der Gemeinschaft die tiefere Bedeutung der *Gottesgemeinschaft* oder wenigstens die der *Bruderschaft*. Für diese Gemeinschaft ist David

---

[32] KB 473 b.

[33] Diese Auffassung von der רוּח findet sich auch sonst im AT, z. B. Gen 41 38 u. ö.; vgl. F. Baumgärtel, Art. πνεῦμα, ThW VI 360.

[34] Vgl. J. Lindblom, Prophecy in Ancient Israel, 1963[2], 57.

bereit. Sollte sie ihm von den Versammelten angetragen werden, dann verspricht er schon im voraus, daß er ihr mit seinem Herzen, d. h. seinem Selbst, entsprechen wird. Soweit handelt es sich in dem Zusammenhang um den »menschlichen« Aspekt. Daneben kommt aber auch noch ein »göttlicher« Aspekt zum Ausdruck, denn — wie schon früher an anderer Stelle festgestellt wurde — die neu begründete Gemeinschaft erhält ihre Weihe von Gott, womit für alle Anwesenden die Gewißheit gegeben ist, daß ihr Unternehmen Teil eines göttlichen Planes ist, auf welchem der *göttliche Segen* ruht. Deshalb ist es zugleich auch *Heil*.

Zieht man alles in Betracht, was bisher in der Untersuchung erwogen worden ist, dann könnte man zu dem Schluß kommen, der Chr habe eine Bundesschließung darstellen wollen. Zuerst erweckt sie den Anschein, als begründe sie eine Gemeinschaft zwischen Menschen. Aber durch die Offenbarung des göttlichen Willens wird ihr ein umfassenderer Sinn beigelegt. Die Bundesschließung wird ein *Heils*bund, weil Gott ihn stiftet.

Sollte diese Interpretation von I Chr 12 18-19 zutreffend sein, dann würden sich einige beachtliche Konsequenzen aus ihr für das theologische Verständnis des Chr ergeben. Man könnte an Folgendes denken:

(1) An dieser Stelle liegt das theologische Bekenntnis des Chr zusammengefaßt vor: Das wahre Israel ist die neu begründete Jerusalemer Kultgemeinde.

(2) Wir erhalten eine Einsicht in die Grundlagen der Glaubensvorstellungen der Jerusalemer Kultgemeinde.

(3) Es ist möglich, daß der Chr in verschleierter Form den Gedanken des David redivivus zum Ausdruck bringen wollte und wir deshalb hier einen Beleg für ein nationalistisches Messiasverständnis seiner Zeit haben.

(4) Es würde sich gezeigt haben, daß im Chr-Werk bedeutsame theologische Vorstellungen vorhanden sind, die durch eine bewußte Neugestaltung des historischen Stoffes zum Ausdruck kommen.

(5) Bei der Verwendung des Begriffes שָׁלוֹם handelt es sich vermutlich um eine Feststellung über das *Heil*. Heil ist unzertrennlich mit dem neuen legitimen Israel verbunden und wird allein durch die Jerusalemer Kultgemeinde zugänglich.

(6) Es ist denkbar, daß uns der Chr hier eine Formel überliefert hat. Sie hatte wahrscheinlich ihren festen Sitz in der levitischen Predigt, war ein Zeugnis für die Bedeutsamkeit, die David für die Heilsgeschichte in Israel gewonnen hatte, und stammt deshalb aus der nachexilischen Zeit[35].

---

[35] Diese Feststellung muß aufrecht erhalten bleiben, obwohl W. A. L. Elmslie, The First and Second Books of Chronicles, IB III, 1954, 390, annimmt, daß wir eine alte

(7) Sollte der Chr an dieser Stelle die Absicht verfolgt haben, einen Bundesschluß darzustellen, dann müßte man mit der Möglichkeit rechnen, daß er seinen neuen Vorstellungen die Szene Jos 24 zugrunde gelegt hat, sie aber seinen Intentionen entsprechend umgestaltet hat: An die Stelle Josuas ist jetzt David und an die Stelle der versammelten Amphiktyonie sind die heldischen Volksführer getreten. Alte Bundesvorstellungen, amphiktyonischer Bund und Davidbund, werden damit zu einer neuen Bundesvorstellung verschmolzen: dem neuen Bund der Jerusalemer Kultgemeinde.

(8) Die überzeugend von M. Noth herausgearbeiteten theologischen Hauptgedanken des Chr-Werkes werden auf diese Weise unterbaut[36]; darüber hinaus sind neue Einsichten in das theologische Verständnis des Chr gewonnen worden.

Am Schluß dieser Untersuchung sollen noch einige kritische Beobachtungen am Text selbst behandelt werden. Die Form, in welcher der MT den Abschnitt I Chr 12 18-19 überliefert hat, macht, stilistisch gesehen, einen unausgeglichenen und überladenen Eindruck. Im Hinblick auf die vorausgegangene Untersuchung des Inhalts würde es sinnvoller erscheinen, an dieser Stelle ὁ λαός σου mit ⑸ zu lesen, das auf das hebräische עַמְּךָ zurückgeht, anstatt עַמְּךָ, welches sich im MT findet. Das letztere könnte sehr wohl auf einer Textverderbnis beruhen, die von dem Textbearbeiter stammt und dann weiter tradiert worden ist.

Zu dieser Annahme wird man auf Grund des Namens geführt, welcher dem inspirierten Sprecher der Helden Davids beigelegt wird. Im Dtr-Werk und auch I Chr 11 20 heißt er אַבְשַׁי bzw. אֲבִישַׁי, ein Name, in dem אַב und שַׁי als Bestandteil enthalten sind, während er I Chr 12 19 עֲמָשַׂי genannt wird. Es läßt sich nicht mehr ermitteln, warum diese Namensänderung vorgenommen worden ist. Sie ist aber auffällig, zumal אֲבִישַׁי keine Beziehung zu עֲמָשַׂי hat. Der Name אַבְשַׁי würde jedoch für unsere Stelle sehr passend sein, denn einmal kann nach dem größeren literarischen Zusammenhang nur diese Person hier gemeint sein, und zweitens auch deshalb, weil er in seiner alten Form אֲבִישַׁי in einem seiner Bestandteile eine Beziehung zu יִשַׁי, den Vater Davids, zum Ausdruck bringt und ihn dadurch mit der Grußform in I Chr 12 19 verbindet, in welcher David als בֶּן־יִשַׁי angesprochen wird.

Eine andere mögliche Lösung dieses Problems ist von J. Wellhausen vorgeschlagen und von G. B. Gray übernommen worden[37]. Beide Gelehrte nehmen an, daß in v. 19 עֲמִישַׂי durch עֲמָשַׂי ersetzt worden ist. Der ursprüngliche Name würde auf עַם, Volk, und שַׁי oder יִשַׁי anspielen und sich sehr wohl zum Ausdruck der Vorstellungen eignen,

Formel vor uns haben, da der Text rhythmische Form aufweise. Ein solches Argument ist von geringer Bedeutung, denn es lassen sich genügend Belege dafür anführen, daß in der nachexilischen Literatur des AT poetische Aussagen in rhythmischer Form vorhanden sind, z. B. in spätprophetischen Schriften und in verschiedenen Psalmen, die der nachexilischen Zeit zuzurechnen sind. Man könnte in diesem Zusammenhang auch auf die Hojadot der Qumrantexte verweisen.

[36] M. Noth a. a. O. 171 ff.
[37] Vgl. G. B. Gray, Studies in Hebrew Proper Names, 1896, 27. 44. 323; G. B. Gray verweist ebenfalls auf J. Wellhausen, Der Text der Bücher Samuelis, 95.

die I Chr 12 18-19 enthalten sind. Außerdem würde mit dem Vorschlag die Vermutung gestützt werden, daß ⑤ an der Stelle den besseren hebräischen Text bewahrt hat, in dem sich ὁ λαός σου, d. h. עַמְּךָ, findet. Die Änderung von עַמְּךָ zu עַמְּךָ im MT könnte durch die Bemerkung עֹזְרְךָ אֱלֹהֶיךָ veranlaßt worden sein, die vielleicht als eine spätere Glosse in den MT eingedrungen ist. Welcher der beiden Lösungen der Vorzug zu geben ist, braucht für unsere Belange nicht entschieden zu werden.

Mit diesen abschließenden Erwägungen mögen die hier angestellten Untersuchungen ihr Bewenden haben. Ihre Aufgabe war, die inhaltlich schwierige Stelle I Chr 12 18-19 so genau wie möglich zu bestimmen. Es wurde deutlich, daß das Nomen hier nicht mit »Frieden« übersetzt werden kann, obwohl es die meisten Bibelübersetzungen und Kommentare so wiedergeben, sondern daß es *Heil* bedeutet.

III. Zusammenfassung

Die Bedeutungsgehalte, die sich für das Nomen innerhalb des Chr-Werkes finden ließen, setzen, bis auf einen Fall, wahrscheinlich alle ein bestimmtes theologisches Verständnis des Chr voraus, das sowohl eine heilsgeschichtliche als auch eine gewisse eschatologische Orientierung zum Ausdruck zu bringen scheint. Selbst für die Stelle, deren Inhalt als säkular bestimmt wurde, ließe sich das gleiche theologische Vorverständnis vermuten. Damit ist festgestellt, daß seit der Zeit des Dtr-Werkes, in dem das Nomen noch vielfach in säkularen Aussagen Verwendung fand, eine bedeutsame inhaltliche Wandlung des Begriffes שָׁלוֹם stattgefunden hat.

Im einzelnen umfaßt das Nomen eine Skala von Vorstellungen, die von Bedeutungen wie *Ruhe, Sicherheit, Wohlfahrt, Wohlergehen* usw. bis zum vollen Begriff des *Heils* reicht. Auf welcher der einzelnen Komponenten auch immer die Betonung entsprechend des jeweiligen Gebrauches liegen mag, sie alle bekommen eine spezifische Färbung durch ihre Bezogenheit auf die theologische Grundeinstellung des Chr, dem offenbar das *göttliche Heil* ein existentielles Anliegen war.

§ 13 PROPHETISCHE LITERATUR

Wenn wir uns dem Gebrauch des Wortes שָׁלוֹם im Bereich der prophetischen Literatur zuwenden, hat es zunächst den Anschein, als ob es stets in religiösen Aussagen verwendet wird. Dieser Sachverhalt ist sowohl durch den literarischen Rahmen bedingt, in welchem sich das Nomen findet, als auch durch die Tatsache, daß der Prophet der Verkünder des göttlichen Willens ist. Da seine Funktion die eines Gottessprechers ist, sollte alles, was in seinem ekstatischen Geisteszustand empfangen wird und sprachlichen Ausdruck findet, als göttliche Offenbarung angesehen werden. Diese allgemein von der Forschung vertretene Ansicht, ist exemplarisch von J. Lindblom ausgedrückt, wenn er zusammenfassend feststellt: »This is true of the visions ... in which he (sc. the prophet) received the prophetic call as well as of the personal struggles described in the confessions.«[1] Ein solches Verständnis der prophetischen Worte kann jedoch nicht unbesehen übernommen werden, denn in dieser Literatur hat nicht jeder Inhalt, der durch den Gebrauch des Nomens bestimmt ist, für die Heilsgeschichte Bedeutsamkeit. In einigen Fällen muß sogar eine säkulare Bedeutung angenommen werden, obgleich sie innerhalb eines religiösen Rahmens erscheint.

I. »Säkulare Bedeutungen«

In verschiedenen Stellen hat שָׁלוֹם nur säkulare Bedeutung, ohne irgendwelchen Bezug auf die Heilsgeschichte anzudeuten. Daneben finden sich noch eine Reihe von Belegen, die ebenfalls in diesem Abschnitt besprochen werden, in welchen jedoch der Inhalt doppeldeutig aufgefaßt werden kann. Es ist möglich, daß hinter ihrem vordergründigen Gebrauch tiefere theologische Zusammenhänge stehen. Tritt ein derartiger Sachverhalt auf, so wird ihm in den folgenden Abschnitten des Kapitels Rechnung getragen.

1. Aussagen in Verbindung mit Einzelpersonen

Bei Aussagen, die auf Einzelpersonen bezogen sind, kommt שָׁלוֹם in dem Ausdruck אִישׁ שָׁלוֹם vor. Da in diesen Fällen אִישׁ mitbestimmend für die Bedeutung von שָׁלוֹם ist, muß beachtet werden, daß es in verschiedenster Weise Verwendung findet. Es wird vor allem häufig mit einer nachfolgenden Apposition gebraucht, um ein Verhältnis zum Ausdruck zu bringen, mit dem nicht nur Stellung, Beruf oder Amt einer Person, sondern auch andere Beziehungen, z. B. Nationalität oder ein gemeinsames persönliches Verhältnis, bezeichnet werden[2]. Wenn שָׁלוֹם in der Weise mit אִישׁ verbunden wird, hat es die Bedeutung *Gemeinschaft*. Ein אִישׁ שָׁלוֹם ist also ein Mensch, *mit dem Gemeinschaft besteht*. Je nachdem, in welchem Zusammenhang der Ausdruck erscheint, kann er sich auf ein Verhältnis der *Ganzheit*, der *Unbefangenheit*, des *Vertrauens*, der *Freundlichkeit*, der *Freundschaft* und des *Wohlwollens* beziehen.

Das erste Beispiel stellt Ob 7 dar, eine Vision, in welcher das über Edom kommende Gericht als Gotteswort verkündet wird. Selbst in diesem Geschehen werden die אַנְשֵׁי שְׁלֹמֶךָ Edom betrügen und Vorteil

---

[1] J. Lindblom, Prophecy in Ancient Israel, 1963², 220.
[2] Vgl. KB 40b.

aus seiner verzweifelten Lage ziehen. Der Ausdruck kennzeichnet hier eindeutig *Freunde* oder *Bundesgenossen*[3].

An zwei anderen Stellen steht die gleiche Wortgruppe für Mann des *Vertrauens* oder Mann der *Gemeinschaft*. In Jer 20 10 klagt der Prophet Gott, sogar der אֱנוֹשׁ שְׁלוֹמִי, d. h. *derjenige, der ihm nahesteht*, sein *Vertrauter* oder *Freund*, würde ihn belauern und Ränke gegen ihn schmieden. An anderer Stelle, Jer 38 22, verkündet der Prophet während einer geheimgehaltenen Audienz König Zedekia den Gotteswillen für den Fall, daß er sich weigert, der chaldäischen Weltmacht untertan zu sein. In diesem Zusammenhang wird das Verhalten der Frauen des königlichen Harems geschildert, welche die Niederlage Jerusalems überlebt haben. Wenn sie weggeführt werden, verspotten sie Zedekia mit einem Lied, indem sie singen: »Verführt, überwältigt, haben dich *diejenigen, mit denen du Gemeinschaft hattest*«. Auf die hier beschriebene Situation bezogen heißt das: *diejenigen, mit denen du gemeinsame Sache gemacht hattest* oder *denen du dein Vertrauen geschenkt hattest*.

2. Formal einwandfreies Verhalten

Wenn das Nomen die Bedeutung *Gemeinschaft* hat, kann es aber auch oberflächlich verstanden werden und so viel wie *etwas äußerlich Gemeinsames miteinander haben* bezeichnen. In unserer heutigen Zeit würde man in solchen Fällen von *gutem Benehmen* oder auch *gutem Einvernehmen* sprechen. In dem Sinne wird שָׁלוֹם in Jer 9 7 gebraucht, wo man es fast mit *Verständnisbereitschaft* und *Entgegenkommen* übersetzen könnte. Gewiß handelt es sich an dieser Stelle um einen Gottesspruch, aber in ihm wird das Nomen wahrscheinlich nur für die Charakterisierung der damaligen »gesellschaftlichen« Umgangsformen im täglichen Leben der Menschen verwendet.

Ähnliches scheint mir das Nomen auch in Sach 6 13 zu bedeuten, nämlich *gutes Einvernehmen* oder, negativ gesagt, *keine Zwistigkeiten* oder *Streitigkeiten haben*. Diese Interpretation läßt sich jedoch nicht mit Sicherheit aus der Stelle erschließen, denn der allgemeine Inhalt von Sach 6 9-15 ist unklar. Es ist sinvoll anzunehmen, daß der Verfasser an Serubbabel gedacht hat, wenn er von demjenigen spricht, der den Thron einnehmen soll, denn nur er kann eigentlich mit der Bezeichnung »Sproß« gemeint sein. Wenn diese Vermutung zutrifft, dann wird an dieser Stelle eine Aussage über die Zusammenarbeit zwischen Serubbabel und Josua in bezug auf die Leitung der Gemeinde der Rückkehrer gemacht[4].

---

[3] An dieser Stelle wird אַנְשֵׁי שְׁלֹמֶךָ als Parallelausdruck zu אַנְשֵׁי בְרִיתֶךָ gebraucht.

[4] Vgl. H. G. Mitchell, J. M. P. Smith und J. A. Bewer, Haggai, Zechariah, Malachi and Jonah, ICC, 1961, 183 ff.

3. Guter Zustand

Diese Grundbedeutung des Nomens findet sich Jer 43 12 in einem
Orakel Jeremias über das Schicksal Ägyptens. Der größere literarische
Zusammenhang, in dem das sprachliche Bild einen ziemlich drastischen
und vulgären Vergleichspunkt hat, erweist sich als säkular, obwohl das
Orakel in der Form eines Gottesspruches überliefert worden ist. Ausgesagt wird an dieser Stelle, Nebuchadrezzar werde nach der Plünderung
und Brandschatzung Ägyptens *unbelästigt, unversehrt* oder *wohlbehalten* wieder abziehen. In Sach 8 10 wird שָׁלוֹם deutlich im Sinn von
äußerer Sicherheit, Schutz und *Ordnung* gebraucht. Es ist ein Hinweis
auf die schlimmen Zeiten, die das Volk vor der Errichtung des Zweiten
Tempels erlebt hat.

Mit der gleichen Grundbedeutung wird das Nomen auch auf
Länder und Lokalitäten bezogen. Beginnen wir mit Jer 12 5, einer Stelle
in einem Klagelied Jeremias, an deren Ende ihm Gott antwortet,
indem er ihn zu noch größerem Glauben und Mut auffordert. Der
Prophet verwendet hier einen volksspruchartigen Vergleich zwischen
dem Dschungel des Jordans und dem אֶרֶץ שָׁלוֹם. In dem Ausdruck ist
nicht die Rede von einem friedlichen Land, sondern von einem
Gebiet, in welchem *Sicherheit* und *Schutz* vorhanden sind, d. h. ein
Gebiet, in dem der Mensch *ungefährdet* vor den Raubtieren des Dschun-
gels siedeln und wohnen kann.

In einem göttlichen Gerichtsspruch bedeutet das Nomen in
Jer 25 37 *Wohlbestelltheit* im Sinne von *Fruchtbarkeit*. Es ist auf מַרְעִית
bezogen (Jer 25 36), das die Möglichkeit des Weide- und Futterplatzes
bezeichnet[5]. Damit ist eine Aussage über den Verlust der *Fruchtbarkeit*
gemacht: Wenn die Möglichkeit nicht mehr besteht, daß das Vieh
weiden und einen Futterplatz finden kann, dann ist die Fruchtbarkeit
des Weidegrundes und des Landes vernichtet worden.

Der allgemeine Sinn von *Wohlbestelltsein* findet sich für das Nomen
an zwei Stellen. Einmal in Jer 29 7, in Jeremias Brief an die Verschleppten, wo שָׁלוֹם auf das Land Babylon bezogen wird und *Wohlfahrt*
oder *Gedeihen* bedeutet. Der gleiche Inhalt kommt, wenn auch in
abgeschwächter Weise, in Jer 15 5 in einer Gerichtsrede Gottes über
Jerusalem zum Ausdruck. Das Nomen drückt hier *Wohlergehen, Wohlbefinden, Begrüßung* aus und wird genau wie im Dtr-Werk in der
formelhaften Wendung שָׁאַל לְשָׁלוֹם לְ gebraucht[6].

Die letzte in diesem Abschnitt zu besprechende Stelle ist Jer 38 4,
deren größerer literarischer Zusammenhang eine staatspolitische
Situation schildert: Als in dem Unabhängigkeitskampf des Staates
die Lage Judas und Jerusalems völlig aussichtslos geworden ist, ruft

---

[5] Vgl. KB 568a. 601b.
[6] S. o. 103.

Jeremia nicht das Volk zu einem letzten heroischen Einsatz und zur Selbstaufopferung auf, sondern verkündet, daß Jerusalem in die Gewalt des Königs von Babylon gegeben und fallen wird. Die Fürsten, die den politischen Kurs des Staates in dieser Zeit lenken, sehen das Verhalten des Propheten als Hochverrat an und dringen deshalb beim König auf Jeremias Hinrichtung, weil er die militärische Widerstandskraft des Heeres und der Bevölkerung untergrabe. Jeremias Reden sind für sie der Beweis, daß sein Anliegen nicht שָׁלוֹם der Bevölkerung, d. h. die *Wohlfahrt*, ist, sondern לְרָעָה für sie bedeutet, d. h. er hegt böse Absichten gegen das Volk. Wollte man diesen ideologischen Gegensatz zwischen politischer Macht und religiöser Verantwortung in Begriffen des modernen politischen Denkens ausdrücken, dann könnte man שָׁלוֹם fast mit *Staatsinteresse* oder *Staatssicherheit* übersetzen[7].

II. Heil als Umfassendes unter Hervorhebung einzelner Komponenten

In der Mehrzahl aller Belege des Nomens innerhalb der prophetischen Literatur wird שָׁלוֹם als religiöse Aussage gebraucht. Es zeigt jedoch keine Einheitlichkeit des theologischen Verständnisses, sondern läßt deutlich verschiedene Stufen der religiösen Einsicht und des Glaubens erkennen, denen im einzelnen in den folgenden Untersuchungen nachgegangen werden soll.

Zuerst sollen Stellen besprochen werden, in welchen das Nomen ein spezifisches Heilsverständnis zum Ausdruck bringt. In solchen Fällen bedeutet *Heil*, wie ähnlich auch im Dtr- und Chr-Werk, einen Zustand, der aus verschiedenen Vorstellungskomponenten zusammengesetzt gedacht wird. Je nach der geschilderten Situation werden einzelne Komponenten besonders hervorgehoben[8].

1. Wohlbestelltsein, Sicherheit

In Jes 39 8, dessen Parallelstelle II Reg 20 19 ist, wird שָׁלוֹם in einer Situation gebraucht, in welcher der Prophet mit seinem Gottesspruch das Gericht über das Königshaus verkündet. Jesaja läßt König Hiskia wissen, daß Gott seinen Segen den Nachkommen des Königs entzieht, Hiskia selbst jedoch noch verschonen will. Nachdem der König diesen Gerichtsspruch vernommen hat, hält er sein persönliches Leben für gesichert, denn er glaubt, er werde in שָׁלוֹם leben, d. h. in *Sicherheit, Wohlergehen* und *äußerem Frieden*[9]. Ob Hiskia hier als eine Person geschildert wird, die nur an ihr eigenes Glück denkt, oder ob der Verfasser die Worte des Königs als einen Hinweis auf ein Bündnis mit

---

[7] Vgl. hierzu auch den Ausdruck דָּרַשׁ שָׁלוֹם in den obigen Erörterungen S. 112. 144 ff.

[8] S. o. 112 ff., 146 ff.

[9] S. o. 113.

Merodach-Baladan betrachtet, dessen Gesandtschaft zu jenem Zeitpunkt in Jerusalem weilt[10], braucht uns nicht weiter zu beschäftigen, denn was auch immer mit diesen Worten gemeint war, es ist sicher, daß er zum Ausdruck bringen wollte, Hiskia habe Jesajas eindringliche Warnung gänzlich mißverstanden.

Eine andere Situation wird in Ez 7 25 dargestellt. Hier hören wir in einer göttlichen Gerichtsrede über die Bewohner des Landes Israel, daß sie der völligen Vernichtung preisgegeben werden sollen. Die schlimmsten Heiden werden das Land mit Krieg überziehen, und Todesangst wird alle Einwohner befallen. Sie alle werden versuchen, sich dieser Katastrophe zu entziehen, aber für sie ist keine *Rettung* mehr vorhanden, וּבִקְשׁוּ שָׁלוֹם וָאָיִן.

2. Erwägungen zu Jes 41 3

Auch in Jes 41 3 liegt meiner Meinung nach bei dem Inhalt von שָׁלוֹם die Betonung auf den Vorstellungen der *Sicherheit* und *Wohlbehaltenheit*, die allerdings nicht so oberflächlich aufgefaßt worden sind wie in Jes 39 8. Daß diese Bedeutungen hier anzunehmen sind, scheinen sowohl der literarische Zusammenhang als auch die geschilderte Situation notwendig zu machen; denn Cyrus wird als der heroische Feldherr gefeiert, der seine Weltherrschaft antritt, indem er die Völker vor sich niederwirft und die Könige stürzt. Alle fliehen vor ihm, aber er jagt ihnen nach, um sie völlig zu unterwerfen. Als Absicht des Dichters wird wahrscheinlich, wie S. Mowinckel vermutet, anzunehmen sein, daß er Cyrus als einen Herrscher schildern wollte, der durch den Antritt seiner Macht die rechte Ordnung herbeiführen sollte[11]. Deshalb verwendet Dt-Jes an dieser Stelle für Cyrus das Bild des Wagenkämpfers, welcher siegreich voranstürmt und dem niemand zu widerstehen vermag. In keiner Kampfhandlung kann ihm ein Unglück geschehen, denn er steht unter *göttlichem Schutz* und handelt im Auftrage Gottes. Für sein Leben ist *Sicherheit* garantiert, und sein Erfolg kann von niemandem gehindert werden, weil er Jahwes Werkzeug ist, ein Werkzeug des Gottes, der die Geschichte lenkt.

Mit dieser Feststellung soll nicht in Abrede gestellt werden, daß das Gedicht als ganzes von der Heilsgeschichte Gottes handelt. Soweit jedoch der Begriff שָׁלוֹם darin Verwendung findet, ist ihm meiner Meinung nach keine heilsgeschichtliche Bedeutung beizulegen. Er dient vielmehr zur Schilderung der Art und Weise, wie sich der Dichter das persönliche Geschick des siegreichen Helden im Zuge des

---

[10] Diese Auffassung vertritt W. R. Smith, The Prophets of Israel and Their Place in History to the Close of the Eighth Century B. C., 1928², 217f.
[11] S. Mowinckel, He that Cometh, 1954, 244.

Antritts seiner Weltherrschaft vorstellt[12]. Daß mit dem Helden an dieser Stelle nur Cyrus gemeint sein kann, scheint ziemlich sicher zu sein, denn von ihm erwartete Dt-Jes eine Wende in der Geschichte und hoffte deshalb, er werde durch seine Kriege die rechte Ordnung herbeiführen. Dieser allgemeine Gesichtspunkt verdient festgehalten zu werden, obwohl neuerdings diese Ansicht in Frage gestellt worden ist[13].

Ob Dt-Jes beabsichtigt hatte, an dieser Stelle noch mehr zu sagen, läßt sich schwer entscheiden, da bis jetzt in der Forschung keine Übereinstimmung erzielt worden ist, um welche literarische Form es sich bei dem Abschnitt Jes 41 1-5 handelt. Man kann Jes 41 1-5a als ein unabhängiges Gedicht verstehen, das eine Offenbarung darstellt, die keinen Zusammenhang mit den anderen Abschnitten von Jes 41 hat[14], aber man kann auch Jes 41 1—42 4 als ein zusammenhängendes Ganzes im Sinne einer Gerichtsszene auffassen, die in neun Strophen aufgeteilt ist[15].

Wie dem auch sei, der literarischen Struktur, in welcher sich Jes 41 3 findet, braucht hier nicht weiter nachgegangen zu werden, weil sie, soweit ich sehen kann, kein Gewicht für die Interpretation von שָׁלוֹם in v. 3 hat. Man muß deshalb Interpretationen, die hier für das Nomen einen heilsgeschichtlichen Inhalt voraussetzen, mit Skepsis begegnen. Zu einigen soll im folgenden Stellung genommen werden.

L. G. Rignell postuliert, daß עָבַר שָׁלוֹם an dieser Stelle »*peace* disappears« bedeuten würde[16]. Aber diese Annahme hat wenig für sich. Er setzt für das Nomen an der Stelle ein heilsgeschichtliches Verständnis voraus, das jedoch, wie schon weiter oben dargelegt worden ist, kaum von dem Dichter gemeint gewesen sein kann. Aber selbst wenn eine solche Interpretation annehmbar wäre, sollte sie auf einer solideren Grundlage ruhen als derjenigen, die L. G Rignell aufweist, denn es ist nicht ausreichend, wenn man in diesem Zusammenhang lediglich auf Jes 48 22 verweist.

Das Verbum עָבַר kann gewiß die Bedeutung »to disappear« haben, aber es ist zu bedenken, daß L. G. Rignell hier eine abgeleitete Bedeutung verwendet, die nicht notwendig im Sinne der Grundbedeutung des Verbums von ihm verstanden wird, welche »dahingehen, seines Weges ziehen, durchziehen« zum Ausdruck bringt[17]. Aus methodischen Gründen sollten aber abgeleitete Bedeutungen erst dann für eine Interpretation herangezogen werden, wenn die Grundbedeutung selbst keinen Sinn ergibt, ein Fall, welcher für Jes 41 3 jedoch nicht vorliegt.

---

[12] Vgl. O. C. Whitehouse, Isaiah 40—66, NCB, o. J., 66. Der adverbielle Gebrauch des Acc., um die Art und Weise auszudrücken, findet sich häufig im Hebräischen, vgl. G. Beer und R. Meyer, Hebräische Grammatik, II 1955, 137.

[13] Z. B. von L. G. Rignell, A Study of Isaiah Chapters 40—55, LUÅ, N. F. 1, 52. 3, 1956, 22.

[14] So J. Lindblom a. a. O. 376.

[15] So J. Muilenberg, Isaiah 40—66, IB V, 1956, 447.

[16] L. G. Rignell a. a. O. 22.

[17] Vgl. KB 675a.

Außerdem lassen sich auch formkritische Gesichtspunkte gegen L. G. Rignells Auffassung anführen. Seine Interpretation von עָבַר שָׁלוֹם würde den dramatischen Aufbau von Jes 41 2-4 ganz wesentlich stören. Die Charakterisierung des Feldherrn, der seine Feinde verfolgt, würde plötzlich unterbrochen werden durch einen Wechsel von diesem Bild auf das Kriegsgeschehen selbst, wofür meiner Meinung nach kein Anhaltspunkt gegeben ist. Als weitere Folge einer solchen Ansicht würde sich ergeben, daß v. 3 b durch die Unterbrechung ohne Anschluß an Jes 41 2-3 a sein würde. Jes 41 3 b wäre dann weder eine Analogie zu עָבַר שָׁלוֹם noch eine Fortführung oder ein Kontrast zu den Vorstellungen, die dieser Ausdruck enthält. Letztlich wäre diese Interpretation nicht passend für das Anliegen des Dichters, der sehr wahrscheinlich Cyrus als einen König darstellen wollte, welcher durch den Antritt seiner Macht die rechte Ordnung herbeiführt.

Ähnlich wird man wohl auch gegen U. E. Simon argumentieren müssen, der an dieser Stelle bezüglich der Bedeutung von שָׁלוֹם gerade die entgegengesetzte Meinung zu L. G. Rignells Auffassung vertritt. Er nimmt an, das Nomen bedeute hier *Frieden*, und setzt damit ein Friedensverständnis voraus, welches an eschatologische Vorstellungen des Heils gemahnt. Ob עָבַר an dieser Stelle als »so as to bring out the traditional 'passing over' of salvation« interpretiert werden muß und ob »clearly we are to envisage events similar to the Exodus and of Canaan«, erscheint mir sehr fraglich und bedürfte wahrscheinlich erst eines eindringlicheren Beweises als dessen, den U. E. Simon gegeben hat. Denn eine bloße Annahme ist noch lange nicht eine sachlich begründete Feststellung. Daß sich darüber hinaus als Folge einer solchen unbegründeten Postulierung dann »shalom points to peace rather than safety« ergäbe, läßt sich nur mit Gewalt aus dem Text Jes 41 3 erschließen[18]. Diese Interpretation würde das gleiche Ergebnis wie L. G. Rignells Auslegung haben: Sie würde sowohl die formale als auch die inhaltliche Struktur von Jes 41 2-4 unterbrechen und ist deshalb wenig für die Bestimmung des Inhaltes von שָׁלוֹם an dieser Stelle geeignet.

Die zutreffendste Deutung für שָׁלוֹם in Jes 41 3 scheint mir deshalb die eingangs in dieser Untersuchung vorgetragene zu sein. Damit soll nicht in Abrede gestellt werden, daß hinter dem Begriff der *Sicherheit* eine bestimmte Vorstellung vom *Heil* stehe, aber es ist eine Vorstellung, die weniger eschatologisch, als vielmehr praktisch und — fast möchte man sagen — materiell orientiert ist. Diese Heilsauffassung ist auch sonst in literarischen Zusammenhängen und Corpora des AT belegt, die sowohl vor als auch nach der Zeit Dt-Jes entstanden sind[19].

3. Erfülltsein des Lebens

Wenn שָׁלוֹם auf Aussagen über den Tod eines Menschen bezogen wird, bedeutet es: Nach der *Vollendung des Lebens* oder durch einen *natürlichen Tod* das *volle Sein* erlangen, in einen *Zustand* eintreten, *in welchem äußerer und innerer »Friede« herrscht*. Diese Bedeutung wurde sowohl im Dtr-Werk als auch im Chr-Werk angetroffen, in literarischen Corpora also, die vor und auch nach den hier zu bespre-

---

[18] U. E. Simon, A Theology of Salvation. A Commentary on Isaiah 40—55, 1955, 247.
[19] S. o. 112ff., 146ff.

chenden Stellen niedergeschrieben worden sind[20]. Deshalb scheint es
gerechtfertigt zu sein, die gleiche Bedeutung für das Nomen anzunehmen, wenn es in ähnlichen Situationen innerhalb der prophetischen
Literatur verwendet wird. Denn Vorstellungen über den Tod gehören
bei allen Völkern zu dem elementarsten Besitz ihrer religiösen Anschauungen und bestimmen wesentlich ihre Lebensanschauung. Aus
diesen Gründen werden solche Vorstellungen gewöhnlich von Generation zu Generation ohne irgendwelche bedeutsame Änderung ihres
essentiellen Inhaltes überliefert. Die beiden Stellen der prophetischen
Literatur, die auf solche Zusammenhänge bezogen werden müssen,
sind Jes 57 2 und Jer 34 5.

Beginnen wir mit einer Untersuchung von Jes 57 2, da der Inhalt
dieser Stelle nicht eindeutig bestimmt werden kann. Trotz dieser
Schwierigkeit kann kein Zweifel darüber bestehen, daß יָבוֹא שָׁלוֹם mit
נֶאֱסָף הַצַּדִּיק (v.1) zusammengehört. Deshalb kommt als einziges gramma-
tisches Subjekt für »er« nur הַצַּדִּיק in Frage. Auf Grund dieses Sachverhaltes kann von dem größeren literarischen Zusammenhang aus
für diese Stelle auf eine Aussage über den Tod geschlossen werden, die
ein frommer Mensch macht. Obgleich soviel über den Inhalt des
Textes feststeht, treffen wir doch auf erhebliche Schwierigkeiten,
wenn wir die Bedeutung des Nomens שָׁלוֹם bestimmen wollen, denn
seine syntaktischen Beziehungen sind doppeldeutig.

Das Nomen kann als ein Acc. des Zieles aufgefaßt werden, in einer
Weise also, die dem ursprünglichen Gebrauch dieses casus entspricht[21].
Es würde dann *ewiger Friede* oder *Heil* bedeuten; in diesem Fall wäre
vorauszusetzen, daß die Stelle inhaltlich auf eine sehr späte Zeit der
israelitischen Geschichte bezogen werden müßte. Eine solche Möglichkeit muß ernsthaft erwogen werden, weil verschiedene Gründe für eine
späte Datierung des Textes sprechen. Zunächst macht der Text in
seiner jetzigen Gestalt einen unausgeglichenen Eindruck, wie aus der
willkürlichen Verwendung von sg. und pl. in dem gleichen Vers zu
ersehen ist. Diese Unebenheiten sind auch der Grund für die weiter
oben erwähnten Schwierigkeiten bezüglich eines Verständnisses des
Inhaltes. Es ist durchaus möglich, daß der Abschnitt Jes 56 9—57 13
ein späterer Einschub in den Text ist, »a collection of rebukes«, der
aus der nachexilischen Zeit stammt[22]. Als weiteres Argument könnte
der gesamte Inhalt der religiösen Bilder genannt werden, in welchen
es sich um Vorstellungen handelt, die an Ez 37 anklingen und in der
apokalyptischen Literatur weiter ausgeformt sind. Man könnte deshalb die hier zu besprechende Stelle einer Zeit zwischen diesen beiden

---

[20] S. o. 115 f., 147.
[21] Syntax 80 Nr. 89.
[22] So J. Lindblom a. a. O. 270.

11*

Perioden zuweisen, die in der Tat sehr spät in der israelitischen Geschichte wäre.

Trotz dieser positiven Argumente scheint es mir zutreffender zu sein, die Interpretation von שָׁלוֹם auf die zweite syntaktische Alternative zu gründen und das Nomen hier als einen Zustandsacc. aufzufassen[23]. Diese Ansicht wird durch die Worte gestützt, die unmittelbar auf das Nomen in v. 2 folgen. Obwohl ihre Bedeutung nicht völlig eindeutig ist, kann nicht in Zweifel gezogen werden, daß sie eine Aussage über das Grab machen. Ein solches Verständnis ermöglicht es uns, für das Nomen Bedeutungen wie in *äußerem und inneren Frieden,* nach *erfülltem Leben* oder durch *natürlichen Tod* verscheiden anzunehmen, d. h. Bedeutungen, denen wir schon im Dtr-Werk begegnet sind. Sie würden ausgezeichnet in den größeren literarischen Zusammenhang passen. Das entscheidende Argument für eine derartige Interpretation wäre die inhaltliche Übereinstimmung mit Todesvorstellungen, die wir für die Zeit zwischen dem Exil und der Apokalyptik in Israel voraussetzen müssen[24].

In Jer 34 5, der zweiten hier zu besprechenden Stelle, finden wir das Nomen in dem Ausdruck בְּשָׁלוֹם תָּמוּת innerhalb eines Gottesspruches für König Zedekia. Ihm geht unmittelbar die Aussage voraus, daß der König nicht durch das Schwert sterben soll, d. h. er soll keinen gewaltsamen Tod finden. Deshalb wird an dieser Stelle שָׁלוֹם wohl im Sinne von *natürlichem Tod* oder *erfülltem Leben* verstanden werden müssen. Man könnte allerdings hier auch an andere Inhalte des Nomens denken, z. B. *äußerer Friede, Friedenszustand* oder *Friedenszeit,* besonders, wenn man sich die politischen Zustände jener Zeit vor Augen hält, die gewiß alles andere als Frieden erkennen lassen. Dennoch glaube ich, daß die erste Annahme im Hinblick auf Jer 34 6 die zutreffendere ist, denn dort wird ausdrücklich bemerkt, Zedekia solle ein königliches Begräbnis haben, ein Begräbnis, wie es seinen königlichen Vorfahren dargebracht worden war.

III. Die Heilsverkündigung der Nebiim

Unter Nebiim werden in dieser Studie Propheten verstanden, deren Funktion mit Sicherheit im Kult verankert war. Es wird also angenommen, daß ein Unterschied zwischen den Nebiim, den Kultpropheten, und den sogenannten klassischen Propheten besteht[25].

---

[23] So Ges-K[24] 299 Nr. 118, 3.

[24] Vgl. hierzu die Vorstellungen über den Tod, welche sich in Hi und in verschiedenen Ps finden.

[25] Die Notwendigkeit einer solchen Unterscheidung läßt sich auf Grund der in den folgenden Untersuchungen erzielten Ergebnisse behaupten, s. u. 180f. Vgl. hierzu auch die Ausführungen von G. v. Rad, Theologie des AT, II 1960, Teil 1.

1. Vorüberlegung: Die Nebiim und der Begriff שָׁלוֹם

Der Gegenstand dieses Abschnittes soll nicht eine Untersuchung über die Beziehung zwischen den Propheten und dem Kultus sein, d. h. es wird nicht gefragt, ob jeder atl. Prophet in einer Beziehung zum Kultus steht, oder ob vielleicht sogar anzunehmen ist, daß das prophetische Amt grundsätzlich als eine kultische Funktion aufgefaßt werden muß. Das Ziel ist vielmehr, möglichst genau zu bestimmen, was die Nebiim meinten, wenn sie das Wort שָׁלוֹם verwendeten. Die Grundlage für eine solche Untersuchung sind nur die Aussagen, welche wir im AT selbst finden.

Diese Feststellung mag Erstaunen erregen oder sogar auf Ablehnung stoßen, je nachdem, in welchem »Lager« der atl. Forschung der Leser steht, zumal gegenwärtig eine beachtliche Zahl der Forscher die Meinung vertritt, das Problem sei eindeutig entschieden: Das prophetische Amt habe immer in Verbindung mit dem Kultus gestanden. Obwohl sie das Argument mit starkem Überzeugungswillen vortragen, muß betont werden, daß es sich lediglich um eine Annahme handelt, denn bis jetzt ist es nicht gelungen, diese Ansicht auf eine unwidersprochene Grundlage zu stellen und sie dadurch über eine bloße Arbeitshypothese hinauszuheben. Da andere Forscher nicht weniger überzeugende Argumente gegen die jener Annahme zugrunde liegenden Voraussetzungen geltend gemacht haben und die Diskussion durchaus noch nicht entschieden ist, scheint es deshalb gerechtfertigt zu sein, den Inhalt von שָׁלוֹם in der vorgeschlagenen Weise zu untersuchen.

Ich würde gewiß prinzipiell zustimmen, sollte das Argument erhoben werden, die hier für das Vorhaben zugrunde gelegten Voraussetzungen seien zu eng und müßten auf eine breitere Basis gestellt werden. Dies kann jedoch nur unter Vorbehalt einiger einschränkender Bemerkungen geschehen:

Zunächst ist zu sagen, daß in dieser Arbeit lediglich beabsichtigt ist, den Bedeutungsgehalt der Wurzel שׁלם zu erarbeiten, soweit sie in den atl. Schriften Verwendung findet. Es soll der genaue Inhalt der Wurzel in jeder einzelnen Belegstelle innerhalb des MT in seiner jetzt gegebenen Gestalt bestimmt werden. Erst wenn diese Untersuchung abgeschlossen sein wird, können weitere Fragen gestellt werden, z. B. ob die Nebiim und die klassischen Propheten die gleiche Funktion erfüllten, wenn sie שָׁלוֹם verkündeten. Dieses Problem liegt aber völlig außerhalb des Gesichtskreises der hier vorgelegten Arbeit.

Zweitens ist die Notwendigkeit der Begrenzung dieser Untersuchung auf die Tatsache gegründet, daß Quellen, welche sichere Aussagen der Nebiim über die Verkündigung von שָׁלוֹם enthalten, nicht so häufig vorhanden sind, wie vielfach in der Diskussion über die kultische Funktion der Propheten angenommen worden ist. Wir finden außer dem Bericht über Micha ben Imla zur Sache Gehöriges lediglich bei Micha, Jeremia und Ezechiel, und nur diese Aussagen sollen hier behandelt werden.

Zugegeben, auf diese Weise entsteht vielleicht ein verzerrtes Bild der Nebiim; doch sehe ich keine Möglichkeit, ein derartiges Risiko zu umgehen. Sollte sich nach dem Abschluß der Untersuchung ihr Ansatzpunkt als zu eng erwiesen haben, dann werden seiner Berichtigung und der Ergänzung fehlender Aspekte gern Rechnung getragen. Da aber in dieser Hinsicht keine Voraussagen gemacht werden können, muß der hier vorgeschlagene Weg erst bis zu seinem Ende verfolgt werden.

2. Das *Heils*verständnis der Nebiim

Wenn wir unter Zugrundelegung der im vorhergehenden Abschnitt vorgetragenen Voraussetzungen an eine Bestimmung der Inhalte des Nomens gehen, soweit sie in irgendeiner Beziehung zu den Nebiim stehen, dann ergibt sich der folgende Sachverhalt: Überall dort, wo die Nebiim von שָׁלוֹם sprechen, schließt ihre Aussage stets die Vorstellung des *Heils* ein, sogar in dem Sinne, daß es Gottes Gabe ist. Aber die theologische Bedeutsamkeit dieser Feststellung sollte nicht überbewertet werden, da ihre Vorstellungen auf eine Denkanschauung gegründet sind, die eine materielle und konkrete Orientierung hat. Es handelt sich um eine Weise des Denkens und um ein bestimmtes Wirklichkeitsverständnis, welches M. Eliade als archaische Ontologie bezeichnet[26]. Deshalb sollte man derartige Vorstellungen nicht mit einem Heilsbegriff verwechseln, der als Grundlage für die Beziehung zwischen Gott und Mensch die Erfahrung Gottes als des ganz Anderen hat. Nirgendwo im AT werden die Nebiim geschildert, als seien sie sich der Tatsache bewußt, daß die Heilserfahrung die Anerkennung der eigenen Kreatürlichkeit des Menschen voraussetzt. In moderner Begrifflichkeit ausgedrückt, könnte man deshalb sagen: Die Nebiim kennen noch kein Heilsverständnis, welches die restlose Ergebenheit des Menschen Gott gegenüber zur Voraussetzung hat und in dem Wissen geschieht, daß in jeder Entscheidung für oder gegen Gott seine ganze menschliche Existenz auf dem Spiel steht.

a) Der Gebrauch des Wortes שָׁלוֹם bei den Nebiim

Wenn die Nebiim das Wort שָׁלוֹם als Heilsaussage verwenden, handelt es sich dabei um Vorstellungen, die sich in ähnlicher Weise auch im Dtr-Werk finden. Das Nomen bedeutet zwar Heil in einem umfassenden Sinne, jedoch stets so, daß es als eine Anhäufung mehrerer Einzelvorstellungen aufgefaßt wird. Als Struktur solcher Inhalte läßt sich eine Art »Grundschicht« erkennen, welcher ganz spezifische einzelne Bedeutungsgehalte »übergelagert« worden sind, die dann dem Heilsbegriff seine konkrete »Färbung« geben. Aus diesem Grunde ist שָׁלוֹם im Munde der Nebiim mehrdeutig und bringt verschiedene Vorstellungen zum Ausdruck, z. B. *Wohlergehen, Wohlfahrt, Wohlbestelltsein, Glücklichsein, Glück, politischer Friedenszustand, erfolgreiches Gelingen* und dergl. mehr.

---

[26] M. Eliade, Cosmos and History, 1959, 35.

Ob ein solches Heilsverständnis den tatsächlichen historischen Gegebenheiten entspricht, kann nicht mehr aus der atl. Literatur erschlossen werden, denn in ihr sind keine Überlieferungen erhalten geblieben, die ihren Ursprung bei den Nebiim selbst haben. Unsere einzige Quelle in der Hinsicht sind die klassischen Propheten, und sie teilen ganz bestimmt diese Ansicht über die Nebiim, wie aus ihrer Polemik gegen die Interpretation von שָׁלוֹם seitens der Nebiim ersichtlich ist. Am schärfsten findet dieser Angriff in der kurzen zusammenfassenden Feststellung לֵאמֹר שָׁלוֹם שָׁלוֹם וְאֵין שָׁלוֹם Ausdruck, Jer 6 14 8 11. Der Inhalt dieser Aussage ist: Die Kultpropheten kündigen in der Tat Israel *Heil* an, d. h. *Wohlbestelltsein, Glück, Frieden*, aber trotz aller dieser Voraussagen ist schon jetzt kein wahrhaftiges שָׁלוֹם, d. h. *Gottes Heil*, mehr in Israel vorhanden[27].

Ich bin der Überzeugung, daß Jeremia und Ezechiel mit dieser Aussage die Kultpropheten im Sinne gehabt haben, denn der größere literarische Zusammenhang, in dem sie sich jeweils findet, läßt für die Interpretation keine andere Wahl. Dies kann deutlich aus Jer 6 13 8 11 geschlossen werden, wo der Prophet durch die Verwendung der Worte וּמִנָּבִיא וְעַד־כֹּהֵן keinen Unterschied zwischen Priester und Nabi macht, sondern sie als eine einheitliche Gruppe ansieht[28]. Eine ähnliche Auffassung vertritt auch Ezechiel, wenn er Ez 13 9 feststellt, daß die Propheten, die nur ihre eigenen Visionen gehabt haben, weder im Verzeichnis des Hauses Israel aufgezeichnet werden, noch je wieder das Land Israel betreten sollen, wo allein, nach Ez 40—48, mit dem Neubeginn im heiligen Land ein reiner Kultus ausgeübt werden dürfe.

Diese grundsätzliche Abweisung der Heilsverkündigung der Nebiim durch die klassischen Propheten läßt sich außerdem noch durch eine Reihe Stellen stützen, die eine konkrete Situation widerspiegeln und in welchen die Kultpropheten mehr oder weniger als Glückswahrsager angesehen werden. Hierzu kann z. B. Mi 3 5 gerechnet werden, wo wir lesen, daß die Nebiim שָׁלוֹם, d. h. »*Frieden*«, schreien, so lange ihre Zähne etwas zu beißen haben, aber demjenigen den »Krieg« erklären, der sie nicht materiell unterstützt. Ein ähnliches Bild wird Jer 14 13 gezeichnet: Sie bereden die Bevölkerung, sie brauche keinen Krieg mehr über sich ergehen zu lassen, sondern könne auf שְׁלוֹם אֱמֶת, d. h. beständigen *Frieden*[29], hoffen. Oder es wird, wie im Fall von Jer 23 17, über Nebiim berichtet: Wer nicht mit ihnen übereinstimmt, wird von ihnen verachtet. Deshalb gehören diejenigen, die שָׁלוֹם ankündigen, d. h. *Wohlbestelltsein, Glück*, zu den Feinden des Propheten.

---

[27] Die gleiche Ansicht findet sich Ez 13 10. 16.
[28] Vgl. auch Jer 23 11 in diesem Zusammenhang.
[29] KB 974b.

In diesem Zusammenhang muß auch Jer 28 29 erwähnt werden, eine Stelle, worin uns die Überlieferung eine Feststellung über die wahre prophetische Verkündigung bewahrt hat.

Schließlich muß noch auf atl. Stellen aufmerksam gemacht werden, die einen Einblick in Reaktionen der Nebiim gewähren, wenn sich ihre Voraussagen nicht erfüllen. In diesen Fällen wird שָׁלֹם in der gleichen Weise verstanden, wie sie bisher beschrieben worden ist. Beispiele dafür finden sich bei Jeremia. In Jer 4 10 scheuen sich die Nebiim nicht, sogar Gott selbst anzuklagen. Sie beschweren sich, weil er שָׁלֹם versprochen habe, d. h. *Wohlergehen, Glück, Frieden*, mit diesem Versprechen jedoch die Bevölkerung täuschte, denn jetzt gehe das Schwert dem Volk ans Leben. Und in Jer 8 15 antworten Priester und Nebiim verzweifelt auf die göttliche Gerichtsandrohung, daß sie auf שָׁלֹם hofften, aber nichts Gutes gekommen sei, weil sie gesündigt hätten. Das Nomen bedeutet hier *Gesundung*, im Sinne des *Wiedererstarkens* nach einer Krankheit, wie aus מַרְפֵּה an dieser Stelle hervorgeht[30], das in Parallele zu שָׁלֹם steht.

Der Gebrauch von שָׁלֹם an allen solchen Stellen unterscheidet sich nirgends von dem, welcher in einer Reihe von Aussagen innerhalb des Dtr-Werkes angetroffen wurde[31]. Beachtenswert ist jedoch in diesem Fall, daß die Kultpropheten mit ihrem religiösen Wirklichkeitsverständnis, welches ihrer Heilsverkündigung zugrunde liegt, niemals eine Tiefe der Erkenntnis und des Glaubens erreichen, wie sie bei gleichen archaischen Denkvorstellungen in Jdc 6 23-24 zum Ausdruck kommt[32].

b) Charakterisierung der Nebiim und ihres Heilsverständnisses durch die Schriftpropheten

Der Inhalt der Heilsverkündigung der Kultpropheten war im vorausgegangenen Abschnitt beschrieben worden. Die Äußerungen der klassischen Propheten über die Nebiim ergeben jedoch von ihren Vorstellungen und ihrem Wirken kein abgerundetes Bild, weshalb noch weitere Untersuchungen über den Hintergrund und die Motive ihrer Heilsansage anzustellen sind. Auch hierbei kann uns der Gebrauch von שָׁלֹם dienen, um den Sachverhalt zu erhellen.

(1) Die Quelle der Heilsverkündigung der Nebiim

Wenn wir der Frage nachgehen, aus welcher Quelle die Kultpropheten ihre Voraussagen schöpften, und uns im AT nach Belegen dafür umsehen, finden wir sie wiederum nur in Worten der Propheten, welche nach dem Exil als die wahren Jahwepropheten in Israel angesehen wurden. Bei ihnen gibt es in diesem Fall nur eine Feststellung:

---

[30] KB 568 b. 903.
[31] S. o. 112 ff.
[32] S. o. 125 ff.

Die Grundlage, auf welcher die Verkündigung von שָׁלוֹם bei den Nebiim ruht, ist ihr eigenes Wunschdenken und nimmt auf keinen Fall seinen Ausgangspunkt in der Offenbarung des göttlichen Willens.

Dieser Gesichtspunkt ist nicht erst eine späte Einsicht der echten Jahwepropheten, die vielleicht als Ergebnis der Ablehnung ihrer Persönlichkeit und ihrer schwer zu ertragenden Botschaft seitens der Bevölkerung anzusehen ist. Es handelt sich bei ihnen auch nicht um eine verzweifelte persönliche Polemik gegen die von der Bevölkerung naturgemäß gern gehörten Versicherungen der Nebiim. Vielmehr spricht sich bei ihnen ein existentielles Anliegen aus, zu welchem sie innerlich getrieben sind.

Deshalb wird man wohl annehmen müssen, daß eine solche Einstellung der von Jahwe Berufenen gegen die Kultpropheten schon in verhältnismäßig früher Zeit eine Rolle in Israel gespielt hat. Von dieser Haltung hören wir bereits in der Schilderung der Begegnung Micha ben Imlas mit Ahab und seinen Hofpropheten. In jener Zeit wurde vielleicht sogar bei den Prophetengilden selbst noch zwischen *wahrem göttlichen Heil* und dem Vorhersagen des Glücks durch die Ekstatiker unterschieden.

Im AT finden wir zwar keine direkte Aussage, die diese Ansicht stützen würde, aber es lassen sich dennoch verschiedene Anhaltspunkte erkennen, welche eine solche Vermutung nicht als völlig abwegig erscheinen lassen. Man könnte z. B. auf die Art und Weise hinweisen, in welcher das Dtr-Werk Micha ben Imlas Dialog mit seinen Gegnern schildert und wie es dabei צָלַח und שָׁלוֹם gebraucht. Unterstützung könnte auch in Michas Worten gefunden werden, mit welchen er Ahabs zuversichtlicher Bemerkung entgegnet, wenn der König glaubt, er werde בְּשָׁלוֹם aus seinem Feldzug zurückkehren[33]. Schließlich wäre in dem Zusammenhang zu nennen, daß der Prophet erst dann das Wort שָׁלוֹם verwendet, nachdem ihn Ahab aufgefordert hatte, רַק־אֱמֶת, d. h. nur Tatsächliches, im Namen Jahwes zu verkünden, womit gesagt ist, er solle sich nur auf einen Tatbestand beziehen, der für den König überzeugend ist[34].

Dieses existentielle Wissen um die Wahrheit der echten Jahwebotschaft, um einen modernen Gedanken zu gebrauchen[35], mag sehr wohl eine prophetische Erfahrung gewesen sein, die nicht erst zur Zeit der Schriftpropheten zum Ausdruck kam. Träfe diese Vermutung zu, dann müßte der Charakterisierung der Nebiim, die Micha, Jeremia

---

[33] S. o. 116ff.

[34] So G. Quell, Art. ἀλήθεια, ThW I 235.

[35] Zum Begriff des existentiellen Wissens bei den klassischen Propheten vgl. N. W. Porteous, The Basis of the Ethical Teaching of the Prophets, in: Studies in Old Testament Prophecy, Presented to Professor Theodore H. Robinson, ed. H. H. Rowley, 1957², 152.

und Ezechiel geben, erhebliches Gewicht beigelegt werden; denn diese drei Propheten behaupten, die Kultpropheten könnten sich nicht auf eine Offenbarung des göttlichen Willens berufen. In Anbetracht einer solchen Überzeugung bleibt ihnen nichts anderes übrig, als ihre scharfen Urteile über das שָׁלוֹם der Nebiim in die Form göttlicher Gerichtssprüche zu kleiden.

Die folgenden Beispiele finden sich bei Jeremia: Die Nebiim weissagen Lüge im Namen Jahwes, Jer 14 14 29 9; die Nebiim in Jerusalem verüben Ehebruch und wandeln in Lüge, sie sind Helfer der Übeltäter, damit jene unter keinen Umständen zu Gott zurückkehren, Jer 23 14; die echten Jahwepropheten haben seit jeher Krieg, Unheil und Pest geweissagt, wenn aber ein Prophet שָׁלוֹם verkündet, so wird man es nur daran erkennen, daß Jahwe wirklich diesen Propheten gesandt hat, falls sich sein Wort erfüllt, Jer 28 8-9. Aus dieser letzten Feststellung kann geschlossen werden, zu welcher Auffassung des prophetischen Amtes und der Persönlichkeit des Propheten die nachexilische Gemeinde sich durchgerungen hatte. Sie mußte sich eingestehen, daß Jeremia der wahre Jahweprophet gewesen war. Seine Botschaft hatte sich bewahrheitet, denn es hatte zu seinen Lebzeiten in Israel kein שָׁלוֹם gegeben. Daran änderte auch Hananjas symbolische Handlung nichts, die er in Jeremias Gegenwart vollzog. Es konnte aus alledem nur gefolgert werden, daß der Kultprophet offenbar nicht das göttliche Wort verkündet hatte. Ähnliche Feststellungen über die Nebiim lassen sich auch bei Ezechiel finden, wenn der Prophet sie als Menschen schildert, die Tünche streichen (Ez 13 11), weil sie Propheten ihrer eigenen Gedanken seien (Ez 13 2) und Trug und Lüge redeten (Ez 13 8).

(2) Die menschliche Haltung und Glaubensgewißheit der Nebiim

Die klassischen Propheten verurteilen in ähnlicher Weise das innere Wesen der Nebiim sowohl im Hinblick auf ihre menschliche Haltung als auch im Hinblick auf ihren Glauben und gebrauchen hierbei wiederum die literarische Form des göttlichen Gerichtsspruches. Auch dieser Sachverhalt kann durch eine Untersuchung der Verwendungsweise von שָׁלוֹם erhellt werden.

Wenn wir zunächst das Problem des inneren Beweggrundes für die Heilsansage der Kultpropheten verfolgen, dann finden wir als allgemeines Urteil über sie, daß sie das Volk irreführen. Eine Zusammenstellung der Einzelbelege ergibt das folgende Bild: Sie verkünden שָׁלוֹם, wenn ihre Zähne etwas zu beißen haben, aber erklären demjenigen den Krieg, der ihnen nichts ins Maul steckt, Mi 3 5[36]. Den

---

[36] J. M. P. Smith weist in diesem Zusammenhang auf ähnliche derbe Anklagen gegen käufliche Wahrsager in Sophokles, Antigone, 1036, und in Aischylos, Agamemnon, 1168, hin; vgl. J. M. P. Smith, H. W. Ward und J. A. Bewer, Micah, Zephaniah, Nahum, Habakkuk, Obadiah and Joel, ICC, 1959[4], 74.

Schaden des Gottesvolkes wollen sie leichtfertig heilen, indem sie שָׁלוֹם
שָׁלוֹם sagen, obwohl kein שָׁלוֹם mehr vorhanden ist, Jer 6 14 8 11. Sie sind
nicht in die Bresche getreten und haben keine Mauer um das Haus
Israel errichtet, damit es am Tag des Herrn standhalte, sondern, obwohl sie sagen: ‚Jahwe hat gesprochen!‘ haben sie Trug und lügne-
rische Wahrsagung geschaut, Ez 13 5-6. Sie wußten, daß das Volk eine
Wand gegen Jahwe errichtet hat, haben sie aber nicht niedergerissen,
sondern mit ihrer Verkündigung von שָׁלוֹם nur noch zusätzliche Tünche
auf sie aufgetragen, Ez 13 10. 16.

Nicht anders ist die Charakterisierung der Glaubenshaltung der
Nebiim: Wenn sich ihre Verkündigung als unzutreffend herausstellt,
suchen sie nicht bei sich selbst, ob sie wirklich in voller Verantwortung
Jahwes Willen mitgeteilt haben, sondern fordern Gott durch ihre
Anklage heraus. Eine derartige Haltung ist bereits ein Zeichen ihrer
Verurteilung durch Gott, denn nach allgemeiner israelitischer Glau-
bensanschauung ist seine Herausforderung stets Hybris, und das
bedeutet: Sünde schlechthin.

In dieser Weise hat Jeremia die Nebiim gezeichnet, wenn er von
ihnen sagt: »Sie werden sprechen: ‚Jahwe, bitter hast du dieses Volk
und Jerusalem getäuscht. Du sagtest: ‚שָׁלוֹם wird euch zuteil werden‘,
und nun geht das Schwert uns ans Leben'«, Jer 4 10; oder an anderer
Stelle hören wir sie schreien: »Laßt uns in die festen Städte flüchten
und dort untergehen, denn Jahwe läßt uns vergehen, weil wir gesündigt haben. Wir hofften auf שָׁלוֹם, doch es war nichts vorhanden, das
טוֹב, d. h. gut, war, (sc. wir hofften) auf eine Zeit des מַרְפֵּה, d. h. des
Wiedergesundwerdens, der Heilung, und siehe, (sc. es war) בְּעָתָה, d. h.
Schrecken, Jer 8 14-15.

3. Zusammenfassung über das Heilsverständnis der Nebiim

Aus den bisherigen Untersuchungen geht folgendes hervor:
Micha, Jeremia und Ezechiel stellen mit ihrem Urteil über die Nebiim
fest, daß diese in ihrer Funktion als Kultpropheten keine göttliche
Offenbarung verkünden, d. h. sie sind keine echten Jahwepropheten.
Soweit wir jedoch von den Schriftpropheten Selbstaussagen über ihre
Gotteserfahrung haben, wissen wir, daß sie niemals daran gezweifelt
haben, einer echten Offenbarung Gottes gewürdigt worden zu sein.
Daß dieses Bewußtsein nicht einem Wunschdenken entsprang, sondern
wenigstens für sie selbst ein wirkliches Ereignis war, geht deutlich aus
dem Leiden hervor, welches sie wegen der ihnen aufgezwungenen Verkündigung auf sich nahmen. Ihre Verkündigung geschah aus innerer
Notwendigkeit, und weil sie als existentielle Wahrheit auf ihnen lastete,
trugen sie so schwer an ihr und zerbrachen fast daran. Aber sie konnten
sich ihr nicht entziehen, weil sich niemand dem göttlichen Anspruch,
wenn er ihn trifft, entziehen kann, es sei denn, er belügt sich selbst.

Diese Erfahrung hat in ergreifender Weise in den Bekenntnissen Jeremias Ausdruck gefunden, besonders in Jer 20 7-18.

IV. שָׁלוֹם als Heil Gottes bei den klassischen Propheten

Die bisherigen Untersuchungen lassen eindeutig eine Verurteilung der Kultpropheten erkennen. Damit werden wir aber zwangsläufig zu der Annahme geführt, daß die klassischen Propheten vom göttlichen Heil eine andere Vorstellung als die Nebiim gehabt haben müssen. Das Problem soll jetzt verfolgt werden. Die hierbei in Frage kommenden Stellen finden sich fast ausnahmslos in Jer, Ez und Dt-Jes.

1. Vorüberlegung: Die Gotteserkenntnis bei den klassischen Propheten

Wollen wir erfassen, was die klassischen Propheten mit שָׁלוֹם gemeint haben, so erscheint es zweckmäßig, wiederum bei ihrer Verurteilung der Heilsverkündigung der Kultpropheten zu beginnen. Wie schon früher festgestellt wurde, kann diese in dem kurzen Urteil zusammengefaßt werden: Wenn die Nebiim שָׁלוֹם verkünden, täuschen sie das Volk, denn für das Gottesvolk, das Jahwe untreu geworden ist, gibt es gegenwärtig kein שָׁלוֹם mehr, Jer 6 14 8 11 Ez 13 10. 16. Ist diese Aussage auf Grund einer wahrhaftigen Gotteserfahrung gemacht worden, so setzt sie ein neues Verständnis der Wirklichkeit Gottes voraus und damit wahrscheinlich auch eine neue Auffassung vom Amt des Propheten in Israel[37]. Zur Stützung einer solchen Behauptung müssen wir uns zunächst einigen Erwägungen über die Erscheinung des Prophetentums zuwenden.

Soweit unsere religionsgeschichtliche Kenntnis des prophetischen Phänomens reicht, sind wir zu dem von M. Noth gezogenen Schluß gezwungen, daß »zu dieser Erscheinung der Prophetie in Israel kein wirkliches Gegenstück aus der Geschichte der Menschheit« bekannt geworden ist. Der Grund für die Einzigartigkeit ist in dem Inhalt der Botschaft der klassischen Propheten zu suchen. Sie besagt, »daß das jetzt anhebende und weiter ablaufende weltgeschichtliche Geschehen ein großes Gottesgericht sei, und zwar ein Gericht gerade des Gottes, in dessen Namen sie sprachen, des Gottes Israels«. Jahwe erwies sich im Verständnis dieser Propheten als »der Herr der Welt, der über der ganzen Menschheitsgeschichte stand«. Damit ist zum Ausdruck gebracht: Die Propheten haben »erstmalig das Geschehen ihrer Zeit von Gott aus verstanden«, indem sie »in den Ereignissen ihrer Gegenwart den Anfang eines planvollen Handelns ihres Gottes erkannten«[38].

Ein solches Verständnis der historischen und geistesgeschichtlichen Stellung der klassischen Prophetie und ihrer Botschaft bringt

---

[37] Vgl. zum folgenden G. v. Rad, a. a. O.
[38] M. Noth, GI⁴, 231 f.; vgl. auch J. Lindblom a. a. O. 292.

letztlich ein völlig neues Erfahren und Verstehen der Wirklichkeit Gottes zum Ausdruck, womit wiederum wahrscheinlich eine neue Anschauung vom prophetischen Amt und ein neues Selbstverständnis des Propheten verbunden gewesen ist[39]. Man wird deshalb vielleicht nicht fehl gehen, wenn man von Anbeginn bei allen klassischen Propheten eine Auffassung von שָׁלוֹם, d. h. vom *göttlichen Heil*, vermutet, die in Übereinstimmung mit ihrer Gotteserkenntnis stand.

Diese Annahme kann nicht durch irgendeine direkte prophetische Äußerung innerhalb des AT gestützt werden. Zumindest finden sich keine Andeutungen darüber bei den frühen klassischen Propheten, ausgenommen vielleicht in der Erzählung über Micha ben Imla, I Reg 22 13-28, wenn man ihn als einen der ältesten klassischen Propheten betrachten wollte[40]. Aber die Tatsache, daß die großen Schrift-propheten bedeutenden theologischen Begriffen wie בְּרִית, בָּחַר, אֱמֶת, קָדוֹשׁ, צְדָקָה, חֶסֶד und dergl. einen neuen, wesentlich vertieften ethi-schen, und man möchte fast sagen, existentialen Sinn beilegten, führt zu der Vermutung, es wäre unverständlich, wenn sie שָׁלוֹם nicht auch in Verbindung mit ihrer neuen Erkenntnis interpretiert haben sollten. Man könnte vielleicht sogar erwägen, ob nicht diese Begriffe geradezu besondere Aspekte eines neu gewonnenen prophetischen Verständnisses von שָׁלוֹם zum Ausdruck bringen[41].

Wenn wir uns nach diesen Vorüberlegungen im folgenden dem Begriff des *Heils* bei Jeremia, Ezechiel und Deutero-Jesaja zuwenden wollen, dann ergibt sich zunächst bei erster Übersicht der Belegstellen, daß wir, mit Ausnahme von Jer 16 5, nirgendwo Äußerungen finden, in welchen eine umfassende oder genaue Beschreibung der Vorstellung des göttlichen Heils gegeben wird, wenigstens nicht, soweit das Wort שָׁלוֹם hierbei Verwendung findet. Wohl werden einzelne Heilsaspekte aufgezeigt, und oft wird zum Ausdruck gebracht, was dem Heil ent-gegensteht, nicht mit ihm in Übereinstimmung zu bringen ist oder von ihm ausschließt, aber damit hat es sein Bewenden. Dieser Befund erschwert zwar die Analyse des Begriffes שָׁלוֹם ganz erheblich, ist aber als gegeben hinzunehmen. Er zwingt uns jedoch methodisch dazu, das Material in zwei sich gegenseitig ergänzenden Bereichen anzuordnen: einem »negativen« und einem »positiven«.

---

[39] Zum religionsphänomenologischen Aspekt dieser Situation vgl. M. Eliade a. a. O. 120 ff.

[40] S. o. 116 ff.

[41] Eine solche Vermutung läßt sich vorerst nicht beweisen, eine Untersuchung des Problems würde jedoch den Rahmen dieser hier vorgelegten Arbeit bei weitem über-schreiten. Meiner Überzeugung nach handelt es sich in diesem Fall aber keineswegs um bloße Spekulation, wie aus der Tatsache hervorgeht, daß G. Quell bei ver-schiedenen Gelegenheiten eine derartige Möglichkeit angedeutet hat; vgl. z. B. Art. ἀλήθεια, ThW I 235; Art. διαθήκη, ThW II 116; Art. δίκη, ThW II 179; Art. ἐκλέγομαι, ThW IV 163.

2. Aussagen der klassischen Propheten über Situationen, in welchen echtes Heil fehlt

Bevor wir eine eingehende Untersuchung beginnen, müssen wir uns zunächst wieder daran erinnern, daß sich für die Wurzel שׁלם in allen semitischen Sprachen die Vorstellung der *Ganzheit* und der *Unversehrtheit* als Grundbedeutung findet. Gehen wir von diesen Voraussetzungen aus an eine Interpretation der prophetischen Heilsbotschaft, dann sollten sich gewiß einige Einsichten bezüglich der ihr zugrunde liegenden Vorstellungen gewinnen lassen. Es sollte deshalb möglich sein, in allen Stellen, in welchen »negative« Aussagen über das göttliche Heil gemacht werden, durch Rückschluß auch etwas über die dahinter liegende prophetische Heilsvorstellung in Erfahrung zu bringen. Sehen wir uns daraufhin nochmals die bereits besprochenen Stellen in der prophetischen Literatur an, in denen das Nomen Verwendung fand, dann lassen sich eine Reihe aufschlußreicher Beobachtungen machen.

a) Aussagen über das tägliche Leben in der Form von Gottessprüchen

Im ersten Abschnitt dieses Kapitels sind eine Anzahl Stellen behandelt worden, in welchen שָׁלוֹם innerhalb von Ausdrücken aus dem säkularen Lebens- und Erfahrungsbereich verwendet und in einen religiösen Rahmen gesetzt worden war[42]. Untersuchen wir von den neu gewonnenen Voraussetzungen aus nochmals die gleichen Stellen, dann gewinnen einige erhebliche theologische Bedeutung. Eine Zusammenstellung der Einzelheiten bringt diesen Eindruck deutlich zur Geltung:

Wenn das *Heil Gottes* nicht den bestimmenden Impuls für das Leben der menschlichen Gemeinschaft darstellt, dann ergeht das göttliche Gericht über sie und herrscht das Chaos. Es gibt in diesem Fall kein Verhältnis mehr unter den Menschen, welches als אַנְשֵׁי שָׁלוֹם bezeichnet werden könnte. Sie betrügen sogar den in eine verzweifelte Lage geratenen Bundesgenossen und ziehen für sich selbst Vorteile daraus, Ob 7. Die Frauen des königlichen Harems verspotten ihren Herrn, wenn er in die Gefangenschaft abgeführt wird, Jer 38 22. Im täglichen Verkehr begegnen sich die Menschen nicht mehr mit Offenheit. Hinter ihren geheuchelten Worten der Freundlichkeit lauert Haß und Kampf gegeneinander, Jer 9 7. An die Stelle Gottes tritt als oberste Macht der Staat. Er verlangt, daß im Interesse der Staatssicherheit keine religiöse Überzeugung geduldet wird, die nicht in voller Übereinstimmung mit den Zielen der Staatsführer steht; jeder, der sich dieser Forderung nicht fügt, selbst wenn er im Auftrage Gottes handelt, verwirkt sein Leben, Jer 38 4. Ganz allgemein kann man sagen: Das Gute wird in das Böse verkehrt.

---

[42] S. o. 156 ff.

Gott selbst entzieht dann den Menschen die Grundlage ihres Daseins und vernichtet ihre Hirten und Herren, Jer 25 37. Niemand kehrt mehr in Jerusalem ein und erkundigt sich nach dem Wohlergehen der Stadt, Jer 15 5. Wenn der Feind naht, befällt alle Einwohner des Landes Todesangst. Sie versuchen Rettung zu finden und müssen feststellen, daß sie restlos verloren sind, Ez 7 25. Die Menschen sind von heillosem Entsetzen gepackt, sie beben vor Schrecken, aber פַּחַד וָאֵין שָׁלוֹם, kein Heil Gottes ist jetzt für sie vorhanden, Jer 30 5.

b) Aussagen über das religiöse Leben der Kultgemeinde

Es lassen sich auch eine Anzahl Stellen aufführen, aus denen wir in Erfahrung bringen können, welche Situation im religiösen Leben herrscht, wenn *Gottes Heil* dem Menschen nicht mehr zugänglich ist. Die klassischen Propheten zeichnen ein Bild, aus dem wir schließen müssen, daß äußerlich ein blühendes religiöses Leben der Kultgemeinschaft vorhanden ist. Aber in dieser Zeit treten auch die falschen Propheten auf[43].

Wir hören von Nebiim, die stets dann שָׁלוֹם verkünden, wenn sie dafür bezahlt werden, aber jeden bekämpfen, der ihnen nichts zukommen läßt, Mi 3 5. Ekstatische Redner sagen Glück, Frieden und Wohlergehen für die Zukunft voraus, obwohl kein שָׁלוֹם mehr vorhanden ist, nicht einmal als Möglichkeit, Jer 6 14 8 11 23 17. Trotz dieser verzweifelten Lage machen sie weiterhin die gleichen Voraussagen, um die Menge damit zu beruhigen; selbst wenn sie wissen, daß sich die Menschen von Gott absondern, versichern sie ihnen, ihr menschliches Verhalten sei richtig, denn es sei um alle wohl bestellt, Ez 13 10. 16. Aber wenn ein echter Prophet Jahwes auftritt, halten die Nebiim mit den Menschen zusammen, welche den Propheten verachten, und werden willfährige Werkzeuge der Verächter.

Ein derartiger Selbstbetrug macht den Menschen für das wirkliche Geschehen blind. Er kann die Bedrohung des eigenen Daseins nicht länger ertragen. Deshalb flüchten die Kultpropheten in Wunschträume und verkünden den kommenden Untergang der chaldäischen Weltmacht[44], Jer 28 10-11, oder kündigen שָׁלוֹם an trotz eingetretener Dürre, feindlicher Bedrohung und der Warnung des Propheten vor dem nahenden Gottesgericht, Jer 14 13.

Wenn jedoch ihr Wunschdenken keine Erfüllung findet, dann packt Priester und Nebiim die Verzweiflung. Sie wissen zwar, daß sie

---

[43] Es stimmt gewiß, daß nicht alle falschen Propheten als Kultpropheten angesehen werden dürfen, aber die Mehrzahl von ihnen hat sicherlich ihre Funktion innerhalb des Kultes gehabt; vgl. J. Lindblom a. a. O. 215.

[44] Vgl. in dieser Hinsicht J. Lindblom a. a. O. 203, der auf die Tatsache aufmerksam macht, daß »because it was believed that the preaching of *shalom* really created *shalom*, ... the prophets, who proclaim *shalom*, were of course popular«.

gesündigt haben, weil sie ihrer eigenen Einbildung Glauben schenkten, aber sie bereuen nicht ihr Verhalten, sondern hoffen, ihr Untergang beim göttlichen Gericht würde in den Städten nicht so furchtbar sein wie außerhalb der schützenden Mauern, Jer 8 14-15. Sie sind so verblendet, daß sie selbst Gott anklagen, er habe Juda und Jerusalem getäuscht, weil er den menschlichen Wünschen nicht entsprochen habe, Jer 4 10.

c. Zusammenfassung über die »negativen« Aussagen der klassischen Propheten

Diese »negative« Charakterisierung einer Lebenssphäre, in welcher der Mensch sich selbst behaupten will und sich deshalb dem *göttlichen Heil* verschließt, läßt erkennen, daß die Propheten in ihr das göttliche Gericht als *Un-heil* am Werke sehen. Das Ergebnis dieses Geschehens ist der Verlust echter Gemeinschaft im bürgerlichen Leben und das Erlöschen des Vertrauens zu den Mitmenschen, weil Betrug, Spott, Unterdrückung, Angst, Verzweiflung und Entsetzen das Dasein des einzelnen und das Leben der Gesamtheit beherrschen.

Das gleiche Phänomen zeigt sich innerhalb der Kultgemeinschaft, besonders bei dem Kultpersonal, zu welchem auch diejenigen Nebiim gehören, die nicht von Jahwe berufen waren. Auch hier herrscht *Unheil*, denn der Mensch öffnet sich nicht dem שָׁלוֹם Gottes. Es zeigt sich daran, daß Priester und Kultpropheten die Gemeinde nicht mehr mit dem wahren Gotteswillen konfrontieren, da ihnen selbst der echte Gottesglaube verloren gegangen ist.

Wenn wir von diesem Sachverhalt aus auf die Vorstellung schließen wollen, welche die klassischen Propheten von שָׁלוֹם hatten, dann läßt sich vermuten, daß sie nur dort *Gottes Heil* sich verwirklicht dachten, wo eine *echte Lebensgemeinschaft* vorhanden ist, in welcher das gegenseitige Verhältnis ihrer Glieder durch *Vertrauen*, *Fürsorge* und *Offenheit* bestimmt wird. Meiner Meinung nach können sich aber Menschen nur dann berufen fühlen, den *Heilswillen Gottes* zu verkünden, wenn sie Gott als dem ganz Anderen begegnet sind.

Daß solch eine Gotteserfahrung und das damit verbundene Existenzverständnis als Grundlage für die Botschaft der klassischen Propheten vorausgesetzt werden mag, kann insofern aus ihren eigenen Worten erschlossen werden, als sie kategorisch erklären, es gäbe für den Gottlosen kein *Heil*. Dieses Urteil erfolgt mit außerordentlicher Schärfe bei Dt-Jes und Trito-Jes, Jes 48 22 57 21, in ihrer Verkündigung des Gottesspruches: אֵין שָׁלוֹם לָרְשָׁעִים, d. h. für diejenigen, welche wesenhaft schuldig vor Gott sind, ist kein *göttliches Heil* vorhanden[45]. Der gleiche Gedanke findet in Jeremias Ankündigung des unvermeidlichen göttlichen Gerichts über Israel Ausdruck, wenn der Prophet zu der

---

[45] Zur Bedeutung von רָשָׁע vgl. KB 911a.

Erkenntnis אֵין שָׁלוֹם לְכָל־בָּשָׂר kommt, d. h. daß kein *göttliches Heil* mehr für die Welt des (sc. natürlichen) Menschen vorhanden ist, Jer 12 12, denn Gott hat das *Heil* seinem Volk entzogen, Jer 16 5.

3. Aussagen der klassischen Propheten über das Vorhandensein des göttlichen Heils

Wie gezeigt worden ist, lassen sich eine große Anzahl Aussagen über das Nichtvorhandensein des *göttlichen Heils* in Jer nachweisen. Vereinzelte Feststellungen können ebenfalls in Mi, Dt-Jes, Trito-Jes und Ob belegt werden, und viele Hinweise, wenn auch nicht in Verbindung mit שָׁלוֹם, finden sich für denselben Sachverhalt in allen prophetischen Schriften. Eine ähnliche Situation ergibt sich, wenn wir uns nun einer Untersuchung der direkten Aussagen über das *göttliche Heil* zuwenden, denn auch in diesem Fall wird das Nomen mit theologisch wesentlichen Begriffen in Verbindung gebracht und mit bedeutendem Inhalt gefüllt. Die zahlreichsten Belege werden in Dt-Jes angetroffen, und außerdem lassen sich noch einige Stellen in den Äußerungen von Jes, Mi, Jer und Ez aufzeigen.

a) Gottes Heilshandeln

Grundsätzlich ist für alle Belege, in welchen Situationen im Zusammenhang mit שָׁלוֹם in der Bedeutung »*Heil Gottes*« geschildert oder Aussagen darüber gemacht werden, als beherrschende Vorstellung festzustellen, daß Heil nicht in der Verfügung des Menschen steht. Er kann es weder durch seelische oder geistige Anstrengungen noch durch äußere Manipulationen erwerben und für sich in Anspruch nehmen oder im Voraus bestimmen. Soweit der Mensch in irgendeine Beziehung zum göttlichen Heil gerät, bleibt ihm nichts anderes übrig, als sich ihm gegenüber entweder zu verschließen oder zu öffnen. Verschließt er sich, so befällt ihn das Un-heil; öffnet er sich ihm, so wird er gewahr, daß es ihm zugeeignet worden ist. Dieses Heilshandeln kann durch den מָשִׁיחַ bewirkt, im stellvertretenden Leiden des עֶבֶד erkannt oder aus dem Gottesspruch der Propheten erfahren werden. Sein Urheber ist in jedem Fall Gott und deshalb hat שָׁלוֹם für den Menschen stets den Charakter eines Ereignisses.

Die folgenden Einzelaussagen lassen sich für diesen Sachverhalt zusammenstellen: In Dt-Jes und Trito-Jes finden wir als Gottesoffenbarung: Ich bin derjenige, welcher *Heil* erschafft, Jes 57 19, oder: der שָׁלוֹם und רָע bewirkt, d. h. *Heil* und Un-heil, Jes 45 7. Beide Male wird eine kategorische Feststellung über שָׁלוֹם als schöpferischen Akt Gottes getroffen[46]. Daß eine solche Aussage beabsichtigt ist, kann aus

---

[46] Sowohl L. G. Rignell a. a. O. 45 als auch U. E. Simon a. a. O. 130 interpretieren diese Stelle anders, ohne jedoch eine genügend gesicherte Grundlage für ihre Interpretation aufzeigen zu können.

עָשָׂה in Jes 45 7 geschlossen werden, welches ganz offenbar auf die Schöpfung hinweist, wie seine parallele Verwendung zu יָצַר und בָּרָא zeigt, denn beide Verben sind term. techn. für das Schöpfungshandeln Gottes[47]. Diese Vorstellung macht es verständlich, warum Jeremia sagt, Gott könne sein שְׁלוֹם, d. h. sein *Heil*, seinem Volk entziehen, Jer 16 5.

Aus anderen Verkündigungen erfahren wir als Gottesspruch, daß Jahwe die Söhne Israels von allen Völkern auslesen wird, um aus ihnen unter David ein neues Israel Gottes zu erschaffen, denn dann will er ihr Gott und sie werden sein Volk sein. Dies wird geschehen, weil er einen Bund des *Heils* mit ihnen schließen will, כָּרַת בְּרִית שָׁלוֹם, Ez 37 26. Jahwe Zebaoth ist der gute Hirt, der einen Bund des *Heils* mit seinen Schafen, d. h. mit Israel, machen will, Ez 34 25, da die Hirten des Volkes ,sich selbst geweidet haben', Ez 34 2.

Nach dem Strafgericht wendet Jahwe sein göttliches Erbarmen Israel wieder zu und verheißt dem Volk, daß sein חֶסֶד mit ihm sein und nicht von dieser Stelle weichen wird, denn der Bund seines *Heils* soll nicht wanken, Jes 54 10. Wenn Gott spricht, kehrt sein Wort nicht leer wieder zu ihm zurück, sondern bewirkt das *Heil*, Jes 55 12. Deshalb kann Jeremia inmitten des Unheils an die Verschleppten in Babylon schreiben, daß Gott Gedanken des *Heils* für Israel hegt, obwohl es unter dem göttlichen Strafgericht steht, Jer 29 11.

Wenn Jahwe selbst nicht durch den Gottesspruch der Propheten שָׁלוֹם verkündet, bedient er sich für die Offenbarung des *Heils* besonderer Boten oder Ereignisse. So läßt er Zion durch einen Boten *Heil* verkünden, Jes 52 7. Die Gemeinde Israel bekennt, daß Gott zu ihrem *Heil* Züchtigung auf den עֶבֶד gelegt hat, Jes 53 5. In der Endzeit sendet Gott einen Herrscher, welcher seinen Ursprung vor aller Zeit hat und Israel in der Kraft Jahwes weidet, und dieses Geschehen (oder dieser Herrscher?)[48] wird das *Heil* Gottes sein, Mi 5 4. Das gleiche Ereignis drückt der Dichter in einer großartigen Vision aus, welche die kommende Heilszeit des Messias verherrlicht: Das Volk, das in Finsternis wandelt, sieht ein großes Licht. Ein Kind ist geboren worden, und die Herrschaft befindet sich auf seinen Schultern, und sein Name wird genannt: Wunder von einem Ratgeber, gewaltiger Gott, Vater für immer, Treuhänder des *Heils*, Jes 9 5. Groß wird seine Herrschaft und für das *Heil* wird kein Ende vorhanden sein, Jes 9 6.

b) Das Ergebnis des göttlichen Heilshandelns

Bei der Untersuchung dieses Problems muß daran erinnert werden, daß die Verfasser der Schriften des AT in ihrer Erfassung der

---

[47] Vgl. KB 146b. 396a.

[48] In dem Ausdruck וְהָיָה זֶה שָׁלוֹם kann das Demonstrativpronomen זֶה entweder auf מוֹשֵׁל Mi 5 1 oder auf den Inhalt des ganzen Satzes Mi 5 4 bezogen werden. Nach der Akzentuierung des MT ist jedoch das letztere gemeint.

Phänomene keinen Unterschied zwischen einem materiellen und einem geistigen Bereich machen, während ein solcher Ansatz in unserem modernen erkenntniskritischen Denken gewöhnlich als Notwendigkeit empfunden wird. Beide Bereiche werden lediglich als zwei Erscheinungsformen der gleichen Wirklichkeit angesehen, d. h. der נֶפֶשׁ[49]. Wenn wir also fragen, was ihrer Meinung nach das Ergebnis des göttlichen Heilshandelns ist, brauchen wir nicht überrascht zu sein, daß שָׁלוֹם sowohl etwas Materielles als auch etwas Geistiges zum Ausdruck bringt. Der weitere literarische Zusammenhang aller zu besprechenden Stellen bringt diesen Sachverhalt deutlich zum Vorschein. Deshalb wird es von Anfang an bei der Untersuchung notwendig sein, in jedem Einzelinhalt von שָׁלוֹם, welcher einen Aspekt zu betonen scheint, jeweils den anderen zugleich mitzudenken.

In den im folgenden aufgeführten Stellen liegt die Betonung deutlich auf dem Materiellen: Wenn der Herrscher der Endzeit kommt, wird er Israel wie ein Hirt mit der Hoheit des Namens Gottes hüten, רָעָה בִּגְאוֹן שֵׁם יהוה; dann wird Israel ruhig wohnen bleiben können, denn dieser neue Zustand wird das *Heil* sein, Mi 5 3-4. Cyrus wird seine Herrschaft mit der Gewißheit antreten, daß ihm bei seinen kriegerischen Auseinandersetzungen *Sicherheit* zuteil wird, weil er der Vollstrecker des göttlichen Gerichtshandelns ist, Jes 41 3. Israel wird sicher in der Steppe weilen und in den »Wäldern« schlafen können, denn Jahwe hat als Ergebnis seines *Heils*bundes die wilden Tiere aus dem Land vertrieben, Ez 34 25. Man könnte vielleicht in diesem Zusammenhang auch Jer 12 5 erwähnen, eine Stelle, in welcher Jeremia ein säkulares Sprichwort gebraucht[50]. Da es in einen religiösen Rahmen gesetzt ist, kann nicht völlig geleugnet werden, daß mit אֶרֶץ שָׁלוֹם eine Metapher beabsichtigt gewesen sein mag. In dem Fall würde Jahwe seinem Propheten zu verstehen geben, er würde trotz seiner fast ausweglos erscheinenden Situation in einem Land leben, das unter *göttlichem Schutz* steht.

Die entgegengesetzte Betonung findet sich in den folgenden Stellen: Es ist Jahwe, der Löser und Heilige Israels, der sein Volk lehrt und es auf dem von ihm bestimmten Weg leitet. Dieses fürsorgliche Handeln Gottes wird wie ein Strom des *Heils* sein[51], Jes 48 18. Das *Heil* wird in der messianischen Zeit durch das göttliche Wort bewirkt, Jes 52 7 55 12. Wenn Gott den Bund seines *Heils* mit Israel schließt, wird

---

[49] Zu diesem Verständnis der נֶפֶשׁ vgl. J. Pedersen, Israel, Its Life and Culture, I—II 1964⁵, 99ff. 170ff. u. ö. Ähnlich auch J. Lindblom a. a. O. 391.

[50] S. o. 158.

[51] Daß שָׁלוֹם »profit« an dieser Stelle bedeuten sollte, wie U. E. Simon a. a. O. 161 annimmt, selbst wenn seiner Meinung nach »profit is to be taken in its best sense«, scheint mir völlig ausgeschlossen zu sein, denn eine solche Bedeutung kann nicht in Übereinstimmung mit Dt-Jes' Gottesverständnis gebracht werden.

das *Heil* der Nachfahren groß sein, Jes 54 13. Er wird dann der Gott Israels sein und Israel wird sein Volk sein, Ez 37 26-27. Wo Gottes *Heil* in Erscheinung tritt, hat sich gleichzeitig für die Menschen seine treue Bindung an sie und sein liebevolles Empfinden für sie offenbart, Jer 16 5.

Daß an allen diesen Stellen bei dem Gebrauch von שָׁלוֹם das *göttliche Heil* nicht im rein materiellen Sinn gemeint ist, kann mit ziemlicher Sicherheit behauptet werden. Auf eine derartige Vorstellung dürfte sowohl von dem Gottesverständnis, welches charakteristisch für alle diese Stellen ist, als auch von den Parallelausdrücken, auf die das Nomen bezogen wird, geschlossen werden. Für den letzteren Fall finden wir in Jes 55 12 שִׂמְחָה, Empfindung und Bekundung der Freude, in Jes 52 7 טוֹב, יְשׁוּעָה, Güte und Hilfe, in Jes 54 10 Ez 37 26 בְּרִית, den Gottesbund, in Jes 48 16 54 14 צְדָקָה, die von Gott erwiesene Gerechtigkeit und in Jer 16 5 sowohl חֶסֶד, Gottes treue Bindung als auch רַחֲמִים, sein liebevolles Erbarmen oder Empfinden. Ähnlich ist die Situation bei Stellen, in welchen sich שָׁלוֹם auf das *messianische Heil* bezieht, wo als Parallelausdrücke in dem einen Fall das stellvertretende Leiden des עֶבֶד, Jes 53 5, und in dem anderen die göttlichen Attribute פֶּלֶא יוֹעֵץ, Wunder von einem Ratgeber, אֵל גִּבּוֹר, gewaltiger Gott und אֲבִי־עַד, Vater für immer, Jes 9 5, belegt sind.

In Erwägung dessen, was bisher über das Heilsverständnis bei den klassischen Propheten zum Vorschein gekommen ist, halte ich es für möglich, daß an einigen Stellen in Jer, Dt-Jes und Trito-Jes eine Aussage über das Wesen des göttlichen שָׁלוֹם gemacht wird. Was könnten sonst die Propheten gemeint haben, wenn sie feststellen: *Heil* ist charakteristisch für Gottes Schöpfung, Jes 45 7 57 19; Gott hat für Israel Gedanken des *Heils* und nicht des Unheils, Jer 29 11; *Heil* verwirklicht sich, wo der Mensch um die königliche Majestät Gottes, Jes 52 7, oder, wo er um Gottes liebevolles Erbarmen weiß, Jer 16 5?

4. Zusammenfassung: Der Gebrauch von שָׁלוֹם in den Aussagen der klassischen Propheten

Wenn wir alle Aussagen über שָׁלוֹם, negative und positive, die von der Überlieferung den klassischen Propheten zugesprochen werden, vergleichen, dann lassen sich die folgenden allgemeinen Feststellungen über ihre Auffassung vom *göttlichen Heil* treffen: Heil wird nur dann Wirklichkeit, wenn Jahwe sein Urheber ist. Bezieht man diese Aussage auf den Bereich der menschlichen Erfahrung, dann ließe sich sagen, daß dies stets dort der Fall ist, wo der Mensch Gott als demjenigen begegnet, der sich durch seine Heilsgabe als der heilige Gott offenbart. Wird der Begriff שָׁלוֹם mit einem anderen Vorverständnis gebraucht, so handelt es sich bei seinem Inhalt um menschliche

Wünsche und Einbildungen, aber nicht um den Bereich des Heiligen und deshalb auch nicht um echtes Heil.

Wenden wir dieses Verständnis der klassischen Propheten als ein Kriterium für den Gebrauch von שָׁלוֹם seitens der Nebiim an, dann drängt sich der Schluß auf, daß ihre Verkündigung offenbar nicht in Verbindung mit dem wirklichen Heil Gottes gebracht werden kann. Diese Feststellung schließt nicht nur gelegentliche Äußerungen der Kultpropheten über das Heil ein, sondern auch ihre offizielle Verkündigung, welche in Ausübung ihrer kultischen Funktion innerhalb des gottesdienstlichen Handelns geschieht.

Aus allen in unserer Untersuchung besprochenen Bekenntnissen der klassischen Propheten spricht die Erfahrung des Numinosen als »der Macht des zum Menschen redenden Du«. Es ist die gleiche Macht, die sich für den Israeliten auch in dem Namen יהוה als göttlicher Wille, offenbart, »der auf *Heil*, die Sinnfülle der Existenz, gerichtet ist«[52]. Daß ein solches Gottverständnis und eine derartige existentielle Erfahrung der klassischen Propheten in Verbindung mit dem Kult stehen könnte oder sogar Ausfluß einer kultischen Tätigkeit der klassischen Propheten sein sollte, scheint mir nicht so sicher festzustehen, wie es verschiedentlich in der gegenwärtigen atl. Forschung behauptet wird[53].

V. *Weitere Aussagen über* שָׁלוֹם *in den prophetischen Schriften*

In den restlichen, noch zu besprechenden Stellen der prophetischen Literatur bezeichnet שָׁלוֹם einen *gesegneten Zustand*, der von Gott veranlaßt wurde. Es handelt sich ebenfalls um *Heils*vorstellungen, aber die hierbei zum Ausdruck kommende theologische Einsicht läßt kaum etwas von der Mächtigkeit der Aussage erkennen, die bei den klassischen Propheten in Erscheinung getreten ist. In diesem Heils-

---

[52] Zu diesem Verständnis des Gottesnamens vgl. G. Quell, Art. κύριος, ThW III 1072.

[53] Sofern die Untersuchung des Begriffes שָׁלוֹם einen Beitrag zu der Diskussion über die Funktion und das Amt der israelitischen Propheten beitragen kann, deren Worte im AT erhalten geblieben sind, wird man mit R. Hentschke, Die Stellung der vorexilischen Schriftpropheten zum Kultus, 1957, übereinstimmen müssen, besonders mit seinen abschließenden Bemerkungen S. 174ff. In dieser Hinsicht ist auch den eingehenden Untersuchungen zu diesem Problem von G. v. Rad a. a. O. größtes Gewicht beizumessen. Die von A. H. J. Gunneweg, Mündliche und schriftliche Tradition der vorexilischen Prophetenbücher als Problem der neueren Prophetenforschung, 1959, 122 (vgl. auch S. 81ff.), vertretene Ansicht, daß die Schriftpropheten »ursprünglich ... Inhaber eines offiziellen Amtes im Kult am Heiligtum« gewesen seien, läßt sich meiner Überzeugung nach nicht aufrecht erhalten, zumindest kann sie nicht auf Grund einer Analyse des Gebrauches des Nomens שָׁלוֹם in der von diesen Propheten erhaltenen Überlieferung bewiesen werden.

begriff finden sich Ähnlichkeiten mit Aussagen, welche entweder nicht auf die klassischen Propheten zurückgeführt werden konnten oder welche bereits im Zusammenhang mit der historischen Literatur des AT behandelt worden sind[54]. Heil ist auch in dem Fall als etwas Umfassendes gedacht, aber stets oberflächlich unter Betonung des Konkreten und Erreichbaren verstanden. Solchen Aussagen liegen oft Vorstellungen zugrunde, die sich auf Vergeltung beziehen, sei es im Zusammenhang mit dem Rechtsleben oder mit dem Kult.

Wollte man eine Bedeutung nennen, die allen diesen Stellen gemeinsam wäre, so böte sich am ehesten der Begriff der *Ordnung* an. Die einzelnen hiervon abgeleiteten Bedeutungsgehalte variieren je nach dem Zusammenhang und stehen entweder mit dem Gedanken der *Wohlfahrt*, eines *geordneten Rechtszustandes*, oder des *geordneten kultischen Brauchtums* in Verbindung.

1. Gedeihlicher Zustand

In verschiedenen Fällen bezeichnet שָׁלוֹם ganz allgemein einen *guten* oder *blühenden Zustand* bzw. *Gedeihen* und zielt stets auf etwas Konkretes ab. Allen solchen Aussagen sind materielle Vorstellungen eigen, die im Zusammenhang mit der Vergeltungslehre stehen.

Als König Hiskia von schwerer Krankheit genesen ist, dankt er, Jes 38 17, in seinem Gebet Gott dafür, daß er die bittere Krankheitserfahrung zum *Wohlbefinden* wandte, denn Gott habe ihn gerettet: Er hat die Sünden des Beters hinter sich »geworfen« und seine Seele vor dem Tod bewahrt.

Das Nomen kann auch *blühender Zustand, Fruchtbarkeit* bedeuten, wie es der Fall in Sach 8 12 ist, wobei an einen *regelmäßigen, ungestörten* Ernteertrag gedacht wird. Stärker betont ist die Vorstellung des Wohlergehens in Jer 33 9, denn hier handelt es sich darum, daß Gott nach der Katastrophe, welche über Jerusalem ergangen ist, die Stadt wieder gesund macht; ihr *Wohlstand* wird blühen und alle Völker werden voll des Erstaunens über diese Tat Gottes sein. An einer anderen Stelle, Jes 66 12, ist der Gedanke des Wohlstandes mit dem des *Reichtums* verknüpft. Hier träumen die Gerechten von einem zukünftigen Leben auf dem Berg Zion, in welchem sie wie mächtige Fürsten leben, zum Lohn für den ertragenen Spott seitens ihrer Volksgenossen, die von Gott abgefallen waren.

In diesen Zusammenhang gehören auch die Bedeutungen *Frieden, Sicherheit, Schutz*. Sie finden sich in Jer 33 6, wo festgestellt wird, daß Wohlfahrt nur dann gedeihen kann, wenn *Frieden* und Sicherheit, שָׁלוֹם und אֱמֶת, vorhanden sind. In Jes 33 7, einem Volksklagelied innerhalb einer prophetischen Liturgie, hören wir von den Abge-

---

[54] S. o. 112 ff., 146 ff.

sandten des *Friedens*, die bitterlich weinen, weil der Feind die Wohlfahrt des Landes mit Füßen tritt.

2. Einhaltung der Rechtsordnung

Wenn שָׁלוֹם in Verbindung mit der Einhaltung der zivilen Rechtsordnung gebraucht wird, bedeutet es *richtiges, ehrbares Verhalten,
Anständigkeit, gottgewollte Lebensführung* oder *Erfüllung des Gesetzes*.
Dies ist offenbar in Jes 59 8 gemeint, denn der Text besagt, daß derjenige, der die Rechtsregeln für seine »Wagenspur« nicht gelten läßt
und deshalb ein Sünder ist, nichts von dem Weg des שָׁלוֹם weiß, da
ihm der »gerade Pfad«, nämlich מִשְׁפָּט (Rechtsbestimmungen), unbekannt ist; so beschreitet er lieber die »krummen Wege«.

Der gleiche Gesichtspunkt kann aus einigen anderen Ausdrücken
der späteren Zeit erschlossen werden, in welchen שָׁלוֹם Verwendung
findet. So ermahnt in Sach 8 16 der Prophet die Bevölkerung von Juda
und Jerusalem, wahrhaftig zu sein und Rechtsentscheide des *Wohlgefallens* oder der *Wahrhaftigkeit* zu fällen. Diese Angelegenheit ist vor
allem das Anliegen Maleachis: In einer Drohrede gegen die Priester
seiner Zeit läßt er Gott erklären, daß in früheren Zeiten Levi die תּוֹרָה,
die wahrhafte Weisung, in seinem Munde führte und vor Gott in
Gesundheit und mit *ehrbarer Gesinnung* wandelte, Mal 2 6, denn damals
beugte sich der Priester vor dem göttlichen Namen, wußte um den
Bund, welchen Gott mit seinem Stand gemacht hatte, und deshalb
schenkte ihm Gott Leben und *Wohlbestelltsein*, Mal 2 5.

Die Sehnsucht nach geordneten Rechtsverhältnissen hat auch in
den Bildern von der Endzeit ihren Ausdruck gefunden. In diesem
Zusammenhang heißt es in Jes 32 17-18, daß in der kommenden Heilszeit, wenn die רוּחַ, der Geist, aus der Höhe ausgegossen wird, Gottes
Tat der Gerechtigkeit auch *Wohlergehen* oder *Frieden* bewirkt (v. 17)
und sein Volk an der Stätte der *Sicherheit* wohnen läßt (v. 18). Jes
60 17 nimmt für jene Zeit an: Wenn Israel die Weltherrschaft antritt,
werden Gerechtigkeit und *Wohlfahrt* oder *Rechtssicherheit* herrschen.

3. Einhaltung des kultischen Brauchtums

In den drei letzten Belegen, die noch für die prophetische Literatur
zu besprechen sind, findet sich שָׁלוֹם in Verbindung mit dem rechten
kultischen Verhalten gebraucht. Hier stoßen wir wiederum auf Aussagen, die einer verhältnismäßig späten Zeit in der israelitischen
Geschichte angehören. Folgendes wird festgestellt: Im Zusammenhang
mit der *Heils*verkündigung fordern Freudenboten Juda auf, seine
Feste zu feiern und seine Gelübde zu erfüllen, Nah 2 1. In Hag 2 9
findet sich ein Spruch Gottes, der besagt, daß der Zweite Tempel in
großer Pracht entstehen und Gott selbst an dieser Stelle *Heil* bzw.

Segen spenden will. Schließlich erklärt in Sach 8 19 ein Gotteswort,
daß bestimmte Fastentage zu Freudenfesten werden sollen und daß es
der Gemeinde dabei um Beständigkeit und *Richtigkeit, Wahrhaftigkeit*
oder ganz einfach um *Ernsthaftigkeit* gehen soll.

VI. Zusammenfassung

Die prophetische Literatur verwendet das Nomen fast ausschließlich als theologischen Begriff. Bei den Stellen, die im ersten Abschnitt
dieses Kapitels behandelt wurden, zeigte sich in einigen Fällen, daß
שָׁלֹם, obwohl es innerhalb eines literarischen Zusammenhanges mit
religiösem Inhalt vorkommt, säkulare Bedeutung hat. Für die Mehrzahl jener Belege traf eine solche Feststellung jedoch nicht zu, denn
die weiteren Untersuchungen des Kapitels ergaben auch für sie
religiösen Gehalt.

In bezug auf seine Bedeutung zeigt die Verwendung des Nomens
eine beträchtliche Variationsbreite. Dennoch können für alle Belege
grundsätzlich zwei Gruppen unterschieden werden: Einmal handelt
es sich um Bedeutungen, welche auch außerhalb der prophetischen
Literatur im AT belegt sind, und zweitens um solche Inhalte, aus denen
tiefste theologische Einsicht zu sprechen scheint.

Bei Aussagen der ersten Gruppe liegt der Begriff der *Ganzheit*
zugrunde, wird auf menschliche Situationen bezogen und bedeutet im
einzelnen *Unversehrtheit, Wohlbehaltenheit* und *Gemeinsamkeit*. Verschiedentlich findet das Nomen auch Verwendung in Verbindung mit
der Einhaltung geordneter Verhältnisse des Rechtes oder des Kultes
und muß durch *Aufrichtigkeit* oder *Ehrbarkeit* wiedergegeben werden.

In zahlreichen Stellen bezieht sich שָׁלֹום auf Gottes *Heil*shandeln
und ist als Summe verschiedener einzelner Komponenten verstanden,
wobei jeweils eine besonders betont wird. *Heil* bedeutet hierbei Gottes
Gabe, ist aber stets auf konkrete Lebensverhältnisse und praktische
Erfahrungen gerichtet, in denen materielle Anschauungen im Vorder-
grund stehen. Dieser Inhalt ist hauptsächlich mit Aussagen über die
Nebiim verbunden und bringt Vorstellungen wie *Wohlergehen, Frieden,
Sicherheit, Erfolg* und *Glück* zum Ausdruck.

In solchen Fällen erreicht das Heilsverständnis nicht eine Ein-
sichtstiefe, welche mit den Inhalten von שָׁלֹום bei den großen literarischen Propheten vergleichbar wäre. Deshalb überrascht es auch
nicht, wenn wir das Nomen häufig an Stellen finden, die nicht zu den
Sammlungen klassischer Prophetensprüche gehören. Wo sie sich
gelegentlich innerhalb vorexilischer oder exilischer prophetischer
Bücher belegen lassen, werden sie wahrscheinlich als nachexilische
Interpolationen anzusehen sein. Obgleich es unmöglich ist, die Richtigkeit dieser Vermutung nachzuweisen, scheint sie den Unterschied zu

erklären, welcher in bezug auf den theologischen Gehalt zwischen diesen Heilsaussagen und der Heilsschau der klassischen Propheten besteht. Sollten die betr. Stellen jedoch der vorexilischen Zeit zuzuweisen sein, dann drängt sich der Schluß auf, daß die in ihnen enthaltenen Vorstellungen auf Kreise weisen, in welchen die Botschaft der großen Propheten entweder nicht verstanden oder nicht ernsthaft beachtet wurde.

Die zweite Gruppe der Bedeutungsgehalte von שָׁלוֹם findet sich nur bei den klassischen Propheten. Sie tritt seit der Zeit Jesajas in Mi, Jes, Jer, Dt- und Trito-Jes und in Ez in Erscheinung, wobei das Nomen ebenfalls *Heil* bezeichnet, aber als ein Begriff aufgefaßt wird, dem außerordentliche theologische Bedeutung zukommt. In solchen prophetischen Aussagen über das *Gottesheil* kommt eine für diese Periode der Religionsgeschichte völlig neue Gottesvorstellung und damit erstmalig ein Geschichtsverständnis zum Ausdruck, in welchem schon modernes existentielles Denken vorweggenommen wird. Gott ist von nun an nicht mehr lediglich als göttliche Macht auf der Grundlage einer Manavorstellung aufgefaßt, sondern wird in tieferer Weise als der ganz Andere erfahren, um einen von R. Otto geprägten Begriff zu verwenden[55].

Mit dieser Heilsverkündigung stoßen wir zum ersten Mal auf eine geistige Schau der Propheten, in der die numinose Wirklichkeit als majestas und mysterium tremendum bewußte Gestalt in der menschlichen Erkenntnis gewinnt und wo der Versuch unternommen wird, ihr sprachlichen Ausdruck zu verleihen. Es bereitet sich ein Heilsverständnis vor, das erst einige Jahrhunderte später zu voller Entfaltung in der ntl. Botschaft kommen sollte, deren zentrales Anliegen der Verkündigung ist, daß nur die göttliche Gabe des Heils zu wahrer Erfüllung menschlichen Daseins führt[56].

§ 14 POESIE

In der poetischen Literatur des AT findet sich das Nomen je einmal in Thr und in Cant, sonst nur in den Psalmen. Vom philologischen Standpunkt aus gesehen erscheinen die einzelnen Texte ziemlich unkompliziert, weshalb sich der Inhalt von שָׁלוֹם einfach bestimmen ließe. Wollen wir jedoch die in Frage kommenden Stellen von dem gleichen methodischen Ansatzpunkt aus interpretieren, der für die Untersuchung der Bedeutungsgehalte in den bisher besprochenen literarischen Corpora angewandt wurde, dann stoßen wir auf Grund der gegenwärtig diskutierten Probleme in der Psalmenforschung auf erhebliche Schwierigkeiten. Bevor wir deshalb mit einer Besprechung

---

[55] R. Otto, The Idea of the Holy, 1958, 12ff. 25ff. 31ff.

[56] Vgl. u. a. Rm 5 10 8 6 Phil 1 21 Col 3 3-4 Joh 1 4 3 36 8 12 10 11 11 25 14 6 I Joh 1 1 3 14 5 12.

der Inhalte des Nomens beginnen können, müssen erst einige methodologische Fragen behandelt werden.

I. Vorüberlegung:
Methodologische Erwägungen bezüglich der Bestimmung des Inhaltes von שָׁלוֹם in den Psalmen

Jeder Versuch der Inhaltsbestimmung eines Textes oder eines
seiner Teile — in unserem Fall der des Nomens שלום — stellt eine
Interpretation dar. Dieser Sachverhalt führt uns zwangsläufig zu der
Frage des Vorverständnisses, das als hermeneutisches Prinzip in
solchen Fällen stets berücksichtigt werden sollte. Über zwei Aspekte
muß dabei jeweils Klarheit gewonnen werden: einmal das Vorverständnis des Autors selbst, das den Worten seiner Aussage zugrunde
liegt und so aus dem Text erkennbar ist, und zweitens das Vorverständnis, mit welchem der Interpret einen vorgefundenen Text erfaßt
und auf Grund dessen er die Äußerungen des Autors nach Inhalt und
Bedeutung bestimmt. Diese Unterscheidung darf bei der Auslegung
von Texten nicht außer acht gelassen werden, denn nur so ist es möglich, dem Verständnis der einzelnen Inhalte einigermaßen gerecht zu
werden.

Wichtig ist die eben getroffene Feststellung im Hinblick auf das
jeweils bei einer Interpretation in Ansatz zu bringende Vorverständnis,
dessen Analyse nur auf Grund der obigen Voraussetzungen gelingen
kann. Bei dem Verfasser läßt es sich (wenigstens bis zu einem gewissen
Grade) aus seinem Text selbst erschließen, während bei dem Interpreten der Fall anders liegt: Wenn er sein Vorverständnis nicht dem
Leser eigens mitteilt, kann es lediglich aus seiner Interpretation oder
aus seiner Edition des betr. Textes erkannt werden. Infolgedessen
muß bei einer Textauslegung mit zwei verschiedenen Gegebenheiten
gerechnet werden. Es ist möglich, daß der Interpret bei seiner Inhaltsbestimmung von Voraussetzungen ausgeht, die in Übereinstimmung
mit dem Vorverständnis des Verfassers sind, aber auch der andere
Fall kann eintreten, nämlich, daß er mit einer vorgefaßten Meinung
an den Text herantritt, die der Auffassung des Verfassers nicht entspricht. Dann ist eine Situation vorhanden, in welcher der Ausleger
sein eigenes Vorverständnis in den Text hineinprojiziert und vielleicht
darin etwas findet, was weder im Text selbst enthalten ist noch von
dem Autor als Aussage beabsichtigt war[1].

Die hier aufgezeigten Probleme können grundsätzlich bei keiner
Interpretation vermieden werden, weil sie durch das Wesen der Herme-

---

[1] Vgl. hierzu die hermeneutischen Diskussionen in C. Westermann (ed.), Probleme atl.
Hermeneutik, 1960, und B. W. Anderson (ed.), The Old Testament and Christian
Faith, 1963.

neutik bedingt sind[2]. Diese Situation führt oft zu Schwierigkeiten, da es sich bei einer Untersuchung von Textinhalten nicht um Verifikation von Gegebenem, sondern um Einfühlung handelt, d. h. um Partizipation[3]. In solchen Fällen kann keine objektive Kontrolle angewandt werden. Das einzige dem Ausleger zur Verfügung stehende Kriterium ist seine Aufrichtigkeit, d. h. seine Bereitwilligkeit, auf sein eigenes Vorverständnis der Wirklichkeit gegenüber zu reflektieren und der Tatsache gegenüber aufgeschlossen zu sein, daß letztlich in jedem Versuch einer Interpretation sich sein eigenes Wirklichkeitsverständnis zu erkennen gibt.

Ist also jede Textauslegung von vornherein mit solchen Schwierigkeiten belastet, dann braucht man keinesfalls überrascht zu sein, wenn gegenwärtig eine sehr lebhafte Diskussion über das Verständnis der Psalmen stattfindet. Sie wurde durch britische und skandinavische Forscher veranlaßt, welche konsequent und manchmal sehr wirkungsvoll versucht haben, die religiöse Dichtung des AT mit Hilfe von zwei Hypothesen zu interpretieren, von denen sie annehmen, sie würden für den Kultus aller alten Kulturen des Nahen Ostens ganz allgemein Geltung haben: dem »myth and ritual scheme« und dem »divine-kingship-pattern«. Diese Diskussion ist durch die Einführung beider Theorien als hermeneutischer Gesichtspunkte gegenwärtig in vollen Gang gekommen und kreist hauptsächlich um das Problem des Vorverständnisses für die Psalmeninterpretation. Bis jetzt hat sie noch kein Ergebnis gezeigt, das allgemeine Anerkennung gefunden hätte[4].

Entsprechend dem Anliegen der hier vorgelegten Untersuchung ist es nicht notwendig, eine Entscheidung für oder gegen die bereits erwähnte »Schule« zu treffen. Wir müssen vielmehr zu unserem Ausgangspunkt bezüglich des hermeneutischen Problems zurückkehren und die umfassendere und allgemeine Frage stellen, wie das Nomen שָׁלוֹם innerhalb der Psalmen zu verstehen ist, wobei es sich nicht umgehen läßt, daß auch die prinzipielle Frage des Verständnisses und der Interpretation der Psalmen angeschnitten wird. Die Komplexität dieses Problems kann am besten durch einen kurzen Überblick über einige der hauptsächlichsten Hypothesen mit Hinweis auf ihre Vertreter illustriert werden: Sollen die Psalmen auf eine historische Situation bezogen werden (L. de Wette, O. Eißfeldt)? Sollte ihr Verständnis messianisch (alte Kirche) oder eschatologisch sein (H. Gunkel, H.-J. Kraus)? Oder ist von ihrem Sitz im Leben auszugehen; und wenn dem so wäre, wie müßten ihre Gattungen bestimmt werden?

---

[2] Grundsätzliche Ausführungen zu diesem Problem sind meiner Überzeugung nach von R. Bultmann, Das Problem der Hermeneutik, in: Glauben und Verstehen, II 1952, 211 ff., dargelegt worden.

[3] Zum Problem der Partizipation im Erkenntnisakt vgl. die grundsätzlichen Ausführungen von P. Tillich, Trennung und Einigung im Erkenntnisakt, in: Ges. Werke, IV 1961, 107 ff.

[4] Vgl. hierzu u. a. M. Noth, Jerusalem und die israelitische Tradition, in: Ges. St., 1957, 172 ff.; M. Noth, Gott-König-Volk, in: Ges. St., 1957, 188 ff.; G. v. Rad, Theologie des AT, I 1962[4], 331 Anm. 1, und vor allem K.-H. Bernhardt, Das Problem der altorientalischen Königsideologie im AT, 1961, dessen Studie für die folgende kurze Zusammenfassung über das Problem der Interpretation der Ps benutzt worden ist.

Nach äußeren formalen Kriterien, vom Inhalt aus oder als eine Kombination von beidem (H. Gunkel, W. Staerk, J. Begrich, H. Ewald, A. Bentzen)? Oder sind alle diese Gesichtspunkte nicht zutreffend, und der Ansatzpunkt könnte nur von einem religiösen Phänomen aus gewonnen werden, welches im ganzen Alten Orient verbreitet und auch ein bedeutsamer Aspekt der israelitischen Religion gewesen zu sein scheint? Könnten dann vielleicht alle Psalmen ihren Ursprung im Tempelkult haben (S. Mowinckel) bzw. in einem bestimmten »ritual pattern« (S. H. Hooke, A. Johnson) oder im »divine-kingship-pattern« (G. Widengren, I. Engnell)? Oder handelt es sich schließlich um eine Kombination mehrerer der hier kurz skizzierten Aspekte (H. Gunkel, J. Begrich, S. Mowinckel, O. Eißfeldt, A. Bentzen, H.-J. Kraus)?

Alle diese Gesichtspunkte haben sowohl für eine Interpretation einzelner Psalmen oder besonderer Stellen, in welchen sich das Wort שׁלום findet, als auch für theologische Aussagen ihre Bedeutung. Dennoch müssen wir in dieser Hinsicht stets im Blick behalten, daß sie jeweils nur ein spezifisches Vorverständnis seitens des Interpreten darstellen, d. h. sie haben keine objektiv gegebene Grundlage zur Voraussetzung, die als verifizierbares Faktum von jedem, der sich einer Untersuchung von Textinhalten widmet, anerkannt werden müßte. Jedes Vorverständnis hat vielmehr insofern einen singulären Charakter, als es auf dem Bewußtsein existentiell bedeutender Erlebnisse sowie ihrer Verdichtung zu einer eigenen Lebenserfahrung in Form einer Weltanschauung beruht, weshalb Interpretationen stets mit einem gewissen subjektiven Element behaftet sind. Wo es zum Ausdruck kommt, treffen wir nicht auf Aussagen über Ergebnisse eines Verifikationsprozesses, sondern auf bekenntnishafte Äußerungen persönlicher Erfahrungen.

Will man Erfahrungswissen interpretieren, so scheiden von vornherein Methoden aus, die für die Verifizierung eines gegebenen Sachverhaltes Verwendung finden, denn sie erweisen sich nicht nur als unsachgemäß, sondern tatsächlich als unstatthaft[5].

Sachgemäße Methoden sind in diesen Fällen stets hermeneutische, d. h. solche, die für die Analyse der Akte des Verstehens entwickelt worden sind. Bei derartigen Akten ist die Teilnahme am Fremderlebnis stets vorausgesetzt und führt auf Grund paralleler, nicht verifizierbarer Einzelergebnisse zur Anerkennung oder Ablehnung des betr. Fremderlebnisses. Man nimmt also Stellung zu einer Fremderfahrung oder einem Problem, das mit ihr in Beziehung steht. Dabei ist es unwichtig, ob diese Stellungnahme bewußt oder unbewußt geschieht, sie ist in jedem Fall eine Entscheidung für ein bestimmtes Vorverständnis oder gründet sich darauf. Wenden wir diesen Erkenntnisgrundsatz auf die gegenwärtige Diskussion über die Interpretation der Psalmen an, dann dürfte es einleuchten, warum bei der Darstellung der Bedeutungsgehalte von שָׁלוֹם, die sich innerhalb der religiösen Poesie finden, keinem der oben angeführten Gesichtspunkte der Vorzug gegeben werden kann.

Die in unserer Untersuchung gestellte Aufgabe erfordert keine Stellungnahme zu irgendeinem besonderen theologischen Vorverständnis in bezug auf einen biblischen Text, welches von einer spezifischen atl. Forschungsrichtung, einer »Schule«, aufgestellt wurde. Das hier verfolgte Ziel ist vielmehr die Erarbeitung der Bedeutungsgehalte eines Wortes, von einer bereits festliegenden Grundbedeutung ausgehend, für Texte, welche ebenfalls bereits in einer bestimmten

---

[5] Vgl. zu diesem Problem P. Tillich, Systematic Theology, I 1959, 103ff.

sprachlichen Formulierung gegeben sind. Im einzelnen bedeutet dies: Erstens ist zu bestimmen, in welcher Weise die Vorstellung der *Ganzheit* innerhalb eines atl. Textes zu verstehen ist, soweit sie durch die Wurzel שלם und in diesem besonderen Kapitel durch die nominale Form שָׁלוֹם ausgedrückt wird; und zweitens, daß die Bezeichnung »gegebener Text« in diesem Zusammenhang sich auf die Textform israelitischer literarischer Traditionen bezieht, die im MT ihren Niederschlag gefunden haben und durch Vergleich mit verschiedenen Manuskripten des MT und der alten Versionen greifbar sind. Kurz: Texte, die jedem zugänglich sind und deren Wortlaut verifiziert werden kann.

Wenn in den folgenden Untersuchungen verschiedentlich theologische Interpretationen gemacht werden müssen, dann werden sie stets auf den gesamten literarischen Zusammenhang gegründet, in dem sich das Nomen findet, und dieser wird als Voraussetzung für die Entscheidung genommen, welches Vorverständnis bei den spezifischen Absichten des jeweiligen Autors anzunehmen ist. Die Feststellungen des Interpreten, d. h. meine eigenen Deutungen, müssen notwendigerweise mit einem subjektiven Element behaftet sein, denn ich bin mir bewußt, daß meine theologischen Ansichten ein Verständnis Gottes, der Welt und meines eigenen Daseins voraussetzen, welches das Ergebnis *meiner eigenen* Lebenserfahrung ist.

II. Die einzelnen Inhalte des Nomens innerhalb der poetischen Literatur

Zu Beginn der Untersuchung der Einzelinhalte des Nomens läßt sich allgemein feststellen, daß alle, bis auf eine Ausnahme, auf eine religiöse Situation bezogen sind; entweder wird Gott angerufen, oder es erfolgt eine Feststellung über das göttliche Handeln. Oft seufzt, jammert oder stöhnt der Beter Gott gegenüber, verschiedentlich klagt er ihn sogar an, weil er im Elend lebt oder weil sich jemand ihm gegenüber böse verhalten hat. Gelegentlich werden allgemeine Maximen über menschliches Verhalten angeführt oder Segenswünsche geäußert, und in einem Fall wird mitgeteilt, was Gott selbst den frommen Menschen kund tut.

Obwohl dieser religiöse Rahmen vorliegt, weist in den meisten Belegen der Inhalt von שָׁלוֹם kaum religiöse Bedeutsamkeit auf. Häufig handelt es sich um Bedeutungen, denen wir bereits in ähnlicher Weise und dann nur in säkularen Zusammenhängen innerhalb des Dtr-Werkes begegneten[6], oder um solche, die sich für ähnliche Situationen innerhalb prophetischer Aussagen fanden, aus denen aber vermutlich

---

[6] S. o. 99ff.

keine tatsächlichen oder geistigen Beziehungen zu den klassischen Propheten zu erkennen sind[7].

Selbst an Stellen, in denen eine Aussage über das *Heil* Gottes ersichtlich ist, bleibt das Heilsverständnis hauptsächlich auf den ethischen Bereich beschränkt. שָׁלוֹם zeigt hier wie in einer Anzahl Stellen, die im Zusammenhang mit anderen literarischen Corpora des AT besprochen wurden, ein besonderes Gepräge: *Heil* wird zwar als Gottes Gabe verstanden, zielt aber stets auf etwas Konkretes, Greifbares als tragenden Untergrund ab, auf dem die spezifisch betonte Aussage gelagert ist[8]. Doch selbst solche Stellen erwecken in dem Zusammenhang, in dem sie gebraucht werden, den Eindruck, als ob die Heilsvorstellung ziemlich stark zugunsten ganz konkreter, säkularer Bedeutungsgehalte zurückgedrängt worden ist, in denen oft alltägliche und sehr reale, praktische Lebenssituationen gezeichnet werden. Die allgemeine ethische Ausrichtung, die hier angenommen werden muß, scheint Ähnlichkeit mit Vorstellungen der Weisheitslehrer zu haben. Nirgends in der poetischen Literatur kommt in der Verwendung von שָׁלוֹם eine theologische Tiefe zum Ausdruck, die mit derjenigen vergleichbar wäre, die sich aus der Verkündigung des göttlichen Heils bei einigen klassischen Propheten erschließen läßt.

1. Säkularer Gebrauch des Nomens

Bevor auf Einzelheiten des in der Einleitung zu diesem Abschnitt dargelegten Sachverhaltes eingegangen wird, muß das Nomen in Cant 8 10, dem einzigen Fall in der poetischen Literatur, in welchem es rein säkulare Verwendung findet, bestimmt werden. Die Szene schildert eine Brautwerbung, weshalb Inhalte wie *peace*[9] oder gar *Heil*[10] von vornherein ausscheiden. An dieser Stelle bejaht die Braut oder Geliebte die Frage der Werber und verwendet dabei eine Formulierung, die wahrscheinlich zu jener Zeit allgemein bekannt war[11]. Darauf bringt sie ihre Freude mit den Worten zum Ausdruck: »Nun bin ich in seinen, d. h. des Bräutigams, Augen wie eine, die שָׁלוֹם gefunden hat«, v. 10b. Dem literarischen Zusammenhang und der geschilderten Situation nach kann das Nomen an dieser Stelle nur *Annahme, Gunst* oder *erotische Liebe* bedeuten.

2. Säkulare Bedeutungen innerhalb eines religiösen Rahmens

Das Nomen hat bei den hier zu besprechenden Inhalten verschiedene Bedeutungen, denen jedoch allen insofern etwas Gemein-

---

[7] S. o. 181ff.

[8] S. o. 112ff., 146ff., 159ff.

[9] So RSV ad loc.

[10] So Zürcher Bibel ad loc.

[11] Vgl. in Cant 8 den ersten Teil v. 8a sowie v. 9 mit dem zweiten Teil von v. 10a und der freudig erregten Erklärung der Braut in v. 10b.

sames eignet, als sie einem Denken entspringen, in welchem der Vergeltungsgedanke vorherrscht.

Beginnen wir mit Ps 73, einem Bekenntnis vor Gott, dem einzigen Fall, in dem das Nomen auf eine Vielheit von Personen bezogen ist. Der Beter läßt uns wissen, daß er fast an der göttlichen Güte gezweifelt und deshalb Gott gegenüber beinahe eine Verfehlung begangen habe. Er sei eifersüchtig gewesen, weil er gesehen habe, wie diejenigen, die wesenhaft schuldig vor Gott sind, ein Leben des *Wohlergehens, Wohlbestelltseins, Wohlstandes* bzw. *Glückes* führten (v. 3). Hinter dieser allgemeinen Aussage stehen offensichtlich konkrete materielle Vorstellungen, wie man aus dem literarischen Zusammenhang schließen muß, in welchem die Rede von Reichtum (v. 12), mühelosem Leben (v. 5) und gesellschaftlicher Anerkennung (v. 10) ist.

An allen anderen Stellen dieser Gruppe von Aussagen wird das Nomen jeweils nur mit Einzelpersonen in Verbindung gebracht. Zunächst findet sich in Ps 41 10 der Ausdruck אִישׁ שְׁלוֹמִי, der ebenfalls in der prophetischen Literatur angetroffen wurde[12]. Ein Kranker, der sich an Gott wendet, gebraucht ihn, weil er den Haß und die Schadenfreude seiner menschlichen Umgebung nicht mehr ertragen kann. Wenn man hier eine allgemeine, nicht näher ausgeführte Situation annimmt, dann bedeutet es das gleiche wie in der prophetischen Literatur: *Derjenige, der mir vertraut war, nahe stand*, d. h. *der Freund*. Sollte der Psalm im Exil oder später in der Diaspora entstanden sein, dann könnte mit diesem Ausdruck auch *Volksgenosse* gemeint sein.

In einem anderen Krankheitsfall fleht der Leidende Gott an, ihn nicht länger mit schwerer Krankheit zu strafen, weil er sich gegen Gott verfehlt habe, denn die daraus folgende Strafe Gottes erdrücke ihn, Ps 38 4. Für die Beschreibung seines körperlichen Zustandes wird שָׁלוֹם verwendet, das an dieser Stelle in Parallele zu מְתֹם, d. h. heile Stelle[13], steht und *körperliche Gesundheit, Heiles, von Krankheit nicht befallen sein* bedeutet.

An einigen Stellen wird das Nomen auch verwendet, um Verhaltensweisen innerhalb des gesellschaftlichen Lebens zu charakterisieren, und bedeutet dann *äußeres freundliches Verhalten*. Es dient in Ps 28 3 zur Beschreibung von Menschen, bei welchen keine Übereinstimmung zwischen ihrer konventionellen Konversation und inneren Haltung besteht, d. h. Menschen, die in *formaler freundlicher Weise* mit ihren Mitmenschen sprechen, obwohl sie eine böse oder üble Gesinnung gegen diese hegen[14]. Die gleiche Vorstellung wird in Ps 35 20 auf solche Menschen bezogen, die nicht שָׁלוֹם, *Freundliches*, über die Frommen reden, sondern sie schmähen.

---

[12] S. o. 156f.

[13] KB 582b.

[14] Vgl. o. 157.

Eine ähnliche Bedeutung des Nomens, wenn auch unter stärkerer Betonung friedlicher Absichten für das tägliche Zusammenleben mit anderen Menschen findet sich in Ps 120. Es wird eine Situation geschildert, in der ein Beter seine Not klagt. Er hat den Eindruck, daß er schon zu lange Zeit mit einem Menschen zusammen wohne, der Streit suche und ein Feind des *friedlichen Zusammenlebens* sei (v. 6). Selbst bei seinem Reden gehe es ihm um *Friedfertigkeit* (v. 7), während sein Nachbar kein anderes Anliegen als Streit habe. Obgleich in v. 7 die Sprache mit שָׁלוֹם und מִלְחָמָה »Krieg« sehr gefühlsgeladene Worte verwendet, wird wohl die hier angenommene Bedeutung des Nomens zutreffen.

Schließlich müssen noch Thr 3 17 und Ps 35 27 in unserer Gruppe besprochen werden. Zwar könnte dem Nomen an diesen Stellen eine religiöse Bedeutung zugemessen werden, doch wird es wegen seines literarischen Zusammenhanges säkular aufzufassen sein. In Thr 3 1-20 (vor allem v. 11) erzählt ein frommer Mensch von den Irrwegen, die Gott ihn habe gehen lassen. Dabei findet in v. 17 auch שָׁלוֹם Verwendung, womit zum Ausdruck gebracht wird, daß Gott die Seele des Betenden aus dem Zustande des *Wohlergehens* oder des *Wohlbestelltseins* verstoßen hatte bzw. daß sie weit von diesem Zustand entfernt war. Im Hinblick auf Thr 3 21-41 kann mit dem Nomen eigentlich nur der *äußere Wohlstand* gemeint sein und zu dem gleichen Schluß führt auch die Verwendung von טוֹבָה, d. h. Gutes, Erfreuliches, Glück, welches in v. 17 in Parallele zu שָׁלוֹם steht.

In Ps 35 27 könnte mit שָׁלוֹם zwar *Heil Gottes* gemeint sein, zumal in v. 27b ein Lobpreis auf Gott angestimmt wird. Sollte dies der Fall sein, dann wären wir hier auf eine sehr primitive Heilsvorstellung gestoßen. Denn tatsächlich würde in diesem Zusammenhang ausgesagt, daß der Stille im Lande vor Gott als guter Mensch dasteht. Nachdem ihm einige schlimme Erfahrungen zuteil wurden, geht es ihm jetzt materiell wieder gut, und von anderen Menschen wird er nicht länger mißachtet. Hinter dem Begriff שָׁלוֹם steht hier keineswegs der Gedanke des Heils als einer Gabe Gottes, durch welche für den Menschen ein neues sinnerfülltes Verhältnis zu Gott begründet wird, sondern es kommt eine Genugtuung darüber zum Ausdruck, daß Gott das gute Verhalten des Frommen belohnte, indem er dessen früheren *äußeren guten Lebenszustand* wieder herstellte. Solch ein Inhalt des Nomens kann nicht nur aus dem gesamten Zusammenhang dieses Psalms mit seiner ausgesprochenen Vergeltungstendenz geschlossen werden, sondern vor allem aus v. 27a.

3. Das Nomen als religiöser Heilsbegriff in den Psalmen

Wie schon eingangs in diesem Kapitel ausgeführt wurde, zielt die Heilsvorstellung in den Psalmen, soweit unser Nomen dabei Verwendung findet, stets auf etwas Konkretes ab, das als Segen verstanden wird, wobei die Vorstellung der *Wohlfahrt*, des *Wohlergehens* oder des *Wohlbestelltseins* im Vordergrund steht[15]. Meistens kann man sich in diesen Fällen nicht des Eindrucks erwehren, daß mehr oder weniger materielle Inhalte mit solchen Segensanschauungen verbunden sind. Die tiefe Einsicht in das göttliche Heil, welche sich in der Verkündigung der klassischen Propheten findet, wird, soweit die Verwendung von שָׁלוֹם in Betracht kommt, nirgendwo in den Psalmen erreicht.

a) Heil als das Gute

Wir beginnen unsere Besprechungen mit Ps 34 15, einer Stelle, in welcher das Nomen *Wohlbestelltsein, Gutes* und vielleicht auch *normgerechtes Handeln* bedeutet. Auf den ersten Blick scheint dieser Inhalt hauptsächlich im ethischen Sinne aufgefaßt zu sein, denn er ist Teil einer Maxime, die Ähnlichkeit mit Sprüchen der Weisheitsliteratur aufweist. Bei eingehenderer Untersuchung des Textes könnte jedoch eine inhaltlich tiefer schürfende Aussage mit der Verwendung unseres Nomens beabsichtigt sein. Anzeichen für diese Vermutung dürften in dem Aufruf »Kommt, יְרָאָה, d. h. Ehrfurcht[16], vor Jahwe will ich euch lehren« (v. 12) und in dem Hinweis auf die Nähe Gottes bei Menschen, die zerbrochenen Herzens und zerschlagenen Gemütes sind (v. 19), zu sehen sein. In diesem Zusammenhang wird man wohl שָׁלוֹם als *das Gute* zu verstehen haben, welches sich stets dann für den Menschen ereignet, wenn er Gott als den Urheber alles Guten erkannt hat.

b) Heil als geordneter Zustand

Verschiedentlich liegt dem Heilsbegriff in den Psalmen die Vorstellung eines *geordneten, ungestörten* und *gesicherten Zustandes* zu Grunde. Je nach seiner Objektbeziehung oder dem literarischen Zusammenhang, auf welchen jeweils die Betonung ruhen kann, bringt er dabei bestimmte konkrete Vorstellungen zum Ausdruck.

Beginnen wir mit Ps 122 6-9, in dem sich das Nomen in drei aufeinander folgenden Versen findet. Man könnte fast annehmen, daß uns dieser Psalm eine Erläuterung des Heilsverständnisses der nachexilischen Jerusalemer Kultgemeinde gibt. Diese Vermutung wird durch die geschilderte Situation nahegelegt, denn es handelt sich um einen Segensgruß, den wallfahrende Pilger vor dem Betreten der Tore der Stadt Jerusalem entbieten. Er hat einen viergliedrigen Aufbau, und שָׁלוֹם stellt darin wahrscheinlich das Leitwort dar.

---

[15] S. o. 189 f.
[16] KB 400 b.

13 Eisenbeis

Der Gruß beginnt in v. 6a mit der Aufforderung: »Wünschet Jerusalem שָׁלוֹם!« Dieser Heilswunsch zielt auf die konkrete Vorstellung des *Ruhe-Habens*, *Ungestörtseins* und damit auf die des *gedeihlichen Zustandes* ab, wie der Gebrauch von שָׁלָה, unbekümmert sein[17], vermuten läßt, das in v. 6b parallel zu שָׁלוֹם steht. Der gleiche Gedanke wird in v. 7 weiter durch den Wunsch ausgeführt: »שָׁלוֹם sei innerhalb deiner Ringmauern[18], Sorglosigkeit in deinen Wohntürmen!« Das Nomen שַׁלְוָה »Unbekümmertheit, Schutz, Sorglosigkeit«[19], welches hier als Parallelausdruck zu שָׁלוֹם erscheint, läßt den Schluß zu, daß bei unserem Nomen wahrscheinlich Vorstellungen wie *Wohlfahrt*, *Wohlstand* und *Wohlbestelltsein* gemeint sind. Wie die parallele Verwendung von שַׁלְוָה und טוֹב in v. 9 zeigt, ist bei שָׁלוֹם in v. 7 vermutlich nicht an *Frieden* gedacht, obwohl eine solche Interpretation möglich wäre.

Der tiefere Grund für den Segenswunsch läßt sich aus v. 8–9 erkennen. Er ist sowohl in der Gemeinschaft mit den Brüdern und den Beisassen (Freunden?) als auch in der Verbundenheit mit dem Tempel zu sehen. Auch in diesem Zusammenhang wird שָׁלוֹם wiederum verwendet, v. 8, und bedeutet wie in v. 7 ebenfalls *Wohlfahrt*, *Wohlbestelltsein*, wie sich auf Grund des parallelen Gebrauches von טוֹב in v. 9 vermuten läßt[20].

Der gleiche Inhalt des geordneten Zustandes liegt bei dem Nomen in Ps 147 14 vor, nur daß hier die Vorstellung des *Schutzes*, der *Sicherheit* bzw. des *äußeren Friedens* betont wird. Man fordert Jerusalem auf, Gott zu preisen, weil er für die politischen Grenzen der Stadt שָׁלוֹם bestimmt oder festgesetzt hat.

Dieser Inhalt trifft wahrscheinlich eher für das Nomen in Ps 147 14 zu als A. Weisers Vermutung, daß es *Heil* bedeute[21]. Eine solche Behauptung kann durch den literarischen Aufbau der v. 13 und 14 des Psalms gestützt werden. Beide Verse bilden inhaltlich zwei parallele Glieder, in welchen sich jeweils v. 13a/14a und v. 13b/14b entsprechen. Es handelt sich hierbei um eine Aussage über Segen und Sicherheit. Das zweite Glied jedes der beiden Verse bringt den Gedanken des Segens, בָּרַךְ (v.13) zum Ausdruck, dessen Ergebnis sowohl Kinder als auch das Beste des Weizens sind, während sich bei dem ersten Glied dieses Verspaares die Vorstellung der *Sicherheit* findet: Gott soll

---

[17] KB 972b.

[18] »Ringmauer« ist wahrscheinlich mit חֵיל gemeint, vgl. KB 295b.

[19] KB 973a.

[20] Diese hier angenommene Bedeutung, welche in Übereinstimmung mit dem entsprechenden Parallelausdruck steht, scheint meiner Überzeugung nach gesicherter für den Inhalt des Nomens zu sein, als die von A. Weiser, The Psalms, OTL, 1962, 751, gehegte Vermutung, daß שָׁלוֹם an dieser Stelle *Heil* bedeute. Der Hinweis auf שָׁלֵם in יְרוּשָׁלַיִם kann sein Argument kaum stützen.

[21] A. Weiser a. a. O. 833.

gepriesen werden, כִּי־חִזַּק בְּרִיחֵי שְׁעָרֶיךְ, d. h. weil er die Torriegel fest bzw. stark macht[22] (denn er ist derjenige), הַשָּׂם־גְּבוּלֵךְ שָׁלוֹם, d. h. der deinen Territorialgrenzen *Sicherheit* oder *Schutz* bestimmt[23].

c) Heil als innerer Friede

Die Bedeutung des *Schutzes*, der *Sicherheit* und des *Friedens* findet sich für שָׁלוֹם noch in drei weiteren Psalmen. Allerdings handelt es sich in diesen Fällen nicht nur um äußeren, sondern wenigstens teilweise auch um *inneren Frieden*. Wir begegnen damit zum erstenmal einem Inhalt des Nomens, der in Verbindung mit individuellem pietistischem Denken steht.

Solch eine Vorstellung findet sich in Ps 55 innerhalb der Klage eines einzelnen über das Verhalten eines Mitmenschen, zu welchem er nach v. 14 in einem Bekanntschafts- und Vertrauensverhältnis gestanden hat. Zwar kommt in v. 19 der Gedanke des *inneren Friedens* nur andeutungsweise zum Vorschein, aber er kann nicht übersehen werden. Für diesen Sachverhalt spricht zunächst die Tatsache, daß שָׁלוֹם sowohl im Zusammenhang mit נֶפֶשׁ, der Einheit von äußerem und innerem menschlichen Sein[24], als auch mit פָּדָה »erlösen«[25] steht. Vor allem bringt die Situationsschilderung, die sich aus den Worten des Beters erschließen läßt, eine derartige Vorstellung deutlich zum Ausdruck: Er irrt umher (v. 3), ist in Unruhe (v. 4), das Herz ängstigt sich in seiner Brust (v. 7) usw. Das gleiche läßt sich aus dem ständigen und plötzlichen Wechsel der Aussagen über den Freund und über allgemeine Verurteilung der Gottlosen erkennen: v. 10-12 die Gottlosen, v. 13-15 der Freund, v. 16ff. die Gottlosen, v. 20 die Gottlosen, v. 21-22 der Freund.

Wesentlich klarer tritt beim Gebrauch von שָׁלוֹם der Gedanke des inneren Friedens in Ps 4 9 in den Vordergrund. Der gesamte Inhalt ist in diesem Fall viel abgeklärter als bei den bisher besprochenen Psalmen, obwohl auch sein Verfasser uns zu erkennen gibt, daß ihm durch andere Menschen Unrecht geschehen ist. Aber er weiß auch um Gottes Gnade, die ihm zuteil geworden ist (v. 4-5), weshalb er bekennen kann, Gott habe ihm größere Freude in sein Herz gegeben, als diejenige, welche ihren Ausgang vom Besitz materieller Güter nimmt. Aus diesem Grunde kommt er zu der Aussage, daß solche Freude sein ganzes Personsein betroffen hat. Das geht auch an dieser Stelle aus dem Gebrauch von לֵב »Herz« hervor, welches nach israelitischem Verständnis das Zentrum des Personseins, vor allem des inneren

---

[22] Vgl. KB 268b (חָזַק). 150a (בְּרִיחַ). 1001a (שָׁעַר).
[23] Vgl. KB 920a (שִׂים). 164a (גְּבוּל).
[24] Vgl. J. Pedersen, Israel, Its Life and Culture, I—II 1964[5], 99ff. u. ö.
[25] KB 752a.

Menschen, als Sitz von Empfindungen und Regungen ist[26]. Wenn
dann der Psalm mit dem Gedanken schließt, der Fromme wolle sich
בְּשָׁלוֹם zum Schlafen legen, v. 9, dann wird wohl nach dem bisher dargelegten Zusammenhang für das Nomen die Bedeutung *innerer Friede,
innere Ruhe* anzunehmen sein. Diese Interpretation kann auch durch
den abschließenden Gedanken in v. 9 gestützt werden, welcher den
Grund für solch eine innere Haltung des Beters angibt: Gott veranlaßt,
daß er sorglos schlafen kann. Der Gedanke der Unbekümmertheit ist
hier durch den Begriff בֶּטַח ausgedrückt, in welchem die Vorstellungen
der Sorglosigkeit und des Vertrauens eingeschlossen sind[27].

In Ps 37 ähnelt die Situation in einer gewissen Weise der in den
beiden letzten Psalmen besprochenen. Auch hier läßt sich eine Haltung
des Frommen erkennen, die im wesentlichen keine Züge des Hasses
oder Neides trägt. Deshalb könnte man vielleicht in der Mahnung v. 37
eine Bedeutung für שָׁלוֹם annehmen, welche zumindest der des *inneren
Friedens* ähnlich ist. Andererseits kann in diesem Psalm eine gewisse
Schadenfreude erkannt werden, die in der Tat in einem merklichen
Kontrast zu der inneren Einstellung steht, welche in Ps 4 zum Ausdruck kam. Aus diesem Grunde scheint es gerechtfertigt zu sein, den
Inhalt von שָׁלוֹם lieber mit dem passenderen Begriff *Wohlgefallen* als
dem des inneren Friedens wiederzugeben. Er würde besser dem literarischen Zusammenhang entsprechen und gut mit der Äußerung übereinstimmen, daß die Gerechten das Land gewinnen werden.

Die Vorstellung des *Wohlgefallens* wird wohl auch für den Gebrauch von שָׁלוֹם in v. 11 des gleichen Psalms zutreffen, wo das
Nomen mit *Heil* übersetzt werden kann, denn dem Heilsbegriff liegt
hier deutlich der Gedanke des *Wohlergehens* und der *Glücksempfindung*
zugrunde. Von diesem Verständnis ausgehend, kommt es zu der Aussage, das Heil sei in Fülle zum Entzücken des Frommen vorhanden.
Deshalb geht man vielleicht nicht fehl, wenn man in solcher Vorfreude
über das Wohlergehen und Entzücken einen Unterton der Genugtuung
darüber sieht, daß den Gottlosen sein verdientes Geschick treffen wird.

d) Heil als Segen

In den noch zur Besprechung verbliebenen Stellen der Psalmen
tritt bei dem Gebrauch von שָׁלוֹם der Gedanke des Segens stärker in den
Vordergrund und bestimmt mehr oder weniger deutlich seinen Inhalt.
In diesen Fällen findet sich als Grundlage eine Vorstellung, welche
man folgendermaßen beschreiben kann: »Blessing is identical with the
very powers of life and their manifestations in external and internal
happiness and welfare. ... To have 'blessing' includes whatever the

---

[26] KB 469a.
[27] KB 119a.

Israelite understood by the term *shalom*, wholeness, welfare, harmony, or peace, as it is usually translated «[28].

Ob aus diesem Sachverhalt derartig weitgehende Konsequenzen gezogen werden können, wie es verschiedene Forscher getan haben, braucht hier nicht erörtert zu werden[29]. Man kann jedoch zumindest feststellen, daß die wenigen Psalmenstellen, welche die obige Bedeutung des Segens als Grundlage für den Begriff שָׁלוֹם haben, uns wahrscheinlich nicht berechtigen, eine solch umfassende Vorstellung des Segens in bezug auf das Nomen für die Mehrzahl aller Belege in den Psalmen anzunehmen. Deshalb dürfte es besser sein, bei den noch zu besprechenden Stellen eher davon auszugehen, daß als Hintergrund eine Segensvorstellung vorhanden ist, die in verschiedener Intensität zum Ausdruck kommt.

In Ps 119 tritt bei dem Gebrauch von שָׁלוֹם die Vorstellung des Segens nur schwach in Erscheinung. Es wird hier festgestellt, daß Menschen, die Gottes Weisung lieben, in reichem Maße *Wohlfahrt, Schutz, Sicherheit* haben, denn für sie ist nichts vorhanden, was Anlaß für eine Gelegenheit zum Straucheln geben könnte. Wenn שָׁלוֹם so als das Ergebnis des Gehorsams gegenüber dem göttlichen Willen verstanden wird, dann darf man wohl für das Nomen in v. 165 als Ergebnis des göttlichen Segens auch die Bedeutung des *Segens* oder des *segensreichen Wohlergehens* annehmen.

In zwei Wallfahrtsliedern, Ps 125 und Ps 128, ist das Nomen in den sie abschließenden Eulogien enthalten. Es scheint mir ziemlich gesichert zu sein, daß in Ps 128 6 שָׁלוֹם *segensreiches Wohlbestelltsein* oder *Wohlergehen* bedeutet, wie aus v. 5, den einleitenden Worten für die Eulogie, erschlossen werden kann, denn sie beginnen mit בָּרַךְ. Die Eulogie erläutert, warum Jahwe segnen will, und wird in v. 6 mit den Worten שָׁלוֹם עַל־יִשְׂרָאֵל zusammengefaßt. Nicht so deutlich kommt die Vorstellung des Segens in Ps 125 vor, aber auch hier könnte man in v. 4 einen Hinweis auf den Segen sehen, d. h. in dem Wunsch, daß Jahwe Gutes für die guten Menschen tun möge. In v. 5 findet sich außerdem der gleiche formelhafte Ausdruck wie in Ps 128 6.

Der literarische Zusammenhang beider Psalmen legt es nahe, in dem Wunsch שָׁלוֹם עַל־יִשְׂרָאֵל das Nomen im Sinne von *konkretem Gedeihen, Wohlstand* zu verstehen. Man könnte gewiß fragen, ob dieser Ausdruck eine Segensformel darstellt, aber eine endgültige Entscheidung über die Textform läßt sich von einer bloßen Inhaltsbestimmung, wie sie hier vorgenommen wird, nicht mit Sicherheit treffen. Letztlich hängt dies davon ab, welcher Sitz im Kultus für beide Psalmen voraus-

---

[28] S. Mowinckel, The Psalms in Israel's Worship, II 1962, 40.

[29] Als Beispiel solcher Konsequenzen vgl. S. Mowinckel a. a. O., I 1962, 19 und die Studien der Forscher, welche die Psalmen auf Grund des Vorverständnisses eines myth and ritual pattern oder der divine-kingship-ideology interpretieren.

zusetzen ist. Meiner Überzeugung nach handelt es sich bei beiden Eulogien eher um einen festgeprägten Segenswunsch als um eine priesterliche Segensformel. Diese Vermutung drängt sich auf, wenn man z. B. den aaronitischen Segen in Num 6 24-26 zum Vergleich heranzieht[30]. In dieser priesterlichen Formel ist die dynamische Kraft des segenspendenden Priesterwortes noch deutlich spürbar: Der Segen hat seinen Ausgangspunkt von Gott und ist »in Bewegung auf« die Gemeinde zu, eine Vorstellung, welche durch die Verwendung der Präposition אֶל zum Ausdruck kommt[31]. Eine solche Dynamik fehlt aber durchaus in dem Schlußwunsch der beiden bereits erwähnten Psalmen, denn sie verwenden darin die Präposition עַל und machen damit eine Aussage über etwas Statisches[32]. Ihr Schluß besagt demnach, daß gewünscht wird, Israel möge in einen bestimmten *Segensbereich* einbezogen werden, er bedeutet jedoch nicht, daß Gottes Segen als ein Geschehen am Menschen und als Transformation des Menschen bewirkt werden soll.

Mit der Vorstellung des *segensreichen Wohlbestelltseins*, d. h. des *Heils*, verbindet sich verschiedene Male auch der Gedanke des *geordneten Rechtszustandes*[33]. Der erste Beleg dafür findet sich in Ps 72, der vielleicht als Lied zu Ehren eines regierenden König aufzufassen ist. Inhaltlich bezieht er sich sowohl auf die Herrschaft des Königs als auch auf die »*Wohlfahrt* des Landes und besonders der Armen«[34]: Der Dichter erbittet in v. 3 für den König, daß in seiner Regierungszeit die Berge dem Volk שָׁלוֹם, d. h. *Wohlfahrt, Segen* und vielleicht auch *Fruchtbarkeit*[35], tragen mögen. Es liegt nahe, neben diesen Vorstellungen zusätzlich den Gedanken eines *geordneten Rechtszustandes* für den Inhalt des Nomens an dieser Stelle anzunehmen, da es in Parallele zu צְדָקָה steht.

Die gleichen inhaltlichen Vorstellungen dürfen für den Gebrauch des Nomens in v. 7 desselben Psalms angenommen werden, wo sich צַדִּיק und רֹב שָׁלוֹם als Parallelausdrücke finden. An dieser Stelle bedeutet רֹב שָׁלוֹם wahrscheinlich Fülle des *Wohlstandes* bzw. der *Wohlfahrt* oder ähnliches.

In Ps 85 ist das Nomen in seiner Verwendung ebenfalls mit dem Rechtsbegriff verbunden, wobei das Recht als Gottes Gabe verstanden wurde: Nachdem festgestellt ist, Gott habe sein Land begnadigt, erklingt die Bitte, er möge sein Volk wiederherstellen. Im Anschluß daran verkündet der Beter v. 9-14, daß Gott Gedanken des שָׁלוֹם, d. h.

---

[30] S. o. 96ff.

[31] Vgl. KB 48a und BL 634f.

[32] Vgl. KB 703b und BL 635.

[33] So auch S. Mowinckel a. a. O. I 209.

[34] Vgl. K. Galling, Art. Psalmen I, RGG³ V. 678f.

[35] Bezüglich der Bedeutung »Fruchtbarkeit«, vgl. Ges-B 524a.

des *Heils,* habe (v. 9. 11). Gott hegt sie für sein Volk und für solche Menschen, die ihm ihr Herz, ihr ganzes Personsein, zuwenden. Wie aus v. 11-14 hervorgeht, ist an dieser Stelle der Segen als Ergebnis des göttlichen Heilshandelns keinesfalls so umfassend verstanden, wie vergleichsweise in Jeremias Brief an die Exilierten[36]. Er bezieht sich wahrscheinlich nur auf *materielles Wohlergehen,* denn שָׁלוֹם in v. 11 steht in Parallele zu טוֹב in v. 13. Solcher Segen ist nach der Ansicht des Verfassers dieses Psalms Ausfluß der göttlichen Gnade: der חֶסֶד, d. h. der göttlichen Verbundenheit und Treue, der אֱמֶת, d. h. der zuverlässigen Wahrhaftigkeit[37], und der צֶדֶק, d. h. der von Gott geschaffenen Gerechtigkeit (v. 11).

Am Schluß dieses Abschnittes ist noch Ps 29 kurz zu besprechen, welcher vermutlich die kultische Begehung einer Theophanie darstellt[38]. Deshalb müssen wir hier annehmen, daß in v. 11 der Begriff שָׁלוֹם den *umfassenden Sinn von Segen* zum Inhalt hat, welcher als Grundverständnis für alle Bedeutungen des Nomens in dieser Gruppe vorausgesetzt wurde. Das Nomen weist also an dieser Stelle auf die sich in Gottes Segenswort offenbarende Kraft hin, welche für Israel den *Heilszustand in voller Ganzheit* als *Wohlfahrt, Harmonie* und *vollkommenen Frieden* bewirkt[39].

III. Zusammenfassung

Ganz allgemein läßt sich für den Gebrauch des Nomens שָׁלוֹם in der poetischen Literatur feststellen, daß weder tiefschürfende theologische Einsichten zu Tage treten, wie sie bei einigen der großen klassischen Propheten zu erkennen sind, noch ist es zu einer ekstatischen Aussage gekommen, wie sie in Jdc 6 23-24 im Dtr-Werk erreicht ist.

Rein säkular wird das Nomen nur in Cant gebraucht, wo ihm ein Inhalt zugewiesen wurde, welcher in der bisher besprochenen atl. Literatur noch nicht belegt werden konnte: der Gedanke der *Annahme* oder *Gunst* in Verbindung mit *erotischer Liebe.*

Dem säkularen Bereich sind möglicherweise auch eine Reihe von Bedeutungen zuzurechnen, obgleich sie sich in Texten finden, in denen der größere literarische Zusammenhang religiöse Vorstellungen zum Ausdruck bringt. Es handelt sich hierbei um Stellen, die entweder auf rein materielle Zustände und Wünsche abzielen oder in Verbindung mit dem Vergeltungsgedanken stehen. Im letzteren Fall haben sie Bedeutungen, welche sich nicht von dem sonstigen säkularen Ge-

---

[36] S. o. 178.
[37] Vgl. G. Quell, Art. ἀλήθεια, ThW I 231.
[38] So K. Galling a. a. O. 683.
[39] Vgl. S. Mowinckel a. a. O. II 44.

brauch des Nomens innerhalb des AT unterscheiden. Bei solchen Sach-
verhalten ist die allgemeine Bedeutung des Nomens *Wohlfahrt* oder
Wohlbestelltsein und umspannt inhaltliche Vorstellungen, die von
körperlicher Gesundheit, Vertrauen, Freundschaft, Streitlosigkeit usw.
bis zu dem Gedanken der *Wiederherstellung eines früheren sozialen
Lebenszustandes* reichen.

In religiöser Hinsicht bedeutet שָׁלוֹם *Heil* und wird in fast allen
Fällen als ein konkreter Zustand verstanden, hinter welchem sich
Vorstellungen wie *Wohlergehen, Sicherheit* und *Ordnung* verbergen.
Zwei Bedeutungsgruppen können hierbei unterschieden werden: Einmal finden wir, daß die Vorstellung des *Guten als Ergebnis eines norm-
gerechten Handelns* im Vordergrund steht; zweitens handelt es sich
um den Begriff des *Segens*, eines Segens, welcher *Wohlfahrt, Schutz,
Sicherheit* und *Frieden* bewirkt und jeweils als Ergebnis eines geordneten Rechtszustandes oder des Jahwewortes aufgefaßt wird.

Ein religiöser Inhalt, welcher in den bisher besprochenen literarischen Corpora nicht angetroffen wurde, ist *innerer Friede,* der jedoch
nur vereinzelt in den Psalmen zu belegen ist.

§ 15 WEISHEITSLITERATUR UND NOVELLISTISCHE ERZÄHLUNGEN

Die Zahl der noch zu besprechenden Belege des Nomens innerhalb des AT ist verhältnismäßig gering. Entwicklungsgeschichtlich
stoßen wir in diesem Fall auf eine interessante Erscheinung, weil bei
שָׁלוֹם im bezug auf Inhalt und Verwendungsmöglichkeit eine wesentlich
beschränktere Variationsbreite als in einem der bisher untersuchten
literarischen Corpora mit Ausnahme des Chr-Werkes festzustellen ist,
wo die gleiche Beschränkung beobachtet werden konnte. Es ist möglich, daß diese Begriffsverengung seit der nachexilischen Zeit eingesetzt hat und infolgedessen das Nomen nicht mehr so häufig und umfassend wie in der vorexilischen Zeit verwandt wurde. Das Übergangs-
stadium des Prozesses kann bis zu einem gewissen Grade in verschiedenen Stücken der prophetischen Literatur[1] und in den Psalmen[2] erkannt werden.

Eine Einschränkung zu dieser allgemeinen Bemerkung muß
jedoch für den Gebrauch des Nomens bei dem Hiobdichter gemacht
werden. Die Art und Weise, in der er שָׁלוֹם verwendet, legt die Vermutung nahe, daß er es mit einem Gottesverständnis in Verbindung
bringt, welches sich nur unwesentlich von dem der großen klassischen
Propheten zu unterscheiden scheint. Auf dieses Problem müssen wir
am Schluß der Untersuchung des Nomens in der Weisheitsliteratur
eingehen, nachdem zunächst die Hauptlinien der bereits erwähnten
Begriffsverengung dargestellt worden sind.

---

[1] S. o. 181 ff.
[2] S. o. 190 ff.

I. Die Weisheitsliteratur

Wenn wir unter Ausschluß einiger Stellen des Hiobbuches die einzelnen Belege in der Weisheitsliteratur überblicken, läßt sich ganz allgemein nur ein Vorstellungskreis für den Bedeutungsgehalt von שָׁלוֹם erkennen: Es steht in Verbindung mit einer säkularen Weisheitsschau, welche zwar noch gewisse religiöse Anschauungen erkennen läßt, grundsätzlich aber ethisch ausgerichtet ist.

1. Der säkulare Gebrauch des Nomens bei den Weisheitslehrern

An einigen Stellen, in denen das Nomen Verwendung findet, kommt ganz allgemein eine rationale Welt- und Geschichtsschau der Weisheitslehrer zum Ausdruck: Weisheit ist vernünftiges und deshalb zugleich weises, gutes menschliches Verhalten, während Torheit unvernünftiges, also unweises, böses Verhalten darstellt. Bei dieser Grundeinstellung zu Fragen des menschlichen Daseins zeigt sich ein gewisser Abstand gegenüber Lebensvorgängen, welcher Abstraktionen im Denken ermöglicht. Beides trat bei allen bisher besprochenen Vorkommnissen des Nomens nicht in Erscheinung. Der Beobachter, soweit er Weisheitslehrer ist und über Lebenssituationen reflektiert, zeigt daher in seinen Aussagen eine gewisse rationale Kühle.

Mit solchen Bemerkungen soll nicht in Abrede gestellt werden, daß auch für die Weisheitsliteratur Israels religiöse Vorstellungen als Grundlage vorausgesetzt werden müssen. So hören wir z. B. in dem Spruch Prov 1 7, die Furcht Jahwes sei der Anfang der Erkenntnis, und nur Toren verachteten Weisheit und Zucht; in Prov 8 22ff. sagt die hypostasierte Weisheit von sich selbst aus, sie sei von Gott als sein Erstling geschaffen worden. Aber selbst in solchen Fällen dringen die Weisheitslehrer trotz der religiösen Fundierung ihres Wissens keinesfalls zu einer existentiellen Erkenntnis menschlichen Daseins durch, wie dies bei den klassischen Propheten geschieht, sondern ihr Denken bleibt dem menschlichen Bereich des äußerlich Beobachtbaren verhaftet und begnügt sich damit, die Vielzahl der Einzelerscheinungen auf allgemeine beschreibbare Gesetze zu reduzieren. Deshalb ist es auch nicht verwunderlich, wenn verschiedentlich in dieser Literatur die Weisheit als ein eigenes Wesen verstanden wird.

Aus dieser allgemeinen Charakterisierung geht hervor, daß wir es bei der typischen Weisheitsliteratur überwiegend mit objektivierenden und verschiedentlich sogar mit rein säkularen Reflexionen zu tun haben. Ein solcher Hintergrund muß für die Bestimmung aller Stellen des Nomens vorausgesetzt werden, welche im folgenden besprochen werden sollen.

Ganz unverkennbar zeigt sich dieser Sachverhalt in Koh 3 1-8, wo in reflektierender Weise eine Art Summa über die Geschehnisse in

Natur und Geschichte gezogen wird, mit dem Ergebnis, daß allem
Daseienden eine bestimmte Zeitspanne innerhalb des Gesamtverlaufs
der Welt zugemessen wird. Die Aufzählung einzelner Beispiele nach
dieser lapidaren Feststellung zeigt als Grundeinstellung des Weisen
ein rationales Weltbild, in welchem alles Geschehen in einer gewissen
Weise ausbalanciert ist: Alles hat seinen ihm angemessenen Ort innerhalb gesetzmäßiger Strukturen. In v. 8 am Ende der Aufzählung wird
auch שָׁלוֹם erwähnt, das als *äußerer, politischer Friede* aufgefaßt werden
muß, weil es der antithetische Ausdruck zu מִלְחָמָה »Krieg, Kampf-
geschehen«[3] im ersten Stichos dieses Verses ist. Indem beide Begriffe
auf עֵת bezogen werden, kommt zum Ausdruck, daß es Zeitabschnitte
gibt, in denen *Frieden* herrscht, die aber von anderen Zeitabschnitten
abgelöst werden, in welchen die Menschen dem Kriegsgeschehen ausgesetzt sind.

Das säkulare Verständnis des Nomens findet sich außerdem zweimal in Prov. In dem einen Fall, Prov 3 2, wird ein Schüler aufgefordert,
nicht die Unterweisungen und Anweisungen des Weisheitslehrers zu
vergessen, denn sie brächten ihm nicht nur langes Leben, sondern
außerdem שָׁלוֹם. In diesem Zusammenhang ist die Bedeutung des
Nomens *Wohlfahrt, Gesundheit, Glücklichsein* oder *Gutes*.

In dem anderen Fall, Prov 3 17, wird über die Weisheit lobend
hervorgehoben, daß ihre Wege Annehmlichkeit bzw. Wonne und ihre
Pfade שָׁלוֹם seien. Dieser Spruch besagt: Weises Verhalten bringt Annehmlichkeit und *Frieden, Wohlergehen* oder *Glücklichsein*. Ob es sich
hierbei um äußere oder innere Erfahrungen handelt, läßt sich aus dem
jetzigen Text nicht mehr ermitteln. Wahrscheinlich wird auf beide
Bereiche verwiesen. Der Vorzug sollte an dieser Stelle vielleicht dem
Begriff *Glücklichsein* gegeben werden, weil unser Nomen paralleler
Ausdruck zu נֹעַם ist, welches Freundlichkeit bedeutet[4].

2. Die Verwendung des Nomens
in Verbindung mit der Vergeltungslehre

In diesem Zusammenhang finden sich zwei Belege des Nomens.
Es hat die allgemeine Bedeutung »*das Gute*« und wird als Ergebnis
einer geordneten menschlichen Beziehung zu Gott verstanden.

So erscheint es Prov 12 20 in einer Sammlung von Sprüchen, welche
das Lebensverhalten des Frommen und des Gottlosen gegenüber-
stellen. Bezüglich der Motive ihres Ratgebers wird festgestellt:
Hinterlist kennzeichnet die Planer des Bösen oder des Truges, während
Menschen, die Berater des שָׁלוֹם, d. h. des *Guten, Förderlichen*, sind,
von dem Empfinden und dem Ausdruck der Freude bewegt werden[5].

---

[3] KB 528 b.
[4] KB 622 a.
[5] KB 925 a.

Auch bei der ersten Rede Bildads handelt es sich um die Anwendung der Vergeltungslehre der Weisen: In der Entgegnung auf Hiobs verzweifelte Klage rühmt sich der Freund seiner Lebensauffassung, daß alle Menschen, die durch ihr Verhalten bei anderen Menschen Unheil bewirken oder ihnen Leid zufügen, selbst von solchen Übeln befallen werden. Er behandelt diesen Gedanken sehr ausführlich und beendet ihn in Hi 5 7 mit dem Spruch: Es ist der Mensch selbst (sc. nicht Gott), welcher Qualen oder Unheil hervorbringt. Auf Grund dieser summarischen Feststellung soll Hiob überzeugt werden, daß er sich an Gott wenden und den Ursprung seiner Schuld aufdecken soll. Im Anschluß daran erläutert Bildad das göttliche Heilshandeln und wendet sich schließlich in Hi 5 24 mit den folgenden Worten unmittelbar an Hiob: Du wirst die Erfahrung machen, daß Gott deinem Zelt שָׁלוֹם gibt, d. h. *Sicherheit, Schutz, Unversehrtheit*[6]. Daß das Nomen in diesem Sinne der Vergeltungslehre zu verstehen ist, kann sowohl aus הָשְׁלְמָה in Hi 5 23 geschlossen werden[7] als auch aus dem »negierten Qal von חַטָא ...«, das an dieser Stelle in der alten, aber selten gewordenen Bedeutung 'etwas verfehlen' im Sinne von 'nicht finden können' (vgl. Prov. 8 36), es also 'vermissen'«, gebraucht wird[8].

3. Aussagen über ein Wissen um die Unbegreiflichkeit Gottes

In den restlichen noch zu besprechenden Stellen der Weisheitsliteratur wird das Nomen in Zusammenhängen verwendet, in welchen sich Anzeichen dafür bemerkbar machen, daß der Glaube an die Universalität der Vergeltungslehre ins Wanken geraten ist. Alle solche Stellen finden sich im Hiobbuch.

Dieses Problem scheint mir schon dort in Erscheinung zu treten, wo die Weisheitslehrer noch unter allen Umständen ihre »Weltanschauung« retten wollen, indem sie versuchen, Hiobs Angriffe zurückzuweisen. Sie sind deshalb gezwungen, ihre Argumente mit Vorstellungen zu stützen, welche auf Grund ihrer mythologischen Färbung erkennen lassen, daß sie älteren Ursprungs als die neu entwickelten Anschauungen der Weisheitsschulen sind. Als Folge davon sehen sich die Weisen veranlaßt, diese alten Vorstellungen entsprechend des Vorverständnisses ihres rationalen Denkens zu interpretieren, womit sie aber selbst in Widerspruch zu der israelitischen Auffassung von der Unbegreiflichkeit Gottes als des ganz Anderen geraten und letztlich auch zu dem Kausaldenken ihrer Vergeltungslehre, durch welches sie diese israelitische Gottesvorstellung begründen wollen. Dadurch müssen sie die entscheidende Frage des menschlichen Existenzverständnisses

---

[6] Das Nomen שָׁלוֹם wird hier als Apposition gebraucht, vgl. S. R. Driver, A Treatise on the Use of the Tenses in Hebrew, 1892³, 250.

[7] S. u. 332f.

[8] F. Horst, Hiob, BK 16, 1962/63, 88.

außerhalb ihres rationalistischen Schemas lassen, ohne sich dieser Tatsache völlig bewußt zu sein.

Wir begegnen hier offenbar einer theologischen Denkweise, in welcher sich der Mensch anschickt, in Tiefen des Gottesverständnisses und der menschlichen Existenzerfahrung vorzustoßen, welche sich in ähnlicher Weise bereits bei den klassischen Propheten erkennen ließen, obwohl sie von anderen Voraussetzungen als die Weisheitslehrer ausgegangen waren. Auch wenn der Hiobdichter in seinem Ringen um die geistige Verarbeitung dieser Erfahrung noch bei der Charakterisierung eines ihrer Aspekte stehen bleibt, so scheint sich doch damit bei ihm, ähnlich wie bei den Propheten, eine völlig neue Gotteserfahrung in der Religionsgeschichte anzukünden, welche als bewußte Erkenntnis ihre klassische Ausprägung in späterer Zeit durch Paulus in Rm 1—8 erhielt.

Solch eine geistige Situation scheint in der zweiten Rede des Eliphas zum Ausdruck zu kommen, in welcher er auch Hi 15 21 das Wort שָׁלוֹם gebraucht: Eliphas versucht zu behaupten, daß Hiob, dessen Erfahrung mit dem Numinosen ihn schaudern läßt, ein Mensch ist, der gegen Gott frevelt. Um Hiob vor dieser Gotteslästerung zu bewahren, malt er ein Schreckensbild von der inneren Verzweiflung des Gottlosen, der selbst inmitten des *Friedens* und des *Wohlergehens* unter Zwangsvorstellungen des Unheils steht[9].

Faktisch wird also an dieser Stelle ausgesagt, daß der Gottlose keinen *inneren Frieden*, keine *Erfüllung seines Daseins* hat, weil er von Angst besessen ist. Er ist einer Macht ausgeliefert, die von ihm Besitz ergriffen hat und ihn vernichtet. Damit ist zugleich gesagt: Der Mensch kann sich nicht selbst davon befreien, nur Gott kann es tun, und er wird sich nur dann dem Menschen zuwenden, wenn sich der Mensch ihm völlig ergibt. Als Konsequenz einer solchen existentiellen Erfahrung ergibt sich damit, daß *innerer Friede*, d. h. hier ein Wissen um die *Ganzheit des menschlichen Wesens* oder um die *Gesundheit des inneren Menschen*, nicht in der Verfügbarkeit des Menschen steht. Sogar Eliphas muß dem zustimmen, wenn er in Hi 15 15 durch seine Zurechtweisung Hiobs die bisher von ihm bezogene Stellung des Weisheitsdenkens aufgibt. Die in Hi 15 21 versuchte Lösung, eine Macht des Bösen, den שׁוֹדֵד, einzuführen, scheint auf eine dualistische Wirklichkeitsschau abzuzielen, die auf den ersten Blick nicht in Übereinstimmung mit dem israelitischen Gottesverständnis ist. Aber ich glaube, daß an dieser Stelle wesentlich mehr beabsichtigt wird. Obwohl es nicht ausdrücklich ausgesprochen ist, könnte man hier eine neue Lebenserfahrung ausgedrückt finden, durch welche der Mensch gezwungen wird, sich mit der Frage seines Selbstverständnisses auseinander-

---

[9] Vgl. hierzu F. Horst a. a. O. 203.

zusetzen. Entsprechend dem Wirklichkeitsverständnis jener Zeit kann diese noch nicht zu vollem Bewußtsein gekommene Ahnung zunächst nur als eine kosmische Auseinandersetzung zwischen Gott und den dunklen widergöttlichen Mächten begriffen werden.

In seiner Entgegnung auf die zweite Rede Zophars weist Hiob selbst in Hi 21 in diese Richtung, und zwar mit wesentlich stärkerem Bewußtsein, als es bei Eliphas der Fall ist: Nach einem Ansatz zu tieferem Verständnis der menschlichen Situation, welches in Eliphas' zweiter Rede zum Durchbruch kam, waren die beiden anderen Freunde in ihren Dialogen mit Hiob wieder auf eine Art mechanisches Verstehen der Vergeltungslehre zurückgefallen. Die letzten Angriffe Zophars weist Hiob in diesem Kapitel zurück, indem er einfach das faktische Geschehen innerhalb der menschlichen Gesellschaft beschreibt und damit aufzeigt, wie blind die Vergeltungslehre dieser Tatsache gegenüber ist. Denn es läßt sich z. B. erweisen, daß in den Häusern der Gottlosen שָׁלוֹם vorhanden zu sein scheint und nicht der Schrecken, von dem die Freunde sprechen, d. h. es hat den Anschein, daß der Stock des göttlichen Erziehers, des אֱלוֹהַּ, nicht gegen die Frevler erhoben ist, Hi 21 9. Innerhalb dieses größeren literarischen Zusammenhanges kann das Nomen nur *Schutz* oder *Sicherheit* bedeuten; vielleicht muß man noch zusätzlich die Vorstellung des *Freiseins* bzw. *Unversehrtseins* im Sinne eines *Nichtbetroffenseins* oder *Nichtbelästigtseins* des Menschen annehmen.

Auch in dieser Entgegnung Hiobs scheint ein geistiges Ringen um das Verstehen der Unbegreiflichkeit Gottes als des allein Machtvollen stattzufinden, obwohl dieses Problem noch keinen direkten sprachlichen Ausdruck findet. Aber Hiob zeigt deutlich, daß die Vergeltungslehre, wenn sie auf die tatsächliche menschliche Situation angewandt wird, eine reine Konstruktion des menschlichen Verstandes ist und deshalb die aus ihr gezogenen logischen Schlüsse dem Verständnis der Wirklichkeit des tatsächlichen Lebens nicht gerecht werden können. Denn auf Grund des Arguments der Freunde müßten die Gottlosen Schlimmstes erleiden, während sie sich des שָׁלוֹם, des *Wohlbestelltseins*, erfreuen. Der Widerspruch des Dogmas der Weisheitslehrer ist offenbar: Ihr religiöses Verständnis der Wirklichkeit verkehrt die israelitische Auffassung vom göttlichen Willen in ihr genaues Gegenteil. Als Konsequenz müßte dann festgestellt werden, daß Gott die Frevler belohne, anstatt sie zu bestrafen.

Im folgenden wiederholt Hiob das gleiche Argument verschiedene Male. Als ihm darauf Bildad in seiner dritten Rede entgegnet, verfährt er mit seinem Angriff in ähnlicher Weise, wie es Eliphas in Hi 15 getan hatte. Auch an dieser Stelle scheint der Dichter durch die Postulierung eines kosmischen Gegensatzes im Weltgeschehen um das Problem der

Unbegreiflichkeit Gottes zu ringen. Man könnte fast annehmen, daß er versucht, die Erfahrung des Numinosen sprachlich zu fassen und daß er das mechanistische Kausaldenken der Freunde abweisen muß, weil es nicht der Einsicht in die Wirklichkeit menschlicher Lebenserfahrungen gerecht wird.

Dieser Gedankengang scheint im Hintergrund von Hi 25 2 zu liegen, wo Bildad feststellt, Gott sei derjenige, welcher Schrecken und Herrschaft in sich vereinigt[10] und der שָׁלוֹם, *Frieden*, in seinen himmlischen Höhen bewirkt. Meiner Meinung nach versucht der Dichter hier, seine Einsicht in den Sinn des Wesens des menschlichen Seins darzustellen, indem er zum Ausdruck bringt: Wenn der Mensch die Herrschaft, den bebenden Schrecken und den שָׁלוֹם Gottes an sich selbst erfährt, dann wird er sich bewußt, daß diese Erscheinungen ihren Ursprung in Gottes Wirken haben und nicht in der Verfügbarkeit des Menschen stehen. Damit werden Andeutungen einer Erkenntnis sichtbar, die man in bewußter moderner Begrifflichkeit als ein Wissen um die existentiale Struktur des menschlichen Daseins bezeichnen könnte. Auf Grund solcher Voraussetzungen dürfte man an dieser Stelle eine Aussage über die Wirklichkeit Gottes vermuten, wie sie in ähnlicher Weise auch bei den großen klassischen Propheten angetroffen wurde, d. h. wir begegnen einer religiösen Wirklichkeitserfahrung, die ihre klassische Beschreibung in R. Ottos Begriff des Numinosen gefunden hat[11]. Sollten derartige Vorstellungen hier anzunehmen sein, so wird bei der Verwendung von שָׁלוֹם in Hi 25 2 eine Aussage über das *mysterium fascinosum* gemacht.

Gewiß ließe die gleiche Stelle auch eine völlig andere Interpretation zu: Der Dichter hätte zum Ausdruck bringen wollen, daß Gott die Herrschaft über die widergöttlichen Mächte ausübt, sie zum Beben bringt und so in seinem himmlischen Reich *Frieden* schafft[12]. In diesem Fall würden wir nach M. Pope als Hintergrund die Vorstellung von »*retribution* and *revenge*, *pacification* and *punishment* of the rebel gods, often equated with the earthly powers of evil in eschatological passages of the Old Testament« anzunehmen haben[13]. Eine solche Interpretation bereitet jedoch insofern Schwierigkeiten, als der Inhalt von שָׁלוֹם sonst nirgendwo im AT direkt den Gedanken der Vergeltung, der Rache oder der Bestrafung enthält. Vorstellungen dieser Art, soweit sie mit der Wurzel שׁלם verbunden sind, können nur mit einigen selten vorkommenden Nomina[14] oder mit dem pi. des Verbums[15] in Beziehung gebracht werden.

---

[10] Über הַמְשֵׁל als inf. abs. und seinen substantivischen Gebrauch, vgl. S. R. Driver und G. B. Gray, Job, ICC, 1958³, Teil 2, 176.

[11] R. Otto, The Idea of the Holy, 1958, 12ff. 25ff. 31ff.

[12] So A. S. Peake, Job, NCB, o. J., 233.

[13] M. H. Pope, Job, AB, 1965, 164.

[14] S. u. 350ff.

[15] S. u. 301ff.

4. Zusammenfassung

In der Weisheitsliteratur kann das Nomen sowohl einen säkularen als auch einen religiösen Inhalt haben. Wenn es säkular gebraucht wird, bezeichnet es die *Ganzheit eines Zustandes innerhalb des geschichtlichen Verlaufes* und bedeutet *äußeren Frieden*. Bezieht es sich auf die Lebenssituation einer einzelnen Person, dann bringt es die Vorstellung des *Glücklichseins* und des *Wohlbestelltseins* zum Ausdruck.

Soweit שָׁלוֹם als religiöses Wort Verwendung findet, bezeichnet es im allgemeinen *Glücklichsein, Förderndes, Sicherheit* und *Frieden*. Beim Hiobdichter liegt es in einem Fall nahe, daß er das Nomen im Sinne des *mysterium fascinosum* gebraucht.

II. Die novellistischen Erzählungen

Das Nomen findet sich nur dreimal in dieser Gruppe der literarischen Corpora des AT und zwar ausschließlich in Est. Es hat keine theologische Bedeutung und wird nur säkular gebraucht.

1. Die Einzelinhalte des Nomens

In dieser Literaturgattung hat das Nomen einen sehr flachen Inhalt. Ganz allgemein steht jedoch von vornherein fest, daß es nicht mit *peace* übersetzt werden kann[16], denn diese Bedeutung trifft in keiner Stelle den geschilderten Sachverhalt. Wenn wir uns nun den Einzelheiten zuwenden, so finden sich folgende Situationen:

Während der Zeit, in welcher Esther auf ein Zusammenkommen mit dem persischen Großkönig vorbereitet wird, geht ihr Pflegevater Mardochai jeden Tag vor dem Frauenhause auf und ab, um nach Est 2 11 in Erfahrung zu bringen, ob seine Pflegetochter שָׁלוֹם hat, d. h. ob *alles zum Besten stehe* bzw. ob Esther *sich wohl befinde*. In der Alltagssprache ausgedrückt, besagt dies: Mardochai will erfahren, *wie es* Esther *gehe*.

Das Nomen wird ebenfalls im Zusammenhang mit der Stiftung des Purimfestes verwendet und findet sich Est 9 30 in einem Brief der Königin, welcher als Begleitschreiben für Mardochais Briefe an die jüdischen Gemeinden gedacht ist. Mardochai wird darin ermächtigt, Anordnungen für das Fest zu geben. In bezug auf den Inhalt des Briefes der Königin berichtet der Erzähler, daß er דִּבְרֵי שָׁלוֹם וֶאֱמֶת enthielte. Mit dem Ausdruck könnte entweder gemeint sein, es seien Worte der Aufrichtigkeit bzw. Zuverlässigkeit und des *Wohlwollens*, oder, wenn דָּבָר als Angelegenheit verstanden werden müßte, daß das Purimfest als eine Angelegenheit des *Wohlergehens* und der beständigen Treue zu begehen sei, wobei im letzteren Fall der Erzähler Esthers und

---

[16] So RSV, ad Est 9 30 10 3.

Mardochais Verhalten offenbar als beispielhaft herausheben wollte. Vielleicht hat der Erzähler solche Gedanken ausdrücken wollen, aber eine Entscheidung darüber läßt sich nicht mehr fällen. Wir haben es sehr wahrscheinlich eher mit einem formelhaften Ausdruck zu tun, welcher term. techn. für eine *rechtskräftige* Urkunde ist[17].

Schließlich findet sich das Nomen in Est 10 3, einem Passus über Mardochais Machtfülle und seine Fürsorge für das gesamte jüdische Volk. Es wird deshalb berichtet, Mardochai stehe bei seinen Volksgenossen in hohem Ansehen, weil er sich um das Gute, טֹוב, seines Volkes kümmere. Als gleichen Gedanken wiederholt der Erzähler darauf nochmals, daß Mardochai ein Mensch sei, »welcher שָׁלֹום zu seinem ganzen Geschlecht spricht«, weshalb man wohl hier für das Nomen die Bedeutung *Gutes* oder *Wohlgemeintes* annehmen darf.

2. Zusammenfassung

An allen Stellen ist die allgemeine Bedeutung von שָׁלֹום *Wohlergehen*. Die Einzelinhalte sind *Wohlbefinden, Wohlwollen, Freundlichkeit, Gutes* oder *Wohlgemeintes*. In Verbindung mit דָּבָר und אֱמֶת bedeutet das Nomen *Rechtskräftigkeit*.

§ 16 APOKALYPTISCHE LITERATUR

Das Nomen שָׁלֹום wird in dieser Literaturgattung nur als religiöse Aussage verwendet. In der folgenden Besprechung der verhältnismäßig wenigen Belege werden die Stellen der Jesaja-Apokalypse gemeinsam in einem Abschnitt behandelt. Für Dan 10 19 sowie Sach 9 10 sind jedoch eingehendere Untersuchungen notwendig, weil in beiden Fällen verschiedene Probleme zu klären sind und außerdem Inhalte vorliegen, die erheblichen Einfluß auf die religiösen Vorstellungen der Urgemeinde gehabt haben.

I. *Vorüberlegung: Das Heil in der Endzeit*

Bevor wir mit der Darstellung der einzelnen Inhalte des Nomens beginnen, muß erst auf einige Beobachtungen über das Heilsverständnis der Apokalyptiker aufmerksam gemacht werden. Allgemein gilt, daß es sich jeweils bei dem größeren literarischen Zusammenhang aller Stellen um Situationen handelt, in welchen die Endzeit geschildert wird. Dabei gilt grundsätzlich: Der Heilsbegriff in der apokalyptischen Literatur, soweit er durch שָׁלֹום ausgedrückt wird, hat kaum etwas mit der tiefen Erfassung des göttlichen Heils gemein, welche in den Worten der klassischen Propheten zum Ausdruck kommt. Es finden sich ebenfalls keine Ansätze für ein Gottes- oder Heilsverständnis,

---

[17] Vgl. G. Quell, Art. ἀλήθεια, ThW I 234.

wie es für Jdc 6 23-24 oder beim Dichter des Hiobbuches angenommen werden konnte. Statt dessen liegt bei den einzelnen Heilsvorstellungen die Betonung stets auf dem Konkreten und Greifbaren.

Es geht also nicht um ein vertieftes Gottes- und Daseinsverständnis des Menschen, sondern das Anliegen ist in dieser Literaturgattung eine Hoffnung auf die Verbesserung des gegenwärtigen Lebenszustandes in der Form von gewissermaßen zum Idealen gesteigerter allgemeiner täglicher Lebenserfahrungen und Lebenswünsche. Deshalb zeigen die Inhalte große Ähnlichkeit mit Vorstellungen, denen wir schon bei der Besprechung anderer literarischer Komplexe des AT begegnet sind, seien es das Dtr-Werk, das Chr-Werk, solche prophetischen Aussagen, in welchen ein Denken erkennbar wurde, das von dem der klassischen Propheten merklich abwich, die Psalmen oder die Weisheitsliteratur[1].

Wenn wir eine Ordnung der Inhalte dieser apokalyptischen Stellen durchführen, in welchen das Wort שָׁלוֹם verwendet wird, finden wir zwei Vorstellungskreise als Grundanschauung: den des *Friedens* und den des *Wohlbestelltseins*, die beide miteinander verbunden werden. Dabei ist in allen Aussagen vorausgesetzt, daß der Mensch diesen Zustand nicht für seinen eigenen Lebensverlauf oder für das allgemeine geschichtliche Geschehen von sich aus gewinnen, sondern ihn stets nur als Gottes Gabe empfangen kann.

II. Die Jesaja-Apokalypse

In der Apokalypse Jes 24—27 ist שלום verschiedene Male in Heilsvorstellungen belegt. Am Beginn dieser Kapitel schildert der Seher den Tag Jahwes, an dem die Vernichtung der gottfeindlichen Menschenwelt und aller übermenschlichen Mächte in einer Katastrophe größten Ausmaßes vor sich gehen wird. Der Grund für das kosmische Strafgericht ist der Ungehorsam der Bewohner der Erde, die den göttlichen Willen mißachtet haben: Sie entzogen sich Gottes Weisungen, ließen die göttlichen Vorschriften unbeachtet, zerbrachen den ewigen Bund Gottes und haben ihn dadurch zerstört.

Nur wenige Menschen werden von diesem Gericht verschont bleiben. Aber sie werden in Jubel ausbrechen, weil Jahwe Zebaoth seine Königsherrschaft auf dem Berg Zion und in Jerusalem angetreten hat, denn deshalb wird ebenfalls die Verherrlichung der Gerechten von dem äußersten Rand, dem כָּנָף, der Erde her verkündet werden. Dann wird Gottes volle Offenbarung für alle Menschen zugänglich sein, da er die Umhüllung, die sich um alle Völker gelegt hatte, vernichtet. Wenn das geschieht, haben wahrscheinlich auch Tod und Leid ein Ende gefunden.

---

[1] S. o. 112 ff., 146 ff., 181 ff., 192 ff., 202 f.

Auf die großangelegte Vision in Jes 24—25 folgen in Jes 26—27 verschiedene Abschnitte, die vermutlich spätere Einschübe in den Text darstellen und in denen genauere Aussagen über den Gerichtstag Jahwes gemacht werden[2]. Hier stoßen wir mehrere Male auf das Wort שָׁלוֹם. Im Hinblick auf die vorausgegangene Schilderung der kosmischen Dimension dieser Ereignisse sollte man für das Nomen einen umfassenden theologischen Inhalt erwarten, was aber durchaus nicht der Fall ist. Die Heilsvorstellungen sind außerordentlich bescheiden. Sie verkörpern ein Denken, welches sich sonst nur in der letzten Periode der atl. Geschichte findet und sowohl von den חֲסִידִים der Makkabäerzeit als auch von dem עַם הָאָרֶץ zur Zeit Jesu bekannt ist. Welchen Vorstellungen begegnen wir hier?

Das Nomen ist zunächst in Jes 27 5 innerhalb eines Abschnittes über den Weinberg Gottes belegt. Hier wird angenommen, daß selbst dann noch Gegner Gottes vorhanden sein werden, wenn er seine Königsherrschaft angetreten hat. Sollten sie sich jedoch in dem Weinberg zeigen oder gar wagen, sich Gottes Herrschaft zu widersetzen, dann wird er sich gegen sie erheben und sie vernichten.

Vermutlich sind mit den Widersachern Gottes Feinde der Frommen innerhalb der Jerusalemer und judäischen Kultgemeinde gemeint. Nach Jes 27 5 werden sie nur dann ihrer Vernichtung entgehen, wenn sie sich an Gottes Zufluchtstätte oder Bergfeste, d. h. den Zion, halten (wörtlich: wenn sie ihn mit ihren Händen ergreifen, packen) und שָׁלוֹם mit Gott bewirken. Da der Schlußsatz mit dem Nomen an dieser Stelle zweimal angeführt wird, kann man annehmen, daß auf die Ernsthaftigkeit des Geschehens hingewiesen werden sollte.

An dieser Stelle bedeutet שָׁלוֹם *völlige Ergebenheit* in den göttlichen Willen, womit der Gedanke der *Anerkennung* der Königsherrschaft Gottes seinen Ausdruck findet. Deshalb werden die Gegner der Kultgemeinde, die offenbar das Gottesgebot sehr leichtfertig nehmen, aufgefordert, sich ihm völlig zu unterwerfen und dadurch *Frieden* mit Gott zu schließen. Wahrscheinlich handelt es sich bei diesem »Friedensschluß« nicht nur um ein äußeres menschliches Verfahren, denn für das religiöse Denken Israels ist mit der Anerkennung der Hoheit und Heiligkeit Gottes stets die Vorstellung verbunden, daß sich das Wesen des Menschen wandelt. Meiner Meinung nach sollten solche Voraussetzungen hier angenommen werden, weil nach Ansicht des Verfassers des Textes der Anstoß zur Unterwerfung unter Gottes Willen von den Widersachern selbst ausgehen muß und der Mensch nur dann

---

[2] Jes 24—27 stellt wahrscheinlich keine literarische Einheit dar, sondern ist die Beschreibung einer Vision, welche durch verschiedene Interpolationen erweitert wurde. Vgl. hierzu O. C. Whitehouse, Isaiah 1—39, NCB, o. J., 285; G. B. Gray, Isaiah 1—27, ICC, 1956⁴, 401 ff.; O. Procksch, Jesaja I, KAT 9, 1, 1930, 305.

zuversichtlich auf Gottes rettendes Handeln hoffen kann, wenn er zur Erkenntnis seiner eigenen menschlichen Schwäche durchgedrungen ist[3].

Das Nomen findet sich ebenfalls in Jes 26 3 und zwar in einem Lied der Gottesgemeinde, die in Jerusalem einzieht. Die Prozessionsteilnehmer werden als גּוֹי צַדִּיק und als Hüter, Bewacher oder Wächter der Redlichkeit bezeichnet. Nachdem der Dichter die Gemeinde auf diese Weise charakterisiert hat, wendet er sich unmittelbar an sie und lobt sie mit dem Ausruf: תִּצֹּר שָׁלוֹם שָׁלוֹם/כִּי בְךָ בָּטוּחַ.

Zieht man den Gesamtinhalt des Liedes in Betracht, so wird diese Stelle wohl zu übersetzen sein: »Du hast das *Unversehrtsein vollkommen* (שָׁלוֹם, שָׁלוֹם) bewahrt, denn du hast Vertrauen gezeigt.« Die Einziehenden werden als Gemeinschaft der *wahrhaft* Gerechten gepriesen, weil sie selbst in schwerer Zeit volles Vertrauen auf Jahwe hatten. Deshalb erfolgt wahrscheinlich in v. 4 der Ruf: »Vertraut auf Jahwe immerdar, denn durch ihn ist ein ewiger Felsen vorhanden!«, womit zum Ausdruck gebracht wird, daß Gott der Felsen ist, auf dem allein Israel sein Geschick gründen soll. Wenn man hier für das doppelte שָׁלוֹם die Bedeutungen *friedsam*[4] oder *peace*[5] annimmt, wird meiner Meinung nach der Inhalt dieser Stelle mißverstanden[6].

Man könnte noch fragen, ob Jes 26 1-6 seinen Sitz im Jerusalemer Tempelkult in der Spätzeit der israelitischen Geschichte gehabt habe. Sollte eine solche Erwägung zutreffen, so würde vielleicht anzunehmen sein, daß dieser Abschnitt zu einer relativ späten Zeit in Jes 24—27 eingefügt wurde, denn er könnte sich nur auf die Hasidim beziehen. Oder sollte es sich um die kultische Begehung einer Gruppe handeln, die schon mit der Jerusalemer Kultgemeinde gebrochen hat? Beweisen läßt sich vorerst eine derartige Vermutung nicht, doch sollte einmal untersucht werden, ob Zusammenhänge zwischen Jes 26—27 und den Hodajot der Gemeinde in Qumran bestehen.

Schließlich findet sich das Nomen in Jes 26 12 innerhalb eines gebetsartigen Abschnitts. Gott wird darin gepriesen, weil er die Gerechten in ihrem Leben leitet. Trotz ihres gegenwärtigen Leidens harren sie auf ihn. Solche Geduld ist auf Grund ihres Glaubens möglich, welcher sich auf die Hoffnung stützt, daß Gott zwar die Frevler hinwegraffen, aber sich der Gerechten annehmen wird, denn sie haben mit ihrem ganzen Selbst ein Verlangen nach der Anbetung und dem Lobpreis Jahwes. Sie wissen auch, daß der von ihnen erwartete neue Zustand ihres Lebens nicht durch menschliche Anstrengungen, sondern nur durch Gottes Eingreifen in die Geschichte herbeigeführt werden

---

[3] So auch O. Procksch a. a. O. 338.

[4] O. Procksch a. a. O. 323.

[5] RSV und Zürcher Bibel (*Frieden*) ad loc.

[6] Vgl. hierzu auch G. B. Gray a. a. O. 435. 439, der unter Hinweis auf Hi 5 24 für unsere Stelle zutreffend annimmt, daß שָׁלוֹם *unharmed* bedeute.

kann: Alles, was die Frommen bisher vollbracht haben, ist das Werk der schöpferischen Kraft Gottes in ihnen. Deshalb kann nach der Auffassung des Verfassers von Jes 26 12 der Beter auf Jahwes שָׁלוֹם hoffen. Sollte hier der Fall vorliegen, daß sich ein Mensch infolge äußerer untragbarer Lebensumstände in seiner Bedrängnis an Gott wendet, dann könnte das Nomen *Wohlbestelltsein, Wohlergehen* oder *Frieden* bedeuten. Entsprechend dem Gesamtinhalt des Abschnittes Jes 26 7ff. scheint an dieser Stelle jedoch eher eine Aussage über das *volle göttliche Heil* beabsichtigt zu sein, welches Gott den Frommen erfahren lassen will, weil er ihn dadurch für sein Vertrauen belohnt. In diesem Fall würde das Nomen eine Bezeichnung für den *inneren Frieden* darstellen; vielleicht könnte damit schon eine Vorstellung verbunden sein, welche man in der Terminologie des NT als *Erlösung* kennzeichnen kann.

III. Erwägungen zu Dan 10 19

In Dan 10 19 ist das Nomen in dem Ausdruck שָׁלוֹם לָךְ verwendet und meistens mit »*Friede* oder *Heil* sei mit dir!« übersetzt. Die Stelle wird also als Heilsgruß oder als Offenbarungsformel verstanden. Für eine solche Auffassung zieht man gewöhnlich verschiedene Stellen aus der biblischen Literatur zum Vergleich heran.

Als Beispiel mögen hier die Argumente dienen, welche J. Montgomery vorlegt[7]. Er verweist erstens darauf, daß sich שָׁלוֹם לָךְ als Grußformel in Briefeingängen finde und zitiert in diesem Zusammenhang Macc Dan 3 31 6 26 Act 15 23 Jac 1 1; zweitens stellt er fest, ⅏ trage dem Rechnung, indem sie שָׁלוֹם durch ὑγίαινε übersetze. Wollte man das Nomen in Dan 10 19 auf Grund solcher Voraussetzungen interpretieren, dann müßte man mit J. Montgomery übereinstimmen, wenn er z. St. bemerkt: »Here '*peace*' involves both salutation and its fullest connotation«.

Eine derartige Interpretation unserer Stelle erscheint mir aber höchst fragwürdig, weil die vorgebrachten Argumente weder dem Inhalt gerecht werden, noch eine genügend fundierte Grundlage abgeben, um einen Heilsgruß oder eine Offenbarungsformel postulieren zu können. Im Hinblick auf die bisher vorgelegten Untersuchungen über die Bedeutungsgehalte und die Verwendungsweise von שָׁלוֹם im AT scheinen sie sogar eher gegen eine solche Auffassung zu sprechen. Diesem Sachverhalt muß nun im einzelnen nachgegangen werden.

Wenden wir uns zunächst den von J. Montgomery zitierten atl. Stellen Dan 3 31 und 6 26 zu. In beiden Fällen handelt es sich um die Grußform eines orientalischen Großkönigs, die wahrscheinlich bei offiziellen Schreiben üblich war[8], nicht aber um eine Begegnung mit Gott selbst oder mit einem von ihm beauftragten Boten. Die einzigen atl. Belege, in welchen שָׁלוֹם innerhalb eines Heilsgrußes verwendet wird, Jdc 6 23 und I Chr 12 19, scheiden als Parallelen für Dan 10 19 aus, denn es handelt sich bei ihnen weder um die gleiche Situation, worüber weiter unten mehr zu sagen ist, noch ist dieselbe sprachliche Formulierung vorhanden, da sich dort שָׁלוֹם לָךְ findet. Ferner ist in beiden Fällen Heil in einem umfassenden Sinne und nicht als Synonym für ὑγίαινε

---

[7] J. A. Montgomery, Daniel, ICC, 1959³, 414f.

[8] S. u. 352.

verstanden[9]. Man könnte zwar auf die Grußformel des Ephraimiten in Jdc 19 20 verweisen, in welcher tatsächlich der gleiche Wortlaut angetroffen wird, aber sie ist gewiß keine Offenbarungsformel[10].

Ähnlich verhält es sich, wenn wir uns mit ntl. Stellen befassen. Man könnte zunächst an Jesu Heilsgruß εἰρήνη ὑμῖν denken[11]. Diese zweimal belegte Grußformel eignet sich jedoch aus inhaltlichen Gründen nicht zu einem Vergleich mit Dan 10 19, denn in ihr liegt ein Heilsverständnis vor, welches völlig verschieden von den Vorstellungen ist, die der Apokalyptiker mit dem Begriff שָׁלוֹם verbindet: εἰρήνη ist in beiden Fällen mit Jesus als dem Christus, dem κύριος und σωτήρ, in Beziehung gebracht, womit eine Heilsauffassung zum Ausdruck kommt, die nicht für den Inhalt von שָׁלוֹם לָךְ, der sich in der Anrede des Engels an Daniel findet, vorausgesetzt werden kann.

Die Grußformel χάρις ὑμῖν καὶ εἰρήνη, welche in Eingängen verschiedener ntl. Briefe belegt ist[12], kommt ebenfalls nicht als Parallele in Betracht, denn auch ihr liegt die neue christliche Vorstellung zu Grunde, daß das Heil durch den σωτήρ Jesus, den Christus, in die Welt gekommen ist. Paulus knüpft bei der Verwendung seiner Eingangsgrüße wahrscheinlich nicht an die aus griechischen Briefen bekannten Grußform mit χαίρειν an, indem er sie durch Hinzufügen von καὶ εἰρήνη zu einer Begrüßung neuer christlicher Gemeinschaften erweitert, sondern diese spezifische Ausdrucksweise wird wohl als eine urchristliche oder paulinische Neuschöpfung aufzufassen sein[13].

Die bisherigen Ausführungen haben es meiner Meinung nach deutlich werden lassen, daß es sich bei der Verwendung des Nomens in Dan 10 19 nicht um einen Heilsgruß des Engels handelt, weshalb die von J. Montgomery getroffene Feststellung, שָׁלוֹם לָךְ schließe »both salutation and its fullest connotation« ein, keineswegs überzeugen kann. Seine Auffassung könnte sich lediglich auf die Tatsache stützen, daß es von einem Engel ausgesprochen wird. Aber ein solches Argument hat hier kaum Gewicht, weil sowohl der Inhalt als auch die geschilderte Situation in Dan 10 11-21 Vorstellungen erkennen lassen, welche gegen diese Ansicht sprechen. Es besteht guter Grund, שָׁלוֹם לָךְ in Dan 10 19 überhaupt nicht als Gruß aufzufassen.

Eine genauere Untersuchung des Inhaltes von Dan 10 11-21 legt die Vermutung nahe, an dieser Stelle einen Bericht über innere Erfahrungen des Apokalyptikers anzunehmen. Damit soll nicht in Abrede gestellt werden, daß es sich dabei um ein Erlebnis des Numinosen gehandelt habe. Aber das Kennzeichnende ist in diesem Fall nicht eine Aussage über das Numinose selbst, sondern die Schilderung der Nachwirkung einer solchen Begegnung. Nur in diesem Zusammenhang kann auf den Engel hingewiesen werden, weil er ein Botschafter aus dem himmlischen Bereich ist: Als Daniel seiner Erscheinung gewärtig ist, befällt ihn körperliche Schwäche. Sie wird jedoch durch den Engel beseitigt, indem er Daniel berührt und dabei auch die Worte שָׁלוֹם לָךְ gebraucht. Vermutlich soll an dieser Stelle die Überwindung

---

[9] S. o. 125 ff., 149 ff.
[10] S. o. 130 ff.
[11] Joh 20 19. 26; vgl. auch Lc 24 36 rell ⟦H⟧ S.
[12] Rm 1 7 I Ptr 1 2 II Ptr 1 2 Apc 1 4.
[13] Vgl. W. Foerster, Art. εἰρήνη, ThW II 412 Anm. 78.

einer Kraftlosigkeit geschildert werden, welche den Apokalyptiker nach der Begegnung mit dem Engel befallen hat.

Eine solche Interpretation kann durch eine Reihe von Feststellungen in dem bereits erwähnten Kapitel gestützt werden: Als der Engel dem Seher begegnet und ihn anspricht, ist dieser zuerst betäubt, נִרְדָּם (v. 9). Danach richtet er sich auf und zittert, מַרְעִיד (v. 11). Er kann nicht sprechen, נֶאֱלַמְתִּי (v. 15), und ist von Krämpfen befallen, צִירַי (v. 16). Weil Daniel erschreckt ist, wird seine Kraft, כֹּחַ, gehemmt (v. 16. 17), und kein Atem ist in ihm geblieben, וּנְשָׁמָה לֹא נִשְׁאֲרָה־בִי (v. 17). Erst als er von dem Engel berührt, נָגַע, und stark gemacht wird, חִזַּק (v. 18), fühlt er sich wieder bei Kräften, חָזַק (v. 19).

Wenn man diese Situation im Blick behält, dann muß meiner Meinung nach der Tatsache Gewicht beigemessen werden, daß unmittelbar nach der Feststellung כִּי חִזַּקְתָּנִי der Engel in 10 19 den Apokalyptiker stärkt, indem er ihn berührt und dabei die Worte שָׁלוֹם לָךְ ausspricht. Als einzig mögliche Konsequenz dieser Situation scheint mir deshalb nicht eine Aussage über das göttliche Heil und ein neues menschliches Existenzverständnis vorzuliegen, sondern die Beschreibung einer realen Kraftübertragung. Gewiß geschieht der Akt durch Tat und Wort des Engels und dürfte dabei auch an die Übertragung innerer Kraft zu denken sein, aber die Darstellung des Geschehens als einer körperlichen Stärkung mittels einer vermutlich materiell vorgestellten Kraft durch den Engel darf keineswegs außer acht gelassen werden. Der Aufbau der Erzählung scheint diesen Aspekt geradezu als ihr zentrales Anliegen deutlich zu machen. Deshalb wird man wohl nicht fehlgehen, für שָׁלוֹם in Dan 10 19 die Bedeutung *Wohlbestelltsein, Gesundheit, Kraft* oder *Stärke* anzunehmen.

Daß in Dan 10 19 nicht an eine Aussage über die Erfahrung des göttlichen Heils gedacht ist, kann außerdem durch einen Vergleich dieser Stelle mit Jdc 6 23-24 gezeigt werden, vor allem im Hinblick auf den Verlauf, den beide Erzählungen nehmen, nachdem der Mensch dem Gottesboten begegnet ist. Als Gideon von dem Engel mit der Offenbarungsformel שָׁלוֹם לָךְ in Jdc 6 23 angesprochen wird, errichtet er daraufhin einen Altar und nennt ihn יהוה שָׁלוֹם (v. 24), womit er der ihn überwältigenden Erfahrung bekenntnishaften Ausdruck verleiht[14]. Die Danielgeschichte nimmt einen völlig anderen Fortgang: Auf das שָׁלוֹם לָךְ in Dan 10 19 folgt kein Gottesbekenntnis, sondern eine Vision des Apokalyptikers in Dan 11 2—12 4, in welcher eine lange, kryptische und detaillierte Aufstellung über zukünftige politische Ereignisse gegeben wird.

Fassen wir die bisherigen Darlegungen über den Inhalt von שָׁלוֹם in Dan 10 19 zusammen, so läßt sich mit Sicherheit sagen, daß es sich

---

[14] S. o. 125 ff.

auf keinen Fall um ein Heilsverständnis im Sinne der klassischen Propheten handelt. Vielmehr tritt an dieser Stelle ein Denken in Erscheinung, in dem man fast magische Vorstellungen erkennen könnte. Wollten wir hierfür nach Parallelen im AT suchen, so wären am ehesten die Aussagen der Kultpropheten zu nennen.

IV. Erwägungen zu Sach 9 10

Die letzte zu besprechende Stelle des Nomens in der apokalyptischen Literatur findet sich Sach 9 9-10 in einem Abschnitt, der nach allgemeiner Übereinstimmung der atl. Forschung messianisch aufzufassen ist und eine Aussage über das *Heil* der Endzeit macht. Neben ihrer Beziehung auf den Messias hat sie vor allem auch deshalb besondere Bedeutung, weil die christliche Urgemeinde in ihr eine Verkündigung über Jesus von Nazareth gesehen hat. Sie findet sich in der Überlieferung von Jesu Einzug in Jerusalem bei den Synoptikern und im Johannesevangelium[15].

Vergleicht man die ntl. Parallelen untereinander und mit Sach 9 10, so dürften sich vielleicht noch Einsichten in bestimmte Grundvorstellungen über die messianische Herrschaft gewinnen lassen, welche Hilfe für Rückschlüsse auf die Bedeutung von שָׁלוֹם in Sach 9 10 leisten könnten. Ein solcher Versuch kann deshalb unternommen werden, weil Sach 9—11 in einer sehr späten Zeit der israelitischen Geschichte entstanden ist. Die Meinungen der Forscher sind in diesem Fall geteilt. Die zeitliche Ansetzung schwankt zwischen etwa 300 v. Chr.[16] und der griechischen Periode oder sogar der Zeit des Buches Daniel[17]. Eine eingehende Untersuchung des hier vorliegenden Problems soll im folgenden versucht werden.

Beginnen wir mit der synoptischen Überlieferung! In Mc 11 1-11 ist ein inhaltlicher Zusammenhang mit Sach 9 9-10 nur dadurch gegeben, daß Jesus zwei Jünger wegsendet, um ihm ein *Eselsfüllen* zu bringen, wobei dem πῶλυς in Mc 11 2 אֲתוֹן in Sach 9 9 entspricht. Formal gesehen, könnte bei ὡσαννά Mc 11 9 eine Anspielung auf נוֹשַׁע Sach 9 9 vorliegen[18], braucht aber nicht beabsichtigt zu sein, denn der Huldigungsruf der Menge wird in Markus' Erzählung nicht im Anschluß an Sach 9 10, sondern an Ps 118 25-26 geschildert. Hierbei tritt eine volkstümliche Auffassung über den Messias zutage, in welcher sein Kommen zugleich mit der Wiederaufrichtung des davidischen Königreiches verbunden wird: ἡ ἐρχομένη βασιλεία τοῦ πατρὸς ἡμῶν Δαυίδ, Mc 11 10. Ein ähnlicher Sachverhalt liegt in Mt 21 5 vor, wo Sach 9 9 in verkürzter Form wiedergegeben wird, mit dem ausdrücklichen Vermerk, daß der bevorstehende Einzug Jesu in Jerusalem die Erfüllung der Verkündigung von Sach sei.

---

15 Mc 11 1-11 Mt 21 1-10 Lc 19 28-38 Joh 12 12-19.

16 Z. B. O. Eißfeldt, Einleitung in das AT, 1964³, 590.

17 So A. Bentzen, Introduction to the Old Testament, II 1961⁶. 159.

18 Zu ὡσαννά = הוֹשַׁע־נָא vgl. Bill. I³ 845ff.

Überraschenderweise findet sich weder in Mc noch in Mt ein Hinweis auf Sach 9 10 und die dort vorhandene Ankündigung des שָׁלֹום. Beide Synoptiker haben ihn jetzt durch ὡσαννά »Hilf doch!« (Ps 118 25) ersetzt, welches die Menge dem Einziehenden entgegenruft. Dieser Hilferuf war aber zur Zeit Jesu »als Bestandteil des Hallel jedermann in Israel geläufig; es hat darum nichts Auffallendes, wenn nach Mt 21 5 auch die Kinder in denselben einfielen«[19]. Auf Grund dieser Situation könnte man vermuten, daß vielleicht in beiden Evangelien eine Erinnerung an eine Auffassung von Sach 9 9-10, wie sie der jüdischen Bevölkerung zur Zeit Jesu geläufig war, lebendig geblieben ist.

Sollte diese Vermutung zutreffen, dann müßte man annehmen, daß zur Zeit Jesu verschiedene jüdische Bevölkerungsschichten mit dem Wort שָׁלֹום in Sach 9 10 die Vorstellung des *äußeren politischen Friedens* verbanden. Eine solche Annahme würde durchaus eine sinnvolle Erklärung für die Kombination von Sach 9 9 und Ps 118 25-26 sein. Vielleicht verbargen sich hinter dem Begriff שָׁלֹום Vorstellungen von einem nationalen Messias und der Herrschaft Israels über alle Völker, denn beide Evangelien scheinen darauf anzuspielen.

In den beiden weiterhin zu besprechenden Evangelien stoßen wir auf eine Beziehung zu Sach 9 9-10, die sich wesentlich von der in Mc und Mt angetroffenen unterscheidet, denn die Betonung liegt bei ihnen nicht auf Sach 9 9, sondern auf שָׁלֹם in Sach 9 10. Wir begegnen hier einer messianischen Anschauung, die später von der Kirche zur Grundlage der Christologie erhoben wurde.

Im einzelnen finden wir, daß Lc in seiner vorbereitenden Erzählung über Jesu Einzug Sach 9 9 in der gleichen Weise übernommen hat, wie es bei Mc der Fall war. Wenn er jedoch den Jubelruf der Menge darstellt, schildert er nicht eine Huldigung für den politischen Messias, sondern für den κύριος Ἰησοῦς Χριστός, welcher der σωτήρ ist. Die Huldigungsworte sind jetzt nicht mehr Ps 118 25-26 entnommen, sondern erscheinen als Zusammenfassung von Sach 9 9-10, weshalb wahrscheinlich in Lc 19 38 ὡσαννά ausgelassen und die Betonung auf εὐλογημένος verlagert wurde. Die Gemeinde weiß schon um den Anbruch des *Heils*, welches durch die Erhöhung Jesu von Nazareths zum κύριος, d. h. zum Χριστός (מָשִׁיחַ) und σωτήρ, in die Welt gekommen ist, denn die gottlosen Mächte sind überwunden und שָׁלֹם herrscht im Himmel: ἐν οὐρανῷ εἰρήνη καὶ δόξα ἐν ὑψίστοις[20].

Das Heilsverständnis von Sach 9 9-10, welches von Lc übernommen wird, ist ausdrücklich in Joh 12 vorausgesetzt: Nach Joh handelt es sich bei der Szene in Bethanien um die Salbung Jesu zum König. Daß damit nicht auf den politischen Messias, sondern auf den Heilsbringer und Herrn hingewiesen werden soll, geht unzweideutig aus Inhalt und Aufbau des ganzen Kapitels hervor. Gewiß schildert auch Joh, wie die Volksmenge aus Jerusalem Jesus entgegenzieht und ihm als dem politischen Messias huldigt, indem sie Joh 12 13 ὡσαννά schreit. Aber dieser Ruf um Hilfe, welcher in Mc und Mt als Bitte des Volkes an Gott wiedergegeben wird, ist jetzt in Joh in einer völlig anderen Weise motiviert als in den beiden synoptischen Evangelien. Joh zeigt dies durch die Schilderung der folgenden Situation:

Als Jesus einen Esel findet, um auf ihm in Jerusalem einzuziehen, womit offenbar auf Sach 9 9-10 Bezug genommen wird, ist hiermit ein Hinweis gegeben, daß Jesus nicht als politischer König, sondern als der Christus der Bringer des göttlichen *Heils* ist. Die Volksmenge zeigt in ihrem Verhalten jedoch keinesfalls ein Verständnis für die hier zum Ausdruck gebrachte messianische Auffassung. Sie sieht vielmehr in Jesu Einzug in

---

[19] Bill. I³ 845.
[20] Vgl. auch Lc 2 14.

Jerusalem das nahende Ende der politischen Unterdrückung. Deshalb ruft sie sich und Zion zu, keine Furcht zu haben, denn jetzt komme ihr König und sitze auf dem Füllen einer Eselin, Joh 12 15 (vgl. Sach 9 9):

μὴ φοβοῦ θυγάτηρ Σιών·
ἰδοὺ ὁ βασιλεύς σου ἔρχεται,
καθήμενος ἐπὶ πῶλον ὄνου.

Nach Joh 12 16 haben selbst Jesu engste Jünger nicht verstanden, daß er der Heilsbringer ist, denn diese Einsicht wurde ihnen erst geschenkt, als er verherrlicht worden war.

An allen Stellen der hier verglichenen Evangelien ist der Huldigungsruf in einer Weise wiedergegeben, welche einen formelhaften Eindruck macht. Deshalb kann erwogen werden, ob nicht in ihnen ein Denken seinen Niederschlag gefunden hat, welches in verschiedenen jüdischen Gruppen zur Zeit Jesu verbreitet war[21]. Sollte dies der Fall sein, dann hätten wir im NT eine Überlieferung aufbewahrt (oder wenigstens eine Erinnerung daran), welche etwas darüber aussagt, wie in der Zeit Jesu von Nazareth Sach 9 9-10 vom jüdischen Volk verstanden wurde. Wir könnten dann zu dem Schluß kommen, daß zwei verschiedene Ansichten über den Anbruch der messianischen Heilszeit im Umlauf gewesen sind: eine politisch und eine religiös ausgerichtete Vorstellung. Man könnte natürlich fragen, ob es erlaubt ist, diesen in den Evangelien angenommenen Sachverhalt für eine Interpretation von Sach 9 9-10 heranzuziehen. Ich glaube, daß es statthaft ist, diese Stelle zeitlich nicht um 300 v. Chr., sondern um 150 v. Chr. anzusetzen.

Für eine solche späte Datierung spricht meiner Meinung nach die Charakterisierung des Heilbringers, denn damit kommt eine neue Vorstellung über die Idealisierung der Heilszustände in der Endzeit zum Ausdruck. Einer derartigen Ansicht sind wir bisher nirgends bei unserer Untersuchung des Nomens שָׁלוֹם begegnet. Verschiedene Gründe lassen sich für eine solche Annahme vorbringen:

Zunächst zeigt sich deutlich, daß Sach 9 9-10 auf die Vision eines *ewigen Friedens* abzielt, welcher nicht nur für Israel, sondern auch für die גּוֹיִם, d. h. für alle Völker, Wirklichkeit werden soll. Rachegedanken in bezug auf die heidnischen Völker fehlen völlig.

Größere Bedeutung hat die Tatsache, daß Ps 118 25-26 nicht an unserer Stelle in Sach zitiert wird. Der Psalmenabschnitt wurde viel-

---

[21] Wenn diese Annahme korrekt wäre, würde sie R. Bultmanns Behauptung stützen, daß Joh 12 12-19 »offenbar einer Quelle entnommen« ist, ... die »nicht einer der Synoptiker sein« kann, vgl. R. Bultmann, Das Evangelium des Johannes, MeyerK, 1964[18], 319. Eine andere, jedoch mich nicht überzeugende Ansicht vertritt C. H. Dodd, der für Joh 12 12-15 annimmt, daß »it is related in terms not substantially different from the Synoptic forms, though shorter«, vgl. C. H. Dodd, The Interpretation of the Fourth Gospel, 1963[6], 370.

leicht erst zur Zeit Jesu oder kurz vorher unter Weglassung von v. 10
mit v. 9 verbunden. Deshalb handelt es sich um eine Aussage, die ihr
eigenes Gepräge hat und beträchtlich von dem Geist abweicht, der aus
ihrer Verbindung mit Ps 118 in Mc und Mt erkennbar ist. Es zeigt sich
vor allem in der Vorstellung über die kommende Heilszeit, denn sie
wird lediglich durch die Ankündigung des שָׁלוֹם, d. h. des *Heils*, herbeigeführt werden (Sach 9 10). Der Heilbringer braucht nicht erst in einen
Kampf mit der gottfeindlichen Menschheit einzutreten, denn Gott
wird ihm Hilfe, נוֹשָׁע, zuteil werden lassen, damit sein Wort mächtig sei.
Allein diese Verkündigung des Wortes wird den neuen Zustand
bewirken: *Friede* wird herrschen. Dies soll das Zeichen dafür sein,
daß der am Ende der Zeiten kommende Heilskönig seine Herrschaft
antritt. Ein solches Bild zeigt deutlich Züge des wirkungsmächtigen
und schöpferischen Gotteswortes, welches dem Messias zugesprochen
wird.

Derartige Vorstellungen treten verhältnismäßig spät in der
israelitischen Religionsgeschichte in Erscheinung. Man könnte deshalb
vermuten, daß sie ihren Ursprung in hassidischen Kreisen haben. Der
hier zugrunde liegenden Denkweise sind wir bei der bisherigen Besprechung des Nomens nur ganz selten begegnet, und dann handelte
es sich um die Vorstellung des *inneren Friedens*. Für den Ursprung
solcher Ansichten mußte jeweils auf die späte Zeit der israelitischen
Geschichte verwiesen werden[22].

Gegen eine Spätdatierung von Sach 9 9-10 könnte man geltend machen, daß mit
der Nennung des Staates Ephraim in v. 10 ein Hinweis auf die ältere Zeit der Geschichte
gegeben ist. Dieses Argument ist neuerdings von F. Horst und H. Tadmor vorgebracht
worden, denn beide Forscher nehmen an, es könnten sich in Sach 9 1-11 Verhältnisse
aus der Zeit um 740—730 v. Chr. widerspiegeln[23].

Mit Ausnahme der Erwähnung des Namens Ephraim spricht meines Erachtens
nichts zugunsten einer solchen Hypothese, zumal fast alle atl. Forscher der Überzeugung
sind, daß Sach 9—14 in der Zeit nach dem Exil anzusetzen ist[24]. Auch O. Eißfeldt weist
für unsere Stelle eine Datierung um 740 v. Chr. mit der Bemerkung zurück: »Die hier
zweifellos vorhandenen Hinweise auf ältere Zeit (Sach 9 1. 10. 13 = Bestehen der Staaten
von Damaskus und Ephraim; Sach 9 5 = König von Gaza) werden also als Archaismen
unter Benutzung älterer Vorlagen zu erklären sein«[25]. Obwohl er אֶפְרַיִם in v. 10 als
Archaismus ansieht, vertritt er andererseits die Ansicht, daß diese Stelle um 300 v. Chr.
zu datieren ist. Bei der Besprechung von Sach 10 stellt er uns selbst jedoch ein Argument zur Verfügung, welches gegen eine solche Datierung des Abschnittes Sach 9 1-11
spricht. In bezug auf den Ausdruck גִּבּוֹר אֶפְרַיִם in Sach 10 7 wird der Hinweis gegeben,
daß sich ein ähnlich archaischer, eschatologischer Sprachgebrauch in den Schriften der

---

[22] S. o. 195 f.
[23] Vgl. O. Eißfeldt a. a. O. 589. 1014.
[24] Vgl. hierzu die Ausführungen in O. Eissfeldt a. a. O. 589 f.
[25] O. Eißfeldt a. a. O. 591.

Qumrangemeinschaft findet, z. B. in der Kriegsrolle[26], während für den sprachlichen Ausdruck in Sach 9 10 diese Möglichkeit nicht erwogen wird.

Man fragt sich unwillkürlich, warum kein Zusammenhang zwischen dem sprachlichen Befund für Sach 10 7 und unserer Stelle Sach 9 10 bestehen sollte und sucht in dieser Hinsicht vergeblich in O. Eißfeldts Einleitung nach einer Antwort. Denn es scheint offenbar kein zwingender Grund sowohl für die Tatsache zu bestehen, daß Sach 10 7 durch seinen archaischen und eschatologischen Charakter Ähnlichkeit mit den Qumranschriften haben soll, während das gleiche Kriterium nicht für Sach 9 10 gilt, als auch dafür, daß Sach 9 10 einer älteren Zeit zugewiesen werden müßte als Sach 10 7. Aber selbst wenn man die hier offenbar vorliegenden Unstimmigkeiten außer Betracht läßt und Sach 9 10 um 300 v. Chr. datiert, besteht eigentlich keine Veranlassung, nicht auch an dieser Stelle einen archaischen, eschatologischen Sprachgebrauch vorauszusetzen, welcher dem der Kriegsrolle in den Qumranschriften ähnlich ist. Da also grundsätzlich nichts gegen die hier vorgetragene Annahme spricht, scheinen keine wesentlichen Gründe gegen eine Datierung von Sach 9 9-10 für die Zeit um 150 v. Chr. zu bestehen.

Es muß zugegeben werden, daß O. Eißfeldt bei seiner zeitlichen Ansetzung des Abschnittes in Sach auf eine babylonische Parallele hinweist, in welcher sich die Worte »demütig ist er und reitet auf einem Esel« (Sach 9 9) finden[27]. Aber dieser Sachverhalt scheint nach meinem Dafürhalten gerade für einen archaisch, eschatologischen Sprachgebrauch in Sach 9 9-10 zu sprechen, zumal für v. 10, den zweiten Teil des Abschnittes, keine babylonischen Parallelen zur Verfügung stehen. Eine Unterstützung für die Datierung der Stelle um 150 v. Chr. ist vor allem durch die Denkweise gegeben, welche sich in dem Abschnitt erkennen läßt. Sie würde vorzüglich den religiösen Vorstellungen hassidischer Kreise in dieser Zeit entsprechen, soweit wir von ihnen Kenntnis haben.

Eine zeitliche Ansetzung von Sach 9 9-10 um 150 v. Chr. ist keineswegs ein Novum in der atl. Forschung, denn E. Sellin, von anderen als den hier vorgetragenen Voraussetzungen ausgehend, hat sich ähnlich in bezug auf den Anhang Sach 9—14 geäußert[28]. Auch A. Bentzen hält es für möglich, daß die Komposition von Dt-Sach, selbst wenn sie teilweise altes Material enthalten sollte, erst zu einer Zeit stattgefunden haben könnte, als Dan seine endgültige schriftliche Fixierung erhielt[29], womit ebenfalls die Zeit um 150 v. Chr. als Entstehungsdatum vermutet werden dürfte.

Ist Sach 9 9-10 in der makkabäischen Zeit anzusetzen, so bleibt zu durchdenken, welche Konsequenzen sich für die Interpretation von שָׁלוֹם in v. 10 ergeben: In dem Abschnitt über den Beginn der Herrschaft des messianischen Königs der Endzeit (Sach 9 9-10) bedeutet das Nomen dann sowohl *äußerer* als auch *innerer Friede*; ihm liegt die Vorstellung eines *völlig harmonischen, ungestörten Lebens* zugrunde. Die Geschichte verliefe gleichförmig und ohne Leiderfahrung für den Menschen, und dieser Zustand wäre als das Charakteristische des neuen Äons anzusehen.

---

[26] O. Eißfeldt a. a. O. 591 Anm. 1. 893.

[27] O. Eißfeldt a. a. O. 590 Anm. 2.

[28] Vgl. O. Eißfeldt a. a. O. 589.

[29] A. Bentzen a. a. O. II 159.

Eine solche Anschauung läßt sich ohne Schwierigkeiten aus den einzelnen Aussagen des Abschnittes erschließen: An das Erscheinen des Heilbringers knüpft sich in v. 10 die Hoffnung, daß er den Krieg unmöglich und dadurch *dauernden Frieden* für die gesamte Menschheit bewirken wird. Der Messias beginnt sein Werk mit der Zerstörung der Streitwagen in »Ephraim« und der dafür notwendigen Gespanne in »Jerusalem«[30]. Auch die Handwaffen, d. h. die Bögen, welche für Kriegszwecke Verwendung finden, werden dann vernichtet. *Frieden* unter allen Völkern wird lediglich durch die Verkündigung dieses Zustandes durch den König der Endzeit hergestellt. Solche Machtwirkung eines Ausspruches findet sich an anderen Stellen des AT nur in Verbindung mit dem göttlichen Wort. Es dürfte deshalb als sehr wichtig zu erachten sein, daß in v. 9 von dem Heilbringer ausgesagt wird, er werde Hilfe, נוֹשָׁע, erhalten, womit in diesem Zusammenhang nur die Hilfe Gottes gemeint sein kann. Der Messias ist also hier als Gottes Vertreter verstanden, der durch das göttliche Wort den Beginn des neuen Äons bewirkt.

Wenn wir weiterhin bedenken, daß der messianische König im Zusammenhang mit dem friedfertigen Antritt seiner Herrschaft in Sach 9 9 selbst als gerecht (צַדִּיק), Hilfe empfangend (נוֹשָׁע) und demütig (עָנִי) geschildert wird, dann stoßen wir auf Gedanken, die in merklichem Gegensatz zu den apokalyptischen und nationalen Empfindungen jener Zeit der israelitischen Geschichte stehen, denn an dieser Stelle kommen Vorstellungen zum Ausdruck, für welche, modern gesagt, Begriffe wie *innerer Friede* und dergl. sehr passend wären.

Wie dem auch sei, es läßt sich zumindest sagen, daß die *Heils*-vorstellung in Sach 9 9-10 ihr eigenes Gepräge hat. Ihr ist ein sehr realer, aber in einem gewissen Sinne auch inniger Charakterzug eigen, dem wir andeutungsweise bereits in Ps 4 begegnet sind[31]. Es fehlen ihr jedoch sowohl die theologische Höhe der Begrifflichkeit eines Dt-Jes, die grandiose Ausmalung und die glühenden nationalen Empfindungen der Apokalyptiker, die Rachegedanken der Gesetzesfrommen in den Psalmen, als auch die Kultvorstellungen verschiedener Psalmen und spätprophetischer Schriften.

Wollten wir abschließend noch fragen, in welchen jüdischen Kreisen solches Denken beheimatet sein dürfte, dann scheint es mir weder bei den priesterlichen Kreisen der Sadduzäer noch innerhalb des makkabäischen Herrscherhauses, weder bei den Hassidim, aus welchen sich die Pharisäer rekrutierten, noch bei denen, aus welchen sich die Gemeinde zu Qumran formierte, seinen Ursprung haben zu können. Als einzige Gruppe blieben die hassidischen Kreise übrig,

---

[30] Man könnte fragen, ob es sich bei dieser Aussage vielleicht um eine Andeutung über die militärische Macht der Makkabäer handelt.

[31] S. o. 195 f.

von denen wir später zur Zeit Jesu als dem עַם הָאָרֶץ hören und aus welchen höchstwahrscheinlich Jesus von Nazareth selbst hervorgegangen ist.

Damit sind wir an einem Punkt in unserer Untersuchung angelangt, wo die Entwicklungsgeschichte des Begriffes שָׁלוֹם, soweit er in der Literatur des AT Verwendung findet, ihren Abschluß erreicht hat. Das Heilsverständnis von Sach 9 10 blieb im Denken der jüdischen Gemeinde lebendig und hat sogar noch vor 150 Jahren in den Erzählungen der Chassidim ergreifenden Ausdruck gefunden[32]. Die Gemeinde Christi hat jedoch mit ihrem Heilsverständnis dem Begriff שָׁלוֹם einen völlig neuen und existentialen Sinn gegeben.

V. Zusammenfassung

In der apokalyptischen Literatur wird das Nomen שָׁלוֹם nur als religiöses Wort in Aussagen über die Endzeit verwendet. Ihm liegt dabei die Vorstellung zugrunde, daß *eine begonnene Entwicklung zum Abschluß kommt und dadurch ein endgültiger Zustand erreicht wird*. Es bedeutet *Kraft, Wohlbestelltsein* oder *Frieden*.

*

ZUSAMMENFASSUNG ÜBER DAS NOMEN שָׁלוֹם

Das Nomen findet sich in allen literarischen Corpora des AT. In bezug auf den zeitlichen Verlauf der hebräischen Sprachgeschichte besagt dies, daß es ein gängiges Wort von etwa 1000 v. Chr., d. h. der Zeit des Jahwisten und der Thronfolgegeschichte Davids, bis um 150 v. Chr., der Zeit des Buches Daniel, war. Durch diese gesamte Zeitspanne hindurch wird es sowohl im Zusammenhang mit der Schilderung säkularer Situationen als auch für religiöse Aussagen verwendet. Es stellte sich bei unserer Untersuchung heraus, daß der letztere Gebrauch des Nomens im AT überwiegt.

Allen Bedeutungsgehalten unterliegt die Vorstellung der *Ganzheit* und der *Unversehrtheit*. Der Begriff des *Friedens* findet sich nur an wenigen Stellen und ist sicher keine ursprüngliche, sondern eine abgeleitete Bedeutung.

Im säkularen und im religiösen Bereich kann das Nomen Zustände bezeichnen. Diese Verwendungsweise überwiegt sogar bei säkularen Aussagen, ist aber bei religiösen Aussagen nicht so häufig, vor allem dann nicht, wenn bei göttlichen Willenskundgebungen eine dynamische Auffassung des Inhaltes vorherrscht.

Der Gehalt der religiösen Aussagen ist vielfältig. Er läßt eine Wirklichkeitserfassung erkennen, welche sich zum Teil, aber nicht

---

[32] Vgl. M. Buber, Die Erzählungen der Chassidim, Werke, III 1963, 47ff.

vollständig, mit der anderer semitischer Völker in ihrer Verwendung der Wurzel שׁלם deckt, z. B. mit Sprache und Literatur der großen Zivilisationen Mesopotamiens.

Außerdem kann aber bei dem Gebrauch des Nomens eine Anschauungsweise aufgezeigt werden, deren Vorstellungsstruktur große Ähnlichkeit mit dem klassischen Arabisch hat. Das hierbei in Erscheinung tretende Wirklichkeitsverständnis gründet sich auf eine Erkenntnisweise, die, modern ausgedrückt, als existentiell bezeichnet werden kann und in der Verwendung von שָׁלוֹם bei verschiedenen klassischen Propheten, in Jdc 6 23-24 und an einigen Stellen der Hiob-dichtung das beherrschende Element ist.

3. Abschnitt: Der Terminus שְׁלָמִים[1]

Bei der Besprechung dieses plurale tantums muß methodisch völlig anders verfahren werden, als es in der Untersuchung von שָׁלוֹם geschehen ist. Grund dafür ist die Tatsache, daß nicht mehr mit Sicherheit zu bestimmen ist, was שְׁלָמִים bedeutet. Es ist oft sogar sehr schwierig herauszufinden, auf welche spezifischen Situationen die einzelnen Belegstellen bezogen sind. Deswegen ist es notwendig, eine eingehende Untersuchung der Überlieferungsgeschichte des Terminus in der Hoffnung vorzunehmen, daß sowohl im Hinblick auf die tat-sächliche Ausführung als auch in bezug auf die Erhellung der Bedeu-tung einer kultischen Begehung, für welche das AT eine Form der Wurzel שׁלם als Bezeichnung verwendet, auf diese Weise vielleicht mehr Klarheit über die Kultbezeichnung erzielt werden kann.

Der Abschnitt ist in drei Kapitel gegliedert und beginnt mit einem kurzen Überblick über die verschiedenen Übersetzungen des Terminus. Darauf folgt eine ins einzelne gehende Besprechung der Überlieferungs-geschichte des Nomens, wobei auf die Herausarbeitung der verschie-denen Situationen, in welchen es sich findet, besonderes Gewicht gelegt wird. Auf diese Weise lassen sich möglicherweise einige Ein-sichten bezüglich der allgemeinen Vorstellung gewinnen, die mit der Bezeichnung שְׁלָמִים verbunden gewesen ist. Dabei dürfte es vorteilhaft sein, den Gegenstand von zwei verschiedenen Ansatzpunkten aus zu untersuchen: Zuerst findet eine Besprechung derjenigen Stellen statt, die sich außerhalb des Tetrateuch finden. Wir verfolgen den Gebrauch

---

[1] Für text- und literarkritische Erwägungen s. o. 71 (ad Lev 7 34 II Sam 6 17 I Reg 8 63), 72 (ad Am 5 22).

des Terminus im Dtr-Werk und im Chr-Werk, vergleichen die Ergebnisse miteinander und besprechen abschließend die einzelnen Belege in Ez 40—48. Darauf folgt als zweiter Gang der Untersuchung eine Analyse der einzelnen Stellen des Nomens im Tetrateuch. Hier beginnen wir mit Lev und gehen dann rückwärts, bis wir auf Stellen stoßen, die zu den ältesten Schichten der Überlieferung gehören.

Es besteht die Hoffnung, daß bei diesem Verfahren vielleicht etwas über Erinnerungen an alte amphiktyonische Traditionen in Erfahrung gebracht werden kann. Die hierbei gewonnenen Ergebnisse lassen sich dann mit den im Tetrateuch erhalten gebliebenen priesterlichen Überlieferungen vergleichen. Damit ist ein Ansatzpunkt für ein besseres Verständnis des Terminus selbst und des damit verbundenen Kultaktes gewonnen. Dieser Befund mag dann als Grundlage für einige Erwägungen über den Ursprung der kultischen Begehung dienen, womit der Abschnitt abgeschlossen wird.

Von vornherein ist darauf hinzuweisen, daß die hier vorgelegte Untersuchung lediglich einen Versuch darstellt, mehr Klarheit über das *Problem* der Bedeutung des Wortes שְׁלָמִים zu erreichen. Abschließende Ergebnisse lassen sich nicht erwarten.

§ 17 DIE VERSCHIEDENEN ÜBERSETZUNGEN DES TERMINUS[1]

Vergleicht man in Kommentaren die Erläuterungen und Übersetzungen für Stellen des AT, in welchen sich das Wort שְׁלָמִים findet, so erweckt es den Anschein, als ob es bezüglich seiner Bedeutung kein Problem gäbe. Man könnte fast den Eindruck gewinnen, daß unter den Forschern ein stillschweigendes Abkommen bestünde, den Terminus als *Friedensopfer* zu verstehen[2]. Gewiß lassen sich auch andere Erklärungen des Nomens belegen, aber sie werden sehr selten angetroffen.

Die meisten Interpreten nehmen gewöhnlich zu dem Text der Septuaginta Zuflucht, die das hebräische שְׁלָמִים in einigen Fällen, aber nicht in allen, durch θυσίαι εἰρηνίκη wiedergibt und so in der Tat zeigt, daß sie es als *Friedensopfer* verstanden hat. Es muß jedoch die Frage gestellt werden, ob 𝔊 ein richtiges Verständnis des Kultterminus gehabt hat. Nach meinem Dafürhalten kann hierauf nur eine verneinende Antwort gegeben werden. Wenn es sich um Information über unklare Worte im hebräischen Text handelt, ist 𝔊 nicht immer eine verläßliche Quelle, aus der Aufschluß gewonnen werden kann.

---

[1] Da in der atl. Forschung der Kultterminus im allgemeinen mit *Friedensopfer* übersetzt wird, habe ich in der folgenden Übersicht nur die Literatur angegeben, in welcher sich Bezeichnungen fanden, die von dieser üblichen Auffassung abwichen.

[2] Die Situation ist ähnlich in englischen und französischen Studien.

Auf diese Erfahrung stoßen wir in der hier unternommenen Studie auch bei anderer Gelegenheit[3].

Problematischer als der Text der Septuaginta ist jedoch die Tatsache, daß sowohl ⑥ als auch die Mehrzahl aller atl. Forscher offenbar anzunehmen scheinen, die Grundbedeutung des Kultterminus sei die des *Friedens*. Wie schon an anderer Stelle in dieser Arbeit gezeigt wurde, ist solch eine Annahme unbegründet und kann sogar als eine falsche Auffassung betrachtet werden, weil festgestellt worden ist, daß sowohl das Nomen שָׁלוֹם als auch die Wurzel שלם grundsätzlich in allen semitischen Sprachen den Gedanken der *Ganzheit* zum Ausdruck bringen[4]. Für unsere Zwecke ist daher die allgemeine Übereinstimmung unter den Auslegern ohne großen Nutzen, da in den meisten Fällen weder die Kommentare noch andere Studien in dieser Hinsicht einen Versuch machen, eine detaillierte Analyse über den Terminus שְׁלָמִים oder über die kultische Situation zu geben, auf welche er sich in den einzelnen Belegen bezieht.

Die Schwierigkeit, ein abschließendes Ergebnis über die Bedeutung dieses Kultterminus zu erzielen, wird deutlich erkennbar, wenn wir alle diejenigen Übersetzungen zusammenstellen, die von dem allgemein angenommenen Inhalt *Friedensopfer* abweichen. Die große Anzahl der einzelnen Bezeichnungen kann in drei Gruppen zusammengefaßt werden:

1. Die Bedeutung des Terminus ist aus alten Quellen übernommen, z. B. den alten Versionen einschließlich ⑥, alten Schriftstellern wie Philo und Josephus oder aus rabbinischen Quellen, ist von שָׁלוֹם abgeleitet und wird durch τὸ σωτήριον[5], θυσίαι χαριστήριοι, περὶ σωτηρίου oder Dankopfer wiedergegeben[6].

2. In einigen Fällen wird die Ansicht vertreten, daß der Terminus von שִׁלֵּם, dem Intensivstamm des Verbums, abgeleitet ist und wird deshalb als *Bezahlungsopfer*[7] oder als *Lobopfer*[8] übersetzt.

3. Verschiedene Forscher lassen die alten Versionen und Traditionen völlig unbeachtet und nehmen an, daß שְׁלָמִים als *Bundesopfer*[9],

---

[3] S. u. 317.
[4] S. o. Teil 1 (8 ff.) und Teil 2 Abschn. 2 (80 ff.).
[5] So ⑥ im Tetrateuch.
[6] Philo, de victimis: Josephus, Ant. und Sifra Wajjiqra zitiert nach G. F. Moore, Judges, 1958[7], 433. 435.
[7] Als eine der verschiedenen Bedeutungen von Ges-B 837a angeführt.
[8] Lutherübersetzung.
[9] E. Meyer, Die Israeliten und ihre Nachbarstämme, 1906, 554.

Vollopfer[10] oder als *Gemeinschaftsopfer*[11] zu verstehen sei und geben damit Interpretationen, die wiederum שָׁלוֹם zur Grundlage haben.

Ob eine dieser Erklärungen wirklich das Richtige trifft, kann nicht von vornherein entschieden werden. Es ist jedoch kaum möglich, daß der Terminus ein Derivat des Intensivstammes des Verbums ist. Obwohl alle anderen Übersetzungen wenigstens in einem gewissen Maße überzeugen, hinterlassen sie doch den Eindruck, daß sie Verlegenheitslösungen sind. Deshalb erscheint es notwendig und wünschenswert, das vorhandene Material, die Überlieferungen und die kultischen Situationen für alle Stellen des AT, in welchen das Wort שְׁלָמִים belegt ist, von neuem einer Untersuchung zu unterziehen.

§ 18 DIE ALTTESTAMENTLICHEN AUSSAGEN ÜBER DIE שְׁלָמִים

In der folgenden Untersuchung des Terminus שְׁלָמִים werden zuerst solche Stellen besprochen, welche sich außerhalb des Tetrateuchs finden, denn in den hier vorhandenen Aussagen mögen sich vielleicht noch einige charakteristische Merkmale erkennen lassen, die nicht notwendigerweise von priesterlichem Denken beeinflußt sind. Sollte dies der Fall sein, so würde uns Material zum Vergleich mit den Ritualen und priesterlichen Belehrungen in Lev 1—7 zur Verfügung stehen und uns Einsicht gewähren, ob sich die priesterlichen Vorstellungen über diese kultische Begehung von den nichtpriesterlichen unterscheiden. Es braucht uns vorerst nicht zu beschäftigen, welches Ergebnis sich dabei gewinnen läßt. Das Verfahren wird es uns zumindest ermöglichen, einen Einblick in die Geschichte und die Entwicklung der Kulthandlung zu gewinnen.

Für eine Untersuchung der Bedeutung des Nomens שְׁלָמִים wäre es ungünstig, die Studie mit einer Analyse von Lev 1—7 zu beginnen, denn obwohl es sich in diesem Fall um die einzigen atl. Stellen handelt, welche eine direkte Aussage über die Rituale machen und Belehrung für ihre Ausführung geben, ist die schriftliche Form, in welcher diese Überlieferungen bewahrt worden sind, verhältnismäßig jung[1]. Gewiß enthalten die Traditionen sehr alte Stücke, da kultische Vorschriften, wenn sie einmal festgelegt sind, sich gewöhnlich nur sehr langsam ändern, aber in ihnen findet sich auch jüngeres Material, das nicht leicht ausgesondert werden kann, da bis jetzt kein allgemein aner-

---

[10] O. Procksch, Theologie des AT, 1950, 556.

[11] L. Köhler, Theologie des AT, 1936, 175; M. Noth, Das Zweite Buch Mose, ATD 5, 1959, ad loc.; »sacrifice of communion«, z. B. É. Jacob, Theology of the Old Testament, 1958, 268; »sacrifice de communion«, z. B. V. Couroyer, L'Exode, Jer-B, o. J. ad loc; H. Cazelles, Le Lévitique, Jer-B, o. J., ad loc.; P. van Imschoot, Théologie de l'Ancien Testament, I 1954, 134.

[1] Vgl. R. Rendtorff, Die Gesetze in der Priesterschrift, 1954, 77 f.

kanntes Kriterium für eine solche Analyse vorhanden ist. Im folgenden soll deshalb versucht werden, in dieser Hinsicht mehr Klarheit zu schaffen.

I. Aussagen, die sich außerhalb des Tetrateuch finden

Das Nomen ist in den hier zu besprechenden literarischen Corpora ungleichmäßig verteilt. Es findet sich ziemlich häufig im Dtr-Werk und ist in jedem seiner Bücher belegt, während es im Chr-Werk auf I—II Chr und in der prophetischen Literatur, mit einer Ausnahme, auf den Gesetzesentwurf in Ez 40—48 beschränkt ist. In Einzelfällen erscheint es zweimal: in Prov und als hapax legomenon im sg. in Am. Die Form des sg. ist jedoch problematisch[2].

1. Das Deuteronomistische Werk

Die endgültige schriftliche Form dieses Corpus im MT ist nicht nur das Werk des Dtr sondern auch die Bearbeitung eines Redaktors, der Einschübe in den Text und Änderungen an ihm vorgenommen hat. Sehr wahrscheinlich enthalten einige dieser späteren Zusätze das Wort שְׁלָמִים. Ein solcher Sachverhalt macht es deshalb notwendig, zuerst eine literarische Analyse aller Stellen vorzunehmen, in welchen der Kultterminus belegt ist, ehe ein Versuch unternommen werden kann, die authentische dtr Überlieferung darzustellen, soweit sie für unseren Zusammenhang wichtig ist.

a. Literarische Analyse der שְׁלָמִים Stellen im Dtr-Werk

Die folgende literarische Analyse für die Stellen, in welchen sich das Nomen im Dtr-Werk findet, soll in zwei Gängen durchgeführt werden: Erstens werden die historischen Situationen besprochen, auf welche in diesem Corpus Bezug genommen wird; zweitens wird untersucht, was über die kultischen Begehungen, die in Verbindung mit den historischen Situationen stehen, ausgesagt wird. Zweck dieses Versuches ist herauszufinden, ob die gleichen Vorstellungen innerhalb des gesamten literarischen Komplexes konsequent angewandt werden oder ob Abweichungen davon vorhanden sind. Das Ergebnis einer solchen Analyse soll als Grundlage für eine Bestimmung derjenigen Stellen dienen, welche dem Dtr selbst zugesprochen werden dürfen.

(1) Historische Situationen

Die Anordnung des vorgefundenen Materials folgt in diesem Abschnitt dem Ablauf der Ereignisse, wie er nach Ansicht des Dtr-Werkes stattgefunden hat. Dabei wird die Möglichkeit unbeachtet gelassen, daß es sich in den einzelnen Fällen nicht notwendigerweise

---

[2] S. u. 255 ff.

um tatsächliches historisches Geschehen handelt. Aus dem Ergebnis der Untersuchung dürfen dann Schlüsse über die Echtheit der einzelnen Stellen erfolgen. Die folgenden Situationen können aufgezeigt werden:

(a) Israels Einzug in das verheißene Land: Das Nomen ist hier in drei Abschnitten belegt, aus welchen hervorgeht, daß der Kultus Israel als eine zu vollziehende Aufgabe von Gott befohlen worden ist und jetzt seinen Anfang genommen hat. Deshalb werden die שְׁלָמִים zum erstenmal in Dtn 27 1-8 erwähnt. Hier befindet sich das Gottesvolk vor dem Eintritt in das verheißene Land und erhält durch Mose Anweisungen darüber, wie und wo es nach dem Übergang über den Jordan seine Gottesverehrung kultisch gestalten soll. Im Zuge der Landnahme werden dann nach Jos 8 30-32 diese Anweisungen durchgeführt: Auf dem Berg Ebal wird ein Altar gebaut und Opfer werden genau in der Weise dargebracht, wie es in Dtn 27 vorgeschrieben wurde, wobei in Jos ausdrücklich auf Dtn verwiesen wird. Über eine Zentralisation des Kultus ist an beiden Stellen nichts vermerkt. Das Problem kommt erst zum Vorschein, wenn die Erzählung den Punkt erreicht, wo die Landnahme ihren Abschluß erfährt. Aus diesem Anlaß entstehen, wie es Jos 22 9-14 schildert, Schwierigkeiten über den Bau eines Altars in der Nähe des Jordans, die verschiedene Ansichten der Oststämme und der Stämme des Westjordanlandes über den Ort für die kultische Begehung erkennen lassen.

(b) Die Periode der frühen Amphiktyonie: In diesem Zusammenhang wird das Nomen in Jdc 20 18-28 und 21 1-14 erwähnt, in zwei Abschnitten also, die das erste Stadium der israelitischen Geschichte nach der Vollendung der Landnahme als Gegenstand der Situationsschilderung haben. In beiden Fällen wird berichtet, daß sich die Stämme am Heiligtum in Bethel versammeln, um göttliche Weisung für ihr zukünftiges Verhalten bei amphiktyonischen Streitigkeiten zu erhalten. Bei dieser Gelegenheit weint das Volk und bringt Opfer dar, ehe es versucht, Aufschluß über den göttlichen Willen zu erlangen. In Jdc 20 27a. 28b werden wir sogar darüber informiert, welcher Anlaß für eine Erkundung des Gotteswillens vorlag, denn es handelt sich an dieser Stelle um die Frage, ob der amphiktyonische Krieg gegen den Stamm Benjamin geführt werden soll. Es ist eine Strafaktion der gesamten Stammesgemeinschaft gegen eines ihrer Mitglieder, in dessen Gebiet ein abscheuliches Verbrechen von den Einwohnern in Gibea begangen wurde, welches offenbar Sühne fordert.

Von besonderem Interesse für unsere Untersuchung sind Einzelheiten an den Stellen über die Durchführung der Kultakte. So ist in Jdc 21 4 bemerkt, daß das Volk, nachdem es geweint hatte, einen Altar errichtet habe, was offenbar besagt: Die Durchführung der kultischen Begehung geschieht nicht in dem bereits bestehenden kanaanitischen Heiligtum, sondern vermutlich außerhalb der Stadt. In Jdc 20 26 scheint andererseits das Vorhandensein eines Altars schon vorausgesetzt zu sein, denn die Errichtung eines Altars wird nicht erwähnt, als das Volk, nachdem es geweint hat, fastet und לִפְנֵי יהוה, vor dem Angesicht Jahwes, sitzt, d. h. sich im Heiligtum befindet.

(c) Saul, Samuel und Gilgal: In Verbindung mit dieser Zeit und Lokalität werden Aussagen in drei verschiedenen Abschnitten gemacht. Der erste Beleg findet sich in I Sam 10 1-8. Hier ist berichtet, daß Saul von Samuel zum König gesalbt und von diesem darauf nach Gilgal entlassen wird, um sich dort sieben Tage aufzuhalten. Samuel beabsichtigt, selbst nach Gilgal zu kommen und Opfer darzubringen. Vermutlich handelt es sich um die Erkundung des göttlichen Willens, welchen Saul erfahren soll. Die nächste Erwähnung ist in I Sam 11 1-15 anläßlich der Erneuerung des Königtums Sauls durch das Volk, die nach Sauls Sieg über die Ammoniter stattfindet und von Samuel gewünscht wird. In I Sam 13 8-15a findet sich das Nomen im Zusammenhang mit dem Zerwürfnis zwischen Samuel und Saul. Der Abschnitt schildert, daß der König vor der Schlacht mit den Philistern auf Samuel in Gilgal wartet. Als jedoch Samuel nicht eintrifft und der Heerbann, welcher zu den Waffen gerufen wurde, den König zu verlassen beginnt, befiehlt Saul, Tiere herbeizubringen, hier durch die Ausdrücke עֹלָה und שְׁלָמִים bezeichnet, damit er das Brandopfer darbringen kann.

(d) David und Jerusalem: Zwei Abschnitte, in denen das Nomen Verwendung findet, müssen an dieser Stelle besprochen werden. Im ersten Fall ist die Gelegenheit durch die Überführung der Bundeslade nach Jerusalem gegeben: Nachdem die Lade an dem für sie bestimmten Ort aufgestellt worden ist, bringt David Opfer dar, II Sam 6 17-18. In dem zweiten Abschnitt, der Legende II Sam 24 18-25, handelt es sich wahrscheinlich um den zukünftigen Platz des Tempels in Jerusalem: Als David eine Volkszählung durchführen läßt, auf Grund derer er den göttlichen Zorn herausfordert, befällt eine Seuche das Land. Sie verliert jedoch sehr schnell ihren Schrecken, nachdem David einen Altar auf der Tenne des Jebusiters Arauna errichtet und Jahwe Opfer dargebracht hat.

(e) Salomo und Jerusalem: In verschiedenen Abschnitten wird das Nomen in Verbindung mit dem Königsheiligtum gebracht. Einmal wird in I Reg 3 15 beschrieben, daß Salomo eine göttliche Offenbarung in einem Traum zu Gibeon hat, darauf nach Jerusalem zurückkehrt, Opfer vor der Bundeslade darbringt und anschließend ein Festmahl für alle seine Bediensteten veranstaltet. Dann hören wir in I Reg 8 63, daß der König (und ganz Israel mit ihm?) anläßlich der Weihung des Tempels nach der Segenshandlung Tiere als שְׁלָמִים schlachtete

(זֶבַח). Zu dieser Feststellung wird in I Reg 8 64 hinzugefügt, an jenem Tag habe der König die Mitte des Tempelhofes als geheiligten Opferplatz geweiht, wo er von nun an außer den anderen Opfern auch חֶלְבֵי הַשְּׁלָמִים darbringe, denn der Altar sei zu klein geworden. Ein letztes Mal wird der Terminus in I Reg 9 25 erwähnt und zum Ausdruck gebracht, Salomo habe dreimal im Jahre verschiedene Opfer auf dem in I Reg 8 64 erwähnten Altar dargebracht, wobei wiederum die שְׁלָמִים genannt werden.

(f) Ahas und Jerusalem: Die letzte Belegstelle des Nomens bezieht sich auf die Zeit Tiglatpilesers und findet sich in II Reg 16 10-16. Der Inhalt dieses Abschnittes berichtet über Veränderungen, welche König Ahas auf Befehl des assyrischen Großkönigs im Tempel und beim Kultus hat durchführen lassen. Er ordnet an, daß ein neuer Altar errichtet werden soll, auf dem er dann verschiedenartige Opfer darbringt, unter welchen in II Reg 16 13 auch die שְׁלָמִים erwähnt werden. Diese Stelle muß später in einem anderen Zusammenhang genauer besprochen werden[3].

(g) Zusammenfassung: Wenn wir das Ergebnis der bisherigen Darlegungen zusammenfassen, lassen sich drei wichtige Beobachtungen machen:

1. Die שְׁלָמִים werden stets in Verbindung mit Heiligtümern erwähnt: dem Heiligtum auf dem Berg Ebal, dem der Oststämme am Jordan und den Heiligtümern in Bethel, Gilgal und Jerusalem.

2. Geschichtlich gesehen, handelt es sich dabei nach Ansicht des Dtr immer um besondere Ereignisse und Anlässe: den Beginn und die Durchführung der Eroberung des verheißenen Landes, den Abschluß der Landnahme bzw. das Fußfassen in Kanaan, amphiktyonische Versammlungen, die Königswahl, die Überführung der Bundeslade nach Jerusalem, eine Gottesoffenbarung, in welcher das Königtum Salomos bestätigt wird, die Einweihung des Königstempels zu Jerusalem und die Anerkennung der Oberherrschaft Tiglatpilesers über Juda.

3. Die im einzelnen genannten Persönlichkeiten sind entweder Führergestalten der alten Amphiktyonie oder Könige Judas: Mose, Josua, Samuel, Saul, David, Salomo und Ahas. Auf eine Ausnahme treffen wir nur bei Pinehas, wozu später Stellung zu nehmen ist[4].

(2) Die Kultakte und die damit verbundenen Opfer

In diesem Abschnitt ist das zur Verfügung stehende Material nach den einzelnen Opferarten zusammengestellt, die mit den שְׁלָמִים im Dtr-Werk verbunden sind. Dabei werden sowohl den verbalen Aus-

---

[3] S. u. 239 f.
[4] S. u. 233.

drücken der Kultsprache als auch den Aussagen über die kultische Begehung, die mit unserem Terminus bezeichnet sind, Beachtung geschenkt. Die folgenden Einzelbeobachtungen lassen sich anführen:

(a) Die שְׁלָמִים *als nicht deutlich bezeichnete kultische Begehungen:* In Dtn 27 6-7 werden Brandopfer und שְׁלָמִים nebeneinander erwähnt. Die hierbei verwendeten Ausdrücke sind (1) הֶעֱלָה עַל עוֹלֹת לַיהיה, d. h. Brandopfer *auf* den Altar für Jahwe hinaufbringen bzw. hinaufführen[5], was bedeutet, sie Jahwe *als Opfer darbringen*; (2) זָבַח שְׁלָמִים, d. h. die שְׁלָמִים schlachten[6]. Die gleichen Ausdrücke finden sich auch in Jos 8 31.

In anderen Fällen werden zwar nicht die selben Worte gebraucht, aber die Vorstellung weist doch in die gleiche Richtung, wenn in den Texten הֶעֱלָה עֹלוֹת זָבַח זִבְחֵי שְׁלָמִים gesagt wird, was »Brandopfer opfern« oder »darbringen« und »Schlachtopfertiere als שְׁלָמִים schlachten« bedeutet. Dieser Ausdruck findet sich an zwei Stellen: I Sam 10 8 ohne Erwähnung Jahwes und I Reg 3 15, wo an Stelle von זָבַח das Verbum עָשָׂה im Sinne von »ausführen, durchführen« gebraucht wird. In I Reg 8 63 werden nur die שְׁלָמִים erwähnt und durch Nachsatz auf Jahwe bezogen.

Der Terminus שְׁלָמִים bezeichnet an allen diesen Stellen nicht notwendigerweise ein Opfer. Man wird unwillkürlich durch die hier verwendeten Verben zu diesem Schluß geführt, welche nicht »Darbringung eines Opfers«, sondern »ein Tier schlachten« oder »etwas tun« bedeuten. Es erscheint deshalb möglich, diese kultische Begehung mit der Schlachtung von Tieren zu verbinden, die gewöhnlich zur Zeit der Darbringung der Brandopfer mit anschließendem Mahl stattfand.

Zu einer solchen Annahme wird man vor allem durch I Reg 8 63 geführt, wo Salomo anläßlich der Weihung des Tempels eine riesige Anzahl Tiere für die שְׁלָמִים schlachten läßt, womit offenbar gemeint ist, daß der König ein Fest für das Volk veranstaltete. Eine weitere ähnliche festliche Situation wird in I Sam 11 15 berichtet, in welcher noch deutlicher der Charakter der Kulthandlung zum Vorschein kommt. Hier wird Bezug auf Feierlichkeiten genommen, welche in Verbindung mit der Volkswahl für das Königtum Sauls stehen oder — wenn man der gegenwärtigen Form des MT folgen will — mit welchen Sauls Königtum erneuert wird. An dieser Stelle werden nicht die עֹלוֹת, sondern nur die זְבָחִים שְׁלָמִים erwähnt, ein Ausdruck, in dem שְׁלָמִים Apposition zu זְבָחִים ist und welcher deshalb *gemeinschaftliches Schlachten der Tiere, nämlich* שְׁלָמִים, bedeutet. Eine solche Schlachtung findet in Gilgal לִפְנֵי יהוה, im Angesicht oder in der Gegenwart von Jahwe, statt, d. h. im Heiligtum. Es ist gewiß möglich, beide Stellen

---

[5] KB 706a.
[6] KB 248b.

als Darbringung von Opfern zu interpretieren, aber meiner Meinung nach begünstigt der Kontext eher die Vorstellung eines Mahles.

(b) Die שְׁלָמִים-*Opfer:* An allen Stellen, die bei der Untersuchung der Aspekte der Kulthandlung nicht besprochen wurden, sind die שְׁלָמִים deutlich als Opfer charakterisiert. Das ist einmal der Fall, wo sie mit David in Beziehung gebracht werden: In II Sam 24 25 wird der Terminus zusammen mit den עֹלוֹת erwähnt und durch וַיַּעַל verbunden, d. h. durch ein Verbum, welches in der Opfersprache Verwendung findet. Beide Kulttermini und das gleiche Verbum werden in II Sam 6 17-18 gebraucht (hier mit Zusatz von לִפְנֵי יהוה) und sind sogar für eine solch frühe Zeit wie die der amphiktyonischen Versammlung in Bethel belegt, Jdc 20 26 21 4.

Weiterhin werden die שְׁלָמִים in Jos 22, wo sie sich an zwei Stellen finden, als Opfer verstanden. Im ersten Fall schwören die Oststämme einen Eid, daß der Altarbau ein Ausdruck ihrer Jahwetreue ist, wobei in Jos 22 23 die drei Opferarten עֹלָה, מִנְחָה und זִבְחֵי שְׁלָמִים erwähnt werden. Die hierbei verwendeten Verben legen es nahe, alle drei Ausdrücke als Opferbezeichnungen zu verstehen. Die ersten beiden sind auf הֶעֱלָה עַל »jemandem Opfer darbringen« bezogen, also auf ein Verbum der Opfersprache[7]. Bei עָשָׂה, das mit שְׁלָמִים verbunden ist, scheint eine Beziehung zum Opfer auf den ersten Blick nicht so ausgesprochen vorzuliegen, zumal das gleiche Verbum in I Reg 3 15 in Verbindung mit unserem Kultterminus »veranstalten« bedeutet[8]. Eine eingehende Untersuchung der hier zu besprechenden Stelle läßt jedoch erkennen, daß das Verbum in diesem Fall den Sinn von »tun, Opfer darbringen« hat, wie sich aus der Verwendung der Präposition עַל erkennen läßt: Die שְׁלָמִים werden *auf* den Altar »getan«. Damit ist ein Vorgang beschrieben, welcher sonst allgemein im AT nur die Durchführung eines Opferaktes bezeichnet. Die zweite Belegstelle des Nomens findet sich im gleichen Kapitel in v. 27, wo die Oststämme bekennen, daß sie die עֲבֹדַת יהוה, ihre kultische Funktion vor Jahwe[9], בְּעֹלוֹתֵינוּ וּבִזְבָחֵינוּ וּבִשְׁלָמֵינוּ, d. h. mittels (בְּ) dieser drei Opferarten ausführen.

Der Opfercharakter der שְׁלָמִים ist weiterhin in I Reg 8 64 und 9 25 erkennbar. In der ersten Stelle wird von Salomo berichtet, er hätte anläßlich der Weihe des Tempels den Tempelhof zu einer heiligen Schlachtstätte gemacht und dort die עֹלָה, die מִנְחָה und von den שְׁלָמִים die Fettstücke, חֲלָבִים, geopfert (עָשָׂה). Die zweite Stelle bezieht sich auf I Reg 8 64 und besagt, daß Salomo dreimal im Jahr עֹלוֹת וּשְׁלָמִים עַל־הַמִּזְבֵּחַ als Opfer darzubringen pflegte.

---

[7] KB 706a.

[8] S. o. 230.

[9] KB 671a.

Als letzte Belegstelle ist II Reg 16 13 zu erwähnen: Anläßlich der Errichtung eines neuen Altars veranstaltet König Ahas im Tempel zu Jerusalem eine kultische Begehung, wobei beschrieben wird, um welche Opfer es sich zu jener Zeit handelt und wie sie vollzogen werden. Wir hören, daß er seine עֹלָה und seine מִנְחָה in Rauch aufsteigen läßt[10], וַיַּקְטֵר, seine Guß-Spende auf den Altar gießt[11], זָרַק עַל, und ebenfalls das Blut der שְׁלָמִים auf den Altar sprengt.

(c) Zusammenfassung: Auf Grund dieser Übersicht lassen sich zwei verschiedene Aussagegruppen zusammenstellen:

1. Eine Gruppe, in welcher die שְׁלָמִים entweder nur allein, zusammen mit Brandopfern oder mit Schlachtopfern erwähnt werden. Hierbei läßt sich nicht genau bestimmen, ob sie als eine eigene Opferart oder als kultische Mahlzeiten verstanden werden, welche in Verbindung mit Brandopfern stattfinden. Der letzte Gesichtspunkt scheint meiner Meinung nach der sinnvollere zu sein.

2. Eine Gruppe, in der die שְׁלָמִים ausdrücklich als Opfer verstanden werden. Der Terminus wird meistens mit dem Verbum הֶעֱלָה und zweimal mit עָשָׂה verbunden, welche beide Bezeichnungen der Opfersprache darstellen und »Opfer darbringen« bedeuten. In Jos 22 23. 27 I Reg 8 64 und II Reg 16 13 finden sich Aufzählungen verschiedener Opferarten, deren Abschluß jeweils die שְׁלָמִים bilden.

(3) Vermutlich echte Stellen im Dtr-Werk

Die bisherigen Untersuchungen des Materials im Dtr-Werk haben nach meinem Dafürhalten gezeigt, daß der Terminus שְׁלָמִים für die Darstellung von zwei verschiedenen Vorstellungskreisen gilt, die jeweils sowohl für die historische Situation, auf welche sie sich beziehen, als auch für die geschilderte Kultpraxis beachtet werden müssen. In dem einen Fall stoßen wir auf kultische Begehungen, die zwar ziemlich einfach vorgestellt werden, aber mit historischen Situationen verbunden sind, welche eine entscheidende Stelle in der israelitischen Geschichte einnehmen. Als Ausnahme könnte man vorerst II Reg 16 13 betrachten, wozu später mehr zu sagen ist[12]. Bei dem anderen Material scheinen die Kulthandlungen sehr kompliziert gewesen zu sein, wie schon aus der Vielzahl der Opferarten an verschiedenen Stellen ersichtlich ist. Die Situationen, mit welchen sie in Beziehung gebracht werden, sind jedoch für die allgemeine Entwicklung Israels nicht notwendigerweise als wichtig anzusehen.

Auf Grund dieses Befundes läßt sich vermuten, daß Aussagen über komplizierte Kultakte zeitlich jüngeren Datums sein dürften

---

[10] KB 836a

[11] KB 269a.

[12] S. u. 239f.

als Stellen, in welchen die kultische Begehung in einfacher Weise vorgestellt wird. Eine solche Annahme könnte durch Forschungsergebnisse gestützt werden, die uns aus Untersuchungen über die Geschichte und die Entwicklung kultischer Institutionen vorliegen. Es wird dabei allgemein die Ansicht vertreten, daß komplizierte Formen der Kultakte und Rituale wahrscheinlich das Endstadium einer langen Entwicklung darstellen, in welcher heterogene kultische Elemente allmählich miteinander vermischt wurden. In derartigen Fällen wird der Kult oft als ein eigenständiger Bereich des religiösen Lebens angesehen, der um seiner selbst willen vorhanden ist, und es besteht dann nicht mehr eine notwendige Beziehung zwischen geschichtlichen Ereignissen, welche die Gruppe oder das Volk erfahren haben, und der jeweiligen Kulthandlung. Je einfacher und unorganisierter auf der anderen Seite eine kultische Begehung ist, um so wahrscheinlicher ist es, daß sie noch ihrem ursprünglichen Sitz im Leben und in der Geschichte nahe steht.

Auf Grund solcher Voraussetzungen, glaube ich, bestehen keine schwerwiegenden Argumente gegen die Vermutung, daß im Dtr-Werk die komplizierteren Opfervorstellungen, welche außerdem die Kenntnis der kultischen Vorschriften in Lev vorauszusetzen scheinen, wahrscheinlich an Stellen angetroffen werden, die spätere Texteinschübe darstellen. Sollte diese Ansicht richtig sein, dann liegt der Schluß nahe, nur solche Stellen als echtes dtr Gut anzusehen, in welchen die שְׁלָמִים noch nicht als spezifische Opferhandlung aufgefaßt werden. Man darf vielleicht hier auch Aussagen einschließen, in denen die שְׁלָמִים zwar als Opfer verstanden werden könnten, sonst aber gemeinsam mit ihnen nur noch die עֹלוֹת als kultische Begehung erwähnt werden. Als sekundäre Stücke würden dann vermutlich Jos 22 23. 27 I Reg 8 64 und I Reg 9 25 zu bezeichnen sein.

Dieses Ergebnis wird zum Teil durch literarkritische Studien gestützt. Obwohl ihr Ausgangspunkt und ihre Kriterien andere sind als diejenigen, die in den vorausgegangenen Abschnitten der hier vorliegenden Untersuchung angewandt wurden, kommen sie zu dem Schluß, daß zumindest einige der hier ausgesonderten Stellen als sekundär anzusprechen sind. Für Jos 22 23. 27 besteht in dieser Hinsicht fast allgemeine Übereinstimmung[13]. In einigen Studien wird auch I Reg 9 25 als sekundär aufgefaßt[14], während I Reg 8 64 als dtr angesehen wird.

---

[13] Vgl. z. B. O. Eißfeldt, Einleitung in das AT, 1964³, 335; A. Bentzen, Introduction to the Old Testament, II 1961⁶, 23; M. Noth, Das Buch Josua, HAT I 7, 1938, 103; M. Noth, ÜSt, 45. 190.

[14] So z. B. M. Noth, ÜSt, 71, während R. H. Pfeiffer, Introduction to the Old Testament, 1948, 386f. annimmt, daß diese Stelle dem »author of Kings« zuzurechnen ist.

Wenn man in Erwägung zieht, was bisher in unseren Untersuchungen dargestellt wurde, dann scheint es möglich zu sein, auch I Reg 8 64 als einen späteren redaktionellen Einschub anzusehen. Ich sehe mich zu dieser Vermutung veranlaßt, weil uns das Dtr-Werk auf Grund seines Gebrauches des Terminus שְׁלָמִים die Möglichkeit zu geben scheint, verschiedene miteinander verbundene Überlieferungskomplexe zu unterscheiden. Man könnte sogar annehmen, daß diese Komplexe in gewisser Weise eine Entwicklungslinie aufzeigen. Sollte I Reg 8 64 als echtes dtr Gut angesehen werden müssen, dann würde nicht nur diese Linie gestört sein, sondern der Unterschied in bezug auf die verschiedenen Überlieferungen nicht mehr deutlich gemacht werden können. Es dürfte außerdem schwer einzusehen sein, warum der Dtr, der mit Ausnahme von II Reg 16 13 nirgends auf andere kultische Begehungen als die שְׁלָמִים und die עֹלוֹת hinweist[15], plötzlich an dieser Stelle von der מִנְחָה und den Fettstücken der שְׁלָמִים spricht — wobei im letzten Fall Kenntnis des Rituals von Lev 3 vorauszusetzen ist —, während er bei allen anderen Gelegenheiten niemals ähnliche Aussagen macht[16].

b. Der Dtr und die שְׁלָמִים

Nach allen bisher in unserer Studie vorgelegten Untersuchungen hat es bei oberflächlicher Betrachtung den Anschein, als ob die erzielten Ergebnisse es uns nicht ermöglichen, ein einheitliches Bild der שְׁלָמִים zu gewinnen, selbst dann nicht, wenn einige der besprochenen Stellen als sekundär betrachtet werden. Eine eingehendere Analyse des Befundes bestätigt jedoch einen solchen Eindruck nicht, sondern legt die Vermutung nahe, daß bei den Aussagen über diese kultische Begehung zwei verschiedene Auffassungen vorliegen: einmal ein sakramentales Verständnis, durch welches der Charakter eines Kultmahles hervorgehoben wird; zweitens sakrifizielle Vorstellungen, auf Grund derer die שְׁלָמִים als eine spezifische Opferart verstanden worden sind[17]. Beide Verstehensbereiche bedürfen genauerer Ausführungen.

(1) Vermutliche Reste alter amphiktyonischer Überlieferungen
(a) Sakramentale Aspekte des Kultus der Amphiktyonie: Wenn M. Noths Annahme zutreffen sollte, daß Dtn 27 2ff. ein Abschnitt ist,

---

[15] Zur begründeten Vermutung der Echtheit dieser Stelle s. u. 239f.

[16] M. Noth a. a. O. 5f., hat selbst darauf verwiesen, daß in I Reg 8 »alles positive kultische Interesse« fehle. Wenn diese Annahme zutreffen sollte, dann erscheint I Reg 8 64 problematisch, denn in diesem Vers tritt ein positives Interesse am Kultus in Erscheinung, weshalb er wahrscheinlich als ein späterer Einschub anzusehen ist. Eine solche Vermutung liegt auch im Hinblick auf I Reg 9 25 nahe, eine Stelle, die mit Sicherheit als sekundär angesprochen werden kann, jedoch I Reg 8 64 notwendig voraussetzt, da sie sonst ohne Anknüpfungspunkt sein würde.

[17] Zu dem Verständnis der Begriffe »sakramental« und »sakrifiziell« vgl. E. O. James, Sacrifice and Sacrament, 1962. 13f. 232ff.

welchen der Dtr im Rahmenwerk des dtn Gesetzes vorgefunden hat[18], und wenn darin möglicherweise Überlieferungen des alten Amphiktyoniekultes enthalten sind[19], dann liegt es nahe, hier die Stelle zu sehen, aus der sich Einsichten in die Vorstellungen des Dtr über diesen Kult gewinnen lassen. Es könnte sogar vermutet werden, daß der Dtr durch die Einfügung alter kultischer Traditionen in Dtn 27 2ff. zeigen wollte, wo sie seiner Meinung nach ihren historischen Sitz gehabt haben. Offenbar sind sie dem Altargesetz in Ex 20 24-25 angeglichen worden, welches Zustände widerspiegelt, die wahrscheinlich als charakteristisch für die Verhältnisse während der Landnahmezeit anzunehmen sind[20].

Die Möglichkeit, daß dieser Sachverhalt für Dtn 27 1-10 vorauszusetzen ist, muß ernsthaft erwogen werden, denn er läßt sich in verschiedener Weise stützen: Erstens findet sich dieser Abschnitt unmittelbar nach dem Abschluß des dtn Gesetzes in Dtn 26 19 und vor der Fluchzeremonie in Dtn 27 15ff., die auf dem Berg Ebal stattfindet; zweitens ist Dtn 27 1-10 in einer Weise formuliert, die an einen Bundesschluß erinnert. Schließlich muß hier auch Jos 8 30-35 auf Grund seines Überlieferungszusammenhanges genannt werden. Die letzte Feststellung bedarf jedoch weiterer ergänzender Ausführungen:

M. Noth hat die Ansicht vertreten, daß die Überlieferungen in Jos 2—9 auf eine Reihe ätiologischer Sagen zurückgehen, welche erst später sekundär mit der Person Josuas und den beiden Heldenerzählungen Jos 10—11 verbunden worden ist[21]. Wenn dieser überlieferungsgeschichtliche Zusammenhang zutreffen sollte, dann dürfte damit eine Erklärung möglich sein, weshalb der Dtr die Abschnitte Dtn 27 1-10, die mosaische Forderung der Einrichtung des Kultus, und Jos 8 30-35, den Bericht über die erste Ausführung dieser Kulthandlungen, in sein Werk eingefügt hat. Es ergäbe sich damit die sinnvolle Annahme, daß der Dtr zum Ausdruck bringen wollte, der Kult habe nicht vor der Beendigung der Landnahme der einzelnen Stämme begonnen, und der erste Ort, an welchem eine Kulthandlung stattfand, war, wie aus Jos 8 30-35 zu ersehen ist, seiner Meinung nach der Berg Ebal. Er konnte dort inauguriert werden, weil in Dtn 27 5-7 bereits eine Vorschrift von Mose über seine Begehung vorlag.

Die Überlieferungen in Jos 2—8 scheinen derartige Erwägungen zu bestätigen, denn in Jos 8 29 kommt zum Ausdruck, daß die Landnahme der Stämme faktisch ihren Abschluß erreicht hat. Mit der Besitzergreifung des verheißenen Landes bietet sich für Israel auch die Gelegenheit, den Kultus zu beginnen. Die Erzählungen in Jos 9 stehen dieser hier vorgetragenen Anschauung keineswegs entgegen,

---

[18] M. Noth a. a. O. 43.
[19] Vgl. M. Noth, GI⁴, 96.
[20] M. Noth, Das Zweite Buch Mose, ATD 5, 1959, 142.
[21] M. Noth, Das Buch Josua, HAT I 7, 1938, XI.

weil aus ihnen hervorgeht, daß sich die Gibeoniten den israelitischen Eroberern in einer eigenartigen Weise unterworfen haben, anstatt den Kampf mit ihnen aufzunehmen. Durch eine List gelingt es ihnen, auf Grund eines Bundesschlusses mit Josua und den Ältesten in ein Dienstverhältnis zu Israel zu treten und damit ihrer Ausrottung durch das israelitische Volk zu entgehen.

Im Hinblick auf diese Erwägungen könnte man vermuten, daß dem Dtr nur zwei Traditionen über den Kult der Amphiktyonie bekannt gewesen sind: eine, in der es sich um den Altarbau für die Opferung der עֹלָה handelte, und eine weitere, die das Schlachten und Essen der שְׁלָמִים vor Jahwe, לִפְנֵי יהוה, forderte, eine Angelegenheit, die nach Dtn 27 5-7 Anlaß zur Fröhlichkeit des Gottesvolkes sein sollte, d. h. diese einzelnen Elemente des Kultes stellten offenbar den eigentlichen Opferakt dar: die עֹלָה, welche von einem kultischen Mahl, das שְׁלָמִים genannt wurde, begleitet war. Es ergibt sich also der Eindruck, daß in diesem Falle die שְׁלָמִים als eine kultische Begehung aufgefaßt worden sind, die deutlich *sakramentalen* Charakter hat.

(b) Aussagen, die eine Kenntnis des amphiktyonischen Kultes vermuten lassen: Sehen wir uns auf Grund der im vorhergehenden Abschnitt gemachten Beobachtungen die Stellen über die שְׁלָמִים im Dtr-Werk von neuem an, so scheinen in einer Reihe von ihnen sakramentale Züge erkennbar zu sein. Sie liegen gewiß in I Reg 3 15 vor, wo zuerst einzelne Opferdarbringungen König Salomos erwähnt werden, auf welche ein Fest des Königs für seine Bediensteten folgt, in dessen Zusammenhang die שְׁלָמִים genannt werden. Weiterhin gehören hierher Berichte über kultische Begehungen, bei welchen nur שְׁלָמִים geschlachtet, aber keine Brandopfer dargebracht werden, wie im Falle der Freudenmahle in I Sam 11 15 nach Sauls Sieg über die Ammoniter und in I Reg 8 63 anläßlich der Einweihung des Tempels.

Sakramentale Züge können ebenfalls für den Hintergrund solcher Stellen wie Jos 8 31 I Sam 10 8 und 13 9 vermutet werden, denn bei ihnen allen handelt es sich um das Schlachten der שְׁלָמִים in Verbindung mit einem Brandopfer. Auch wenn hierbei nicht ausdrücklich vermerkt wird, daß das Volk essen und fröhlich sein möge, dürfte auf diesen Sachverhalt insofern geschlossen werden, als nach Ansicht des Dtr jede Kultmahlzeit ein frohes Ereignis für Israel sein soll.

Diese bisherigen Betrachtungen haben nach meinem Dafürhalten einen Aspekt der Auffassung über die kultische Gottesverehrung eröffnet, welchen der Dtr, wenn man von dem Bundeserneuerungsfest absieht, als ideale Kultvorstellung gehabt haben mochte.

(c) Aussagen über andere kultische Aspekte beim Dtr: Eine Untersuchung der dtr Stellen über die שְׁלָמִים führt zu dem Schluß, daß der Dtr Kenntnis von Überlieferungen bezüglich des israelitischen Kultus

der frühen Periode gehabt haben muß, aus denen sich bestimmte Merkmale kultischer Begehung erschließen lassen, die bisher unerwähnt geblieben sind. Durch diese Aussagen wird entweder der sakramentale Inhalt bereits untersuchter Stellen erläutert bzw. erweitert oder in noch nicht betrachteten Belegen umgeformt und mit neuem Gehalt gefüllt.

Bei den Erläuterungen hat man den Eindruck, daß sie die kultische Begehung der שְׁלָמִים mit Vorgängen in Verbindung bringen, die an eine Art Bundeserneuerungsfest erinnern, für welches in Jos 8 30-35 eine kurze Zusammenfassung vorzuliegen scheint[22]. In dieser Hinsicht kann auf die Erwähnung der Bundeslade in Jos 8 31 II Sam 6 17-18 und I Reg 3 15, auf die Einholung eines Gottesentscheides in Jdc 20 26 21 4 und vielleicht auch in Jos 8 30-35 sowie I Sam 10 8 aufmerksam gemacht werden. Ferner sind der Hinweis in Jos 8 31, daß bei einer solchen kultischen Begehung alle führenden Vertreter des Volkes zugegen waren, und Aussagen über die Teilnahme des ganzen Volkes an der Kulthandlung zu erwähnen, z. B. Jos 8 31 Jdc 20 26 21 4 und I Sam 11 15, eine Vorstellung, die auch im Hintergrund von I Reg 8 63 und I Sam 10 8 stehen könnte.

Verschiedene Male wird vorausgesetzt, daß ein Altar bereits vorhanden ist. Wahrscheinlich deutet dies auf eine Phase innerhalb der amphiktyonischen Periode hin, in welcher ein Zentralheiligtum der Stämme an einem bestimmten Ort bestanden hat. Aber es finden sich auch Stellen, aus denen hervorgeht, daß dies nicht immer zutraf. In solchen Fällen, wie in Jos 8 30 und Jdc 21 4, mußten die Kultteilnehmer erst einen Altar bauen, ehe der eigentliche Kultakt beginnen konnte. In II Sam 24 25 läßt der König einen Altar errichten, um Opfer darbringen zu können. Hierbei handelt es sich um einen Beleg, aus dem sich ein späteres Stadium des Kultus erkennen läßt, weshalb die Überlieferung in der Form einer Legende eingeführt wird.

Auch für die Brandopfer finden sich erläuternde Bemerkungen: Ihre Darbringung wird vom Volk selbst ausgeführt, Dtn 27 6 Jos 8 31 Jdc 20 26 21 4 oder durch eine besonders ausgezeichnete Person, z. B. den Gottesmann Samuel I Sam 10 8 bzw. den König, wobei Saul (I Sam 13 9), David (II Sam 6 17-18) und Salomo (I Reg 8 63) erwähnt werden.

Als Erweiterungen könnte man Äußerungen über bestimmte kultische Bräuche ansehen, die den Charakter der in Dtn 27 1-10 beschriebenen Begehung zwar nicht grundsätzlich verändern, aber

---

[22] Zum Bundeserneuerungsfest vgl. A. Alt, Die Ursprünge des israelitischen Rechts, in: Kl. Schr., I 1953, 324 ff.; H. W. Hertzberg, Die Bücher Josua, Richter und Ruth, ATD 9, 1953, 136; H.-J. Kraus, Gottesdienst in Israel, 1954, 49 ff.; M. Noth, Das Buch Josua, HAT I 7, 1938, 101 ff.; G. v. Rad, Das formgeschichtliche Problem des Hexateuch, in: Ges. St., 1958, 42 ff.

doch Elemente in den Kult einführen, die ursprünglich vermutlich nicht dazu gehört haben. Es sind entweder Handlungen, die dem eigentlichem Kultakt unmittelbar vorausgehen, wie Weinen und Wehklagen in Jdc 21 4 und Weinen und Fasten in Jdc 20 26, oder es ist eine bestimmte Wartezeit, welcher sich eine Person unterziehen muß, ehe die kultische Begehung stattfinden kann, I Sam 10 8.

(d) Zusammenfassung: Wenn wir das gesamte Material überblicken, welches in diesem Abschnitt untersucht worden ist, dann scheint der Schluß nahe zu liegen, daß an einigen Stellen, z. B. Dtn 27 1-10 und Jos 8 30-35, Überlieferungen erhalten geblieben sind, die möglicherweise Einblick in einige Aspekte des amphiktyonischen Kultes gewähren. Sie haben vielleicht sogar ihren Sitz in diesem Kult. Die anderen Stellen erwecken wenigstens den Eindruck, als ob ein Wissen um einige solche charakteristischen Kultelemente vorliegt, obgleich sie in Verbindung mit kultischen Vorstellungen gebracht werden, die von einer Auffassung über die Begehung der שְׁלָמִים, wie sie vermutlicherweise während der Zeit der Amphiktyonie durchgeführt wurde, abweichen. Beispiele hierfür sind Jdc 20 26 21 4 I Sam 10 8 11 15 13 9 I Reg 3 15 und 8 63. Wesentlich ist, daß in all diesen Stellen die שְׁלָמִים als eine kultische Begehung angesehen werden, an welcher sich z. T. noch sakramentale Vorstellungen beobachten lassen.

(2) Vermutliche Anzeichen für Elemente einer nicht-amphiktyonischen Kultüberlieferung

(a) Allgemeine Aspekte des Kultes der שְׁלָמִים *beim Dtr:* Die Ergebnisse der im vorausgegangenen Abschnitt durchgeführten Untersuchung stellen lediglich *einen* Aspekt der dtr Auffassung der kultischen Begehung dar, die mit dem Terminus שְׁלָמִים bezeichnet wird. Es handelt sich dabei um eine Idealvorstellung, welche in den meisten Belegen nicht rein in Erscheinung trat, weil sich neben sakramentalen kultischen Merkmalen auch sakrifizielle erkennen ließen. Dieses Problem muß im folgenden noch genauer untersucht werden.

Die Beschreibungen der kultischen Begehungen in einer Reihe der bereits erwähnten Stellen des Nomens lassen verschiedene kultische Elemente erkennen, die nicht von Überlieferungen abgeleitet werden können, wie sie als Grundlage für Dtn 27 1-10 vermutet wurden. Sie verändern sogar die angenommene Idealvorstellung über den Kultakt derartig, daß die sakramentalen Merkmale nur noch andeutungsweise vorhanden sind. In solchen Fällen werden die שְׁלָמִים in erster Linie als Opfer aufgefaßt. Sie sind hier Objekte des Verbums הֶעֱלָה (hi.), welches als Terminus der Opfersprache in den bisher besprochenen Belegen im Zusammenhang mit der עֹלָה gebraucht wurde. Dieser Sachverhalt liegt in Jdc 20 26 21 4 vor, wo der Kultakt in Verbindung mit dem Heiligtum von Bethel gebracht wird, ebenso in II Sam

6 17-18 24 25, in Stellen über David und Jerusalem, in welchen David gewissermaßen priesterliche Funktionen zugeschrieben werden. Es ist jedoch bemerkenswert, daß in Äußerungen über den Kult im Heiligtum von Gilgal kein sakrifizielles Verständnis für die שְׁלָמִים zu erkennen ist.

Vielleicht liegt auch bei dem Gebrauch unseres Kultterminus in I Reg 3 15, der weiter oben als hauptsächlich sakramental bezeichnet wurde, eine überwiegende sakrifizielle Auffassung vor[23]. Die jetzige Textform im MT läßt jedoch keine sichere Entscheidung zu, welcher der beiden Vorstellungen der Vorzug zu geben ist. Meiner Meinung nach liegt in diesem Fall die Betonung auf dem sakramentalen Verständnis, denn bei der Mitteilung über die gesamte Kulthandlung ist zwar die עֹלָה mit dem hi. הֶעֱלָה verbunden, bei den שְׁלָמִים wird jedoch das Verbum עָשָׂה gebraucht, und der Schluß in v. 15, selbst wenn er eine Glosse sein sollte, zeigt deutlich, daß עָשָׂה hier »etwas für jemanden veranstalten« bedeutet.

Der sakrifizielle Charakter der שְׁלָמִים erscheint ganz ausgesprochen in Jos 22 23. 27 I Reg 8 64 und 9 25, d. h. an Stellen, welche als spätere Zusätze zum Dtr-Werk angenommen wurden. In ihnen findet sich der Terminus niemals allein, sondern stets am Ende einer Aufzählung verschiedener Opferbezeichnungen.

(b) II Reg 16 13: Die Stelle bedarf einer genaueren Besprechung, da sie uns vielleicht Einsicht darüber vermitteln kann, welche Auffassung der Dtr vom israelitischen Kultus und insbesondere von den שְׁלָמִים hatte. Ihr Inhalt stellt die genaue Beschreibung einer Kulthandlung dar, die offenbar in einer Weise durchgeführt wurde, welche in Israel und Juda unbekannt war.

Dieses Argument läßt sich durch die Annahme stützen, daß hier wahrscheinlich Elemente und Handlungen einer kultischen Begehung erwähnt werden, die ihren Ursprung im assyrischen Kultus haben dürften: Es wird über König Ahas von Juda in v. 10 berichtet, er habe vor dem assyrischen Großkönig Tiglatpileser in Damaskus erscheinen müssen und von dort aus Anweisungen für die Errichtung eines neuen Altars im Jerusalemer Tempel gegeben. Es handelt sich wahrscheinlich um einen Altar, welcher nach assyrischem Muster gebaut wurde[24].

Ob, historisch gesehen, in diesem Fall wirklich ein Altar errichtet wurde, braucht uns nicht weiter zu beschäftigen. Für unsere Belange ist jedoch die Mitteilung über die Art und Weise wichtig, in welcher der König den Kultakt vollzieht und welchen einzelnen Elementen dabei Bedeutung beigemessen wird. Aus ihr ersehen wir, daß Ahas je

---

[23] S. o. 236.
[24] Vgl. K. Galling, Art. Altar II, RGG³, I 252.

eine עֹלָה und מִנְחָה als Opfer darbringt, ein נֶסֶךְ ausgießt und das Blut der שְׁלָמִים auf den Altar sprengt. Interessanterweise wird eine solche kultische Begehung vom Dtr offenbar nicht als legitimer Kult in Israel angesehen, wie aus seinem Gebrauch des Verbums קָטַר an der Stelle hervorgeht[25], während er sonst für die Durchführung des eigentlichen Opferaktes stets das Verbum הֶעֱלָה verwendet.

Da wir an keiner anderen Stelle im Dtr-Werk von einer Sprengung des Blutes auf den Altar im Zusammenhang mit den שְׁלָמִים hören und auch nirgends das Verbum קָטַר in dieser Verbindung antreffen, müssen wir vielleicht mit der Möglichkeit rechnen, daß eine rein sakrifizielle Auffassung der hier besprochenen Kulthandlung vom Dtr zurückgewiesen wird. Sollte diese Annahme zutreffen, so dürfte Stellen wie Dtn 27 6-7 erhebliche Bedeutung für die Erschließung des Verständnisses zukommen, das der Dtr von den שְׁלָמִים gehabt hat. Da ferner eine Sprengung des Blutes rings um den Altar in dem priesterlichen Ritual für die שְׁלָמִים in Lev 3 2. 8. 13 erwähnt wird, könnte man fragen, ob vielleicht bei der Durchführung der שְׁלָמִים dieses Element in den Kultus zu jener Zeit eingeführt worden sei und ob wir deshalb in II Reg 16 10ff. möglicherweise auf eine Polemik des Dtr gegen priesterliche Kreise des Jerusalemer Heiligtums stoßen. Diese Frage bedarf jedoch eines gesonderten Studiums und kann im Rahmen der hier unternommenen Untersuchung nicht weiter verfolgt werden.

(3) Der Dtr und die Traditionen über die שְׁלָמִים

Unsere Untersuchung hat zwar bis jetzt verschiedene Aspekte der שְׁלָמִים erkennen lassen, uns aber keine genaue Einsicht in die Anschauungen gewährt, welche der Dtr selbst von dieser kultischen Begehung hatte. Außerdem bedarf es weiterer Klärung für die Frage, in welcher Beziehung Kultakt und Überlieferung im Dtr-Werk stehen. Beiden Problemen soll im folgenden unsere Aufmerksamkeit gewidmet werden.

(a) Amphiktyonische Periode: Nach Dtn 27 1-10 und Jos 8 30-35 scheinen sowohl das dtn Gesetz als auch der Dtr den Ursprung des israelitischen Kultus und damit auch der שְׁלָמִים in der nomadischen Periode und zu Beginn der Landnahmezeit Israels gesucht zu haben, aber es war ihnen vermutlich nicht möglich, genaue Informationen darüber zu erlangen. Man könnte zu der Annahme neigen, daß den Kreisen, welche hinter dem Dtr-Werk stehen, vielleicht Überlieferungen hinsichtlich des Kultes der Amphiktyonie bekannt waren, aus denen für diese früheste Zeit Israels geschlossen werden konnte, daß sowohl Brandopfer als auch שְׁלָמִים von Bedeutung für die kultischen Begehungen gewesen seien. Außerdem scheint noch ein Wissen

---

[25] Vgl. KB 836a.

über eine Beziehung zwischen שְׁלָמִים und kultischen Mahlzeiten vorhanden gewesen zu sein.

Andererseits gewinnt man den Eindruck, daß weder das dtn Gesetz noch der Dtr eine genaue Kenntnis der tatsächlichen Funktion und Bedeutung der beiden kultischen Begehungen hatten. Sie wußten möglicherweise nur von irgendeiner Beziehung beider Kultakte zueinander und zu der Versammlung der Stämme an ihrem Zentralheiligtum. Es kann nicht mehr genau in Erfahrung gebracht werden, ob diesen Kulthandlungen bei solchen Gelegenheiten große Bedeutung beigemessen wurde, da man nur als verhältnismäßig sicher annehmen kann, daß die Hauptelemente des amphiktyonischen Kultus nicht Opfer und Kultmahlzeiten waren, sondern »Festsetzung von Satzung und Recht«, »Verlesung der Gesetzesworte«, »feierliches Aussprechen von Segen und Fluch« und der »Bundesschluß zwischen Gott und Volk«[26]. Man darf sich vielleicht noch vorstellen, es könnte auch ein Mahl stattgefunden haben, durch welches Gemeinschaft zwischen den Bundesteilnehmern hergestellt wurde. Diese Vermutung liegt auf Grund von Ex 24 9-11, einer der ältesten Überlieferungen des AT, nahe, weil hier die Bundesschlußzeremonie nur mit einem Mahl und nicht mit Brandopfern in Verbindung gebracht wird[27].

Derartige Vorstellungen sind nicht zu beweisen. Sie würden aber, sollten sie zutreffen, zu der Annahme führen, daß der älteste Kultakt, der die Zeremonie der Bundesschließung begleitete, nicht ein Opfer, sondern die kultische Begehung eines Mahles gewesen sein dürfte, durch welches vielleicht *Gemeinschaft* zwischen der Gottheit und ihren Verehrern gestiftet wurde.

Auf weniger hypothetischem Grund befinden wir uns, wenn wir uns der späteren Zeit der Amphiktyonie zuwenden, in welcher zuerst Bethel und dann später Gilgal das Zentralheiligtum für den Stämmebund darstellten[28]. Dem Dtr müssen offenbar kultische Überlieferungen zugänglich gewesen sein, die mit diesen Heiligtümern verbunden waren, da er von verschiedenen an ihnen stattgefundenen kultischen Handlungen berichtet. Er scheint von ihnen auch deutlichere Vorstellungen als von dem Kultus zur Zeit der Landnahme gehabt zu haben, wie sich aus einer Anzahl charakteristischer Einzelzüge im überlieferten Material erschließen läßt. Sie vermitteln den Eindruck, daß den שְׁלָמִים kein einheitlicher Charakter zu eigen war. An keiner einzigen Stelle werden sie in diesem Zusammenhang zum Bundeserneuerungsfest in Beziehung gesetzt. In den meisten der betreffenden Stellen tritt vor allem ein Aspekt deutlich in Erscheinung: Die שְׁלָמִים sind eine kultische Begehung, die einen feierlichen Charakter hat und

---

[26] M. Noth, GI[4], 96f.

[27] S. u. 284.

[28] Vgl. M. Noth a. a. O. 91f.

in kritischen Zeiten stattfindet. Auf diese Weise werden sie sowohl zuerst in Bethel durchgeführt, Jdc 20 26 21 4, als auch später in Gilgal, I Sam 10 8 13 9. Sie scheinen ein Teil eines größeren kultischen Aktes gewesen zu sein, in welchem Brandopfer dargebracht wurden, denen ein kultisches Mahl folgte.

Außerdem dürften die שְׁלָמִים noch in einer anderen Weise verstanden worden sein, wie sich aus I Sam 11 15 erkennen läßt. Aus dieser Stelle erfahren wir, daß sie bei bestimmten Gelegenheiten, z. B. anläßlich der Königswahl, ein frohes Ereignis darstellten. Sie erwecken hier eher den Eindruck eines festlichen Mahles als den eines Opfers. Der gleiche Gesichtspunkt läßt sich durch die Tatsache stützen, daß in solchen Fällen offenbar kein Brandopfer dargebracht wurde. Man könnte deshalb diese Form der kultischen Begehung als Hintergrund für die in Dtn 27 7 getroffene Feststellung vermuten, daß Israel die שְׁלָמִים schlachten und essen und freudig vor Jahwe sein soll. Eine derartige Annahme ist lediglich eine Hypothese, die sich nicht beweisen läßt.

Überblicken wir die einzelnen dtr Aussagen über die שְׁלָמִים, welche sich auf die amphiktyonische Zeit beziehen, dann scheint in ihnen allen die Vorstellung der *Gemeinschaft* im Vordergrund zu stehen: Entweder sind die Teilnehmer des Mahles das ganze Volk Israel, wie in Jdc 20 26 21 4, oder König und Volk, wie in I Sam 10 8 11 15 und 13 9. Dabei hat es keine Bedeutung, ob die kultische Begehung als Opferhandlung aufgefaßt wird oder nicht.

(b) Der Tempel in Jerusalem: Kultische Überlieferungen vom Jerusalemer Heiligtum, welche der Dtr kannte und in seinem Werk mitteilte, bringen eine Vorstellung von den שְׁלָמִים zum Ausdruck, die erheblich von der im vorausgegangenen Abschnitt dargestellten Auffassung abweicht. Es ist denkbar, daß wir hier auf Elemente stoßen, die ihren Ursprung im kanaanäischen Gottesdienst haben und in den Kultus des neu gegründeten Königsheiligtums aufgenommen worden sind. Wie dem auch sei, ein Aspekt kann an allen hier in Frage kommenden Stellen deutlich erkannt werden: Die שְׁלָמִים sind eindeutig als spezifische Opfer verstanden, wie sich aus II Sam 6 17-18 24 25 und II Reg 16 13 erschließen läßt.

Ein weiterer Nachweis für diese Veränderung in der Auffassung der שְׁלָמִים ist die Form, in welcher das Mahl stattfindet. Es ist nicht mehr eine gemeinschaftliche Angelegenheit aller Israeliten, sondern es wird ein Unterschied zwischen dem König und dem Volk gemacht, wie aus II Sam 6 17-18 I Reg 3 15 und 8 63 zu ersehen ist. Der König nimmt jetzt nicht mehr als gleichwertiges Glied an der Mahlgemeinschaft teil, sondern ermöglicht sie durch seine Gaben für seine Untertanen, das

Gesinde des Königs, I Reg 3 15, oder die כָּל־הֲמוֹן יִשְׂרָאֵל, d. h. die Menge des Volkes Israel[29], II Sam 6 19.

Über den freudigen Charakter der kultischen Begehung hören wir wenig, aber wenigstens zur Zeit Davids und Salomos scheint er noch nicht völlig verloren gegangen zu sein, wie die einzelnen Situationen erkennen lassen, die in II Sam 6 17-18 I Reg 3 15 und 8 63 geschildert werden. Bei ihnen allen handelt es sich um eine Festlichkeit. Dieses Merkmal tritt jedoch nicht mehr in II Reg 16 13 in Erscheinung, der letzten Stelle im Dtr-Werk, in welcher eine Aussage über die שְׁלָמִים gemacht wird. Hier sind sie weder mit dem Mahl einer Gemeinschaft noch mit einer vom König veranlaßten Speisung der Bevölkerung verbunden, denen jeweils eine Darbringung der Brandopfer und Schlachttung der Tiere vorausgehen. Zwar haben sich die Brandopfer und die שְׁלָמִים erhalten, aber sie werden im Zusammenhang mit anderen Opfern wie מִנְחָה und נֶסֶךְ dargebracht, wobei der König nun die Rolle des Priesters innehat. Es entsteht durchaus der Eindruck, daß ein fremdes Element Eingang in den israelitischen Kultus gefunden hat, dessen Spuren vielleicht in der nachexilischen Zeit erhalten geblieben sind. Obwohl diese Vermutung nicht bewiesen werden kann, scheint sie doch nicht völlig abwegig zu sein. Zwei Argumente können in dieser Hinsicht vorgebracht werden: Einmal enthalten die priesterlichen Rituale alle hier erwähnten Kulthandlungen und haben sogar im Falle der שְׁלָמִים in Lev 3 sakrifizielle Züge bewahrt, die nirgendwo anders im Dtr-Werk gefunden werden; zweitens scheint der Dtr diese neu eingeführte kultische Begehung als illegitim anzusehen[30]. Es ist aufschlußreich, daß er sie an keiner weiteren Stelle seines Werkes erwähnt, obgleich sich genug Gelegenheiten in diesem Fall geboten hätten, z. B. in Verbindung mit dem Passa, das II Reg 23 21-23 von König Josia wieder eingeführt wurde.

(c) Abschließende Erwägungen: Fragen wir uns zum Schluß unserer Untersuchung, welches Verständnis der Dtr selbst von der Durchführung und der Bedeutung der שְׁלָמִים hatte, dann können wir keine genaue Antwort geben, denn er zeigt uns kein einheitliches Bild. Man gewinnt den Eindruck, daß er eine ziemlich undeutliche Vorstellung davon hatte, was sie ideal darstellten. Überlieferungen über die kultische Begehung, die Ähnlichkeit mit seiner Idealvorstellung aufwiesen, hat er vermutlich in sein Werk aufgenommen. Als einziges hervorstehendes Merkmal läßt sich erkennen, daß die שְׁלָמִים fast ausschließlich Teil eines größeren Kultaktes gewesen sein müssen, bei dem die Brandopfer eine bedeutende Rolle spielten. Welche spezifische kultische Funktion sie außerdem noch gehabt haben und welche

---

[29] KB 237a.
[30] S. o. 240.

16*

Bedeutung ihnen als Opfer zukam, läßt sich an keiner Stelle des Dtr-Werkes genau erschließen. Dieser Sachverhalt ermöglicht es uns deshalb nicht, eine klare Entscheidung über die Bedeutung des hier untersuchten Kultterminus zu fällen.

Auf Grund solcher Gegebenheiten scheint die Annahme gerechtfertigt zu sein, daß keiner der einzelnen Aspekte, die in der vorausgegangenen Untersuchung dargestellt wurden, dem Dtr aus eigener Anschauung bekannt gewesen ist. Wahrscheinlich sind zu seiner Zeit die שְׁלָמִים nicht durchgeführt worden. Er muß jedoch Zugang zu verschiedenen kultischen Überlieferungen sowohl von der Amphiktyonie als auch von einigen Heiligtümern wie Bethel, Gilgal oder Jerusalem gehabt haben, weil er sie in sein Werk aufnahm.

Bezüglich des Bedeutungsgehaltes, welchen der Dtr unserem Kultterminus beigemessen haben könnte, darf man zumindest annehmen, daß ihm der Gedanke einer Befriedigung oder Bezahlung Gottes fern lag, denn eine solche Ansicht läßt sich mit dem theologischen Denken des Dtr nicht vereinbaren. Sie würde außerdem eine priesterliche Denkweise zur Voraussetzung haben, die dem Dtr völlig fremd war. Eher würde die Vorstellung der *Gemeinschaft* und besonders der *Gottesgemeinschaft* in Frage kommen, die mit dem Bundesgedanken in einer nicht näher zu ermittelnden Beziehung steht. Mit dieser Vermutung wird man sich wahrscheinlich vorerst begnügen müssen.

2. Die שְׁלָמִים im Chr-Werk

Der Chr berichtet in seinem Werk verschiedene Male über kultische Begehungen, in denen er auch die שְׁלָמִים erwähnt. Obwohl er Vorlagen des Dtr-Werkes in den Büchern der Chronik benutzt hat, unterscheidet sich die Tendenz seines Werkes wesentlich von der des Dtr. Der Chr wollte zeigen, daß der Tempel in Jerusalem die einzig legitime Kultstätte für Israel sei und die Jerusalemer Kultgemeinde als die Nachfolgerin des wahren Volkes Israel verstanden werden sollte[31]. Dieses Anliegen läßt sich auch aus seinen Vorstellungen über die שְׁלָמִים erkennen.

Charakteristisch für eine solche Anschauung ist die Tatsache, daß kein Versuch unternommen wird, aufzuzeigen, woher die שְׁלָמִים ihren Ursprung nahmen. Es wird einfach vorausgesetzt, daß ihre jetzige Form der Durchführung von jeher im Jerusalemer Heiligtum stattgefunden habe. Schon an der ersten Stelle, in welcher die שְׁלָמִים in Verbindung mit David Erwähnung finden, werden sie eindeutig als Opfer verstanden. Einzelinformationen über sie gibt uns der Chr vor allem in seinen Erzählungen über die Wiederherstellung des Jerusalemer Tempelkultes.

---

[31] Vgl. M. Noth, ÜSt, 174.

An allen Stellen des Chr-Werkes tritt bei der Verwendung unseres Kultterminus ein Merkmal hervor: Die Uneinheitlichkeit des kultischen Verständnisses, welche sich im Dtr-Werk zeigte, ist nicht mehr vorhanden. Soweit sich kultische Vorstellungen des Chr erschließen lassen, beruht die darin in Erscheinung tretende Denkweise auf Anschauungen, die wahrscheinlich Kenntnis der endgültigen Form des Pentateuch, d. h. der Redaktion von P, voraussetzen und eine einheitliche Auffassung der שְׁלָמִים erkennen lassen[32].

Eine ähnliche Beobachtung kann im Hinblick auf die überlieferungsgeschichtlichen Probleme im Zusammenhang mit den שְׁלָמִים gemacht werden. Die Schwierigkeiten, in die der Dtr deshalb geraten war, weil er durch seine Kenntnis verschiedener Überlieferungen kultischer Begehungen alles über sie mitteilt, ohne über ein Kriterium für ihre Bewertung zu verfügen, vermeidet der Chr, indem er alles wegläßt, was seine einheitliche Auffassung stört. Er geht dabei wahrscheinlich vom Tempelkult seiner Zeit aus und fügt aus den ihm bekannten Traditionen nur diejenigen in sein Werk ein, welche nicht im Widerspruch zu der Kultpraxis seiner Zeit standen.

Seine Äußerungen über die שְׁלָמִים lassen sich in zwei Gruppen anordnen: Eine, in welcher eine dtr Vorlage vorhanden ist, und eine, in welcher sich eigene Beiträge des Chr finden. Beide Bereiche bedürfen einer genauen Untersuchung.

a) Stellen mit einer dtr Vorlage

Das Werk des Chr ist in der nachexilischen Gemeinde in Judäa entstanden, d. h. »auf dem Boden einer festgeprägten Institution ... mit bestimmten festen Formen des Lebens und Denkens«. Er setzte voraus, daß die gleichen Formen »auch für die von ihm geschilderte Vergangenheit« gültig waren. Es braucht deshalb nicht zu verwundern, wenn für den Chr »die Elemente des inneren Gemeindelebens« der Jerusalemer Kultgemeinde »so selbstverständlich« erschienen, »daß ihm ihre geschichtliche Bedingtheit kaum vor Augen treten konnte«[33]. Folgt man dieser Feststellung M. Noths, dann sollte man Veränderungen der Vorlage im Chr-Werk erwarten. Diese Vermutung kann ohne große Schwierigkeiten als zu Recht bestehend nachgewiesen werden, wenn man die Stellen, in denen sich das Wort שְׁלָמִים findet, mit den Paralleltexten des Dtr-Werkes vergleicht.

(1) I Chr 16 1-2 / II Sam 6 17-18

Bei diesem Beleg ist die Vorlage mit wenigen Änderungen übernommen worden: Statt יהוה sagt der Chr הָאֱלֹהִים, בִּמְקוֹמוֹ läßt er aus, וַיַּעַל ersetzt er durch וַיַּקְרִיבוּ, und das Wort שְׁלָמִים, welches im Dtr-

---

[32] Genaueres zu dieser Vermutung s. u. 247. 250f. 260.
[33] M. Noth a. a. O. 162.

Werk am Ende des Satzes nachhängt, wird jetzt zusammen mit den עֹלוֹת genannt. Solche Abweichungen im Wortlaut scheinen zunächst von geringfügiger Bedeutung für den Inhalt der Stelle zu sein, denn sie straffen z. T. den Text, wie im Falle der Zusammenstellung von עֹלוֹת und שְׁלָמִים, oder sie ersetzen einen Ausdruck der alten Opfersprache durch das neue Verbum הִקְרִיב, das von P bevorzugt wird und wahrscheinlich ein allgemeiner term. techn. zur Zeit des Chr gewesen ist. Aber hierdurch tritt doch eine veränderte Auffassung des Inhaltes zutage und stützt in einem gewissen Maße die Feststellung, daß der Chr die kultischen Vorstellungen seiner Zeit auf die Zeit Davids übertragen habe[34]. Man könnte dabei auf I Chr 16 1 verweisen, wo der Chr David nicht die Brandopfer und שְׁלָמִים darbringen läßt, während dies ausdrücklich in II Sam 6 17 vermerkt ist. Unbegründet und inkonsequent fügt er (oder ein Bearbeiter?) in I Chr 16 2 hinzu, daß David es getan hat und übernimmt mit Ausnahme von צְבָאוֹת die Parallele II Sam 6 18 verbatim.

(2) I Chr 21 26 / II Sam 24 25

In v. 26a wird die Vorlage zitiert, während v. 26b von dem Chr neu gestaltet ist. Er malt auf diese Weise die Schlußszene des ganzen Abschnittes aus und bringt als Absicht der Erzählung zum Ausdruck, daß die Tenne Ornans durch göttliche Offenbarung als zukünftiger Platz des Jerusalemer Tempels erklärt wurde. Damit ist auch die Darbringung von Opfern an dieser Stelle legitim geworden, obwohl sie nach dem Aufbau der Erzählung des Chr-Werkes noch nicht die Wohnstätte Jahwes darstellt. Der Chr ging wahrscheinlich von der Annahme aus, »daß in Gibeon damals das nach der Pentateucherzählung seinerzeit von Mose in der Wüste errichtete Zelt gestanden habe (II Chr 1 2ff.), daß also bis zur Vollendung des Tempels Gibeon *das* legitime Heiligtum gewesen sei (vgl. auch I Chr 16 39)«[35]. Da aber der Chr nur eine Kultstätte als rechtmäßigen Anbetungsort Jahwes für möglich hält, ist mit der neu mitgeteilten Offenbarung in I Chr 21 26 gewiß auch der Anspruch verbunden, nur die an ihr dargebrachten Opfer seien in Zukunft als wirkliche Darbringungen für Jahwe anzunehmen.

(3) II Chr 7 4-7 / I Reg 8 62-64

Auch in diesem Abschnitt lassen sich Abweichungen von der Vorlage erkennen. Zunächst werden in v. 4 die שְׁלָמִים nicht erwähnt, obwohl dies in I Reg 8 63 der Fall ist, weiterhin wird I Reg 8 64 dahingehend in v. 7 abgeändert, daß Salomo nur Brandopfer und das Fett der שְׁלָמִים, nicht aber eine מִנְחָה darbringt, und schließlich findet sich am Ende von v. 7 in Verbindung mit dem ehernen Altar ein Hinweis auf das

---

[34] M. Noth a. a. O. 168.
[35] M. Noth a. a. O. 170f.; vgl. auch S. 137.

Opfern der עֹלָה, מִנְחָה und שְׁלָמִים, wobei jedoch die שְׁלָמִים nicht verbatim, sondern nur die Fett-Teile der Opfertiere erwähnt werden, die aber nach Lev 3 offenbar nur solche der שְׁלָמִים sein können. Der Chr scheint also an dieser Stelle eine Unterscheidung treffen zu wollen zwischen der alten Opferpraxis zur Zeit Salomos, deren Art der Durchführung er für die שְׁלָמִים nicht beschreibt, und der Praxis seiner eigenen Zeit, wo die Darbringungsweise der שְׁלָמִים genauer bezeichnet wird.

(4) Zusammenfassung

Aus den bisher besprochenen Stellen gewinnt man den Eindruck, daß der Chr die שְׁלָמִים als Opfer und nicht als Kultmahlzeiten verstand, die in Verbindung mit Brandopfern stattfanden. Die Erwähnung der inneren mit Fett umgebenen Organe der Opfertiere setzt außerdem die Kenntnis des Rituals in Lev 3 für die Zeit des Chr voraus.

Einen solchen Opfercharakter haben nach Ansicht des Chr die שְׁלָמִים von Anfang an im Jerusalemer Heiligtum gehabt. Er teilt hier, wie es wahrscheinlich bei dem Dtr auch der Fall ist, kultische Überlieferungen aus der Zeit des salomonischen Tempels mit. Auch darin übernimmt er getreulich die Traditionen, daß die שְׁלָמִים in der Anfangszeit des davidischen Königshauses wahrscheinlich nur gemeinsam mit den עֹלוֹת dargebracht wurden. Diese Vermutung wird durch II Chr 7 7 gestützt, wo der Chr seinen Text sogar konsequenter gestaltet, als der Bearbeiter, welcher in I Reg 8 64 am Werk zu sein scheint.

Nirgends gibt der Chr an den hier besprochenen Stellen eine genaue Information über die spezifische Bedeutung der שְׁלָמִים, d. h. in welcher Weise sie als Opfer wichtig waren und welche Funktion sie innerhalb des gesamten Kultus hatten. Wir dürfen deshalb vielleicht annehmen, daß ihm für die Zeit Davids und Salomos keine Überlieferungen über Einzelelemente des Kultus zur Verfügung standen, während keine Notwendigkeit bestand, für seine eigene Zeit Einzelheiten aufzuzählen, da sie jedermann bekannt waren.

Daß zur Zeit des Chr noch andere als die von ihm erwähnten kultischen Überlieferungen über die שְׁלָמִים vorhanden waren, wie sich aus dem Dtr-Werk ergibt, welches damals schon seine abgeschlossene schriftliche Form gefunden hatte, wird im Chr-Werk völlig verschwiegen. Weder wird etwas von den kultischen Begehungen der vordavidischen und amphiktyonischen Zeit berichtet, noch von der Einführung verschiedenen Brauchtums des assyrischen Kultes zur Zeit Königs Ahas von Juda.

b) Eigene Beiträge des Chr

Bei den noch zu besprechenden Stellen, handelt es sich wahrscheinlich um Material, das der Chr von sich aus hinzufügte, um »seine Erzählungen lebendig zu machen« und für diese Ergänzungen seiner

Vorlagen dienten ihm »das Leben und die Einrichtungen seiner Zeit«[36]. Für die Belange unserer Untersuchung kommen Belege in Betracht, in welchen die שְׁלָמִים verschiedene Male im Zusammenhang mit Hiskia und mit Manasse erwähnt werden.

(1) Hiskias Passafeier

Nach M. Noth hat vermutlich »die Notiz über kultische Maßnahmen Hiskias, II Reg 18 4, den Chr zu einer an der Reform Josias orientierten sehr langen Ausführung darüber« veranlaßt, »wie man sich ebenfalls die schon durch eine Passahfeier abgeschlossenen Maßnahmen des Königs Hiskias im einzelnen zu denken habe, II Chr 29 3 bis 31 21«[37].

In diesem Zusammenhang wird das erstemal eine Aussage über die שְׁלָמִים in II Chr 29 in Verbindung mit einer großen kultischen Begehung gemacht, die nach der Reinigung des durch Ahas entweihten Tempels stattfand. Die Reihenfolge der Opfer ist hierbei das חַטָּאת, das Sündopfer (v. 21), welches nach dem in Lev 16 vorgeschriebenen Ritus durchgeführt wird, und darauf die עֹלָה, das Brandopfer (v. 27). Für den Akt der Darbringung verwendet der Chr in diesem Falle das Verbum הֶעֱלָה. Die gesamte Begehung erfolgt durch das Kultpersonal und ermöglicht es dem Volk, sich dem Dienst Gottes zu weihen.

Die auf den allgemeinen Weiheakt folgenden Opfer sind dem einzelnen Israeliten überlassen und können nach II Chr 29 31 entweder זֶבַח, Schlachtopfer, תּוֹדָה, Dankopfer, oder עֹלָה, Brandopfer, sein. Die Schlachtopfer bezeichnet man als שְׁלָמִים, wenn die fettumgebenen Eingeweide der Opfertiere nach dem Ritual von Lev 3 auf dem Altar dargebracht werden. Weiterhin wird erwähnt, daß zu jedem Brandopfer ein נֶסֶךְ, eine Gußspende, gehört (v. 35). Da es sich bei den Privatopfern, die auf den Entsühnungsakt folgen, nach v. 30 um den Lobpreis Gottes handelt, haftet ihnen vermutlich ein freudiger Charakter an.

II Chr 30, die Erzählung über das Passa, welches auf den Akt des neu eingeführten Kultus folgt, erwähnt ebenfalls die שְׁלָמִים. Nach v. 22 bilden sie am siebenten Tag des Passa-Mazzot-Festes als Lobpreis Gottes den Abschluß der Feierlichkeiten. Es dürfte sich um ein frohes Fest gehandelt haben, denn ein solcher Sachverhalt läßt sich sowohl aus dem gesamten Inhalt von Kap. 30 als auch aus der in v. 26 gemachten Feststellung erschließen, daß das Fest damals um weitere sieben Tage verlängert wurde. In dem Kapitel beschreibt der Chr offenbar eine kultische Feier im nachexilischen Tempel zu Jerusalem. Er sieht in der getreuen Durchführung des Opferwesens den rechten Ausdruck für den Gehorsam des Volkes gegenüber Gott, deren genaue

---

[36] M. Noth a. a. O. 159.
[37] M. Noth a. a. O.

Einhaltung es ermöglicht, daß Gottes Gnade auch den noch in der Verbannung lebenden Gliedern der Jerusalemer Kultgemeinde zukommt und sie wieder in ihre Heimat zurückkehren dürfen, v. 9.

Schließlich findet sich im Zusammenhang mit der Reinigung des Kultes durch Hiskia in II Chr 31 2 innerhalb einer Vorschrift für Priester und Leviten ein Hinweis auf שְׁלָמִים und Brandopfer. Der Chr bemerkt hier, daß der König eine Dienstanweisung für das Kultpersonal erläßt. In ihr werden die einzelnen Funktionen beim Opferdienst in einer Weise abgegrenzt, die an Vorstellungen in Ez 40—48 und bei P erinnert.

(2) Manasse

Außerhalb der Passafeier Hiskias erwähnt der Chr nur noch II Chr 33 16, an einer Stelle, die sich in seiner Erzählung über Manasse befindet, die שְׁלָמִים in Schilderungen, welche auf ihn selbst zurückgehen. Im Gegensatz zu dem, was anderweitig über diesen König bekannt ist, zeichnet er ihn als einen Menschen, der nach anfänglichen Verirrungen seinen Weg zu Gott zurückfindet: Nachdem Manasse nach Babylon gebracht worden ist, sich dort vor Gott gedemütigt und ihn als den wahren Gott angebetet hat, darf er nach Jerusalem zurückkehren. Der König stellt darauf seine Gottesfurcht unter Beweis, indem er den israelitischen Kultus von fremden Elementen reinigt, d. h. er läßt den Altar Jahwes im Jerusalemer Tempel wiederherstellen und schlachtet זִבְחֵי שְׁלָמִים und eine (sc. andere?) תּוֹדָה.

Für unsere Belange ist in dem Zusammenhang die Tatsache wichtig, daß sich hier ein Beleg im Chr-Werk findet, in welchem die שְׁלָמִים und alle anderen erwähnten Opfer mit dem Verbum זָבַח, dem Terminus für rituelles Schlachten, verbunden sind, und nicht mit הֶעֱלָה oder mit הִקְרִיב, welche Bezeichnungen für die Darbringung von Opfern sind. Man könnte deshalb vermuten, der Chr habe bei dieser Gelegenheit die שְׁלָמִים als kultische Begehung eines Mahles angesehen und nicht als die Darbringung eines Opfers, das auf den Altar gelegt werden muß. Es kann allerdings nicht bewiesen werden, ob diese Absicht des Erzählers in II Chr 33 16 vorliegt. Indessen scheint eine solche Annahme sowohl durch die Motive der Freude und Dankbarkeit, auf Grund derer die kultische Begehung stattfindet, zulässig zu sein, als auch im Hinblick auf die Tatsache, daß hier das Verbum זָבַח verwendet wird, welches sich außerhalb des Chr-Werkes bei verschiedenen Gelegenheiten nur in Verbindung mit der Feier eines Gemeinschaftsmahles findet[38].

---

[38] S. o. 236.

c) Zusammenfassung

Überblickt man im Chr-Werk die einzelnen Belege für die שְׁלָמִים, dann entsteht auf Grund der Funktion, welche diese Begehung innerhalb des gesamten Kultus des Zweiten Tempels hatte, der Eindruck, daß der Chr in seinen Erzählungen über jene Zeit und besonders im Zusammenhang mit seinen Schilderungen über die im Heiligtum dargebrachten Opfer die שְׁלָמִים als eine spezifische Opferhandlung im strengen Sinne des Wortes aufgefaßt zu haben scheint. Offenbar nahmen sie damals nicht mehr die zentrale Stelle im kultischen Gottesdienst Israels ein, die sie in der vorexilischen Zeit innegehabt hatten. Das hauptsächliche kultische Anliegen der Gemeinde sind nunmehr das Sünd- und Brandopfer, d. h. Opferarten, durch welche die Vorstellung der Sühne zum Ausdruck kommt. Der Ursprung dieser Auffassung des Kultus dürfte sowohl in Ezechiels programmatischem Entwurf für den neuen Tempel und in den neuen Gesetzen für die Gemeinde, als auch in den Ansichten über den Kultus zu suchen sein, die sich bei P finden. In beiden Fällen ist dieses neue Kultverständnis wahrscheinlich auf Grund der prophetischen Botschaft und ihrer Betonung der völligen Unverfügbarkeit Gottes seitens des Menschen zustande gekommen.

Jetzt werden die שְׁלָמִים vermutlich als תּוֹדוֹת verstanden und haben dadurch ihre zentrale Funktion im Kultus verloren, denn Dankopfer können auch in der Form von Brandopfern dargebracht werden und haben als solche, wie sich aus II Chr 29 31 erschließen läßt, sogar einen größeren Wert als die שְׁלָמִים.

Bezüglich der Bedeutung des Wortes שְׁלָמִים befinden wir uns beim Chr-Werk in keiner besseren Lage als bei unseren Untersuchungen im Dtr-Werk, denn es sagt nichts darüber aus. Der Terminus scheint zur Zeit des Chr in allgemeinem Gebrauch gewesen zu sein und dürfte vielleicht sogar häufige Verwendung in der Opfersprache gefunden haben, ohne daß noch über seine Bedeutung nachgedacht wurde.

3. Erwägungen über den Gebrauch des Terminus שְׁלָמִים in der historischen Literatur des AT

Die ausführliche Untersuchung über die שְׁלָמִים im Dtr- und im Chr-Werk hat zu keinem abschließenden Ergebnis geführt. Trotz dieses negativen Allgemeinbefundes hat sich aber gezeigt, daß sich wahrscheinlich noch einige Einsichten in verschiedene Merkmale und die Auffassung der kultischen Begehung erschließen lassen, die es wert sind, festgehalten zu werden.

Im Dtr-Werk finden sich möglicherweise noch kultische Überlieferungen aus der vorexilischen Zeit, in denen vielleicht eine Kenntnis über den Kultus der Amphiktyonie, wenigstens aus der späteren Zeit des Stämmebundes, enthalten ist. Zu jener Zeit scheint die kultische Begehung der שְׁלָמִים in einigen Fällen vorwiegend sakramental und in anderen hauptsächlich sakrifiziell aufgefaßt worden zu sein. Mit Ausnahme von II Reg 16 13 ist an keiner Stelle des Dtr-Werkes das sakramentale Verständnis völlig abwesend, und die ganz und gar sakrifizielle Auffassung der Kulthandlung in II Reg 16 darf vermutlich als ein fremdes Element für die Interpretation des israelitischen Kultus angesehen werden[39]. Im Chr-Werk, einer der spätesten literarischen Schöpfungen im atl. Kanon, kommt jedoch der sakrifizielle Charakter der שְׁלָמִים deutlich zum Ausdruck. Aber selbst hier scheinen noch sakramentale Züge für diese Kulthandlung bekannt gewesen zu sein, wie sich aus dem Inhalt von II Chr 33 16 erschließen läßt. Trotz dieses Doppelverständnisses des kultischen Aktes in beiden literarischen Corpora besteht bei ihnen offenbar ein Unterschied in der Betonung der einzelnen Auffassungsaspekte. In der frühen Periode scheint mehr Nachdruck auf dem Mahlcharakter bestanden zu haben, während nach dem Exil das sakrifizielle Element stärker betont gewesen sein dürfte. Die überwiegend sakramentale Vorstellung der שְׁלָמִים wandelte sich zu einem betont sakrifiziellen Verständnis.

Mit dieser Veränderung in der Auffassung ist wahrscheinlich auch ein Bedeutungswandel der שְׁלָמִים einhergegangen. Es kann mit ziemlicher Sicherheit angenommen werden, daß sie während der vorexilischen Periode eine bedeutsame kultische Begehung darstellten. Sie können vielleicht sogar als das zentrale Element des Kultus der vordavidischen Zeit angesehen werden. In der Zeit des Chr ist dies nicht mehr der Fall, denn in ihr sind sie nur noch eine von mehreren möglichen Formen des Dankopfers. Bezüglich der religiösen Auffassung der שְׁלָמִים könnte man sagen, daß im Zusammenhang mit dem kultischen Handeln die Vorstellung einer *Gemeinschaft mit Gott* allmählich in Vergessenheit gerät und durch den Gedanken der *Versöhnung der Gottheit* ersetzt wird. Damit tritt zugleich eine Veränderung im Verständnis des Gottesverhältnisses des Menschen ein, denn es wird jetzt nicht mehr auf Grund einer unmittelbaren Gottesbegegnung des Menschen durch seine völlige Selbsthingabe bestimmt, sondern innerhalb eines höchst entwickelten kultischen Systems durch menschliche Opferleistungen geregelt.

4. Prophetische Literatur

Der Wandlungsprozeß in der Auffassung der שְׁלָמִים, auf den im vorausgegangenen Abschnitt Bezug genommen wurde, ist gewiß nicht plötzlich geschehen, sondern hat sich offenbar über einen langen Zeitraum erstreckt. Obwohl sich im Dtr-Werk einige Anzeichen für diese Entwicklung erkennen ließen, war es nicht möglich, die einzelnen

---

[39] S. o. 239 f.

Stufen ihres Gesamtverlaufes darzustellen. Wir sind jedoch in der glücklichen Lage, daß wir wenigstens sehen können, wo das sakrifizielle Verständnis der שְׁלָמִים vermutlich seinen Ursprung hat und zu welchem Zeitpunkt in der israelitischen Geschichte es Bedeutsamkeit erfährt. Einsichten darüber lassen sich aus dem Gesetzentwurf in Ez gewinnen.

a) Die שְׁלָמִים in Ezechiel

Alle Aussagen über die שְׁלָמִים, welche Ez zugesprochen werden, finden sich in dem Abschnitt Ez 40—48, in welchem eine Beschreibung des neuen Tempels gegeben und Gesetze für die zukünftige Gemeinde Israel aufgestellt sind. Ob man diesen Gesetzentwurf dem Propheten selbst zuschreibt, wie G. Fohrer meint[40], oder ob er Ez völlig abzusprechen ist, wie M. Noth annimmt[41], kann bei der hier vorzunehmenden Besprechung des Kultterminus außer acht gelassen werden. Für die Belange unserer Untersuchung ist es nur wichtig, daß wir in Erfahrung bringen, welche Denkvorstellungen bei den Kultbezeichnungen in Ez 40—48 zum Ausdruck kommen und wo sie ihren Ursprung haben. Bezüglich der Herkunft dieses Abschnittes herrscht in der literarkritischen Forschung insofern allgemeine Übereinstimmung, als man annimmt, daß er »aus den Kreisen der nach Babylonien deportierten« Judäer zu stammen scheint[42].

M. Noth hat in scharfsinniger und einleuchtender Weise erarbeitet, wie dieses Zukunftsprogramm in Ez 40—48 die Grundlage für den Kult des nachexilischen Tempels geworden ist[43]. Da sich unsere Einzeluntersuchungen über die שְׁלָמִים auf diese Argumente stützen, sollen im folgenden seine Studien kurz zusammengefaßt werden.

M. Noth nimmt an, daß die Exilierten die Tragweite der prophetischen Gerichts- und Heilsbotschaft nicht in ihrer ganzen Tiefe erfaßten. Obwohl die alte Ordnung mit der Zerstörung Jerusalems gänzlich vernichtet worden war, ließ man die Konsequenz der prophetischen Botschaft unbeachtet. Die Gegenwart bedeutete für die Verschleppten nicht ein Ende des Bundes, den Jahwe einst am Sinai mit dem Volke geschlossen hatte, denn sie gelangten auf Grund der geschehenen Ereignisse nicht zu der Einsicht der Erwartung eines »neuen Bundes mit einem neuen Gesetz«.

Bei den Deportierten blieb statt dessen die Hoffnung auf »eine Wiederherstellung der alten Ordnung« erhalten. Obwohl Jeremia und Ezechiel ähnliche Erwartungen, »die schon nach der ersten Deportation von Judäern sowohl bei den Zurückgebliebenen, als auch bei den Deportierten lebendig wurden, als 'falsche Prophetie' bekämpften«, galt ihr Kampf nur dem Gedanken, daß »die Erfüllung dieser Erwartung ... schon in der nächsten Zukunft« geschehen könnte. Grundsätzlich hegten aber beide Propheten die gleiche Hoffnung »auf eine künftige Wiederherstellung dieser Ordnung«. Damit

---

[40] G. Fohrer, Ezechiel, HAT I 13, 1955, 219
[41] M. Noth, Die Gesetze im Pentateuch, in: Ges. St., 1957, 91 Anm. 161.
[42] Vgl. M. Noth a. a. O. 90f.
[43] Vgl. M. Noth a. a. O. 87—112 und GI⁴ 267f. 286. 306.

haben sie »dazu beigetragen, daß diese Deutung« der Erfahrung »des geschichtlichen Handelns Gottes an 'Israel' verbreitet und lebendig blieb«.

In jener Zeit wurde also die Vorstellung, »daß das alte Gesetz noch in Geltung sei« . . . mit der »Hoffnung auf eine bevorstehende, umfassende Wiederherstellung der alten Ordnung verknüpft«. Auf diesen Vorstellungszusammenhang gründet sich das Programm in Ez 40—48, in welchem sich »eine Zusammenfassung und Neuformulierung der wichtigsten kultischen Ordnungen für den Jerusalemer Tempel« findet. Die »alte sakrale Lebensordnung« wurde in dem Programm »in sehr konkreten Vorstellungen in die Zukunft projiziert« und »im Blick auf diese Zukunft . . . wurden die alten Gesetze weiterhin als grundsätzlich geltend angesehen«.

Als die geschichtlichen Ereignisse die gehegten Hoffnungen nicht erfüllten, hielt man trotzdem an diesem Denken fest. Man war einfach durch die praktische Notwendigkeit des nunmehr wieder aufgerichteten Tempels dazu gezwungen. Denn es hatte sich inzwischen herausgestellt, daß sich weder die prophetische Verkündigung des eschatologischen Heils in der Person des Kyros erfüllt hatte, noch nach der Erstellung des Tempels die messianischen Erwartungen von Haggai und Sacharja Wirklichkeit geworden waren. Obwohl in dieser Situation »die Grundlage für die weitere Geltung der alten vorexilischen Gesetze« und »der alten Ordnung« nicht mehr existierte, waren in einer solchen Lage »die alten Gesetze praktisch nicht zu entbehren«.

»Nachdem der Tempel zu Jerusalem wieder errichtet worden war und das kultische Handeln in ihm wieder begonnen hatte, ergab es sich fast von selbst, . . . daß man an die Traditionen des salomonischen Tempels anknüpfte und die einstigen kultischen Ordnungen . . . wieder einführte.« Diese Ordnungen haben ihren schriftlichen Niederschlag in dem Programm in Ez 40—48 gefunden und geben uns deshalb ein Bild von dem Kultus des Jerusalemer Tempels aus vorexilischer Zeit.

Auf Grund dieser Studien von M. Noth sind wir an einem Punkt angelangt, von dem aus einige klare Einsichten in die Form des vorexilischen israelitischen Kultus gewonnen werden können, welche sich in gewisser Weise schon aus der Untersuchung über die שְׁלָמִים im Dtr-Werk erwarten ließen[44]. Als wichtiges Ergebnis für die hier vorgenommene Analyse ist damit ein Hinweis auf die Tatsache erreicht, daß dem Jerusalemer Kultus eine religiöse Auffassung zugrunde lag, welche sich merklich von derjenigen unterschied, die für die Durchführung der Kultakte während der vordavidischen Zeit im Dtr-Werk vermutet werden konnte.

Bezieht man die Feststellungen von M. Noth auf die Interpretation des Terminus שְׁלָמִים, so liegt die Annahme nahe, daß sie Teil einer kultischen Begehung waren, deren Anliegen Sühneleistungen für Übertretungen göttlicher Gebote, vor allem für die Mißachtung der Gnade Gottes, darstellten. Wahrscheinlich war deshalb anstelle der Betonung des sakramentalen Charakters der שְׁלָמִים eine Hervorhebung sakrifizieller Elemente getreten. Damit ist zugleich eine Erklärung für die Tatsache gegeben, daß sich nirgends in Ez 40—48 Merkmale dieser kultischen Begehung erkennen lassen, welche auf ihre Durchführung

---

[44] S. o. 238f.

als Kultmahl verweisen, während sich genügend Anzeichen für ihre
Auffassung als Altaropfer finden, z. B. die Darbringung des Fettes der
inneren Organe oder des Blutes der Opfertiere auf dem Altar.

Es läßt sich keine definitive Entscheidung mehr darüber treffen,
ob von Anbeginn der davidischen Zeit der Kultus in Jerusalem völlig
auf die Vorstellung der Sühne ausgerichtet war, aber die Vermutung
liegt nahe, daß dieser Aspekt betont worden ist[45]. Größere Gewißheit
ergibt sich für die spätere Periode der vorexilischen Zeit, wo die Betonung des Sühnegedankens deutlich erkennbar ist. Zwei Gesichtspunkte können zur Stützung dieser Ansicht angeführt werden: Erstens berichtet der Dtr in II Reg 16 13, daß zur Zeit von König Ahas
in Jerusalem zu den bereits bekannten älteren Opferformen zusätzlich
neue eingeführt werden. In Verbindung mit diesen Darbringungen
haben die שְׁלָמִים deutlich sakrifizielle Merkmale. Der Dtr scheint jedoch
die neue kultische Begehung als illegitimen Kultus anzusehen[46].
Zweitens finden sich die gleichen Kennzeichen für die שְׁלָמִים sowohl in
den Abschnitten des Rituals Lev 3 als auch in denen der priesterlichen
dăʿăt in Lev 7, welche beide von P in sein Werk aufgenommen wurden
und deren ältester Kern auf die vorexilische Zeit zurückgeht.

Diese Ansicht über den Kultus scheint auch von Ezechiel selbst
geteilt worden zu sein, wie man aus der prophetischen Belehrung über
den Fürsten in Ez 45 9-17 erschließen kann, die zumindest bei einigen
Literarkritikern als authentische Aussage des Propheten gilt[47]. In
Ez 45 15 wird bestimmt, welche Abgaben das Volk für die מִנְחָה, die
עֹלָה und die שְׁלָמִים tätigen soll, um für sich selbst Sühne zu erwirken.
Die שְׁלָמִים werden außerdem in Verbindung mit dem Sühnegedanken
in Ez 45 17, der zweiten Stelle dieses Abschnittes, erwähnt. Hier trifft
man auf die Feststellung, daß der נָשִׂיא, der Fürst, für die חַטָּאת, מִנְחָה,
עֹלָה und שְׁלָמִים Sorge zu tragen hat, damit das Haus Israel versöhnt
wird.

Auf Grund einer solchen summarischen Anweisung läßt sich nicht
mehr ermitteln, ob an diesen beiden Stellen die שְׁלָמִים als spezifische
Opferhandlungen verstanden wurden. Aber man kann vermuten, daß
eine derartige Absicht in dem Abschnitt Ez 45 9-17 vorliegt, besonders
da in beiden Fällen alle Kulttermini auf כִּפֶּר bezogen sind, welches
hier in dem Sinne von »jemandem Sühne erwirken« Verwendung

---

[45] S. o. 242f.
[46] S. o. 239f.
[47] Vgl. G. Fohrer, Ezechiel, HAT I 13, 1955, 221. 254. Als sekundär betrachten G. Fohrer und K. Galling bezüglich der uns hier interessierenden Stellen Ez 43 18-27
45 21—46 15 a. a. O. 238. 254. Vgl. hierzu auch O. Eißfeldt, Einleitung in das AT,
1964³, 511 f.

findet[48]. Ein solcher Gebrauch ist charakteristisch für die Opfersprache von P.

Wesentlich deutlicher ist die gleiche Charakterisierung der שְׁלָמִים in den späteren Erweiterungen des Grundbestandes von Ez 40—48 zum Ausdruck gebracht. So z. B. in Ez 43 18-27, einer Bestimmung über das Altaropfer, in der vorgeschrieben wird, daß der Altar nach festgesetzten Anordnungen sieben Tage lang entsühnt und gereinigt werden muß, wobei עֹלוֹת und שְׁלָמִים darzubringen sind. Als opfernde Priester dürfen dabei nur levitische Priester aus dem Geschlechte Zadoks amtieren. Vom achten Tage an dürfen dann nach Ez 43 27 alle Priester עֹלוֹת und שְׁלָמִים darbringen. Ferner ist Ez 45 21—46 15 als ein Abschnitt zu erwähnen, der Belehrung über Feste und Opfer enthält. In Ez 46 2. 12 werden die שְׁלָמִים in Verbindung mit Bestimmungen über das freiwillige Opfer des Fürsten, die נִדְבַת הַנָּשִׂיא, dreimal erwähnt. Es durfte entweder aus עֹלוֹת oder שְׁלָמִים bestehen. An allen solchen Stellen sind die שְׁלָמִים deutlich als Opfer gekennzeichnet, die im Zusammenhang mit Sühneriten stehen.

Aus diesen Darlegungen vermag man daher mit ziemlicher Sicherheit zu folgern, daß die שְׁלָמִים in Ez als Opfer aufgefaßt wurden. Mehr läßt sich jedoch nicht erschließen, denn es kann weder über ihre kultische Funktion innerhalb des gesamten kultischen Geschehens etwas festgestellt werden, noch ist die Bedeutung des Wortes selbst erkennbar.

b) Erwägungen zu Am 5 22

Diese Stelle erfordert eine ausführliche Untersuchung, denn wir treffen hier auf den einzigen Beleg im MT, in welchem das Nomen im sg. vorkommt[49]. Soweit mir die Literatur über Am 5 22 bekannt ist, wird in ihr שֶׁלֶם stets als *Friedensopfer* aufgefaßt. Es wird also als selbstverständlich angenommen, daß Amos hier von einer Opferhandlung spricht.

Bei genauerer Einsicht in den literarischen Zusammenhang dieser Stelle erhebt sich jedoch die Frage, ob eine derartig allgemeine Ansicht über die Bedeutung von שֶׁלֶם gerechtfertigt werden kann. Wenn man sich die überlieferungsgeschichtliche Situation bei atl. Texten zur Zeit des Amos vergegenwärtigt, in welcher die einzelnen Worte unvokalisiert tradiert wurden, dann ist mit der Möglichkeit zu rechnen, daß der Schreiber, der mit der Vokalisation beauftragt worden war, seltene Worte nicht mehr verstand oder sie gänzlich aus dem Gedächtnis verloren hatte. Für den unvokalisierten Text von Am 5 22 darf deshalb vielleicht vermutet werden, es habe zwar in ihm das Wort שלם ge-

---

[48] KB 451b.
[49] Vgl. auch o. 72f.

standen, welches sich jedoch nicht auf den Kultterminus שְׁלָמִים, sondern auf ein anderes Nomen der gleichen Wurzel bezogen haben mag.

Eine solche Möglichkeit besteht, denn שלם kann sowohl שִׁלּוּם als auch שָׁלֵם gelesen werden. Jedes der Nomina würde in diesem Fall *Vergeltung* bzw. *Bezahlung* und unter besonderen Umständen auch *Bestechung* bedeuten[50]. Beide Wörter sind sehr selten im AT belegt und dürften nicht zu dem normalerweise gebräuchlichen Wortschatz eines Schreibers gehört haben. Es ist bemerkenswert, daß sie stets in prophetischen Aussagen angetroffen werden, obwohl sie sich in Abschnitten atl. Texte befinden, die zeitlich sehr spät anzusetzen sind. Erwähnung finden sie in prophetischen Büchern, z. B. in Jes 34 8 Hos 9 7 und Mi 7 3, wie im Falle von שִׁלּוּם, andererseits werden sie, wie bei שָׁלֵם in Dtn 32 35, wenigstens für eine prophetische Rede, die Mose in den Mund gelegt wird, verwendet. Jedes der beiden Worte könnte man für שָׁלֵם in Am 5 22 einsetzen, und es würde sinnvoll im Zusammenhang dieses Textes sein, der dann folgendermaßen zu lesen wäre:

> Denn wenn ihr mir Brandopfer und Gaben darbringt,
>   werde ich nicht freundlich gesinnt sein,
> und die *Bestechung* eures Mastviehs
>   will ich nicht beachten[51].

Meiner Meinung nach dürfte eine solche Interpretation von Am 5 22 dem Inhalt des Abschnittes Am 5 21-25 eher entsprechen, als wenn man für שלם die Bedeutung von שְׁלָמִים annehmen wollte. Zwei Gründe lassen sich für diesen Gesichtspunkt anführen:

1. Die Interpretation würde sehr sinnvoll v. 22a, das erste Glied im Parallelismus des Verses, ergänzen, denn in ihm wird festgestellt, daß Israel Jahwe Brandopfer und Gaben darbringt. Aber Gott will nicht freundlich gegenüber einem solchen Kultakt gesinnt sein, in welchem ihm nur etwas gegeben wird. Als Sinn ergibt sich hier: Gott will keine Gaben annehmen, d. h. irgend ein *Geschenk des Menschen*, sondern fordert, daß sich ihm die *ganze Person* des Menschen übergibt und seinem Willen fügt.

2. Als Grund für diese kategorische Feststellung würde sich dann die Aussage in v. 22b nennen lassen, in welcher zum Ausdruck kommt,

---

[50] S. u. 350 ff.

[51] Das hi. impf. יַבִּיט findet sich noch in der Bedeutung »beachten« innerhalb der prophetischen Literatur in Jes 5 12. — In der o. a. Übersetzung können sowohl שָׁלֵם, als auch שִׁלּוּם für שָׁלֵם gelesen werden. Mit מִנְחָה ist an dieser Stelle wahrscheinlich »Gabe« gemeint, eine Bedeutung, welche das Wort in der früheren Zeit gehabt hat; vgl. KB 538a; das hier verwendete possessive Suffix dürfte eine solche Ansicht stützen. Der Ausdruck »eures Mastviehs« ist meiner Überzeugung nach instrumental zu verstehen.

daß die Darbringung des Mastviehs, d. h. von עֹלָה und מִנְחָה, eine *Bestechung* Gottes darstelle, die er keiner ernsthaften Erwägung für würdig erachten will.

Damit würde der Prophet tatsächlich verkünden wollen: Weil eure Opfer Versuche der *Bestechung* Gottes sind, wird er sie nicht annehmen. Solche Versuche bringen eine menschliche Haltung zum Ausdruck, die nach Amos' Ansicht eine Gotteslästerung darstellt, denn auf Grund von Am 5 24 besteht echter Gottesdienst nicht in einer Darbringung von Gaben, die für Gott bestimmt sind, sondern darin, daß das Verhalten der Menschen untereinander als ein Strömen der Gerechtigkeit gekennzeichnet ist.

Da sich sonst nirgends im AT der sg. שֶׁלֶם findet, und da weiterhin die Nomina שִׁלּוּם und שֶׁלֶם zusammen nur viermal belegt sind, scheint eine Erwägung der Möglichkeit sinnvoll zu sein, daß die Masoreten bei der Vokalisation des Textes die Stelle Am 5 22 falsch interpretierten. Sie erinnerten sich in diesem Fall wahrscheinlich weder an שִׁלּוּם noch an שֶׁלֶם und vokalisierten deshalb das Wort als sg. von שְׁלָמִים, denn andere bekannte Vokalisierungen von שלם konnte man nicht sinnvoll einsetzen[52].

Sollten die bisherigen Erwägungen falsch sein, dann müßte offenbar das hapax legomenon שֶׁלֶם als sg. des Kultterminus שְׁלָמִים aufgefaßt werden. Die Stelle Am 5 22 würde uns dann erschließen, daß kultische Begehungen zur Zeit des Amos aus Brandopfern und שְׁלָמִים bestanden; dabei bliebe es eine offene Frage, ob hierbei die שְׁלָמִים als kultische Mahlzeiten oder als Opfer aufzufassen wären. Im Hinblick auf die Erwähnung der מִנְחָה könnte vielleicht außerdem argumentiert werden, daß an dieser Stelle schon Speiseopfer angeführt sind. Eine solche Annahme würde aber bei dem literarischen Zusammenhang für Am 5 22 kaum als sinnvoll zu erachten sein. Sollte מִנְחָה zur Bezeichnung einer spezifischen Opferart stehen, dann wäre es am besten mit »Huldigungsopfer« wiederzugeben[53].

Bezüglich der tatsächlichen Funktion der שְׁלָמִים und der Bedeutung dieses Kultterminus, befinden wir uns in der gleichen Lage wie in allen anderen bisher besprochenen Stellen, d. h. es kann weder etwas Bestimmtes über die Kultbezeichnung ausgesagt werden, noch trägt die Stelle etwas zum Verständnis unseres Problems bei, was nicht schon aus den vorausgegangenen Untersuchungen bekannt gewesen wäre. Sollte שֶׁלֶם eine Bezeichnung für eine kultische Begehung sein,

---

[52] Der Hinweis, daß ⓖ an dieser Stelle שֶׁלֶם mit σωτηρίου übersetzt, braucht nicht notwendig ein Argument gegen die hier unterbreitete Interpretation zu sein, denn möglicherweise hat ⓖ die Bedeutung dieses Terminus ebenfalls nicht mehr verstanden. Der gleichen sprachlichen Erscheinung begegnen wir auch noch an anderer Stelle in dieser Studie, s. u. 317.

[53] Vgl. KB 538b.

dann würde durch Am 5 22 der Eindruck, den unsere Untersuchungen über den Kultterminus im Dtr-Werk vermittelten, interessanterweise gestützt werden können, nämlich daß vor der Zeit des Königs Ahas עֹלוֹת und שְׁלָמִים wahrscheinlich die hauptsächlichen kultischen Begehungen gewesen sind[54].

5. Die Weisheitsliteratur

Innerhalb der Weisheitsliteratur werden die שְׁלָמִים nur einmal in Prov 7 14 in Verbindung mit der Ermahnung an einen Unerfahrenen erwähnt, sich nicht mit Huren einzulassen. Es wird darauf aufmerksam gemacht, daß die Erfüllung eines Gelübdes, שְׁלָמִים darbringen zu wollen, nicht notwendig auf die religiöse Motivierung des Verhaltens eines Menschen schließen läßt.

An dieser Stelle werden die שְׁלָמִים als Gelübdeopfer aufgefaßt, wodurch ein Verständnis in Erscheinung tritt, welches für sie seit dem Gesetzentwurf Ez 40—48 bekannt ist, nur daß sie in Ez 46 12 als freiwillige Opfer angesprochen werden. Der sehr späte Beleg in Prov 7 14 zeigt uns weder eine neue Auffassung von der Funktion der kultischen Begehung, noch erschließt er die tatsächliche Bedeutung des Kultterminus.

II. Aussagen über die שְׁלָמִים im Tetrateuch

Die Mehrzahl aller atl. Stellen, in welchen die שְׁלָמִים erwähnt sind, findet sich im Tetrateuch. Sie werden meistens in dem gesetzlichen Material von P angetroffen, welches auch Anordnungen über den Kultus bewahrt hat. Diese Traditionen stellen in ihrer jetzigen schriftlich fixierten Form das Endstadium einer langen Entwicklung dar, in der die Überlieferungen zu ihrem jetzigen Umfang angewachsen und deshalb sehr jungen Datums sind, aber das in ihnen enthaltene Material ist teilweise sehr alt[55].

Eine formkritische Analyse des meist gesetzlichen Materials braucht in unserer hier durchzuführenden Untersuchung nicht unternommen zu werden, da das Wesentliche zu diesen Problemen bereits von R. Rendtorff dargelegt worden ist. Im Hinblick auf die Ergebnisse seiner Forschung ergibt sich eine zwanglose Gliederung der einzelnen Belege auf Grund ihrer formalen Struktur. Sie werden sowohl nach gesetzlichen Texten, d. h. Ritualen, *dăʿăt*, תּוֹרוֹת und anderen gesetzlichen Bestimmungen, als auch nach Abschnitten angeordnet, in welchen die שְׁלָמִים innerhalb der erzählenden Teile des Tetrateuch erwähnt werden.

---

[54] S. o. 226 ff. 243.
[55] Vgl. R. Rendtorff, Die Gesetze in der Priesterschrift, 1954, 21 f. 77.

Methodisch verfahren wir in der gleichen Weise, wie bei dem vorausgegangenen ersten Hauptteil dieses Kapitels. Bezüglich der zeitlichen Reihenfolge der einzelnen Texte gehen wir jedoch in umgekehrter Weise vor: Den Ausgangspunkt bilden die Rituale in ihrer gegenwärtig festgelegten Form. Von dort aus soll versucht werden, in die ältesten Schichten der kultischen Überlieferungen über die שְׁלָמִים im Tetrateuch vorzudringen.

1. Die Rituale in Lev 3—4 und Num 6

R. Rendtorff hat gezeigt, daß in Lev 1—5 für die Opfer der עֹלָה, חַטָּאת, זֶבַח שְׁלָמִים, מִנְחָה und אָשָׁם eine Sammlung von Ritualen vorhanden ist[56]. Seine Analyse hat Aufschluß darüber gebracht, daß hier eine besondere literarische Form vorliegt, die er als Ritual bezeichnet. Sie ist ihrem Inhalt nach durch ein bestimmtes formales Schema gekennzeichnet, wobei in Verbindung mit dem jeweiligen Opfer verschiedene Einzelakte unterschieden werden, die in der folgenden Reihenfolge durchzuführen sind: 1. Darbringung, 2. Handaufstemmung, 3. Schlachtung, 4. Blutsprengung, 5. weitere Behandlung des Opfertieres und 6. Verbrennung.

Diese Rituale sind auch an ihrer Form erkennbar, denn sie haben einen bestimmten sprachlichen Stil, der durch die Verwendung von kurzen stereotypen Verbalsätzen charakterisiert ist, welche aufeinander folgen und die einzelnen Akte des Opfers angeben, soweit sie den Laien angehen, während die Rituale selbst auf den Priester ausgerichtet sind.

Für die Belange unserer Untersuchung ist hierbei die Beobachtung wichtig, daß, obwohl der gesamte Abschnitt Lev 1—5 von diesem ritualen Charakter beherrscht wird, nur die Bestimmungen über die עֹלָה in Lev 1 und über die שְׁלָמִים in Lev 3 die Gattung des Rituals in reiner Form verkörpern. Die anderen kultischen Vorschriften des gleichen Abschnittes sind nur oberflächlich als Rituale stilisiert, enthalten aber daneben noch andere Gattungselemente und gehen in ihrer jetzigen Textform nicht auf die literarische Grundform eines Rituals zurück.

In bezug auf die Frage nach dem Sitz, den diese schriftlichen Fixierungen im Leben haben, spricht R. Rendtorff die Vermutung aus, daß die Texte in Lev 1—5 wahrscheinlich in irgendeiner Form zum Vortrag bestimmt waren. Die Rezitation solcher Rituale erfolgte möglicherweise als Ersatz für die Opfer, die während der Exilszeit nicht durchgeführt werden konnten. Die Systematisierung der Opfervorschriften könnte dann vielleicht in Mesopotamien in Priesterkreisen der Deportierten vorgenommen worden sein. Meiner Meinung nach

---

[56] R. Rendtorff a. a. O. 5f.

sind die von R. Rendtorff gezogenen Folgerungen überzeugend. Sie
ergänzen den früher erwähnten Nachweis eines ähnlichen Versuches
einer Systematisierung der Opfervorschriften, welcher in dem gleichen
Zeitraum in Ez 40—48 seinen schriftlichen Niederschlag gefunden
hat[57].

Die Systematisierung bestimmter religiöser Erscheinungen in der
Form von schriftlich fixierten Traditionen ist stets ein spätes Faktum
und das Ergebnis eines theologischen Denkprozesses. Sie setzt voraus,
daß bestimmte Vorstellungen bereits längere Zeit bekannt gewesen
sind und das damit im Zusammenhang stehende religiöse Brauchtum
weite Verbreitung gefunden hatte, ehe die Reflexion über diese Erscheinungen einsetzte. Deshalb wird man wohl mit R. Rendtorff übereinstimmen müssen, wenn er feststellt, daß die Rituale das Endstadium
in der Überlieferung der Kultpraxis darstellen. Für die endgültige
schriftliche Form, in welcher die Rituale in Lev 1—5 vorgefunden
werden, besagt dies: Ihre schriftliche Festlegung dürfte in sehr später
Zeit der israelitischen Geschichte stattgefunden haben, wahrscheinlich
erst dann, als Ez 40—48 bereits in schriftlicher Form vorhanden war.

Wenn wir deshalb auf den Terminus שְׁלָמִים in atl. Stellen stoßen,
die Bekanntschaft mit der gegenwärtigen Form des Rituals von Lev 3
zeigen, können wir ziemlich sicher sein, daß es sich kaum um literarisch
alte Belege handelt. Sie sind statt dessen als spätere Einschübe in den
Text aufzufassen. Auf Grund solcher Erwägungen sind wir jetzt in
einer besseren Lage, in Stellen wie Jos 22 23. 27 I Reg 8 64 und 9 25
die Arbeit eines Redaktors zu sehen, und können auf diese Weise mit
größerer Sicherheit die Behauptung stützen, daß sie sekundär sind[58].
Da weiterhin alle bisher im Chr-Werk untersuchten Stellen eine Bekanntschaft mit Lev 3 voraussetzen, ist es augenscheinlich, daß sie
später als dieses Ritual niedergeschrieben wurden[59].

Mit den bisherigen Feststellungen sollte keineswegs ein Nachweis
erbracht werden, als seien diese Rituale *nur* das Ergebnis einer späten
theoretischen und theologischen Reflexion über den israelitischen
Kultus. Da sie das Endstadium eines langen überlieferungsgeschichtlichen Wachstumsprozesses darstellen, darf angenommen werden,
daß sie auch altes Material enthalten. Diese Entwicklung ist wahrscheinlich als ein anfänglicher Versuch aufzufassen, Anweisungen und
Regeln über einfache Kulthandlungen zu formulieren, wobei es sich
vermutlich um Formulierungen handelte, die allmählich eine feste
und präzise sprachliche Form annahmen und später als Grundlage für
die Bearbeitung und Stilisierung dieser Rituale dienten. Deshalb sollte
man bezüglich der Texte in Lev 1—5 vermuten, daß sie nicht nur die

---

[57] S. o. 252 ff.
[58] S. o. 233 f.
[59] S. o. 244 ff.

Kultpraxis des nachexilischen Jerusalemer Tempels widerspiegeln, sondern es uns auch ermöglichen, einige Einsichten in die ältere Form des israelitischen Opferwesens zu erhalten.

Versuchen wir nun nach einem kurzen Umriß ihrer überlieferungsgeschichtlichen Entwicklung die einzelnen Rituale zu analysieren, in welchen die שְׁלָמִים erwähnt werden, so treffen wir bei oberflächlicher Betrachtung auf den gleichen negativen Befund, wie er sich bereits an allen anderen bisher besprochenen Stellen herausgestellt hat: Die Rituale unterrichten uns kaum darüber, in welcher Weise diese kultische Begehung tatsächlich durchgeführt wurde, und wir erfahren nicht das geringste über die spezifische Funktion, welche die שְׁלָמִים innerhalb des gesamten israelitischen Kultus hatten, noch lernen wir den Bedeutungsgehalt kennen, der sich hinter dieser kultischen Bezeichnung verbirgt.

Trotz dieser allgemeinen negativen Feststellungen lassen sich einige Beobachtungen an Einzelheiten machen, die für unsere Untersuchung bedeutsam sind. Es war schon an anderer Stelle festgestellt worden[60], daß in dem ganzen Abschnitt Lev 1—5 nur die Texte über die עֹלָה und die שְׁלָמִים in Lev 1 und 3 die Gattung des Rituals in ausgeprägter Form darstellen, da sie sich völlig auf seinem Grundschema aufbauen, während die anderen Texte, Lev 2 4 und 5, nur oberflächlich als Rituale stilisiert sind. Besonders wichtig erscheint dieser Sachverhalt im Hinblick auf die Ergebnisse, welche unsere bisherige gesamte Untersuchung des Terminus שְׁלָמִים erzielt hat. Er führt meiner Meinung nach zu dem Schluß, daß die ältesten der in Lev 1—5 erwähnten kultischen Begehungen offenbar die der עֹלָה und der שְׁלָמִים sind. Erst nachdem sie eine feste Form angenommen hatten, fanden wahrscheinlich die anderen Opferarten wie מִנְחָה, חַטָּאת und אָשָׁם Eingang in den israelitischen Kultus. Dieser Befund ist interessanterweise in vollkommener Übereinstimmung mit den Ergebnissen, die in unserer Untersuchung des Dtr-Werkes erarbeitet worden sind[61]. Auf Grund solcher Feststellungen darf der Schluß gewagt werden, daß, soweit uns die Überlieferung Kenntnisse über den Kult bewahrt hat, aus denen Folgerungen für die Vergangenheit abgeleitet werden können, vermutlich die Brandopfer und die שְׁלָמִים die ältesten kultischen Begehungen in Israel gewesen sind.

Nach diesen allgemeinen Erörterungen wenden wir uns nunmehr den Einzelheiten zu, die sich für unsere Belange in dem Ritual über die שְׁלָמִים finden. Aus Lev 3 kann deutlich erschlossen werden, daß die שְׁלָמִים als Opfer verstanden wurden, und zwar als זֶבַח, d. h. als Schlachtopfer. Die geschilderte Situation, die literarische Form und die hier verwendeten sprachlichen Termini erlauben keine andere

---

[60] S. o. 259.
[61] S. o. 241 f.

Interpretation dieser kultischen Begehung. Im einzelnen wird das Wort שְׁלָמִים in v. 1 erwähnt, wo es das Ritual dieser spezifischen Opferart kennzeichnet, und in v. 3. 6. 9, Stellen, die Vorschriften für die Darbringung von בָּקָר und צֹאן, von Großvieh und Kleinvieh, enthalten und drei verschiedene Formen des Ritus beschreiben.

Soweit wir aus dem Ritual Schlüsse über den Charakter dieses Kultaktes ziehen können, hat es den Anschein, als ob er als Sühneopfer aufgefaßt worden sei. Diese Annahme kann durch die Tatsache gestützt werden, daß ein besonderer Blutritus erwähnt und eine Vorschrift gegeben werden, wonach der Opfernde seine Hand auf den Kopf des Opfertieres stemmen soll. Es handelt sich hierbei um Kulthandlungen, die in Lev 16 5-19 als ausgesprochene Sühneriten für den großen Kultakt am יוֹם כִּפּוּר vorgeschrieben werden. Vielleicht ist in diesem Zusammenhang auch das Verbrennen der fettumgebenen inneren Organe des Opfertieres zu nennen, denn sie könnten als Sitz der Seele angesehen worden sein. Es läßt sich jedoch keine Sicherheit mehr darüber gewinnen, ob ein derartiges Verständnis in Lev 3 vorliegt.

Den sakrifiziellen Elementen, welche in den Riten für die kultische Begehung der שְׁלָמִים zum Ausdruck kommen, scheinen sehr altertümliche Vorstellungen über die Bedeutung des Kultes zugrunde zu liegen, während die im Ritual gebrauchten Worte selbst keine Reflexionen darüber enthalten. Das Ritual befaßt sich gewissermaßen mit dem technischen Aspekt des Kultaktes, nämlich mit der präzisen Form, in welcher das Opfer dargebracht werden soll. Es sei weiterhin bemerkt, daß keine Anweisung darüber gegeben wird, was mit dem Fleisch des Opfertieres geschehen soll[62]. Wichtig ist in diesem Zusammenhang vor allem die Vorschrift für den Opfernden, der hier kein Priester, sondern ein Laie ist und das Opfertier selbst zu schlachten hat. Sie weist auf eine sehr altertümliche Kultpraxis hin, denn es scheint in dem Fall eine kultische Situation vorausgesetzt zu sein, in welcher weder ein offizielles Priestertum noch ein ständiges Heiligtum vorhanden waren. Außerdem läßt die Vorschrift charakteristische Merkmale für die Schlachtung des Opfertiers erkennen, die denjenigen sehr ähnlich sind, welche bei der Passaschlachtung der heutigen samaritanischen Gemeinde zu beobachten sind und aus einer älteren Zeit als der des Dtn stammen[63].

Die שְׁלָמִים finden sich auch in dem Abschnitt Num 6 13-20, in einer Vorschrift über das Gelübdeopfer des Nasiräers, die ebenfalls Elemente des Ritualstils, wenn auch in abgegriffener Weise, enthält[64]. Sie werden in Num 6 14. 17. 18 erwähnt und gehören neben den Opfern der עֹלָה und חַטָּאת, Num 6 14, sowie מִנְחָה und נֶסֶךְ, Num 6 15, zu dem

---

[62] Vgl. hierzu die Ausführungen über die *dăʿăt*, u. 264ff.

[63] Vgl. J. Jeremias, Die Passahfeier der Samaritaner, 1932, 92. 106.

[64] Vgl. R. Rendtorff, a. a. O. 62f.

קָרְבָּן, den für den Nasiräer erforderlichen Opfergaben. Die שְׁלָמִים werden hier eindeutig als Opfer verstanden und sind in einem Text belegt, der sehr spät niedergeschrieben worden ist, wie aus der Verwendung des Wortes קָרְבָּן und auch aus der Aufzählung verschiedener Opferarten hervorgeht.

Aber dieses Ritual enthält auch einige Elemente, die wahrscheinlich aus einer alten Zeit stammen: Wir finden in Num 6 17 wieder die Vorschrift, daß der Nasiräer selbst, nicht der Priester, den Widder darbringen soll, und in diesem Fall wird anstelle des späteren priesterlichen Wortes הִקְרִיב das ältere עָשָׂה als Verbum gebraucht. Weiterhin wird in Num 6 18 eine sehr altertümliche kultische Begehung mit der Forderung erwähnt, daß der Nasiräer am Ende der Zeit seiner Absonderung sein geweihtes Haar in oder auf das Feuer werfen soll, welches unter den שְׁלָמִים brennt.

Erwähnen wir noch kurz die als Ritual stilisierten Vorschriften über die חַטָּאת, in welchen sich in Lev 4 10. 26. 31. 35 der Terminus שְׁלָמִים findet. Diese Stellen haben keine besondere Bedeutung für unsere Untersuchung, da es sich bei ihnen nur um sakrifizielle Elemente der שְׁלָמִים und um eine Technik ihrer Darbringung handelt, welche schon im Zusammenhang mit Lev 3 besprochen worden sind[65].

2. Die priesterliche *dā'ăt* in Lev 6—7 und Num 15

Aussagen über die שְׁלָמִים lassen sich in den kultischen Überlieferungen innerhalb des gesetzlichen Materials im Tetrateuch noch bei einer anderen literarischen Gattung belegen, die J. Begrich als *dā'ăt* bezeichnet[66]. Ihre genaue formkritische Analyse verdanken wir aber ebenfalls R. Rendtorff[67].

Die *dā'ăt* sind Texte, für welche weder formal noch inhaltlich eine planvolle Struktur zu erkennen ist. Sie bestehen aus einer Fülle kleinster Einzelstücke mit verschiedenen und z. T. sich widersprechenden Inhalten und erscheinen in mannigfacher Form. Eine derartige Unausgeglichenheit weist darauf hin, daß wir Sammlungen von Texten vor uns haben, die allmählich gewachsen sind, und bei denen kein Versuch gemacht worden ist, sie inhaltlich auszugleichen und zu systematisieren. Wie R. Rendtorff gezeigt hat, lassen die einzelnen Stücke noch verschiedentlich die Absicht des Schreibers erkennen, der sie in die jeweilige Sammlung einfügte.

Ihren Sitz im Leben haben die *dā'ăt* wahrscheinlich in priesterlichen Kreisen. Sie stellen offenbar ein priesterliches Berufswissen dar, das von Generation zu Generation weitergegeben wurde, ohne den

---

[65] S. o. 259. 261.

[66] J. Begrich, Die priesterliche Tora, 63ff., zitiert nach R. Rendtorff a. a. O. 2.

[67] R. Rendtorff a. a. O. 23ff. 46f. 77f.

Laien ursprünglich zugänglich gewesen zu sein. Ihnen sind sie vermutlich erst spät zur Kenntnis gebracht worden. Als Sammlungen werden sie vielleicht älter als die Rituale sein.

Eine sehr ausführliche priesterliche *dăʿăt* liegt Lev 6—7 vor; sie enthält vorwiegend Bestimmungen über das זֶבַח שְׁלָמִים, wie es sich aus der Überschrift in Lev 7 11 erkennen läßt. Ihr Inhalt umfaßt vier Themen: Lev 7 12-15 תּוֹדָה, Dankopfer, Lev 7 16-18 נֶדֶר und נְדָבָה, Gelübdeopfer und freiwillige Opfergaben, Lev 7 19-21 טָמֵא, טֻמְאָה, kultische Unreinheit, und Lev 7 28-34 חֲזֵה הַתְּנוּפָה und שׁוֹק הַתְּרוּמָה, Webebrust und Hebekeule. Nach diesen Vorschriften können die שְׁלָמִים Dankopfer, Gelübdeopfer oder freiwillige Opferdarbringungen sein.

Für die Dankopfer wird unter Hinweis auf Lev 7 13 bestimmt, welches Backwerk als zusätzliche Darbringung zu den שְׁלָמִים notwendig ist. Weiterhin wird festgestellt, daß der Priester Anspruch auf einen Anteil der Opfergaben einschließlich der שְׁלָמִים hat, Lev 7 14, und daß von dem dargebrachten Fleisch der שְׁלָמִים alles am gleichen Tag gegessen werden muß, Lev 7 15.

Bei den beiden anderen Opferanlässen handelt es sich lediglich darum, wie lange das Fleisch der שְׁלָמִים gegessen werden darf, nachdem es bereits dargebracht worden ist, und wann es in solchen Fällen verboten ist, noch etwas davon zu sich zu nehmen. Lev 7 16 stellt fest, es solle am Tage der Darbringung gegessen werden; falls etwas übrig geblieben ist, darf noch am folgenden Tag davon genossen werden. Alles am dritten Tag vorhandene Fleisch muß verbrannt werden. Wer nach dieser Zeitspanne etwas davon ißt, lädt eine Schuld auf sich, welche durch ein bewußtes Vergehen gegenüber Gott entstanden ist, worauf nach Lev 7 18 die Ausstoßung oder sogar die Ausrottung aus der Gemeinde als Strafe steht.

Bezüglich der kultischen Unreinheit wird folgendes angeordnet: Personen, welche sich in einem Zustande kultischer Unreinheit befinden, sei es, daß sie selbst unrein sind, Lev 7 20, oder es durch Berührung mit etwas Unreinem geworden sind, Lev 7 21, dürfen nicht von dem Fleisch der dargebrachten שְׁלָמִים essen. Ein Verstoß gegen diese Vorschrift hat ebenfalls die Ausstoßung oder Ausrottung des Übertreters aus dem Kreis seiner Volksgenossen zur Folge.

In dem letzten Abschnitt dieser *dăʿăt* werden nach der Überschrift Lev 7 29 Bestimmungen über die Priesteranteile an den dargebrachten שְׁלָמִים gegeben. Nach der ältesten Vorschrift in Lev 7 31 hatten die Priester Anspruch auf den Brustkern des Opfertieres, wozu sich später auf Grund von Lev 7 32 als neue priesterliche Forderung noch die Keule gesellte. Nach Lev 7 33 stand sie als Deputat dem Priester zu, welcher Blut und Fett des Opfertieres für den Opfernden darbrachte. In Lev 7 34 wird dann zusammenfassend festgestellt, daß Brustkern

und Keule eines jeden Opfertieres bei den שְׁלָמִים ein ewiges Anrecht
der aaronitischen Priester darstelle, weil Gott es so verordnet habe.

Den Beschluß der gesamten priesterlichen *dă'ăt* bildet in Lev 7 37
eine זֹאת תּוֹרֹת Formel. Sie ist an dieser Stelle vermutlich erst eingefügt
worden, als die Sammlung der Vorschriften in Lev 6—7 bereits abgeschlossen war, ein Begriffswechsel bei dem Wort תּוֹרָה im priesterlichen
Sprachgebrauch sich vollzogen hatte und diese Texte nicht mehr nur als
dă'ăt für die internen priesterlichen Funktionen angesehen, sondern
auch der Allgemeinheit zugänglich gemacht wurden[68]. In dieser
Formel wird das זֶבַח הַשְׁלָמִים als letztes Glied einer Reihe erwähnt, in
welcher als andere Opferarten עֹלָה, מִנְחָה, חַטָּאת, אָשָׁם und מִלּוּאִים aufge-
zählt werden. Die Vielzahl der angeführten Opfer läßt die späte Entstehungszeit der Formel erkennen, denn sie setzt die Rituale Lev 1—5
und die Erzählung Lev 9 als bekannt voraus.

Neben der speziellen *dă'ăt* über die שְׁלָמִים finden sich Hinweise
auf diese kultische Begehung gelegentlich noch in anderen Sammlungen priesterlicher Vorschriften, z. B. in der Anweisung über den Altarbau in Lev 6 5 und in der Bestimmung über die Materialien der מִנְחָה
in Num 15 8, welche zusammen mit den שְׁלָמִים dargebracht werden
dürfen.

Aus all den bisher angeführten *dă'ăt* läßt sich erschließen, daß in
der älteren Zeit Israels die שְׁלָמִים vermutlich eine kultische Mahlzeit
darstellten, welche am Heiligtum begangen wurde. Hierbei kann es
sich nicht nur um einfaches Essen oder Schlachten nach modernem
Verständnis gehandelt haben, sondern es sind vermutlich Vorstellungen in bezug auf das Schlachttier vorauszusetzen, auf Grund derer
sein Wesen mit einer materiell vorgestellten Heiligkeit behaftet war.
An solcher Heiligkeit nahm der Mensch bei einer Kultmahlzeit teil.
Deshalb ging bei diesen Fällen dem Essen eine wahrscheinlich rituell
genau geregelte Schlachtung am Heiligtum voraus, auf welche eine
Darbringung der inneren fettumgebenen Organe des geschlachteten
Tieres auf dem Altar folgte.

Welche einzelnen Mitglieder der Laienschaft an dem Mahl beteiligt waren, läßt sich aus den *dă'ăt* nicht mehr erschließen. Möglicherweise waren es Familienmitglieder oder Volksgenossen, die sich als
Angehörige einer besonderen Kultgemeinschaft betrachteten, wie es
bei dem Nasiräer der Fall war. Auch der Priester wurde in diese Mahlgemeinschaft einbezogen. In ältester Zeit, aus welcher noch Vorstellungen ihren Niederschlag in der *dă'ăt* Lev 7 29 gefunden haben, gab es
für den Priester keine bestimmten Deputate. Er erhielt vom Opfertier
nur den Anteil, den ihm der Opfernde freiwillig überließ. Diese Situation scheint zu zeigen, daß die שְׁלָמִים in jener Periode nicht in erster

---

[68] Vgl. R. Rendtorff a. a. O. 70ff.

Linie Opfer, sondern *kultische Mahlzeiten* waren, mit denen sich allerdings Opferriten verbanden. Sie hatten zwar einen *sakramentalen* Charakter, wiesen aber auch *sakrifizielle* Züge auf.

Soweit sich aus der späteren Opferpraxis etwas über die שְׁלָמִים in Erfahrung bringen läßt, scheint ihr Charakter als kultische Mahlzeit auch in der nachexilischen Zeit nicht verlorengegangen zu sein. Eine Änderung gegenüber der älteren Zeit tritt nun insofern ein, als es demjenigen, welcher das Schlachtopfer als שְׁלָמִים darbringt, nicht mehr überlassen bleibt, welche Anteile er dem Priester oder den Priestern geben will. Da die besten und größten Fleischstücke Priesterdeputat geworden sind, könnte man fragen, ob nicht noch weitere Veränderungen bezüglich der Auffassung der שְׁלָמִים stattgefunden haben. Obwohl die Texte selbst keine unmittelbaren Aussagen darüber machen, darf man vermuten, daß ihnen Vorstellungen zugrunde liegen, nach welchen Priester und Laien nicht mehr als Teilnehmer eines *gemeinsamen* Mahles aufgefaßt wurden. Möglicherweise hatten sich im Laufe der Zeit zwei getrennte Mahlgemeinschaften herausgebildet, welchen je eine eigene kultische Bedeutung beigemessen wurde. Sollte dies der Fall gewesen sein, dann dürfte man annehmen, daß wahrscheinlich der sakrifizielle Aspekt und in Verbindung mit ihm auch die heiligen Elemente der kultischen Begehung auf das Priestermahl übergegangen waren, während bei der Mahlgemeinschaft der Laien das Essen (und die Fröhlichkeit?) als Überreste des sakramentalen Gepräges der שְׁלָמִים im Vordergrund stand.

Stellen wir die Ergebnisse zusammen, zu welchen uns die Untersuchung über die שְׁלָמִים in den Ritualen und der priesterlichen *dăʿăt* geführt hat, dann kann gesagt werden, daß diese kultische Begehung im Jerusalemer Tempel sowohl vor dem Exil als auch nach dieser Zeit in erster Linie ebenfalls den Charakter eines *Gemeinschaftsmahles* gehabt hat, wobei jedoch dieses Mahl als eine Opferhandlung verstanden wurde, wie sich aus den verbalen Termini erkennen läßt, mit welchen das Wort שְׁלָמִים in den Texten verbunden wird. Weiterhin kann erschlossen werden, daß von einem besonderen Zeitpunkt an, der nicht mehr genau festgelegt werden kann, bestimmte Teile des Opfertieres den Priestern als Deputat zufallen, während das übrigbleibende Fleisch von denjenigen, welche die שְׁלָמִים darbringen, in einer Opfermahlzeit verzehrt wird. Mit diesen Feststellungen sind einige Unklarheiten über die Durchführung der kultischen Begehung beseitigt worden, aber es hat sich leider kein Anhaltspunkt für eine Bestimmung ihrer Bezeichnung ergeben.

3. תּוֹרוֹת und andere gesetzliche Bestimmungen

Die שְׁלָמִים werden auch in verschiedenen gesetzlichen Vorschriften erwähnt, die bis jetzt noch nicht besprochen worden sind. Die Vorstellungen, die wir über sie aus diesem Material gewinnen können, sind nicht einheitlich, denn es stammt aus verschiedenen Perioden der israelitischen Geschichte. In fast allen Stellen lassen sich Situationen erkennen, die für die Zeit kurz vor oder während des Exils denkbar sind. Nur in einem Fall werden Verhältnisse widergespiegelt, welche sich auf die alte vorexilische Zeit beziehen lassen.

a) Die Priesterschrift (P)

Keine der hier zu besprechenden Stellen kann mit Sicherheit als eine authentische Aussage von P aufgefaßt werden. Der Abschnitt Ex 29 27-28 ist mit Gewißheit als sekundär anzusprechen[69]. In ihm wird in v. 28 innerhalb der Beschreibung des Ritus für die Priesterweihe die allgemein übliche Regelung des Priesteranteils an den שְׁלָמִים in Erinnerung gebracht.

Die jetzige Form der Vorschrift Lev 10 14-15 ist wahrscheinlich auch eine nachträgliche Einfügung in den Text[70]. Aus v. 14 erfahren wir, was nach der kultischen Begehung mit den Bruststücken des Opfertieres geschehen soll, die als Teile der שְׁלָמִים dargebracht worden sind. Hierüber schweigt Lev 9, wo zum erstenmal in der P-Schicht des Tetrateuchs festgestellt wird, daß sie dargebracht werden sollen. Deshalb erwähnt Lev 10 14 vielleicht, daß der Brustkern den Priestern als Deputat zufällt.

Für Num 10 10 besteht in der literarkritischen Forschung keine Übereinstimmung darüber, ob es sich um einen echten Beleg von P handelt oder nicht[71]. Die Stelle findet sich in dem Abschnitt Num 10 9-10, worin die שְׁלָמִים in Verbindung mit dem Blasen der Trompeten erwähnt werden. Es soll sowohl an Freudentagen, Festen und Neumonden als auch dann, wenn Brandopfer und שְׁלָמִים stattfinden, geschehen, damit Gott seiner Gemeinde gedenke. Die Aufzählung in Num 29 39 ist ebenfalls sekundär.

Soweit sich die besprochenen Stellen in Texten finden, die mit Gewißheit als sekundäre Zusätze zu P anzusehen sind, lassen sie nichts über die שְׁלָמִים erschließen, was nicht schon bei der Untersuchung von Lev 3 und 7 erwähnt worden wäre. Im Falle von Num 10 10 müssen wir jedoch mit der Möglichkeit rechnen, daß wenigstens Reste einer alten Überlieferung über den Kultus erhalten geblieben sind.

---

[69] Vgl. B. Baentsch, Exodus-Leviticus-Numeri, HK I 2, 1903, 220. 254; S. R. Driver, The Book of Exodus, CaB, 1911, 315; M. Noth, Das Zweite Buch Mose, ATD 5, 1959, 190; H. Schneider, Das Buch Exodus, Echter-B, I 1955[2.3], 239.

[70] Vgl. B. Baentsch a. a. O. 351; A. T. Chapman and A. W. Streane, The Book of Leviticus, CaB, 1914, 56; A. R. S. Kennedy, Leviticus and Numbers, NCB, o. J., 77; M. Noth, Das Dritte Buch Mose, ATD 6, 1962, 72.

[71] B. Baentsch a. a. O. 496 und H. Schneider, Das Buch Numeri, Echter-B, I 1955[2.3], 371, nehmen für diese Stelle einen sehr späten Ursprung an, während L. E. Binns, The Book of Numbers, WC, 1927, 58, sie H zuweist.

Diese Vermutung läßt sich sowohl durch die Tatsache stützen, daß nur Brandopfer und שְׁלָמִים als Kulthandlungen erwähnt werden, als auch aus der geschilderten Situation erschließen, in welcher das Geschehen einen festlichen und freudigen Charakter hat. Damit wird ein Element der שְׁלָמִים erkennbar, das in ähnlicher Weise für ihre Durchführung an verschiedenen Stellen des Dtr-Werkes beschrieben worden ist[72].

b) Das Heiligkeitsgesetz (H)

Innerhalb der gesetzlichen Stücke des AT findet sich der Terminus שְׁלָמִים verschiedene Male auch im Heiligkeitsgesetz Lev 17—26. Wir treffen hier auf eine Sammlung von Vorschriften verschiedenster Art, die vielleicht in ihrer jetzigen Form während eines Zeitraumes zusammengestellt wurden, der »zwischen dem Endstadium des vorexilischen Kultes und der Neuentfaltung des Kultes im nachexilischen Jerusalemer Heiligtum« lag[73].

Das Heiligkeitsgesetz enthält sowohl Gemeindebelehrung, die sich in ähnlicher Form im Dtn findet, als auch Priesterbelehrung. Diese formalen Unterscheidungen lassen sich auf Grund der Einleitungsformeln treffen, die den verschiedenen Abschnitten voranstehen und sie entweder auf die Israeliten oder auf Aaron beziehen[74]. Soweit hierbei die שְׁלָמִים vorkommen, läßt sich feststellen, daß sie sich nirgends in Belehrungen und Vorschriften, die nur für die Priester allein bestimmt sind, sondern stets in Zusammenhängen finden, in welchen entweder das Volk allein oder Priester und Volk zusammen erwähnt werden.

An zwei Stellen ist lediglich das Volk angesprochen. Auf den ersten Beleg treffen wir in dem Festkalender Lev 23 9-21, welcher nach v. 10 für die בְּנֵי יִשְׂרָאֵל bestimmt ist. In ihm werden für das alte »Ernte- bzw. Wochenfest beim Abschluß der Getreideernte Vorschriften mitgeteilt, wie das Fest kultisch zu begehen sei«[75]. Jeder Ackerbesitzer wird aufgefordert, Brotfladen zum Heiligtum zu bringen. Außerdem sollte eine größere kultische Begehung stattfinden, an welcher das ganze Volk teilzunehmen hatte. Die Darbringungen für Jahwe bestanden aus einer עֹלָה mit den dazugehörigen Opfern מִנְחָה und נֶסֶךְ, wozu nach Lev 23 19 noch חַטָּאת und זֶבַח שְׁלָמִים stattzufinden hatten.

Die zweite zu erwähnende Stelle findet sich in Lev 19 5-8, einer Sammlung von wichtigen Anweisungen über Opfermahlzeiten und die Bestimmung des Anteils, welchen die Laien daran hatten. In Lev 19 2, der Überschrift des Kapitels, ist wie in den folgenden Einleitungen

---

[72] S. o. 240 ff.

[73] M. Noth, Das Dritte Buch Mose, ATD 6, 1962, 110; vgl. auch B. Baentsch a. a. O. 387 f.

[74] Vgl. hierzu G. v. Rad, Deuteronomiumstudien, 1947, 16 f.

[75] M. Noth a. a. O. 149.

zu den einzelnen Abschnitten mit der Formel כָּל־ עֲדַת בְּנֵי־יִשְׂרָאֵל die
gesamte Gemeinde Israel angesprochen. Über das Schlachten des זֶבַח
שְׁלָמִים wird in v. 5 gefordert, es solle so geschehen, daß es die Gemeinde
wohlgefällig vor Jahwe mache. Wir haben nach Ansicht von M. Noth
in diesem Abschnitt vermutlich eine belehrende Feststellung, also
eine תּוֹרָה, vor uns, die im »persönlichen paränetischen Stil gehalten
ist«, zu der vielleicht als spätere »Ergänzungen Lev 19 6-8 nach
Lev 7 16-18« im »unpersönlichen Ritualstil« hinzugefügt worden sind[76].
Im Hinblick auf unsere früheren Untersuchungen in diesem Kapitel
sind diese belehrenden Feststellungen offenbar als *dăʿăt* anzusprechen[77].

Die zu untersuchenden restlichen Stellen in H stehen in Vor-
schriften, die nach Lev 17 2 und 22 18 an אֶל־ אַהֲרֹן וְאֶל־בָּנָיו וְאֶל כָּל־בְּנֵי
יִשְׂרָאֵל gerichtet sind, d. h. Volk und Priester gleichermaßen betreffen.
Der erste Beleg findet sich in dem Abschnitt Lev 17 5-8, wo es sich
um Ausführungsbestimmungen für die Vorschriften über privates
Schlachten in Lev 17 3-4 handelt. Aus ihnen geht hervor, daß zu jener
Zeit die Israeliten offenbar ihre Schlachtungen auf freiem Felde aus-
führten. Da Schlachtungen damals sehr selten stattfanden und als
heilige Handlungen angesehen wurden, verband sich mit ihnen vermutlich ein bestimmter Ritus. In welcher Art und Weise eine solche
kultische Begehung stattgefunden haben mag, läßt sich aus H nicht
mehr erschließen. Indessen dürften Formen und Verhältnisse vorausgesetzt werden, wie sie sich im Hintergrund von Ex 20 24 und
Dtn 27 7 finden[78].

Diese Annahme läßt sich durch die Vorschrift in Lev 17 5 stützen,
daß künftig solche Schlachtungen als זִבְחֵי שְׁלָמִים auszuführen und die
Tiere zum Priester vor den Eingang des Heiligtums, des אֹהֶל מוֹעֵד,
zu bringen sind. Wenn nun also das Schlachten am Heiligtum stattfinden soll, dürfte aus dieser Vorschrift geschlossen werden, daß es in
früheren Zeiten nicht der Fall gewesen ist; d. h. offenbar hatten
Schlachtungen an jedem beliebigen Ort durchgeführt werden können.
Wie sich aus Lev 17 7 erkennen läßt, bestand wahrscheinlich guter
Grund für die Jahwereligion, eine solche neue Bestimmung einzuführen und sie der Bevölkerung und dem Kultpersonal einzuschärfen,
denn hier werden Darbringungen des זֶבַח für die שְׂעִירִם, d. h. dämo-
nische Wesen, erwähnt[79]. Die neue Weise, in welcher nach Lev 17 6
die שְׁלָמִים durchzuführen sind, zeigt Kenntnis des Rituals Lev 3 2-5,
weshalb diese Einzelvorschrift wahrscheinlich sehr jungen Datums
sein wird.

---

[76] M. Noth a. a. O. 121.

[77] S. o. 263 ff.

[78] Ähnliche Gesichtspunkte vertreten B. Baentsch a. a. O. 311; A. T. Chapman und
A. W. Streane a. a. O. 98ff; A. R. S. Kennedy a. a. O. 120

[79] So auch A. T. Chapman und A. W. Streane, a. a. O. 99 und M. Noth a. a. O. 112.

Die zweite über die שְׁלָמִים anzuführende Stelle befindet sich in Lev 22 21 innerhalb einer Sammlung von Bestimmungen über die Beschaffenheit darzubringender Opfertiere. Es wird darin vorgeschrieben, daß Schafe und Rinder für die שְׁלָמִים geeignet sind und das Opfertier fehlerlos sein muß, wenn das Opfer die beabsichtigte Wirkung haben soll. In diesem Abschnitt haben wir auch in Lev 22 25 den einzigen atl. Beleg für Aussagen über die שְׁלָמִים, aus dem wir etwas über ihre Bedeutung als Opfer in Erfahrung bringen können, denn es wird hier als לֶחֶם, d. h. als Speise[80], für die Gottheit verstanden, weshalb natürlich dem Opfertier kein Makel anhaften darf.

Aus allen in diesem Abschnitt untersuchten Stellen geht hervor, daß in H die שְׁלָמִים als Opfer aufgefaßt werden. Aus dem Inhalt der einzelnen Vorschriften läßt sich auf eine Zeit schließen, in welcher die Opferpraxis schon erheblich ausgebildet gewesen sein dürfte, denn einmal werden außer den שְׁלָמִים auch Brandopfer, Speisopfer, Trankopfer und Sündopfer erwähnt, und zweitens wird als Anlaß für ihre Darbringung in Lev 22 21 die Erfüllung eines Gelübdes oder eines freiwilligen Opfers genannt.

In Lev 17 treten aber auch noch einige altertümliche Züge der שְׁלָמִים in Erscheinung. Es erwies sich, daß in Israel die Schlachtung von Tieren nicht immer nach einem bestimmten Ritual an einem Heiligtum durchgeführt worden war, sondern auch an anderen Orten stattfinden konnte. Nach den Vorschriften von H gelten die Schlachtopfer erst dann als wohlgefällige Opfer und dürfen den Namen זִבְחֵי שְׁלָמִים tragen, wenn sie als ordnungsgemäße kultische Begehung an dem Heiligtum (in Jerusalem?) durchgeführt werden. So kommt es zur Einführung von Schutzmaßnahmen gegen kultische Bräuche, in welchen dämonischen Wesen Opfer dargebracht wurden und welche sich offenbar entwickelt hatten oder noch nicht völlig unterdrückt waren. Auf Grund solcher Vorschriften für die שְׁלָמִים darf man vielleicht vermuten, daß vor dieser Zeit, d. h. während der älteren Periode der israelitischen Geschichte, jede Schlachtung von Tieren mit diesem Terminus bezeichnet worden ist.

c) Erwägungen zu Ex 20 24

Als Einleitung in das Bundesbuch finden sich eine Reihe von Vorschriften, die in dem Abschnitt Ex 20 24-26 zu dem Gesetz über den Altar zusammengefaßt sind. Obwohl es vielleicht ein sekundärer literarischer Nachtrag zu der Sammlung alter Rechtssätze in Ex 21—23 ist[81], dürfte es vermutlich ebenfalls sehr alt sein, wie meiner Meinung

---

[80] KB 479a.

[81] Vgl. M. Noth, Das Zweite Buch Mose, ATD 5, 1959, 140. 142; P. Heinisch, Das Buch Exodus, HSchr I 2, 1934, 163.

nach M. Noth zutreffend ausgeführt hat, denn es setzt einfache Lebens- und Kultverhältnisse voraus[82]. Weder ist an ein gebirgiges Land noch an Steppen- oder Wüstengebiete gedacht, sondern es tritt hier das Milieu des Kulturlandes in Erscheinung. Eine solche Situation paßt am ehesten für das Leben weidewechselnder Wanderhirten, d. h. für die Frühzeit Israels im Kulturlande[83].

Nach dem Altargesetz zu schließen, gab es in jener Periode für die kultischen Begehungen kein zentrales Heiligtum. Überall, wo Gott Veranlassung gab, in Verbindung mit ihm treten zu dürfen, konnte der Kult ausgeübt werden. Dafür war lediglich eine Stätte aus Erde notwendig, um darauf die עֹלָה und die שְׁלָמִים zu *schlachten*[84]. Als Konsequenz dieses Sachverhaltes scheint sich zu ergeben, daß zur Anfangszeit der Amphiktyonie Brandopfer und שְׁלָמִים diejenigen Elemente darstellten, aus denen sich der Kult zusammensetzte. Für unsere Untersuchung ist dabei die Beobachtung wichtig, daß an dieser Stelle im Zusammenhang mit beiden kultischen Begehungen nichts über Darbringungen *auf* dem Altar bekannt ist. Sollten solche Vorstellungen beabsichtigt gewesen sein, dann hätten verschiedene spezifische Termini der hebräischen Sprache, z. B. הֶעֱלָה, עָשָׂה oder הִקְרִיב zur Verfügung gestanden[85], aber keiner dieser Ausdrücke wird verwendet; statt dessen findet sich in unserem Text das Verbum זָבַח, das eindeutig »schlachten« oder »töten« bedeutet[86].

Meiner Überzeugung nach führen alle diese Beobachtungen zu dem Schluß, daß für jene Zeit *nicht das Verbrennen* eines Opfertiers, sondern *das Schlachten* als das wesentliche Element des Kultes angesehen wird. Diese Vermutung gälte dann notwendigerweise auch für die עֹלָה, die gewiß die Verbrennung des Opfertieres einschloß, deren hauptsächliche Bedeutung aber doch in dem Akt der Schlachtung zu suchen wäre[87]. Sollte diese Ansicht zutreffen, dann läge ein Nachweis

---

[82] Vgl. M. Noth a. a. O. 142.

[83] Zur Charakteristik der Landnahmesituation vgl. A. Alt, Erwägungen über die Landnahme der Israeliten in Palästina, in: Kl. Schr., I 1953, 126ff.; M. Noth, Das System der Zwölf Stämme Israels, 1930, 65ff.

[84] Diese Art des Opferns hat sich bis auf die heutige Zeit noch bei der Begehung des Passah auf dem Garizim in der samaritanischen Gemeinde in Nablus erhalten, vgl. J. Jeremias, Die Passahfeier der Samaritaner, 1932, 71. 86ff.

[85] Vgl. KB 706a. 740b. 852b.

[86] KB 248b.

[87] Dieser Sachverhalt würde sich in Übereinstimmung befinden mit den Darstellungen über das altsemitische Opferwesen bei W. R. Smith, Lectures on the Religion of the Semites, 1927³, 239f. 338ff. Es muß zugegeben werden, daß Smiths Theorie zu einseitig und sein Hinweis auf Nilus fragwürdig ist, da sein Zeugnis als unglaubwürdig angesehen werden muß. Indessen sollte nicht verkannt werden, daß Smith in der Tat bedeutende Erkenntnisse über semitische Opfer erschlossen hat.

vor, daß in Ex 20 24 eine sehr altertümliche Überlieferung des israelitischen Kultes erhalten geblieben ist. Wir hätten Einsicht in eine kultische Begehung gewonnen, deren bestimmende Elemente nomadische Gepflogenheiten waren. Ihr sakramentaler Charakter träte damit deutlich in Erscheinung.

Als weiteres Ergebnis käme in Betracht, daß Dtn 27 6-7 innerhalb der Überlieferungsgeschichte der שְׁלָמִים genauer festgelegt werden könnte. Zwar ist in Dtn 27 6-7 die Überlieferung von Ex 20 24 übernommen worden — so dürfen wir annehmen —, doch hat sie offenbar eine Umbildung erfahren. Damit läßt sich ein Datum für diese Stelle erweisen, welches jünger als die Entstehungszeit von Ex 20 24 ist. Die gleiche Vermutung wird durch die Untersuchung gestützt, die im ersten Teil unseres Kapitels über die שְׁלָמִים im Dtr-Werk durchgeführt wurde. Hier ließ sich an allen Stellen einschließlich Dtn, in denen die שְׁלָמִים zusammen mit den עֹלוֹת erwähnt werden, erkennen, daß man die עֹלָה *darbrachte*. Es wurde also ihr sakrifizieller Charakter betont, während dies in Ex 20 24 nicht der Fall ist.

Fassen wir diese Erwägungen zusammen, dann könnte man der Ansicht sein, daß wir in Ex 20 24 auf eine Stelle gestoßen sind, in der die Überlieferung im AT für jene Frühzeit eine unmittelbare und greifbare Aussage sowohl über die שְׁלָמִים als auch über den Kult im allgemeinen macht. Es läßt sich zwar wiederum weder erkennen, welche inhaltliche Bedeutung dem Terminus שְׁלָמִים zukommt, noch welche spezifischen Funktionen und kultischen Begehungen im einzelnen damit in jener Zeit verbunden waren, aber es kann andererseits doch immerhin vermutet werden, daß zur Anfangszeit der Landnahme nomadisches Brauchtum das beherrschende Element des Kultes der Stämme darstellte. Infolgedessen werden wohl bei der kultischen Begehung hauptsächlich sakramentale Vorstellungen im Vordergrund gestanden haben. Die שְׁלָמִים dürften dann während dieser Periode als *kultische Mahlgemeinschaft* aufzufassen sein. Man könnte außerdem die Vermutung hegen, daß damals noch keine Einrichtung eines offiziellen Priesterstandes bei den Stämmen bestand. Nach den bisherigen Darlegungen zu schließen, scheint in jener Zeit kaum die Möglichkeit eines hochentwickelten Opferkultes mit einem stationären Heiligtum und einem Altar für Brandopfer vorhanden gewesen zu sein.

4. Die Erzählungen im Tetrateuch

Aussagen über die שְׁלָמִים finden sich in jeder Schicht der erzählenden Werke des Tetrateuch. Wir begegnen ihnen sowohl in P, und zwar in Lev und Num, als auch in J und E, wo sie jeweils einmal in Ex erwähnt werden.

a) Belege in der Priesterschrift

Wir beginnen unsere Besprechung mit Num 7. Dieses Kapitel stellt einen sekundären Zuwachs zu P dar[88]. In ihm findet sich unser Kultterminus in zwölf aufeinanderfolgenden Abschnitten mit gleichem Wortlaut[89]. Es wird Num in 7 12-88 berichtet, wie nach der Weihung des Altars im Verlauf von zwölf Tagen jeweils einer der נְשִׂיאִים Israels anläßlich dieses Geschehens seine Gaben darbringt, woraus die Gaben bestanden und für welche Zwecke sie beabsichtigt waren. Als Opfer werden in den einzelnen Abschnitten stets חַטָּאת, עֹלָה, מִנְחָה und זֶבַח הַשְּׁלָמִים erwähnt. Die monotone Aufzählung schließt in Num 7 88 mit einer Mitteilung über die Summe der verschiedenen dargebrachten Opfer ab, wobei ebenfalls die Anzahl der שְׁלָמִים genannt wird.

Von größerer Bedeutung für die Belange unserer Untersuchung sind die Stellen über die שְׁלָמִים in Lev 9, einem Kapitel, welches wahrscheinlich dem Grundbestand von P zuzurechnen ist[90]. Diese Erzählung nimmt insofern einen wichtigen Platz in der Priesterschrift ein, als sie den Beginn des kultischen Gottesdienstes in Israel beschreibt. Man stellt ihn sich so vor, daß die gesamte Gemeinde Israel wesentlich am kultischen Handeln beteiligt ist und Aaron als Priester amtiert.

Neben den שְׁלָמִים, welche hier Opfer des ganzen Volkes darstellen und den Beschluß der kultischen Begehung anzeigen, werden als weitere Opfer עֹלָה und מִנְחָה erwähnt. Die Darbringung der drei Opfer erfolgt in einer Weise, die der Durchführung der Kulthandlung entspricht, auf welche sich die Rituale und die dāʻāt in Lev 1—7 beziehen. Deshalb dürfte vielleicht angenommen werden, daß die kultischen Vorstellungen in Lev 1—7 und 9 die gleichen sind. Trotz dieser Ähnlichkeiten scheinen Gründe zu bestehen, die Kultsprache in Lev 9 als weniger differenziert und entwickelt anzusehen, als es in Lev 1—7 der Fall ist, weshalb sich andererseits ebenfalls vermuten ließe, daß Lev 9 älter als Lev 1—7 sein könnte. Diesen letzten Gesichtspunkt hat neuerdings M. Noth zur Diskussion gestellt[91].

Wenn wir uns den Einzelheiten zuwenden, dann läßt sich folgendes feststellen: Erstens macht Mose Aaron damit bekannt, welche Opfertiere für die einzelnen Darbringungen zu verwenden sind, wobei für die שְׁלָמִים in Lev 9 4 je ein Rind und ein Widder erwähnt werden. Zweitens läßt sich in Lev 9 22 erkennen, daß Aaron, nachdem er alle Opfer einschließlich der שְׁלָמִים dargebracht hat, das Volk vom Altar aus segnet und danach die Altarstufen heruntersteigt.

---

[88] Vgl. M. Noth, ÜPent, 19.

[89] V. 17. 23. 29. 35. 41. 47. 53. 59. 65. 71. 77. 83.

[90] Vgl. M. Noth, ÜPent, 19; M. Noth, Das Dritte Buch Mose, ATD 6, 1962, 61 ff.

[91] Vgl. M. Noth, Das Dritte Buch Mose, ATD 6, 1962, 62.

Wie die שְׁלָמִים dargebracht werden sollen, wird in dem Abschnitt Lev 9 18-21 mitgeteilt. Die Vorbereitungen für diese kultische Begehung treffen in diesem Fall nicht die Laien, wie es das Ritual Lev 3 vorschreibt, sondern die Priester, denn es ist Aaron, der Rind und Widder schlachtet. Das Blut beider Opfertiere fangen seine »Söhne« auf und bringen es ihm, damit er es rings um den Altar sprenge. Danach legen die Priester das Eingeweidefett beider Tiere auf die Brustkerne, von welchen Aaron es wahrscheinlich aufnimmt und es auf dem Altar verbrennt.

Aufschlußreich ist an dieser Stelle, daß sie keine Erwähnung über ein nachfolgendes Opfermahl enthält, bei dem Teile der Opfertiere, welche nicht verbrannt worden sind, gegessen werden. Das Gewicht scheint also auf der genauen Durchführung des Ritus zu liegen, womit das gleiche Anliegen zum Ausdruck kommt, welches schon in dem Ritual Lev 3 zu erkennen war. M. Noth hat aus diesem Sachverhalt gefolgert, daß in Lev 9 »das eigentliche Anliegen der ganzen Erzählung die Einführung der von nun an weiter zu praktizierenden Opferarten und die Unterrichtung über deren Darbringungsweise« war. Von dem Essen der שְׁלָמִים würde deshalb nichts bemerkt, weil es als allgemein bekannt vorauszusetzen sei[92].

Diese Vermutung läßt sich durch die Ergebnisse stützen, welche auf Grund unserer Untersuchung der שְׁלָמִים innerhalb der *dăʿăt* in Lev 7 11-37 gewonnen wurden. Man kann sich von da aus dem Eindruck nicht entziehen, daß die priesterlichen Kreise die שְׁלָמִים als eine kultische Begehung auffaßten, welche mit einem Opfermahl verbunden war[93]. Es läßt sich jedoch auch gegen den Gesichtspunkt von M. Noth argumentieren und annehmen, Lev 9 sei jünger als die Endform des Rituals in Lev 3; denn in Lev 3 trifft nicht der Priester, sondern derjenige, der das Opfer darbringen will, die Vorbereitungen dafür[94]. Dieser altertümliche Zug ist augenscheinlich in Lev 9 unterdrückt und auf den Priester als eine von ihm wahrzunehmende Funktion übertragen worden.

b) Belege in Exodus

In Ex werden die שְׁלָמִים je einmal in den Erzählungen der J-Schicht und der E-Schicht erwähnt. Sie finden sich in Abschnitten, welche beide als sekundäre Erweiterungen anzusehen sind[95]. Da der Inhalt der zwei Stellen für das in unserer Studie zu verfolgende Anliegen bedeutsam ist, bedürfen sie einer eingehenden Untersuchung.

---

[92] M. Noth a. a. O. 66.
[93] S. o. 263 ff.
[94] S. o. 262.
[95] Vgl. M. Noth, ÜPent, 33. 39.

(1) Erwägungen zu Ex 32 6 (J)

Die hier zu besprechende Stelle befindet sich in der Erzählung über das goldene Kalb. Ihr Hintergrund läßt eine Situation erkennen, die kurz nach Salomos Tod auf Grund des Zerfalles der vereinigten Königreiche und der Begründung der beiden unabhängigen Staaten Israel und Juda in Erscheinung trat. Sie wirkte sich nicht nur politisch aus, sondern hatte auch für den Kultus Folgen. Nun war Jerusalem, das auf Grund seines Königstempels und der Gegenwart der Bundeslade[96] als Residenzstadt des gesamtisraelitischen Königs eine einzigartige Bedeutung für den Kultus hatte, mit dem Verlust seiner Vorzugsstellung bedroht, da Jerobeam I. inzwischen Bethel und Dan als nationale Heiligtümer in seinem Reich begründet hatte. Deshalb gibt uns die Erzählung über das goldene Kalb vermutlich einen Einblick in die Polemik der Jerusalemer Priesterschaft »in their struggle ... against the Bethel shrine«[97] und vielleicht auch gegen Dan. Dieser Kampf richtet sich offenbar nicht nur gegen die Lokalitäten der beiden Heiligtümer, sondern auch gegen den dort durchgeführten Kultus[98].

Die anzunehmende Situation ist für die Belange unserer Untersuchung nicht nur deshalb bedeutsam, weil in Ex 32 6 die שְׁלָמִים erwähnt werden, sondern auch wegen der an dieser Stelle geschilderten allgemeinen kultischen Begehung, denn vermutlich läßt sich aus ihr noch teilweise erschließen, wie der Kultus in Bethel und Dan durchgeführt worden ist. Wahrscheinlich war dort für die Gottheit ein Stierbild errichtet worden, auf welchem man sie sich unsichtbar thronend vorstellte[99]. Bei festlichen Gelegenheiten wurden vor der Statue Brandopfer dargebracht (הֶעֱלָה) sowie שְׁלָמִים herbeigeführt (הַגִּישׁ), und an diese Begehung schloß sich offenbar eine kultische Mahlzeit aller Anwesenden an, bei der große Fröhlichkeit und vielleicht sogar Ausgelassenheit geherrscht haben dürfte.

Sollten die Jerusalemer Kreise mit ihrer Polemik kein entstelltes Bild der Verhältnisse gegeben haben, so könnte angenommen werden, daß bei der Durchführung der שְׁלָמִים anläßlich solcher Festlichkeiten möglicherweise auch Elemente kanaanäischer Fruchtbarkeitskulte eine Rolle spielten, denn mit dem hier verwendeten Verbum צָחַק, d. h. lachen, sich belustigen[100], wird vermutlich auf sexuelle Orgien hinge-

---

[96] Über die Bedeutung der Überführung der Bundeslade nach Jerusalem vgl. M. Noth, Jerusalem und die israelitischen Traditionen, in: Ges. St., 1957, 172 ff.

[97] J. C. Rylaarsdam, The Book of Exodus, IB, I 1952, 1064; vgl. auch M. Noth, ÜPent, 160.

[98] Vgl. M. Noth, Das Zweite Buch Mose, ATD 5, 1959, 200 ff.; M. Noth, ÜPent, 157 ff.; B. Baentsch a. a. O. 260; S. R. Driver a. a. O. 346. 349; G. Beer, Exodus, HAT I 3, 1939, 158.

[99] So M. Noth, Das Zweite Buch Mose, ATD 5, 1959, 203.

[100] KB 800 b.

18*

wiesen[101]. Außerdem dürfte man in der Erwähnung des Essens *und* Trinkens vielleicht eine versteckte Andeutung über den Genuß berauschender Getränke sehen.

Wesentlich für unsere Belange ist die Tatsache, daß שְׁלָמִים und עֹלוֹת als kultische Begehungen miteinander verbunden waren und Bedeutsamkeit für den Gottesdienst in den Heiligtümern des Nordreiches hatten. Welche spezifische Funktion ihnen dabei im Kult zukam, läßt sich aus Ex 32 6 nicht mehr erkennen. Man kann immerhin sagen, daß die beiden Kultakte einen freudig-festlichen Charakter zeigten. Wir sind damit bei beiden Kulthandlungen auf Merkmale gestoßen, welche große Ähnlichkeit mit der Begehung aufweisen, die in den Kultvorschriften in Dtn 27 6-7 angeordnet ist. Im Dtr-Werk finden sich sonst solche Merkmale im Zusammenhang mit den שְׁלָמִים fast ausnahmslos an Stellen, die auf den Dtr selbst zurückgehen.

Vergegenwärtigen wir uns, was bisher in diesem Abschnitt zusammengestellt wurde, so erhebt sich die Frage, ob uns in Ex 32 6 ein richtiges Bild über den Kult in Bethel und Dan überliefert worden ist. Soweit es sich um das Problem der שְׁלָמִים handelt, scheint dies nicht der Fall zu sein. Es könnte durchaus möglich sein, daß man an den Heiligtümern des Nordreiches altes Brauchtum des israelitischen Kultes treuer als in Jerusalem bewahrt hatte, da bei den hier besprochenen kultischen Begehungen der sakramentale Aspekt offenbar stärker betont ist als der sakrifizielle. Es dürfte dann die Annahme nahe liegen, an diesen Heiligtümern und bei ihrer Priesterschaft hätten unterschiedliche Auffassungen über den Sinn des Kultes bestanden, was Anlaß für die Jerusalemer Kreise gewesen sein mag, den freudigen Charakter des Kultes im Nordreich zu brandmarken, weil sie ihn als eine Entartung des Gottesdienstes ansahen. Von solchen Voraussetzungen ausgehend, kann man vermuten, daß der Jerusalemer Kultus schon um 900 v. Chr. die sakrifiziellen Züge der שְׁלָמִים möglicherweise stärker betonte als die sakramentalen, während sie zur gleichen Zeit in Bethel und Dan den Charakter eines Kultmahles bewahrten, welches in Verbindung mit der Darbringung der Brandopfer begangen wurde.

Diese Ansicht ließe sich durch die Verwendung des Verbums נגשׁ in Ex 32 6, das schon in der gleichen Beziehung zu den שְׁלָמִים in I Sam 13 9 belegt ist, stützen. Als hi. הִגִּישׁ bedeutet es, mit Ausnahme seines Gebrauches in Lev, an allen sonstigen Stellen des Tetrateuchs und im Dtr-Werk »nahe bringen, herbeiführen«. Mit dieser Bedeutung wird es jedoch niemals für die Darbringung von Opfern verwendet, d. h. als Synonym für הֶעֱלָה, sondern es bringt stets die Funktion des Hereinbringens zum Ausdruck, d. h. es bezeichnet eine Handlung, in welcher etwas zu einem bestimmten Platz gebracht wird und dann

---

[101] Vgl. M. Noth a. a. O. 204.

dort vorhanden ist[102]. Die gleiche Vorstellung findet sich in Sauls Befehl I Sam 13 9, welcher mit הַגִּשׁוּ eine Anweisung gibt, Brandopfer und שְׁלָמִים herbeizubringen, womit offenbar die Herbeiführung von Opfertieren gemeint ist. Erst nachdem dies geschehen ist, bringt Saul die Brandopfer dar, וַיַּעַל הָעֹלָה, während nichts in dieser Hinsicht über die שְׁלָמִים ausgesagt wird[103].

Selbst wenn in Ex 32 6 einige Merkmale der alten kultischen Begehung der שְׁלָמִים von der Überlieferung erhalten worden wären, schlösse dieser Sachverhalt nicht die Möglichkeit aus, daß sich im Zuge des Heimischwerdens der Stämme in Kanaan die Art der Durchführung des Kultes immer mehr änderte und deshalb ihre Begehung tatsächlich als Entartung angesehen werden mußte. Es könnten also Elemente des kanaanäischen Fruchtbarkeitskultes in den kultischen Begehungen an den Heiligtümern des Nordreiches Aufnahme gefunden haben, weswegen der dort stattfindende Gottesdienst von der Jerusalemer Priesterschaft angegriffen wurde.

Welches der wirkliche Beweggrund der Jerusalemer Priesterschaft war und wogegen sich tatsächlich ihre Polemik richtete, kann nicht mehr aus der in Ex 32 6 geschilderten Situation erkannt werden. Dieses Problem ließe sich nur dann lösen, wenn man im AT eine Stelle finden könnte, aus der sich Einzelheiten darüber erschließen ließen, welche kultischen Vorstellungen in der salomonischen Zeit mit den שְׁלָמִים bei der Durchführung des Gottesdienstes am Jerusalemer Heiligtum verbunden waren. Es hatte die Hoffnung bestanden, daß Ex 24 5 diese Schlüsselstellung in unserer gesamten Untersuchung einnehmen würde. Sie hat sich jedoch nicht erfüllt, wie im Anschluß an diesen Abschnitt darzulegen ist. Da wir sonst nirgends im AT eine genaue Aussage über den Jerusalemer Kult jener Zeit auffinden können, müssen wir uns mit den hier vorgetragenen hypothetischen Kombinationen begnügen.

(2) Erwägungen zu Ex 24 5 (E)

Diese Stelle erfordert eine besondere Untersuchung, denn in ihr werden die שְׁלָמִים als Teil der in dem Abschnitt Ex 24 3-8 geschilderten größeren kultischen Begehung aufgefaßt, die anläßlich der Bundschließung am Sinai stattfindet und zwei Tage dauert. Am ersten Tag erfolgt eine Verlesung aller Worte und מִשְׁפָּטִים Jahwes vor dem versammelten Volk, welche es am Schluß zu befolgen gelobt. Daraufhin werden alle verlesenen Vorschriften aufgeschrieben. Am zweiten Tag

---

[102] Vgl. KB 595a−b.

[103] In I Sam 13 9 ist meiner Überzeugung nach das Verbum נגשׁ eindeutig sowohl auf עֹלָה als auch auf שְׁלָמִים und nicht nur auf den ersten Terminus allein bezogen, weshalb es wahrscheinlich an dieser Stelle nicht »Opfer darbringen« bedeutet, wie KB 595 es annehmen.

errichtet das Volk am Fuße des Berges einen Altar und zwölf מַצֵּבוֹת, d. h. Säulen. Israelitische Jünglinge bringen Brandopfer dar und schlachten שְׁלָמִים. Das Blut aller Opfertiere wird je zur Hälfte in Becken gegossen und auf den Altar gesprengt. Danach findet eine Verlesung des Bundesbuches statt, und das Volk verpflichtet sich erneut, diese Vorschriften anzunehmen und ihnen gegenüber gehorsam zu sein. Die Feierlichkeiten finden ihren Abschluß darin, daß Mose das gesamte Volk mit dem Bundesblut besprengt.

Die in unserem Abschnitt dargestellten Vorgänge lassen auf ein außerordentlich bedeutsames kultisches Geschehen schließen. Die Einmaligkeit der Bundschließung soll offenbar durch die Einzigartigkeit der sie begleitenden kultischen Begehungen unterstrichen werden. Die שְׁלָמִים sind in diesem Fall nicht mit einem kultischen Mahl verbunden. Zwar wird von ihnen nur gesagt, daß sie geschlachtet werden (זָבַח), aber da sie im Zusammenhang mit einem sonst nicht zu belegenden feierlichen Blutritus stehen, sind sie mit Bestimmtheit als Opfer aufzufassen. Diese besondere Situation bedarf genauerer Untersuchung.

Der sich jetzt Ex 24 3-8 im MT findende Text macht nach Ansicht fast aller Kommentatoren den Eindruck, daß er verhältnismäßig alt sei und eine literarische Einheit darstelle. Die folgenden Feststellungen werden in diesem Fall als Argumente angeführt: Erstens *schlachteten Jünglinge die Opfertiere und brächten sie dar*, und zweitens *würde das Bundesblut* sowohl auf dem Altar als auch *auf das Volk gesprengt*. Soweit mir bekannt ist, wird eine solche Auffassung nur von G. Beer und M. Noth nicht geteilt[104], wobei jedoch zu bemerken ist, daß sie lediglich annehmen, der Abschnitt stelle keine literarische Einheit dar, aber an seiner Altertümlichkeit festhalten. Meiner Meinung nach ist beiden Forschern bezüglich ihrer literarischen Kritik unbedingt zuzustimmen. Ihre Ansicht über die Altertümlichkeit der hier im AT vorliegenden kultischen Auffassungen erscheint mir jedoch problematisch, worauf später zurückzukommen sein wird.

Ein Hauptargument gegen die literarische Einheit von Ex 24 3-8 ist in der Tatsache zu sehen, daß in diesem Abschnitt sowohl die Verlesung des Gesetzes als auch das Gehorsamsversprechen des Volkes zweimal stattfindet: Das erste Mal nach v. 3-4 vor dem Opferakt und in Verbindung mit der Niederschrift des Gesetzes; das zweite Mal werden dieselben Vorgänge in v. 7 erwähnt, wo nach dem Sprengen des Blutes auf dem Altar das gleiche Gesetz aufgeschrieben wird und das Volk sich verpflichtet, ihm Gehorsam zu leisten. Vergleichen wir den Inhalt von Ex 24 3-8 mit anderen Bundesschlußfeierlichkeiten, die sich im AT finden, dann zeigt sich sehr wenig Übereinstimmung zwischen ihnen und unserem Abschnitt.

In diesem Zusammenhang mag ein Hinweis auf Jos 24 genügen, wo ein Bundeserneuerungsfest geschildert wird. Wir sehen, daß sich Israel anläßlich des Bundes-

---

[104] G. Beer a. a. O. 126; M. Noth, Die Gesetze im Pentateuch, in: Ges. St., 1957, 56ff.

schlusses zu Beginn der Feierlichkeiten in einem Bekenntnis an Jahwe als seinen Gott bindet. Erst nachdem dies geschehen ist, finden die anderen Akte der kultischen Begehung statt: Das Bundesgesetz wird verlesen und niedergeschrieben, ein Stein als Zeuge errichtet und danach das Volk entlassen. Vor seiner Verabschiedung fand wahrscheinlich eine feierliche Segens- und Fluchzeremonie statt; Teile des Ritus sind in der Reihe apodiktischer Fluchformeln in Dtn 27 15-26 erhalten geblieben[105]. Von Opfern, welche in Ex 24 3-8 eine so bedeutsame Rolle spielen, hören wir in Dtn und Jos nichts.

Die Begehung, welche in Jos 24 beschrieben wird, läßt sich noch in einem gewissen Maße in Ex 24 3-4. 7 erkennen. Die an dieser Stelle in Erscheinung tretenden Vorstellungen zielen deutlich auf eine Bundesschlußzeremonie ab. Der ursprüngliche Bestand der Verse hat möglicherweise einmal den Abschluß des Bundesbuches dargestellt, enthält aber auch sekundäre Erweiterungen[106]. Wenn sich also alte kultische Anschauungen in Ex 24 3-8 bewahrt haben sollten, dann dürften sie nur in dem Grundbestand zu finden sein, der in v. 3-4. 7 enthalten ist. Dieser Schluß zwingt jedoch nicht zu der Annahme, daß deshalb der gesamte Abschnitt v. 3-8 altertümlich sein muß, vor allem dann nicht, wenn keine überzeugenden Gründe für eine solche Auffassung vorgebracht werden können. Man gewinnt eher den Eindruck, er sei ziemlich jungen Ursprungs.

Zu einer solchen Vermutung wird man vor allem durch die Beschreibung der kultischen Begehung in diesem Abschnitt veranlaßt, die in der Tat einen einmaligen Fall im gesamten AT darstellt. Man gewinnt den Eindruck, daß diese Singularität beabsichtigt wurde, da es sich um den ersten Bundesschluß Israels handelt, der vom Standpunkt der Kultgeschichte aus gesehen, grundsätzlich nur ein einziges Mal stattgefunden hat. Bei genauerer Untersuchung der hier geschilderten Einzelakte läßt sich jedoch für diese Begehung kein altertümliches Gepräge erkennen, vor allem dann nicht, wenn man sie mit den Ergebnissen vergleicht, welche die atl. Forschung uns über die Feierlichkeiten bei dem Bundeserneuerungsfest erschlossen hat.

Zu ähnlichen Folgerungen kann man auf Grund der Ergebnisse gelangen, die in unseren bisherigen Untersuchungen über die kultische Begehung der שְׁלָמִים erarbeitet wurden. Deshalb dürfte wohl zu vermuten sein, daß in Ex 24 3-8 verschiedene Vorstellungen über den Kult enthalten sind, welche aus einer späten Periode der israelitischen Geschichte stammen. Unwillkürlich drängt sich der Gedanke auf, daß dieser Abschnitt eine literarische Konstruktion darstellt, welche nicht die allgemein in Israel bekannten kultischen Begehungen in Erwägung zieht und keinesfalls der Kultpraxis Beachtung schenkt, die für die Zeit der Wüstenwanderung angemessen war[107]. Eine derartige Vermutung kann in verschiedener Weise begründet werden:

---

[105] Vgl. hierzu A. Alt, Die Ursprünge des israelitischen Rechts, in: Kl. Schr., I 1953, 324ff.; M. Noth, GI⁴, 89ff.; M. Noth, Das System der Zwölf Stämme Israels, 1930, 65ff. 133ff.; G. v. Rad, Das formgeschichtliche Problem im Hexateuch, in: Ges. St. 1958, 33f. 41. 45f.

[106] Vgl. M. Noth, Das Zweite Buch Mose, ATD 5, 1959, 160f.

[107] Eine völlig andere Auffassung von dieser Stelle vertritt M. Buber, Moses, Werke, II 1964, 126ff.

Zunächst lassen sich die Ergebnisse unserer bisherigen Untersuchungen über die שְׁלָמִים anführen. Nirgends begegneten wir in den ältesten Überlieferungen einem Hinweis über spezifische rituelle Handlungen in Verbindung mit den שְׁלָמִים oder den Brandopfern. Einen völlig anderen Eindruck gewinnen wir von dem Inhalt in Ex 24 5-8, in welchem nach M. Noth zum Ausdruck kommt: »Der Erzählung über den eigentlichen Akt des Bundesschließens ... steht das Bundesopfer voran, und die nun nochmals erfolgende Verlesung des Gesetzes und die feierliche Verpflichtung auf dieses Gesetz erscheinen inmitten des Vollzugs der Blutbesprengung«[108].

Im Hinblick auf Traditionen über kultische Begehungen läßt schon die Charakterisierung der Situation die Annahme fragwürdig erscheinen, daß wir es mit einer Erzählung über eine alte und allgemein bekannte Kulthandlung in Israel zu tun haben. An keiner anderen Stelle des AT, in welcher die שְׁלָמִים erwähnt werden, ließ sich ein Kultakt wie der in Ex 24 5-8 beschriebene vermuten oder wenigstens vorstellen. Die gleiche Beobachtung trifft für die Erzählungen über den Bundesschluß zu.

In keiner der untersuchten alten Überlieferungen kann der Nachweis erbracht werden, daß die שְׁלָמִים mit solch einem komplizierten Blutritus in Verbindung gestanden hätten. Als einziges Gegenargument wäre das Ritual in Lev 3 zu nennen, das jedoch, wenigstens in seiner gegenwärtigen Textform, ziemlich jung ist. Die vermutlich älteren kultischen Bräuche, die in diesem Ritual noch zu erkennen sind und möglicherweise Ähnlichkeit mit dem amphiktyonischen Kult haben könnten, unterscheiden sich beträchtlich von der Darstellung der Feier in Ex 24 5-8. Aber selbst in jenem Fall sind wir nicht mehr in der Lage, mit Sicherheit festzustellen, ob überhaupt derartige Züge in dem Ritual erhalten geblieben sind[109]. Ein Hinweis auf eine Blutbesprengung des Altars in Verbindung mit den שְׁלָמִים findet sich außer in diesem Abschnitt zum erstenmal im Dtr-Werk II Reg 16 13. Sie wird im Zusammenhang eines bisher in Israel unbekannten, durch König Ahas von Juda eingeführten Kultes erwähnt, welchen der Dtr wahrscheinlich als illegitim erachtete[110].

Außerdem läßt sich der in Ex 24 6. 8 beschriebene Blutritus, selbst wenn er authentisch sein sollte, kaum für die Wüstenzeit Israels oder für die Zeit zu Beginn der Landnahme vorstellen, denn er setzt sowohl ein stationäres Heiligtum mit einem Feueraltar und großen Schalen für das Auffangen des Blutes der Opfertiere als auch ein hochent-

---

[108] M. Noth, Die Gesetze im Pentateuch, in: Ges. St., 1957, 57f.
[109] S. o. 262.
[110] S. o. 239f.

wickeltes Priestertum mit einem pontifex maximus voraus, dessen Funktion in unserer Erzählung deutlich auf Mose übertragen wird[111].

Die Erwähnung der zwölf Jünglinge an dieser Stelle scheint ein weiteres Argument gegen die Annahme zu sein, daß der in Ex 24 5-8 beschriebene Kultakt altertümliches Gepräge habe. Soweit wir Kenntnis von der Teilnahme von Jünglingen oder Jungfrauen an der Durchführung archaischer kultischer Begehungen besitzen, sind sie in solchen Fällen als Träger der Fruchtbarkeit zu verstehen. Aus diesem Grunde werden sie entweder selbst als Opfer dargebracht, oder sie tragen durch eine meistens in der Frühjahrszeit durchgeführte kultische Kopulation dazu bei, daß die Fruchtbarkeit der Felder und des Viehbestandes erneuert wird. Derartige Vorstellungen können keinesfalls an unserer Stelle in Ex beabsichtigt sein, da die Jünglinge deutlich als Priester bei der Schlachtung von Opfertieren fungieren. Die Einführung der Jünglinge an dieser Stelle unterstützt vielmehr die Annahme, daß die in Ex 24 6. 8 vorgefundene Vorstellung über die kultische Begehung des Bundesschlusses vermutlich überhaupt keine historische Grundlage hat, sondern lediglich eine theoretische Konstruktion darstellt.

Merkwürdigerweise scheinen sich jedoch alle Kommentatoren bei ihrer Beurteilung der in Ex 24 5-8 beschriebenen kultischen Begehung darüber einig zu sein, daß sie in der Erwähnung der Jünglinge bei der Kulthandlung ein Anzeichen für ein beträchtliches Alter dieses Abschnittes glauben sehen zu müssen. Als exemplarisch kann die von B. Baentsch gegebene Interpretation betrachtet werden: »Man beachte, daß hier (sc. Ex 24 5) israelitische Jünglinge beim Opfern fungieren. Priester werden demnach nicht als bekannt vorausgesetzt. Daß man gerade Jünglinge wählte, entsprach gewiß der alten Sitte, der die unentweihte Jugend als besonders geeignet zum Dienst der Gottheit gelten mochte. Dieser Zug spricht für ein ziemliches Alter unserer Tradition, vgl. auch Ex 20 24«[112].

Nach meinem Dafürhalten können verschiedene Argumente gegen ein solches Verständnis von Ex 24 5 angeführt werden:

1. Ex 20 24 kann auf keinen Fall zur Stützung einer derartigen Vorstellung herangezogen werden, da diese Stelle nur eine Aussage über das *Schlachten* der Brandopfer und שְׁלָמִים macht. Darüber hinaus finden sich im Altargesetz keine Feststellungen über die bei den kultischen Begehungen zu vollziehenden Riten. Deshalb kann es nur zum Nachweis dafür dienen, daß die bekannten Kulthandlungen zu Beginn der Landnahme Brandopfer und שְׁלָמִים waren, wobei die Betonung bezüglich ihrer Begehung auf dem Schlachten und nicht auf dem Darbringen zu liegen scheint[113]. Weiterführende Aussagen können, wie aus der bisherigen Untersuchung über die alten Überlieferungen des

[111] Vgl. G. Beer a. a. O. 127.
[112] B. Baentsch a. a. O. 215.
[113] S. o. 270ff.

Kultus zu erkennen ist, in dieser Hinsicht nicht gemacht werden, da offenbar keine amphiktyonischen Überlieferungen über Funktion, Bedeutung und Ritus der שְׁלָמִים erhalten geblieben sind.

2. Interessanterweise führt keiner der für diese Stelle konsultierten Kommentare auch nur eine einzige religionsgeschichtliche Parallele für die Vermutung an, daß die Erwähnung der Jünglinge auf einen Opferkult schließen lasse, für welchen die Beteiligung der Priester nicht vorauszusetzen sei. Soweit mir das hier in Frage kommende Gebiet der Religionsforschung bekannt ist, läßt sich auch keine derartige Situation für die kultischen Begehungen älterer semitischer Völker belegen.

3. Die in Ex 24 5-8 dargestellte Kulthandlung, bei welcher auch die שְׁלָמִים geschlachtet werden, erweckt den Eindruck einer Kenntnis spezifischer priesterlicher Handlungen innerhalb des Kultus. Dies geht deutlich aus der Mose im Kultakt zugewiesenen Funktion hervor, für welche sich verschiedene atl. Parallelen anführen lassen:
a) Mose verhält sich ähnlich wie König Ahas in II Reg 16 13, der ebenfalls das Blut der שְׁלָמִים auf den Altar sprengt[114].
b) Als Aaron nach Lev 9 18 (P) den Altar weiht, führt er diesen Akt in der gleichen Weise durch, wie es von Mose in unserer Stelle beschrieben wird[115].
c) Die Rituale über die Brandopfer und die שְׁלָמִים fordern in Lev 1 5 3 2 ebenfalls die Blutbesprengung[116].
Bei allen hier angeführten Parallelen lassen sich auf Grund unserer bisherigen Untersuchungen in diesem Kapitel kultische Merkmale erkennen, die das Kennzeichen einer späten Entstehung in der Geschichte des israelitischen Kultes haben.

4. Die Vorstellung von einer »unentweihten Jugend« trägt religionsgeschichtlich für die Erklärung von Ex 24 5 nichts bei, es sei denn, daß darin ein Hinweis auf Fruchtbarkeitsriten gesehen werden sollte. Eine solche Vorstellung scheidet aber an dieser Stelle aus und würde völlig im Gegensatz zu der israelitischen Gottesauffassung stehen.

5. Die Annahme, daß an dieser Stelle von den Jünglingen die Rede ist, weil diese noch nicht initiiert sind, entfällt auf Grund der ebenfalls in Ex 24 5 getroffenen Feststellung von der Ausübung ihrer priesterlichen Funktionen. Soweit wir Kenntnis über die von verschiedenen Völkern durchgeführten Initiationsriten haben, sind sie eine kultische Begehung für die Aufnahme Jugendlicher in die Gruppe der vollberechtigten Glieder der Stammesgemeinschaft. Sie geschieht nur dann, wenn der herangewachsene Mensch vermittels der Initiationsriten, denen er sich unterzog, sein volles Personsein erlangt hat[117]. Nur wenn auf diese Weise Jünglinge neue Stammesmitglieder geworden sind, wäre ihre Beteiligung bei der Ausübung einer Kulthandlung denkbar.

6. Es darf außerdem auch nicht vergessen werden, daß Ex 24 5-8 im Zusammenhang mit der Wüstenwanderung der Stämme zu sehen ist. Deshalb sollten Vorstellungen aus einer Zeit Berücksichtigung finden, in welcher sie noch Nomaden oder wenigstens Halbnomaden gewesen sind. Für die Mutmaßung, daß Jünglinge innerhalb des Kultes solcher Gruppen priesterliche Funktionen ausgeübt haben, bietet sich keine Möglichkeit, denn soweit wir religionsgeschichtlich über das kultische Verhalten nomadischer Stammesverbände unterrichtet sind, wird die Funktion des Priesters von dem Führer bzw. dem Ältesten des Stammes oder wenigstens von den Vätern der Sippe und Familie,

---

[114] S. o. 239 f.
[115] S. o. 274.
[116] S. o. 259.
[117] Vgl. z. B. M. Eliade, The Sacred and the Profane, 1961, 135 f. 181 ff.; G. van der Leeuw, Phänomenologie der Religion, 1956², 208 ff.

jedoch nicht von Jünglingen ausgeübt. Nur bei Ackerbau treibenden Völkern und in den großen Kulturen spielen Jünglinge beim Kult eine Rolle, d. h. dort, wo Fruchtbarkeitskulte als bedeutsam angesehen werden[118].

7. Wenn tatsächlich ein solcher Bundeskult in Israel bestanden haben sollte, dann müßten sich Spuren davon in den Überlieferungen über das Bundeserneuerungsfest erkennen lassen. Derartige Hinweise können jedoch nirgends im AT belegt werden.

Zusammenfassend könnte man sagen: Wenn wir alle in unserer bisherigen Erörterung vorgetragenen Argumente in Betracht ziehen, dann erscheint es sehr unwahrscheinlich, daß es sich in Ex 24 5-8 um eine sehr altertümliche kultische Begehung gehandelt haben dürfte. Selbst wenn man dieser Ansicht nicht zustimmen wollte, ergäbe sich aus unserer Untersuchung kein befriedigendes Ergebnis, denn es müßten dann bei den Kultakten des Bundeserneuerungsfestes Vorstellungen vorausgesetzt werden, die im Widerspruch zur israelitischen Gottesauffassung stehen. Wenn diese Möglichkeit also abzuweisen ist, scheint keine andere Lösung des Problems möglich zu sein als zu vermuten, daß wir eine theoretische Konstruktion über eine kultische Begehung vor uns haben, die sehr spät entstanden ist, da in ihr Kultvorstellungen und Handlungen zum Ausdruck kommen, welche sich anderweitig im AT nur im Zusammenhang mit Stellen aus der späteren israelitischen Geschichte finden.

Es muß zugegeben werden, daß diese Ansicht nicht zu beweisen ist und deshalb nur eine Vermutung darstellen kann. Meiner Überzeugung nach hat sie jedoch mehr Wahrscheinlichkeit für sich als die allgemein angenommene Hypothese, in Ex 24 5-8 läge die Beschreibung einer altertümlichen kultischen Feier der Bundschließung am Sinai vor, deren Beweis ebenfalls noch aussteht.

Sollten die hier vorgetragenen Gesichtspunkte zutreffen, so würden sich für unsere Untersuchung des Terminus שְׁלָמִים zwei Folgerungen aus den Erörterungen über den Abschnitt Ex 24 5-8 bzw. Ex 24 3-8 ergeben: Einmal ist festzustellen, daß die Stelle Ex 24 5 von sehr geringem Wert für die Erschließung der Bedeutung des Terminus שְׁלָמִים und der damit verbundenen kultischen Begehung ist. Aus ihr und selbst aus dem Abschnitt Ex 24 3-8 läßt sich mit Bestimmtheit keine Einsicht in den Kult der amphiktyonischen Zeit gewinnen. Zweitens kann die Möglichkeit nicht ganz ausgeschlossen werden, daß der Autor dieser Erzählung wenigstens andeutungsweise von einigen Merkmalen älterer kultischer Begehungen gewußt hat, denn er erwähnt nur die שְׁלָמִים und die Brandopfer. Da er die שְׁלָמִים nicht mit einem Verbum verbindet, welches im Zusammenhang mit sakrifiziellen Akten gebraucht wird, sondern mit זָבַח, könnte er sie mög-

---

[118] Z. B. bei den floralia oder den lupercalia in Rom; vgl. M. Eliade, Cosmos and History, 1959, 27.

licherweise als ein sakramentales Geschehen aufgefaßt haben. Vielleicht wollte er auf diese Weise in seiner Erzählung einen Eindruck der Altertümlichkeit erwecken. Seine gleichzeitige Einführung verschiedener späterer Elemente des israelitischen Kultes hat jedoch einen solchen Eindruck völlig zerstört. So wie die Erzählung jetzt vorliegt, kann sie nur spät in der israelitischen Geschichte entstanden sein.

Zum Schluß unserer Untersuchungen könnte man fragen, ob ursprünglich mit den Feierlichkeiten beim Bundeserneuerungsfest eine kultische Mahlzeit verbunden war. Mit dieser Möglichkeit ist vielleicht zu rechnen, da in dem unmittelbar an unsere Stelle sich anschließenden Abschnitt Ex 24 9-11 eine Überlieferung vorliegt, die auf den Bundesschluß am Sinai Bezug nimmt. Es handelt sich hierbei um eine Erzählung, die nach M. Noth »ziemlich einhellig trotz aller sonstigen Verschiedenheiten in der literarkritischen Analyse von Ex 19—24 als die älteste Form über den Akt des Bundesschlusses angesprochen wird«[119]. Aus ihr lassen sich noch sehr altertümliche nomadische Kultvorstellungen erschließen: Der Bundesschluß wird als Mahl begangen, an welchem Gottheit und Sippe gemeinsam teilnehmen.

Es scheint nahezuliegen, in dem Kultterminus שְׁלָמִים eine Bezeichnung für ein solches Mahl anläßlich der kultischen Begehung des Bundeserneuerungsfestes sehen zu wollen. Es kann sich in diesem Falle aber lediglich um eine Spekulation handeln, da sich meines Wissens nirgends im AT dafür irgendwelche Anhaltspunkte finden. Soweit sich überhaupt Schlüsse aus allen Untersuchungen in diesem Kapitel ziehen lassen, könnte man eher zu der Annahme geneigt sein, daß den Sippenverbänden während der Wüstenzeit die Bezeichnung שְׁלָמִים weder in Verbindung mit einem Kultmahl oder einem Opfer, noch in bezug auf den Bundesschluß am Sinai und den damit zusammenhängenden Überlieferungen bekannt gewesen ist[120].

III. Zusammenfassung

Bei unserer Untersuchung der atl. Belege, in welchen die שְׁלָמִים erwähnt werden, sind wir methodisch auf zwei verschiedenen, sich jedoch ergänzenden Wegen vorgegangen. Einmal wurden für einen Ansatzpunkt solche Stellen des Dtr-Werkes ausgewählt, an welchen sich vermutlich noch Überlieferungsfragmente erkennen lassen, die uns Rückschlüsse über charakteristische Züge des amphiktyonischen Kultes zu ermöglichen scheinen. Im Anschluß daran wurden Stellen im Chr-Werk betrachtet, aus denen das letzte Stadium in der Entwicklung der Auffassung dieser kultischen Begehung erkannt werden konnte. Darauf folgte eine Besprechung des Gesetzentwurfes in Ez 40—48 mit

---

[119] M. Noth, Die Gesetze im Pentateuch, in: Ges. St., 1957, 56.
[120] S. u. 292 ff.

dem Ergebnis, daß hier der Ort zu suchen ist, wo möglicherweise das spätere Verständnis der שְׁלָמִים seinen Ursprung haben dürfte.

Ein zweiter Ausgangspunkt nahm als Voraussetzung die Rituale und priesterlichen *dăʿăt* in Lev, literarische Formen, die das Endstadium einer langen Entwicklung in der kultischen Überlieferung darstellen und dem Chr wahrscheinlich bekannt gewesen sind. Danach wurde eine Untersuchung solcher Stellen durchgeführt, in denen die שְׁלָמִים im Tetrateuch belegt sind. Hierbei wurde versucht, ältere Traditionen zu erschließen und so herauszufinden, ob sich noch fragmentarische Aussagen erkennen lassen, welche uns erlauben, Einsicht in charakteristische Merkmale des Kultus zur Zeit der Amphiktyonie zu gewinnen. Damit war die Hoffnung verbunden, daß sich vielleicht die gleichen Erscheinungen beobachten ließen, denen wir im ersten Teil der Analyse begegnet waren.

Als Gesamtergebnis dieser Untersuchung können die folgenden allgemeinen Feststellungen gelten: Die Mehrzahl aller Stellen läßt Situationen erkennen, in welchen die Durchführung des Kultes mit einem permanenten stationären Heiligtum sowie mit hochentwickelten und feststehenden Formen der kultischen Begehung verbunden ist. Diese Verhältnisse setzen voraus, daß ein ständiges Kultpersonal vorhanden gewesen sein muß, für welches sowohl genaue Vorschriften über das Ritual der שְׁלָמִים selbst als auch über Beobachtungen, welche die Laien dabei einzuhalten hatten, bestanden. An allen solchen Stellen werden die שְׁלָמִים als Opfer im eigentlichen Sinne verstanden.

An einigen älteren Stellen ließ sich andererseits der Eindruck gewinnen, daß die שְׁלָמִים während der vorköniglichen Zeit vermutlich nicht einen derartig ausgesprochenen Charakter hatten, sondern als kultische Mahlzeiten aufgefaßt wurden, die mit Opfern verbunden waren. Bei solchen Schilderungen wird keine Aussage über ihre Darbringung, sondern nur über das Schlachten gemacht. Von einer Ausnahme abgesehen, werden sie stets zusammen mit der עֹלָה erwähnt. Die Brandopfer stellte man sich als echte Opfer vor, denn von ihnen wird bis auf einen Fall ausgesagt, daß sie darzubringen sind.

Nur an einer einzigen Stelle des AT, in Ex 20 24, die wahrscheinlich die älteste gemeinsame Erwähnung von עֹלָה und שְׁלָמִים darstellt, sind beide kultische Bezeichnungen mit זָבַח »schlachten« in Verbindung gebracht. Die Vermutung liegt hier nahe, daß es sich in diesem Fall um Verhältnisse handelt, bei denen das Schlachten das hervorstechende kultische Element war und nicht die Darbringung des Opfertieres oder seine Verbrennung auf einem Altar. Brandopfer und שְׁלָמִים sind offenbar als die ältesten kultischen Begehungen für die Zeit der Landnahme verstanden worden.

Die gleiche Auffassung ließ sich auch aus den Ritualen in Lev 1—5 erschließen. Unter Zuhilfenahme formkritischer Gesichtspunkte ergab sich bei unserer Untersuchung, daß in dieser Ritualsammlung nur für die עֹלָה in Lev 1 und die שְׁלָמִים in Lev 3 Texte überliefert sind, deren jetzige Form auf ein ausgebildetes rituelles Schema zurückgeführt werden darf.

Es konnte sogar noch auf Grund von Lev 17 vermutet werden, daß selbst während der Königszeit in Israel Schlachtungen auf freiem Feld stattfanden, was Anlaß zu der Forderung gab, sie sollten von nun an als שְׁלָמִים, d. h. als kultische Begehung, am Heiligtum geschehen. Infolgedessen dürfte den שְׁלָמִים eine besondere kultische Heiligkeit beigemessen worden sein, die sie offenbar nur am Heiligtum selbst erwerben konnten.

Einige Einsichten über den kultischen Charakter der שְׁלָמִים zur Zeit des Zweiten Tempels lassen sich aus dem Ritual, der priesterlichen *dăʿăt* sowie gesetzlichen und belehrenden Vorschriften im Tetrateuch gewinnen. Sie geben uns Kenntnis über die Art und Weise, in der sie als Opfer darzubringen waren und welche Einzelheiten die Laien dabei zu beobachten hatten. In dieser Zeit lassen die שְׁלָמִים wie alle anderen Opferarten Merkmale erkennen, wonach sie als Versöhnungsopfer zu verstehen sind. Außerdem scheinen mit dem Opfertier und dem Opferakt selbst Vorstellungen einer substantiellen Heiligkeit verbunden gewesen zu sein.

Auf Grund einzelner Stellen im Chr-Werk dürften die שְׁלָמִים in jener Zeit noch in einer anderen Weise verstanden worden sein und den Charakter eines Mahles gehabt haben; denn solch eine Auffassung liegt für unseren Kultterminus bei der chr Schilderung der Abschlußfeierlichkeiten anläßlich der Neuregelung des Passa, des großen Dank- und Freudenfestes Israels, vor. Hierbei ist vermutlich der Gedanke der *Gemeinschaftlichkeit* betont worden. Deshalb könnte man annehmen, daß damals noch bei der Darbringung der שְׁלָמִים und durch die Mahlgemeinschaft, die auf Grund des Essens des vom Opfer übriggebliebenen Fleisches gegeben war, die Vorstellung der *Ganzheit der Gemeinschaft* oder der *gemeinsamen Verbundenheit* von Bedeutung gewesen ist.

Folgende Einzelheiten der kultischen Begehung lassen sich für die Zeit des Zweiten Tempels feststellen: Mit den שְׁלָמִים ist ein Blutritus verbunden. Das Fett der Eingeweide des Opfertieres und beim Fettsteißschaf zusätzlich der Schwanz werden auf dem Altar verbrannt. Die Brust und später auch die Keule fallen dem Priester zu. Alles übrige Fleisch durfte unmittelbar nach der Darbringung des Opfers oder an dem darauffolgenden Tag gegessen werden. Überreste, die sich noch am dritten Tag vorfanden, waren zu verbrennen.

In der Anfangszeit Israels ist den שְׁלָמִים ein derartig ausgeprägter Opfercharakter vermutlich noch nicht beigemessen worden. Nach dem Verständnis des Dtr-Werkes zu urteilen, müssen sie ein freudiges

Ereignis gewesen sein und wurden möglicherweise als ein Mahl aufgefaßt, das auf ein dargebrachtes Brandopfer folgte. Ihr spezifischer
Charakter und die genaue Durchführung des kultischen Aktes läßt
sich für jene Zeit nicht mehr aus den Texten des AT ermitteln. Man
könnte annehmen, daß der eigentliche Akt der Versöhnung der Gottheit durch die עֹלָה bewirkt wurde, worauf ein Mahl aller Kultteilnehmer stattfand, durch welches sowohl ihre *Ganzheit* und *Gemeinschaft* untereinander als auch mit Gott, d. h. die *gemeinsame Verbundenheit* mit ihm, zum Ausdruck kam. Vorstellungen dieser Art können
noch als Hintergrund von Ex 24 9-11 vermutet werden.

Diese Auffassung von den שְׁלָמִים kommt wahrscheinlich ihrem
ursprünglichen Verständnis am nächsten. Sie hat sich aber möglicherweise dadurch geändert, daß das sakrifizielle Element bei der kultischen Begehung das Übergewicht erhielt, als die Stämme in Kontakt
mit alten kanaanäischen Heiligtümern kamen und den dort durchgeführten Kult kennenlernten, denn wir hören schon in Jdc in Verbindung mit Bethel von einer *Darbringung* der שְׁלָמִים. Diese Stelle
scheint ebenfalls zu zeigen, daß ihnen in solchen Fällen stets noch ein
Mahlcharakter zu eigen gewesen ist. Derartige Beobachtungen lassen
sich auf Grund des Dtr-Werkes allerdings nicht mehr für den Kult im
Jerusalemer Heiligtum treffen, denn dort ist, wie aus II Sam in Verbindung mit David geschlossen werden kann, das kennzeichnende
Merkmal der שְׁלָמִים das eines Opfers. Das gemeinsame Mahl, welches
auf den sakrifiziellen Kultakt der Brandopfer folgte, wird an diesen
Stellen nicht mehr erwähnt. Man könnte deshalb die Frage aufwerfen,
ob vielleicht von Anfang an in Jerusalem die Begehung der שְׁלָמִים
mit einem Blutritus und dem Verbrennen des Eingeweidefettes der
Opfertiere verbunden war. Eine solche Möglichkeit wäre dann anzunehmen, wenn man voraussetzt, daß die in Lev 3 überlieferten Riten
teilweise auf altes kanaanäisches Brauchtum beim Opferkult zurückgehen würden. Ein Beweis läßt sich in diesem Falle nicht erbringen.
Es ist jedoch denkbar, daß solche fremden Elemente im israelitischen
Kult Aufnahme fanden und an verschiedenen Stellen des Rituals Lev 3
erhalten geblieben sind.

Zur Stützung einer solchen Vermutung ließe sich einmal auf die
Tatsache verweisen, daß bestimmte Kultelemente, welche in spät-
entwickelten Ritualen vorhanden sind, oft aus sehr alter Zeit stammen.
Sie pflegen sich selbst dann zu erhalten, wenn den Kultteilnehmern
das ursprüngliche Anliegen des Kultus nicht mehr bewußt ist. Man
könnte in diesem Zusammenhang auch die in Ex 32 6 zum Ausdruck
kommende Polemik der Jerusalemer Priesterkreise gegen den in Bethel
und vermutlich auch in Dan stattfindenden Gottesdienst heranziehen.
Auch wenn aus ihr nicht hervorgeht, in welcher Weise die שְׁלָמִים in
Jerusalem verstanden und dargebracht worden sind, wäre es immerhin

auf Grund der Ablehnung des Kultes an den beiden nordisraelitischen Heiligtümern möglich anzunehmen, daß diese kultische Begehung im Königstempel in Juda einen anderen Charakter gehabt haben könnte, der mit Vorstellungen, die sich im Ritual Lev 3 finden, übereinstimmen würde. Derartige Erwägungen können nur als Vermutungen betrachtet werden. Eine Entscheidung läßt sich in dieser Angelegenheit deshalb nicht treffen, weil wir nicht wissen, ob die in Ex 32 6 ausgesprochene Polemik gegen die Art und Weise gerichtet ist, in welcher der Kult im Nordreich durchgeführt wurde, oder ob hinter alledem nicht auch ein Machtkampf der Jerusalemer Priesterschaft steht, um Einfluß und Vorherrschaft über beide Territorien zu gewinnen.

Unsere bisherigen Darlegungen über die Möglichkeit, daß kanaanäische Kultelemente Aufnahme bei der Durchführung der שְׁלָמִים gefunden haben könnten, stellen nur einen Aspekt des heterogenen Bildes dar, welches sich im AT über diese kultische Begehung findet. Wenn wir das Dtr-Werk in Betracht ziehen, dann gewinnen wir von ihnen einen völlig anderen Eindruck. Der Dtr wußte offenbar nichts von spezifischen Formen des israelitischen Kultes der Frühzeit, die den im Ritual Lev 3 zum Ausdruck kommenden Vorstellungen vergleichbar gewesen wären. Zumindest könnte man so sagen: Sollten sie ihm bekannt gewesen sein, dann hielt er sie vermutlich für nichtisraelitisches Brauchtum und hat sie verschwiegen.

Wie dem auch sei, aus seinem Werk geht jedenfalls deutlich hervor, daß seiner Ansicht nach zur Zeit der Amphiktyonie und in der anfänglichen Königszeit weder das Verbrennen des Eingeweidefettes der Opfertiere noch eine Blutbesprengung mit der kultischen Begehung der שְׁלָמִים verbunden waren. Und in II Reg 16 13, der einzigen Stelle, wo der Dtr eine Blutsprengung erwähnt, scheint er derartige zusätzliche Kultelemente als illegitim betrachtet zu haben, denn in jener Zeit wurden wahrscheinlich assyrische Kultakte in den Gottesdienst des Jerusalemer Tempels eingeführt.

Das Bild, welches wir im Dtr-Werk über die שְׁלָמִים gewinnen, erweckt den Eindruck, daß die sakrifiziellen Züge im Ritual in Lev 3 vermutlich sehr spät in Verbindung mit dieser kultischen Begehung gebracht wurden und vielleicht nicht ursprünglich zum Jerusalemer Kultus gehört haben. Man wird fast zu der Annahme geführt, daß die ausgesprochen priesterliche Form des israelitischen Kultus von fremden gottesdienstlichen Handlungen während des babylonischen Exils beeinflußt worden sei. Die möglicherweise übernommenen mesopotamischen Kultmerkmale müßten zu jener Zeit jedoch nach israelitischem Gottesverständnis interpretiert worden sein.

Auf Grund unserer Kenntnis der atl. Texte können wir bezüglich der Entwicklung der kultischen Begehung der שְׁלָמִים zu keinem abschließenden Ergebnis kommen. Es ergibt sich kein einheitliches Bild,

und der Kultakt selbst enthält verschiedene Charakterzüge, deren
Ursprung nicht mehr erschlossen werden kann. Es läßt sich lediglich
der folgende Nachweis erbringen: Erstens war diese Kulthandlung in
der frühesten Zeit offenbar ziemlich einfach und nahm erst allmählich
im Laufe der Zeit eine sehr entwickelte Form an; zweitens änderte sich
ihr ursprünglich sakramentaler Charakter später dahingehend, daß sie
vornehmlich sakrifiziell verstanden wurde.

Damit erschöpft sich unsere Kenntnis über die שְׁלָמִים, soweit uns
die Texte des AT genaue Auskunft über sie geben. Welche kultischen
und religiösen Vorstellungen sich mit ihnen verbanden und wie wir
uns die damit zusammenhängenden Kultakte in amphyktionischer
Zeit vorstellen müssen, läßt sich aus keiner Stelle des AT mit Sicherheit
erschließen. Man wird wahrscheinlich nicht fehl gehen, wenn man annimmt, daß diese kultische Begehung ursprünglich vielleicht *Gemeinschaft* zwischen Gott und den Mahlgenossen und zwischen ihnen selbst
stiftete[121].

Es läßt sich ebenfalls nicht mehr bestimmen, welche Bedeutung
dem hier besprochenen Kultterminus zukommt. Wie im Verlauf
unserer Untersuchung gezeigt worden ist, liegt der Wurzel שלם die
Vorstellung der *Ganzheit* und der *Unversehrtheit* zu Grunde. Deshalb
müssen Inhalte wie *Vergeltung, Dankbarkeit* und dergl. als Ableitungen
aufgefaßt werden und sind für eine Interpretation des Terminus שְׁלָמִים
ungeeignet. Am nächsten liegt immer noch, die Bedeutung *Gemeinschaft*
anzunehmen, denn sie würde am ehesten dem Charakter der Mahlgemeinschaft gerecht werden können.

§ 19 ERWÄGUNGEN ÜBER DIE שְׁלָמִים

Zwei Probleme sind in den bisherigen Besprechungen des Kultterminus unerwähnt geblieben: Erstens, welche möglichen Folgerungen
lassen sich aus unserer gesamten Untersuchung zunächst für den Zeitpunkt, an welchem die שְׁלָמִים ein spezifischer Akt innerhalb des
israelitischen Kultes werden, und weiterhin für ihren Ursprung ziehen?
Und zweitens, in welchem Kulttypus könnten Wort und Begriff שְׁלָמִים
ihren ursprünglichen Sitz haben? Einige Vermutungen darüber sollen
im folgenden angedeutet werden.

I. Erwägungen über den Ursprung der שְׁלָמִים und ihr erstes Auftreten im israelitischen Kult

Die Untersuchung des Terminus und der damit verbundenen
kultischen Vorstellungen konnte es bis zu einem gewissen Grade wahrscheinlich machen, daß seit dem Beginn der Landnahme den israeli-

---

[121] Vgl. G. Beer a. a. O. 106.

19 Eisenbeis

tischen Stämmen sowohl עֹלוֹת als auch שְׁלָמִים bekannt waren. Obgleich
über beide Begehungen für diese Anfangszeit Israels nur sporadische
Mitteilungen im AT gemacht werden, gewinnt man doch den Eindruck, daß sie schon damals Kulthandlungen für die Stämme oder
Sippenverbände darstellten, welche durch spezifische Eigenschaften
gekennzeichnet waren. Sie sind von Anbeginn in der Überlieferung
vorhanden und haben sich nicht erst allmählich entwickelt.

Trotz dieses überlieferungsgeschichtlichen Befundes kann kein
Zweifel darüber bestehen, daß עֹלוֹת und שְׁלָמִים eine eigene Vorge-
schichte gehabt haben, worüber wir jedoch kaum etwas in Erfahrung
bringen können. Soweit sich in dieser Hinsicht noch Einblicke ermöglichen lassen, hat R. de Vaux das Wesentliche bereits zusammen-
getragen und untersucht, weshalb an dieser Stelle das zur Verfügung
stehende Material nicht erst im einzelnen dargelegt zu werden braucht[1].
Auf Grund dieser Studien ist es wahrscheinlich, daß die in der frühen
Periode der israelitischen Geschichte durchgeführten kultischen Handlungen, in welchen שְׁלָמִים in Verbindung mit Brandopfern stattfanden,
als Begehungen zu verstehen sind, in denen kanaanäische und nomadische Kultvorstellungen miteinander verschmolzen wurden.

Die עֹלָה ist wahrscheinlich rein kanaanäischen oder wenigstens
westsemitischen Ursprungs. Aber auch die שְׁלָמִים, soweit sie nur זֶבַח,
Schlachtopfer, darstellen, die durch Verbrennung bestimmter Stücke
des Opfertieres auf dem Altar charakterisiert werden, haben vermutlich
die gleiche Herkunft[2].

Als nomadische Bestandteile des israelitischen Kultes lassen sich
aufzählen:

1. Elemente, welche mit einem Blutritus verbunden sind, d. h.
Schlachtungen, die nicht im Zusammenhang mit einer Verbrennung
des Opfertieres oder eines seiner Teile stehen.

2. Elemente, deren Durchführung weder einen Priesterstand noch
ein stationäres Heiligtum erfordern, d. h. solche, bei denen ein Glied
des Stammes, der Sippe oder der Familie — wahrscheinlich das Sippen-
oder Familienoberhaupt — die Schlachtung durch das Durchschneiden
der Kehle des Opfertieres vornahm.

3. Elemente, aus welchen hervorgeht, daß die kultische Begehung
entweder mit einem bestimmten feststehenden, natürlich gewachsenen
Felsblock, oder mit einem Altar, der aus Natursteinen errichtet wurde,
verbunden war.

---

[1] R. de Vaux, Ancient Israel. Its Life and Institutions, 1951², 433 ff.
[2] R. de Vaux a. a. O. 438 ff.

Einzelne solcher Charakteristika des nomadischen Kultes lassen sich noch an den älteren Stellen der Überlieferungen über die שְׁלָמִים und im Passaritual erkennen[3].

Ein solcher Typus des nomadischen Kultes scheint ursprünglich das israelitische Passa dargestellt zu haben. Nach der ansprechenden Vermutung von L. Rost könnte es eine kultische Begehung gewesen sein, die bei halbnomadischen Stämmen oder Sippenverbänden anläßlich des Weidewechsels eine Rolle gespielt hat. Ihr Sitz im Leben ist möglicherweise in einer Situation des Aufbruchs zu suchen, d. h. zu einer Zeit im Jahreslauf, wenn diese Gruppen von ihren Weideplätzen, die sie während der 'Sommerweide' eingenommen hatten, abzogen, um während der 'Winterzeit' neue Quartiere am Rande des Kulturlandes zu beziehen. Die bei solchen Kulthandlungen stattfindenden einzelnen Akte bestanden vielleicht aus der Schlachtung eines oder mehrerer Tiere der Herde, einer bestimmten Blutmanipulation und einem gemeinsamen Mahl, denen allen apotropäische Vorstellungen zugrunde gelegen haben dürften[4].

L. Rost zieht nicht in Betracht, ob für eine derartige kultische Begehung ein Altar aus unbehauenen Steinen notwendig ist, was aber durchaus denkbar wäre. Sollte diese Annahme zutreffen, dann könnte man vermuten, daß im Hintergrund von Ex 20 24 noch kultische Vorstellungen vorhanden sind, die Ähnlichkeit mit denjenigen aufweisen, welche L. Rost für den nomadischen Kulttypus im Zusammenhang mit dem Weidewechsel postuliert hat; denn wie schon an anderer Stelle unserer Untersuchung bemerkt wurde, scheint in dem Altargesetz bei den Kulthandlungen die Betonung nicht auf dem Darbringen, sondern auf dem Schlachten der Opfertiere zu liegen[5]. Auf Grund der Erwähnung der עֹלָה würde Ex 20 24 außerdem auch einen Hinweis darüber geben, daß während der Zeit, in welcher die einzelnen Stämme und Sippenverbände am Rande des Kulturlandes seßhaft wurden, eine Übernahme kanaanäischer Kultbräuche stattgefunden hat.

Wollte man diese Gedankenlinie weiter verfolgen, so könnte man für einen solchen vermuteten Zusammenhang auch die Ergebnisse heranziehen, die sich aus unserer Untersuchung über die שְׁלָמִים im Dtr-Werk gewinnen ließen. Die dort zum Ausdruck kommenden Ansichten über den Kult zur Zeit der Seßhaftwerdung könnten die Annahme nahelegen, daß in der neuen Lebenssituation, in der sehr wahrscheinlich kein Weidewechsel mehr durchgeführt wurde, allmählich eine Änderung kultischer Vorstellungen stattfand, wodurch sich zugleich die Art und Weise der Durchführung kultischer Begehungen änderte. Möglicherweise ging dabei der apotropäische Charakter des

---

[3] R. de Vaux a. a. O. 435 ff. 441.

[4] L. Rost, Weidewechsel und israelitischer Festkalender, ZDPV 66 (1943), 205 ff.

[5] S. o. 271.

19*

nomadischen Kultes für verschiedene Kulthandlungen verloren, das
Gemeinschaftsmahl und vielleicht auch die Blutmanipulation blieben
erhalten, wurden aber durch die Verschmelzung mit der kanaanäischen
עֹלָה in neuer Weise verstanden.

Sollte die Entwicklung des Kultes tatsächlich in einer Weise stattgefunden haben, die den vorgetragenen Kombinationen entspräche,
dann ließen sich weitere Folgerungen aus diesen Vermutungen ziehen.
Es dürfte vielleicht anzunehmen sein, daß die Brandopfer das apotropäische Element des nomadischen Kultes an sich gezogen haben.
Die Folge davon würde ein neues Verständnis der kultischen Mahlzeit gewesen sein, die nicht mehr der Stärkung und dem Schutz der
Gemeinschaft diente, was nun durch das Brandopfer bewirkt wurde,
sondern den Charakter einer freudigen Feier annahm, weil die Opferhandlung den Kultteilnehmern beides zusicherte. In diesem Zusammenhang ist möglicherweise ein Anknüpfungspunkt für die dtr Vorstellung zu suchen, daß die שְׁלָמִים eine freudige Angelegenheit sein
sollten. Ob in Dtn 27 7 tatsächlich noch Andeutungen einer solchen
vermuteten kultischen Situation enthalten sind, läßt sich nicht beweisen, aber die Möglichkeit einer derartigen Auffassung der Stelle
kann nicht völlig in Abrede gestellt werden.

Wie weit die vorgetragenen Vermutungen Bedeutung für eine
Interpretation der שְׁלָמִים haben, mag dahingestellt bleiben. Wichtig
ist für unsere Belange nur ein Vergleich der Elemente des nomadischen
Kulttypus, welche sowohl im Passa als auch bei den שְׁלָמִים erhalten
geblieben sind. Er führt zu dem Ergebnis, daß nomadische Kultvorstellungen in ziemlich reiner Form in der Überlieferung des Passa
bei P weitertradiert wurden, während im Zusammenhang mit den
שְׁלָמִים an verschiedenen Stellen nur Andeutungen über ein derartiges
kultisches Denken zu erkennen sind. Deshalb wird vielleicht schon für
die ältesten Belege der שְׁלָמִים im AT ein kultisches Verständnis vorauszusetzen sein, welches zumindest teilweise von kanaanäischen Kultvorstellungen beeinflußt worden ist.

II. Das Problem des ursprünglichen Kulttypus

Sollten die im vorausgegangenen Abschnitt dargelegten Kombinationen ernsthafter Erwägung wert sein, dann dürfte man auch Vermutungen über das Alter des Kultterminus שְׁלָמִים anstellen. Auf Grund
solcher Voraussetzungen könnte man annehmen, daß diese Bezeichnung für eine bestimmte kultische Begehung schon in der Anfangszeit
der Landnahme bei den einzelnen israelitischen Stämmen und Sippenverbänden bekannt gewesen ist. Damit ist die Frage aufgeworfen, in
welchem Kulttypus die שְׁלָמִים ursprünglich ihren Sitz hatten. Meiner
Meinung nach ergeben sich für eine Erörterung zwei Möglichkeiten.

1. Der kanaanäische Kulttypus

Man könnte vermuten, daß dieser Name die Bezeichnung einer
ursprünglich kanaanäischen Kultbegehung darstellt. Er ist schon in
den ugaritischen Texten belegt[6] und wird in den punischen Inschriften
der Opfertarife von Marseille angetroffen, in welchen sich für bestimmte
Opfer der Terminus *šlm kll*, שְׁלָם כָּלִיל, findet[7].

Den karthagischen Texten brauchen wir bei der Besprechung
unseres Problems keine besondere Aufmerksamkeit zu schenken, denn
sie stammen aus einer Zeit, die in weitem zeitlichen Abstand zu der
Periode steht, in welcher die Seßhaftwerdung der israelitischen Stämme
und Sippenverbände stattfand. Große Bedeutung haben jedoch die
ugaritischen Texte, denn sie sind wenigstens hundert und vielleicht
sogar mehrere hundert Jahre vor der Zeit der Landnahme entstanden.
In ihnen wird das Wort *šlm* verschiedene Male erwähnt. Es findet sich
in Verbindung mit Anat und Baal in Texten, die vermutlich für ein
Fest bestimmt waren, an dem man auch Libationen durchführte.
Hierbei wird u. a. berichtet, daß Baal eine Botschaft an Anat sendet,
in der er seine Abscheu vor dem Krieg ausdrückt. In ihr wird mehrmals
rezitiert:

> I will pour a *šlm* in the heart of the earth,
> honey from a pot in the heart of the fields[8].

Der Terminus wird außerdem in einem Gedicht erwähnt, welches die
Göttin Šaḥar und den Gott *Šalim* feiert. Beide sind Kinder Els[9].

Die zwei Texte beziehen sich wahrscheinlich auf kultische Begehungen, die im Zusammenhang mit Fruchtbarkeitskulten stehen.
Vergleicht man sie mit den Belegen über die שְׁלָמִים, welche wir im
vorausgegangenen Kapitel untersucht haben, so läßt sich an keiner atl.
Stelle eine genau entsprechende parallele Situation feststellen. Es ist
jedoch mit der Möglichkeit zu rechnen, daß Vorstellungen, die denen
der in den ugaritischen Texten angetroffenen ähnlich sind, als Hintergrund von Ex 32 6 erhalten geblieben sind. Vielleicht dürften auch in
Dtn 27 7 noch Andeutungen dieses ugaritischen Verständnisses vorhanden sein, da hier Essen und Fröhlichkeit den Anlaß für die kultische Begehung darstellen.

Unsere Aufmerksamkeit gilt in diesem Zusammenhang nicht den
kultischen Erscheinungen, sondern den sprachlichen Problemen. Hinsichtlich der letzteren läßt sich annehmen, daß sehr wahrscheinlich der

---

[6] Belege bei G. R. Driver, Canaanite Myths and Legends, 1956, 30 (Keret). 85. 86. 88
(Baal); vgl. auch o. 8f.

[7] Vgl. R. de Vaux a. a. O. 439 und W. R. Smith, Lectures on the Religion of the Semites,
1927³, 239.

[8] Vgl. G. R. Driver a. a. O. 88f.

[9] Vgl. G. R. Driver a. a. O. 120ff.

ugaritische Terminus *šlm* mit dem Gott *Šalim* in Verbindung zu bringen ist. In diesem Fall wäre der hebräische sg. שָׁלֵם, das Grundwort des Terminus שְׁלָמִים, als eine ursprüngliche nominale Form des st. cs. von *Šalim* anzusehen, die später eine eigenständige Bedeutung erhielt. Als sprachgeschichtlicher Befund ergäbe sich damit für unser Nomen eine Entwicklung, welche in den Schritten *šalim* > *šalem* > *šælæm* verlaufen wäre[10]. Es dürfte dann zu vermuten sein, daß dieses Wort als ursprüngliches nomen regens vielleicht ein Ausdruck für eine besondere, *Šalim* zugehörige Opferart gewesen ist, welche durch ein folgendes nomen rectum näher bezeichnet wurde, wobei jedoch das letztere allmählich in Vergessenheit geriet[11].

Sollte der Ursprung des Terminus שְׁלָמִים innerhalb des kanaanäisch-ugaritischen Kulttypus gesucht werden dürfen, so würden wir damit zu rechnen haben, daß die israelitischen Stämme und Sippenverbände während der Zeit ihrer Landnahme diesen Terminus von den Kanaanäern übernahmen und ihn auf eine ihrer damals durchgeführten kultischen Begehungen übertrugen, weil sie vielleicht in ähnlicher Weise stattfand wie die kanaanäische Kulthandlung gleichen Namens. Wenn dem so wäre, dann würde zu vermuten sein, daß die Begehung des nomadischen Kulttypus einen anderen Namen getragen hat und möglicherweise פֶּסַח genannt wurde.

2. Der nomadische Kulttypus

Es könnte allerdings auch sein, daß die Bezeichnung שְׁלָמִים ihren Ursprung im nomadischen Kult hat. Auch für diesen Fall lassen sich noch einige Erwägungen anstellen.

Sollte das Wort פֶּסַח der Name eines Kulttanzes sein, wie es verschiedene atl. Forscher annehmen[12], so dürfte er offenbar ursprünglich nicht die Bezeichnung der Begehung des nomadischen Kulttypus gewesen sein, obwohl das AT sie jetzt in dieser Weise verwendet. Diese Vermutung legt den Gedanken nahe, daß der Kultakt, mit welchem wir uns hier befassen, einen anderen Namen getragen haben müßte. Es wäre dann zu erwägen, ob es das Wort שָׁלֵם gewesen sein könnte.

In diesem Fall wäre auf Beobachtungen zu verweisen, welche W. R. Smith mitgeteilt hat, indem er unsere Aufmerksamkeit auf theophore Namen im Arabischen lenkt, in denen das Wort *salm* in der Bedeutung von Unterwerfung belegt ist[13]. In seiner Untersuchung dieses Bestandteiles verschiedener Namen stellt er fest, daß sich *salm*

---

[10] Hinsichtlich derartiger cs. Formen vgl. BL 552.
[11] Vgl. Syntax 70.
[12] Z. B. J. Pedersen, Israel, Its Life and Culture, III—IV, 1963⁵, 401. 705, sowie F. Schwally und G. Hölscher, zitiert nach Ges-B 650f.
[13] W. R. Smith a. a. O. 78ff.

auf eine Situation bezieht, in welcher es sich sowohl um die Unterwerfung ganzer Sippen als auch einzelner Menschen unter einen
mächtigen Stamm handelt, um seines Schutzes teilhaftig zu sein, womit
sich nicht nur eine Anerkennung dieses Schutzherrn, sondern auch
seiner Gottheit verband. Es wäre denkbar, daß bei solchen Gelegenheiten ein kultisches Mahl zwischen dem Patronatsstamm und den
sich ihm anvertrauenden Sippen stattfand und Ähnlichkeit mit dem
Mahl anläßlich des israelitischen Bundesschlusses aufwies, von welchen
sich in der atl. Überlieferung noch einige Spuren erhalten haben[14]. Ein
ähnliches Verhältnis von Schutzherrschaft und Abhängigkeit könnte
vielleicht auch das Grundelement bei der Vorstellung über die Beziehung zwischen der Gottheit und ihren Verehrern gebildet haben,
eine religiöse Auffassung, auf welche ebenfalls W. R. Smith hingewiesen hat[15]. Als Folge solcher Vermutungen ergäbe sich, daß für kultische Begehungen, welchen die Vorstellung dieses Gottesverhältnisses
zu Grunde liegt, ein gleiches Verständnis vorauszusetzen wäre.

Wollte man den Begriff *salm* auf die Kulthandlung übertragen,
die nach L. Rost anläßlich des Weidewechsels nomadischer oder halb-
nomadischer Gruppen stattfand, so würde sie vermutlich als eine
Bundschließung aufzufassen sein. Es würde sich also um einen Bund
mit der Gottheit gehandelt haben, den die Sippenverbände vor ihrem
Aufbruch in die Randgebiete des Kulturlandes geschlossen hätten.
Aus diesem Anlaß unterwarfen sie sich der Gottheit völlig, um auf
allen Wanderzügen ihres Schutzes sicher zu sein. Bei einer solchen
vermuteten kultischen Begehung wird man möglicherweise an ein
Bundesmahl und eine spezifische Blutmanipulation zu denken haben;
ihr Name könnte *salm* gewesen sein. Dieses Wort ist ein Nomen, das
grammatisch die Form *qatl* aufweist, d. h. es stellt ursprünglich einen
Worttypus dar, der sich im Hebräischen stets zu einer Klasse von
Nomina entwickelt, zu welchen auch der Terminus שֶׁלֶם zu rechnen ist[16].

3. Abschließende Erwägungen

Die in den beiden vorausgegangenen Abschnitten vorgetragenen
Erwägungen stellen lediglich Kombinationen verschiedener Ver-
mutungen dar, die bis zu einem gewissen Grad eine Grundlage für eine
Bestimmung des Terminus שְׁלָמִים abgeben könnten. Es wird keinesfalls
ein Anspruch erhoben, daß es sich dabei um die einzigen denkbaren
Möglichkeiten derartiger Versuche handelt. Aller Voraussicht nach

---

[14] Vgl. Gen 26 30 31 34 Ex 24 9-11.

[15] W. R. Smith a. a. O. 79.

[16] Man könnte sich auch vorstellen, daß eine derartige kultische Auffassung mit *salm*
verbunden war, als die Stämme und Sippenverbände begannen, sich in der Nähe von
kanaanäischen Städten oder auf ihrem Territorium niederzulassen, und daß der
Terminus in Beziehung zu einem Bundesschluß mit den Kanaanäern gestanden hätte.

läßt sich für die שְׁלָמִים keine einzige annehmbare Hypothese bezüglich des Kulttypus aufstellen, in welchem sie ursprünglich ihren Sitz gehabt haben könnten.

Abschließend möge es erlaubt sein, einmal zu durchdenken, zu welchen mutmaßlichen Folgerungen man auf Grund der Voraussetzung beider Kombinationen über die Bedeutung des Kultterminus gelangen könnte. Die ihm zugrunde liegenden Vorstellungen würden in dem einen Fall eine Steigerung der Lebenskraft und Fruchtbarkeit und in dem anderen die Erhaltung der Lebenskraft sein. In beiden Fällen wäre als Anliegen der kultischen Begehung der שְׁלָמִים die Erlangung der Lebens*kraft* zu verstehen oder, wenn man es in modernen Denkvorstellungen ausdrücken wollte, die *Macht* zum Sein. Bei den Kulthandlungen würde es sich also um ein Verlangen nach einem Zustande der *Ganzheit* des menschlichen Lebens handeln. Nach ugaritischer Auffassung soll dieser Zustand durch einen Kultakt bewirkt werden, während er nach nomadischen Kultvorstellungen zwar potentiell schon vorhanden, aber für bedeutsame Unternehmungen jeweils neu zu aktualisieren ist.

Mit diesen Kombinationen haben wir den möglichen hypothetischen Grund für das Wort שְׁלָמִים und die damit verbundenen kultischen Vorstellungen erreicht, soweit hierbei überhaupt Vermutungen angestellt werden können. Seine Verwendung im AT ermöglicht es uns nicht, einem der Kulttypen, in welchem es vermutlich seinen Ursprung hat, den Vorzug zu geben. Name und Inhalt sind wahrscheinlich älter als die frühesten Überlieferungen der שְׁלָמִים, die wir in den atl. Texten finden.

Wollte man aus diesen Kombinationen Schlüsse über die Etymologie des Wortes שְׁלָמִים in der hebräischen Sprachgeschichte ziehen, so könnte man vielleicht sagen, daß wir bei diesem Terminus auf eine alte Form und Bedeutung der Wurzel שׁלם gestoßen sind. Das Wort dürfte dann entweder von dem Namen einer Gottheit abgeleitet sein und als nominale Form den st. cs. ihres Namens darstellen, dem später eine eigenständige Bedeutung beigemessen wurde, oder es war von Anbeginn ein Nomen vom Typus *qatl*[17].

4. Abschnitt: Das Verbum, das Adjektivum und vereinzelt vorkommende Nomina

§ 20 DAS VERBUM שָׁלֵם

Die Feststellungen, welche zu Beginn der atl. Untersuchungen über den Inhalt der Wurzel שׁלם getroffen wurden, gelten gleicher-

---

[17] Die Segolata bezeichnen im Hebräischen oft Konkreta, vgl. M. Lambert, De la vocalisation des segoles, REJ 33 (1896), 18ff.

maßen für ihr verbales Derivat[1]. Auch das Verbum bezeichnet entweder einen *Zustand der Ganzheit* oder ein *Geschehen, welches zur Ganzheit führt*. Diese generelle Unterscheidung wird in der hebräischen Sprache durch die entsprechenden Stammesmodifikationen ausgedrückt[2].

I. Das Qal

Das qal ist nur gelegentlich im AT belegt und findet sich nicht in allen literarischen Corpora. Es wird sowohl im säkularen als auch im religiösen Bereich gebraucht[3].

1. Das Dtr-Werk

In diesem literarischen Corpus ist der Grundstamm des Verbums nur in I Reg 7 51 belegt. Säkular gebraucht, bringt er zum Ausdruck, daß das Bauprogramm König Salomos *zur Vollendung gekommen* ist. Die spezielle Bedeutung des Verbums hängt an der Stelle von dem anzunehmenden Beziehungspunkt ab. Verbindet man es mit der Bautätigkeit, dann heißt es *zum Abschluß gekommen sein* oder *zu Ende geführt haben*; bezieht es sich auf den zeitlichen Ablauf des Bauens, dann bedeutet es *beendet sein* bzw. *zu Ende gekommen sein*.

2. Das Chr-Werk

An beiden Belegstellen findet sich eine säkulare Verwendung des qal. Es wird einmal in II Chr 5 1, der Parallelstelle zu I Reg 7 51, angetroffen. Da der Kontext identisch mit dem der Vorlage ist, hat es die gleiche Bedeutung, d. h. je nachdem, welchen Beziehungspunkt man wählt, ist es entweder als *zum Abschluß gekommen sein* oder als *beendet sein* zu verstehen. Mit dem letzteren Inhalt erscheint es auch in Neh 6 15 und bezieht sich auf einen Zeitabschnitt: Der Bau der Stadtmauer von Jerusalem, welcher auf Betreiben Nehemias unternommen wurde, *ist beendet worden*.

3. Prophetische Literatur

Hier hat das qal ebenfalls einen zeitlichen Bezug und wird in einer religiösen Aussage verwendet. Es ist Jes 60 20 belegt, wo der Seher dem zukünftigen Zion verkündet, daß die Tage seiner Trauer *beendet, zu Ende gegangen* oder *zum Abschluß gekommen sind*.

---

[1] S. o. 80 f.

[2] Vgl. BL 272 ff.

[3] Für text- und literarkritische Erwägungen s. o. 73 (ad II Sam 20 19), 74 (ad Ps 7 5 Hi 9 4 Hi 22 21). Das pt. pass. qal in II Sam 20 19 wird in dieser Studie nicht behandelt, da es wahrscheinlich emendiert werden muß.

4. Poesie

Das Verbum findet sich nur einmal in der Form des pt. in Ps 7 5.
Es dient einer theologischen Aussage und bedarf deshalb einer Untersuchung. Wir haben es mit der Schilderung einer Situation zu tun, in
welcher der Psalmist Gott anfleht, ihn nicht seinen Feinden zu überlassen, sollte er in irgendeiner Weise sein menschliches Verhältnis
zu seinem Nächsten gestört haben, d. h. gegen ihn gefehlt haben.
Innerhalb einer Aufzählung solcher möglichen Störungen erwähnt er
auch, er könnte dem שׁוֹלְמִי etwas Böses angetan haben, d. h. *demjenigen,
mit dem er in einem Verhältnis der Ganzheit lebt.*

In den meisten Fällen wird das pt. an dieser Stelle mit *Freund*
oder *derjenige, welcher in Frieden mit mir lebte* und dergl. übersetzt.
Meiner Meinung nach ist es möglich, den Inhalt des Verbums auf Grund
einer derartigen Auffassung mißzuverstehen, da in ihr moderne Vorstellungen wie friedliches Zusammenleben usw. anklingen. Für die
Zeit des Psalmisten sind jedoch solche individualistischen Vorstellungen kaum anzunehmen. Der Mensch lebte vielmehr in einer Gemeinschaft, die sich auf eine gemeinsame religiöse Erfahrung der Wirklichkeit gründete. Wenn deshalb der Beter in diesem Psalm der Ansicht
ist, er könnte seinem Nächsten etwas Böses angetan haben, dann weiß
er, daß das Gemeinschaftsverhältnis zerbrochen ist.

Für den Israeliten handelt es sich in einem solchen Fall nicht um
irgendeine Volksgruppe, sondern stets um die ganze Gemeinde Israel,
die als Gottesvolk ihr Dasein auf Grund des göttlichen Bundes hat[4].
Wenn man von diesem Verständnis aus unsere Stelle interpretiert,
dann bedeutet das pt. wahrscheinlich *in Gemeinschaft mit einem Glied
des Bundesvolkes sein.*

5. Weisheitsliteratur

Obwohl das Verbum nur an zwei Stellen vorkommt, ist eine ausführliche Besprechung seiner Bedeutung notwendig, weil es theologisches Gewicht hat. Der erste Beleg findet sich in Hi 9 4 innerhalb
eines größeren literarischen Zusammenhanges, in dem die folgende
Situation geschildert wird: Bildad unternimmt mit seinem Argument,
daß ein Mensch, welcher sich gegen Gott auflehnt, vernichtet wird,
den Versuch, Hiob zu überzeugen, er solle sich Gott ergeben und seine
Schuld bekennen. Hiob beantwortet die Herausforderung des Freundes
und scheint in v. 4 die gleiche Auffassung zu vertreten, wenn er fragt:
מִי־הִקְשָׁה אֵלָיו וַיִּשְׁלָם, d. h. »Wer ist ihm (= Gott) gegenüber verhärtet

---

[4] Vgl. hier C. A. Briggs, Psalms, ICC, I 1960, 53, der auf diesen Sachverhalt hinweist,
indem er das zwischen zwei Israeliten bestehende Verhältnis als »covenant of peace«
auffaßt, aber dieses Verständnis nicht im umfassenden Sinn für die Interpretation
der Stelle verwendet.

oder verstockt worden[5] und *ist ganz*?« Nach dieser Feststellung bringt Hiob seine Vorstellung von der Macht Gottes deutlicher zum Ausdruck, indem er den Gedanken vertieft und bekennt, daß Gott dem Menschen sowohl an Weisheit als auch an Macht unendlich überlegen ist. Er betont seine Auffassung durch zwei Fragen: »Wer könnte Gott herausfordern?«, wodurch die Rede in v. 12 unterbrochen wird, und: »Wer könnte Gott vorladen (sc. vor ein Gericht)?«, womit dieser Gedanke seinen vorläufigen Abschluß findet. Beide Fragen bleiben vom Dichter unbeantwortet, aber die Ausführungen Hiobs und sein Aufschrei in v. 21 lassen nur eine Antwort als denkbar erscheinen: Kein Geschöpf verfügt über eine derartige Macht.

Meiner Überzeugung nach eröffnet der Dichter in Hiobs Rede Einblicke in das Selbstverständnis des Menschen, die bis zu diesem Zeitpunkt den Weisheitslehrern verschlossen gewesen sind. Der Gesamtverlauf der Dialoge zeigt, daß sie Hiobs Einsicht nicht verstehen. Gegenstand beider Gesprächspartner ist in dem hier zu besprechenden Zusammenhang der Trotz des Menschen gegenüber dem göttlichen Willen. Für den israelitischen Glauben ist eine solche Haltung des Hochmutes und der Anmaßung Sünde schlechthin, denn wenn der Mensch Gott gegenüber aufbegehrt, liegt eine elementare Störung des Verhältnisses zwischen Gott und Mensch vor. Sollte er es wagen, eine derartige Haltung einzunehmen, so würde damit zum Ausdruck kommen, daß sein Wesen nicht mehr *ganz* ist, sondern einen Bruch im Zentrum seines Personseins erfahren hat. Es würde für ihn keine Möglichkeit mehr bestehen, des göttlichen Heils teilhaftig zu werden. Nur ein Mensch, der sein Kreatursein nicht anerkennen will, könnte der Versuchung einer solchen Gotteslästerung erliegen[6]. Soweit stimmen die Teilnehmer des Gespräches überein, aber von diesem Punkt an unterscheidet sich ihre Auffassung der Wirklichkeit des menschlichen Lebens ganz erheblich: Die Freunde glauben, der Mensch könne Gott trotzen, sei dann allerdings dem göttlichen Zorn verfallen, während Hiob zeigt, daß selbst diese Möglichkeit für den Menschen nicht vorhanden ist.

Setzen wir einen solchen theologischen Hintergrund für die Interpretation des qal in Hi 9 4 voraus, dann bedeutet es wahrscheinlich nicht »ganz bleiben«, sondern *ganz sein* oder *heil sein*, da Hiob eine Aussage über das menschliche Sein macht. Die Frage würde dann lauten: »Wer könnte sich Gott gegenüber verstocken, d. h. ihm trotzen, und (sc. gleichzeitig) *ganz* bzw. *heil sein*?« Hiob bestätigt damit zwar Bildads Argument, aber indem er seine existentiale Dimension aufzeigt, macht er dem Freund deutlich, daß er die Tiefe des Problems überhaupt nicht erkannt hat.

---

[5] Vgl. KB 859b.
[6] Vgl. zu diesem Motiv Gen 3.

Ein ähnlicher Inhalt des qal liegt in Hi 22 21 vor, diesmal in einer Rede Bildads. In seiner Entgegnung auf Hiobs Angriff gegen das Vergeltungsdogma der Weisheitslehrer zeigt er, daß er den Freund in seinem Anliegen letztlich nicht versteht. Er sieht in ihm einen heillosen Menschen, dessen Verhältnis zu Gott völlig zerbrochen ist. Am Ende seiner Schmährede öffnet er sich jedoch wieder Hiob gegenüber und wendet sich, man möchte fast sagen, mit der flehentlichen Bitte an ihn: »Ergib dich doch Gott[7] וּשְׁלָם.«

Es handelt sich bei dieser Aufforderung offenbar um ein echtes Anliegen Bildads, denn er will dem Freund einen Weg zeigen, wie er sein wahres Personsein wiedererlangen kann. Für den israelitischen Glauben ist kein echtes Gottesverhältnis des Menschen denkbar, wenn sich der Mensch nicht dem göttlichen Anspruch beugt. Nur so kann er *ganz* und *heil sein* und das göttliche Heil erfahren. An dieser Stelle wird Hiob vermutlich nicht ermahnt, seine herausfordernde Haltung Gott gegenüber aufzugeben, sondern ermutigt, sich ihm anzuvertrauen; denn bei der Darstellung der einzelnen Ereignisse im Dialog ist der Handlungsverlauf längst von dem Problem des richtigen menschlichen Verhaltens zu dem des wahren und wirklichen Seins, der menschlichen *Ganzheit*, vorgedrungen. Der Dichter läßt also Bildad in Hi 22 21 sagen: »Ergib dich Gott und *sei* (sc. dadurch) *heil*«.

Die gleiche Auffassung des qal wird durch arabische Parallelen gestützt[8]. Es käme in diesem Fall sogar eine bedeutsame Dialektik im Hinblick auf die Bedingtheit der menschlichen *Ganzheit* zum Ausdruck, da der Grundstamm *salima* sowohl *frei von Bösem jeglicher Art* als auch *gefangen sein* bedeutet[9]. Es würde dann eine Aussage über Hiobs innere Genesung beabsichtigt sein, d. h. über das *Heilsein* seines Wesens, welches nur dadurch erlangt werden kann, daß sich der Mensch Gott *ganz* ergibt und damit von ihm »gefangen genommen« wird.

6. Zusammenfassung über das Qal

Der Grundstamm des Verbums bezeichnet einen Zustand und wird intransitiv gebraucht[10]. In allen Belegen ist die Grundbedeutung *ganz sein*. Je nach den hierbei auftretenden Umständen kann sie durch *vollendet sein*, z. B. als Ergebnis von Tätigkeiten, oder durch *beendet sein*, wie im Falle des Abschlusses eines Zeitablaufes, ausgedrückt werden.

---

[7] Vgl. KB 658a.

[8] Bezüglich der Verwendung arabischer Sprachparallelen zur Erhellung hebräischer Wörter vgl. M. H. Pope, Job, AB, 1965, 151, der an dieser Stelle und auch anderweitig in seinem Kommentar auf solche Parallelen verweist.

[9] S. o. 40.

[10] Vgl. hierzu BL 303, die bemerken, daß »die a-Aoriste großenteils sekundäre Bildungen zum e-Nominal sind«, welchem Adjektiva des Typus *qatil* zugrunde liegen.

Wenn das Verbum sich auf die Lebensgemeinschaft Israels bezieht, bedeutet es *in Gemeinschaft sein.* Steht es in Verbindung mit dem menschlichen Dasein, dann macht es eine Aussage über die *Ganzheit des menschlichen Wesens,* das *Heilsein,* welches nur dann für den Menschen gegeben ist, wenn er des göttlichen Heils teilhaftig wird. Beide Inhalte haben theologisches Gewicht.

II. Das Pi'el

Im Intensivstamm ist das Verbum am häufigsten im AT belegt. Es ist oft term. techn. in rechtlichen Vorschriften, findet sich aber auch in religiösen Texten, die entweder Aussagen über kultische Begehungen oder über Gottes Gericht machen[11].

1. Der Tetrateuch

Das pi. erscheint ziemlich häufig im Tetrateuch, ist jedoch in seiner Verwendung fast nur auf Rechtstexte beschränkt, die sich hauptsächlich im Bundesbuch finden. Vereinzelt kommt es weiterhin in Lev, ebenfalls in rechtlichen Vorschriften, vor und je einmal in einer Kultbestimmung und in der Josephgeschichte.

a) Erzählungen

Zu Beginn soll kurz auf Gen 44 4 (J)[12] eingegangen werden, der einzigen Stelle in den Erzählungen, in welcher der Intensivstamm des Verbums belegt ist. Er bedeutet hier *ersetzen, bezahlen, zurückzahlen* oder *vergelten* und bezieht sich auf das Gute, welches Joseph seinen Brüdern hat zukommen lassen. Es handelt sich um einen Gebrauch des Verbums, für den es verschiedene Parallelen in assyrischen und babylonischen Handelstexten gibt[13].

b) Der Intensivstamm als Ausdruck der Rechtssprache im Bundesbuch

Im Bundesbuch wird das Verbum nur als term. techn. in rechtlichen Vorschriften verwendet und bedeutet an allen Stellen *wiedergutmachen, Schadenersatz leisten, wiederherstellen, ersetzen* oder *zahlen, zurückzahlen* bzw. *vergüten.*

Syntaktisch hat jeder einzelne Satz die gleiche Struktur, welche jeweils aus einem Gefüge von Bedingungssätzen besteht, die nach dem Vorschlag von A. Alt als kasuistische Rechtssätze bezeichnet werden.

---

[11] Für text- und literarkritische Erwägungen s. o. 75 (ad Ex 22 2 Lev 24 21), 76 (ad Jes 59 18 65 6 Ps 38 21 116 14), 77 (ad Hi 21 19 34 33 Hi 41 3), 78 (ad Prov 13 21).

[12] Vgl. M. Noth, ÜPent, 31.

[13] S. o. 21 ff.

In ihnen sind Oberfälle und Unterfälle unterschieden und genau ausgeführte zivilrechtliche Bedingungen aufgestellt[14].

(1) Das Problem der Beziehung zwischen den kasuistischen Gesetzen
      des Bundesbuches und dem mesopotamischen Recht

Der Rechtsbereich, dem solche Sätze und Vorschriften angehören,
ist das Sachenrecht und im besonderen die Regelung des Schaden-
ersatzes für spezifische rechtliche Situationen. Wir haben es mit einem
ausgebildeten, kodifizierten Recht zu tun, welches das Ergebnis einer
bereits lange in Gang befindlichen Rechtsentwicklung darstellt. Derartige Rechtsverhältnisse spielen im Leben der Nomaden, selbst in der
heutigen Zeit, kaum eine Rolle. Sie lassen sich jedoch in einer Kultur
denken, in der die Bevölkerung seßhaft ist und bereits eine fort-
geschrittene Zivilisation entwickelt hat.

Auf Grund dieses Sachverhaltes liegt die Annahme nahe, daß wir
bei den zivilrechtlichen Vorschriften auf ein Rechtsdenken treffen,
welches erst allmählich von den einzelnen israelitischen Stämmen und
Sippenverbänden übernommen wurde, nachdem sie seßhaft geworden
waren. Die einzige benachbarte Zivilisation, in der ein bereits entwickeltes Rechtssystem bestand, war Kanaan. Man wird deshalb
A. Alt zustimmen müssen, wenn er annimmt, daß in den kasuistischen
Rechtssätzen ein Denken zum Ausdruck kommt, das die israelitischen Stämme zu Beginn ihrer Landnahme von den Kanaanäern
übernahmen und das später in den im Bundesbuch zusammen-
gestellten Vorschriften seinen Niederschlag fand[15].

Es läßt sich bezweifeln, daß der Ursprung dieses Rechtes in
Kanaan zu suchen ist. Eher dürfte mit einer Form des Rechtsdenkens
zu rechnen sein, welches seinen Ausgang von Mesopotamien genommen
hat und auf Kanaan ausgedehnt wurde, wobei Kanaan vermutlich
die Rolle eines Vermittlers zufiel. Träfe dieser Sachverhalt zu, so
sollten sich im Bundesbuch noch Andeutungen über parallele assy-
risch-babylonische Rechtsvorstellungen aufzeigen lassen. Ich glaube,
daß dies der Fall ist.

Gegen eine solche Vermutung stehen zwei Argumente: Einmal
läßt sich zeigen, daß nirgends im kodifizierten Recht Mesopotamiens
Rechtsvorschriften vorhanden sind, die inhaltlich oder ihrem Wortlaut
nach tatsächliche Parallelen zum Bundesbuch darstellen. Zweitens
stammt das bekannte Vergleichsmaterial meistens aus einer Zeit,
die wesentlich später anzusetzen ist als die Periode, in welcher die
Landnahme der israelitischen Stämme stattgefunden hat.

Meiner Überzeugung nach erscheinen jedoch diese Argumente
nur insofern als ein gültiger Gegenbeweis für unsere Annahme, wenn

---

[14] A. Alt, Die Ursprünge des israelitischen Rechts, in: Kl. Schr., I 1953, 286 ff.
[15] A. Alt a. a. O. 295 ff.

damit behauptet werden sollte, daß im Bundesbuch bestimmte Rechtsvorschriften des Zweistromlandes wörtlich übernommen worden sind. Denken wir jedoch dabei an die Übernahme des *Rechtsdenkens* und einer *festgeprägten Rechtssprache,* so haben sie wenig Gewicht. Vielmehr scheint gerade die Ähnlichkeit in der Anwendung des Intensivstammes der Wurzel שלם sowohl in mesopotamischen als auch in israelitischen Rechtstexten dafür zu sprechen, daß im Bundesbuch die gleiche Art des Rechtsdenkens und dieselbe juristische Sprache verwendet werden, wie in den Texten der babylonischen und assyrischen Rechtscodices, denn in beiden Rechtssystemen ist er term. techn. für *Schadenersatz leisten.*

Man könnte auch erwägen, ob nicht das babylonisch-assyrische Recht und die zivilrechtlichen Vorschriften des Bundesbuches auf eine gemeinsame Wurzel zurückgehen. Eine solche Vermutung ist aber auf Grund der historischen Gegebenheiten kaum wahrscheinlich. Wir wissen, daß die israelitischen Stämme und Sippenverbände Nomaden oder Halbnomaden waren, bevor sie in Kanaan seßhaft wurden. In bezug auf die Entwicklungsgeschichte des Rechtes besagt dies, daß sie offenbar in jener Zeit kein ausgebildetes zivilrechtliches System besessen haben können. Andererseits ist uns Mesopotamien als eine hochentwickelte Zivilisation, in welcher Regelungen zivilrechtlicher Belange eine Notwendigkeit waren, schon für eine Geschichtsperiode bekannt, die wesentlich früher als die Landnahme Israels anzusetzen ist. Deshalb kann kein gemeinsamer Ursprung beider Rechtssysteme vorliegen, sondern man wird wohl mit der Möglichkeit zu rechnen haben, daß in den zivilrechtlichen Vorschriften des Bundesbuches ein Rechtsdenken zum Ausdruck kommt, welches seinen Ursprung im mesopotamischen Recht hat. Eine solche Annahme läßt sich ebenfalls durch die Ergebnisse neuerer Untersuchungen über die Rechtsverhältnisse in den alten Reichen des Vorderen Orients stützen. Es hat sich herausgestellt, daß bis zur Mitte des zweiten Jt. v. Chr. sowohl das heutige Syrien als auch Palästina eine Provinz des Keilschriftrechtes dargestellt haben. Eine Untersuchung des Rechtsterminus שָׁלֵם dürfte dazu beitragen, unsere weitere Besprechung dieser Zusammenhänge zu erhellen.

Überblicken wir die Verwendungsweise des Verbums *šalâmu* in babylonischen und assyrischen Rechtstexten, dann läßt sich zeigen, daß es sich im Grundstamm *und* im Intensivstamm als ein festgeprägter Terminus der Rechtssprache findet und grundsätzlich *Schadenersatz leisten* bedeutet. Mit diesem Inhalt ist es schon in beiden Stämmen im Codex Hamurapi belegt und wird als term. techn. innerhalb aller Perioden der mesopotamischen Geschichte einschließlich der babylonischen Spätzeit gebraucht. Sein Anwendungsbereich ist nicht nur auf das Sachenrecht beschränkt, sondern wird auch auf das Handels-

recht bei Vertragsabschlüssen in Verbindung mit Schadensersatz-
klauseln ausgedehnt[16].

Dieser allgemeine Befund scheint die Vermutung nahe zu legen,
daß *šalâmu* als Begriff der juristischen Sprache während der Zeit vor
der Mitte des zweiten Jt. v. Chr. einen festen Platz im Recht des Zweistromlandes hatte. Damals war das Verbum möglicherweise schon allgemeiner term. techn. des Zivilrechtes für *Schadenersatz leisten*, wie
sich aus seinem häufigen Gebrauch erschließen läßt. Meistens findet
dabei der Intensivstamm Verwendung, aber auch der Grundstamm
kommt gelegentlich vor. Man dürfte deshalb vielleicht annehmen,
daß in weiter zurückliegenden Zeiträumen für die Schlichtung von
Rechtsstreitigkeiten noch kein ausgebildetes Rechtssystem mit entsprechenden festgeprägten Begriffen vorhanden war. Als Konsequenz
für Schadensersatzleistungen ergäbe sich dann: Wenn Regelungen bei
solchen Gelegenheiten notwendig wurden, dann erfolgte vermutlich
ein spezifischer Entscheid für jeden Einzelfall. Sprachlich kam die
hierbei verwendete Wurzel שלם wahrscheinlich nur durch *eine* Stam-
mesmodifikation des Verbums zum Ausdruck. Urteilt man auf Grund
der Häufigkeit des Vorkommens beider Verbstämme im Akkadischen,
soweit sie term. techn. des Zivilrechtes sind, dann scheint ursprünglich
in der Rechtssprache nur *šullumu* in der Bedeutung *Schadenersatz
leisten* gebraucht worden zu sein.

Eine derartige Annahme läßt sich durch Beobachtungen über den
Wandel der Wortinhalte in verschiedenen Sprachen stützen, welche
zeigen, daß in einem späten Stadium der sprachgeschichtlichen Entwicklung festgeprägte Vorstellungen innerhalb eines bestimmten
Objektbereiches nicht mehr mit einem Verbstamm verbunden sind,
sondern auf alle Stämme des gleichen Verbums oder sogar auf Stämme
verschiedener Verben übertragen werden, die dann ein Verbsystem
bilden. Auf Grund solcher allgemeiner Sprachtendenzen, scheint die
Vermutung nahezuliegen, daß schon im Codex Hamurapi eine entwickelte Rechtssprache Verwendung findet, da hier der Begriff der
Schadensersatzleistung sowohl durch *šalâmu* als auch durch *šullumu*
zum Ausdruck kommt[17].

Diese Entwicklung läßt sich besonders gut an der griechischen Sprache erkennen
und mag an der Wiedergabe des hier besprochenen Begriffes des Schadensersatzes in der
Übersetzung des AT aufgezeigt werden. Die Septuaginta verwendet für das יְשַׁלֵּם des
MT an fast allen Stellen des Bundesbuches ἀποτείνειν. Eine einzige Ausnahme bildet
Ex 22 3, wo ⅏ ἀνταποθνήσκειν einsetzt. Sie hat ihren Grund darin, daß sie den
MT umdeutet, weil in diesem Fall der hebräische Text nicht klar ist. Im Zusammen-
hang dessen, was über einen festgeprägten Wortinhalt innerhalb eines bestimmten

[16] S. o. 21 ff.
[17] S. o. 20.

Objektbereiches gesagt wurde, ist jedoch Ex 22 16 von Interesse, denn ⑮ übersetzt hier יִשְׁקֹל, Silber abwägen[18], mit ἀποτείνειν, d. h. sie setzt יִשְׁקֹל mit יְשַׁלֵּם gleich, was zwar in Übereinstimmung mit den an dieser Stelle zum Ausdruck kommenden Absichten steht, nicht aber mit dem Wortlaut des MT.

Nach diesem kurzen Hinweis auf sprachgeschichtliche Entwicklungen wenden wir uns wieder dem Hauptanliegen unserer Untersuchung zu, nämlich ausfindig zu machen, ob Beziehungen zwischen der mesopotamischen Rechtssprache und der Terminologie im Bundesbuch bestehen. Sollte *šullumu* die ursprüngliche Bezeichnung für *Schadenersatz leisten* im Akkadischen gewesen sein, so verdient die ausschließliche Verwendung des hebräischen Intensivstammes der gleichen Wurzel im Bundesbuch bei demselben Rechtsbegriff gewiß Beachtung. Eine Reihe der Rechtsvorschriften in Ex 21—23, welche das Verbum שִׁלֵּם enthalten, würden dann möglicherweise ein Stadium der *Rechtssprache* des Keilschriftrechtes widerspiegeln, das vielleicht älter als der Codex Hamurapi sein dürfte.

Eine solche Vermutung könnte dann aufgestellt werden, wenn man annähme, daß das alte Keilschriftrecht schon vor dem Entstehen des Codex Hamurapi in Syrien und Palästina Anwendung fand, sich dort dann aber nicht weiterentwickelte, sondern in seiner ursprünglichen Form tradiert wurde und deshalb in dem gleichen Zustand erhalten war, als die israelitischen Stämme zur Zeit der Landnahme mit ihm vertraut wurden und es übernahmen.

Derartige Kombinationen scheinen zunächst nichts anderes als reine Spekulationen zu sein. Auf Grund neuerer Untersuchungen über das Keilschriftrecht verdienen sie aber meiner Meinung nach Beachtung. So hat A. Alt in einer seiner letzten Studien im Anschluß an P. Koschaker überzeugende Argumente dafür vorgetragen, daß um die Mitte des zweiten Jt. v. Chr. Rechtsverhältnisse in Syrien und Palästina bestanden, die man am besten als Überschneidung verschiedener Rechtssysteme beschreiben kann[19]. In ihnen finden ägyptische und mesopotamische Rechtsvorstellungen Ausdruck, wobei jedoch die Einflüsse des Zweistromlandes größeres Gewicht zu haben scheinen, wie schon aus der Tatsache hervorgeht, daß für die schriftliche Festlegung der Rechtsurkunden Keilschrift verwendet wurde. Diese Rechtsverhältnisse bestanden teilweise noch in der zweiten Hälfte dieses Jahrtausends. A. Alt schließt aus diesem Sachverhalt, daß Syrien und Palästina in alter Zeit offenbar eine Provinz des Keilschriftrechtes dargestellt haben.

Sollte sich die Rechtsentwicklung im syrisch-palästinischen Raum in dieser Weise abgespielt haben, dann wäre es möglich, daß in der

---

[18] KB 1008a.

[19] A. Alt, Eine neue Provinz des Keilschriftrechtes, in: Kl. Schr., III 1959, 147.

sprachlichen Formulierung verschiedener Vorschriften des Bundesbuches Rechtsvorstellungen erhalten geblieben sind, die älteren Ursprungs als der Codex Hamurapi sind. In diesem Fall würde es nicht
abwegig sein, wenn man vermutete, es könnten an einzelnen Stellen
des Bundesbuches Rechtsbestimmungen vorliegen, die aus einem alten
Stadium des Keilschriftrechtes stammen, unverändert in Syrien und
Palästina tradiert und später von Israel übernommen wurden.

(2) Der Gebrauch des Intensivstammes im Bundesbuch

Da שִׁלֵּם im Bundesbuch ein feststehender Begriff der Rechtssprache ist und deshalb an allen Stellen die gleiche Bedeutung hat,
brauchen die Einzelbelege nicht ausführlich untersucht zu werden,
um den Inhalt des Verbums genau zu bestimmen. Es mag deshalb
genügen, im folgenden die Rechtsgebiete zu kennzeichnen, in welchen
sich der Intensivstamm findet.

Stellt man die verschiedenen für unsere Belange wichtigen
Rechtsfälle des Bundesbuches zusammen, so ergibt sich, daß שִׁלֵּם nur
in Vorschriften des Sachenrechtes verwendet wird, sich jedoch weder
im Bereich des Personenrechtes noch in kultischen Bestimmungen
findet. Die einzelnen Rechtsgebiete sind Eigentumsrecht, Obligationenrecht und Strafrecht. Das Verbum findet sich jeweils in Rechtssätzen, die sich mit der Leistung von Schadenersatz befassen.

Das Hauptanliegen bei den Bestimmungen des Eigentumsrechtes
sind die Konsequenzen, welche sich aus dem fahrlässigen Handeln
eines Eigentümers ergeben, z. B. Ex 21 34, wenn eine Zisterne nicht
zugedeckt ist, Ex 21 36, wenn ein als stößig bekanntes Rind nicht bewacht wird, oder Ex 22 5, wenn jemand ein Feuer nicht unter Kontrolle hält und es auf ein fremdes Grundstück übergreift.

Beim Obligationenrecht werden Vorschriften für Fälle aufgeführt,
in denen ein anvertrautes fremdes Eigentum Schaden erleidet, seien
es allgemeine Güter, Ex 22 6. 8, oder Vieh, welches jemand in Obhut
gegeben worden ist, Ex 22 10-14.

Für den Bereich des Strafrechtes werden Fälle genannt, aus denen
zu erkennen ist, daß eine absichtliche Schädigung eines Eigentümers
vorgelegen hat. Beispiele sind: Aneignung fremden Eigentums durch
Diebstahl, Ex 21 37 22 2. 3, ein Viehhalter läßt die Bepflanzung eines
ihm nicht gehörenden Feldes oder Weinberges durch seine Tiere ab-
weiden, Ex 22 4.

In solchen Rechtsfällen wird festgesetzt, daß der Schaden *wieder-
gutzumachen* ist. Dem Schadensausgleich wird das Verschuldensprinzip
zugrunde gelegt: Wer den Schaden unmittelbar verursacht oder ihn
nicht verhütet hat, ist haftbar und muß Sorge für entsprechende
Ersatzleistung tragen. Als Rechtsgrundlage findet das jus talionis
Verwendung.

Beim Obligationenrecht werden für besondere Fälle einige einschränkende Regelungen getroffen: Wenn ein Hirt nachweisen kann, daß ein ihm anvertrautes Tier der Herde von einem Raubtier zerrissen wurde, braucht er es nicht zu ersetzen, Ex 22 12. Desgleichen braucht nicht gehaftet zu werden, falls ein gemietetes Tier Schaden erleidet, während sein Besitzer anwesend ist, Ex 22 14.

In zwei Vorschriften ist die Schadensersatzleistung von dem Ergebnis eines Gottesentscheides abhängig gemacht. Das trifft nach Ex 22 10 dann zu, wenn ein Tier, welches einem Hirten anvertraut wurde, Schaden erleidet, dieser aber keinen Zeugen oder anderen Beweis für seine Unschuld erbringen kann. In einem solchen Fall wird die Angelegenheit durch einen Eid vor Jahwe am Heiligtum geregelt. Auf Grund der zweiten Vorschrift, Ex 22 8, muß generell zur Schlichtung von Eigentumsstreitigkeiten ein Gottesurteil eingeholt werden. Nach M. Noth unterscheiden sich beide Rechtssätze ihrem Ursprung nach[20]: Die Bestimmung in Ex 22 8, die Sache solle vor die Götter kommen, führt zu der Annahme, daß wir wahrscheinlich auf eine Rechtsformulierung stoßen, welche aus der vorisraelitischen Zeit stammt. Bei der Vorschrift Ex 22 10 handelt es sich jedoch vermutlich um eine spezifisch israelitische Erweiterung einer allgemeinen Regelung aus dem in jener Zeit überall im Vorderen Orient verbreiteten Obligationenrecht, wie aus der Erwähnung des Namens Jahwes zu ersehen ist, d. h. es ist eine Bestimmung, die möglicherweise in Analogie zu damals bekannten kanaanäischen Rechtssätzen formuliert wurde.

c) Rechtsvorschriften in Leviticus

In den Rechtssätzen in Lev ist das Verbum nur wenige Male belegt. Seine Bedeutung ist an allen Stellen *Schadenersatz leisten*. Wir treffen also auf den gleichen Befund wie im Bundesbuch.

Unsere Untersuchung beginnt mit Lev 5 14-26, einem Abschnitt, der inhaltlich einige Schwierigkeiten bereitet. Ihnen braucht jedoch in diesem Zusammenhang nicht nachgegangen zu werden, da sich der Inhalt des Verbums leicht bestimmen läßt. Es ist nicht sicher, ob es sich in dem Abschnitt um Vorschriften über Opfer handelt, wie die meisten Kommentare annehmen; es ist eher zu vermuten, daß Bestimmungen über Bußleistungen zusammengestellt sind[21]. Wenn wir die letzte Annahme unserer Interpretation zugrunde legen, dann haben wir in Lev 5 16 einen Rechtssatz über die Veruntreuung von Opfergaben, in welchem das Verbum verwendet wird. Es ist dabei wahrscheinlich an Vorfälle gedacht worden, bei denen man das Ritual für ein Opfer unwissentlich nicht genau befolgte: Entweder war das Opfertier nicht makellos,

---

[20] M. Noth, Das Zweite Buch Mose, ATD 5, 1959, 149.
[21] Vgl. M. Noth, Das Dritte Buch Mose, ATD 6, 1962, 35.

oder der Darbringende hatte entgegen den Ritualvorschriften Fleischstücke des Opfertieres für sich zurückbehalten. Wenn ein solches Vergehen bekannt wurde, war eine Buße zu *zahlen*. Die Ersatzleistung
bestand aus dem vollen Wert des Opfertieres und einem weiteren
Fünftel[22].

Die gleiche Bedeutung findet sich für das Verbum in Lev 5 24, der
zweiten Stelle in dem oben erwähnten Abschnitt. Die Vorschrift regelt
den Fall, daß jemand sich unrechtmäßig Eigentum angeeignet hat.
Wird ein solches Geschehen bekannt, so muß der Rechtsbrecher eine
Geldbuße als Schadenersatz leisten. Es wird dabei ebenfalls festgesetzt,
daß der volle Wert des Eigentums und ein zusätzliches Fünftel zu
zahlen sind.

Um die Erstattungspflicht nach dem Grundsatz des jus talionis
handelt es sich auch in Lev 24 18. 21. Beide Vorschriften behandeln die
gleiche Rechtsverletzung: Ein Tier ist von jemandem erschlagen
worden, der nicht sein Eigentümer ist. Als Rechtsprinzip gilt in
diesem Fall, daß *Ersatz* von demjenigen *geleistet werden muß*, der den
Schaden zugefügt hat.

2. Das Dtr-Werk

Das pi. des Verbums ist verhältnismäßig häufig in diesem literarischen Corpus belegt. Seine verschiedenen Einzelinhalte lassen sich in
drei Bedeutungsgruppen anordnen.

a) Ganz machen

An verschiedenen Stellen hat das Verbum als Grundbedeutung
ganz machen. So wird es in I Reg 9 25 gebraucht, wonach Salomo den
Bau des Tempels *vollendete*. J. Skinner nimmt als Inhalt in diesem Fall
an: »*To restore the (sc. ceremonial) integrity* of the house«[23]. Eine solche
Interpretation scheint in keinem Fall gerechtfertigt zu sein. Auf Grund
der atl. Texte, in welchen der Tempelbau erwähnt wird, kann kein
Zweifel darüber bestehen, daß der Bau auf Veranlassung von Salomo
durchgeführt wurde. Es ist deshalb nicht recht einsichtig, warum
Salomo die »ceremonial integrity« des Hauses wiederhergestellt haben
soll, da doch vor seiner Zeit keine kultischen Begehungen in einem
Tempel in Jerusalem stattfinden konnten. Sollte J. Skinner in diesem
Fall an eine Wiedereinführung amphiktyonischer Kultakte denken,
so müßten ebenfalls solche Vorstellungen für v. 25 zurückgewiesen
werden. Es ist gewiß, daß die Bundeslade, das Kultobjekt des Stämmebundes, nach Jerusalem überführt worden war und Aufstellung in
Salomos Tempel gefunden hatte. Damit ist dieser Tempel zugleich zum

---

[22] Vgl. M. Noth a. a. O. 37.
[23] J. Skinner, Kings, NCB, o. J., 164.

Zentralheiligtum der Stämme geworden. In erster Linie ist aber bei dem salomonischen Tempel nicht an den Bau eines Stammesheiligtums, sondern an einen königlichen Eigentempel zu denken[24]. Ein solches Unternehmen kann keinesfalls mit der Wiedereinführung alter kultischer Begehungen in Zusammenhang gebracht werden.

In II Sam 12 6 wird das Verbum, wie das akk. *šullumu*, für die Wiedergutmachung eines entstandenen Schadens verwendet[25]. An dieser Stelle fordert David in seiner Antwort auf Nathans Parabel, daß der reiche Mann dem armen das ihm weggenommene Schaf *ersetzen* muß.

Wenn das Verbum eine Aussage über die Bezahlung von Schulden macht, heißt es etwas *begleichen*. Auch für diesen Gebrauch lassen sich Parallelen im Akk. beibringen[26]. Im Dtr-Werk finden sich als Beispiele II Reg 4 7, wo der Gottesmann die Frau eines Prophetenjüngers auffordert, Öl zu verkaufen und damit ihre Schuld zu *bezahlen*, und I Sam 24 20 in einem Wunsch Sauls, Gott möge David die dem König gegenüber erwiesene Großmut *zurückerstatten*.

b) Das Verbum als Ausdruck der Kultsprache

Als Ausdruck der Kultsprache findet sich das Verbum in Verbindung mit Gelübden in Dtn 23 22 II Sam 15 7 und bedeutet *erfüllen*, *einhalten* oder *ausführen*. Es wird in beiden Fällen augenscheinlich die göttliche Erfüllung des Wunsches vorausgesetzt, wenn der Bittende sein Versprechen einhält.

c) Der Begriff der Vergeltung

In der Mehrzahl der Fälle im Dtr-Werk bedeutet der Intensivstamm *vergelten*, im Sinne von *ahnden*, *bestrafen*, *heimzahlen* und *zurückschlagen*. Dieser Gebrauch verweist auf die Rechtssphäre und hat seinen Ursprung vermutlich im jus talionis. Aber in der Weise, in welcher der Inhalt des Verbums theologisch im Dtr-Werk gebraucht wird, scheint er eine spezifisch israelitische Vorstellung wiederzugeben. Eine solche Auffassung läßt sich durch einen Vergleich mit babylonischen und assyrischen Rechtstexten unterstützen, wo der Intensivstamm des Verbums nicht in der im AT vorliegenden strengen israelitischen Erfassung Verwendung findet. Wenn in Mesopotamien eine Störung der Rechtsordnung in Betracht gezogen wird, bedeutet *šullumu* nicht vergelten, sondern *ersetzen*[27]. Wesentlich näher liegt dem Inhalt von שׁלֵּם die Verwendung des Intensivstammes der Wurzel

---

[24] Vgl. hierzu A. Alt, Art. Salomo, RGG[2], V 86; A. Alt und R. Bach, Art. Salomo, RGG[3], V 1338; M. Noth, Die Gesetze im Pentateuch, in: Ges. St., 1957, 45.

[25] S. o. 20 f.

[26] S. o. 21 ff.

[27] S. o. 20 f.

שׁלם im Arabischen; denn obwohl der zweite Stamm von *salima* die Grundbedeutung »jemanden sicher machen« usw. hat, kann er auch »jemanden oder etwas verlassen, sich überlassen, im Stich lassen« meinen, eine Bedeutung, die noch im modernen Arabisch erhalten geblieben ist und im letzteren Fall Ähnlichkeiten mit dem hebräischen pi. aufweist, wie es in dieser Bedeutungsgruppe verstanden wird[28].

Zieht man den Gebrauch des Intensivstammes in den verwandten semitischen Sprachen in Erwägung, dann dürfte anzunehmen sein, daß שׁלֵּם und *salima II* in dieser Verwendungsweise auf eine gemeinsame Rechtsvorstellung zurückgehen, die ihren Sitz im Gottesrecht hat[29]. Es wäre eine Situation denkbar, in welcher eine Verletzung des Gottesrechtes die Ausschließung des Rechtsbrechers aus der Gemeinschaft der Sippe oder des Stammes zur Folge hatte und er der Gottheit überantwortet wurde, eine Situation, die noch in Jos 7 zu erkennen ist. In solchen Fällen *machte* wahrscheinlich die Gottheit den Bruch des Rechtsverhältnisses, das zugleich als ein Gottesverhältnis verstanden wurde, *wieder ganz*, indem sie den Rechtsbrecher *bestrafte*; d. h. durch die Ausführung einer Strafaktion im Namen Gottes wurde die eingetretene Störung im Leben der Gruppe *geheilt*, so daß sie nicht länger den göttlichen Zorn zu erfahren brauchte. Vermutlich steht eine derartige Vorstellung im Hintergrund von Stellen wie Dtn 7 10 32 41, in welchen eine Aussage über Gottes *Vergeltung* gegenüber solchen Menschen gemacht wird, die ihn hassen oder Gotteslästerer sind wie in Jdc 1 7 II Sam 3 39 II Reg 9 26.

3. Prophetische Literatur

In der prophetischen Literatur können die Einzelinhalte des Intensivstammes des Verbums nach den gleichen Bedeutungsgruppen unterschieden werden, wie sie sich im Dtr-Werk fanden.

a) Der Vergeltungsgedanke

Der theologische Begriff der Vergeltung Gottes ist eines der Hauptthemen der prophetischen Botschaft, wobei verschiedentlich auch שׁלֵּם als Ausdruck dafür verwendet wird. Von einer Belegstelle abgesehen, findet es sich ausschließlich in Jes und Jer und an Stellen, die vermutlich spätere Einschübe in den Text der prophetischen Worte darstellen.

Eine Zusammenstellung dieser Aussagen läßt das Folgende erkennen: Gott selbst will *Vergeltung* an Babylon *üben*, Jer 51 6. 56, für alles, was diese Stadt und die Einwohner Chaldäas getan haben, Jer 51 24, an den Inseln, Jes 59 18, oder an den Feinden Israels, Jes 66 6,

---

[28] S. o. 40f.

[29] Zum Begriff des Gottesrechtes vgl. M. Noth, GI[4], 99ff. u. ö.

und dies wird entsprechend ihrer Taten geschehen, Jes 59 18. Gottes *Strafe* kann aber auch das Bundesvolk selbst wegen der Schuld der Väter befallen, Jes 65 6 Jer 32 18; sie wird das Nordreich Israel wegen seiner Abgötterei treffen, d. h. wegen seiner Anbetung fremder Götter, Jer 16 18, und in Juda wegen seiner Taten zur Auswirkung kommen, Jer 25 14. An einer Stelle wird festgestellt, daß die göttliche *Strafe* durch Israel vollzogen wird: Es wird sie an Babylon für alles, was es getan hat, ausführen, Jer 50 29.

Die Vorstellung, daß der Mensch Gott etwas *heimzahlen* könnte, wird in Joel 4 4 als eine sarkastische Frage Gottes, welche gegen Tyrus, Sidon und die philistinischen Gebiete gerichtet ist, erwähnt, wegen ihrer Lächerlichkeit jedoch zurückgewiesen. Außerdem fällt die Bemerkung: Sollte der Mensch einen derartigen Versuch ernsthaft unternehmen wollen, dann würde er nicht nur fruchtlos sein, sondern gewiß zur völligen Vernichtung des Menschen führen.

b) Der Verbstamm als Kultterminus

Als Wort der Kultsprache kann der Intensivstamm in Verbindung mit Gelübden, welche Gott gegenüber ausgesprochen werden, *erfüllen* bedeuten. In diesem Zusammenhang sind zu nennen Jes 19 21, wo das Gelübde in der Form einer Aussage über Ägypten gemacht wird, Jon 2 10 innerhalb eines Psalms als Versprechen des Beters, und Nah 2 1 als Aufforderung an Juda. Eine andere Bedeutung beim kultischen Gebrauch findet sich in Hos 14 3, wo die »Frucht der Lippen«, d. h. Lob und Danksagung[30], erwähnt werden, welche *darzubringen* sind.

c) Der Verbstamm als Rechtsterminus

Der Stamm steht in diesem Fall für *Schadenersatz leisten*, eine Bedeutung, die häufig in den Rechts- und Handelstexten Mesopotamiens angetroffen wird[31], der jedoch in der prophetischen Literatur insofern ein eigener religiöser Gehalt beigelegt ist, als sie sich auf Gott bezieht. In einer solchen Verwendungsweise ist das Verbum deutlich mit der Vorstellung des Trostes in Jes 57 18 in dem Versprechen verbunden, daß Gott den Geschlagenen und Gedemütigten durch Trost *Ersatz geben* will. An anderen Stellen tritt der Gedanke der göttlichen Gnade stärker in den Vordergrund. Beispiele sind: Joel 2 25, wo der Prophet versichert, Gott wolle die Jahre (sc. des Verlustes) *wieder gutmachen*, die Israel durch das göttliche Strafgericht der Heuschreckenplage erlitten hat, oder Ez 33 15, eine Stelle, in welcher der Prophet zum Ausdruck bringt, daß Gott den Gottlosen begnadigen will, wenn er das Gut seinem Bundesgenossen *zurückerstattet*, welches er durch Pfändung an sich gerissen hat.

---

[30] Vgl. hierzu W. R. Harper, Amos and Hosea, ICC, 1905, 421.
[31] S. o. 20 f., 21 ff.

4. Poesie

In den poetischen Schriften findet sich das Verbum nur in den Ps. Inhaltlich lassen sich als Bedeutungsgruppen *erfüllen* und *vergelten* unterscheiden.

a) Erfüllung

Diese Bedeutung des Intensivstammes läßt sich in Verbindung mit dem Kult belegen und ist in fast allen Fällen auf Gelübde bezogen, die Gott gegenüber abgelegt werden. Hier, wie in Stellen anderer literarischer Corpora, die Aussagen über den Kult machen, finden sich als Einzelinhalte des Verbums *erfüllen, einlösen, einhalten, ausführen* oder *bezahlen*. Die folgenden Situationen sind beschrieben: Der Beter versichert, er wolle sein Versprechen *einhalten*, Ps 50 14 66 13, er wolle es als Dankopfer *ausführen*, Ps 56 13, er wolle seine Gelübde vor solchen Menschen *erfüllen*, die Gott fürchten, Ps 22 26, vor dem gesamten Volk Gottes, Ps 116 14. 18, oder er wolle sie tagtäglich *einhalten*, Ps 61 9. In allen diesen Fällen sind es Einzelpersonen, welche das Versprechen abgeben. Eine einzige Ausnahme stellt Ps 76 12 dar, wo die Völker aufgefordert werden, Gelübde gegenüber Jahwe abzulegen und sie zu *erfüllen*, weil er auch ihr Gott sei.

b) Vergeltung

Der Intensivstamm des Verbums bringt diesen Inhalt verschiedene Male in den Psalmen zum Ausdruck. Es ist hierbei jedoch zu beachten, daß die tiefere Bedeutung der *Vergeltung* Gottes, die sich in den bereits besprochenen literarischen Corpora fand, nur an zwei Stellen zu belegen ist: In Ps 62 13 wird ausgesagt, Gott *zahle* jedem *zurück*, was er getan habe, und in Ps 31 24, er *übe Vergeltung* gegen den Hochmütigen.

Die anderen Belege des Verbstammes lassen in den Ps jedoch nicht die Vorstellung erkennen, daß Gott Richter der Menschheit und Beschützer seiner Gerechtigkeit ist, denn ihnen allen mangelt die Kenntnis des numinosen Elementes des Rechts; d. h. die Erfahrung der göttlichen Macht, welche den einzelnen Israeliten dem Anspruch Gottes unterstellt und ihn auf sich selbst zurückwirft, findet an diesen Stellen keinen Ausdruck. Statt dessen handelt es sich um das verletzte »Ego«, weshalb eine Tendenz zur persönlichen Rache in Erscheinung tritt. Die Einzelperson, welcher ein Unrecht oder Leid geschehen ist, macht geltend, daß der Urheber dieser Ungerechtigkeit von Gott *bestraft* werden soll.

Eine solche Ansicht ist deutlich, wenn auch nicht ausgesprochenermaßen, in Ps 35 12 38 21 in der Klage des Psalmisten über seine persönlichen Widersacher vorhanden, welche ihm Gutes mit Bösem *vergolten* haben. Völlig unverschleiert und bis zum Zorn gesteigert kommt diese innere Haltung zum Ausdruck, wenn in Ps 41 11 der

Fromme Gott anruft, ihn aufzurichten, damit er das erlittene Unrecht seinem Feind *heimzahlen* kann, oder in Ps 137 8 in dem Rachewunsch: »Tochter Babel, Verwüsterin, wohl dem, welcher dir *heimzahlt*, was du getan hast!«.

In Ps 37 21 findet sich das Verbum in einem säkularen Kontext und wird in Verbindung mit der Begleichung von Schulden gebraucht. Hier wird der Gottlose als ein Mensch charakterisiert, welcher borgen muß und nicht *zurückzahlen* kann, während der Gerechte so reichlich materielle Segnungen empfangen hat, daß er davon sogar noch an andere verschenken kann.

5. Weisheitsliteratur

In diesem literarischen Corpus weist das Verbum eine ähnliche Verschiedenheit der Inhalte wie im Dtr-Werk auf und wird sowohl säkular als auch religiös gebraucht.

a) Akkadische Parallelen

Für je eine Stelle finden sich Parallelen im Gebrauch von *šullumu* in akk. Rechts- und Handelstexten. In Prov 6 31 wird bestimmt, daß der ertappte Dieb das gestohlene Gut siebenfach zu *ersetzen* hat[32], und Prov 22 27 wird die Warnung ausgesprochen: Sei nicht unter solchen Menschen ..., die Bürgschaft für Schulden leisten, wenn du nicht in der Lage bist, *zu zahlen*, d. h. deine Bürgschaft *durch Zahlung* der vom Schuldner nicht eingehaltenen Verpflichtung *zu erfüllen*[33].

b) Die religiöse Anwendung der Vorstellung des Zahlens

Verschiedentlich wird der Intensivstamm in einem religiösen Zusammenhang gebraucht und ist dann auf Gott in dem Sinne bezogen, daß er *Zahlung* für jemanden *leistet*. Beispiele für eine solche Auffassung sind: Gott *belohnt* den Frommen mit Glück, Prov 13 21; Gott *belohnt* den Menschen, der sich des Armen erbarmt, denn durch dieses Verhalten hat er sozusagen Gott eine Anleihe gegeben, die ihm nun *zurückgezahlt* wird, Prov 19 17; oder Gott *belohnt* den Menschen, der seinen Haß überwunden hat, indem er seinen Feind speiste, als ihn hungerte, Prov 25 22. Obwohl in solchen Aussagen die Handlung von Gott selbst ausgeht, kann man sich des Eindrucks nicht erwehren, daß dabei Vorstellungen und ethische Gesichtspunkte in Erscheinung treten, die völlig säkular sind und kommerziellem Denken entsprechen.

c) Erwägungen zu Hi 8 6

Wesentlich tiefer als in der Spruchliteratur der Weisheitslehrer wird der Gedanke des *Wiederherstellens* eines früheren Zustandes in

---

[32] S. o. 20 f.
[33] S. o. 21 ff.

Hi 8 6 zum Ausdruck gebracht. Die Stelle findet sich in dem folgenden literarischen Zusammenhang: In seiner Klage hatte Hiob die Härte der Freunde gekennzeichnet, mit welcher sie ihm begegneten. Übermannt von Schmerzen, fordert er schließlich Gott auf, er möge von ihm, dem unbedeutenden Menschen, ablassen. Auf diesen elementaren Ausbruch innerer Verzweiflung entgegnet ihm Bildad mit der gleichen orthodoxen Auffassung der Weisheitstradition, welche vorher schon Eliphas vertreten hatte, nur mit dem Unterschied, daß er auch die kultische Tradition als Argument gegen Hiob verwendet, wenn er diesen ermahnt: Wenn du rein und fromm bist, wird sich Gott dir gegenüber öffnen und das (sc. alte) Verhältnis *wieder* mit dir *herstellen*, welches jetzt zerbrochen ist.

Diese Worte stellen einen Spruch der Weisheitslehrer dar, der bei oberflächlicher Betrachtung das Verhältnis Gottes zum Menschen als eine Rechtsbeziehung aufzufassen scheint. Vermutlich handelt es sich an unserer Stelle aber nicht nur um die Feststellung eines solchen Sachverhaltes, sondern zugleich auch um eine Aussage über das Ergebnis des göttlichen Rechtshandelns am Menschen: Wenn Gott handelt, bewirkt er stets das Heil. Nur er kann Störungen im Gottesverhältnis des Menschen *wiedergutmachen*, d. h. *heilen*. Dem Menschen selbst verbleibt lediglich die Möglichkeit der Annahme des göttlichen *Heilshandelns*, indem er sich seinem Schöpfer unterwirft.

Für die Sinnhaftigkeit eines solchen paradoxen Verständnisses dieser Stelle kann auf die israelitische Kultlyrik verwiesen werden, sofern es sich bei ihr um Aussagen über den im Heiligtum erbetenen Gottesentscheid handelt. F. Horst hat die Aufmerksamkeit auf diesen Sachverhalt gelenkt, wenn er im Zusammenhang mit Hi 8 6 feststellt: »Sehr charakteristisch ist die Verwendung von עוּר hi. (vgl. Ps 35 23; qal: 44 24 59 5 f.), womit die einem Klagenden zuteil werdende Hilfe Gottes, und zwar gerade auch durch einen zu seinen Gunsten ergehenden Rechtsentscheid (Orakel oder Ordal), angedeutet wird. Wo immer die Gottheit so in Aktion tritt, macht sie *heil, stellt sie wieder her* (שלם pi.), was zuvor Schaden und Beeinträchtigung erfuhr.«[34]

d) Erfüllung von Gelübden

Wie in anderen bisher besprochenen literarischen Corpora wird in der Weisheitsliteratur das Verbum verwendet, um die *Erfüllung* von Gelübden zu bezeichnen. Die folgenden Beispiele lassen sich für diesen Sachverhalt zusammenstellen: Die Hure versucht den Einfältigen dadurch zu verführen, daß sie bemerkt, sie habe am heutigen Tag ein Gelübde *eingelöst*, d. h. sie hat ein שְׁלָמִים -Opfer dargebracht und kann deshalb ihrem Gast eine reiche Fleischmahlzeit anbieten, Prov 7 14. Eliphas beschreibt, wie es Hiob erginge, wenn er sich Gott

---

[34] F. Horst, Hiob, BK 16, 1962/63, 130.

zuwendete: Er würde sich Gottes erfreuen, ihn bitten, ein Gelübde
ablegen und von Gott erhört werden. Wenn dies geschieht, würde
Hiob gewiß sein Gelübde *erfüllen* wollen, Hi 22 27. Der Weisheitslehrer
einer späteren Zeit mahnt, daß Gelübde ohne Verzug zu *erfüllen* sind,
Koh 5 3; sie sollten vor allem nicht leichtfertig versprochen werden,
denn falls man ein Gelübde ablegt, ist es *einzuhalten*, Koh 5 3; wer es
aber nicht *ausführen* will, soll es nicht ablegen, Koh 5 4.

e) Der Begriff der Vergeltung

Der religiöse Begriff der Vergeltung wird auch an einigen Stellen
der Weisheitsliteratur durch שִׁלֵּם ausgedrückt. Der Bezug zum Gottesrecht tritt hierbei deutlich in Erscheinung, wie sich aus dem Inhalt
von Prov 20 22 ergibt: »Sprich nicht: 'Ich will das Böse *heimzahlen* (sc.
welches mir angetan wurde), sondern warte auf Jahwe'«, d. h. *übe
keine Rache* an einem Menschen, sondern überlaß es Gott!

Der gleiche Gedanke des Gottesrechtes tritt deutlicher in Hi in
Erscheinung. Wir beginnen unsere Besprechung mit Hi 34 11, einer
Stelle, an welcher Elihu versucht, Hiob gegenüber das Gesetz der göttlichen Vergeltung, wie es von den Weisheitslehrern vertreten wurde,
als universal geltendes Gesetz zu beweisen. Deshalb stellt er kategorisch fest: »Fern sei es von Gott, daß er Unrecht tut. Nein, er *vergilt*
dem Menschen nach seinem Tun.«

Eine solche Feststellung ist hinsichtlich des Aufbaus der Handlung an dieser Stelle völlig verfehlt, weil sie die Umkehrung des Vergeltungsdogmas der Weisheitstradition durch logisches Denken er-
zwingen will, ein Schluß, welchen Hiob bereits im Verlauf der vorausgegangenen Dialoge als unsinnig erwiesen hat. Er hatte in seiner Argu-
mentation völlig recht, denn es kann aus dem Leiden eines Menschen
nicht notwendig gefolgert werden, daß er eine Verfehlung gegen Gott
begangen haben muß. Deshalb ist die tatsächliche Konsequenz der
Worte Elihus eine Ablehnung der Auffassung des Gottesrechtes, wie
es in Israel verstanden wurde; denn der Weisheitslehrer glaubt, daß er
unabhängig von Gott nach eigenem Gutdünken einen Entscheid im
Namen Gottes fällen könnte. Damit kommt eine Haltung zum Ausdruck, die nach israelitischem Glauben Hybris ist und als solche eine
völlig verkehrte menschliche Grundeinstellung gegenüber Gott darstellt. Daß Hiob dieses Problem erkannt hat, zeigt sich schon in Hi 21
an einer viel früheren Stelle bei seiner Auseinandersetzung mit den
drei Freunden. Er deckt hier mit aller Klarheit die Absurdität ihrer
Lehre auf, indem er auf das angenehme Leben der Gotteslästerer verweist, welches jedermann bekannt ist. Nachdem Hiob die zweite Rede
Zophars über sich ergehen lassen hat, entgegnet er Hi 21 19 dem Freund,
Gott möge den Gotteslästerern ihre Überheblichkeit doch so *heimzahlen*, daß sie es tatsächlich zu spüren bekämen, anstatt das Unheil

für die Frommen aufzusparen, um sie zu prüfen, ob sie ihm treu
ergeben seien oder nicht, und beschließt sein Argument Hi 21 31 mit
der Frage: »Wer *vergilt* ihm (d. h. dem Gotteslästerer), was er tat?«

Auf Grund dieser Einsicht verliert auch Elihus Erwägung in
Hi 34 33, daß ein Sünder sich bekehrt haben könnte und Gott ihm
dann sein Vergehen gewiß nicht *vergelten* wollte, völlig seine Bedeutung, denn so vermeidet er, auf das Problem einzugehen, welches Hiob
wiederholt in den Dialogen angeschnitten hat. Elihu zeigt, daß er
Hiob völlig mißverstanden hat und bringt nur die Umkehrung des
Vergeltungsdogmas erneut zum Ausdruck, mit welchem die Weisheitslehrer Hiob ständig herausforderten, ohne eine überzeugende Grundlage für ihre Argumente vorweisen zu können.

f) Erwägungen zu Hi 41 3

Diese Stelle erfordert eine ausführliche Untersuchung, da sie
jedem Ausleger große Schwierigkeiten bereitet. Sie findet sich in dem
Gedicht über den לִוְיָתָן, welches beschreibt, wie Gott das furchtbare
Ungetüm bändigt. Gott vermag derartiges zu vollbringen, weil er es
erschaffen hat, ihm unendlich überlegen ist und deshalb mit ihm nach
eigenem Gutdünken verfährt. Der Mensch jedoch wagt es nicht auf-
zuwecken, sondern flieht vor Entsetzen, wenn er des Ungeheuers an-
sichtig wird. Mit einer solchen Schilderung betont der Dichter die Vorstellung der Majestät Gottes: So groß ist Gott und seine Macht, daß
selbst das mächtigste Geschöpf nichts weiter als ein Spielzeug in
seiner Hand ist.

In diesem Zusammenhang richtet Gott in v. 3 an Hiob die Frage,
welche manchmal mit »Who has given to Me that I should *repay* him?«[35]
wiedergegeben und meistens als »Wer trat ihm entgegen und *blieb
heil*?« aufgefaßt wird. Die letztere Übersetzung, welche einem Vorschlag von B. Duhm folgt, nimmt den Text von ⑥ als Grundlage, in
welcher sich sowohl in Hi 41 3 als auch in 9 4 ὑπομένει für das hebräische Verbum שָׁלֵם findet.

Gegen eine solche Interpretation unserer Stelle lassen sich jedoch
Bedenken geltend machen. Erstens sind hier sprachliche Probleme
zu nennen. Es trifft zwar zu, daß für Hi 9 4 und 41 3 ὑπομένειν in ⑥
belegt ist, aber sie übersetzt in beiden Fällen zwei verschiedene Verbstämme mit dem gleichen griechischen Verbum und sogar mit demselben tempus. Auf diese Weise wird gewiß dem ursprünglichen
hebräischen Text nicht gebührend entsprochen, welcher in Hi 9 4 das
qal und in Hi 41 3 das pi. aufweist. Weiterhin besteht keine Sicherheit
darüber, daß der hebräische Grundstamm im AT *heil bleiben* bedeutet,
denn für Hi 9 4, die einzige atl. Stelle, in welcher dem Verbum

---

[35] Z. B. RSV ad loc.

שָׁלֵם ein solcher Inhalt beigemessen werden könnte, ist guter Grund zu der Annahme vorhanden, daß es als »heil sein« zu verstehen ist[36].

Zweitens besteht der Verdacht, daß an unserer Stelle der Text in 𝔊 selbst nicht auf eine echte hebräische Vorlage zurückgeht.

Eine solche Vermutung darf man deshalb hegen, weil Paulus Hi 41 3 in einem seiner Briefe aufnimmt und dabei einen Text verwendet, der weder mit dem MT noch mit 𝔊 übereinstimmt. Diese Tatsache kann durch einen einfachen Vergleich nachgewiesen werden. Das paulinische Zitat findet sich Rm 11 35 und lautet: ἢ τίς προέδωκεν αὐτῷ, καὶ ἀνταποδοθήσεται αὐτῷ, d. h. »Wer hat ihm jemals (etwas) vorher- bzw. vorausgegeben, daß ihm (für diese Gabe etwas) *wiedergegeben werden soll?*« Im Septuagintatext steht an dieser Stelle: ἢ τίς ἀντιστήσεταί μοι καὶ ὑπομενεῖ, was als »Wer will sich jemals mir entgegenstellen bzw. mir Widerstand leisten und wird *zurückbleiben* bzw. *standhalten?*« zu übersetzen ist. Diese griechischen Textvarianten von Hi 41 3 beweisen nach meinem Dafürhalten, zumindest, daß der Vers in jüdisch-hellenistischen Kreisen in verschiedener Form bekannt war. Denn auch Paulus kann nicht den MT gekannt haben, oder wenigstens hatte er ihn nicht gegenwärtig, als er den Römerbrief schrieb, sonst hätte er Hi 41 3 in einer anderen Weise zitiert.

Die Tatsache des Vorhandenseins mehrerer Übersetzungsvarianten in der Diaspora läßt sich vermutlich darauf zurückführen, daß der Inhalt von v. 3 im MT seit der Zeit der griechischen Übersetzung nicht mehr völlig verstanden wurde. Anlaß für eine solche Situation könnte möglicherweise der gegenwärtige hebräische Text des MT in Hi 41 3a gewesen sein. Denn 𝔊 übersetzt הִקְדִּימַנִי zwar nicht sprachlich genau, doch inhaltlich zutreffend mit ἀντιστήσεται; versteht aber וַאֲשַׁלֵּם nicht mehr und verändert es deshalb zu וַיְשַׁלֵּם = ὑπομενεῖ, ein Vorgang, welcher vielleicht durch Zuhilfenahme von Hi 9 4 zustande kam.

Bezüglich des Zitates in Rm 11 35 könnte man sich genau den entgegengesetzten Verlauf der Entwicklung denken. In dieser Variante wurde offenbar das pi. שָׁלֵם noch korrekt verstanden und deshalb sinngemäß mit ἀνταποδίδοναι wiedergegeben, eine Übersetzung, die sich häufig in 𝔊 findet[37]. Vermutlich konnte man הִקְדִּימַנִי keinen Sinn mehr abgewinnen, glich es deshalb durch Parallelismus an ἀνταποδίδοναι an und gab ihm mit προδίδοναι eine neue Interpretation, welche dann wiederum ἀνταποδοθήσεται = יְשַׁלֵּם anstelle der 1. pers. sg. erforderlich machte.

Wie dem auch sei, für unsere Untersuchung der Beziehung zwischen der hebräischen Textvorlage in 𝔊 und dem im MT sich vorfindenden Text ist es nicht bedeutsam, ob diese obigen Erwägungen über die beiden griechischen Textvarianten zutreffen oder nicht. Von Interesse für unsere Belange ist nur die Frage, ob die hebräische Vorlage in 𝔊 als bester hebräischer Hiobtext anzusprechen ist. Meiner Überzeugung nach kann die Textvorlage der Septuaginta nicht eine solche große Vertrauenswürdigkeit genießen, wie es die meisten Ausleger anzunehmen scheinen. Deshalb hat 𝔊 offenbar nur geringen Wert für eine Bestimmung von שָׁלֵם im MT von Hi 41 3a.

Ein derartiger Befund macht das Problem der Bestimmung der Bedeutung des Intensivstammes wesentlich komplizierter, als es bis-

---

[36] S. o. 298 ff.

[37] Vgl. z. B. Gen 44 4 Ex 22 2.

her der Fall zu sein schien. Man wird wahrscheinlich auf den Versuch, eine gesicherte Lösung zu erreichen, verzichten müssen und könnte durchaus der Versuchung unterliegen, mit M. H. Pope übereinzustimmen, wenn er bemerkt: »M presents a lofty thought, entirely out of keeping with the context: 'Who ever came before me (sc. with a gift) that I should *repay*?'«[38]

Eine genaue Untersuchung überläßt uns jedoch nicht einem hoffnungslosen Dilemma, sondern führt zu Erwägungen, die eine weitere Verfolgung lohnen. Ein Ansatzpunkt für eine Lösung läßt sich vielleicht in einer Sprachstudie W. J. Gerbers finden, in der er für הִקְדִּים die Bedeutung »Gott dem Herrn etwas zuvorthun« angibt[39]. Damit ist deutlich gesagt, daß der Inhalt des hi. auf Gott zu beziehen ist und sich in Übereinstimmung mit »sich hervortun« befindet, welches der Text für dieses Verbum an unserer Stelle fordert. W. J. Gerbers Feststellung ist offenbar unbeachtet geblieben, weil »zuvortun« in der Gegenwartssprache sehr selten Verwendung findet. Das Wort hat aber im Deutschen durchaus den Sinn von »jemanden oder etwas an etwas übertreffen«, d. h. jemand oder etwas überragen, z. B. in dem Ausdruck »es jemandem an Freigebigkeit zuvortun«[40], was »jemanden an Freigebigkeit übertreffen« bzw. »sich durch Freigebigkeit hervortun« heißt.

Eine Untersuchung des Inhalts der Wurzel קדם ergibt, daß der Gedanke des Zuvortuns im pi. קִדֵּם zum Ausdruck kommt, welches »an der Spitze gehen« bedeutet[41], weshalb man als ihre Grundbedeutung »an der Spitze sein« vermuten darf. Obgleich das qal dieses Verbums im AT nicht belegt ist, könnte man eine solche Vorstellung in Analogie zu den Grundbedeutungen derjenigen hebräischen Stämme erschließen, die Verba denominativa darstellen und meistens Zustände bezeichnen[42]. Deshalb wird wohl die hier angenommene Grundbedeutung für die Wurzel קדם zutreffen[43]. Dem hi. הִקְדִּים dürfte dann die Vorstellung zugrunde liegen, daß jemand veranlaßt wird, an der Spitze zu sein, ein Gedanke, der in der deutschen Sprache mit »es jemandem zuvortun« ausgedrückt werden kann, wenn er im übertragenen Sinn gemeint ist.

---

[38] M. H. Pope a. a. O. 282f.

[39] W. J. Gerber, Die hebräischen Verba denominativa, 1896, 131.

[40] Vgl. O. Bassler, Der große Duden. Stilwörterbuch der deutschen Sprache, 1934, 691b.

[41] Vgl. KB 823a.

[42] Vgl. C. Brockelmann, Grundriß der vergleichenden Grammatik der semitischen Sprachen, I 1908, 503, und BL 291, welche darauf hinweisen, daß im Hebräischen Formen des Intensivstammes häufig zur Formation der denominativa verwendet werden.

[43] Vgl. hierzu auch קֶדֶם »vorn befindlich, vorn, Osten«, KB 823a.

Setzen wir diese Bedeutung für הַקְדִּים in Hi 41 3a voraus, dann würde unser Vers folgendermaßen zu übersetzen sein: »Wer könnte (sc. jemals) veranlaßt worden sein, mir etwas zuvorzutun, d. h. mich zu übertreffen, sich mit mir zu messen, so daß ich ihm (sc. irgendetwas) zu *vergelten, zurückzuerstatten* bzw. zu *bezahlen* hätte?« Als Sinn der Stelle ergäbe sich dann: Wer wollte mich (Gott) übertreffen (sc. und mich damit herausfordern wollen), daß ich ihm in irgendeiner Weise verpflichtet wäre?

Für sich betrachtet, erscheint auf Grund der dargelegten Interpretation v. 3a gehaltvoll. Aber er ergibt auch innerhalb des größeren literarischen Zusammenhanges an seiner jetzigen Stelle einen Sinn. Nach den bisherigen Feststellungen kann in diesem Fall nur eine Selbstaussage Gottes beabsichtigt sein. Wollte man einer solchen Auffassung nicht zustimmen, so müßte v. 3a auf den לִוְיָתָן bezogen werden, wofür sich jedoch kein Anhaltspunkt geltend machen läßt. Auf Grund solcher Voraussetzungen ergäbe sich für den gesamten Abschnitt die folgende Gliederung: Die Beschreibung des Ungeheuers findet ihren Abschluß in Hi 41 2a, worauf der Dichter in Hi 41 2b-4 unsere Aufmerksamkeit wieder auf Gott selbst zurücklenkt.

Diese Auffassung vom Aufbau des Abschnittes Hi 40 1-41 4 kann durch zwei Argumente gestützt werden: einmal durch den Inhalt des Gedichtes über den לִוְיָתָן. Es beschreibt die Macht Gottes und hebt sie durch die Tatsache hervor, daß ihm selbst ein derartig schreckliches Wesen untertan ist, da es von ihm erschaffen wurde. Im Anschluß daran wird festgestellt, wie unbedeutend und machtlos der Mensch im Vergleich mit dieser Kreatur Gottes ist. Allein der Anblick eines solchen Ungeheuers würde ihn zu Boden schleudern. Kein Geschöpf Gottes könnte dem לִוְיָתָן widerstehen. Meiner Überzeugung nach steht unausgesprochen, doch deutlich spürbar, hinter dieser Schilderung der Gedanke: Wenn schon ein Geschöpf derartig mächtig ist, wie unvorstellbar machtvoll und überlegen muß dann sein Schöpfer sein, der Gott des Universums, der es zähmen und wie sein Spielzeug behandeln kann. Das Gedicht treibt deutlich auf einen Höhepunkt zu, an welchem man eine Selbstaussage Gottes erwarten sollte.

Die gleiche Situation und Struktur des Abschnittes läßt sich durch einen anderen Gesichtspunkt aufzeigen: Am Beginn der Gottesrede finden wir die Bemerkung, daß sie aus einer Gewitterwolke erfolge. Offenbar verwendet der Dichter dieses Bild, um die Majestät Gottes hervorzuheben, und beschreibt damit ein Ereignis, welches bei anderer Gelegenheit im AT nur geschildert wird, wenn sich an Höhepunkten der israelitischen Geschichte, am Sinai oder in der entscheidenden Schlacht gegen die Kanaanäer, die Gottheit selbst offenbart[44]. Die

---

[44] Vgl. Ex 19 16ff. Jdc 5 4-5.

innere Dramatik der gesamten Handlung in Hi treibt geradezu auf
eine Situation hin, wie sie in Hi 40 1—41 2a geschildert wird, und würde
ohne eine Selbstaussage Gottes ihres Höhepunktes verlustig gehen,
weshalb sie wiederum an dieser Stelle gefordert zu sein scheint.

Von solchen Voraussetzungen ausgehend, ergibt sich fast keine
andere Möglichkeit, als in Hi 41 2b-4 die Darstellung einer Selbstaussage Gottes zu sehen: Nachdem der Dichter die unvorstellbar große
Überlegenheit der göttlichen Majestät über den לִוְיָתָן (und den
בְּהֵמוֹת?) geschildert hat, stellt er in Hi 41 3 eine Konfrontation zwischen
Gott und Hiob dar, in welcher die Gottheit den Menschen herausfordert, sich zu stellen:

> Wer könnte *mich* übertreffen?
> Und wem müßte *ich* verpflichtet sein?
> Unter dem ganzen Himmel, *wer* wäre es?[45]

Auf ein solches Ereignis kann nur Schweigen erfolgen, denn wer
könnte noch ein Wort zu sprechen wagen, wenn er dem lebendigen
Gott begegnet? Für das Geschöpf verbleibt in diesem Falle als einzig
mögliche Haltung das Niederwerfen vor seinem Schöpfer. Durch sie
kommt zum Ausdruck, daß keine Kreatur es jemals wagen könnte,
Gott selbst herauszufordern. Gerade den Gedanken scheint der
Dichter in Hi 41 4 vermitteln zu wollen, wenn er nach der Frage die
göttliche Rede mit den Worten weiterführt:

> Er würde nicht sein Geschwätz erneuern,
> sein Gerede von Großtaten und prächtiger Rüstung.

Auf Grund dieser Interpretation würde das Problem, um dessen Erhellung der Dichter mit machtvoller Darstellung in seinem ganzen
Werk gerungen hat, durch die Gottesrede eine sinnvolle Lösung
gefunden haben, denn in ihr erfolgt ein Bekenntnis zu Gott als dem
ganz Anderen.

Ich bin der Überzeugung, daß für die hier untersuchte Stelle eine
Gottesvorstellung vorliegt, wie sie in gleicher Weise durch den Dichter
in den Dialogen zwischen Hiob und seinen Freunden zum Ausdruck
gebracht wird. Anders liegt der Fall bei der langatmigen Beschreibung
des לִוְיָתָן, welche auf Hi 41 4 folgt. Sie erweckt zwar einen gelehrten
Eindruck, entbehrt jedoch völlig der inneren Kraft und stellt wahrscheinlich einen späteren Einschub in den Text dar. Damit hätte sich
ergeben, daß sich ursprünglich Hiobs Antwort in Hi 42 1ff. an die
Gottesrede in Hiob 41 2b-4 anschloß.

An dieser Stelle unserer Untersuchung könnte man noch erwägen, ob sich innere
Kriterien finden lassen, welche die zweite Gottesrede einem späteren Bearbeiter der
Dichtung zuweisen. Ich glaube, daß dies der Fall ist; denn es ist denkbar, daß ein

---

[45] לִי־הוּא wörtlich: »In Richtung auf mich (sc. ist) er?«.

Weisheitslehrer den Wunsch hegte, sein gelehrtes Wissen bekannt zu machen, und deshalb diesen Abschnitt hier einfügte, wodurch die Gottesrede völlig ihre Wucht und Geschlossenheit verlor. Als Folge davon ergab sich nicht nur eine Erschwerung des Verständnisses des Inhaltes in Hi 40—41, sondern auch eine Entstellung des Sinnes der Gottesrede, so daß die göttliche Offenbarung in Hi 41 2b-4 verdunkelt und deshalb nicht mehr als der Höhepunkt des ganzen Werkes angesehen wurde. Statt dessen verlagerte er sich auf Hi 41 25 und zeigt sich mehr oder weniger in der Stärke des לִוְיָתָן, die in mythischen Farben geschildert wird und letztlich Hiob zur Anerkennung Gottes bewegt.

Gewiß, auch hinter einer solchen Schilderung ist noch der Gedanke verborgen, daß Gott als der Schöpfer dieses mythischen Wesens allem Geschaffenen unendlich überlegen ist. Aber wie sehr ist dies alles konstruiertes Mirakel! Von der überwältigenden Dynamik, welche uns durch das ganze Werk des Hiobdichters hindurch gefangennimmt, ist in dem Abschnitt Hi 41 5-25 nichts mehr zu verspüren. So ist auch das existentielle Anliegen, das in der Dichtung im Vordergrund steht, an dieser Stelle völlig zurückgedrängt.

Eine solche Annahme würde erklären, warum die verschiedenen weiter oben besprochenen griechischen Textvarianten von Hi 41 3 in Umlauf gewesen sind[46]. Man könnte sich sehr wohl vorstellen, daß der vermutlich spätere Einschub Hi 41 5-25 durch Akzentverschiebung im Inhalt der Gottesrede den Sinn des ganzen Werkes verschleierte, wodurch der Schluß seit jener Zeit ein fast unlösbares Problem darstellte. Dieses Argument könnte durch die in 𝔊 und in dem Zitat Rm 11 35 vorliegenden Versuche unterstützt werden, dem ihnen zur Verfügung stehenden hebräischen Text in Hi 41 3a einen Sinn abzugewinnen, obwohl ihnen die Stelle unverständlich war. Auf Grund unserer Textuntersuchung dürfte man annehmen, daß die Erweiterung des ursprünglichen Textes wahrscheinlich schon zu einer Zeit vorgenommen worden ist, die vor jener lag, in welcher die Übersetzung der Septuaginta erfolgte.

Abschließend läßt sich als Ergebnis der Analyse folgendes zusammenfassen: Sollten die hier vorgetragenen Erwägungen und die damit verbundene Interpretation von Hi 41 3a richtig sein, so könnte der Abschnitt Hi 41 2b-4 tatsächlich als Höhepunkt im gesamten Aufbau des Werkes des Hiobdichters betrachtet werden, auf welchen ohne Unterbrechung Hi 42 1ff. mit Notwendigkeit folgen sollte. Ich glaube, daß Hi 40 1—41 4 dem Dichter (vielleicht mit Ausnahme des Gedichtes über den בְּהֵמוֹת?) selbst zuzusprechen ist: Die Sprache ist in diesem Abschnitt gewählt, und die Naturbeobachtungen werden mit großer Präzision wiedergegeben, ohne belehrend zu wirken. Diese Beschreibung bereitet trefflich auf das Problem vor, welches in der Gottesrede eine Antwort findet, und führt ohne Umschweife auf den Höhepunkt hin. Vergleichen wir diese Darstellung mit dem Abschnitt Hi 41 5-25, dann kann man sich nicht des Eindrucks erwehren, daß in ihm durch die langatmigen und sich wiederholenden Beschreibungen ein völlig anderer Geist zum Ausdruck kommt, der deutlich den Epigonen verrät.

---

[46] S. o. 317.

6. Novellistische Erzählungen

Der Intensivstamm des Verbums ist in den novellistischen Erzählungen nur in Ruth 2 12 belegt und bedeutet *vergelten* im Sinne von
vergüten oder *entschädigen*. Als Kontext finden wir: Boas hat von
Ruths Treue und Verbundenheit gegenüber dem Gott ihres Gemahls
gehört. Er ist von dieser Haltung ergriffen und äußert deshalb den
Segenswunsch, daß Jahwe es ihr *lohnen* möge.

7. Zusammenfassung über das Pi'el

Der Intensivstamm bezeichnet eine Handlung und hat als Grundbedeutung *ganz machen*. Er bringt einerseits zum Ausdruck, daß sie
zwar begonnen hat, aber noch nicht zum Abschluß gekommen war
und nun ihre *Vollendung findet*. Es kann sich andererseits um eine
Situation handeln, in welcher ein *Zustand der Ganzheit* gestört worden
war und *wiederhergestellt ist*. In beiden Fällen wird das Verbum sowohl
säkular als auch religiös gebraucht.

Die säkulare Verwendung wird verhältnismäßig selten angetroffen. An Bedeutungen finden sich bei dieser Gelegenheit *vollenden*,
bezahlen, und im Zusammenhang mit Verpflichtungen *erfüllen*,
wiedergutmachen und *ersetzen*.

Der weitaus größte Teil aller atl. Belegstellen wird in religiösen
Aussagen angetroffen und hat oft theologische Bedeutsamkeit. Das
Verbum kann in diesem Fall term. techn. der Kultsprache sein, ist
in Verbindung mit Gelübden gebraucht und heißt *erfüllen*, *bezahlen*,
einlösen oder *ausführen*. Es bezieht sich ebenfalls auf Gottes Rechts-
handeln an einzelnen Menschen, an Israel und an der ganzen Menschheit und bedeutet fast stets *vergelten*, *ahnden*, *heimzahlen* oder *zurückzahlen*.

III. Das Pu'al

Der passive Intensivstamm des Verbums ist selten im AT
belegt und findet sich nur in der prophetischen Literatur, den Psalmen
und in der Weisheitsliteratur[47].

1. Prophetische Literatur

a) Jer 18 20

Die Grundbedeutung des pu. läßt sich deutlich in Jer 18 20 erkennen, wo es im Sinn von *vergolten werden* gebraucht wird. An dieser
Stelle klagt der Prophet Gott sein Geschick, daß seine Feinde Böses
gegen ihn planen, obwohl er ihnen nur Gutes erwiesen hat, und wendet

---

[47] Für text- und literarkritische Erwägungen s. o. 78 (ad Jes 42 19), 79 (ad Jes 49 7
Prov 11 31 13 13).

sich mit der Frage an Jahwe: »Soll denn Gutes mit Bösem *belohnt* bzw. *vergütet* werden?«

b) Erwägungen zu Jes 42 19

Die Stelle Jes 42 19 hat je nachdem, welche Auffassung für die Gestalt des עֶבֶד vorausgesetzt wird, verschiedenste Deutungen erfahren[48]. Die Schwierigkeit ihrer Auslegung ist auf das Verständnis des pt. מְשֻׁלָּם und die Frage zurückzuführen, ob es einen Eigennamen des עֶבֶד darstellt oder ob mit seiner Verwendung eine Aussage über ihn gemacht wird. Nach meinem Dafürhalten ist das letztere der Fall.

Die verschiedentlich für das pu. an dieser Stelle angenommenen Einzelinhalte wie *sich ergeben haben, Vertrauen haben, befreundet sein, Frieden halten, einen Bund schließen, sich Gott weihen* und dergl. sind mit Skepsis zu betrachten, weil sie von der unbegründeten Vermutung ausgehen, das Verbum müsse grundsätzlich *in Frieden sein* bedeuten. Eine solche Bedeutung des pu. ist jedoch mit Sicherheit als abgeleitet zu bezeichnen; denn wie unsere bisherigen Untersuchungen des Verbums gezeigt haben, liegt der Wurzel שׁלם die Vorstellung der *Ganzheit* bzw. *Unversehrtheit* zugrunde, weshalb als Bedeutung dieses Verbstammes *ganz gemacht werden* oder *ganz gemacht worden sein* angenommen werden darf. Alle bisher aufgeführten Einzelinhalte setzen deshalb ein theologisches Vorverständnis voraus, welches an unserer Stelle nicht notwendigerweise enthalten sein muß. Mit dieser Feststellung ist nicht in Abrede gestellt, daß die angeführten Einzelbedeutungen sinnvoll für Jes 42 19 sein könnten. Sie scheinen sich sogar durch eine Parallele in den Amarna-Briefen stützen zu lassen, in welchen *mešalime*, das kanaanäische Wort für מְשֻׁלָּם, belegt ist[49], wofür G. Ebeling in seinem Vokabular die Bedeutung *einer, der Frieden gemacht hat* angibt[50]. Bezieht man diesen Inhalt auf unsere Stelle, so würde sie »Wer ist so blind wie *derjenige, mit welchem* (sc. schon) *Frieden geschlossen worden ist?*« zu übersetzen sein. Auf Grund unserer Kenntnis der Grundbedeutungen des akk. *šalâmu* und seines Intensivstammes *šullumu* wird man aber wahrscheinlich G. Ebelings Auffassung von *mešalime* nicht zustimmen können, besonders dann nicht, wenn er es in Brief Nr. 252 mit *Treue* wiedergibt[51].

Trotz solcher möglichen Interpretationen des pu. in Jes 42 19 sollte der methodologische Grundsatz nicht außer acht gelassen werden, daß ein Rückgriff auf irgendeinen der angeführten Einzel-

---

[48] Vgl. hierzu J. Muilenberg, Isaiah 40—66, IB, V 1956, 476.

[49] Vgl. J. A. Knudtzon (ed.), Die El-Amarna-Briefe, I 1915, Nr. 252, Z. 10.

[50] J. A. Knudtzon a. a. O. II 1915 1547.

[51] Vgl. o. 29f. Man könnte erwägen, ob *ki it mešalime* in Brief 252, Z. 10, zu übersetzen ist: Dasjenige, welches *Ganzheit* oder *Wohlsein* geworden war, d. h. welches sich in einem *guten Zustand* befand, ist zerstört worden.

inhalte nur dann statthaft ist, wenn die Grundbedeutung des Wortes keinen Sinn für die zu besprechende Stelle ergibt. Dieser Sachverhalt liegt jedoch für Jes 42 19 nicht vor, wie eine genaue Untersuchung des Inhaltes unseres Verses zeigt. Verschiedene Gelehrte haben deshalb für das pu. die folgenden Bedeutungen vorgeschlagen: *ganz gemacht werden* bzw. *ganz gemacht worden sein, vollkommen machen, wiedergutmachen*[52], *vollendet sein*[53] und *vergolten worden sein*[54].

Wollen wir das Verbum an dieser Stelle genau bestimmen, dann müssen wir den Inhalt des größeren literarischen Zusammenhangs in Betracht ziehen, der sich in dem Abschnitt Jes 42 18-25 findet. Nach P. Volz ist der Sachverhalt so zu verstehen, daß Gottes Sendungsruf den Knecht nicht erreicht, weil er ihm taub (lit. blind) gegenübersteht. Jahwe erhebt deshalb mit seiner Frage den Vorwurf: »Wer ist blind wie מְשֻׁלָּם?«[55].

Geht man von solchen Voraussetzungen aus, dann scheint L. G. Rignells Interpretation der Stelle am geeignetsten, da er für das Verbum die Bedeutung *vergolten worden sein* annimmt und sie als *vergeben worden sein, ausgelöscht worden sein* oder *erlöst worden sein* versteht[56]. Mit dieser Auffassung wird das Große der unverständlichen göttlichen Güte zum Ausdruck gebracht, ein Gedanke, der charakteristisch für Dt-Jes' Gottesvorstellung ist und sich in allen seinen Hymnen findet. An unserer Stelle käme dann zur Aussage: Israel ist bereits *vergeben worden*, obwohl es kein Verständnis für die Gnade Gottes besitzt und bis zu dieser Stunde nicht einmal wahrgenommen hat, daß sich *Gottes Heilshandeln* auf sein Volk richtet[57].

2. Poesie

Das Verbum ist in diesem literarischen Corpus nur in Ps 65 2 belegt und wird als Ausdruck der Kultsprache verwendet. Es findet sich in Verbindung mit einem Gelübde und bedeutet *erfüllt werden, bezahlt werden* oder *ausgeführt werden*.

3. Weisheitsliteratur

Das Verbum kommt zweimal in der Weisheitsliteratur vor und bedeutet *vergolten werden*. In Prov 13 13 heißt es *belohnt werden, Lohn erhalten* bzw. *bezahlt werden* im Zusammenhang mit einem Versprechen an den Menschen, der das Gebot fürchtet, d. h. der es hält. Für einen solchen Gebrauch lassen sich Parallelen mit *šullumu* in assyrischen

---

[52] Vgl. die Übersicht bei J. Muilenberg a. a. O. 476.

[53] M. Buber, Der Glaube der Propheten, Werke, II 1964, 480.

[54] L. G. Rignell, A Study of Isaiah Chapters 40—55, LUÅ N. F. 1, 52. 3, 36.

[55] P. Volz, Jesaja II, KAT 9, 2, 1932, 32f.

[56] L. G. Rignell a. a. O. 36.

[57] Vgl. hierzu auch M. Buber a. a. O. 480.

Handelstexten beibringen[58]. Obgleich es sich an dieser Stelle um eine
religiöse Aussage handelt, liegt der Grundhaltung der Weisheitslehrer
offenbar eine säkulare Wirklichkeitsauffassung nahe, welche aus dem
alltäglichen Geschehen übernommen ist: Wer für jemanden eine Anstrengung unternommen oder eine Dienstleistung verrichtet hat,
selbst wenn es für Gott ist, beansprucht mit Recht Lohn.

An der zweiten Stelle, Prov 11 31, bedeutet das pu. *bestraft*
werden, heimgezahlt werden. In einem Weisheitsspruch besagt es, daß
dem Gerechten *vergolten wird*, was er Unrechtes getan hat, obwohl er
sich mühte, ein frommer Mensch zu sein. Wieviel größer wird dann
Gottes Strafe für die Menschen sein, die absichtlich freveln und sün-
digen!

4. Zusammenfassung über das Pu'al

Der passive Intensivstamm des Verbums bringt zum Ausdruck,
daß durch eine Handlung etwas ganz wird und hat als Grundbedeutung
eine Ganzheit geworden sein. Als religiöse Aussage kann er *vergelten*,
bezahlen und *vergeben* bezeichnen.

IV. Das Hiph'il

Von den im AT selten vorkommenden Verbstämmen ist das hi.
am häufigsten belegt erscheint jedoch nur in einigen literarischen Corpora[59].

1. Dtr-Werk

Das hi. הִשְׁלִים ist im Dtr-Werk als term. techn. mit der Grundbedeutung *veranlassen, daß Frieden wird* oder *ist* verwendet, wodurch
die Vorstellung *Frieden schließen* bzw. *Frieden halten* zum Ausdruck
gebracht wird. An fast allen Stellen handelt es sich dabei um einen
Friedensschluß mit Israel.

Eine derartige Aussage findet sich als allgemeine Feststellung in
den Kriegsgesetzen des Dtn, z. B. in Anweisungen für den Fall einer
Stadtbelagerung durch Israel. Nach Dtn 20 12 soll eine Kriegshandlung
nur dann geschehen, wenn eine Stadt keinen *Frieden schließen* will,
d. h. falls sie auf die israelitische Forderung der Übergabe nicht eingeht.

Zwei andere Stellen enthalten Mitteilungen über *Friedensverträge*,
die mit den Einwohnern von Gibeon, Jos 10 1. 4, und mit Königen,
welche Vasallen Hadad-Esers sind, abgeschlossen werden, II Sam 10 19.

In einer Landnahmeerzählung haben wir Jos 11 19 die Bemerkung,
daß keine Stadt mit Israel *Frieden schloß*, weil Gott die Einwohner

---

[58] S. o. 23.

[59] Für text- und literarkritische Erwägungen s. o., 79 (ad Jes 38 12-13), 80 (ad Prov
10 10).

verstockt hatte und diese einen Krieg mit Israel begehrten. Eine Ausnahme in diesem Fall bildeten nur die Hewiter in Gibeon.

In I Reg 22 45 findet sich der einzige Beleg, wo das hi. *Frieden haben* oder *Frieden halten* bedeutet. Es handelt sich um einen kurzen Bericht über Josaphat von Juda, welcher *Frieden* mit Ahasja, dem König Israels, *hielt*.

2. Chr-Werk

Im Chr-Werk treffen wir nur in I Chr 19 19 auf den Kausativstamm des Verbums, wo es die gleiche Bedeutung wie in seiner Parallelstelle II Sam 10 19 hat, d. h. *Frieden machen* bzw. *einen Friedensvertrag abschließen*, indem man sich Israel unterwirft.

3. Prophetische Literatur

Die Grundbedeutung der *Ganzheit* tritt in der prophetischen Literatur bei dem Gebrauch des Verbstammes deutlicher hervor als in den Geschichtswerken.

a) Jes 44 24-28

Dieser Sachverhalt läßt sich in der großangelegten und wuchtigen Hymne Jes 44 24-28 erkennen, in welcher der Dichter Gott als den Beherrscher des Weltalls und der Weltgeschichte sprechen läßt, wobei auch das hi. zweimal Verwendung findet: Jahwe wird den Plan, welchen er seinen Boten verkündet hat, *zur Vollendung führen* (v. 26), denn er hat Cyrus beauftragt, das göttliche Vorhaben *zur Erfüllung, Vollendung* oder *Ausführung zu bringen* (v. 28).

b) Erwägungen zu Jes 38 12-13

Man darf wahrscheinlich annehmen, daß die Grundbedeutung des hi. *etwas veranlassen, Ganzheit zu werden* in den beiden unverständlichen Stellen des Dankpsalms vorliegt, welcher Hiskia zugeschrieben wird. Der Kausativstamm des Verbums verursacht an dieser Stelle tatsächlich erhebliche Schwierigkeiten für eine Interpretation, da man kaum erkennen kann, welche spezifische Aussage durch seine Verwendung beabsichtigt ist. R. Kittels Vorschlag in BH, das Problem dadurch zu lösen, daß der Text emendiert und unter Auslassung einer Form des hi. umgestellt werden müßte, scheint nicht gerechtfertigt zu sein. Argumente gegen einen solchen Vorschlag lassen sich nicht nur aus literarkritischen[60], sondern auch aus stilistischen Gründen vorbringen, denn der Ausdruck מִיּוֹם עַד־לַיְלָה תַּשְׁלִימֵנִי, welcher v. 12 abschließt, hat einen formelhaften Charakter, und seine wörtliche Wiederholung am Ende von v. 13 ist ein deutliches Stilmerkmal des He-

---

[60] S. o. 79 f.

bräischen, durch welches zum Ausdruck kommt, daß der Dichter dieser Verse den hier zu besprechenden Gedanken besonders hervorheben wollte[61].

Bei dem Versuch, an dieser Stelle Klarheit über die Bedeutung von הִשְׁלִים zu gewinnen, müssen langwierige Untersuchungen angestellt und weite Umwege beschritten werden, ohne jedoch ein abschließendes Urteil zu ermöglichen. Die Schwierigkeiten beruhen vor allem auf der Tatsache, daß sich weder in der hebräischen Literatur ein Hinweis findet, an welchen man anknüpfen könnte, noch Parallelen aus anderen semitischen Sprachen zur Verfügung stehen, die uns entscheidende Hilfe gewährten. Kommentare und Wörterbücher stimmen dem zu, so daß eine Bestimmung der Bedeutung des Verbums lediglich auf Spekulationen beruht. Einige Hypothesen, welche für den hier vorliegenden Fall aufgestellt wurden, bedürfen keiner besonderen Erwähnung, weil sie keine tragbare Grundlage haben. Nur solche, die uns helfen, sollen in der weiteren Untersuchung des Problems behandelt werden. Im Anschluß daran erfolgen einige Vorschläge, auf Grund derer sich vielleicht neue Gesichtspunkte für eine Lösung des Problems ergeben.

(1) Koehler-Baumgartner

Beide Forscher[62] und verschiedene Kommentare nehmen an dieser Stelle unter Hinweis auf das Aramäische für הִשְׁלִים die Bedeutung *völlig preisgeben* an. Meiner Überzeugung nach ist dieser Inhalt des Verbums nicht befriedigend. Er ist blaß und steht in merklichem Kontrast zu den sehr emphatischen Bildern des sprachlichen Ausdrucks, auf welche er sich bezieht. Außerdem befindet er sich nicht in Übereinstimmung mit der syntaktischen Struktur des Satzes, denn als logisches Objekt des Verbums kommt hier nur der Psalmist in Frage, während das Subjekt Gott ist. Gott selbst gibt also den Menschen preis, und man fragt sich unwillkürlich: wem oder welchem Geschehen? Aber der Psalm gibt keine Antwort darauf. Schließlich scheinen auch die Bilder, welche der Dichter verwendet, nur gezwungener auf den von Koehler-Baumgartner vorgeschlagenen Bedeutungsgehalt des hi. bezogen werden zu können. Diese letzte Feststellung bedarf der weiteren Ausführung.

Man könnte vielleicht in Jes 38 12 einen Zusammenhang zwischen *völlig preisgeben* und der Vorstellung des Abgeschnittenseins eines Gewebes vom Gestell des Webers erkennen wollen und einen Hinweis auf die Tatsache vermuten, daß ein Mensch, welcher nicht mehr in einer echten Bindung zu seinem Schöpfer steht, heillos der Macht des göttlichen Zornes preisgegeben ist, die ihn vernichten kann. Aber in diesem Falle müßte Krankheit als eine dem Menschen feindlich gegenüberstehende und ihn vernichtende Macht verstanden werden, während sie in Israel als Strafe für eine mutwillige Störung des Gottesverhältnisses seitens des Menschen aufgefaßt wurde[63]. Nach atl. Verständnis läßt sie für den Menschen die Möglichkeit der Rückkehr zu Gott offen und bewirkt die Reue des Sünders.

---

[61] Vgl. hierzu M. Buber, Die Schrift und ihre Verdeutschung, Werke, II 1964, 1177.
[62] KB 980a.
[63] Vgl. z. B. Ps 51.

Das Bild vom Löwen in Jes 38 13 läßt sich jedoch nicht mehr unmittelbar auf das hi. des Verbums beziehen, weil das abschließende מִיּוֹם עַד־לַיְלָה תַּשְׁלִימֵנִי ohne direkte Verbindung mit dem gesamten Inhalt des Verses stünde. Der Leidende ist dem Löwen nicht preisgegeben worden, aber der Psalmist zerbricht an dem Schmerz des körperlichen Leidens, wobei als Erläuterung für das Ausmaß der Schmerzen das Bild der Vernichtung des Menschen durch den Löwen heraufbeschworen wird.

(2) Parallelen aus verwandten semitischen Sprachen

Wenn wir uns für eine Interpretation unserer Stelle nach brauchbaren Parallelen in anderen semitischen Sprachen umsehen, dann lassen sich zumindest einige Einsichten auf Grund verschiedener Verbformen der Wurzel ermitteln, welche uns bei der Bestimmung von הִשְׁלִים in Jes 38 12-13 Hilfe leisten könnten. Sie mögen in der folgenden Übersicht zusammengestellt werden:

Im Akk. ist der Grundstamm mit der Bedeutung *untergehen* im Sinne von *verfluchen* belegt[64]. Abgesehen davon, daß es sich in diesem Fall um ein hapax legomenon handelt, besteht insofern eine Schwierigkeit für die Heranziehung jener Parallele, als in ihr der Grundstamm *šalâmu* Verwendung findet, nicht jedoch der Kausativstamm, welcher nur ganz selten zu belegen ist.

Besser ist als Parallele der syrische 'Aph'el-Stamm *'ašlêm* brauchbar, welcher *völlig preisgeben* im Sinne von *sterben* oder *jemanden zum Sterben bringen* bedeuten kann[65]. Obgleich es sich hierbei um einen Kausativstamm handelt, läßt er sich nicht als Parallele für unsere Stelle verwenden, weil er im Syrischen stets nur in Verbindung mit dem Nomen »Geist« vorkommt, welches jedoch in Jes 38 12-13 fehlt.

Als Parallele scheint das moderne Arabisch am geeignetsten zu sein, wo *salima* für *übergeben, ausliefern, aushändigen* steht und ohne Nomen elliptisch im 2. Stamm im Sinne von *den Geist aufgeben, zum Sterben kommen* oder im 4. Stamm als *zum Sterben gebracht werden* gebraucht wird[66]. Da diese Bedeutungen nicht nur für den intensiven, sondern auch für den kausativen Stamm belegt sind, könnten sie eine gute Parallele für unsere Stelle in Jes abgeben. In diesem Falle ist jedoch zu bedenken, daß sich der hier aufgezeigte Bedeutungsgehalt nur im modernen, nicht jedoch im klassischen Arabisch findet. Die moderne arabische Sprache muß aber, soweit sie bei dem Gebrauch einzelner Worte von der klassischen abweicht, als Ergebnis eines späten Stadiums der Sprachentwicklung angesehen werden. Wortinhalte, welche nur in ihr vorkommen, dürfen deshalb nicht ohne weiteres auf die Sprache der mehr als 2000 Jahre zurückliegenden Zeit des Psalmisten bezogen werden. Sie könnten nur dann Anwendung finden, wenn ihr Gebrauch nicht nur informativ wäre, sondern durch ihn auch Aussagen über das Wirkliche stattfänden, d. h. wenn in ihnen eine sprachliche Erscheinung zum Ausdruck käme, die M. Heidegger als »Die Sprache als Sprache zur Sprache bringen« bezeichnet hat[67]. Dieses Problem soll in Verbindung mit der Besprechung der Parallelen aus nichtsemitischen Sprachen weiter verfolgt werden.

(3) Parallelen aus nichtsemitischen Sprachen

Die besten Analogien für die Bedeutung von הִשְׁלִים in Jes 38 12-13 finden sich in dem Bereich der nichtsemitischen Sprachen. Wollte man sie für eine Untersuchung

---

[64] S. o. 18.

[65] S. o. 48.

[66] S. o. 41. 42.

[67] M. Heidegger, Der Weg zur Sprache, in: Die Sprache, 1959, 109 ff.

der Jesajastelle heranziehen, dann würde man zu bedenken haben, daß sie nicht mit den semitischen Sprachen verwandt sind und sich deshalb nicht für unser Unternehmen zu eignen scheinen. Soweit es sich um etymologische Ableitungen aus einer gemeinsamen Sprachwurzel handelt, wird man diesem Argument gewiß zustimmen müssen. Ob aber der gleiche Sachverhalt bei den ideenbildenden Strukturen des Denkens anzunehmen ist, läßt sich bezweifeln. Es muß zumindest mit der Möglichkeit gerechnet werden, daß in diesem Fall ein gemeinsamer Ursprung vorhanden ist und sich deshalb in bezug auf allgemeine Vorstellungen im Denken verschiedener Völker in ihren Sprachen und vor allem in der jeweiligen Volkssprache wenigstens Andeutungen eines solchen sprachlichen Phänomens erkennen lassen sollten. Wenn dem so wäre, dann dürften nichtsemitische Sprachen für eine Untersuchung unserer Stelle herangezogen werden. Auch wenn man einer solchen Auffassung der Sprache ablehnend gegenüberstehen würde, sollte man einen derartigen Gesichtspunkt nicht von vornherein als mögliches heuristisches Prinzip ausschließen, da er durch einige Gelehrte gestützt wird, welche kürzlich die Ansicht vertreten haben, daß jeder menschlichen Sprache insofern ein gemeinsames Phänomen zugrunde liegt, als sie die Wirklichkeit des Seins enthüllt[68].

Für eine Unterstützung dieses Ansatzpunktes kann auf Untersuchungen in verschiedenen akademischen Disziplinen verwiesen werden, welche, von gleichen methodischen Voraussetzungen ausgehend, fruchtbare Ergebnisse für die atl. Wissenschaft gezeitigt haben. Man könnte einmal auf die Mythen-, Sagen- und Märchenforschung aufmerksam machen, welche von Anbeginn der religionsgeschichtlichen Forschung nachgewiesen hat, daß bestimmte Grundvorstellungen im menschlichen Denken ein gemeinsames Gut aller Völker- und Sprachenfamilien darstellt[69]. Auch für völkische Institutionen sind Analogien aus nichtsemitischen Kulturen mit Erfolg für eine Analyse der Einrichtungen innerhalb des Lebens semitischer Völker herangezogen worden[70]. Schließlich ließe sich auch die literargeschichtliche Forschung nennen, aus welcher Studien im Bereich nichtsemitischer Sprachen über die Entstehung literarischer Werke, ihre Überlieferung und Entwicklung zum Vergleich mit der israelitischen Literatur übernommen wurden, z. B. für die Überlieferungsgeschichte des Tetrateuch[71].

Auf Grund solcher heuristischen Vorbetrachtungen dürfte der Ansatz, ideenbildende Vorstellungen aus nichtsemitischen Sprachen für die Erklärung semitischer Wörter heranzuziehen, vielleicht als nicht mehr so absurd anzusehen sein, wie es auf

---

[68] Vgl. das Sammelwerk »Die Sprache«, 1959, und die dort aufgeführten Diskussionsbeiträge z. B. R. Guardini, Die religiöse Sprache, 11ff.; M. Heidegger, Der Weg zur Sprache, 93ff.; W. F. Otto, Die Sprache als Mythos, 111ff. Wichtig für dieses Problem ist ebenfalls M. Buber, Das Wort, das gesprochen wird, Werke, I 1962, 446ff. 451ff.

[69] Vgl. z. B. die Arbeiten von H. Gunkel und der religionsgeschichtlichen Schule oder in neuerer Zeit die Forschungen von M. Eliade, z. B. Patterns in Comparative Religion, 1963.

[70] Z. B. die isländischen Rechtsinstitutionen, wo das Amt des Rechtssprechers für die israelitische Amphiktyonie herangezogen wurde; vgl. A. Alt, Die Ursprünge des israelitischen Rechts, in: Kl. Schr., I 1953, 301. A. Alt nimmt hier einen Vorschlag von E. Klostermann auf. Auch die altitalische Amphiktyonie wurde für die Erklärung des israelitischen Zwölfstämmebundes in Erwägung gezogen; vgl. A. Alt, Art. Israel, RGG², III 438, sowie M. Noth, Das System der Zwölf Stämme Israels, 1930, 46ff.

[71] Vgl. M. Noth, ÜPent, 43f. 47f.

den ersten Blick erschien. Zumindest sollte der Versuch unternommen werden, diese Möglichkeit einnmal zu durchdenken.

W. Gesenius hat uns auf diese Spur verwiesen, da er in seinem Thesaurus unser Wort in der Bedeutung *confecit* wiedergibt[72]. Nach Georges Wörterbuch ist *conficere* als ein zusammengesetztes Verbum aufzufassen, welches aus *com = zusammen, von allen Seiten*, womit der Begriff der *Ganzheit* zum Ausdruck kommt, und *facere = machen*, besteht. Als Grundbedeutungen dieses Kompositums führt er an: I fertig machen, zustande bringen, II zusammenarbeiten. Mit der zweiten Grundbedeutung findet das Verbum u. a. folgende einzelne Verwendungen: 2. durch Erlegung oder Überwindung niedermachen. a) einzelne lebende Wesen niederhauen, niederstoßen, umbringen, jemandem den Garaus machen, Tiere erlegen. b) ein Heer, Volk niederwerfen, aufreiben, gänzlich unterwerfen. 3. *durch allmähliches Schwächen gleichsam fertig machen, erschöpfen, aufreiben*[73].

Zu diesem hier vorhandenen erstaunlichen Reichtum an Bedeutungsgehalten des lateinischen Verbums, welche alle die Vorstellung der *Ganzheit* und *Vollendung* zum Ausdruck bringen, lassen sich weitere Beispiele aus anderen Sprachen erbringen, die hier in einer kurzen Übersicht angefügt werden mögen:

1. Das griechische Verbum μετατίθημι, welches ein Analogon zu *conficere* darstellt, weist inhaltlich, wenn auch in abgeschwächter Weise, die gleiche Erscheinung auf wie das lateinische Verbum. Nach Pape bedeutet es: I dazwischenstellen, bringen, II *verfolgen, umstellen, ändern*;[74] nach Little-Scott: I to place among; II to place differently: 1) to transpose (in a local sense); 2) *to change, to alter*[75].

2. In der deutschen Vulgärsprache gibt es den Ausdruck *jemanden fertigmachen* (wörtlich: ihn *ganz machen*), was *jemanden vernichten* bedeutet. Diese Bedeutung findet sich sowohl in der Sportsprache, wo sie *jemanden k. o.-schlagen* bezeichnet[76], als auch ganz allgemein im Alltagsdeutsch, wo das Verbum in diesem Sinne im weitest denkbaren Anwendungsbereich für alle möglichen Sachverhalte, Gegebenheiten und Vorgänge gebraucht wird.

3. Auch aus dem amerikanischen Slang läßt sich ein Beispiel für diesen sprachlichen Befund nennen: Wenn Collegestudenten in ihrer gegenwärtigen Vulgärsprache *to finish someone off* sagen, meinen sie damit *to knock someone out*.

4. An dieser Stelle mag unsere Aufmerksamkeit erneut auf das moderne Arabisch gelenkt werden, wo wir die Bedeutung *zum Sterben gebracht werden* gefunden hatten, welche unter Ellipse von *rûḥahû* durch den 4. Stamm von *salima* zum Ausdruck kommt. Das Verbum wird in einer solchen Weise häufig gebraucht und zeigt einen Inhalt, welcher sich in Übereinstimmung mit unseren anderen Beispielen befindet.

Auf Grund des hier unterbreiteten Materials dürfte mit der Möglichkeit zu rechnen sein, daß in allen diesen Ausdrücken ein gemeinsames Verständnis der *Ganzheit* in Erscheinung tritt, welches in der jeweiligen Volkssprache erhalten geblieben und auf das menschliche Leben in einem negativen Sinn bezogen ist: den Tod als die *Vollendung* des Lebens. Meiner Überzeugung nach lassen sich in den Einzelaussagen charakteristische Merkmale des sprachlichen Phänomens erkennen, auf welches M. Heidegger mit seinem

---

[72] Ges-Th III 1421.

[73] K. E. Georges, Ausführliches Lateinisch-Deutsches Handwörterbuch, I 1951[9], 1443f.

[74] W. Pape, Griechisch-Deutsches Handwörterbuch, II 1954[3], 155a.

[75] H. G. Liddell und R. Scott, A Greek-English Lexicon, 1901[8], 952b.

[76] Vgl. O. Bassler a. a. O. 163a.

Satz »Die Sprache als Sprache zur Sprache bringen« verweist. Es gewährt dem Menschen Einsicht in die Struktur des Daseins und steht in Beziehung zu der Vorstellung der *Ganzheit*.

(4) Ergebnis

Wenn wir von dem eben dargelegten Hintergrund aus die Analyse unserer Stelle durchführen, dann ist anzunehmen, daß הַשְׁלִים in Jes 38 12-13 die gleiche sprachliche Erscheinung erkennen läßt, auf welche wir im vorigen Abschnitt gestoßen sind. Es würde eine negative Aussage über das menschliche Leben enthalten, *fertigmachen* bedeuten und einen Sprachgebrauch darstellen, welcher wahrscheinlich seinen Ursprung in der Vulgärsprache jener Zeit hatte. Obgleich für eine solche Interpretation keine sichere Grundlage vorhanden ist, mag sie wenigstens als eine Annahme betrachtet werden, welche eine Möglichkeit für die Erklärung der Bedeutung des unverständlichen Ausdruckes מִיּוֹם עַד־לַיְלָה תַּשְׁלִימֵנִי in Jes 38 12-13 eröffnet.

Es muß zugegeben werden, daß uns diese Ansicht zwingt, hier eine Bedeutung des Verbums anzunehmen, welche ein hapax legomenon darstellen würde. Ein solcher Sachverhalt braucht aber nicht notwendig gegen die vorgetragene Vermutung zu sprechen, wenigstens so lange nicht, als der Inhalt des hi. von der Grundbedeutung der Wurzel, d. h. der *Ganzheit*, abgeleitet werden kann, und dies ist geschehen. Daß volkstümliches Denken seine eigene Erkenntnisweise hat und deshalb die Sprache oft in einer Ausdrucksform gebraucht, die bei einzelnen Wörtern im Widerspruch zu den ihnen von der Hochsprache beigemessenen Inhalten steht, ist schon an anderer Stelle in unserer Untersuchung ausführlich dargelegt worden und braucht hier nicht erst nachgewiesen zu werden[77].

Zum Abschluß unserer Untersuchung genügt der Nachweis, daß der Psalm Hiskias, zu welchem Jes 38 12-13 gehört, aus der israelitischen Volkslyrik stammt. Meiner Meinung nach läßt sich dies behaupten, da er mit Sicherheit nicht Jesaja zugeschrieben werden kann[78]. Wahrscheinlich handelt es sich in diesem Fall um populäre Kultlyrik. Die meisten bekannten Einleitungen in die Literatur des AT vertreten die Ansicht, daß der Psalm seinen Ursprung in der späten Zeit Israels hat und vermutlich aus dem Dichtungsschatz des Volkes an dieser Stelle in Jes eingedrungen ist[79].

4. Weisheitsliteratur

Das hi. ist zweimal in diesem literarischen Corpus belegt. Einmal findet es sich in einer Entgegnung Hiobs auf die dritte Rede von

---

[77] S. o. 105 f.

[78] Diese Ansicht wird fast einhellig von der atl. Forschung vertreten.

[79] Vgl. O. Eißfeldt, Einleitung in das AT, 1964³, 164. 441.

Eliphas, in welcher Hiob zum Ausdruck bringt, Gott erlaube ihm nicht, sich finden zu lassen, um Hiobs Rechtschaffenheit vor Gottes Augen zu stellen. Nach den Lehren der Weisheitstradition ist sich Hiob keiner Verfehlung Gott gegenüber bewußt. Er weiß aber andererseits, daß im menschlichen Leben nichts gegen den göttlichen Willen geschehen kann und deshalb sein Leiden von Gott gewollt sein muß. Diese letzte Einsicht wird in Hi 23 14 gedanklich mit einem allgemeinen Spruch zu Ende geführt, wobei הַשְׁלִים Verwendung findet. Er lautet: »Denn er (= Gott) *bringt zur Vollendung*, was mir bestimmt ist, und so hält er es stets bzw. in jedem Fall.«

Als zweite Stelle des hi. ist Prov 16 7 zu nennen. Auch hier ist das Verbum in einem Weisheitsspruch belegt, welcher lehrt: »Wenn die Wege eines Menschen Jahwe gefallen, dann *stiftet* er sogar mit seinen Feinden *Frieden*«.

5. Zusammenfassung über das Hiph'il

Die Grundbedeutung des Verbums ist in diesem Stamm *veranlassen, daß etwas zur Ganzheit wird* bzw. *daß etwas Vollendung erfährt*. In bezug auf Handlungen bezeichnet es allgemein *vollenden* oder *ausführen*, weshalb es für *Frieden schließen* steht, wenn es im politischen Bereich Verwendung findet und term. techn. für den Abschluß von kriegerischen Auseinandersetzungen ist.

Wird es religiös gebraucht, so bedeutet es sowohl *Frieden schließen* als auch *Frieden stiften* und ist in diesem Fall auf Gott als den Urheber eines solchen Zustandes bezogen. Es kann auch *vollenden* bezeichnen.

V. Das Hoph'al

Das ho. הָשְׁלָם ist nur einmal in Hi 5 23 in einer Rede von Eliphas belegt[80]. Der Freund wendet sich an dieser Stelle mit der dringenden Bitte an Hiob, sich in seinem Schmerz Gott anzuvertrauen und seine Schuld zu bekennen, auch wenn es den Anschein hat, daß er unschuldig leide. Nach der Auffassung der Weisheitstradition bringt Verfehlung gegen Gott stets Leid mit sich: Gott tut große Dinge; er bestraft den Menschen und vergibt (lit. heilt) ihm seine Verfehlungen, auch solche, welche ihm unbewußt sind. In einer Aufzählung der unergründlichen Taten Gottes, die Eliphas seiner Ermahnung folgen läßt, findet sich auch ein Hinweis darauf, daß der Mensch *Schutz* vor Raubtieren *genießt*, welcher notwendig ist, da sein Verhältnis zur Natur unergründlicherweise ein gestörtes, sogar eines der Feindschaft ist. Für den Menschen, welcher sich Gott unterwirft, wird die damit verbundene Gefahr beseitigt und er kann eines Zustandes *des Friedens teilhaftig sein*.

---

[80] Für textkritische Erwägungen s. o. 80.

Es ist möglich, daß an dieser Stelle Hi 5 23 ein eschatologisches Motiv zum Ausdruck kommt[81]. Wenn wir das ho. auf Grund einer solchen Auffassung interpretieren, dann dürfte man als seine Bedeutung *zum Frieden* oder *zur Friedsamkeit gebracht worden sein* annehmen, ein Inhalt, welcher überzeugend von F. Horst unter Hinweis auf die hier sich gegenseitig interpretierenden Begriffe בְּרִית und הָשְׁלָם dargelegt worden ist[82].

VI. Aramäische Formen des Verbums

Innerhalb der aramäischen Abschnitte des AT finden sich zwei Stämme des Verbums. Es ist im pe. in Esr 5 16 belegt, bezeichnet *ganz sein* im Sinne von *vollendet sein, zu Ende geführt sein* und ist auf den Bau des Zweiten Tempels in Jerusalem bezogen.

Das Verbum wird auch verschiedene Male als ha. in der Grundbedeutung *ganz machen, vollständig machen* angetroffen. In Esr 7 19 tritt es in Verbindung mit Gefäßen auf, welche Esra von Babylon nach Jerusalem zurückbringen soll, und bedeutet *vollständig abliefern* oder *abgeben*. Weiterhin findet es in Dan 5 26 in einem Abschnitt Erwähnung, welcher die anläßlich von Belsazars Festmahl an die Wand geschriebene Geisterschrift interpretiert. Die Bedeutung von הָשְׁלָם hängt in dem Fall vom theologischen Verständnis ab, das man der Auffassung dieser Legende zugrunde legt. Wahrscheinlich ist sie *preisgeben* im Sinne von *ausliefern*. Andere vorgeschlagene Inhalte sind *ein Ende machen* oder *auszahlen*.

VII. Zusammenfassung über das Verbum

Allen Aussagen der einzelnen Stämme des Verbums liegt die Vorstellung der *Ganzheit* zugrunde. Sie drückt im qal einen *Zustand des Seins aus, welcher bereits vorhanden und dauernd gegeben ist*, während pu. und ho. betonen, daß dieser *Zustand erreicht worden ist*. Im letzteren Fall ist damit zuweilen der Gedanke verbunden, daß *Ganzheit wiederhergestellt worden ist, nachdem sie gestört war*. Bei anderer Gelegenheit bringen beide Stämme eine Vorstellung der Ganzheit zum Ausdruck, in welcher sie als *Abschluß eines bereits begonnenen Geschehens, einer Entwicklung* oder *Handlung* aufgefaßt wird, die vordem noch unvollendet gewesen waren. Derartige Zustandbezeichnungen finden sich jedoch verhältnismäßig selten im AT.

Viel häufiger sind das hi. und vor allem das pi. im AT belegt, welche beide dynamisches Gepräge aufweisen. Das pi. bedeutet *etwas zur Ganzheit bringen*, das hi. *Veranlassung zu einem solchen Geschehen*

---

[81] So M. H. Pope, a. a. O. 46.
[82] F. Horst a. a. O. 87f.

geben. Verallgemeinernd könnte man sagen, daß der Gebrauch des Verbums im Hebräischen dem arabischen *salima* näher liegt als dem akk. *šalâmu.*

Außerhalb des Tetrateuchs tritt das Verbum auf, um religiöse Vorstellungen auszudrücken, stimmt hierbei ebenfalls besser mit dem Arabischen als mit dem Akk. überein. Diese Verwendungsweise findet sich im Dtr-Werk, in der prophetischen Literatur, in der Poesie und in der Weisheitsliteratur und ist hauptsächlich auf Dt-Jes, Jer, Ps, Prov und Hi beschränkt.

Im Chr-Werk und in der novellistischen Literatur erscheint das Verbum nur sehr selten, wobei sich sein religiöser Inhalt als sehr oberflächlich erweist.

§ 21 DAS ADJEKTIVUM שָׁלֵם

Die Grundbedeutung des Adjektivs ist *ganz sein* oder *unversehrt sein.* Mit diesem Inhalt findet es sich sowohl in säkularen Zusammenhängen als in religiösen Aussagen, durch welche es jeweils einen spezifischen Inhalt annimmt.

Syntaktisch wird das Adjektiv meistens als Attribut oder als Prädikat gebraucht. Einige Male hat es auch adverbielle Funktion und bezeichnet in solchen Fällen die Art und Weise.

Vergleicht man die Anzahl der Belegstellen des Adjektivs im AT mit jener der Nomina שָׁלוֹם und שְׁלָמִים oder des Verbums שָׁלֵם, so bemerkt man, daß es verhältnismäßig selten angetroffen wird. Andererseits kommt es häufig genug vor, daß eine ausführliche Besprechung seines Inhaltes wünschenswert erscheint. Die Mehrzahl aller Stellenbelege ist auf das Dtr-Werk und das Chr-Werk beschränkt; ihnen soll in der folgenden Untersuchung besondere Aufmerksamkeit gewidmet werden[1].

I. Tetrateuch

Im Tetrateuch ist das Adjektiv nur in den Erzählwerken und zwar je einmal in E, P sowie in einem Zusatz zu dem Grundbestand von J belegt[2]. Bei oberflächlicher Betrachtung hat es den Anschein, als ob es an allen Stellen in säkularen Aussagen gebraucht wird. Das trifft sowhl für P als auch für J zu, obwohl im letzteren Fall vermutlich ein religiös-kultischer Hintergrund vorauszusetzen ist[3], der jedoch für die in unserer Untersuchung verfolgten Zwecke außer acht gelassen werden kann. Anders liegt der Sachverhalt in E, wo es innerhalb einer

---

[1] Für text- und literarkritische Erwägungen s. o., 68 (ad Gen 15 16), 69 (ad Gen 33 18), 70 (ad I Reg 6 7 Am 1 9 Nah 1 12 II Chr. 8 16).

[2] Vgl. M. Noth, ÜPent, 18. 31. 38.

[3] Vgl. G. v. Rad, Genesis, OTL, 1961, 326.

programmatischen Aussage über eine spezifische religiöse Geschichts-schau verwendet wird[4]. Im einzelnen läßt sich das Folgende darstellen:

1. Die priesterliche Erzählung

Das Adjektiv hat in P die Funktion eines Adverbs der Art und Weise und erscheint in Gen 33 18 innerhalb einer Erzählung, in welcher von der Rückkehr Jakobs und seiner Großfamilie nach Kanaan berichtet wird, nachdem er eine Reihe von Jahren im Dienste Labans gestanden hat. Sie lassen sich in der Nähe von Sichem nieder, und der Erzähler bemerkt dazu, daß Jakob sich den Einwohnern der Stadt שָׁלֵם näherte, d. h. *mit aufrichtigen, ehrbaren* oder *freundlichen Ab-sichten*[5]. Das Adjektiv dient an dieser Stelle vermutlich einer vor-läufigen Charakterisierung Jakobs und weist deshalb auf die Erzählung hin, welche Gen 34 folgt[6]. Aus diesem Grunde scheint die bereits erwähnte Bedeutung eher zuzutreffen als seine akzeptierte Über-setzung *wohlbehalten* oder *in Frieden*.

2. Das jahwistische Erzählwerk

In J tritt das Adjektiv in der Erzählung Gen 34 auf, welche nicht eine alte Dinasage[7], sondern eine Überlieferung aus der Landnahme-zeit als Grundlage hat[8]. Es findet sich hier in einer Feststellung, welche sich auf Jakob bezieht: Nachdem Jakob und seine Familie ihre Zelte in der Nähe von Sichem aufgeschlagen haben, besucht seine Tochter Dina die kanaanäische Stadt und wird dort von Hamor vergewaltigt. Die Schwierigkeiten, die sich aus dem Verhalten des Kanaaniters ergeben, führen zu Verhandlungen über ein gemeinsames Connubium zwischen den beiden Familien. In der Erzählung darüber wird das Adjektiv ebenfalls adverbiell zur Bezeichnung der Art und Weise gebraucht.

Für den uns interessierenden Zusammenhang ist folgendes zu erwähnen: Hamor unterbreitet seiner Familie den Vorschlag des Connubiums als eine Angelegenheit, welche ihr materielle Vorteile bringe, und bezeichnet dabei Gen 34 21 die Jakobfamilie als שָׁלֵם. Das Adjektiv hat an dieser Stelle nach Ansicht vieler Kommentare und der neueren Lexika die Bedeutung *friedlich gesinnt sein*. Eine solche Interpretation ist möglich, wird aber meiner Überzeugung nach nicht den zum Ausdruck kommenden Feinheiten in der Darstellung des Überredungsversuches von Hamor gerecht, auf welche G. v. Rad

---

[4] Vgl. M. Noth a. a. O. 255f.
[5] Ähnlich auch G. v. Rad, Das erste Buch Mose, ATD 2/4, 1964[7], 287.
[6] So B. Jacob, Das erste Buch der Tora: Genesis, 1934, 648, und G. v. Rad a. a. O.
[7] So H. Gunkel, Genesis, HK I 1, 1901, 337.
[8] Vgl. G. v. Rad a. a. O. 292.

unsere Aufmerksamkeit gelenkt hat[9]. Für das Adjektiv sind hier Bedeutungen vorzuziehen wie *pacem et amicitiam*[10] oder besser noch *wohlgesinnt, aufrichtig* und dergl., z. B. *redlich*[11], *on friendly terms*[12] oder *bien intentioné*[13].

3. Das elohistische Erzählwerk

Das Adjektiv wird in diesem Erzählwerk prädikativ gebraucht und findet sich Gen 15 16 in einer Gottesrede, welche vielleicht einen eigenen Beitrag des Elohisten innerhalb der Überlieferung darstellt[14]. In ihr wird Abraham mitgeteilt, daß seine Nachfahren erst Sklaverei in Ägypten erdulden müssen, ehe sie das ihnen von Gott verheißene Land einnehmen dürfen. E gibt damit offenbar ein kurzes Programm der gesamten Pentateuch-Erzählung[15].

Die Verwendung des Adjektivs könnte auch hier insofern eine säkulare sein, als es eine Aussage über den zeitlichen Ablauf von Geschehnissen macht. Aber die Gottesrede Gen 15 13-16 widerspricht einer solchen Auffassung, denn in ihr wird eine Feststellung über Gottes Heilsgeschichte getroffen, in welcher Israel dazu ausersehen ist, eine entscheidende Rolle zu spielen[16].

Diesen Abschnitt könnte man nach G. v. Rad »geradezu als ein Kabinettstück atl. Geschichtstheologie bezeichnen«[17], wobei שָׁלֵם (v. 16) Bedeutsamkeit zukommt, denn es macht hier eine Aussage über das göttliche Geschichtshandeln: »Gott waltet im Sinne einer *providentia generalis* über der Weltgeschichte.« Wichtig hierbei ist der Gesichtspunkt, daß der historische Ablauf der Welt, in dessen Zentrum das Volk Israel steht, von einem »universalen Geschichtsaspekt« aus gesehen wird. Damit findet der Gedanke eines bewußten göttlichen Handelns in der Geschichte Ausdruck. Für den besonderen Plan, welchen Gott mit Israel im Sinne hat, gilt jedoch: »Der heilsgeschichtliche Weg führt aber zunächst abwärts in Enttäuschung und scheinbare Gottverlassenheit.« Er gelangt erst zum Ziel, wenn die Zeitspanne abgelaufen ist, die Gott den Amoritern trotz ihrer Schuld gegenüber dem göttlichen Herrn gewährt hat. Für sie ist der Zeitpunkt des Gerichts gekommen, wenn ihre Schuld durch bewußtes und absichtliches Vergehen gegen den Gotteswillen so anwächst, daß sie שָׁלֵם,

---

[9] Vgl. G. v. Rad a. a. O. 291.
[10] Ges-Th III 1422.
[11] B. Jacob a. a. O. 656.
[12] J. Skinner, Genesis, ICC, 1956³, 420.
[13] R. de Vaux, La Genèse, Jer-B, o. J., 157.
[14] Vgl. G. v. Rad a. a. O. 158.
[15] M. Noth a. a. O. 256.
[16] Vgl. G. v. Rad a. a. O. 158.
[17] G. v. Rad a. a. O. 158.

ganz, voll, ist, d. h. wenn sie ihr *Vollmaß, Höchstmaß* oder ihren *Höhepunkt* erreicht hat. Zusammenfassend kann deshalb gesagt werden, daß Israel von dem verheißenen Land Besitz ergreifen kann, wenn die Amoriter für das Gericht *reif* sind, welches sich immanent in der Geschichte vollzieht.

II. Dtr-Werk

Das Adjektiv findet sich im Dtr-Werk als nähere Beschreibung von drei Objekten: dem Stein, dem Epha und dem Herzen. Mit Stein und Epha verbunden, ist es als Attribut belegt, während es zusammen mit Herz einmal als Attribut und sonst stets als Prädikat gebraucht wird.

1. Das Adjektiv als Attribut zu אֶבֶן und אֵיפָה

Nur in I Reg 6 7 steht das Adjektiv in einer rein säkularen Aussage und erscheint in einer Beschreibung der Entstehung des salomonischen Tempels. Der Erzähler berichtet, daß man zu seinem Bau אֶבֶן־שְׁלֵמָה, *Ganz*-Stein, und zwar מַסָּע, d. h. Bruchstein[18], benutzte. Die Syntax bereitet an dieser Stelle Schwierigkeiten. Am einfachsten ist es, den Ausdruck אֶבֶן־שְׁלֵמָה als einen Begriff zu fassen, auf welchen מַסָּע als Apposition folgt, womit das Kennzeichnende des »Ganzsteins« in seiner konkreten Erscheinung beschrieben wird[19]. Wie der weitere Verlauf der Beschreibung in I Reg 6 8 zeigt, handelt es sich bei מַסָּע nicht um unbehauene Steine[20], sondern um solche, die bereits fertig behauen sind[21]. Für das Adjektiv ist an unserer Stelle wahrscheinlich *fertig behauen* die beste Übersetzung.

An allen anderen Stellen des Dtr-Werkes findet sich das Adjektiv in religiösen Aussagen. Es kommt als Attribut zu Stein in Vorschriften über den Altarbau vor, welche Mose an Israel übermittelt, Dtn 27 6. In diesem Zusammenhang bedeutet שָׁלֵם *unbehauen.* Der Befehl besagt, daß Israel einen Altar aus *unbehauenen* Steinen errichten soll, wenn es den Jordan überquert hat. Dieser Sachverhalt läßt sich für das Adjektiv aus Dtn 27 5 erschließen, wo für Israel angeordnet wird, kein Eisen beim Altarbau zu verwenden. Die gleiche Vorschrift, jedoch nicht mit demselben Wortlaut, findet sich in dem älteren Gesetz Ex 20 25, in welchem zum Ausdruck kommt, daß Israel keinen גָּזִית, d. h. behauenen Quaderstein[22], beim Altarbau verwenden darf.

---

[18] KB 543a.
[19] Vgl. Syntax 61 Nr. 62g.
[20] So KB 543a.
[21] Vgl. J. A. Montgomery, Kings, ed. H. S. Gehman, ICC, 1960, 144. 146.
[22] KB 177b.

Eisenbeis

Hinter der Anordnung, den Altar aus unbehauenen Natursteinen zu errichten, verbergen sich Andeutungen alter und magischer Vorstellungen, welche vermutlich in der Frühzeit Israels im Kulturlande noch von Bedeutung waren und der Wirklichkeitserfassung der archaischen Ontologie angehören. In dieser Vorstellungswelt kann den unbehauenen Steinen Heiligkeit beigemessen werden, »because they represent a sacred force ... or because a solemn covenant or religious event took place nearby«[23]. Trotz solcher Andeutungen altertümlicher Wirklichkeitsvorstellungen gewinnt man aus den Vorschriften in Ex 20 25 und Dtn 27 6 den Eindruck, daß ihre religiöse Bedeutsamkeit zu der Zeit, als die Traditionen schriftlich festgelegt wurden, dem Volke Israel nicht mehr bewußt war. Beim Dtn bestand das Hauptanliegen des Kompilators offenbar nur noch in der Sammlung und treuen Bewahrung alter Überlieferungen.

Der gleiche Sachverhalt wie in Dtn 27 6 liegt vermutlich für den Gebrauch unseres Adjektivs in Jos 8 30-35 vor, da es sich um einen Abschnitt handelt, welcher wahrscheinlich von Dtn 27 1-8 abhängig ist[24]. Es wird an dieser Stelle ausdrücklich bemerkt, daß Josua den nach Dtn 27 1ff. von Mose gegebenen Befehl ausführt und einen Altar aus Steinen errichtet, welche שְׁלֵמוֹת sind, Jos 8 31. Auch in diesem Fall ist das Adjektiv Attribut und bedeutet *unbehauen sein*.

In einer Vorschrift in Dtn 25 15 über Maße kommt das Adjektiv zweimal vor und ist je auf Stein und auf Epha bezogen. Ursprünglich mag die Verwendung von Steinen zum Abwiegen mit magischen Vorstellungen verbunden gewesen sein, aber derartige Anschauungen sind im Dtn nicht mehr greifbar. Das Gesetz in v. 15 steht nun als Rechtsbestimmung, wie sich aus der kurzen apodiktischen Formulierung אֶבֶן (אֵיפָה) שְׁלֵמָה וָצֶדֶק יִהְיֶה־לָּךְ ersehen läßt. Mit seiner zweimaligen attributiven Verwendung macht hier das Adjektiv eine Aussage über *richtiges, rechtes, volles* oder *ehrliches* Maß. Theologisch ist diese Stelle bedeutsam, weil Unehrlichkeit, selbst bei dem alltäglichen Vorgang des Handels und Geschäftslebens, als Vergehen gegen den göttlichen Heilswillen angesehen wird.

2. Das Adjektiv in Verbindung mit לֵבָב

An allen weiteren Stellen des Dtr-Werkes ist das Adjektiv mit »Herz«, לֵבָב, verbunden. Es ist viermal in I Reg und einmal in II Reg belegt.

23 M. Eliade, Patterns in Comparative Religion, 1963, 437. Vgl. hierzu auch W. R. Smith, Lectures on the Religion of the Semites, 1927³, 200ff.; J. Pedersen, Israel, Its Life and Culture, III—IV 1963⁵, 218.
24 Vgl. M. Noth, ÜSt, 17. 43. 99.

a) II Reg 20 3

Das Adjektiv wird an dieser Stelle als Attribut gebraucht und findet sich in einem Gebet Hiskias, mit dem sich der König an Gott wendet, nachdem ihm Jesaja im Namen Gottes kundgetan hat, daß er sterben müsse. Es macht eine theologische Aussage und läßt eine Denkweise erkennen, welche an Vorstellungen aus der Vergeltungslehre erinnert.

Zu einer solchen Annahme werden wir durch den Inhalt von v. 3 veranlaßt. Mit den Worten וְהַטּוֹב בְּעֵינֶיךָ עָשִׂיתִי kommt zum Ausdruck, daß Hiskia nach dem Urteil Gottes recht gehandelt habe[25]. Ein solches Verhalten ist ein Lebenswandel בֶּאֱמֶת וּבְלֵבָב שָׁלֵם, d. h. in Zuverlässigkeit, Beständigkeit oder Treue[26] und mit *ganzem* Wollen bzw. mit *rechter* Gesinnung[27]. Offensichtlich handelt es sich an dieser Stelle um einen Anruf Gottes, das Gute anzurechnen, welches der König seiner Ansicht nach getan hat. Damit enthüllt sich eine innere Einstellung zu Gott, welche in keiner Weise mit dem Glauben Jesajas übereinstimmt. Meiner Überzeugung nach läßt das Gebet religiöse Vorstellungen erkennen, welche in der nachexilischen Zeit in Israel heimisch sind[28]. Diesen Gesichtspunkt stützt auch die Syntax in II Reg 20 3 da in dem Vers an Stelle von כִּי das Relativpronomen אֲשֶׁר im Sinne von »denn« verwendet wird, wobei es sich um einen grammatischen Gebrauch handelt, der sonst im AT nur in den Schriften der späteren Zeit der israelitischen Geschichte belegt ist[29].

Auf Grund derartiger Voraussetzungen darf man annehmen, daß Hiskia sich in seinem Gebet mit der flehentlichen Bitte an Gott wendet, ihn nicht sterben zu lassen, weil er nach dem Urteil Gottes recht handelte, indem er auf Grund seines Verhaltens sich durch Zuverlässigkeit und *rechte* Gesinnung auszeichnete.

b) Der formelhafte Ausdruck הָיָה לֵבָב שָׁלֵם עִם־יהוה

Bei diesem Ausdruck begegnen wir einem völlig anderem Denken als an der im vorhergehenden Abschnitt besprochenen Stelle. Der Dtr gebraucht das Adjektiv hier prädikativ und bezieht es durch עִם auf Jahwe, wodurch eine Aussage über die Gemeinschaft zwischen Gott und Mensch gemacht wird[30]. Die Worte haben formelhaften Charakter und gewähren Einsicht in das dtr Verständnis vom Wesen des Jahweglaubens. Nach der Ansicht von A. Weiser bezeichnen sie

---

[25] KB 349b.

[26] KB 66.

[27] Vgl. F. Baumgärtel, Art. καρδία, ThW III 610, der jedoch in diesem Zusammenhang II Reg 20 3 nicht erwähnt.

[28] S. o. 181 ff.

[29] Vgl. Syntax 152 Nr. 161b.

[30] Vgl. KB 711b.

22*

»eine Gottesbeziehung, die den ganzen Menschen in der Gesamtheit seines äußeren Verhaltens und seines Innenlebens umfaßt«[31].

Die Aussage gewinnt theologische Bedeutung, wenn sie im Zusammenhang mit dem Geschichtsverständnis des Dtr-Werkes gesehen wird, worin der Dtr offenbar die Überzeugung vertritt, daß »die Geschichte des Volkes Israel nicht ein beliebiges Beispiel für das Geschick von Völkern, die schließlich einmal ihrem Ende entgegengehen, sondern ein singulärer Fall« ist. »Denn das israelitische Volk war ... von Gott einer besonderen Rolle gewürdigt und darum besonderen Verpflichtungen unterworfen, wie sie in dem von Dtr an den Anfang seines Geschichtswerkes gestellten dtn Gesetz formuliert waren; und die Intention dieses Gesetzes war im wesentlichen die, dem Abfall von Gott in jeder Form zu widerstehen, also die ausschließliche Bindung an den einen Gott zu fordern und damit eine in der alten Religionsgeschichte singuläre Exklusivität einer bestimmten Gottesverehrung zu sichern.«[32] Mit einer solchen Geschichtsauffassung bekennt sich der Dtr zur Einzigartigkeit Gottes. In beispielhafter Kürze erscheint dieses Bekenntnis in einem Gebet Salomos in I Reg 8 60, worin der König anläßlich der Feierlichkeiten bei der Einweihung des Ersten Tempels Israel und alle Völker auffordert, nur Jahwe als Gott anzuerkennen.

Auf Grund einer solchen Anschauung des Dtr darf dem Ausdruck הָיָה לֵבָב שָׁלֵם עִם־יהוה in I Reg theologische Bedeutsamkeit beigemessen werden. Als wichtigste Stelle ist I Reg 8 61 zu nennen, wo eine Aussage über die notwendige Grundlage für das Gemeinschaftsverhältnis von Gott und Mensch gemacht wird. In den anderen Fällen handelt es sich um eine Bewertung einzelner Könige. Ein anerkennendes Urteil treffen wir in I Reg 15 14 über König Asa von Juda an, weil er sich bemühte, kanaanäische Einflüsse im Kultleben Israels zu unterdrücken. Nach den übrigen Belegen findet eine Verurteilung zweier Herrscher statt, welche in I Reg 15 3 Ahia von Juda, den Nachfolger Rehabeams, und in I Reg 11 4 Salomo betrifft, wobei das Verhalten des letzteren insofern als ein schweres Vergehen gilt, da er im Alter von Jahwe abfiel.

Mit dem Adjektiv wird in dem Ausdruck לֵבָב שָׁלֵם eine Feststellung über das Gottesverhältnis des Menschen getroffen, dessen Grundlage die Ausrichtung des inneren Seins und Wollens des Menschen auf Gott darstellt. Echte Gemeinschaft mit Gott besteht für den Dtr nur dann, wenn sich Israel und jeder einzelne Israelit *völlig* dem göttlichen Willen ergeben. Ein solches Verhalten wird nicht der Entscheidungsfreiheit des Gottesvolkes oder eines seiner Glieder anheimgestellt, sondern ist als die apodiktische Forderung des gött-

---

[31] A. Weiser, Art. πιστεύω, ThW VI 188.
[32] M. Noth a. a. O. 101.

lichen Du anzusehen. Ihr hat Israel in *unbedingtem* Gehorsam zu entsprechen. Von dieser Erfüllung des Gotteswillens hängt allein das Heil
ab. Der formelhafte Ausdruck הָיָה לְבָב שָׁלֵם עִם־יהוה hat sich damit als
eine theologische Einsicht von größter Bedeutung erwiesen[33].

Die Erschließung der theologischen Erkenntnis des Dtr verdanken
wir vor allem M. Noth und G. v. Rad. Obwohl beide Forscher von
anderen Voraussetzungen ausgehen als solchen, die unserer Untersuchung zugrunde liegen, gelangen sie zu dem gleichen Ergebnis. In
prägnanter Weise findet es in der folgenden Feststellung G. v. Rads
Ausdruck: »Es ist die Frage nach dem vollkommenen Gehorsam, die
vom Dtr an die Könige gerichtet wird. Diese Frage ist das eine grund-
legende Element der Geschichtsschreibung« des Dtr, da für ihn »ein
Korrespondenzverhältnis von Jahwes Wort und Geschichte in dem
Sinne« besteht, »daß Jahwes einmal gesprochenes Wort kraft der ihm
eigenen Mächtigkeit unter allen Umständen in der Geschichte zu
seinem Ziele kommt«[34].

Es ist deshalb nicht recht einsichtig, warum F. Baumgärtel in
seiner Darstellung der Bedeutungsgehalte von לֵב dem hier behandelten
dtr Ausdruck keine Aufmerksamkeit schenkt[35]. Seine Besprechung von
לֵב שָׁלֵם gründet sich hauptsächlich auf Belege aus dem Chr-Werk,
wozu w. u. Stellung zu nehmen ist[36]. Wie unsere bisherige Untersuchung gezeigt hat, scheint jedoch keine Veranlassung zu bestehen,
den Ausdruck bei theologischen Darlegungen unbeachtet zu lassen.

III. Chr-Werk

In den Belegstellen des Chr-Werkes erscheint das Adjektiv fast
ausnahmslos in Verbindung mit religiösen Aussagen. Nur in einem
einzigen Fall kommt es mit einem säkularen Inhalt vor.

1. Säkularer Gebrauch des Adjektivs

So ist das Adjektiv II Chr 8 16 bei einer Aufzählung verschiedene
Regierungsmaßnahmen Salomos verwendet. Am Ende des Berichts
findet sich eine Bemerkung über den Tempelbau, die mit den Worten
schließt: שָׁלֵם, d. h. *vollendet* oder *zu Ende geführt* (sc. war) das Haus
Jahwes. Das Adjektiv ist Prädikat und auf den Ablauf einer Zeitstrecke oder das Ende eines Geschehens bezogen.

2. Der Ausdruck לֵב/לְבָב שָׁלֵם

Auch diese beiden Worte haben formelhaftes Gepräge und sind
für das Chr-Werk insofern bedeutungsvoll, als durch sie eine theolo-

---

[33] Vgl. auch u. 347f.
[34] G. v. Rad, Deuteronomiumstudien, 1947, 54.
[35] F. Baumgärtel a. a. O. 610.
[36] S. u. 342.

gische Aussage stattfindet. Das Nomen »Herz« wird dabei sowohl durch לֵב als auch durch לֵבָב wiedergegeben. Bezüglich des Inhalts des gesamten Ausdrucks scheint die Annahme nahezuliegen, daß ihm die gleiche Bedeutung wie dem dtr הָיָה לְבָב שָׁלֵם עִם־יהוה beizumessen und der unterschiedliche syntaktische Gebrauch der Eigenart des jeweiligen Autors zuzurechnen ist. Eine Untersuchung der einzelnen Stellen des Chr-Werkes zeigt jedoch, daß beide Geschichtswerke in ihrem Verständnis dieser Worte erheblich voneinander abweichen.

a) Theologische Vorstellungen des Chr

Bevor wir uns dem eigentlichen Thema dieses Abschnittes zuwenden, bedarf es einiger Bemerkungen zu einer Studie von F. Baumgärtel, in der er auch den Ausdruck לֵב/לֵבָב שָׁלֵם behandelt und dabei zu dem Schluß kommt, daß durch ihn »der ganze Mensch mit seinem inneren Sein und Wollen« gemeint sei[37]. Er mißt also den Worten im Chr-Werk den gleichen Bedeutungsgehalt wie im Dtr-Werk bei. Einer solchen Auffassung wird man nicht zustimmen können, da sich zumindest zwei Argumente gegen sie anführen lassen.

Einmal lassen sich sprachliche Gründe geltend machen. F. Baumgärtel versucht seine Ansicht durch den Hinweis zu stützen, daß לֵב/לֵבָב שָׁלֵם als Parallelausdruck zu אֱמָת und auch zu נֶפֶשׁ חֲפֵצָה im AT vorkommt. Das Zitieren solcher Parallelen braucht aber durchaus nicht als Beweisgrundlage zu gelten, denn es kann nicht von vornherein vorausgesetzt werden, daß diese Begriffe stets theologisch zu verstehen sind. Eine solche Annahme ist oft deshalb nicht gegeben, weil sie sich vielfach auf allgemeine Feststellungen des täglichen Lebens beziehen, welche keine theologischen Aussagen enthalten[38]. Will man den Begriffen einen bestimmten Inhalt zusprechen, so müssen zuvor die ihnen zugrunde liegenden Vorstellungen an Hand einer Untersuchung des literarischen Zusammenhangs, in dem sie sich finden, erhellt werden. Soweit mir bekannt ist, lassen sich für unseren Fall keine Studien nachweisen, die F. Baumgärtels Gesichtspunkt unterstützen würden[39].

Als weiteres Bedenken können methodische Erwägungen in bezug auf das theologische Vorverständnis, welches an einer bestimmten Stelle vorhanden ist, vorgebracht werden. Die bisherigen Beobachtungen in der hier vorliegenden Untersuchung über die Verwendungsweise der Wurzel שׁלם in der atl. Literatur, haben gezeigt, daß an den verschiedenen Belegstellen im AT bei dieser Wurzel nicht überall das gleiche Vorverständnis vorauszusetzen ist. Es ergab sich vielmehr die Notwendigkeit, für die einzelnen literarischen Corpora und teilweise sogar für die einzelnen Komplexe dieser Corpora jeweils ein eigenes Vorverständnis annehmen zu müssen. Als methodische Konsequenz eines solchen Befundes ergibt sich damit, daß in jedem literarischen Corpus die besonders darin zum Ausdruck kommenden theologischen Vorstellungen und Überzeugungen bei der Bestimmung der einzelnen Begriffe in Rechnung zu setzen sind. Auf Grund dieser beiden Argumente, wird man wohl den Feststellungen F. Baumgärtels kritisch gegenüberstehen dürfen.

---

[37] F. Baumgärtel a. a. O. 610.

[38] Vgl. hierzu KB 66a. 321b. 626a.

[39] Vgl. z. B. G. Quells Ausführungen in Art. ἀλήθεια, ThW I 233ff.

Nach der Klärung des methodischen Ansatzpunktes können wir uns den theologischen Vorstellungen des Chr zuwenden. Die atl. Forschung, welche sich seit 1930 auch mit diesem Problem beschäftigt hat, ist zu dem Ergebnis gelangt, daß zwischen beiden Geschichtswerken zwar oberflächliche Übereinstimmung besteht, eine tieferdringende Analyse jedoch deutlich Unterschiede in der theologischen Auffassung erkennen läßt. Auf Grund der Studien M. Noths, die auf Untersuchungen von G. v. Rad aufbauen, kann folgendes festgestellt werden:

Dtr und Chr verstehen zwar »die Geschichte als den Bereich des Handelns Gottes an den Menschen« und verbinden mit dieser Geschichtsauffassung die Vorstellung der Vergeltung, aber ein Unterschied besteht insofern, als bei dem Chr nicht »die Anwendung dieses Dogmas auf das Kollektivum ... Israel im Vordergrund steht«, sondern »auf das Individuum und dessen einzelne Lebensabschnitte zugespitzt erscheint«[40]. Beiden Autoren geht es ebenfalls um das Problem des Gehorsams gegenüber dem als bekannt vorausgesetzten göttlichen Gebot. Für den Dtr ist dies eine Frage, welche ganz Israel als das Gottesvolk betrifft. Seiner Ansicht nach ist rechter Glaube nur dann vorhanden, wenn dem Gebot als Äußerung des unbedingten Gotteswillens mit ganzem Gehorsam entsprochen wird[41]. Auch der Chr betont, daß der Mensch sich dem göttlichen Willen zu beugen hat. Sein Anliegen besteht indessen darin, »innerisraelitische Probleme« zu klären, welche sich durch das Vorhandensein der samaritanischen Gemeinde für die Jerusalemer Kultgemeinde ergeben haben[42].

Damit steht fest, daß der Chr theologische Anschauungen zum Ausdruck bringt, welche nur ihm eigentümlich sind. Deshalb dürfte auch für den Inhalt des Adjektivs שָׁלֵם, soweit er eine theologische Aussage enthält, eine vom Dtr unterschiedliche Bedeutung anzunehmen sein. Überblicken wir daraufhin die einzelnen Belegstellen des Adjektivs im Chr-Werk, dann können wir zwei inhaltlich verschiedene Gruppen zusammenstellen, in welchen theologisch entweder bedeutsame oder unbedeutende Festellungen angetroffen werden.

b) Der Ausdruck als theologisch bedeutsame Aussage

Wir beginnen unsere Untersuchung mit II Chr 15 17, einem Parallelbericht zu I Reg 15 14, in welchem der Chr seine Vorlage fast wörtlich übernimmt, interessanterweise allerdings עִם־יהוה ausläßt und statt dessen in v. 17a מִיִּשְׂרָאֵל hinzufügt. Das Adjektiv findet sich ebenfalls in II Chr 25 2, wofür keine Parallele im Dtr-Werk vorhanden

---

[40] M. Noth a. a. O. 172, mit Hinweis auf G. v. Rad, Das Geschichtsbild des chronistischen Werkes, 1930.

[41] S. o. 340 f.

[42] M. Noth a. a. O. 173 ff.

ist. Der Chr charakterisiert in diesem Vers König Amazja als יָשָׁר,
d. h. als einen Menschen, welcher tat, was in den Augen Jahwes
richtig oder angenehm war[43], fügt jedoch hinzu, daß der König solches
nicht בְּלֵבָב שָׁלֵם tat.

An beiden Stellen zeigt sich, daß der Chr mit dem Ausdruck לֵב
שָׁלֵם eigene Vorstellungen verbindet, wobei als charakteristisch festgestellt werden kann, daß Gottes Forderung des unbedingten Gehorsams nicht bewußt in seinem religiösen Denken verankert war. Die
Auslassung des göttlichen Namens und die Hinzufügung des Wortes
Israel in II Chr 15 17a erwecken den Eindruck, daß die Jerusalemer
Kultgemeinde der nachexilischen Zeit sich selbst in einer Weise versteht, welche sich nicht wesentlich von dem Selbstverständnis des
politischen Israel der vorexilischen Periode unterscheidet und damit
eine Haltung zum Ausdruck bringt, gegen die sich die Propheten in
ihren Gerichtsreden wandten. Hierzu gehört auch die Vorstellung,
daß der Mensch durch eigene Anstrengung das Gott Wohlgefällige
tun könne, ohne sich vollkommen dem göttlichen Willen zu unterwerfen.

Der Ausdruck לֵב שָׁלֵם hat in diesem Fall kein existentielles
Gewicht. Er zielt nicht auf den ganzen Menschen mit seinem inneren
Sein und Wollen, sondern auf Handlungen ab und bringt damit ein
formal-ethisches Denken zum Ausdruck, dessen Anliegen die Erfüllung
einzelner Vorschriften für menschliches Verhalten darstellt. An beiden
Stellen wird man ihn am besten mit *tadellosem, unsträflichem, fehler-
losem, richtigem* oder *rechtem* Verhalten oder Willen übersetzen dürfen.

Eine ähnliche theologische Vorstellung trifft man in II Chr 16 9
an. Da diese Stelle in einer levitischen Predigt vorkommt, ist ihr vermutlich im Zusammenhang mit dem »Lieblingsthema der chr Predigten« die Aufgabe einer Belehrung darüber zugefallen, daß der
Mensch kein Vertrauen auf seine eigenen Machtmittel setzen soll. Nach
G. v. Rad wird dabei »der sich unablässig sichernde Mensch, der Gott
nicht sieht, Gott« gegenübergestellt, »der alles sieht und darnach
hilft oder straft«. Für diese Aussage habe der Chr Sach 4 10b »aus dem
Zusammenhang gerissen und es nach seinem allgemeinen, aber sehr
eindrucksvollem Sinn zitiert«[44]. Eine solche angenommene theologische
Anschauung des Chr erschwert jedoch die Bestimmung des Ausdruckes
לֵב שָׁלֵם in II Chr 16 9, denn sie setzt ein Denken voraus, welches an
keiner anderen Stelle unserer Untersuchung zutage tritt, weshalb wir
uns eingehender mit diesem Problem befassen müssen.

Es handelt sich an der hier zu besprechenden Stelle offenbar nicht
um eine spontane Aussage, sondern, wie G. v. Rad feststellt, um eine
Verbiegung des Lieblingsthemas der chr Predigt, d. h. wir stoßen auf

---

[43] KB 414a.

[44] G. v. Rad, Die levitische Predigt in den Büchern der Chronik, in: Ges. St., 1958, 251.

eine Aussage des Chr, welche eine künstliche, intellektuelle Konstruktion darstellt. Außerdem ist das Zitat aus Sach 4 10 b inhaltlich nicht so eindeutig festzulegen, wie G. v. Rad annimmt, weshalb sich erhebliche Schwierigkeiten für die Interpretation der Stelle ergeben[45]. Trotz einer solchen Sachlage scheint in der atl. Forschung dahingehend Übereinstimmung zu bestehen, daß in Sach 4 10 b zum Ausdruck kommen soll: »If no one despises the small beginnings of the Temple, then Yahweh will watch with joy the progress of the work and assist it with His blessing«[46].

Diese Vorstellung steht im Einklang mit den Anschauungen, welche an allen sonstigen Stellen im Chr-Werk mit den Worten לֵב/לְבָב שָׁלֵם ausgedrückt werden. Sie widerspricht auch nicht den Grundlinien der Theologie des Chr. Es ist deshalb nicht ausgeschlossen, daß der Chr Sach 4 10 b einfach in dem Sinne übernommen hat, in welchem es ursprünglich verstanden worden ist. Sollte dies der Fall sein, dann hat er damit vielleicht sagen wollen, Israel brauche nicht mehr um seinen äußeren Bestand besorgt zu sein, da mit dem Tempelbau und der Entstehung der Jerusalemer Kultgemeinde schon ein bescheidener Anfang für seinen Neubau gemacht worden ist, denn über solchen Eifer freut sich Gott und wird deshalb die Gemeinde mit starker Hand beschützen. Israel würde damit aufgefordert, sein *ganzes* Vertrauen dem göttlichen Handeln entgegenzubringen. Es ist mit einer solchen Vermutung nicht beabsichtigt, G. v. Rads Theorie bezüglich Sach 4 10 b prinzipiell abzulehnen, sondern lediglich festzustellen, daß sie nicht die einzige Möglichkeit für die Interpretation unserer Stelle darstellt, zumal G. v. Rad seine Ansicht nur mitteilt, ohne zwingende Gründe für sie vorzulegen.

Sollte die hier vorgetragene Vermutung falsch sein, so bleibt doch zu erwägen, daß der Verfasser von II Chr 16 9 an dieser Stelle nicht an die Unbedingtheit der göttlichen Forderung an den Menschen gedacht hat, sondern an Gottes Treue hinsichtlich der Einhaltung der von ihm eingegangenen Verpflichtungen. Auf Grund solcher Vorstellung liegt die Annahme nahe, Gott könnte durch das Verhalten der Kultgemeinde veranlaßt werden, in einer bestimmten Weise zu handeln, wenn ihm die Menschen *völlig* vertrauen.

Die bisherigen Darlegungen haben für das Adjektiv einen ähnlichen Inhalt erbracht, wie er sich bei der Besprechung von II Reg 20 3 ergeben hatte[47]. Der Ausdruck לֵב/לְבָב שָׁלֵם bedeutet an den besprochenen Stellen allgemein *guter* Wille, *außerordentliche* Anstrengung und

---

[45] Vgl. zu diesem Problem S. R. Driver, The Minor Prophets II, NCB, o. J., 203 ff.; O. Eißfeldt, Einleitung in das AT, 1964³, 582 f.; A. Bentzen, Introduction to the Old Testament, II 1961⁶, 160.

[46] S. R. Driver a. a. O. 201.

[47] S. o. 339.

dergl., wodurch im einzelnen in II Chr 15 17 25 2 die *gute* Absicht und in II Chr 16 9 das *volle* Vertrauen bezeichnet werden.

c) Der Ausdruck in theologisch unbedeutenden Aussagen

Alle hier zu behandelnden Stellen sind Zusätze des Chr zu der von ihm verwendeten Vorlage. Wir beginnen unsere Untersuchung mit den Belegen, welche sich auf Davids letzte Lebenstage beziehen. In I Chr 28 9 finden wir den Ausdruck בְּלֵב שָׁלֵם innerhalb einer Ansprache, welche der König vor den führenden politischen Männern und vor allen Kriegern hält. Nach der Ansicht des Chr trägt er dabei ein Hauptanliegen der chr Theologie vor und begründet, warum Salomo sein Nachfolger werden soll. Die gesamte Volksgemeinde wird ermahnt, alle Vorschriften Jahwes einzuhalten und sich um sie zu kümmern (bzw. sie zu erforschen), worauf in v. 9 eine Ermahnung Salomos erfolgt, dem Gott Davids בְּלֵב שָׁלֵם וּבְנֶפֶשׁ חֲפֵצָה zu dienen. Dem literarischen Zusammenhang nach bedeutet unser Ausdruck an dieser Stelle *fester* bzw. *starker* Wille, *gute* Absicht oder *freudiges* Verlangen. Das Adjektiv bringt damit nicht vornehmlich einen theologischen, sondern einen ethischen Gedanken zum Ausdruck.

Ähnliche Vorstellungen lassen sich an den zwei anderen Stellen erkennen, welche ebenfalls auf Davids Lebensende bezogen sind. In dem einen Fall wird berichtet, daß der König sein gesamtes Privatvermögen für den zukünftigen Tempelbau stiftet. Als daraufhin der israelitische Adel, dem hervorragenden Beispiel folgend, auch Gaben dafür bereitstellt, freuen sich Volk und König. Eine solche Haltung bezeichnet der Chr in I Chr 29 9 als בְּלֵב שָׁלֵם הִתְנַדְּבוּ לַיהוה, mit *ganzem* Herzen sich freiwillig für Jahwe erbieten[48], wobei an dieser Stelle mit unserem Ausdruck konkret *großer* Eifer oder *außerordentliche* Bereitwilligkeit gemeint sind.

Für den Chr ist dieses Geschehen eine Gelegenheit, David einen Lobpreis anstimmen zu lassen, denn Gott ist der Herr. Von ihm empfängt der Mensch עֹשֶׁר, Reichtum[49], und כָּבוֹד, Ehre, Ansehen, Pracht[50] (v. 12). Gott stellt das menschliche Herz auf die Probe und hat Gefallen an der Geradheit, worunter in diesem Fall die Opferfreudigkeit für den Tempel zu verstehen ist. Die gleiche Haltung dürfte deshalb in dem hier vorliegenden Zusammenhang auch in I Chr 29 19 vorauszusetzen sein, wo David Gott bittet, seinem Sohn Salomo ein לֵבָב שָׁלֵם, eine *untadelige* Gesinnung, zu geben.

Außerhalb der Daviderzählung findet sich derselbe Sachverhalt für unseren Ausdruck in II Chr 19 9 in einer Rede, welche König Josaphat anläßlich der Einsetzung von Richtern in Juda hält. Sie

---

[48] Vgl. KB 595 b.
[49] KB 744 b.
[50] KB 420 b.

werden darin ermahnt, weder die Person anzusehen, noch Bestechung anzunehmen, ein Verhalten, welches der Chr als Gottesfurcht würdigt, da es בֶּאֱמוּנָה, in Zuverlässigkeit[51], und בְּלֵבָב שָׁלֵם, in *ehrbarer* Gesinnung, geschieht.

In I Chr 12 39, der letzten hier zu besprechenden Stelle, ist der theologische Gehalt unseres Ausdruckes so oberflächlich, daß man ihn fast als säkular bezeichnen könnte. Der Chr schildert ein Heerlager in Hebron, zählt auf, in welcher Stärke die einzelnen Stammeskontingente vertreten sind und bemerkt, daß alle Israeliten בְּלֵבָב שָׁלֵם, d. h. mit *guter* Absicht, *festem* Entschluß und dergl., eintrafen, um David auf Grund des göttlichen Befehls zum König über das gesamte Volk Israel zu erheben.

d) Die Verwendung des Ausdruckes im Dtr-Werk und im Chr-Werk

Meiner Überzeugung nach haben die Untersuchungen in diesem Kapitel zu dem Ergebnis geführt, daß in dem chr Ausdruck לֵב/לְבַב שָׁלֵם theologische Vorstellungen angetroffen werden, welche sich wesentlich von denen unterscheiden, die in der dtr Formel הָיָה לֵבָב שָׁלֵם עִם־יהוה enthalten sind. Der gleiche Sachverhalt ist aus der Syntax erkennbar, da das Dtr-Werk לֵבָב שָׁלֵם als Prädikat verwendet, während sich diese Worte im Chr-Werk als Objekt finden.

Besonders aufschlußreich für die Belange unserer Untersuchung sind jedoch die Verben, auf welche der Ausdruck bezogen ist. Der Dtr gebraucht nur הָיָה. Beim Chr kommt dieses Verbum auch einmal in einem Zitat von I Reg 15 14 vor, sonst aber nicht. Statt dessen sind bei ihm חָזַק, נָדַב, נָתַן, עָבַד und עָשָׂה belegt. Bei beiden Autoren handelt es sich zwar um die Aussage über eine Bewegung, die auf oder zu etwas hinführt, also um eine Orientierung, aber das zu erstrebende Ziel ist verschieden.

Wie aus der Verbindung des Ausdrucks mit הָיָה und עִם־יהוה im Dtr-Werk hervorgeht, soll die Orientierung auf Gott ausgerichtet sein, wobei das *ganze* Sein des menschlichen Selbst dem göttlichen Willen zu entsprechen hat, damit das rechte Verhältnis zwischen Gott und Mensch hergestellt ist und der Mensch am göttlichen Sein teilnimmt. In diesem Fall ist nicht an einen Zustand zu denken, etwa in dem Sinne, in welchem das griechische philosophische Denken das Sein versteht, sondern an einen schöpferischen Akt. Wenn im AT vom Sein Gottes gesprochen wird, ist damit die Vorstellung der »Einheit von Werden, Sein und Wirken« verbunden, denn Jahwe hat »ewiges *hajā* und dieses *hajā* ist eine dynamische, tatkräftige, wirksame, persönliche Existenz«[52]. Er ist der Gott, »der seinen Willen durchsetzt

---

[51] KB 60a.
[52] T. Boman, Das hebräische Denken im Vergleich mit dem Griechischen, 1954², 37.

und seine Ziele erreicht und der dadurch das Heil seines Volkes fördert«[53].

An keiner Stelle des Chr-Werkes, in welcher unser Ausdruck verwendet wird, läßt sich eine derartige Auffassung der Beziehung zwischen Gott und Mensch belegen. Die Orientierung ist in diesen Aussagen auf den Menschen ausgerichtet. Das Objekt ist sein *ganzes* Herz, sein Wollen, seine Absichten und sein Vertrauen, d. h. ein Bemühen, welches vom Menschen selbst ausgeht. Der Mensch öffnet sich mit solchem Verhalten nicht dem Schöpfungshandeln und kann infolgedessen weder am göttlichen Sein teilnehmen noch dadurch sein ganzes Personsein erlangen. Er betrachtet sich selbst vielmehr als mitbeteiligt an der Schöpfung. Deshalb versucht er, sich durch gute Taten in ein Verhältnis zu Gott zu bringen und nimmt an, schon ein *ganzes* Selbst zu sein.

Zusammenfassend könnte man den Unterschied der theologischen Vorstellung, welcher bei der Verwendung des Ausdruckes לֵב שָׁלֵם in den beiden historischen Werken in Erscheinung tritt, folgendermaßen charakterisieren: Der Dtr vertritt die Überzeugung, daß den Menschen ein absoluter Anspruch Gottes trifft, welchem er in unbedingtem Gehorsam mit der Ganzheit seines Seins und Wollens entsprechen muß, denn allein durch eine solche Haltung kann das Heil erfahren werden. Der Chr versteht jedoch den menschlichen Gehorsam gegenüber dem göttlichen Willen als eine Erfüllung einzelner konkreter Forderungen, die sowohl für den ethischen als auch für den kultischen Bereich erhoben werden. Wo dieses Ziel erreicht wird, erlangt der Mensch das Heil. Ein solches Denken verrät deutlich den Epigonen.

IV. Prophetische Literatur

In diesem literarischen Corpus ist zuerst Jes 38 3 kurz zu erwähnen, ein Vers, welcher sich in einem Gebet König Hiskias findet und II Reg 20 3 zur Parallele hat[54]. Da beide Stellen den gleichen Text enthalten, bedeutet das Adjektiv hier ebenfalls *ganzes* Wollen oder *rechte* Gesinnung.

Außerdem ist das Adjektiv in zwei Orakeln in Am belegt und wird mit identischem Inhalt in dem Ausdruck גָּלוּת שְׁלֵמָה auf Gaza, Am 1 6, und auf Tyrus, Am 1 9, bezogen. Die Interpretation dieser Worte ist schwierig und hat deshalb Veranlassung zu verschiedenen Vorschlägen gegeben[55]. An beiden Stellen ist שָׁלֵם wahrscheinlich als Attribut zu גָּלוּת aufzufassen[56] und bedeutet *ganz* oder *vollständig*. Es wird

---

[53] S. Mowinckel, zitiert nach T. Boman a. a. O. 37.

[54] S. o. 339.

[55] Vgl. hierzu W. R. Harper, Amos and Hosea, ICC, 1905, 24.

[56] Vgl. KB 183 b.

^säkular gebraucht und besagt, daß die *gesamte* Bevölkerung weggeführt wird.

Als letzte Stelle ist Nah 1 12 zu nennen, deren Text erhebliche Schwierigkeiten bereitet. Wie schon bei anderer Gelegenheit bemerkt wurde, scheint Textvertauschung vorzuliegen[57]. Die beste Lösung ist meiner Überzeugung nach eine Umordnung der einzelnen Verse in der Reihenfolge Nah 1 1-11. 14. 12-13, wobei v. 12-13 als ein in sich geschlossenes Orakel aufzufassen wären, welches auf die vorangegangene Verkündigung Bezug nimmt. Als Inhalt unserer Stelle ergäbe sich dann: Auch wenn Jahwes Feinde שְׁלֵם, d. h. *ganz, stark, mächtig,* und zahlreich sind, werden sie doch vernichtet werden.

V. Weisheitsliteratur

Das Adjektiv ist nur in Prov 11 1 an einer Stelle belegt, in welcher sich die gleiche Feststellung wie in Dtn 25 15 findet[58]. Es ist ein Attribut zu Stein und bedeutet *ganzes, volles,* d. h. *ehrliches* Gewicht. Wenn der Verkäufer ein solches Gewichtmaß verwendet, lohnt es Jahwe ihm mit Wohlgefallen; benutzt er aber falsche Waagschalen, womit offenbar gemeint ist, daß er keinen ganzen Stein auf die Waagschale legt, dann gilt solches Verhalten als תּוֹעֵבָה, d. h. etwas Abscheuliches. Die Verwendung dieses Wortes bringt deutlich zum Ausdruck, daß es sich um eine grobe Verfehlung des göttlichen Gebotes handelt[59].

VI. Novellistische Erzählungen

Auch in diesem literarischen Corpus findet sich das Adjektiv nur einmal in Ruth 2 12. In einem Segenswunsch für Ruth steht es als Attribut zu Lohn: Boas hatte gehört, wie treu sich Ruth gegenüber ihrer Schwiegermutter und durch Verlassen ihrer moabitischen Heimat auch gegenüber dem Gott Israels verhalten hat und wünscht deshalb, daß Jahwe ihr für diese Haltung *ganzen, vollen* oder *reichen* Lohn zuteil werden lassen möge.

VII. Zusammenfassung über das Adjektiv

Das Adjektiv kann sowohl einen säkularen als auch einen theologischen Inhalt haben; der letztere Gebrauch hat jedoch das Übergewicht. Seine Grundbedeutung ist identisch mit der des Nomens שָׁלוֹם, weshalb es *ganz* oder *unversehrt* bezeichnet.

Im säkularen Bereich kann das Adjektiv als Attribut zu Stein verwendet werden und bedeutet je nach dem Zusammenhang entweder

---

[57] S. o. 70.

[58] S. o. 338.

[59] Vgl. KB 1022a.

behauen oder *unbehauen*. Es kann auch *vollkommen, gänzlich* oder — ethisch verstanden — *ehrlich* und *aufrichtig* ausdrücken.

In religiösen Aussagen ist das Adjektiv in dem Ausdruck /לֵב לְבָב שָׁלֵם belegt. Das Dtr-Werk verwendet es in dieser Weise in theologisch bedeutsamen Aussagen, um den *unbedingten* Gehorsam des Menschen Gott gegenüber zu bezeichnen. Im Chr-Werk zeigt es sich in dem gleichen Ausdruck von weniger tiefschürfendem Gehalt und bedeutet *aufrichtig* oder *untadelig* in Verbindung mit ethisch-religiösem oder kultischem Verhalten. An zwei Stellen findet sich das Adjektiv auch im Sinne von *voll, ganz* für das strafende Gerichtshandeln Gottes und für die Belohnung guter Taten.

§ 22 VEREINZELT VORKOMMENDE NOMINA

Bei den abschließend zu besprechenden Stellen handelt es sich um Nomina, welche nur ganz selten vorkommen oder hapax legomena sind. Da auf Grund dieses Sachverhaltes eine vergleichende Untersuchung ihrer Bedeutungsgehalte nicht möglich ist, kann nur versucht werden, ihren Inhalt nach dem literarischen Zusammenhang zu bestimmen.

I. שִׁלּוּם

Dieses Verbalnomen findet sich nur dreimal in der prophetischen Literatur. Seine Grundbedeutung ist *zur Ganzheit machen*, welche stets als negative Aussage im Sinne von *Vergeltung* zur Verwendung kommt.

Als erster Beleg ist Jes 34 8 zu nennen, eine Stelle, die wahrscheinlich sehr spät in der israelitischen Geschichte anzusetzen ist, da die Kap. 34—35 vermutlich einmal in der nachexilischen Zeit den Schluß von Proto-Jes gebildet haben[1]. Der uns unmittelbar betreffende literarische Zusammenhang besteht in der Verkündigung eines göttlichen Gerichtes, welches sich über das ganze Universum erstrecken soll, aber hauptsächlich gegen Edom gerichtet ist. Das Nomen bedeutet darin *Vergeltung, Heimsuchung* oder *Strafgericht* und stellt einen Ausdruck für primitive Rachegelüste dar. Der Anlaß für das Geschehen legt eine solche Annahme nahe: Da Edom im Streit mit Zion liegt, soll das Strafgericht kosmisches Ausmaß annehmen und ein volles Jahr andauern.

Nicht so elementar und primitiv wird das Nomen in Hos 9 7 als Aussage verwendet, wo es ebenfalls *Heimsuchung* durch göttliches Gericht bedeutet. Sie wird sich an Israel vollziehen, weil es den echten Gottesdienst vergessen hat.

---

[1] So O. Procksch, Jesaja I, KAT 9, 1, 1930, 426. 470f. Eine andere Anschauung in dieser Hinsicht vertritt O. Eißfeldt, Einleitung in das AT, 1964³, 441. 448.

Einen völlig anderen Inhalt weist das Nomen in Mi 7 ₃ auf. Es kommt an dieser Stelle in einer Klage über die Korruption der zivilen Rechtspflege vor und macht ebenfalls eine Aussage über *Vergeltung,* welche hier jedoch als *Belohnung* für geleistete Dienste oder als *Bezahlung* für erwiesene Begünstigung verstanden wird. In einer solchen Verwendungsweise dient es zur Charakterisierung der Richter und ist mit *Bestechung* zu übersetzen.

II. שִׁלְמָה

Die feminine Form des im vorausgegangenen Abschnitt besprochenen Nomens ist nur in Ps 91 ₈ belegt. Sie findet sich in einem Lobpreis auf die göttliche Treue und den göttlichen Schutz; dieser endet mit der Gewißheit des Frommen, durch sein Verhalten ganz konkrete Belohnung zu erfahren. In einer Schilderung der Versuchungen, gegen welche der Psalmist gefeit ist, wird auch das Geschick der Gottlosen behandelt, die offenbar dem Gerechten gegenüber feindlich eingestellt sind. Er tröstet sich mit der Zuversicht, daß Gott ihn belohnen werde und glaubt, mit eigenen Augen die שִׁלְמָה der Menschen sehen zu dürfen, welche vor Gott wesenhaft schuldig geworden sind. Dem Zusammenhang nach ist das Nomen an dieser Stelle am besten als *Heimzahlung,* *Bestrafung* oder *göttliche Rache* zu verstehen.

III. שִׁלֵּם

Dieses Nomen ist ebenfalls vom Intensivstamm des Verbums abgeleitet und bedeutet *Vergeltung*[2]. Es erscheint im Lied Moses in Dtn 32 ₃₅, in welchem das falsche Vertrauen der nichtisraelitischen Völker geschildert wird. Der Autor glaubt, daß die Verleugnung des wahren Gottes nicht ungestraft geschieht, denn Gott will solches Verhalten aufbewahren, d. h. es in seiner Erinnerung für den Tag wachhalten, an dem das göttliche Strafgericht erfolgt. Dann ergeht Gottes Rache und *Vergeltung, Heimzahlung* oder *Bestrafung* über die Völker.

IV. שַׁלְמֹנִים

Das plurale tantum findet sich nur in einer Gerichtsrede Gottes in Proto-Jes und hat als akk. Parallele das Wort *šulmânu,* welches häufig im Sinne von »Geschenk« oder »Begrüßungsgeschenk« gebraucht wird[3]. Die gleiche Bedeutung findet sich auch in Jes 1 ₂₃ innerhalb einer Schilderung der verworrenen Rechtszustände in Jerusalem. Über die führenden Männer der Stadt wird dabei mitgeteilt, daß sie

[2] Für textkritische Erwägungen s. o. 73.
[3] S. o. 11.

שֹׁחַד, d. h. Bestechung[4], lieben und שַׁלְמֹנִים, *Gaben* bzw. *Geschenken,* nachjagen.

V. שָׁלָם

Die aramäische Form des Nomens ist in Esr 4 17 5 7 und in Dan 3 31 6 26 belegt. Als Grundbedeutung hat es wie sein hebräisches Äquivalent die Vorstellung der *Ganzheit.* In den aramäischen Teilen des AT erscheint es in Briefeingängen und offiziellen Schreiben und bezeichnet speziell *Wohlsein, Wohlergehen* bzw. *Gesundheit,* ein Gebrauch, welcher sich häufig in der Briefliteratur, auch in akk. Belegen und selbst in den Amarna-Briefen, findet. In Kommentaren und Übersetzungen wird das Nomen an diesen Stellen gewöhnlich mit *Frieden* oder sogar mit *Heil* wiedergegeben. Ein solches Verständnis ist jedoch im Hinblick auf unsere vorausgegangenen Untersuchungen des Nomens שָׁלוֹם kaum zu rechtfertigen.

---

[4] KB 959a

3. Teil: Schlußbetrachtungen

§ 23 ERGEBNISSE UND ABSCHLIESSENDE ERWÄGUNGEN

Die Studie begann mit einem Überblick über die Verwendungsweise der Wurzel שלם in den nichtbiblischen semitischen Sprachen, welcher als Grundlage für die Bestimmung ihrer einzelnen Inhalte diente. Daran anschließend wurde eine ins einzelne gehende Untersuchung der verschiedenen Derivate durchgeführt, die im Text des AT belegt sind, wodurch verschiedene neue Einsichten gewonnen werden konnten.

Meiner Überzeugung nach lassen sich sowohl für die gesamte Erscheinung der Wurzel als auch für die Inhalte des Nomens שָׁלוֹם die folgenden *gesicherten Ergebnisse* anführen:

1. Die Grundbedeutung der Wurzel שלם ist die der *Ganzheit* und *Unversehrtheit*. Dieser Sachverhalt trifft für die semitischen Sprachen zu, welche im 1. Teil der Studie besprochen wurden, für das Hebräische des AT und auch für das biblische Aramäisch. Die von Köhler-Baumgartner angenommene Grundbedeutung hat damit ihre Bestätigung erfahren. Der Inhalt *Frieden* ist für das Nomen im AT nur sehr selten zu belegen, und wenn er erscheint, handelt es sich dabei stets um eine Ableitung von der Grundbedeutung der Wurzel.

2. Die Vorstellung der Ganzheit wird nicht durch eine spezifische Einzelbedeutung, welche auf jeden literarischen Beleg übertragen werden könnte, sondern durch verschiedenste Inhalte zum Ausdruck gebracht. Welche einzelnen Anschauungen dabei Gestalt gewinnen, läßt sich nur durch den literarischen Zusammenhang und durch die geschilderte Situation bestimmen, in denen das jeweilige Derivat vorkommt. Solche Voraussetzungen genügen für rein sachliche und säkulare Feststellungen, sind aber für theologische Aussagen nicht ausreichend, denn in ihnen ist zusätzlich das jeweilige Gottesverständnis zu berücksichtigen, welches für die literarischen Formen innerhalb eines bestimmten Corpus Geltung hat bzw. sich bei einzelnen Autoren zu erkennen gibt. Unter Ganzheit ist also einmal etwas *Formales* zu verstehen, *das mit verschiedenen Inhalten gefüllt werden kann.*

3. Im AT wird die Wurzel שלם vorwiegend in theologischen Aussagen verwendet, wobei die Vorstellung der Ganzheit auch inhaltliche Bedeutung gewinnt, denn sie ist stets auf das Gottesverhältnis des Menschen bezogen. Dieses Verhältnis ist im atl. Glauben niemals als

ein rein formales, sondern immer auch als ein inhaltlich bestimmtes verstanden. Bezüglich der hier zum Ausdruck kommenden Grundstruktur ist es unbedeutend, ob das menschliche Verständnis der Gottesbeziehung von den Anschauungen einer archaischen Ontologie oder von solchen einer existentiellen Orientierung aus konzipiert ist, denn in beiden Fällen handelt es sich um die *Ganzheit des menschlichen Seins.* Die Vorstellung einer menschlich und objektiv erreichbaren Ganzheit des Selbst, d. h. einer solchen, welche der Mensch von sich aus unter Absehung seiner Gottesbeziehung postulieren könnte, läßt sich bei den hier in Frage kommenden religiösen Aussagen im AT nirgends belegen. Von diesem Gesichtspunkt aus gesehen, kann dem Begriff der Ganzheit existentiale Bedeutung und theologische Wichtigkeit beigemessen werden.

4. Das Gottesverhältnis des Menschen wird in der atl. Literatur nicht in einem einheitlichen Sinn verstanden, sondern hat in den einzelnen literarischen Werken und verschiedentlich auch bei einzelnen Autoren ein jeweils eigenes Gepräge. Die gleiche *Heterogenität* tritt deshalb mit Notwendigkeit bei *der Auffassung des theologischen Ganzheitsbegriffes* in Erscheinung. Diese Feststellung gilt weiterhin bei Kompilationen für die Kreise, die einzelne Traditionen pflegten, für die jeweiligen literarischen Schichten und für die verschiedenen Geschichtsperioden, welche in solchen Werken ihren Niederschlag gefunden haben.

5. *Der theologische Begriff der Ganzheit bezieht sich* im allgemeinen nicht auf einen Zustand, sondern *auf ein Ereignis: die Gabe Gottes, welche er dem Menschen zueignet.* Mit einem solchen Verständnis wird er vor allem in den Worten der klassischen Propheten gebraucht.

6. Die Ansicht, daß ein *Zustand des inneren menschlichen Friedens* als Ausdruck für das ganze Personsein des Einzelmenschen gelten könnte, wird in der atl. Literatur nur vereinzelt angetroffen und, wie zu erwarten war, nur in den Werken der Spätzeit der israelitischen Geschichte.

7. In allen Fällen, in welchen das *Verhältnis der Ganzheit gestört ist,* sei es die Gemeinschaft zwischen Menschen oder die Beziehung von Gott und Mensch, *muß* nach Ansicht der atl. Autoren, soweit sie für ihre Aussagen die Wurzel שלם verwenden, *die Ganzheit wiederhergestellt werden.* Für solche Situationen wird im AT der Intensivstamm des Verbums gebraucht, welcher *ganz machen* bedeutet. Die gleiche Verwendungsweise dieses Stammes läßt sich häufig auch in anderen semitischen Sprachen, vor allem im Akkadischen, belegen. Wenn im AT diese Vorstellungen der *Vollendung* und der *Wiederherstellung* in säkularen Aussagen über das gegenseitige Verhältnis der Menschen Verwendung finden, dann drückt das Verbum den Gedanken der

Ersatzleistung und der *Wiedergutmachung* aus. Handelt es sich jedoch um das Ganzmachen des vom Menschen gestörten Gottesverhältnisses, dann bekunden sowohl das Verbum als auch die von ihm abgeleiteten Nomina den *Zorn Gottes*.

8. In vereinzelten Fällen ist der Inhalt der Wurzel in ihrer säkularen Verwendungsweise derart abgegriffen, daß er kaum noch etwas Spezifisches bezeichnet. Dieser Sachverhalt betrifft besonders das Nomen שָׁלוֹם, erscheint aber sehr selten im AT.

9. Über das Wort שְׁלָמִים kann nichts Sicheres aus dem Text des AT erschlossen werden. Diese Feststellung gilt ganz allgemein für den Bedeutungsgehalt des Wortes und auch für die damit bezeichnete kultische Begehung, soweit sich die Aussagen auf die vorexilische Zeit beziehen.

10. Etymologisch läßt sich der Ursprung der Wurzel nicht mehr aus den uns zur Verfügung stehenden Texten erschließen.

Auf Grund dieser Einzelergebnisse kann zusammenfassend festgestellt werden: Der Begriff der Ganzheit, soweit er durch die Wurzel שׁלם im AT ausgedrückt wird, ist als *Normbegriff* oder als *Verhältnisbegriff* zu bezeichnen. Damit ist der verschiedentlich von G. Quell geäußerten Vermutung Recht zu geben. Die Wurzel hat *Bedeutsamkeit innerhalb der atl. Theologie* und stellt einen ihrer *zentralen Begriffe* dar. Als theologischer Begriff ist sie mit einem bestimmten *menschlichen Selbstverständnis* verbunden und dadurch an dem jeweiligen *Gottesverständnis* orientiert, welches in den einzelnen literarischen Werken des AT in Erscheinung tritt.

Vergleichen wir die hier getroffenen Feststellungen mit den Ergebnissen, zu denen J. Pedersen und G. v. Rad in der von ihnen durchgeführten Bestimmung des Wortes שָׁלוֹם gelangen, so kann man wohl J. Pedersen gegen G. v. Rad insofern recht geben, als er deutlich aufgezeigt hat, daß mit diesem Nomen eine zentrale Vorstellung des religiösen atl. Denkens bezeichnet wird. Die von ihm gegebene Interpretation des Wortes hat jedoch nur für einen begrenzten Teil der atl. Belegstellen Gültigkeit und zwar für solche, in welchen die Aussagen auf Anschauungen beruhen, die ihren Ursprung in der archaischen Ontologie haben. Eine derartige Grundlage des Denkens ist nicht mehr in der Verkündigung der klassischen Propheten vorhanden, weil sie bei ihnen durch ein Seinsverständnis abgelöst wird, das im echten Sinne geschichtlich orientiert ist. Die Interpretation von J. Pedersen genügt diesem Sachverhalt nicht.

G. v. Rad hat in seinem Beitrag zum Wörterbuch des NT Wesentliches über den Begriff שָׁלוֹם und über seine Verwendung in der prophetischen Botschaft dargestellt. Er hat ihn aber nicht in seiner ganzen Tragweite deutlich werden lassen, weil er dessen materiellen Aspekt

zu stark betont. Materielle Vorstellungen spielen jedoch in diesem Fall
in den theologisch bedeutsamen Aussagen der klassischen Propheten
eine viel geringere Rolle, als G. v. Rad annimmt. Bei verschiedenen
nichtprophetischen Stellen ist die Interpretation des Nomens insofern
nicht scharf genug erarbeitet worden, als G. v. Rad seinem religiösen
Gehalt nicht gerecht wird. Gewiß findet sich das Wort שָׁלוֹם gelegentlich
als »allgemeine Münze«, aber die Stellen, an welchen es im AT in einer
solch abgegriffenen Weise erscheint, sind selten und fallen gegenüber
den theologisch bedeutsamen Aussagen kaum ins Gewicht.

Einsichten, die weiterer Untersuchung bedürfen: Gelegentlich sind
in dieser Studie Hypothesen gewagt worden, welche zwar in verschiedener Weise gestützt, aber auf keine sichere Grundlage gestellt werden
konnten und deshalb weitere Untersuchungen erfordern. Es besteht
keine Notwendigkeit, sie hier aufzuführen, da ihnen besondere Darstellungen gewidmet wurden. Wir können uns deshalb in den folgenden
Bemerkungen auf drei Aspekte beschränken.

1. *Methodik:* Meiner Überzeugung nach lassen sich überlieferungsgeschichtliche Studien gewinnbringend für Wortstudien verwerten.
Das gleiche gilt für die Methoden, welche im Wörterbuch zum NT
angewandt werden, d. h. als Interpretationsgrundlage jeden literarischen Komplex als ein eigenes Gebilde zu betrachten.

2. *Der phänomenologische Aspekt der hebräischen Sprache:* Ich
nehme an, daß die Wurzel שׁלם inhaltlich als dynamisch zu charakterisieren ist und deshalb in einem engeren Verwandtschaftsverhältnis
zu dem Arabischen als zu den anderen semitischen Sprachen steht,
denn im Hebräischen wird die Wurzel nur selten auf Zustände, meistens
vielmehr auf Ereignisse bezogen und bringt deshalb in ihrem Gebrauch hauptsächlich Erfahrungen zum Ausdruck. Die hieraus sich
ergebenden Konsequenzen für die Hermeneutik und die Interpretation
von Texten sind augenscheinlich.

3. *Die Geschichte der Entwicklung der Wurzel:* Man wird in diesem
Fall wahrscheinlich mit den Ansichten von C. Brockelmann und von
H. Bauer und P. Leander übereinstimmen müssen, womit gesagt ist,
daß wir in den semitischen Sprachen für Nomen und Verbum vermutlich eine ursprünglich gemeinsame Basis vorauszusetzen haben, welche
nominale und verbale Funktionen vereinte. Genau unterschiedene
Wortklassen stellen damit schon ein entwickeltes Stadium der Sprache
dar.

Gewißheit besteht meiner Meinung nach darüber, daß das Nomen
שָׁלוֹם nicht von dem Verbum abgeleitet werden kann, weshalb die
älteren Theorien von P. de Lagarde und J. Barth abzulehnen sind.
Jedenfalls finden sich im AT keine Anhaltspunkte für die Ansichten
dieser Forscher, denn wir können beide Wortklassen schon in den

ältesten uns bekannten Texten belegen: שָׁלוֹם im jahwistischen Werk sowie in der Geschichte über die Thronfolge Davids und das pi. des Verbums im Bundesbuch. Für eine Ableitung des Nomens vom pi. kann aber kein überzeugendes Argument vorgebracht werden.

Die anderen Verbstämme sind wahrscheinlich während der ältesten Zeit der israelitischen Geschichte nicht in Gebrauch gewesen, sondern stellen das Ergebnis einer bereits entwickelten Sprache dar. Das qal erscheint ziemlich spät in der Literatur des AT und findet sich nur einige Male, weshalb es als mögliche Basis für das Nomen ausscheidet. Weiterhin ist der Tatsache Beachtung zu schenken, daß die Verwendung des pi. im Bundesbuch mit Sicherheit nicht auf die Wüstentradition zurückgeht, denn es wird als term. techn. gebraucht, welcher aus der Rechtssprache Kanaans übernommen wurde. Das Nomen kann andererseits schon vor der Landnahme bei den verschiedenen Stämmen und Sippenverbänden in Grußformeln Verwendung gefunden haben. Daß außerdem in späterer Zeit Nomina auch von dem Intensivstamm des Verbums gebildet wurden, steht mit den hier getroffenen Feststellungen nicht in Widerspruch.

Erwägungen: Die hier unternommenen Untersuchungen können lediglich Material für theologische Studien des AT unterbreiten. Welche Folgerungen daraus zu ziehen sind, läßt sich vorerst noch nicht genau sagen. Abschließend möge es jedoch erlaubt sein, auf einige allgemeine Gesichtspunkte hinzuweisen.

Meiner Ansicht nach können Untersuchungen über den Inhalt einer Wortfamilie als Hilfsmittel für textkritische und literarkritische Analysen dienen und vermögen u. U. auch überlieferungsgeschichtliche Probleme zu erhellen.

Für Wortstudien in der Literatur des AT erweist es sich als notwendig, wesentlich intensivere und umfassendere Vorarbeiten in dem Bereich der nichtbiblischen Sprachen vorzunehmen, als es in unserer Untersuchung versucht werden konnte. Derartige Studien würden uns nicht nur neue Einsichten in das Verständnis der alten Kulturen des Nahen Ostens gewähren, sondern auch wesentlich dazu beitragen, den phänomenologischen Bereich der hebräischen Sprache genauer zu erfassen. Bei dem heutigen Stand der Wissenschaft sind derartige Unternehmungen von einer einzelnen Person nicht mehr durchführbar, weshalb es zu begrüßen wäre, wenn Orientalisten und atl. Forscher sich gemeinsam einer solchen Aufgabe widmeten.

Den bedeutsamsten Aspekt stellen aber theologische Gesichtspunkte dar. Meiner Überzeugung nach dürfte die Berücksichtigung des in den einzelnen theologischen Aussagen in Erscheinung tretenden Selbstverständnisses eines Autors, soweit es sich aus dem jeweiligen literarischen Komplex erschließen läßt, wertvolle Einsichten für die atl. Theologie erbringen. Außerdem wäre es zu erwägen, ob wir nicht bei dem Begriff der Ganzheit auf eine theologische Vorstellung stoßen, die wesentlich weitgehendere Bedeutung für das Verständnis des atl. Glaubens hat, als es bisher in der Forschung angenommen wurde. Zumindest wäre zu wünschen, daß diesem Begriff in Kommentaren und Theologien mehr Beachtung geschenkt würde, als es bisher geschehen ist.

ANHANG:
BIBLIOGRAPHIE ZU DEN AKKADISCHEN BELEGSTELLEN § 3

E. Bergmann, Codex Hammurabi, 1953.
A. Boissier, Choix de textes relatifs à la divination assyro-babylonienne, 1905.
A. Boissier, Documents assyriens relatifs aux présages, I 1894.
A. T. Clay, Babylonian Business Transactions of the First Millennium B. C., 1912.
A. T. Clay, Epics, Hymns, Omens and Other Texts, 1923.
A. T. Clay, Neo-Babylonian Letters from Erech, 1919.
G. Contenau, Contrats néo-babyloniens I, de Téglath-phalasar III à Nabonide, 1927.
J. A. Craig, Assyrian and Babylonian Religious Texts, 2 Bd., 1895—1897.
Cuneiform Texts from Babylonian Tablets . . . in the British Museum, Pt. 1 ff.
L. J. Delaporte, Catalogue des cylindres orientaux et des cachets assyro-babyloniens, perses et syro-cappadociens de la Bibliothèque nationale, 1910.
F. Delitzsch, Keilschrifttexte aus Assur religiösen Inhalts, I 1919.
G. Dossin, Lettres de la première dynastie babylonienne, I 1933.
R. P. Dougherty, Records from Erech, Time of Nabonidus, 1920.
G. R. Driver, Letters of the First Babylonian Dynasty, 1924.
E. Ebeling, Keilschrifttexte aus Assur juristischen Inhalts, 1927.
E. Ebeling, Keilschrifttexte aus Assur religiösen Inhalts, 1923.
E. Ebeling, B. Meissner und E. Weidner, Die Inschriften der altassyrischen Könige, 1926.
B. T. A. Evetts, Babylonische Texte, 1892.
H. H. Figulla und E. F. Weidner, Keilschrifttexte aus Boghazköi, 1923.
C. Frank, Straßburger Keilschrifttexte in sumerischer und babylonischer Sprache, 1928.
E. Grant, Babylonian Business Documents of the Classical Period, 1919.
R. F. Harper, Assyrian and Babylonian Letters Belonging to the Konyunijk Collections of the British Museum, Pt. 9, 1911.
H. V. Hilprecht und A. T. Clay, Business Documents of Murashû Sons of Nippur Dated in the Reign of Artaxerxes I, 1898.
C. H. W. Johns, Assyrian Deeds and Documents, I 1898.
C. E. Keiser, Letters and Contracts from Erech written in the Neo-Babylonian period, 1917.
L. W. King, Babylonian Boundary-Stones and Memorial Tablets in the British Museum, 1912.
L. W. King, Babylonian Magic and Sorcery, 1896.
L. W. King, The Letters and Inscriptions of Hammurabi, King of Babylon, I 1898, II, 1900.
L. W. King, The Seven Tablets of Creation, I 1902.
E. G. Klauber, Politisch-religiöse Texte aus der Sargonidenzeit, 1913.
O. Krückmann, Neubabylonische Rechts- und Verwaltungstexte, T. 2 und 3, 1933.
S. H. Langdon, Babylonian Penitential Psalms, 1927.
A. H. Layard, Inscriptions in the Cuneiform Character from Assyrian Monuments, 1851.

F. F. C. Lehmann-Haupt, De inscriptionibus cureatis quae pertinent ad Samas-sum-ukîn regis Babyloniae regni initra, 1886.

H. F. Lutz, Early Babylonian Letters from Larsa, 1917.

H. F. Lutz, Selected Sumerian and Babylonian Texts, 1919.

D. G. Lyon, Die Cylinder-Inschrift Sargons II in transcribirtem assyrischem Grundtexte, mit Übersetzung und Commentar, 1882.

K. D. Macmillan, Some Cuneiform Tablets Bearing on the Religion of Babylonia and Assyria, 1906.

A. B. Moldenke, Babylonian Contract Tablets in the Metropolitan Museum of Art, New York, PhD Dissertation, Columbia College, Pt. 1, 1893.

D. V. Myhrman, Babylonian Hymns and Prayers, 1911.

F. E. Peiser, Babylonische Vorträge des Berliner Museums, 1890.

T. G. Pinches, Texts in the Babylonian Wedge-Writing, Pt. 1, 1882.

H. Pognon, Inscriptions sémitiques de la Syrie, de la Mésopotamie et de la région de Mossoul, 1907.

P. A. Pohl, Neubabylonische Rechtsurkunden aus den Berliner Staatlichen Museen, 1. Teil, 1933.

H. C. Rawlinson, The Cuneiform Inscriptions of Western Asia, I 1861, IV 1891², V 1884.

G. A. Reisner, Tempelurkunden aus Telloh, 1901.

O. Schroeder, Keilschrifttexte aus Assur historischen Inhalts, 1911.

O. Schroeder, Keilschrifttexte aus Assur verschiedenen Inhalts, 1920.

The Sculpture and Inscription of Darius the Great on the Rock of Behistun in Persia, 1907.

L. Speliers, Recueil des Inscriptions de l'Asie antérieure des Musées royaux du cinquantenaire à Bruxelles; textes sumériens, babyloniens et assyriens, 1925.

J. N. Strassmaier, Babylonische Texte von den Thontafeln des Britischen Museums, I 1889, II 1889, IV 1890, V 1890, VI 1897.

K. L. Tallqvist, Die assyrische Beschwörungsserie Maqlû, nach den Originalen im Britischen Museum, II 1894.

R. C. Thompson, Assyrian Medical Texts from the Originals in the British Museum, 1923.

R. C. Thompson, The Epic of Gilgamesh, 1930.

R. C. Thompson, The Prisms of Esarhaddon and Ashurbanipal found at Nineveh 1927—1928, 1931.

F. Thureau-Dangin, Lettres et contrats de l'époque de la première dynastie babylonienne, 1910.

F. Thureau-Dangin, Rituels accadiens, 1921.

F. Thureau-Dangin, Tablets d'Uruk à l'usage des prêtres du Temple d'Anu au temps des Séleucides, 1922.

F. Thureau-Dangin, Une relation de la huitième campagne de Sargon, 1912.

A. Tremayne, Records from Erech, Time of Cyrus and Cambyses, 1925.

Vorderasiatische Schriftdenkmäler der Königlichen Museen zu Berlin, Iff.

F. H. Weissbach, Babylonische Miscellen, 1903.

F. H. Weissbach, Die Inschriften Nebukadnezars II im Wâdî Brîsa und am Nehr el-Kelb, 1906.

H. Winkler, Altorientalische Forschungen, I 1897, II 1901.

H. Winkler, Keilschrifttexte Sargons, II 1889.

H. Zimmern, Beiträge zur Kenntnis der babylonischen Religion, 1901.

*

E. A. W. Budge, Cylinder of Neriglissar, in: Proceedings of the Society of Biblical Archaeology, Jan. 1888.

G. Dossin, Un rituel du culte d'Istar provenant de Mari, RA 35 (1938), 3.

G. R. Gurney, Babylonian Prophylactic Figures and their Rituals, The University of Liverpool Annals of Archaeology and Anthropology 22 (1935), 31—96.

I. L. Holt, Tablets from the R. Campbell Thompson Collection in the Haskell Oriental Museum. The University of Chicago, AJSL 27 (1911), 193—232.

S. Langdon, A Chapter from the Babylonian Books of Private Devotion, Babylonaica 3 (1910), 22.

S. Langdon, Kandalanu and Asurbanipal, JRAS 1928, 321—325.

S. Langdon, The Legend of Etana and the Eagle or the Epical Poem 'The city of the hated', Babylonaica 12 (1921), Taf. 14.

S. Langdon, The Religious Interpretation of Babylonian Seals, RA 16 (1919), 47—68.

H. F. Lutz, A Cassite Liver-Omen Text, JAOS 38 (1918), 83.

D. W. McGee, Zur Topographie Babylons auf Grund der Urkunden Nabopolassars und Nebukadnezars, I. Teil, Beiträge zur Assyriologie 3 (1898), 324—460.

C. J. Mullo-Weir, Fragment of an Expiation-Ritual against Sickness, JRAS 1929, 283.

M. Rutten, Trente-deux modèles de foies en argile inscrits provenant de Tell-Hariri (Mari), RA 35 (1938), 49.

V. Scheil, Inscription de Nabonide, in: Recueil de travaux relatifs à la philologie et à l'archéologie égyptiennes et assyriennes, pour servir de bulletin à la mission française du Caire 18 (1846), 18.

F. Steinmetzer, Eine Bestellungsurkunde Königs Šamaš-šum-ukîn von Babylon, in: Epitymbion für H. Swoboda, 1927, 319—324.

H. Winkler, Einige neuveröffentlichte Texte Hammurabis, Nabopolassars und Nebukadnezars, ZA 2 (1887), 169.

Autoren-Verzeichnis

Bibelstellen-Verzeichnis

1. Altes Testament

Beihefte
zur Zeitschrift für die alttestamentliche Wissenschaft

Herausgegeben von GEORG FOHRER

Zuletzt erschienen:

Jüdische Lehre und Frömmigkeit in den paralipomena Jeremiae. Von G. DELLING. VIII, 77 Seiten. 1967. Ganzleinen DM 24,— (Heft 100)

Wesen und Geschichte der Weisheit. Eine Untersuchung zur altorientalischen und israelitischen Weisheitsliteratur. Von H.-H. SCHMID. XIV, 250 Seiten. 1966. Ganzleinen DM 52,— (Heft 101)

Nehemia. Quellen, Überlieferung und Geschichte. Von U. KELLERMANN. XII, 227 Seiten. 1967. Ganzleinen DM 50,— (Heft 102)

In Memoriam Paul Kahle. Herausgegeben von M. BLACK und G. FOHRER. VIII, 253 Seiten. Mit 1 Titelbild und 20 Tafeln. 1968. Ganzleinen DM 86,— (Heft 103)

Das Königtum in Israel. Ursprünge, Spannungen, Entwicklung. Von J. A. SOGGIN. X, 167 Seiten. 1967. Ganzleinen DM 36,— (Heft 104)

Das ferne und nahe Wort. Festschrift LEONHARD ROST zur Vollendung seines 70. Lebensjahres am 30. XI. 1966 gewidmet. Im Auftrag der Mitarbeiter herausgegeben von F. MAASS. Mit 1 Frontispiz. VIII, 275 Seiten. 1967. Ganzleinen DM 62,— (Heft 105)

Yariḫ und Nikkal und der Preis der Kuṯarāt-Göttinnen. Ein kultisch-magischer Text aus Ras Schamra. Von W. HERRMANN. X, 48 Seiten. Mit 1 Tafel. 1968. DM 18,— (Heft 106)

The Samaritan Chronicle No. II or: Sepher Ha-Yamin from Josua to Nebuchadnezzar. Edition and Translation by J. MACDONALD. VIII, 320 Seiten. 1969. Ganzleinen DM 70,— (Heft 107)

The Problem of Etiological Narrative in the Old Testament. By B. O. LONG. VIII, 94 Seiten. 1968. Ganzleinen DM 24,— (Heft 108)

Ursprünge und Strukturen alttestamentlicher Eschatologie. Von H.-P. MÜLLER. XII, 232 Seiten. 1969. Ganzleinen DM 46,— (Heft 109)

Mose. Überlieferung und Geschichte. Von H. SCHMID. VIII, 113 Seiten. 1968. Ganzleinen DM 32,— (Heft 110)

The Prophetic Word of Hosea. A Morphological Study. By M. J. BUSS. XIV, 142 Seiten. 1969. Ganzleinen DM 46,— (Heft 111)

Text und Textform im hebräischen Sirach. Untersuchungen zur Textgeschichte und Textkritik der hebräischen Sirachfragmente aus der Kairoer Geniza. Von H. P. RÜGER. Etwa 96 Seiten. 1969. Ganzleinen etwa DM 46,—. Im Druck (Heft 112)

Das Todesrecht im Alten Testament. Studien zur Rechtsreform des Mot-j̄umat-Sätze. Von H. SCHULZ. X, 208 Seiten. 1969. Ganzleinen DM 42,— (Heft 114)

Studien zur alttestamentlichen Theologie und Geschichte (1949—1966). Von G. FOHRER. X, 371 Seiten. 1969. Ganzleinen DM 74,— (Heft 115)

Propheten und Tradition. Von M. HENRY. Etwa 88 Seiten. Etwa DM 24,—. In Vorbereitung (Heft 116)

Lieferungsmöglichkeiten und Preise der früheren Hefte auf Anfrage

Walter de Gruyter & Co · Berlin 30

DATE DUE

GAYLORD			PRINTED IN U.S A.